Dagmar Sieberichs
Hans-Joachim Krüger

**Vieweg Software-Trainer
Microsoft Access für Windows**

Aus dem Bereich Computerliteratur

**Vieweg Software-Trainer
WordPerfect für Windows**
von Dagmar Sieberichs und Hans-Joachim Krüger

**Vieweg Software-Trainer
Word für Windows 2.0**
von Michael Schwessinger, Thomas Schürmann und Karin Süßer

**Vieweg Software-Trainer
Lotus 1-2-3 für Windows**
von Bernd Kretschmer

Vieweg Software-Trainer
Microsoft Access für Windows
von Dagmar Sieberichs und Hans Joachim Krüger

**Vieweg Software-Trainer
Harvard Graphics für Windows**
von Wolfgang Müller

**Vieweg Software-Trainer
Harvard Graphics 3.0**
von Ernst Tiemeyer

**Vieweg Software-Trainer
Windows 3.1**
von Jürgen Burberg

**Vieweg Software-Trainer
Excel 4.0**
von Bernd Kretschmer und Uwe Grigoleit

Vieweg

Dagmar Sieberichs
Hans-Joachim Krüger

Vieweg Software-Trainer
Microsoft Access
für Windows

Das in diesem Buch enthaltene Programm-Material ist mit keiner Verpflichtung oder Garantie irgendeiner Art verbunden. Der Autor und der Verlag übernehmen infolgedessen keine Verantwortung und werden keine daraus folgende oder sonstige Haftung übernehmen, die auf irgendeine Art aus der Benutzung dieses Programm-Materials oder Teilen davon entsteht.

Alle Rechte vorbehalten
© Friedr. Vieweg & Sohn Verlagsgesellschaft mbH, Braunschweig/Wiesbaden, 1993
Softcover reprint of the hardcover 1st edition 1993
Der Verlag Vieweg ist ein Unternehmen der Verlagsgruppe Bertelsmann International.

Das Werk einschließlich aller seiner Teile ist urheberrechtlich geschützt. Jede Verwertung außerhalb der engen Grenzen des Urheberrechtsgesetzes ist ohne Zustimmung des Verlags unzulässig und strafbar. Das gilt insbesondere für Vervielfältigungen, Übersetzungen, Mikroverfilmungen und die Einspeicherung und Verarbeitung in elektronischen Systemen.

Gedruckt auf säurefreiem Papier

ISBN 978-3-528-05312-3   ISBN 978-3-322-89437-3 (eBook)
DOI 10.1007/978-3-322-89437-3

Vorwort

Relationale Datenbanken auf dem PC? Na klar! Aber unter Windows? Auch das! Nach langen Jahren der Enthaltsamkeit hält nun ein relationales Datenbankmanagementsystem des Herstellers der grafischen Benutzeroberfläche Windows Einzug in die Welt der Piktogramme und Mausklicks. Natürlich gibt es auch andere. Doch die Funktionsvielfalt von Access tröstet schnell hinweg über Ungereimtheiten, die sich in jeder Windows-Applikation finden.

Allerdings ist es oft gerade diese Funktionsvielfalt, die dem Anwender Kopfzerbrechen bereitet. Dabei wäre das gar nicht nötig. Gewußt wie, ist der Einstieg in Access ein Kinderspiel. Und genau diesen vermitteln die Autoren in Ihrer Publikation auf klare und einfache Weise. Da werden theoretische Grundlagen für die Arbeit mit relationalen Datenbanken ebenso thematisiert wie die Einführung in die Datenbankabfragesprache SQL. Der unerfahrene Windows-Benutzer erfährt, wie sich mit Fenstern und Symbolen mausgesteuert arbeiten läßt, während der 'Windows-Profi' Erkenntnisse über neuartige Hilfestellungen in Access gewinnt.

Zielgruppenorientiert halten die Hauptteile dieser Lektüre alles Wissenswerte für den Einsteiger, den Profi und auch den Programmierer bereit. In einer Zeit, in der Programme immer 'kürzer leben', kommt es darauf an, die wesentlichen Inhalte treffend zu vermitteln. Und genau das, lieber Leser, ist die Spezialität der beiden Autoren, die als Datenbanktrainer für bekannte Softwarehäuser tätig sind.

Wir bedanken uns an dieser Stelle recht herzlich bei allen, die durch ihr Mitwirken die Entstehung dieses Buchs erst möglich gemacht haben. Unser besonderer Dank gilt jedoch Herrn Hermann-Josef Muth, der mit unermüdlichem Einsatz Seite für Seite sprachlich kritisch überarbeitete, sowie dem Lektorat des Vieweg-Verlags und der Microsoft GmbH, Unterschleißheim für viele nützliche Tips und Tricks.

Dagmar Sieberichs   Hans-Joachim Krüger
                                                    Im Februar 1993

Inhaltsverzeichnis

Teil I   Die Grundlagen

1. Einleitung ... 3
Über dieses Buch ... 3
Die Zielgruppe ... 5
Die Beispieldiskette ... 5

2. Installation und Programmaufruf ... 9
Überblick ... 9
Voraussetzungen ... 9
Die Installation eines Einzelarbeitsplatzes ... 10
Die Installation im Netzwerk ... 18
Der Programmaufruf ... 22
ACCESS beenden ... 27
Zusammenfassung des Kapitels ... 29

3. ACCESS, eine relationale Datenbank ... 33
Überblick ... 33
Datenbanken und ihre Verwaltung ... 33
Das relationale Modell ... 35
SQL, was ist das? ... 39
Das relationale Datenbankmanagementsystem ... 40
Objekte, Eigenschaften und Ereignisse ... 43
Zusammenfassung des Kapitels ... 44

4. Ein Blick durch das Fenster ... 45
Überblick ... 45
Die Bedienung der Maus ... 45
Die Elemente eines Fensters ... 52
Die Titelzeile ... 53
Die Menüleiste ... 60
Die Pull-Down-Menüs ... 63
Die Symbolleiste ... 66
Die Dialogboxen ... 67
Die Statuszeile ... 74
Die Bildlaufleiste ... 75

| | Zusammenfassung des Kapitels | 77 |

5. Rat und Hilfe in ACCESS — **81**

Überblick	81
Das ?-Menü	81
Hilfe verwenden	82
Hilfethemen suchen	98
Der Ratgeber	100
Problembezogene Hilfe	105
Zusammenfassung des Kapitels	107

Teil II ACCESS im Überblick

6. ACCESS stellt sich vor — **111**

Überblick	111
Die Datenbank und ihre Objekte	111
Tabellen, Abfragen und Dynasets	113
Formulare und Berichte	117
Makros und Module	121
Zusammenfassung des Kapitels	125

7. Richtig strukturiert ist halb gewonnen — **129**

Überblick	129
Richtlinien zur Datenbankerstellung	129
Relationales Datenbankdesign	133
Kleine SQL-Kunde	141
Das Client/Server-Modell	159
Zusammenfassung des Kapitels	161

8. Die 'ACCESS-User Group' entsteht — **165**

Überblick	165
Datenbank öffnen	165
Die Objekte der Datenbank kennenlernen	167
Datenbank schließen	173
Eine eigene Datenbank anlegen und speichern	173
Tabellen entwerfen und speichern	175
Der Primärschlüssel der Tabelle	191
Beziehungen zwischen Tabellen aufbauen	193
Daten erfassen	197
Tabelle drucken	201
Zusammenfassung des Kapitels	209

9.	**Antworten auf (Ab)Fragen**	**213**
	Überblick	213
	Eine Abfrage anlegen und speichern	213
	Auswählen und Anordnen der Felder	222
	Datensätze bestimmen	235
	Abfrageergebnis drucken	241
	Zusammenfassung des Kapitels	241
10.	**Datenerfassung leichtgemacht**	**245**
	Überblick	245
	Ein Formular anlegen und speichern	245
	Datensätze anzeigen und hinzufügen	253
	Die Datenblattansicht des Formulars	264
	Das Formular drucken und schließen	273
	Zusammenfassung des Kapitels	274
11.	**Schwarz auf Weiß: Der Bericht**	**278**
	Überblick	278
	Einen Bericht erstellen	278
	Den Bericht ansehen, speichern und drucken	284
	Der Bericht in der Entwurfsansicht	289
	Adreßetiketten einrichten und drucken	295
	Zusammenfassung des Kapitels	301
12.	**Makros automatisieren die Arbeit**	**305**
	Überblick	305
	Ein Makro erstellen und ausführen	305
	Makro überarbeiten und speichern	308
	Zusammenfassung des Kapitels	313

Teil III ACCESS - en Detail

13.	**Tabellen bearbeiten**	**317**
	Überblick	317
	Die Tabellen der Beispieldatenbank	318
	Die Feldeigenschaften	318
	Der Index	326
	Tabellenstruktur ändern	329

Daten suchen und ersetzen..	331
Tabellen importieren oder einbinden.........................	335
Daten exportieren	350
Individuelle Einstellungen	352
Zusammenfassung des Kapitels....................................	353

14. Professionelle Abfragen............................. 357

Überblick..	357
Mit Abfragekriterien arbeiten..	357
Berechnungen anstellen..	365
Ausgabe festlegen...	370
Tabellen mehrfach hinzufügen	370
Eine Kreuztabellenabfrage...	373
Mit Aktionsabfragen arbeiten.......................................	379
Mit Parameterabfragen arbeiten..................................	386
Zusammenfassung des Kapitels....................................	389

15. Benutzerfreundlich gestalten..................... 393

Überblick..	393
Neues Formular erstellen...	393
Das Formularentwurfsfenster	395
Arbeiten mit Steuerelementen	403
Die Eigenschaften des Formulars	414
Steuerelemente und ihre Eigenschaften....................	424
Feldreihenfolge und Kopf-/Fußbereiche...................	445
Unterformulare verwenden	451
Zusammenfassung des Kapitels....................................	456

16. Daten präsentieren....................................... 461

Überblick..	461
Allgemeine Überlegungen zur Gestaltung................	461
Einen eigenen Bericht erstellen	462
Gruppenebenen gestalten...	466
Bilder und OLE-Objekte im Bericht einbinden.........	475
Zusammenfassung des Kapitels....................................	487

17. Makros professionell einsetzen.................. 491

Überblick..	491
Allgemeine Überlegungen zum Makroeinsatz	491
Ausdrücke und Bedingungen verwenden.................	492
Makroaktionen und ihre Argumente..........................	499

	Auf welche Ereignisse reagieren Makros?	507
	Makro testen	509
	Eigene Menüs anlegen	511
	Eine Makrogruppe einrichten	512
	Der Autoexec-Makro	517
	Zusammenfassung des Kapitels	519
18.	**Die Verwaltung der Datenbank**	**523**
	Überblick	523
	Welche Verwaltungsaufgaben gibt es?	523
	Die Datensicherung	525
	Die Sicherheitsmechanismen	526
	Die Datenbank komprimieren	536
	Eine beschädigte Datenbank wiederherstellen	537
	Zusammenfassung des Kapitels	539

Teil IV Programmieren mit ACCESS

19.	**Willkommen zu ACCESS-Basic**	**543**
	Überblick	543
	Module und ihre Prozeduren	543
	Das Modulfenster	546
	Eine Prozedur schreiben, kompilieren, verwenden	549
	Programmcode testen	558
	Zusammenfassung des Kapitels	566
20.	**Grundlagen zu ACCESS-Basic**	**569**
	Überblick	569
	Variablen und Konstanten	569
	Datenfelder	578
	Besondere Access-Objektvariablen	580
	Objekteigenschaften und Objektmethoden	583
	Makros ausführen	585
	Private Prozeduren	588
	Kontrollstrukturen	588
	Zusammenfassung des Kapitels	593
21.	**Allgemeine Techniken**	**597**
	Überblick	597
	Die Fehlerbehandlung	597

	Formular-, Berichts- und	
	Steuerelementvariablen verwenden	602
	Formulare aktualisieren	605
	Zusammenfassung des Kapitels..................................	606

22. Die Datenmanipulation............................ 609

Überblick	609
Mit Datenbanken arbeiten..	609
Die Datensatzgruppenvariablen...................................	611
Datensätze neu anlegen, ändern, löschen...................	614
Filter und Indizes verwenden......................................	617
Datensätze suchen..	619
Transaktionen	622
Daten sperren...	624
Abfragen verwenden oder erstellen	626
Zusammenfassung des Kapitels..................................	629

Anhang 631

Lösungen..	633
Die Datei MSACCESS.INI	649

Sachwortverzeichnis.. 652

Kapitel 1

Über dieses Buch
Die Zielgruppe
Die Beispieldiskette

1. Einleitung

Über dieses Buch

Der Vieweg Software-Trainer Access für Windows vermittelt Ihnen in vier Hauptteilen alles, was Sie wissen müssen, um dieses mächtige Datenbankwerkzeug optimal einzusetzen. Jeder Hauptteil setzt Schwerpunkte und so richtet sich **Teil I** an all diejenigen, die bislang noch nicht viel Erfahrung mit Windows-Programmen gesammelt haben. Außerdem geht er auf die Installation sowie die notwendige Begriffsbestimmung im Zusammenhang mit relationalen, SQL-fähigen Datenbanken ein.

Teil II stellt Access im Überblick vor. Sie lernen Access-Datenbanken und die darin enthaltenen Objekte kennen. Schritt für Schritt erfahren Sie, wie sich die Arbeit mit jedem einzelnen Datenbankobjekt effektiv gestalten läßt. Das praxisorientierte Konzept hilft Ihnen, die notwendige Routine 'blitzschnell' zu erlangen. Sollten Sie bisher noch über wenig Erfahrung mit dem Design relationaler Datenbanken und der Datenbankabfragesprache SQL (Structured Query Language) verfügen, sorgt **Kapitel 7** (Richtig strukturiert ist halb gewonnen) für den notwendigen theoretischen 'Unterbau'. **Teil II** vermittelt Ihnen sämtliche Techniken, die Sie im Umgang mit Access unbedingt benötigen. Sie sind daher nach Durcharbeiten dieses zweiten Hauptabschnittes in der Lage, 'alltägliche Datenbankprobleme' zu lösen.

Für alle, die es ganz genau wissen wollen, bietet **Teil III** einen umfassenden Einblick in die fortgeschrittenen Techniken des relationalen Datenbankdesigns. Sie werden Finessen sowohl für die Anlage und Überarbeitung von Tabellen als auch für Abfragen, Formulare und Berichte kennen- und schätzenlernen. Darüber hinaus verrät Ihnen dieser Teil, wie aus mehreren Datenbankobjekten eine 'richtige' Datenbankanwendung wird.

Wer sich nicht nur mit der Anwenderseite der Datenbank beschäftigen will, sondern Datenbanklösungen in Access programmieren möchte, der findet in **Teil IV** eine Anleitung zu Access-Basic. Kurz und prägnant werden alle wichtigen Hilfsmittel vorgestellt. Auf 'ellenlange' Prozeduren wurde dabei bewußt verzichtet. Vielmehr zeigen viele Kurzroutinen den sicheren Weg zu einzelnen Programmierthemen auf. Um den Einstieg in komplexe Programmieraufgaben zu erleichtern, finden Sie auf der beiliegenden Diskette eine vollständig in Access-Basic erstellte Applikation, die sich jederzeit auf Ihre eigenen Bedürfnisse anpassen läßt.

Die vorliegende Publikation versteht sich als Ihr persönlicher Access-Trainer. Kapitel für Kapitel dringen Sie immer weiter vor in die ergründlichen Tiefen eines mächtigen Datenbankprogramms. Zum Abschluß eines jeden Kapitels stellt Ihnen Ihr 'Trainer' eine Reihe von Fragen zu Themen, die während des Kapitels erarbeitet wurden. Die Lösungen zu diesen kleinen 'Rätseln' hält der Anhang für Sie bereit. Darüber hinaus finden Sie im Anhang eine Übersicht über die Tastaturbelegung sowie einige nützliche Tips für den Umgang mit der Datei MSACCESS.INI.

Wir haben den linken und rechten Seitenrand, die sogenannte Marginalienspalte, dazu verwendet, Sachverhalte optisch sowie textlich zu verdeutlichen. Sie sollten diesen Raum jedoch ebenfalls nutzen, um Ihre eigenen Bemerkungen unterzubringen. Um Tastatureingaben, Dateinamen, Schaltflächen usw. vom übrigen Text abzusetzen, haben wir mit folgenden Auszeichnungen gearbeitet:

Fettschrift	Schaltflächen (z. B **OK**)
	Namen von Dialogfenstern
	(z. B. **Drucken**)
	Methoden (z. B. **FindFirst**)
	Eigenschaften (z. B. **Filter**)
Tastaturschrift	Eingaben über die Tastatur
	(z. B. `Bild↑`, `Bild↓`)
Kursiv	Eingaben durch den Leser.
[Menü], [Menü/Menüpunkt]	Menüpunkte (z. B. Menü [Datei/Drucken])

Einleitung

Die Zielgruppe

Die Publikation richtet sich an Schnellentschlossene, die Access in kürzester Zeit kennenlernen wollen. Wir haben daher bewußt auf immer wiederkehrende langatmige Beschreibungen von Aufgaben verzichtet. Aus diesem Grund werden Sie beispielsweise die Beschreibung des Kopiervorgangs auch nur für ein Datenbankobjekt finden, da diese Aufgabe bei allen Objekten auf exakt die gleiche Weise durchgeführt wird. So vermittelt Ihnen der Software-Trainer alles, was Sie wissen müssen, jedoch ohne Ihre geschätzte Aufmerksamkeit durch ein 2000 Seiten starkes Werk zu überfordern.

Zeit ist Geld, so lautet die Devise. Wir sprechen daher mit dieser Lektüre alle diejenigen an, die bereit sind, kreativ mitzuwirken, um einen Wissensvorsprung 'im Handumdrehn' zu erarbeiten.

Die Beispieldiskette

Die Beispieldiskette enthält vier Datenbanken

    USERGRP.MDB,
    VERTRIEB.MDB,
    PROGRAMM.MDB   und
    DATEN.MDB,

(die Sie allerdings im Moment noch nicht sehen können, da diese gepackt sind), von denen Sie die USERGRP.MDB innerhalb des zweiten, die VERTRIEB.MDB im dritten und vierten Hauptabschnitt begleitet. Die Datenbanken PROGRAMM.MDB und DATEN.MDB gehören zusammen und zeigen wie ein komplexes Informationsmanagementsystem unter Access erstellt werden kann. Öffnen Sie die Datenbank PROGRAMM.MDB, um die Anwendung kennenzulernen. Sie werden feststellen, daß via Autoexec-Makro alle notwendigen Fenster zur Verfügung gestellt und die Menüleisten auf das Programm angepaßt werden. Trauen Sie sich ruhig, eigene Kunden anzulegen und Informationen auszuwerten. Sofern ein Datenaustausch mit anderen Rechnern gewünscht wird, erledigen Sie das über die dafür vorgesehene Schaltfläche. Ihre Datenbestände werden daraufhin aus der PROGRAMM.MDB in die DATEN.MDB überführt, von wo aus jeder andere Benutzer die Daten in sein eigenes System einpflegen kann. Die Applikation liefert unverzichtbare Routinen für die Programmierung in Access-Basic. Verwenden Sie diese als zusätzlichen 'Fundus', um Ihre eigenen Datenbankanwendungen zu 'zimmern'.

Um die Diskette zu installieren, verlassen Sie zunächst Windows. (Die Installation kann nicht unter Windows durchgeführt werden!) Danach wechseln Sie zu dem Laufwerk, in das Sie die Diskette eingelegt haben. Ist dies das 'A'-Laufwerk, geben Sie am Systemprompt

A: ⏎

ein. Anschließend rufen Sie die Installation über

install c ⏎

auf. Soll die Installation auf ein anderes Laufwerk durchgeführt werden, zum Beispiel D, geben Sie den entsprechenden Laufwerksbuchstaben an. Um ganz sicher zu gehen, können Sie die Installation aber auch zunächst ohne die Angabe eines Laufwerksbuchstabens aufrufen:

install ⏎.

Nun informiert Sie das Installationsprogramm noch einmal genau über die Prozedur. Sollten Sie die Installation mehrfach durchführen, wird das Programm beim erneuten Installationsversuch fragen, ob die bereits vorhandenen Dateien überschrieben werden sollen. Beantworten Sie diese Frage mit *Ja*.

Genug der einleitenden Worte. Wir wünschen Ihnen jetzt Spaß, Energie und Erfolg mit Microsoft Access für Windows und Ihrem persönlichen Vieweg Software-Trainer.

Kapitel 2

Überblick
Voraussetzungen
Die Installation eines Einzelarbeitsplatzes
Die Installation im Netzwerk
Der Programmaufruf
ACCESS beenden
Zusammenfassung des Kapitels

2. Installation und Programmaufruf

Überblick

Will man Programme installieren, gilt es erst zu inspizieren. Das ist auch bei Microsoft Access nicht anders. Minimale Hard- und Softwarevoraussetzungen müssen erfüllt sein, damit die Einrichtung des neu erstandenen Programms auf dem Rechner reibungslos vonstatten geht. Anschließend gilt es zu entscheiden, ob Access auf einem Einzelarbeitsplatz, stand-alone quasi, oder im Netzwerkbetrieb installiert werden soll. Sind alle vorbereitenden Überlegungen getroffen, steht der Installation nichts mehr im Wege. Und dabei begleitet Sie - unabhängig von der gewählten Installationsmethode - ein Einrichtungsprogramm. Dialoggeführt konfigurieren Sie damit Ihr Access schnell und zuverlässig auf dem System.

Nach erfolgter Installation werden Sie verschiedene Möglichkeiten des Programmstarts kennenlernen. Und weil selbst die interessanteste Aufgabe auch einmal wieder beendet werden muß, erfahren Sie zum Abschluß des Kapitels wie Sie Access ordnungsgemäß verlassen.

Voraussetzungen

Bevor Sie Access installieren, prüfen Sie jetzt bitte zunächst die Systemvoraussetzungen . Sollte sich herausstellen, daß diese nicht gegeben sind, müssen sie geschaffen werden. Stellen Sie daher die Hardwareanforderungen sicher. Diese sind:

- IBM kompatibler Rechner (ab 80386SX Prozessor)
- Ein Festplattenlaufwerk
- Ein Diskettenlaufwerk entweder im 3,5" oder im 5,25" Format
- Eine Microsoft-kompatible Maus
- Eine Grafikkarte
- Vier Megabyte physikalischen Hauptspeicher

Hardware-anforderung

Danach kontrollieren Sie Ihre Betriebssystemplattform. Sie benötigen:

Software-anforderung

- MS-DOS in der Version 3.1 (oder höher)
- Windows in der Version 3.x

Nun sollten Sie sich noch über den freien Speicherplatz Ihrer Festplatte informieren. Access benötigt ca. 10 Megabyte Plattenplatz. Wir möchten Ihnen allerdings empfehlen, Access nur dann zu installieren, wenn Sie über mindestens 15 Megabyte freien Festplattenspeicher verfügen. Bedenken Sie, daß Access für den Installationsvorgang auch noch etwas Platz auf der Festplatte beansprucht. Außerdem benötigt Windows eventuelle freie Bereiche auf Ihrer Festplatte, um Daten auszulagern. Betrachten Sie die hier angegebenen Hardwareanforderungen als absolute Minimalkonfiguration. Eine optimale Hardwareausstattung ist sicher ein Rechner mit einem 80386DX Prozessor, 33 MHz Taktfrequenz, einer schnellen Festplatte sowie 8 Megabyte Hauptspeicher.

Sofern Sie Access ausschließlich auf Ihrem eigenen System einrichten wollen, folgen Sie den Anweisungen des Teilabschnitts **Die Installation eines Einzelarbeitsplatzes**. Sind Sie allerdings für eine Benutzergruppe zuständig und müssen dementsprechend Access auf mehreren Arbeitsstationen einrichten, verrät der Abschnitt **Die Installation im Netzwerk** die dazu notwendigen Tips und Tricks.

Die Installation eines Einzelarbeitsplatzes

Ganz so, wie man das von Windows-Programmen erwarten darf, ist die Installation denkbar einfach. Da Access die Betriebssystemerweiterung Windows voraussetzt, muß diese bereits auf Ihrem Rechner eingerichtet sein. Wir gehen also davon aus, daß Windows installiert ist und starten die Installation vom Diskettenlaufwerk A:. Sofern Sie vom Laufwerk B: installieren, setzen Sie den Laufwerksbuchstaben entsprechend ein.

1. Starten Sie Windows durch die Eingabe *win* am Systemprompt.

Installation und Programmaufruf

2. Betätigen Sie die Tastenkombination [Alt] + [D], um das Menü [Datei] zu öffnen. Dort geben Sie [A] ein. Sie gelangen dadurch in den **Ausführen**-Dialog.

3. Tragen Sie nun *a:setup* in das Eingabefeld **Befehlszeile** ein und rufen die Installation mit [↵] auf.

4. Das Einrichtungsprogramm wird daraufhin initialisiert und meldet sich zunächst mit der Anwender-Information:

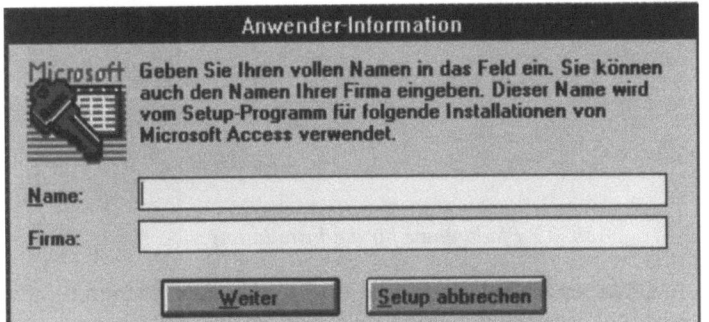

Abb. 2-1 Registrierung in Microsoft Access

Legen Sie hier Ihren Namen sowie den Namen Ihrer Firma fest. Über die Taste [⇥] gelagen Sie zum nächsten Eingabefeld. Anschließend zeigen dann mit der Maus auf die Schaltfläche **Weiter** und drücken (klicken) einmal kurz die linke Maustaste.

5. Das Setup-Programm zeigt die von Ihnen eingetragenen Informationen nun noch einmal in einem Bestätigungsdialog an. Sollten Sie sich verschrieben haben, führt die dort angebotene Schaltfläche **Erneut** Sie zurück in obigen Bildschirm, damit Sie dort Ihre Eingabe korrigieren können. Wie der Name schon sagt, dient die Schaltfläche **Weiter** in jedem Dialog dazu, die Installation fortzuführen.

> Im Feld **Name** ist eine Eingabe erforderlich. Auf diese Weise registrieren Sie sich bei Microsoft Access. Aus diesem Grund erscheint eine Fehlermeldung, sofern in das Feld nichts eingegeben wurde. Das Feld **Firma** hingegen ist optional.

6. Bestimmen Sie im nächsten Schritt, wohin Access auf Ihrem Rechner installiert werden soll. Der Standardvorschlag des Installationsprogramms lautet C:\ACCESS. Wählen Sie am besten Ihr schnellstes Laufwerk, falls Ihr Rechner über mehrere physikalische Festplattenlaufwerke verfügt.

Pfad festlegen

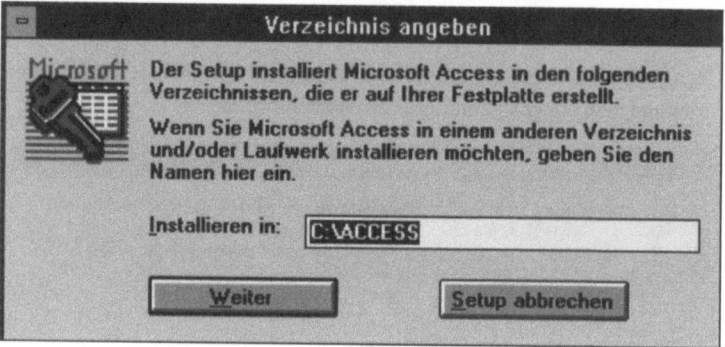

Abb. 2.2 Pfadangabe für die Installation

7. Damit haben Sie nun erst einmal Pause, denn Setup überprüft jetzt, ob Access zuvor bereits installiert wurde und der notwendige Speicherplatz zur Durchführung der Installation vorhanden ist. Wenn ja, stellt das Programm Ihnen die **Installationsoptionen** zur Verfügung, aus denen Sie Ihre Installationsvariante auswählen können.

Installationsoptionen

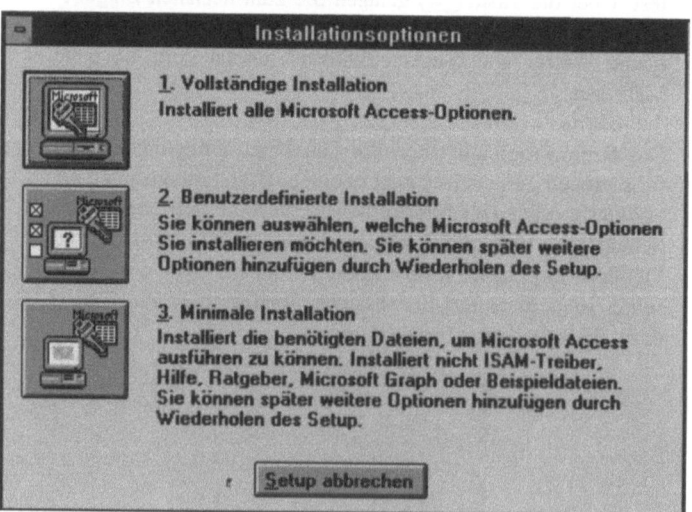

Abb. 2-3 Installationsoptionen

Installation und Programmaufruf 13

8. Sofern Sie sich für Auswahl 1 (Vollständige Installation) bzw. für Auswahl 3 (Minimale Installation) entscheiden, besteht Ihre weitere Aufgabe im wesentlichen darin, die erforderlichen Disketten in das Laufwerk einzulegen.

9. Im Falle der benutzerdefinierten Installation (Auswahl 2) zeigt Setup einen zusätzlichen Dialog an, in dem Sie die zu installierenden Access-Programmteile auswählen können:

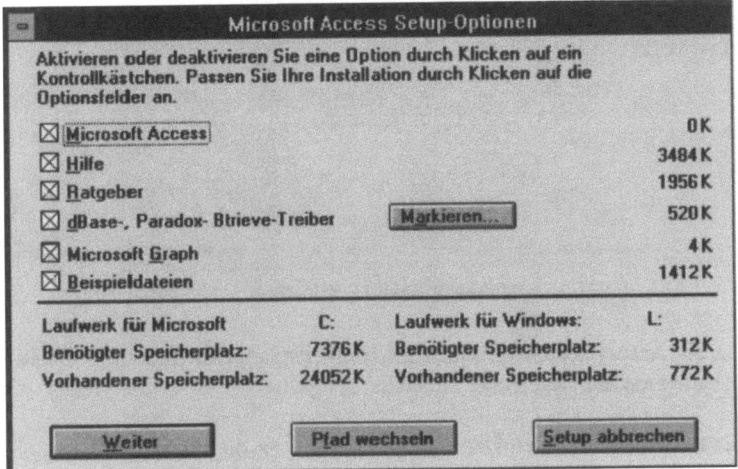

Abb. 2-4 Benutzerdefinierte Installation

Benutzerdefinierte Installation

Diese Auswahl empfiehlt sich immer dann, wenn Sie nicht ganz sicher sind, ob Ihr Festplattenplatz ausreicht oder nicht. Im Dialog entfernen Sie nun das jeweilige Kreuz vor dem Programmteil, den Sie nicht installieren wollen, durch einen Mausklick. Augenblicklich zeigt das Einrichtungsprogramm im unteren Bereich den aktuell benötigten Speicherplatz auf der Festplatte an.

Sollte allerdings auf dem zuvor von Ihnen gewählten Laufwerk nun partout der Platz nicht reichen, erlaubt Ihnen die Schaltfläche **Pfad wechseln** auf Mausklick in den Dialog **Verzeichnis angeben** zurückzukehren. Auf diese Weise läßt sich während der Installation das Laufwerk noch einmal neu festlegen.

10. Unabhängig davon, welche Auswahl Sie getroffen haben möchte das Einrichtungsprogramm im nächsten Schritt von Ihnen wissen, ob Sie Access als 'Mehrbenutzeranwendung' installieren wollen:

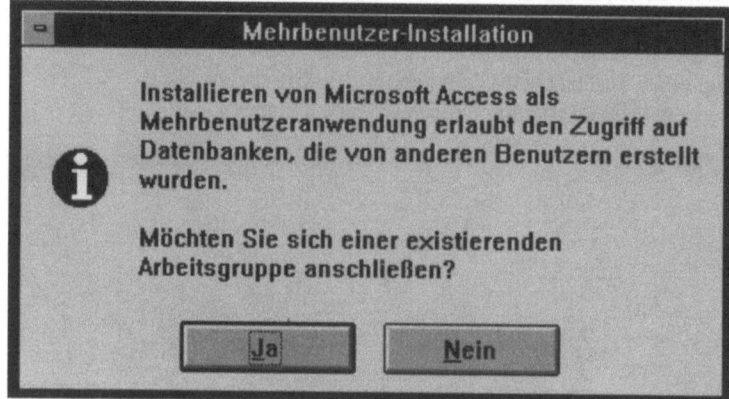

Abb. 2-5 Dialog **Mehrbenutzer-Installation**

Da Sie Access derzeit für einen Einzelarbeitsplatz einrichten, beantworten Sie diese Frage mit **Nein**.

11. Sind alle angeforderten Disketten verarbeitet, ist die Installation abgeschlossen. Und wie sich das gehört, meldet Setup diesen Umstand:

Abb. 2-6 Das Access-Setup verabschiedet sich

12. Ein Mausklick auf **OK** führt Sie nun zurück in den Windows-Programm-Manager, der auch sofort die Programmgruppe **Microsoft Access** für Sie bereithält:

Installation und Programmaufruf 15

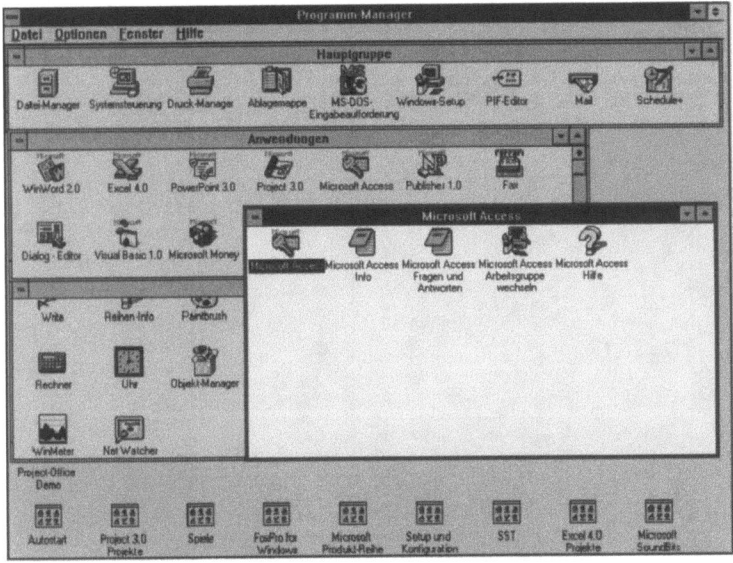

Abb. 2-7 Die Microsoft Access Programm-Gruppe

Kaum zu glauben, aber wahr. So schnell geht das! Auch wenn Sie noch kein ausgesprochener Kenner der 'Windows-Szene' sind, haben Sie sicher schon bemerkt, wie intuitiv die Arbeit mit Windows-Programmen ist. Sie sind nun stolzer Besitzer eines ACCESS-Unterverzeichnisses, das den gesamten Programmcode enthält. Dies läßt sich beispielsweise mit dem Datei-Manager von Windows einsehen.

Aus Gründen der Datensicherheit sollten Sie nun, bevor Sie sich irgendetwas anderes vornehmen, die Systemdatei SYSTEM.MDA sichern. Sollte diese Datei aus irgendwelchen Gründen zerstört sein, muß Access neu installiert werden. Also, begeben Sie sich doch einfach auf die sichere Seite und übertragen diese so wichtige Datei auf eine Diskette, die Sie dann bitte an einem sicheren Ort sorgfältig aufbewahren.

SYSTEM. MDA

1. Wechseln Sie in den Programm-Manager von Windows, zum Beispiel durch die Tastenkombination [Alt] + [↹].

2. Öffnen Sie den **Datei-Manager** aus der Hauptgruppe durch einen Doppelklick.

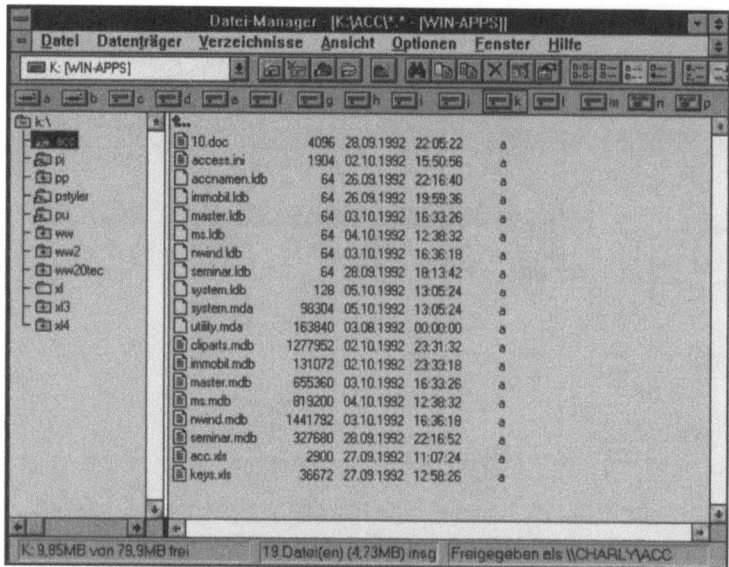

Abb. 2.8 Der Windows-Datei-Manager

Sollte sich Ihr **Datei-Manager** nun nicht in dieser Ansicht präsentieren, wählen Sie über das Menü [Ansicht] den Befehl [Struktur und Verzeichnis].

3. Wählen Sie das Laufwerk, auf dem Sie Access installiert haben. Ein Klick auf das gewünschte Laufwerkssymbol hilft dabei.

4. Markieren Sie im linken Fensterbereich das Access-Verzeichnis.

5. Dann markieren Sie im rechten Fensterbereich die Datei SYSTEM.MDA.

6. Legen Sie eine Diskette in das Laufwerk A: bzw. B: und ziehen die Datei auf das entsprechende Laufwerkssymbol.

Nun möchten wir Ihnen noch empfehlen, unterhalb des ACCESS-Verzeichnisses ein Unterverzeichnis für Datenbanken anzulegen, zum Beispiel so:

Installation und Programmaufruf   17

> **Datenverzeichnis**

1. Markieren Sie im linken Fensterbereich das ACCESS-Unterverzeichnis.

2. Öffnen Sie das [Datei]-Menü über die Tastenkombination [Alt] + [D].

3. Geben Sie [Z] ein, um den Befehl [Verzeichnis erstellen] zu wählen.

4. Legen Sie als Name DATEN fest und bestätigen mit [⏎].

Damit Ihre Datenbanken in Zukunft immer gleich in dieses neu eingerichtete Verzeichnis gespeichert werden, müssen Sie der Access-Programm-Ikone diesen Wunsch mitteilen. Dazu

1. wechseln Sie mittels Tastenkombination [Alt] + [⇆] in den Windows-Programm-Manager.

2. Über das [Fenster]-Menü ([Alt] + [F]) wählen Sie die Microsoft Access Programmgruppe aus. Aktivieren Sie die Programmikone von Access durch einen einfachen Mausklick.

> **Programmeigenschaften**

3. Öffnen Sie nun im Menü [Datei] den Befehl [Eigenschaften].

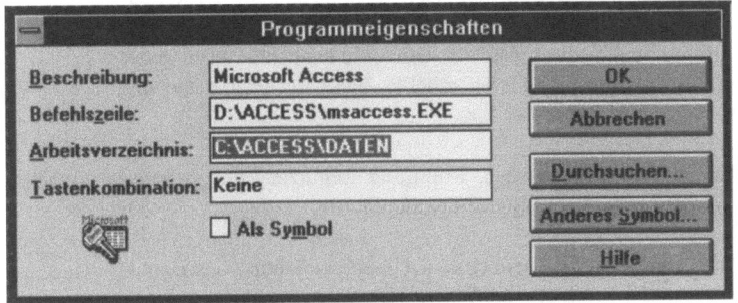

*Abb. 2-9 Dialog **Programmeigenschaften***

4. In das Feld Arbeitsverzeichnis tragen Sie den Pfad zu Ihren Access-Daten ein, zum Beispiel: C:\ACCESS\DATEN.

5. Bestätigen Sie Ihre Angaben mit **OK**.

Glückwunsch, lieber Leser! Die Arbeit mit Access kann beginnen.

Erfreulicherweise bringt Access eine eigene Initialisierungsdatei (MSACCESS.INI - siehe Anhang -) mit und verzichtet darauf, sich in aller Ausführlichkeit in der - ohnehin meist 'überfüllten' - WIN.INI 'breit zu machen'. So finden Sie nach erfolgter Access-Installation genau einen Eintrag in der WIN.INI, der beispielsweise so aussehen könnte:

MDB=C:\ACCESS\msaccess.EXE ^.MDB.

Dieser steht in der Sektion [Extensions] und sorgt dafür, daß aus dem Windows-Datei-Manager heraus Datenbanken durch einen Doppelklick auf dieselben geöffnet werden können.

Die Installation im Netzwerk

Allgemeine Überlegungen

Bevor Sie Access im Netzwerk einrichten, sollten Sie einen Moment über die Organisation einer solchen Installation nachdenken. Ein großer Vorteil im Netzverbund ist das gemeinsame Benutzen von Ressourcen und so bietet sich der Fileserver als Speichermedium für die Access-Programmdateien an. Diese könnten auf dem Fileserver beispielsweise in einem Verzeichnis ACCNET stehen. Jeder Netzwerkteilnehmer greift bequem auf die in diesem Verzeichnis abgelegten Dateien zurück und muß nicht erst nach dem 'Diskettenstapel' suchen, um Access auf seiner lokalen Arbeitsstation einzurichten. Natürlich funktioniert das nur dann einwandfrei, wenn jeder Benutzer, der Access installieren möchte, auch Leserechte auf das ACCNET-Verzeichnis hat.

Weiterhin muß überlegt werden, wohin der Benutzer seine Arbeitsdateien ablegen soll. Zwei Möglichkeiten gibt es:

1. Ein privater Arbeitsbereich (ein Unterverzeichnis) des Benutzers auf der Festplatte des Fileservers.

2. Die lokale Festplatte des Benutzers (sofern vorhanden).

Bedenken Sie bei Variante eins jedoch, daß jeder Zugriff auf zur Laufzeit benötigten Programmcode über das Netzwerk erfolgen muß. Dies ist sicher bei zwei Benutzern völlig unproblematisch, kann aber bei vielen Teilnehmern das Gesamtsystem 'bremsen'.

Installation und Programmaufruf

Ferner muß entschieden werden, ob jeder Benutzer eine vollständige Netzwerkinstallation (mit allen Access-Programmdateien ca. 15 MB) durchführen soll oder lediglich die sogenannte Netzwerkvariante (ca. 1 MB). Diese kommt mit sage und schreibe drei Dateien im Benutzerverzeichnis aus:

SYSTEM.MDA	Ist die Systemdatenbank. Hier werden unter anderem Berechtigungen und Kennwörter abgelegt.
UTILITY.MDA	Diese Datenbank enthält die Werkzeuge, die Sie bei Ihrer Arbeit mit ACCESS immer wieder benötigen. So sind zum Beispiel die Funktionsleisten als Formulare, aber auch die Grundmuster von Berichten usw. hier abgelegt.
MSACCESS.INI	Enthält benutzerspezifische Pfade und Einstellungen.

Alle übrigen Informationen werden dem ACCNET-Verzeichnis des Fileservers entnommen. So platzsparend diese Variante auch ist, ist hier jedoch ebenfalls zu beachten, daß die Arbeit langsam wird, je mehr Benutzer den Fileserver belasten.

Unabhängig davon, für welche Form der Netzwerkinstallation Sie sich nun entscheiden werden, müssen dem Netzwerkbenutzer zwei Verzeichnisse zur Verfügung stehen, deren Pfade im jeweiligen Benutzerprofil (Login-Script) eingetragen sein müssen:

- Das Programm-Verzeichnis auf dem Fileserver.
- Ein Benutzerverzeichnis für die eigenen Arbeitsdateien.

Damit der Netzwerkteilnehmer zu jedem Zeitpunkt Access-Komponenten installieren und benutzen kann, muß ihm ein Leserecht auf das Programm-Verzeichnis des Fileservers eingeräumt werden. Sollte sich das Benutzerverzeichnis ebenfalls auf dem Fileserver befinden, so benötigt der Teilnehmer auf dieses Verzeichnis alle Rechte. Auf Verzeichnisse der lokalen Festplatte eines Netzwerkteilnehmers müssen selbstverständlich keine Rechte eingerichtet werden, da der Benutzer in diesem Fall grundsätzlich über alle Rechte verfügt.

Wir wollen die Netzwerkorganisation noch einmal in folgendem Schaubild zusammenfassen:

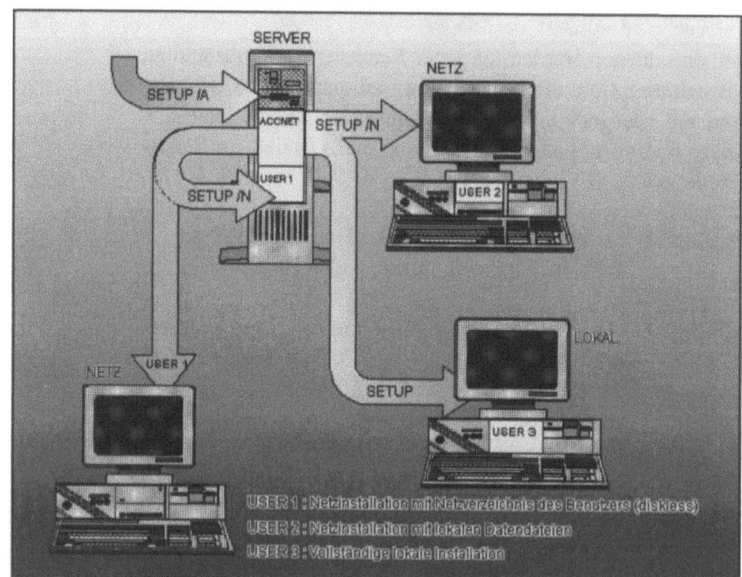

Abb. 2-10 Mögliche Netzwerkorganisationen

Die Anlage eines Benutzerverzeichnisses für jeden Teilnehmer ist eminent wichtig, wollen Sie die Sicherheitsmechanismen von Access ausschöpfen. Sobald Sie Access in einer Mehrbenutzerumgebung einrichten, empfiehlt es sich Arbeitsgruppen einzurichten, die mit mehr (aber auch mit weniger) Rechten ausgestattet werden können. Jeder einzelne Access-Benutzer entscheidet dabei, welche Arbeitsgruppe er mit welchen Rechten (Lese-, Schreibrechte usw.) ausstatten möchte. Er selbst ist Administrator seiner Access-Umgebung und verfügt dadurch über alle Rechte in seinem System. Nennen wir diesen Benutzer Herrn Müller. Selbstverständlich kann Herr Müller aber auch Mitglied eines anderen Access-Systems werden, das der Einkaufsabteilung zum Beispiel. Frau Maier verwaltet das Access-System im Einkauf und ist ihrerseits Administrator auf diesem System. Weiterhin hat Frau Maier die Arbeitsgruppe 'Andere' eingerichtet. Auf diese Arbeitsgruppe kann Herr Müller zugreifen und so Datenbanken der Einkaufsabteilung verwenden, soweit die Rechte innerhalb dieser Arbeitsgruppe das zulassen - versteht sich.

Nun fragt man sich natürlich, woher weiß Access, wer welche Rechte hat? Diese Informationen werden in der SYSTEM.MDA des jeweiligen Benutzerverzeichnisses abgelegt. Weiterhin ist in der MSACCESS.INI-Datei der Pfad zu eben dieser SYSTEM.MDA

Installation und Programmaufruf

eingetragen. Aus diesem Grund benötigt jeder Access-Benutzer ein eigenes Unterverzeichnis, da die Informationen sonst überschrieben würden. Und das hat - soweit die SYSTEM.MDA betroffen ist - ganz fatale Folgen.

Jedes Access-System funktioniert nur mit der SYSTEM.MDA, die bei der Erstinstallation für diese Arbeitsstation erzeugt wurde. Es ist aus Sicherheitsgründen nicht möglich, die SYSTEM.MDA eines anderen Access-Systems in der eigenen Access-Installation einzuspielen!

Experten-Tip

Die Installation von Access im Netzwerk vollzieht sich in zwei Schritten: Zunächst werden die Dateien auf dem Fileserver eingerichtet, anschließend kann von jeder lokalen Arbeitsstation das Setup-Programm aufgerufen werden. Folgende Setupvarianten können bei der Netzwerkinstallation verwendet werden:

SETUP /A	Richtet Access auf dem Fileserver ein.
SETUP /N	Richtet auf der lokalen Arbeitsstation eine Netzwerkversion von Access ein.
SETUP	Richtet auf der lokalen Arbeitsstation eine vollständige Version von Access ein. Mit dieser Installation kann auch dann gearbeitet werden, wenn das Netzwerk einmal nicht läuft.

Richten Sie nun Access auf Ihrem Fileserver ein:

SETUP/A

1. Wechseln Sie auf das Laufwerk des Netzwerkservers in dem ACCESS installiert werden soll.

2. Schließen Sie in Windows alle offenen Anwendungen.

3. Legen Sie die erste Installationsdiskette in das Laufwerk A: bzw. B:.

4. Wählen Sie über das Menü [Datei] im **Programm-Manager** den Befehl [Ausführen].

5. Tragen Sie den Befehl: *a:\setup /a* bzw. *b:\setup /a* (wenn Sie über das Laufwerk B: installieren) im Eingabefeld **Befehlszeile** des **Ausführen**-Dialogs ein.

SETUP/N oder SETUP

Nach erfolgter Fileserverinstallation kann nun jede lokale Arbeitsstation damit beginnen, Access zu installieren. Rufen Sie SETUP für eine vollständige und vom Netzwerk unabhängige Installation oder SETUP /N für eine vom Netz abhängige auf.

1. Wechseln Sie auf das Laufwerk in dem ACCESS installiert werden soll.

2. Schließen Sie in Windows alle offenen Anwendungen.

4. Wählen Sie über das Menü [Datei] im **Programm-Manager** den Befehl [Ausführen].

5. Tragen Sie den Befehl: *x:\netacc\setup /n* in der **Befehlszeile** des **Ausführen**-Dialogs ein. Der hier verwendete Pfad, X:\NETACC, steht für das Laufwerk und den Pfad des Netzwerkservers, in dem ACCESS mit der Option /a installiert wurde.

Alle übrigen Aufgaben, dazu gehört auch das Sichern der SYSTEM.MDA sowie die Anlage eines Datenverzeichnisses erledigt der lokale Benutzer wie ein Einzelplatzbenutzer. Einzelheiten dazu finden Sie am Ende des vorherigen Abschnitts.

Der Programmaufruf

Sie haben bereits mit Windows-Programmen gearbeitet? Dann verraten wir Ihnen nichts Neues, wenn wir sagen, daß zum gewünschten Ergebnis immer gleich mehrere Wege führen. Sofern Sie allerdings noch kein ausgesprochener Windows-Kenner sind, sollten Sie dennoch keinen Schreck bekommen. Suchen Sie sich Ihren Weg, der sie ganz bequem ans Ziel führt. So flexibel sind Windows-Programme. Aber sehen Sie selbst...

- Beginnen wir mit der bekanntesten (und möglicherweise auch beliebtesten) Art ein Windows Programm zu öffnen.

Installation und Programmaufruf 23

1. Rufen Sie den Programm-Manager von Windows auf.

2. Wechseln Sie über das Menü [Fenster] (Tastenkombination [Alt] + [F]) in die Programmgruppe **Microsoft Access**.

   Sollten Sie die Programmgruppe am Bildschirm bereits sehen können, reicht ein Mausklick auf dieselbe, um sie zu aktivieren.

3. Zeigen Sie auf das Sinnbild von Access und führen einen Doppelklick (linke Maustaste zweimal kurz hintereinander drücken) aus.

- Gesetzt den Fall, Sie sind kein Freund von vielen Programm-Ikonen, sondern rufen Ihre Programme lieber 'von Hand' auf. Gleich zwei Möglichkeiten stehen in diesem Fall zur Verfügung, die Ihnen ihre Dienste anbieten, der **Ausführen**-Dialog und der **Datei-Manager**. Nun aber hübsch der Reihe nach. Betrachten wir zunächst den **Ausführen**-Dialog. Sie haben ihn bereits verwendet, um Access einzurichten.

---

1. Betätigen Sie wieder die Tastenkombination [Alt] + [D], um das [Datei]-Menü zu öffnen.

2. Den [Ausführen]-Dialog öffnen Sie durch die Eingabe [A].

3. Tragen Sie nun im Eingabefeld **Befehlszeile** den Laufwerksbuchstaben, das Verzeichnis sowie den Programmnamen ein (z. B. C:\ACCESS\MSACCESS.EXE) und bestätigen mit [↵].

- Wünschen Sie es doch ein bißchen komfortabler als über den **Ausführen**-Dialog, so dürfen wir Ihnen den Datei-Manager von Windows 3.1 bzw. Windows für Workgroups empfehlen. Sie können den Datei-Manager benutzen, um entweder die ausführbare Programmdatei von Access (MSACCESS.EXE) zu starten, oder um eine ganz bestimmte Datenbank zu öffnen. In letzterem Fall genügt es, die Datenbank aufzurufen. Wurde

Access bislang noch nicht gestartet, wird das gleich miterledigt.

1. Öffnen Sie den **Datei-Manager** (aus der Hauptgruppe) durch einen Doppelklick.

2. Suchen Sie die Datei MSACCESS.EXE bzw. die Datenbank, die Sie öffnen wollen. (Datenbanken tragen grundsätzlich die Endung 'MDB'.)

3. Öffnen Sie die markierte Datei mit einem Doppelklick.

- Vielleicht wünschen Sie sich ja auch den sofortigen Programmstart von Access beim Windows-Aufruf. In diesem Fall wäre Access betriebsbereit, nachdem Windows gestartet wurde. Auch hier gibt es zwei Möglichkeiten dies zu bewerkstelligen, über entsprechende Befehle der WIN.INI-Datei bzw. über die Autostart-Gruppe. Arbeiten Sie derzeit noch mit Windows 3.0, so können Sie den automatischen Programmstart nur über die WIN.INI veranlassen, da Windows 3.0 keine Autostart-Gruppe beinhaltet. Andernfalls können Sie sowohl die WIN.INI als auch die Autostart-Gruppe verwenden. Achten Sie darauf, daß zuerst alle Programme ausgeführt werden, die in der WIN.INI-Datei eingetragen sind, bevor die Programme der Autostart-Gruppe geladen werden.

  Beginnen wir mit dem Eintrag in der WIN.INI.

1. Öffnen Sie dazu den Windows **Editor** aus der Zubehörgruppe.

2. Geben Sie [Alt] + [D] und anschließend [F] ein, um den Dialog **Datei öffnen** aufzurufen.

3. Wechseln Sie nun in das Windows-Verzeichnis, indem Sie es unter **Verzeichnisse** auswählen und mit **OK** bestätigen.

4. Tragen Sie in das Feld **Dateiname** WIN.INI ein und bestätigen noch einmal mit **OK**.

Die erste Sektion der WIN.INI lautet [windows]. In dieser Sektion befinden sich zwei Schlüsselwörter, die für das Auf-

Installation und Programmaufruf

rufen von Access beim Windows-Programmstart sorgen, 'load=' bzw. 'run='. Während 'load=' die Programme lediglich als Sinnbild (Ikone) startet, sorgt 'run=' dafür, daß Access als 'vollständiges Fenster' geöffnet wird, bereit, Ihre Eingaben entgegenzunehmen.

5. Unter 'load=' bzw. 'run=' legen Sie Laufwerk, Pfad sowie Programmnamen fest, zum Beispiel:

Abb. 2- Access per WIN.INI-Eintrag automatisch starten

6. Anschließend verlassen Sie den Editor (Tastenkombination [Alt] + [D], dann [B].) und beantworten die Frage nach dem Speichern mit **Ja**.

7. Schließen Sie jetzt den Programm-Manager von Windows und rufen diesen anschließend wieder auf. Sie werden sehen, daß Access nun beim Windows-Start aufgerufen wird.

- Arbeiten Sie jedoch mit Windows 3.1 bzw. Windows für Workgroups, können Sie diese ganze Sache viel einfacher erledigen, über die Autostart-Gruppe wie Sie jetzt sehen werden:

1. Stellen Sie die Programmgruppen **Microsoft Access** und **Autostart** über das Menü [Fenster][Nebeneinander] dar.

2. Wechseln Sie in die Programmgruppe **Microsoft Access**.

3. Ziehen Sie die Access-Ikone auf die **Autostart**-Gruppe und lassen sie dort wieder los.

4. Betätigen Sie die Tastenkombination [Alt] + [↵], um die Programmeigenschaften zu überprüfen.

Autostart

5. Damit Access in Zukunft im 'Ikonenformat' gestartet wird, kreuzen Sie das Kontrollkästchen **Als Symbol** im Dialog **Programmeigenschaften** durch einen einfachen Mausklick an. Soll Access allerdings in voller Fenstergröße aufgerufen werden, entfernen Sie das Kreuz vor **Als Symbol**.

6. Überprüfen Sie nun noch, ob die Pfadangabe unter **Arbeitsverzeichnis** korrekt ist, denn damit ist das Datenverzeichnis gemeint. Bestätigen Sie anschließend Ihre Angaben mit **OK**.

7. Beim nächsten Aufruf von Windows wird Access automatisch als Symbol geöffnet.

Unabhängig davon, auf welche Art und Weise Sie Access öffnen, erhalten Sie in jedem Fall folgenden Bildschirm:

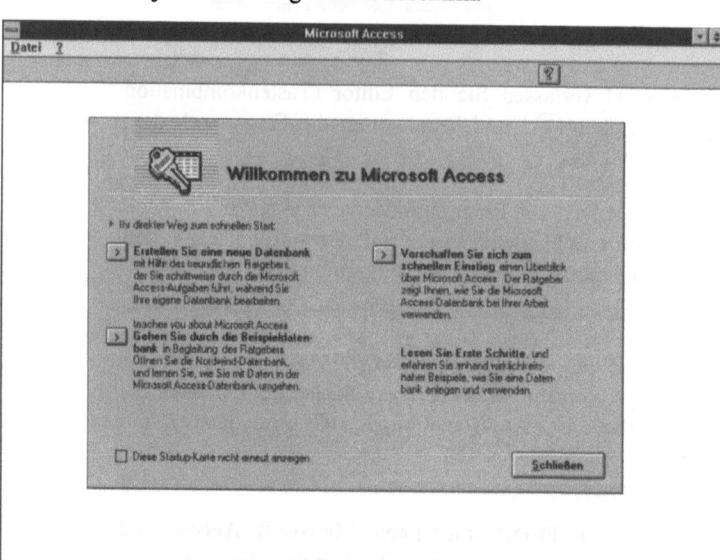

Abb. 2- Access-Start-Bildschirm

Herzlich Willkommen zu einem Datenbankmanagementsystem neuer Dimension. Bevor Sie sich allerdings jetzt ins Vergnügen stürzen, wollen wir Ihnen einige allgemeine Hinweise zu relationalen Datenbanken geben. Damit Ihr Rechner ordnungsgemäß ausgeschaltet

Installation und Programmaufruf 27

werden kann, verraten wir Ihnen zum Abschluß dieses Kapitels noch, wie Access wieder verlassen wird. So schwer das auch fallen mag!

ACCESS beenden

Denn schließlich haben Sie sich nach soviel 'input' eine Pause redlich verdient. Auch beendet werden kann das Programm auf unterschiedlichste Weise. Wir wollen daher - in alter Gewohnheit - den einzelnen Möglichkeiten der Reihe nach auf den Grund gehen.

- Natürlich beginnen wir auch diesmal mit der bekanntesten Methode.

1. Öffnen Sie das [Datei]-Menü (Tastenkombination [Alt] + [D]).

2. Geben Sie [B] für [Beenden] ein.

- Eine weitere Möglichkeit bietet Ihnen das **Systemmenü**. Ein solches **Systemmenü** besitzt jedes Windows-Programm. Es enthält immer wieder identische Menüpunkte, unabhängig davon, in welchem Windows-Programm Sie sich befinden. So zum Beispiel den Menüpunkt zum Schließen des Programms.

1. Halten Sie die Taste [Alt] gedrückt, während Sie die Taste [____] (Leertaste) einmal betätigen.

2. Geben Sie anschließend [L] für [Schließen] ein.

- Sicher ist Ihnen nicht entgangen, daß hinter dem Menüpunkt [Schließen] im Systemmenü ALT + F4 eingetragen ist. Alle Befehle, die über solche Tastenkombinationen verfügen, können angesteuert werden, ohne daß ein Öffnen des Menüs erforderlich ist. Für alte 'Windows-Hasen' nicht neu.

Halten Sie die Taste [Alt] gedrückt, während Sie die Funktionstaste [F4] einmal betätigen.

Task-Liste

- Aber auch die **Task-Liste** von Windows kann zum Beenden von Access herangezogen werden.

1. Öffnen Sie das **Systemmenü**.

2. Geben Sie [Z] ein für [Wechseln zu...], um die Windows-Task-Liste aufzurufen:

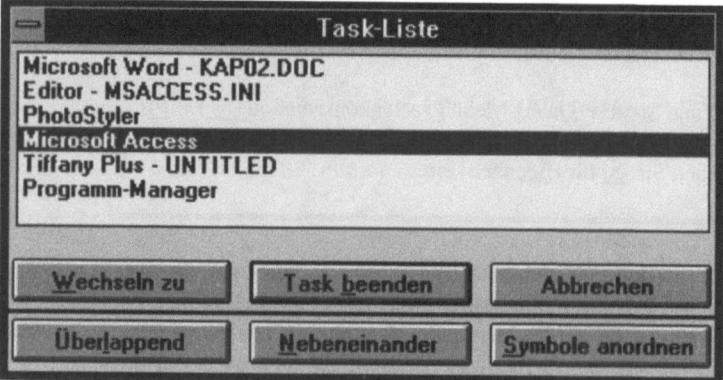

Abb. 2- Access über die Task-Liste beenden

3. Positionieren Sie den Cursor auf den Programm-Namen von Access.

4. Anschließend klicken Sie auf den Schalter **Task beenden**.

- Der Vollständigkeit halber soll nun noch darauf hingewiesen werden, daß sich die **Task-Liste** von Windows auch mittels Tastenkombination aufrufen läßt.

Halten Sie die Taste [Strg] gedrückt, während Sie die Taste [Esc] einmal betätigen.

Installation und Programmaufruf 29

In allen obengenannten Fällen wird Access ordnungsgemäß beendet. Und Sie, lieber Leser, können die wohlverdiente Pause antreten.

Zusammenfassung des Kapitels

- Sie haben die Voraussetzungen kennengelernt und gegebenenfalls geschaffen, um Access auf Ihrem System installieren zu können.

- Sie haben sich mit den Merkmalen der Einzelplatzinstallation vertraut gemacht und deren mögliche Installationsvarianten erkundet.

- Sie haben erfahren, welche Details bei einer Netzwerkinstallation zu beachten sind und wie die Pfade im Netzwerk für eine erfolgreiche Einrichtung von Access zu setzen sind.

- Sie haben den Ablauf der Netzwerkinstallation erarbeitet und dabei die Einrichtung auf dem Fileserver sowie auf lokalen Arbeitsstationen unterscheiden gelernt.

- Sie haben unterschiedliche Möglichkeiten getestet, um Access aufzurufen, aber auch zu beenden.

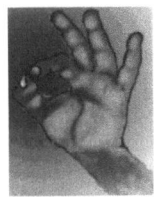

TRAINIEREN SIE IHR WISSEN:

1. Nennen Sie die Minimalanforderungen an Hard- und Software, um Access erfolgreich zu installieren.

2. Welche Informationen sind für die Registrierung beim Access-System während der Installation anzugeben?

3. Welche Verzeichnisse sind erforderlich, um Access in einer Netzwerkumgebung zu installieren?

4. Nennen Sie die erforderlichen Schritte für die Netzwerkinstallation.

5. Nennen Sie die unterschiedlichen Möglichkeiten, Access beim Windows-Programmstart automatisch zu öffnen.

Kapitel 3

Überblick
Datenbanken und ihre Verwaltung
Das relationale Modell
SQL, was ist das?
Das relationale Datenbankmanagementsystem
Objekte, Eigenschaften und Ereignisse
Zusammenfassung des Kapitels

3. ACCESS, die relationale Datenbank

Überblick

Relationale Datenbanken, Datenbankmanagementsysteme, Datenbanksprachen, SQL... Begriffe über Begriffe, von denen dieses Kapitel einige klären will. Um ein komplexes relationales Datenbankmanagementsystem wie Access zu erkunden, kommt man so ganz ohne Theorie einfach nicht aus. Es geht also darum, 'Vokabeln' zu lernen.

Kurz und schmerzlos wird Ihnen **Kapitel 3** daher diese theoretischen Grundlagen näher bringen. Sie erfahren dabei den Unterschied zwischen nichtrelationalen Systemen und Access, einer relationalen Datenbank. Darüber hinaus werden wir auf die Objekte und Eigenschaften von Access eingehen.

Datenbanken und ihre Verwaltung

Bevor wir mit dem Begriff 'Datenbank' operieren, sollten wir klären, was genau man unter Datenbank versteht. Das Computerlexikon von Microsoft definiert diesen Begriff wie folgt:

> Mit Datenbank bezeichnet man sowohl die Datenbasis als auch das Datenbanksystem selbst. Die Datenbasis besteht aus einem oder mehreren Files, die sämtliche Daten einer Datenbank (Datenbasis) enthalten. Diese Daten werden von einem Datenbanksystem, auch Datenbankverwaltungssystem genannt, einem Softwarepaket, verwaltet. Das heißt, dieses System erlaubt den Zugriff auf bestimmte Daten, das Suchen nach Daten aufgrund eines oder mehrerer Suchbegriffe, die Speicherung der Daten nach vorgegebenen Kriterien sowie die eigentliche Speicherplatzverwaltung unter Einbeziehung aller externen Massenspeicher.

In einer Datenbank werden demnach unterschiedlichste Informationen - wie Adressen, Kunden-, Auftrags- oder Rechnungsnummern, Zusatztexte usw. - gespeichert. Nun sind diese gespeicherten Informationen allerdings nur dann von Nutzen, wenn mit ihnen möglichst komplikationslos gearbeitet werden kann. Nach der oben angegebenen Definition werden die Daten durch ein Datenbankverwaltungssystem, meist auch als Datenbankmanagementsystem (DBMS) bezeichnet, verarbeitet. Das Datenbankmanagementsystem, kurz DBMS, sorgt dafür, daß die Daten der Datenbank auf dem Bildschirm ausgegeben, modifiziert und wieder gespeichert werden können. Selbstverständlich erlaubt jedes DBMS auch das Löschen veralterter Daten.

DBMS

Damit ein DBMS allerdings aktiv werden kann, zum Beispiel Daten am Bildschirm anzeigt, muß ein 'jemand' oder 'etwas' den Befehl dazu geben. Dieser 'Befehlsgeber' können Sie - als Benutzer - sein, es kann jedoch auch ein Programm sein. In diesem Fall übernimmt das Programm die Rolle des Benutzers. Ein Benutzer muß demzufolge in der Lage sein, einem DBMS beispielsweise Befehle zu geben wie:

'Lösche alle Daten über den Mitarbeiter Müller'.

Befehle werden dem DBMS mit Hilfe spezieller Sprachen gegeben, den sogenannten Datenbanksprachen. Die nach den Regeln der Datenbanksprache formulierten Befehle oder Anweisungen werden durch einen Benutzer eingegeben und durch das DBMS verarbeitet. Jedes DBMS verfügt über wenigstens eine solche Datenbanksprache, manche auch über mehrere. Alle diese Sprachen unterscheiden sich voneinander und verteilen sich auf verschiedene Gruppen, von denen eine die der relationalen Datenbanksprachen bildet. Bevor wir uns allerdings diese Datenbanksprachengruppe näher ansehen, wollen wir zunächst etwas über die generellen Aufgaben eines DBMS sagen.

Jedermann weiß, daß ein DBMS keine Schubladen und Aktenordner, sondern Speichermedien wie Disketten, Festplatten u.ä. verwendet, um Daten aufzubewahren. Die Art und Weise, w i e das DBMS Daten auf diese Medien speichert, interessiert uns als Anwender nicht, denn eine der wichtigsten Aufgaben eines DBMS ist es, dem Benutzer Datenunabhängigkeit zu bieten. Das bedeutet, daß der Benutzer nicht zu wissen braucht, wie und wo die Daten gespeichert werden. Für ihn ist die Datenbank einfach ein großes Reservoir, das alle Daten aufnimmt.

Eine andere wichtige Aufgabe eines DBMS ist es, die Integrität der Daten zu gewährleisten. Diese müssen widerspruchsfrei (auch konsistent genannt) sein. So darf es also nicht vorkommen, daß das Geburtsdatum von Frau Maier an einer Stelle mit dem 14.08.1960 erfaßt wird, während dieselbe Frau Maier an anderer Stelle mit dem Geburtsdatum 10.07.1958 geführt wird. Diese Daten sind inkonsistent. Jedes DBMS kennt Anweisungen, mit denen Integritätsvorschriften spezifiziert werden können. Sind diese Vorschriften einmal eingeführt, sorgt das DBMS dafür, daß sie eingehalten werden.

Das relationale Modell

Das relationale Modell wurde bereits 1970 von E.F. Codd, einem Amerikaner, der damals noch für IBM arbeitete, eingeführt. Dieses Modell stellte eine theoretische Grundlage für Datenbanksprachen dar. Das Modell besteht aus einigen einfachen Konzepten für das Registrieren von Daten in Datenbanken sowie aus einer Reihe von Operatoren, mit denen diese Daten bearbeitet werden können. Das relationale Modell hat bei der Entwicklung von Datenbanksprachen insofern als Vorbild gedient, als dessen Konzepte und Gedanken in die Konstruktion der Sprachen eingingen. Deshalb werden sie auch als relationale Datenbanksprachen bezeichnet. SQL ist ein Musterbeispiel für diese Sprachen.

SQL

Die allerwichtigsten Begriffe aus dem relationalen Modell wollen wir an dieser Stelle behandeln. Wohlgemerkt, es handelt sich dabei lediglich um eine Teilmenge, die im Zusammenhang mit Microsoft Access von Bedeutung ist. Sofern Sie sich umfassend in das relationale Modell einarbeiten wollen, empfehlen wir Ihnen auf die einschlägige Literatur zurückzugreifen.

Dennoch sind folgende Begriffe ein absolutes 'Muß', da sie von großer Bedeutung sind:

- Tabelle
- Spalte
- Reihe
- Primärschlüssel
- Sekundärschlüssel

**Tabelle,
Spalte,
Reihe**

Eine relationale Datenbank kennt nur eine Form der Datenspeicherung - die Tabellenform. Eine andere, häufig verwendete Bezeichnung für eine Tabelle ist 'Relation'. Von dieser Bezeichnung leitet sich der Begriff relationale Datenbanksprache ab.

Jede Tabelle besteht aus Spalten und Reihen. Die Spalten werden auch als Attribut bezeichnet. Jede Reihe enthält einen Datensatz:

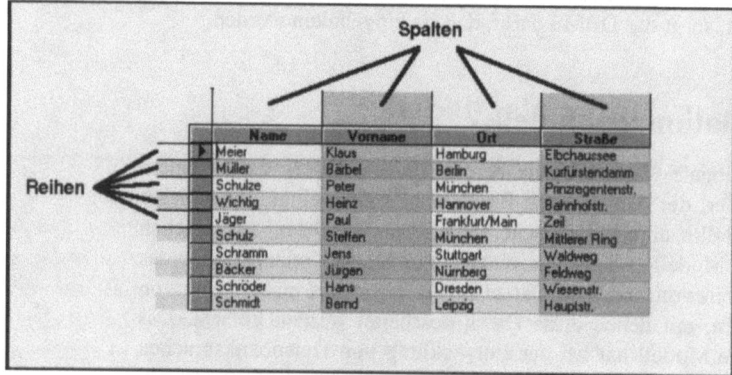

Abb. 3-1 Spalten und Reihen innerhalb der Tabelle

Die Tabelle hat zwei spezielle Eigenschaften:

- Der Schnittpunkt einer Reihe und einer Spalte kann nur einen Wert enthalten, den sogenannten atomischen Wert.

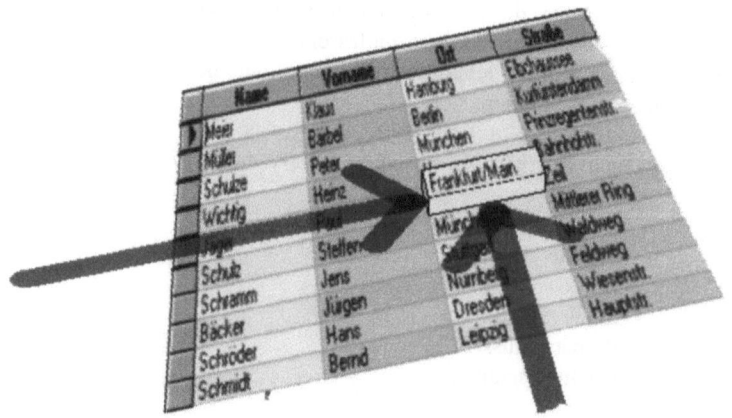

Abb. 3-2 Der atomische Wert

ACCESS, die relationale Datenbank 37

- Die Reihen in einer Tabelle haben keine spezifische Reihenfolge.

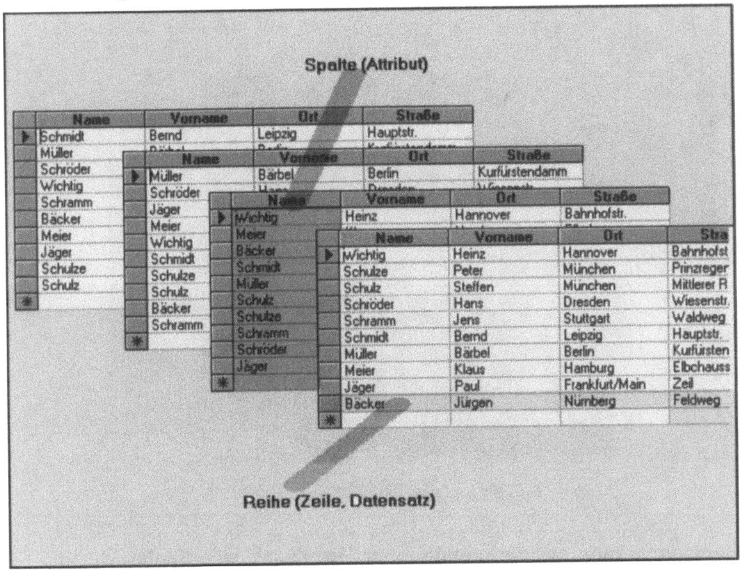

Abb. 3-3 Beliebige Reihenfolge der Reihen einer Tabelle

Der Primärschlüssel einer Tabelle ist eine Spalte aus dieser Tabelle (oder eine Kombination mehrerer Spalten), die als eindeutige Kennzeichnung für die Reihen in der Tabelle verwendet werden kann. Das kann zum Beispiel eine Kundennummer sein. Jeder Kunde erhält ja bekanntlich eine eigene Nummer, unter der er in unserem Unternehmen geführt wird. Und da diese für jeden Kunden anders ist, bietet sie sich als Primärschlüssel an. Weitere Voraussetzung ist jedoch, daß konsequent jeder Kunde eine eigene Kundennummer erhält, auch wenn er nur ein einziges Mal bei uns einkauft (wir möchten an dieser Stelle zu bedenken geben, daß es für solche Kunden die sogenannte Kundensammelnummer gibt), denn das ist die zweite Bedingung für den Primärschlüssel: Er muß in jeder Reihe immer einen Wert haben. Zusammengefaßt ergeben sich für den Primärschlüssel zwei Forderungen:

Primärschlüssel

- Er muß eindeutig sein.
- Er muß in jeder Reihe einen Wert haben.

Hierzu einige Beispiele:

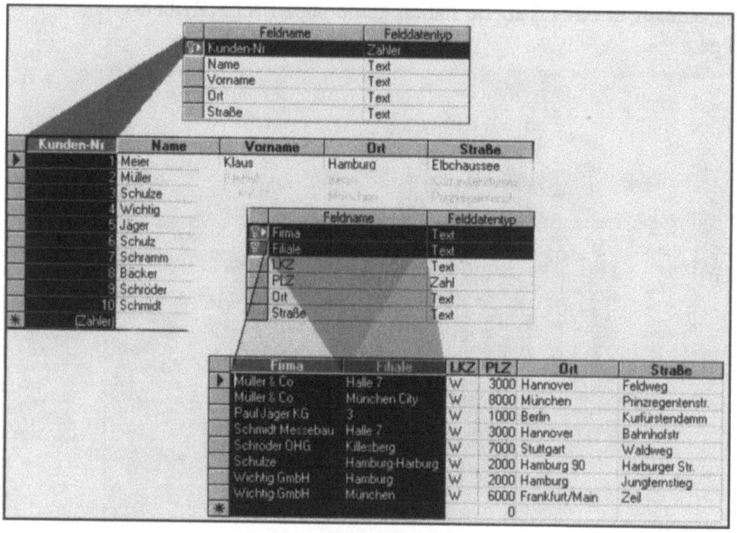

Abb. 3-4 Primärschlüssel

Sekundär-schlüssel

Selbstverständlich kann zur Gestaltung einer Datenbank jede Spalte mit einem Schlüssel versehen werden. Möglicherweise wollen Sie Ihre Kundendatenbank nicht nur nach der Kundennummer (also dem Primärschlüssel) sortieren, sondern auch nach dem Postleitzahlgebiet, dem Umsatz des Kunden oder einfach nach seinen offenen Rechnungen. (Bedenken Sie, daß sich nach indizierten Feldern eben viel schneller suchen läßt. Die Betonung liegt allerdings hierbei auf S u c h e n . Die Eingabe der Daten wird möglicherweise langsamer vonstatten gehen, da bei jedem Neuhinzufügen bzw. Ändern Ihres Datenbestandes die Tabelle neu sortiert werden muß. Die Verwendung eines Sekundärschlüssels sollte daher - in jeder Richtung - ausgewogen sein.) All diese 'Sortierwünsche' erfüllt der Sekundärschlüssel. Dabei kann jedes Attribut (also jede Spalte) herangezogen werden, mit Ausnahme der Spalte (bzw. Spalten), die den Primärschlüssel bildet. Auf Ihre Kundennummer können Sie demnach nicht zusätzlich einen Sekundärschlüssel legen. Aber das wäre ja auch völlig unnötig.

Auch hierzu einige Beispiele:

ACCESS, die relationale Datenbank

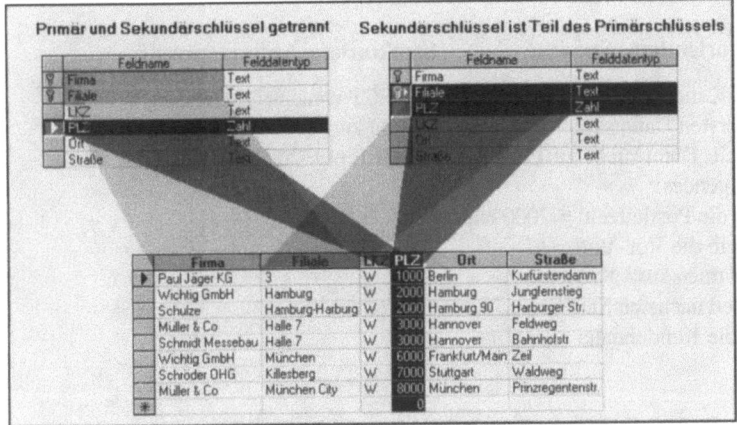

Abb. 3-5 Primär- und Sekundärschlüssel

SQL, was ist das?

SQL bedeutet Structured Query Language oder zu deutsch: strukturierte Abfragesprache und ist eine relationale Datenbanksprache. Aus diesem Grund wird sie unter die nicht-prozedurorientierten Datenbanksprachen eingeordnet, d. h. der Benutzer muß nur mit Hilfe der Anweisungen angeben, mit w e l c h e n Daten er arbeiten möchte. Er braucht jedoch nicht anzugeben, w i e der Zugriff auf die Daten im einzelnen erfolgen soll. (Diese Art der Programmierung wird auch als 'deskriptiver Programmierstil' bezeichnet.) Dabei umfaßt die Sprache unter anderem Anweisungen, um Daten eingeben, ändern, löschen, abfragen und schützen zu können. All das, was man in prozedurorientierten Sprachen wie beispielsweise COBOL, PASCAL oder BASIC auch findet.

Wo liegt nun der große Unterschied? Schauen wir uns auch dazu ein Beispiel an. Wir wollen alle Kunden (Nachnamen und Vornamen) finden, die in Hamburg (Postleitzahlgebiet 2000) wohnen.

Prozedurorientierte Sprache	Strukturierte Abfragesprache
Öffne die Kundendatei	SELECT vorname, nachname
Lies den ersten Datensatz	FROM kunde
Solange die Datei nicht zu Ende ist, mache folgendes:	WHERE plz='2000'
Wenn die Postleitzahl = 2000 ist, dann gib die Vor- und Nachnamen aus.	
Lies den nächsten Satz	
Schließe die Kundendatei	

Dieser Vergleich macht den Unterschied augenfällig, obwohl auf der linken Seite eine sehr vereinfachte Darstellung gewählt wurde. In COBOL, PASCAL oder ähnlichen prozeduralen Sprachen kann das endgültige Programm, das der gezeigten SQL-Anweisung entspricht, durchaus einige Dutzend oder mehr Einzelanweisungen enthalten.

Abschließend sei noch erwähnt, daß SQL nicht der Name für ein bestimmtes Produkt eines bestimmten Herstellers ist. Vielmehr haben zahlreiche Hersteller von Datenbankmanagementsystemen SQL als Datenbanksprache implementiert. Welche SQL-Befehle dabei unterstützt werden, ist von Hersteller zu Hersteller recht unterschiedlich. Es ist daher schwierig von einer 'SQL-Datenbank' zu sprechen. SQL-fähig hingegen geben sich heutzutage die meisten Systeme.

Das relationale Datenbankmanagementsystem

Die Antwort auf das relationale Datenbankmanagementsystems auf dem Personal Computer (PC) liefert Microsoft Access. Access bietet die Möglichkeiten der relationalen Datenverwaltung, wie sie auf größeren Rechnersystemen schon lange bekannt sind, ergänzt allerdings um die grafische Oberfläche von Windows, was dem Benutzer spürbare Verbesserungen beim 'Design', dem Entwurf, seiner Datenbanken bringt.

Um den Vorteil des relationalen Konzepts besser zu verstehen, sollten Sie sich einmal die Arbeit mit einer nichtrelationalen Datenbank ins Gedächtnis rufen. In einem solchen System werden alle Informationen, die es zu verwalten gilt, in einer einzigen Tabelle untergebracht. Das können Adressen, Telefonnummern, Einkaufs- bzw.

Verkaufsrechnungen, Produktdaten, Lieferantendaten usw. sein. Bei diesem Konzept läßt es sich einfach nicht vermeiden, daß bestimmte Daten doppelt abgespeichert werden. Immer dann, wenn Sie einen neuen Artikel mit in Ihr Programm aufnehmen, erfassen Sie selbstverständlich auch die Telefonnummer des Lieferanten, um diese - bei Bedarf - schnell abrufen zu können. Die Spalte 'Lieferantentelefonnummer' wird natürlich auch dann ausgefüllt, wenn bereits andere Artikel vom gleichen Lieferanten bezogen werden. Leider weiß man bei dieser Art der Datenaufbewahrung nicht sogleich, welche Artikel das im einzelnen waren und findet dementsprechend auch die Telefonnummer nicht sofort. Die Folge, die Telefonnummer wird bei jedem neuen Artikel wieder erfaßt. Würden Sie nur fünf Artikel bei einem Lieferanten beziehen, würde eine Telefonnummer gleich fünfmal gespeichert. Eine solche Tabelle wird leicht unübersichtlich groß, aber was noch viel schlimmer ist, wertvoller Speicherplatz wird dabei verschwendet. Nun stellen Sie sich vor, die Telefonnummer des Lieferanten, von dem Sie fünf verschiedene Artikel beziehen, ändert sich. Um überall 'up to date' zu sein, müssen Sie die Änderung gleich an fünf Stellen durchführen.

Das alles muß zum Glück nicht sein. Denn im Gegensatz zu dem zuvor beschriebenen Modell, setzt Microsoft Access auf die relationale Datenbank. Konkret bedeutet dies: Access-Datenbanken bestehen aus mehreren kleinen Tabellen. Jede Tabelle enthält nur ganz bestimmte Informationen und ist daher übersichtlich und immer überschaubar.

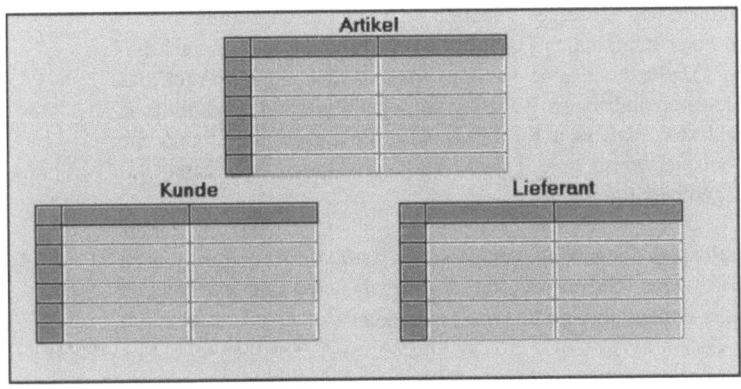

Abb. 3-6 Tabellen in Microsoft Access

Darüber hinaus erlaubt Ihnen Access die Tabellen miteinander in Beziehung zu setzen. Und so könnte es beispielsweise eine Tabelle geben, die lediglich Adressen enthält, eine andere, die Informationen zu gestellten Rechnungen beinhaltet. Nun muß in der Rechnungstabelle auch der Name des Rechnungsempfängers bekannt sein, da haben Sie recht. Aber eben diese Information erhält unsere Rechnungstabelle aus der Adreßtabelle, denn schließlich stehen beide in einer Beziehung zueinander.

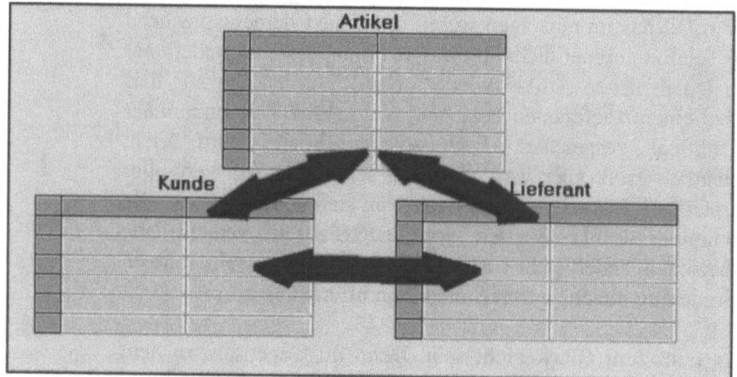

Abb. 3-7 Relationale Datenbank in Microsoft Access

Jede Teilinformation wird nur an einer Stelle gespeichert. Dies spart Speicherplatz, ist übersichtlicher und läßt sich dementsprechend schneller bearbeiten, sofern eine Änderung nötig wird. Ja selbst die Umstrukturierung einzelner Tabellen geht schnell vonstatten und so ist es in einer relationalen Datenbank kein Problem in eine ganz bestimmte Tabelle noch eine weitere Spalte aufzunehmen. Auch das Einbinden komplett neuer Tabellen ist schnell erledigt. Es könnte ja immerhin sein, daß sich Ihr Informationsbedürfnis ändert und Sie fortan beispielsweise eine Tabelle zur Verwaltung Ihrer Einkaufsrechnungen benötigen.

Ein relationales Datenbankmanagementsystem wie Access ist - nach Microsoft - eine "Software..., die das Organisieren und Analysieren von Daten ermöglicht, die in Tabellen in einer Datenbank gespeichert sind".

Objekte, Eigenschaften und Ereignisse

Den besonderen Clou des Access-Systems haben wir Ihnen allerdings noch vorenthalten. Mußten Sie in anderen PC-Datenbankmanagementsystemen jedem Datenbankfeld sämtliche Anforderungen, die es fortan zu erfüllen hatte, erst beibringen, so bringen Access-Datenbankfelder wie selbstverständlich einen ganzen Katalog von Eigenschaften einfach mit.

Betrachten wir beispielsweise ein Eingabefeld. Wir sind es gewohnt anzugeben, ob dieses Feld ein numerisches bzw. alphanumerisches Feld sein soll, über wieviele Stellen es verfügt und welches Format es erhalten soll. Doch können Sie sich vorstellen, eine Gültigkeitsregel einfach zuzuweisen? Wir konnten es zu Anfang nicht, doch Access macht es möglich! Um dem Feld beispielsweise beizubringen, daß es nur Eingaben < 100 zu akzeptieren hat, reicht es aus, diese Regel als Feldeigenschaft einzustellen. Dazu ist nicht eine Zeile Programmcode erforderlich. Damit allerdings nicht genug, erlaubt Access es jetzt auch noch, eine Gültigkeitsmeldung zuzuweisen. Immer, wenn ein Wert > 100 eingetragen wird, erhält der Benutzer eine Meldung, die ihn auf den Gültigkeitsbereich hinweist. Und auch das muß nicht programmiert werden, sondern wird einfach zugewiesen.

Dabei ist ein Eingabefeld nur ein ganz minimales Beispiel für die umfangreichen Eigenschaften, die sich in Access einstellen lassen. Hinzu kommt, daß sämtliche Elemente in Access als einzelne Objekte betrachtet werden. Die Tabelle ist ein Objekt, ein Formular ist ein Objekt und auch ein Bericht ist ein Objekt. Jedes dieser Objekte verfügt über weitere eigene Objekte. Das Formular kann beispielsweise Anzeigefelder, Eingabefelder, Listenfelder usw. aufnehmen. Jedes dieser Elemente verfügt seinerseits über eine reichhaltige Palette von Eigenschaften. Über diesen Weg lassen sich Farben, Schriftarten, ja selbst Bildinformationen einfach zuweisen.

Access, soviel läßt sich mit Sicherheit an dieser Stelle schon sagen, ist für den PC ein relationales Datenbankmanagementsystem neuer Dimension.

Zusammenfassung des Kapitels

- Sie haben die Begriffe Datenbank, Datenbankmanagementsystem und Datenbanksprache kennengelernt.

- Sie haben einen Einblick in das relationale Modell erhalten und die wichtigsten hiermit verbundenen Begriffe studiert.

- Sie haben herausgefunden, was SQL ist und erfahren, daß SQL auf den unterschiedlichen System unterschiedlich genutzt wird.

- Sie haben Access als relationales Datenbankmanagementsystem für PCs kennengelernt und die Unterschiede zu nichtrelationalen Systemen erarbeitet.

- Sie haben von der Bedeutung der Objekte und Eigenschaften in Access Kenntnis erhalten.

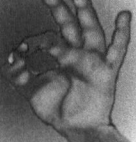

TRAINIEREN SIE IHR WISSEN:

1. Erklären Sie die Begriffe Datenbankmanagementsystem und Datenbanksprache.

2. Nennen Sie die wichtigsten Elemente des relationalen Modells.

3. Beschreiben Sie den Unterschied zwischen einer prozedurorientierten Sprache und einer strukturierten Abfragesprache.

4. Worin unterscheidet sich ein nichtrelationales Modell von einem relationalen Datenbankmanagementsystem wie Access?

Kapitel 4

Überblick
Die Bedienung der Maus
Die Elemente eines Fensters
Die Titelzeile
Die Menüleiste
Die Pull-Down-Menüs
Die Symbolleiste
Die Dialogboxen
Die Statuszeile
Die Bildlaufleiste
Zusammenfassung des Kapitels

4. Ein Blick durch das Fenster

Überblick

In **Kapitel 2** haben Sie den Aufruf von Access erprobt und dabei einen ersten Eindruck vom - auf den ersten Blick 'spartanischen' - Access-Fenster erhalten. **Kapitel 4** will Ihnen den Aufbau eines Fensters, am Beispiel Access, näherbringen. Sie werden typische Symbole kennenlernen, über die die meisten Windows-Fenster verfügen, und die Grundlagen des Bildschirmaufbaus sowie der angebotenen Hilfsmittel erkunden. Da das Navigieren mit der Maus die einfachste Art ist, Windows-Programme zu bedienen, ist ein Teil dieses Kapitels der Mausbedienung gewidmet.

Kapitel 4 richtet sich demnach an diejenigen, die mit Windows-Programmen noch nicht allzuviel Erfahrung haben. Sollten Sie mit anderen Windows-Applikationen bereits vertraut sein, ist das Durcharbeiten dieses Kapitels nicht erforderlich. Ihnen empfehlen wir, gleich zu **Kapitel 5** weiterzublättern, um die Hilfefunktionen von Access kennenzulernen. Wir verraten nicht zuviel, wenn wir sagen: Es lohnt sich! Denn einige dieser Funktionen sind brandneu.

Die Bedienung der Maus

Die Maus ist ein zusätzlich an Ihren Rechner angeschlossenes Gerät, das mit 2 oder 3 Tasten ausgestattet sein kann. Für Ihre Arbeit in Access werden Sie allerdings hauptsächlich die linke Maustaste bemühen. Es gibt nur wenige Aufgaben, die a u c h über die rechte Maustaste erledigt werden können. Eben auch, das bedeutet: Sie können diese Aufgaben natürlich genausogut mit der linken Taste realisieren. Für folgende Aufgabenbereiche läßt sich die Maus beispielsweise einsetzen:

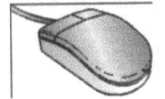

- Zur Steuerung des Cursors.
- Zur Auswahl von Befehlen, Objekten, Elementen usw.
- Zum Markieren von Feldinhalten bzw. Reihen oder Spalten einer Tabelle.
- Zum Abruf der Befehle über die Symbolleisten.

- Zum Verschieben von Informationen auf einem Formular bzw. in einer Tabelle oder Abfrage.

Um die Maus zu bewegen reicht es aus, sie auf einer kleinen Fläche Ihres Schreibtisches hin und her zu fahren. Bewegungen nach oben, nach unten, nach links und nach rechts sind dabei erlaubt. Abhängig davon, in welche Richtung Sie die Maus auf Ihrem Schreibtisch bewegen, wird der Mauszeiger nach oben, nach unten, nach links oder nach rechts über den Bildschirm bewegt:

Abb. 4-1 Die Bewegungen der Maus gibt der Mauszeiger wieder

Der Mauszeiger kann dabei unterschiedlichste Formen annehmen. Wir wollen hier zunächst die Standardformen betrachten, die Ihnen immer wieder begegnen werden:

Maussymbol	Name des Symbols	Beschreibung
↖	Pfeilzeiger	Sie bewegen den Mauszeiger außerhalb des Dateneingabebereichs, z. B. auf ein Menü, auf ein Symbol, auf eine Bildlaufleiste usw.
↔ ↕ ↘ ↙	Doppelpfeil	Sie bewegen den Mauszeiger über einen Bereich, der sich mit der Maus vergrößern bzw. verkleinern läßt. Damit können Sie beispielsweise die gewünschte Fenstergröße einstellen.

Ein Blick durch das Fenster 47

| I | Einfügecursor | Sie bewegen den Mauszeiger in irgendeinem Dateneingabebereich. |

Lernen Sie ruhig die verschiedenen Formen einmal kennen! Wir wollen dazu eine neue Datenbank öffnen und gehen davon aus, daß Sie Access bereits aufgerufen haben.

1. Zeigen Sie mit der Maus auf das Menü [Datei].

2. Drücken Sie einmal kurz die linke Maustaste.

3. Zeigen Sie auf den Befehl [Neue Datenbank anlegen] und drücken auch hier einmal kurz die linke Maustaste.

4. Access zeigt jetzt den Dialog **Neue Datenbank anlegen**. Zeigen Sie für diese Übung einfach auf die Schaltfläche OK und drücken wieder einmal kurz die linke Maustaste.

Access öffnet nun für Sie eine leere Datenbank mit dem Namen DB1. So sollte Ihr Access-Fenster nun aussehen:

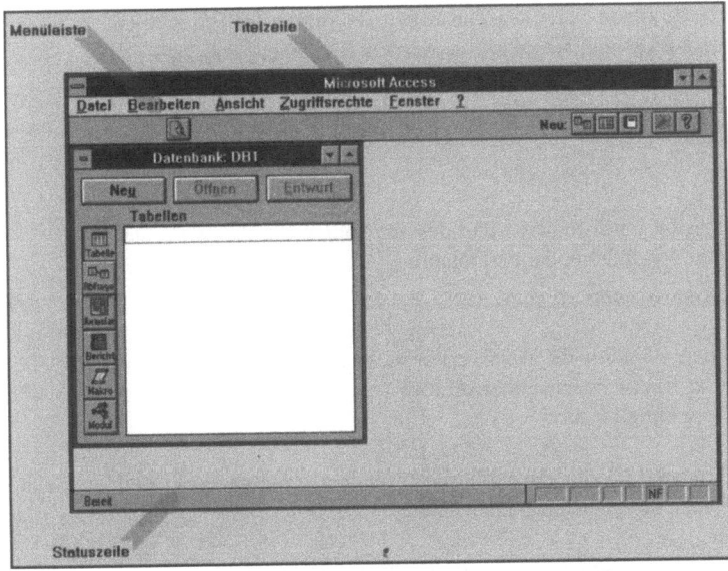

Abb. 4-2 Eine leere Datenbank wurde in Access geöffnet.

In das Access-Programmfenster wurde das Datenbankfenster geladen, zu erkennen an den typischen Fensterrahmen:

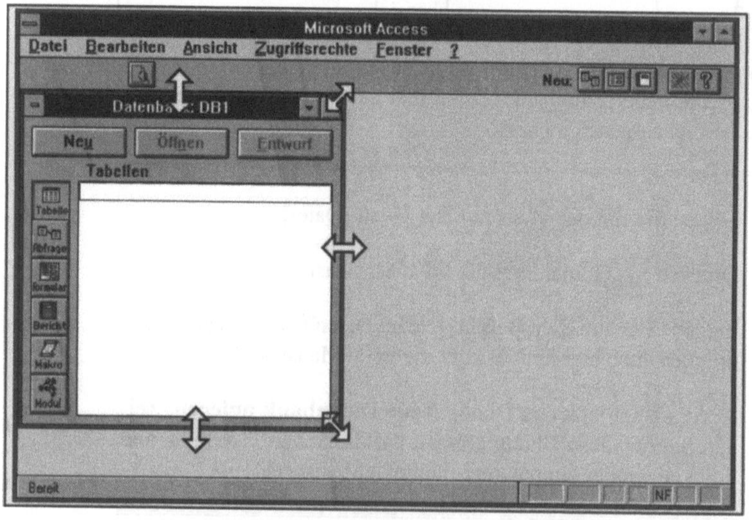

Abb. 4-3 Fensterrahmen der Datenbank

Zeigen Sie nun auf einzelne Elemente dieses Fensters, zum Beispiel die Titelzeile (erste Zeile des Fensters) oder mitten in den Bereich des Access-Programmfensters. Sie werden feststellen, daß sich der Cursor als Zeiger präsentiert, mit dem sich bestimmte Aktionen wunderbar auswählen lassen. Was tun jedoch, wenn Sie beispielsweise das Datenbankfenster in seiner Größe anders gestalten wollen? Reicht ein bloßes Zeigen dann auch?

Probieren geht über studieren und deshalb sollten Sie dieses Fenster nun einmal vergrößern oder verkleinern.

1. Zeigen Sie auf die rechte obere Ecke des Datenbankfensters. (Der Mauszeiger verwandelt sich in den zuvor beschriebenen Doppelpfeil.)

2. Drücken Sie die linke Maustaste, halten diese gedrückt und ziehen die Maus nach links unten.

3. Dort angekommen, lassen Sie die Maustaste wieder los.

Ein Blick durch das Fenster

Schon ist das Datenbankfenster kleiner geworden:

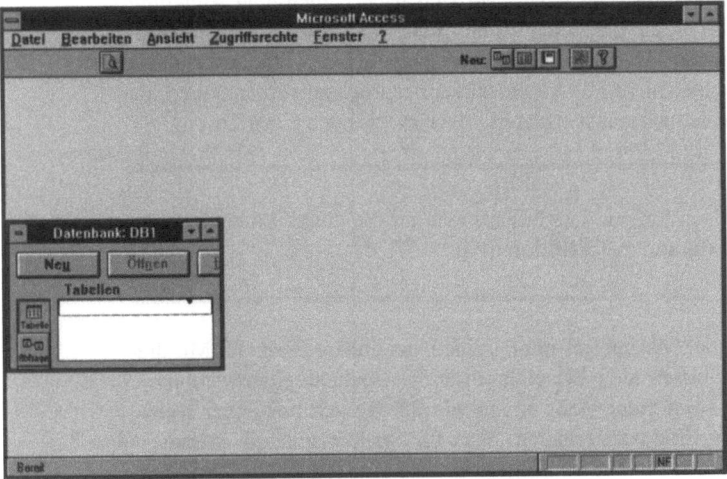

Abb. 4-4 Verkleinertes Datenbankfenster

Allerdings mußten Sie die Darstellungsart des Doppelpfeils zu Rate ziehen, um diese Anpassung durchzuführen. Eine dritte typische Mauszeigerform ist der Einfügecursor. Er signalisiert grundsätzlich seine Bereitschaft, Buchstaben oder Zahlen in Feldern bzw. Eingabebereichen aufzunehmen. Um diese Form kennenzulernen, werden Sie jetzt eine Tabelle öffnen.

1. Zeigen Sie auf die Schaltfläche **Neu** im Datenbankfenster. Access öffnet daraufhin eine leere Tabelle für Sie. Der Cursor blinkt im ersten Feld.

2. Geben Sie hier *Kuden* ein. Das Wort enthält einen Schreibfehler (das *n* von *Kunden* fehlt!).

3. Zeigen Sie jetzt mit der Maus hinter das *u* von *Kuden*. Der Cursor verwandelt sich in einen Einfügecursor.

4. Drücken Sie einmal kurz die linke Maustaste, um den Cursor an diese Stelle zu bewegen.

5. Berichtigen Sie den Fehler, indem Sie ein *n* eingeben.

Der Einfügecursor stellt sich demnach immer dann ein, wenn innerhalb eines Wortes oder einer Zahl sich nachträglich eine Änderung ergibt. Von diesen drei wichtigsten Darstellungsarten einmal abgesehen, kennt der Mauszeiger die unterschiedlichsten Variationen, die allerdings hier nicht alle im einzelnen besprochen werden sollen, da sie sich meist von selbst erklären. Machen wir noch einen Test:

> Zeigen Sie mit dem Mauszeiger auf die dünne Linie zwischen **Feldname** und **Felddatentyp**.

Siehe da, der Mauszeiger nimmt eine ganz andere Form an. Mit dieser Form lassen sich beispielsweise die Spaltenbreiten verändern. Ziehen Sie ruhig die Maus einmal ein Stück nach links oder rechts, um diesen Effekt zu erhalten. Was für Spalten gilt, gilt selbstverständlich auch für Zeilen. Zeigen Sie dafür auf die dünne Linie zwischen zwei Reihen, ungefähr so:

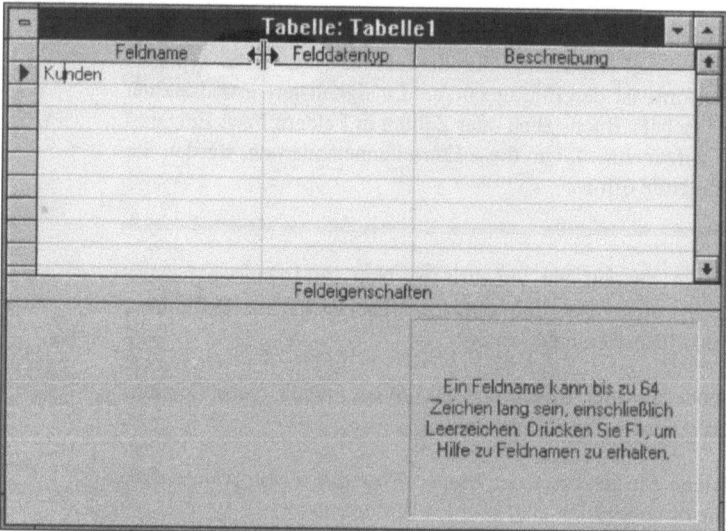

Abb. 4-5 Cursordarstellung zur Veränderung der Reihengröße

Sie werden die unterschiedlichen Darstellungsformen im Verlauf dieser Publikation anwenden und dadurch im einzelnen kennenlernen. Schließen Sie nun Ihre Tabelle wieder.

Ein Blick durch das Fenster 51

1. Öffnen Sie das [Datei]-Menü mit der Maus.

2. Wählen Sie den Befehl [Schließen].

3. Die Frage, ob Sie speichern möchten, beantworten Sie bitte mit **Nein**.

Sicher haben Sie folgende Erkenntnis im Umgang mit der Maus bereits gewonnen: Die Form des Mauszeigers ist eine Sache, die Verwendung der Maustaste eine andere. Grundsätzlich gilt:

1. Mauszeiger an die gewünschte Position setzen.
2. Aktion per Mausklick durchführen.

Die Frage bleibt, welche Maustaste nehmen wir und auf welche Weise muß Sie benutzt werden. Der erste Teil der Frage ist sehr leicht beantwortet, wir nehmen grundsätzlich die linke Taste. (Sollte sich die rechte Maustaste im Laufe der Arbeit mit Access als günstiger erweisen, werden wir Sie an diesen speziellen Stellen auf den Einsatz der rechten Taste gesondert hinweisen.) Der zweite Teil der Frage läßt sich ganz einfach klären, wenn man sich die Möglichkeiten einmal deutlich macht, die zur Verfügung stehen. Als da sind:

Verwendung	**Beschreibung**
KLICKEN	Kurzes Drücken und Loslassen der Maustaste.
DOPPELKLICKEN	Zweimal kurz hintereinander die Maustaste drücken.
ZIEHEN	Maustaste drücken und festhalten. Dabei die Maus in eine gewünschte Richtung bewegen.

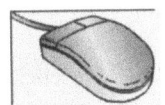

Ganz intuitiv haben Sie zuvor in Ihrer Übungsphase bereits das Klicken und das Ziehen verwendet. Ein Doppelklick bietet sich beispielsweise immer dann an, wenn Sie ein Wort (in einem Tabellenfeld oder einem Eingabefeld) markieren wollen.

Die Elemente eines Fensters

Dieser Teil des Kapitels wird Ihnen die Elemente eines Fensters, speziell natürlich des Access-Fensters, näherbringen. Sie haben im vorangegangenen Teil bereits eine neue Datenbank geöffnet. Ihr Fenster sollte demnach derzeit folgendes Aussehen haben:

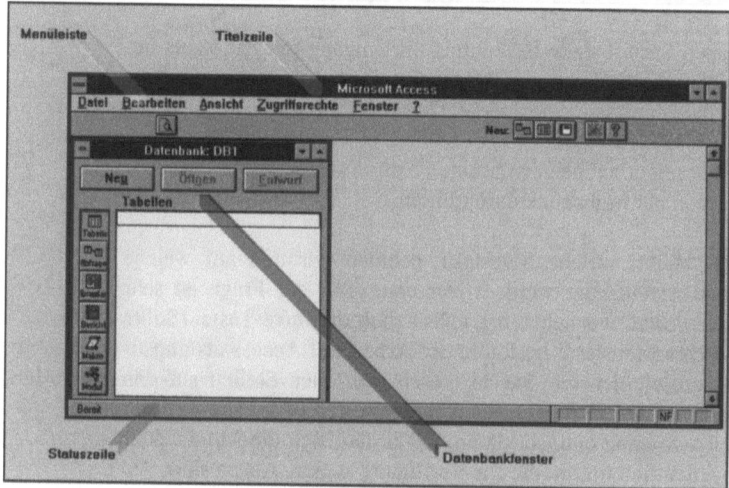

Abb. 4-6 Der Access-Arbeitsbildschirm

Vielleicht haben Sie einen ähnlichen Bildschirmaufbau schon in einem anderen Windows-Programm entdeckt. Wenn nicht, sei an dieser Stelle gesagt, jede Windows-Anwendung läuft in einem eigenen Fenster. Dadurch ist es möglich, mehrere Programme unter Windows gleichzeitig zu öffnen. Nehmen wir an, Sie hätten lediglich Windows gestartet und anschließend Access aufgerufen. Auf Ihrem Rechner laufen somit zwei Programme: Microsoft Windows und Microsoft Access. Wie bewegen Sie sich allerdings zwischen Windows und Access? Nichts leichter als das! Der Wechsel von einer geöffneten Anwendung zur nächsten erfolgt per Tastenkombination.

Betätigen Sie die Tastenkombination [Alt] + [↹] solange, bis Sie in das gewünschte Programm 'geschaltet' haben.

> Sollten Sie derzeit sehr viele Windows-Programme geöffnet haben, halten Sie die Taste A fest und betätigen immer wieder die Taste T, um zum gewünschten Programm zu wechseln. In diesem Fall wird auf der Bildschirmmitte lediglich der Programmname angezeigt. Drücken Sie die Taste T nun erneut, wird der nächste Programmname angezeigt, ohne daß jedes einzelne Programmfenster dargestellt wird. Diese Fähigkeit wird unter Windows als 'Schnelle Tabulatorumschaltung' bezeichnet und läßt sich über das Symbol Desktop der Systemsteuerung einschalten.

Alle Fenster in Windows haben ein ähnliches Aussehen. So wird beispielsweise die erste Zeile eines jeden Fensters grundsätzlich als **Titelzeile** bezeichnet. Warum? Ganz einfach, weil sie den Titel des Fensters trägt. Das kann der Name des Programms, ein geöffnetes Datenblatt, der Name einer Datenbank usw. sein. Gleich darunter befindet sich die **Menüleiste**, über die sich alle Funktionen des Programms abrufen lassen. Im vorangegangenen Abschnitt haben Sie die Menüleiste bereits verwendet, um eine neue Datenbank anzulegen.

Der weitaus größte Teil des Fensters kann als **Bearbeitungsbereich** bezeichnet werden. Diesen Teil nimmt in einem Textverarbeitungsprogramm das Dokument, in einer Tabellenkalkulation die Tabelle bzw. Grafik und in Access die Datenbank mit Ihren Objekten in Anspruch. An diesen Bereich schließt sich nun noch eine weitere Zeile an und das ist die **Statuszeile**. Sie hält wichtige Informationen zur Bedienung des Programms sowie zum jeweiligen Tastaturstatus bereit. In der Statuszeile läßt sich demnach immer ganz genau ablesen, ob Sie beispielsweise die Taste Dauergroßschreibung (⇩) aktiviert haben oder nicht.

Ein Element, das sich je nach Bedarf in Access einstellt, ist die **Bildlaufleiste**. Sie dient dazu, sich mausgesteuert im Fenster zu bewegen. Ist das Fenster groß genug, um den gesamten Inhalt anzuzeigen, gibt es auch keine Bildlaufleiste. Wurde das Fenster hingegen verkleinert, so wird die Bildlaufleiste automatisch eingeschaltet, um mit ihrer Hilfe die nun 'versteckten' Informationen ansteuern zu können.

Die Titelzeile

Gehen wir nun den Elementen einzeln Schritt für Schritt auf den Grund. Die erste Zeile eines jeden Fensters wird als Titelzeile bezeichnet. Das wissen Sie bereits, denn schließlich kann in dieser Zeile immer der Fenstertitel abgelesen werden. Darüber hinaus verfügt diese Zeile allerdings über einige Symbole am linken und rechten Rand:

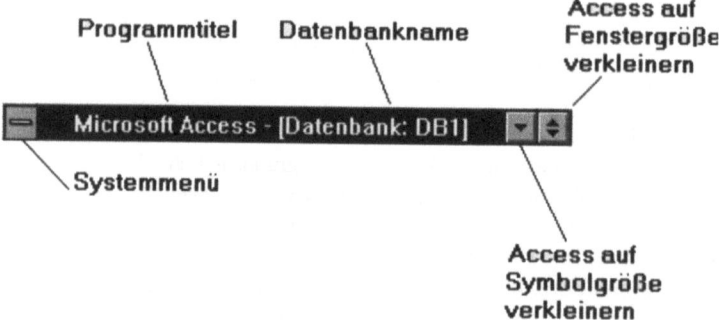

Abb. 4-7 Die Titelzeile

Um die Titelzeile kennenzulernen, werden wir diese nun lesen wie die Araber: von rechts nach links. Das äußerste rechte Symbol dient dazu, die Fenstergröße einzustellen. Zwei Fenstergrößen kennt jedes Windows-Programm:

       Den Vollbildmodus.
       Den Fenstermodus.

Im Vollbildmodus befindet sich das Programm immer dann, wenn der gesamte Bildschirm durch die Applikation belegt ist und diese keine Rahmen mehr aufweist. Aber auch das äußerste rechte Symbol verrät, wann ein Fenster die größte Ausdehnung angenommen hat. Immer dann, wenn das rechte Symbol sich so darstellt,

Vollbild

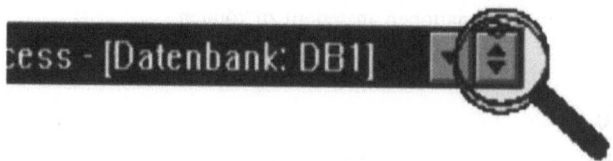

Abb. 4-8 Diese Einstellung weist auf das Vollbild des Fensters hin.

Ein Blick durch das Fenster 55

ist der Vollbildmodus eingestellt. Eine weitere Ausdehnung ist unmöglich. Sie können aber das Fenster verkleinern, indem Sie

> auf das äußerste rechte Symbol der Titelzeile zeigen und die linke Maustaste klicken.

Das Fenster erhält einen Rahmen und wird kleiner dargestellt. Mit der Maus können Sie dieses Fenster nun auf eine ganz bestimmte gewünschte Größe bringen (siehe Abschnitt **Die Bedienung der Maus** in diesem Kapitel). Mit der Änderung der Größe, hat sich auch das rechte Symbol der Titelzeile verändert. Dieses bedeutet jetzt: Es geht auch noch größer!

Abb. 4-9 Diese Einstellung weist auf den Fenstermodus hin

Eine dritte Variante, in der sich jedes Windows-Programm (oder auch Fenster) darstellen läßt, ist die Symbolgröße. In diesem Fall 'zieht sich das Fenster zurück' und bleibt nur noch als Symbol erhalten.

Microsoft Access

Abb. 4-10 Access als Symbol

Diese Variante ist äußerst platzsparend, wenn Sie mit mehreren Windows-Programmen gleichzeitig arbeiten. Auf diese Weise können Sie beispielsweise einen Text in Windows-Write erfassen und behalten dennoch alle derzeit geöffneten anderen Programme im Auge. Stellen Sie dazu das Programm, mit dem Sie derzeit arbeiten, im Fenster, zum Beispiel, so dar:

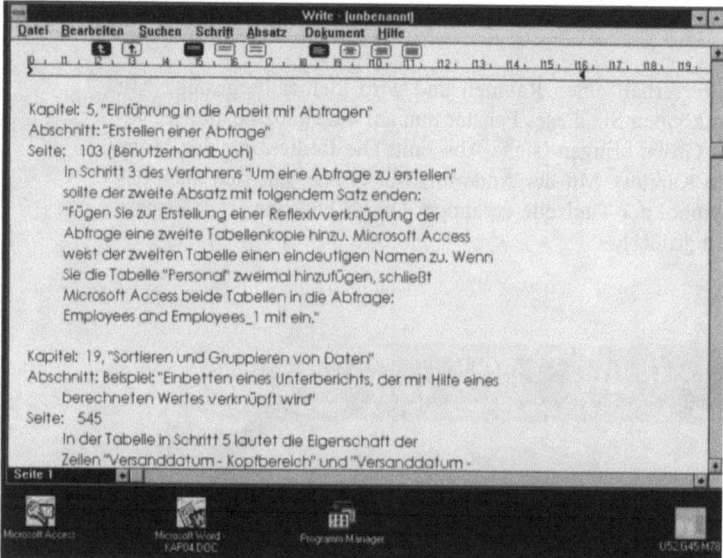

Abb. 4-11 Die Arbeit mit mehreren Windows-Programmen

Alle übrigen Programme stehen als Symbol zur Verfügung und sind bei Bedarf 'erst wieder dran'. Doch wie erreichen Sie diese Verkleinerungsstufe? Wieder ganz einfach, denn um diese Größe einzustellen, verwenden Sie das zweite Symbol von rechts in der Titelzeile:

Abb. 4-12 Ein Fenster zum Symbol verkleinern

Ein Blick durch das Fenster 57

Führen Sie einen Mausklick auf dieses Symbol aus.

Damit hat Ihr Access nun Ikonenformat. Um wieder zur Fenster- bzw. Vollbildgröße zurückzukehren, führen Sie einen Doppelklick auf das Symbol von Access aus. Die Fensterformen haben Sie damit 'im Griff'.

Symbolgröße aufheben

Neben dem Fenstertitel, der sich grundsätzlich in der Mitte der Titelzeile befindet, ist als weiteres wichtiges Element das Systemmenü zu nennen. Sie haben es bereits in **Kapitel 2** verwendet, um Access zu beenden und die Task-Liste von Windows aufzurufen. Daneben bietet es Ihnen jedoch zusätzliche Befehle, mit denen sich die Fenstergröße ebenfalls anpassen läßt.

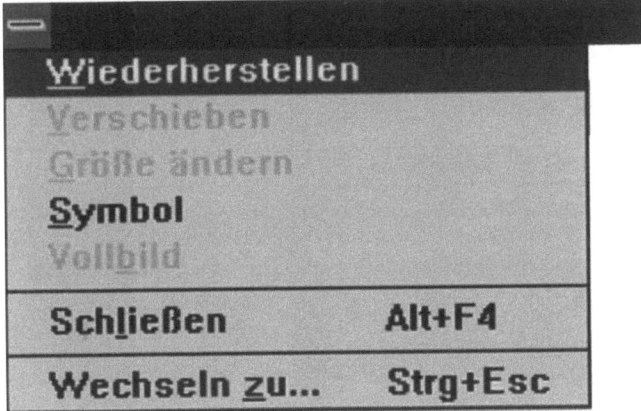

Systemmenü

Abb. 4-13 Das Systemmenü von Access

Sie können das Systemmenü entweder

durch einen Mausklick auf das Minuszeichen öffnen

oder

durch die Tastenkombination [Alt] + ⬜.

Jeder Befehl läßt sich durch Anwahl des unterstrichenen Buchstabens aufrufen. Selbstverständlich können Sie auch mit dem Mauszeiger auf den Befehl zeigen und die linke Maustaste klicken. Um herauszufinden, welcher Befehl welche Aktion auslöst, gehen Sie so vor:

1. Verwenden Sie die Taste ⬆ bzw. ⬇, um den gewünschten Befehl zu markieren.

2. Informieren Sie sich in der letzten Fensterzeile über die Aufgabe des Befehls.

Denn diese wird dort in kurzen Worten beschrieben.

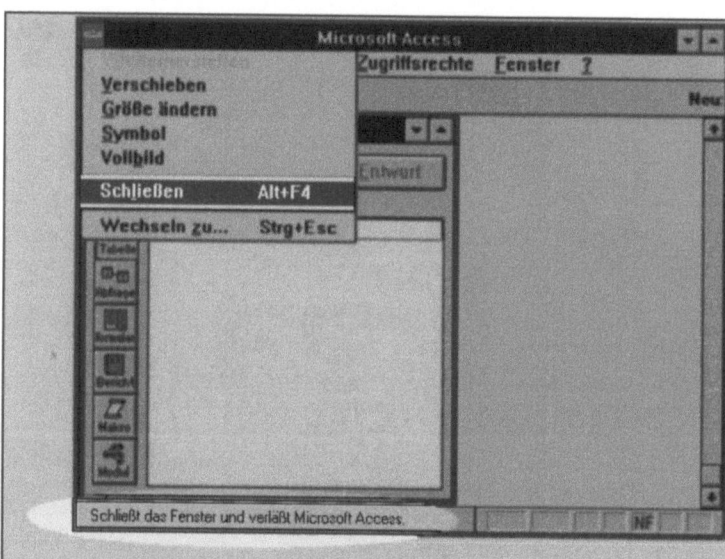

Abb. 4-14 Hilfetextanzeige

**Menü-
auswahl
abbrechen**

Das Menü kann selbstverständlich auch ohne Anwahl irgendeines Befehls wieder geschlossen werden. Dazu

betätigen Sie einmal die Taste [Esc]

Ein Blick durch das Fenster 59

oder

klicken irgendwo in die Mitte des Fensters.

Betrachten wir zum Abschluß dieses Abschnitts noch einmal die Task-Liste von Windows. Sie haben Sie in Kapitel 2 bereits kennengelernt, um auf diesem Weg Programme zu beenden. Die Task-Liste bietet Ihnen aber noch mehr. Zunächst einmal haben Sie drei Möglichkeiten, besagte Task-Liste aufzurufen.

Entweder

Aufruf der Task-Liste

öffnen Sie das Systemmenü und wählen dort den Befehl [Wechseln zu],

oder

betätigen Sie die Tastenkombination (Strg) + (Esc),

oder

führen Sie einen Doppelklick auf das Windows-Hintergrundbild durch.

In jedem Fall (er)öffnet sich Ihnen die **Task-Liste**:

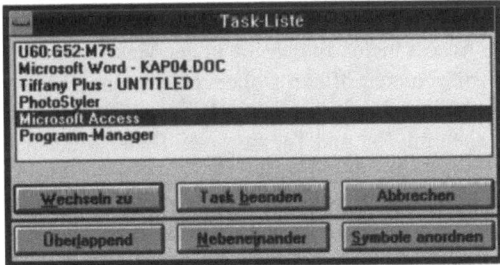

Abb. 4-15 Die Task-Liste von Windows

Der Ausdruck Task ist englisch und steht für Aufgabe. Angezeigt werden alle Anwendungsprogramme, die derzeit geöffnet sind. Über diese Liste haben Sie - unter anderem - die Möglichkeit von Aufgabe zu Aufgabe (oder besser gesagt: von Anwendungsprogramm zu Anwendungsprogramm) zu wechseln. Dazu bringen Sie den Cursor auf das gewünschte Programm in Position und klicken auf den Schalter **Wechseln zu** oder wählen ihn über die Tastatur mit der Tastenkombination [Alt] + [W] an. Im einzelnen haben die Schaltflächen folgende Bedeutung:

Schaltfläche	Beschreibung
Task beenden	Das ausgewählte Windows-Programm schließen.
Abbrechen	Die Task-Liste beenden, ohne weitere Auswahlen zu treffen.
Überlappend	Alle Anwendungen, die auf Fenstergröße gebracht wurden, wie Karteikarten hintereinander anordnen.
Nebeneinander	Alle Anwendungen, die auf Fenstergröße gebracht wurden, nebeneinander anordnen.
Symbole anordnen	Alle Anwendungen, die auf Symbolgröße gebracht wurden, am unteren Bildschirmrand anordnen.

Die Titelzeile birgt nun für Sie keine Geheimnisse mehr, Zeit, sich dem nächsten Bildschirmelement, der Menüleiste, zu widmen.

Die Menüleiste

Alle Funktionen, die Access bietet, finden Sie in der **Menüleiste**. Ob Sie eine Datenbank anlegen oder öffnen wollen, ob Sie eine Tabelle, eine Abfrage oder ein Formular bearbeiten müssen, die Menüleiste steht für derlei Aufgaben mit Rat und Tat zur Seite. Dabei wurde auf eine übersichtliche Einordnung der einzelnen Befehle in die Menüs größter Wert gelegt. Besonders zu erwähnen ist an dieser Stelle, daß die Menüleiste sich an Ihre jeweilige Aufgabe anpaßt. Bearbeiten Sie beispielsweise Tabellen, stellt Access exakt zu dieser Aufgabe die

Ein Blick durch das Fenster   61

notwendigen Menüs bereit. Legen Sie hingegen Abfragen an, werden
die dazu erforderlichen Menüpunkte bereitgestellt.

Betrachten wir zunächst die Menüleiste, die sich nach dem Access-
Programmstart zeigt:

Abb. 4-16 Menüleiste nach Programmstart

Recht übersichtlich zeigt sich hier ein [Datei]- sowie ein Fragezeichen-Menü. Mehr benötigen wir auch nicht, um Datenbanken anzulegen bzw. zu öffnen. Sofern dabei Schwierigkeiten auftreten, steht
das Hilfe-Menü ([?]) mit Rat und Tat zur Seite. Sofern Sie die zuvor
angelegte Datenbank bereits wieder geschlossen haben, rufen Sie sie
nun wie folgt wieder auf:

1. Öffnen Sie das [Datei]-Menü und wählen [Datenbank öffnen].

2. Access zeigt jetzt den Dialog **Datenbank öffnen** an. Als Verzeichnis ist das Arbeitsverzeichnis voreingestellt, das Sie als
   Programmeigenschaft der Access-Ikone im Programm-Manager zugewiesen haben.

3. Markieren Sie aus der Liste **Dateiname** die Datenbank
   db1.mdb.

4. Klicken Sie auf OK.

Mit geöffneter Datenbank ändert sich auch sogleich die Menüleiste.
Sie hat jetzt folgendes Aussehen:

Abb. 4-17 Menüleiste nach dem Öffnen bzw. Neuanlegen einer Datenbank

In einer Datenbank kann ebenso allerhand eingestellt werden. Aus diesem Grund gibt es entsprechende Menüpunkte. Sehen Sie sich vielleicht noch eine dritte Variante der Menüleiste an. Dazu klicken Sie auf den Schalter **Neu** im Datenbankfenster. Wie unschwer zu erkennen ist, enthält diese Menüleiste einen Menüpunkt weniger als die der Datenbank. Der Menüpunkt [Zugriffsrechte] fehlt. Da sich in der Tabelle keine Zugriffsrechte einstellen lassen, wäre es ziemlich überflüssig, dort einen derartigen Menüpunkt vorzufinden.

Die jeweils angezeigten Menüpunkte können auf unterschiedliche Arten aufgerufen werden. Sie können dazu entweder die Tastatur oder die Maus verwenden.

Halten Sie die Taste [Alt] gedrückt und geben den unterstrichenen Buchstaben des Menüs ein, das Sie öffnen wollen.

Das Menü wird heruntergeklappt und präsentiert die darin befindlichen Befehle. Eine andere Variante ist diese:

---

1. Betätigen Sie einmal die Taste [Alt]. Der Cursor wird in die Menüzeile gesetzt, genauer gesagt auf den Menüpunkt [Datei].

2. Bewegen Sie sich jetzt mit der Taste [→] bzw. [←] auf das Menü, das Sie öffnen wollen.

3. Dort angekommen, drücken Sie [↵].

Ein Blick durch das Fenster

Sie können jedes Menü tastaturgesteuert verlassen, ohne eine Auswahl zu treffen, indem Sie die Taste (Esc) zweimal betätigen. Wir glauben allerdings, daß die Auswahl per Maus die schnellste ist. Dazu

klicken Sie auf den Menüpunkt, den Sie öffnen wollen.

Genauso leicht können Sie das Menü wieder zuklappen, falls Sie nun doch keine Auswahl treffen möchten.

Klicken Sie auf irgendeinen Bereich des Access-Fensters.

Haben Sie sich schon mit einer Variante angefreundet? Wie auch immer Sie sich entscheiden, führt uns der nächste Schritt zu den Pull-Down-Menüs.

Die Pull-Down-Menüs

Sicher haben Sie beim Öffnen der Menüs bemerkt, daß diese vom oberen Bildschirmrand in Richtung Bildschirmmitte 'fallen'. Diese Menüs werden - im wahrsten Sinne des Wortes - ausgehend von der Menüleiste heruntergeklappt. Daher haben Sie auch ihren Namen: Pull-Down-Menüs. Wir wollen uns in diesem Abschnitt mit den einzelnen Elementen innerhalb dieser Menüs beschäftigen. Öffnen Sie dazu noch einmal das [Datei]-Menü:

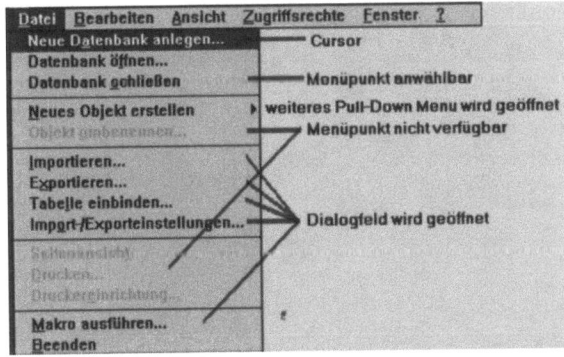

Abb. 4-18 Pull-Down-Menü unter Access

Befehle wählen

Jedesmal, wenn Sie ein Pull-Down-Menü öffnen, steht der Cursor auf dem ersten Befehl innerhalb des Menüs. Diesen Cursor können Sie mit der Taste [↓] bzw. [↑] auf den gewünschten Befehl bewegen. Sobald der Cursor in Position gebracht ist, wird in der Statuszeile (letzte Zeile des Access-Fensters) ein zusätzlicher Hilfetext zum gewählten Befehl angezeigt. Erinnern Sie sich noch?

Selbstverständlich läßt sich jeder Befehl auch durch einen Mausklick anwählen oder durch Eingabe des jeweils unterstrichenen Buchstabens vorausgesetzt, es handelt sich um einen wählbaren Befehl. Denn wie zu erkennen ist, sind einige Menüpunkte schwarz andere grau dargestellt. Alle schwarzen Menüpunkte können derzeit ausgewählt werden, die grauen nicht. Abhängig von der Arbeit, die Sie gerade durchführen, stehen demnach mal mehr, mal weniger Befehle zur Verfügung. Die unterschiedliche, farbliche Darstellung bietet Ihnen somit von vornherein eine weitere Hilfestellung an, indem sich nämlich für die Aufgabe nicht relevante Menüpunkte erst gar nicht auswählen lassen.

> Es könnte sein, daß in Ihrer Umgebung die anwählbaren Menüpunkte rot, grün oder farblich noch anders dargestellt werden. Die Farbe der aktiven Menüpunkte sowie der gesamten Bildschirmumgebung läßt sich ab Windows 3.0 innerhalb der **Systemsteuerung** unter dem Symbol **Farben** einstellen. Die **Systemsteuerung** befindet sich in der **Hauptgruppe**.

Rechts neben dem Menüpunkt [Neues Objekt erstellen] bietet ein nach rechts weisendes Dreieck seine Dienste an. Das Dreieck macht darauf aufmerksam, daß für diesen Befehl weitere 'Unterbefehle' zur Verfügung stehen, die ihrerseits in einem Pull-Down-Menü der nächsten Ebene eingeordnet sind:

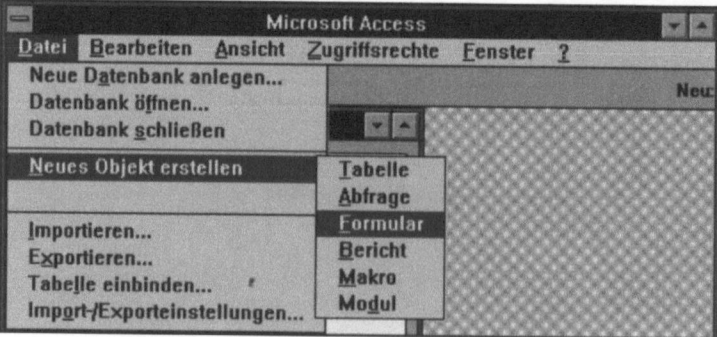

Abb. 4-19 Pull-Down-Menü der nächsten Ebene

Ein Blick durch das Fenster

Für die Pull-Down-Menüs der nächsten Ebene gilt selbstverständlich all das, was auch für ein Pull-Down-Menü der ersten Ebene Gültigkeit hat.

Immer dann, wenn Sie neben dem Befehl drei Fortführungspunkte (...) sehen, deuten diese darauf hin, daß nach Anwahl des Befehls eine Dialogbox geöffnet wird. Die Dialogboxen bestehen ihrerseits aus unterschiedlichsten Elementen, über die Sie ganz bequem 'einen Dialog' mit Access führen können.

Für einige Befehl in Access stehen sogenannte Schnelltasten bzw. Schnelltastenkombinationen zur Verfügung. Sie haben diese bereits im Systemmenü kennengelernt. Eine Schnelltaste ermöglicht Ihnen die Auswahl eines Befehls, ohne vorher das Pull-Down-Menü öffnen zu müssen. Natürlich bedeutet dies, daß Sie die entsprechende Schnelltaste im Kopf haben müssen. Die Erfahrung zeigt allerdings, daß dies bei häufiger Verwendung kaum Probleme bereitet. Schauen Sie sich zum Abschluß einmal das Menü [Bearbeiten] an. Es ist voller Schnelltasten und Schnelltastenkombinationen...

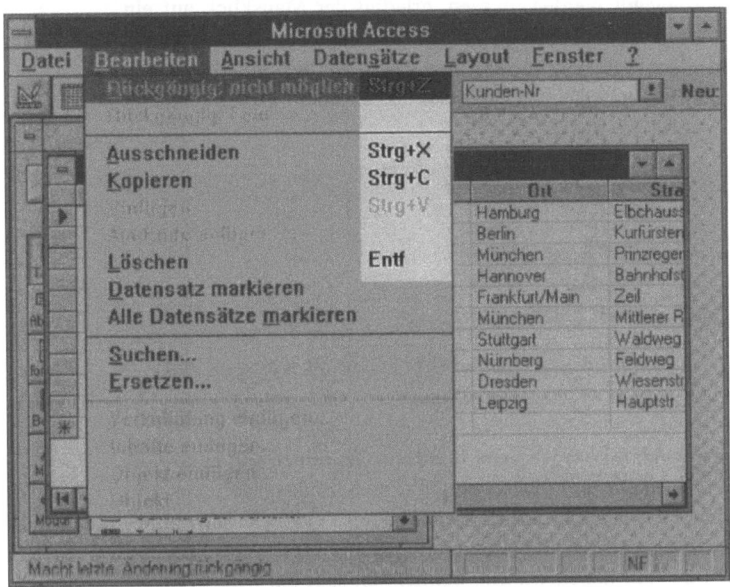

Abb. 4-20 Schnelltasten im Pull-Down-Menü

Die Symbolleiste

Wem das nun alles zu umständlich erscheint, der hat mit der Symbolleiste ein Arbeitsmittel in der Hand, das häufig wiederkehrende Aufgaben auf Mausklick erledigt. Dabei verhält sich die Symbolleiste wie die Menüleiste: Sie "wächst" - wie der Mensch - "mit ihren höheren Zwecken". Haben Sie sämtliche Datenbanken geschlossen, so reduziert sich neben der Menü- auch die Symbolleiste:

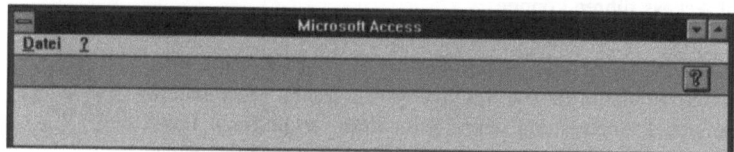

Abb. 4-21 Symbolleiste nach Programmstart

Die Symbole sind sehr aussagekräftig bebildert und so fällt es nicht schwer zu erkennen, daß dieses Symbol Rat und Hilfe spendet, so es denn gewünscht wird. Ohne ein Menü zu öffnen, in dem nun weitere Befehle ausgewählt werden müssen, erledigt der Mausklick auf ein Symbol schnell und zuverlässig beides in einem. So entspricht ein Klick auf das Hilfesymbol der Auswahl des Befehls [?/Inhalt]. Schauen wir uns nun die Symbolleiste an, nachdem eine Datenbank geöffnet wurde:

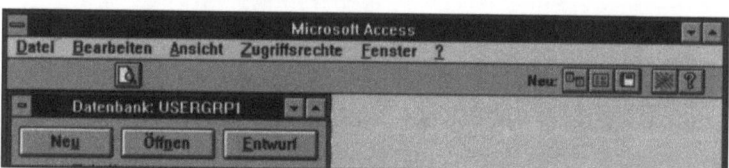

Abb. 4-22 Symbolleiste nach dem Öffnen bzw. Neuanlegen einer Datenbank

Auch diese Symbolleiste ist nicht 'überfüllt'. Es findet sich alles Notwendige, nicht mehr und nicht weniger. Die häufigsten Befehle sind somit nur noch einen Mausklick weit entfernt. Symbole sind ja bekanntlich bereits bei den alten Ägyptern 'groß in Mode' gewesen und sie werden gewußt haben warum. Schließlich sagt ein Bild mehr als tausend Worte. Bedienerfreundlichkeit ist für Access oberstes Gebot und so besinnt man sich eben auf das, was gut war.

Die Dialogboxen

Dialogboxen spielen in Windows-Programmen eine wichtige Rolle. Sie ermöglichen dem Anwender, mit dem Programm in Kommunikation zu treten. Viele Aufgaben lassen sich über Dialogboxen bequem erledigen, so zum Beispiel die Einstellungen für Ihre individuelle Arbeitsumgebung in Access. Dialogboxen verfügen - wie auch die Pull-Down-Menüs - über ganz bestimmte Elemente. Abhängig von der Dialogbox, kann diese mehr oder weniger Elemente enthalten. Öffnen Sie zunächst einmal den Dialog zum Einstellen der individuellen Arbeitsumgebung, um einige wesentliche Elemente kennenzulernen.

1. Öffnen Sie eine beliebige Datenbank.

2. Wählen Sie aus dem Menü [Ansicht] den Befehl [Optionen].

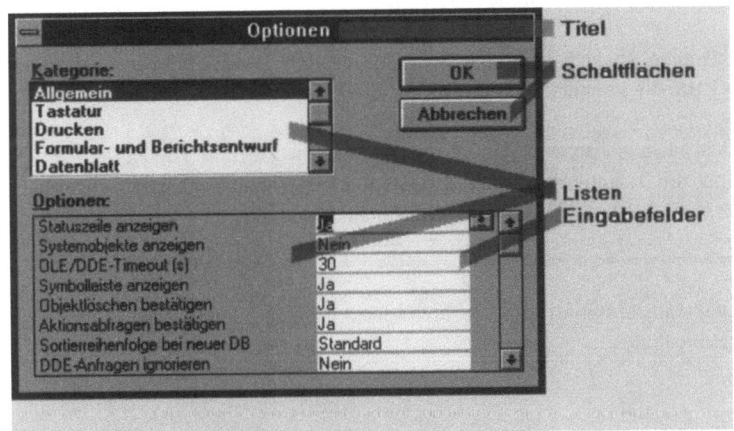

Abb. 4-23 Dialog Optionen

Wie Sie sehen, gibt es in so einer Dialogbox nicht nur neue Elemente. Die Titelzeile beispielsweise haben Sie bereits kennengelernt. Auch hier gibt sie wieder den Namen an, des Dialogs - versteht sich. Wichtige Bestandteile der meisten Dialogboxen sind Listen, Eingabefelder und Schaltflächen.

Dieser Dialog verfügt über zwei Listen, zwei Schaltflächen und unterschiedlich viele Kombinationsfelder. Eine Liste dient dazu, eine gewünschte Auswahl zu markieren, ohne daß der Benutzer sich selbst eine Eingabe überlegen muß. In einer Liste ist es nicht erlaubt, eigene Eingaben vorzunehmen. Die einfachste Art, aus einer Liste auszuwählen, ist ein Mausklick auf die gewünschte Aktion. Um weitere Einträge der Liste einzusehen, bewegen Sie den Mauszeiger auf den abwärtsweisenden Pfeil der rechten Laufleiste und klicken solange die linke Taste, bis der gewünschte Eintrag erscheint. Wollen Sie in die andere Richtung 'rollen', klicken Sie den aufwärtsweisenden Pfeil.

Sollte Ihre Maus nun gerade defekt sein, können Sie eine Auswahl über die Tastatur folgendermaßen treffen:

1. Halten Sie die Taste [Alt] gedrückt, während Sie den unterstrichenen Buchstaben der Liste eingeben, die Sie ansteuern möchten. (Um beispielsweise den Cursor in die Liste **Kategorie** zu setzten, wählen Sie [Alt] + [K].)

2. Bewegen Sie sich innerhalb der Liste mit den Tasten [↑] bzw. [↓], um die gewünschte Auswahl zu markieren.

3. Das nächste Element der Dialogbox steuern Sie nun wieder über die Tastenkombination [Alt] + unterstrichener Buchstabe an, z. B. [Alt] + [O], um die **Optionen** auszuwählen.

Die Listen **Optionen** ist mit Zusatzfeldern bestückt, sogenannte Kombinationsfelder.

Ein Blick durch das Fenster

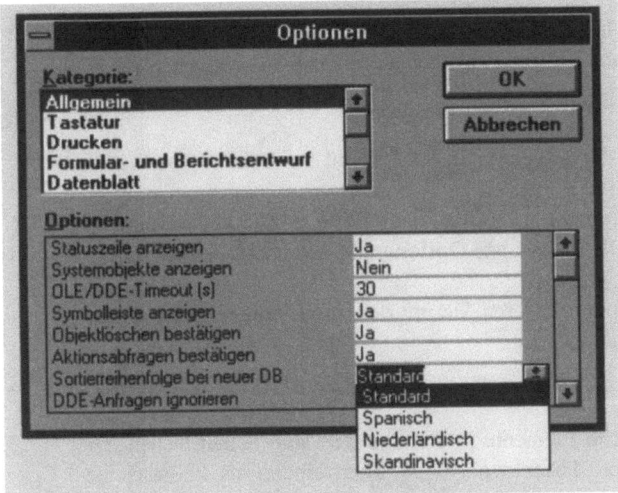

Abb. 4-24 Kombinationsfeld

Wie der Name schon sagt, handelt es sich bei diesen Elementen um eine Kombination aus Listen und Eingabefeldern. Haben Sie zuvor Listen kennengelernt, in denen eine eigene Eingabe verboten war, so erlaubt das Kombinationsfeld sowohl die Eingabe des Benutzers als auch die Auswahl aus einer Liste, sofern man sich an die benötigte Eingabe nicht mehr recht erinnern kann. Links neben dem Kombinationsfeld erfährt der Anwender, was sich einstellen läßt.

Auch hierbei unterstützt Sie die Maus ganz ideal. Klicken Sie in das Kombinationsfeld, dessen Inhalt Sie verändern wollen. Anschließend geben Sie die neuen Informationen entweder über die Tastatur ein oder klicken auf den abwärtsweisenden Pfeil des Kombinationsfeldes, um aus der Liste ein Auswahl zu treffen. Auch diese Felder lassen sich mit der Tastatur steuern. Dazu hier die wichtigsten Tasten bzw. Tastenkombinationen:

Taste	Verwendung
[Alt] + [↓]	Liste des Kombinationsfeldes öffnen bzw. schließen.
[↑]	Zeilenweise nach oben bewegen.
[↓]	Zeilenweise nach unten bewegen.
[Strg] + [↑]	Cursor zum ersten Eintrag der Liste bewegen.
[Strg] + [↓]	Cursor zum letzten Eintrag der Liste bewegen.

Machen Sie ruhig einen 'Tastaturtest'. Wir gehen davon aus, daß Sie bereits eine Datenbank geöffnet haben.

1. Wählen Sie aus dem [Ansicht]-Menü den Befehl [Optionen].

2. Aktivieren Sie das Kombinationsfeld **Sortierreihenfolge bei neuer DB** in der Liste **Optionen** durch einen Mausklick.

3. Nun experimentieren Sie mit den zuvor aufgeführten Tastenkombinationen.

Ganz wesentliche Elemente in Dialogboxen sind Schaltflächen. Die hier angezeigten dürfen wohl ohne Übertreibung als klassisch bezeichnet werden. Viele Dialogboxen verfügen über diese beiden Schalter: Die Rede ist von **OK** und **Abbrechen**. Während die **OK**-Schaltfläche Ihre zuvor erfaßten Eingaben verarbeitet, dient die **Abbrechen**-Schaltfläche dazu, den Dialog zu beenden, ohne eine weitere Verarbeitung vorzunehmen. Ein Mausklick auf den gewünschten Schalter ist natürlich wieder die einfachste Form der Auswahl. Sollte Ihre Maus allerdings immer noch 'streiken', verhalten sich folgende Tasten analog zu den Schaltflächen.

Taste	Verwendung
⏎	Verarbeitet Ihre zuvor erfaßten Eingaben. Entspricht der Schaltfläche **OK**.
Esc	Bricht den Dialog ohne weitere Verarbeitung ab. Entspricht der Schaltfläche **Abbrechen**.

Verlassen Sie nun diesen Dialog durch einmaliges Betätigen der Taste Esc, um einen anderen Dialog aufzurufen, der Sie mit weiteren Dialogboxelementen vertraut machen soll. Öffnen Sie diesmal bitte den Dialog [Zugriffsrechte/Berechtigungen].

Ein Blick durch das Fenster 71

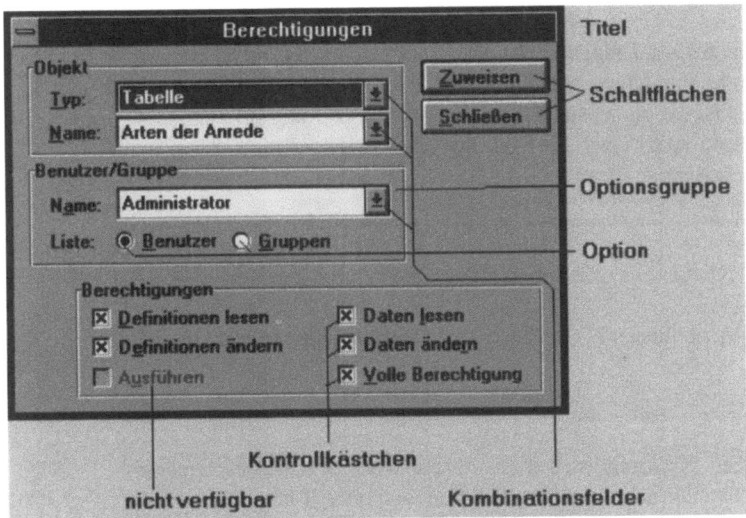

Abb. 4-25 Weitere Elemente in Dialogboxen

Na, haben Sie schon Elemente wiedererkannt? Was für eine Frage!! Natürlich haben Sie! Auch dieser Dialog verfügt über Schaltflächen und Kombinationsfelder. Neu sind Optionsfelder und Kontrollkästchen. Optionsfelder ermöglichen Ihnen - wie der Name schon sagt - die optionale Auswahl zwischen mehreren angebotenen Möglichkeiten. Im Klartext: Sie können entweder die eine o d e r die andere Option wählen. Niemals aber zwei zur gleichen Zeit. Sobald Sie eine Option anklicken oder auswählen, werden Sie feststellen, daß sie einen schwarzen Punkt erhält. Alle anderen möglichen Optionen dieser Optionsgruppe werden augenblicklich abgeschaltet. Verdeutlichen Sie sich das im **Berechtigungen**-Dialog.

Klicken Sie mit der Maus im Element **Benutzer/Gruppe** einmal in das Optionsfeld **Gruppe**.

Sie haben festgestellt, daß der Punkt vor **Benutzer** entfernt wird, weil er vor den Eintrag **Gruppe** gesetzt wurde. Ganz anders verhalten sich da Kontrollkästchen. Sie sind prädestiniert für die Mehrfachauswahl und können mit Ein- bzw. Ausschaltern verglichen werden. Alle Auswahlen, die über ein solches Kontrollkästchen gesteuert werden, lassen sich demnach entweder ein- oder ausschalten. Aktivieren Sie ein Kontrollkästchen, so erhält es ein Kreuz und signalisiert dadurch, daß die Auswahl eingeschaltet ist. Deaktivieren Sie es wieder, verschwindet das Kreuz ebenfalls. Im Dialog **Berechtigungen** werden die Rechte der einzelnen Benutzergruppen über Kontrollkästchen zugewiesen. Aktivieren Sie die **Berechtigungen Daten lesen** und **Daten ändern**.

1. Klicken Sie in das Kontrollkästchen **Daten lesen**.

2. Anschließend aktivieren Sie **Daten ändern** auf dieselbe Weise.

Sie sehen, Kontrollkästchen lassen sehr wohl eine Mehrfachauswahl zu. Betrachten wir zum Abschluß nun noch eine Technik, die immer mehr an Beliebtheit gewinnt. Das Übertragen von einer Liste in eine andere. Wählen Sie [Zugriffsrechte/Benutzer], um den unten abgebildeten Dialog zu erhalten.

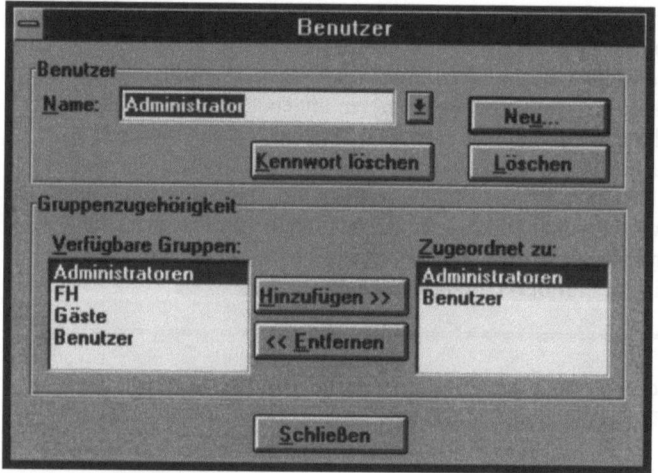

Abb. 4-26 Elemente des Dialogs Benutzer

Neben 'alten Bekannten' wie Kombinationsfeldern und Schaltflächen bietet dieser Dialog im unteren Bereich den Komfort, aus einer Liste in eine andere Informationen zu übertragen. Neben den Listen selbst, sind in jedem Fall zwei Schaltflächen beteiligt: **Hinzufügen** und **Ent-**

Ein Blick durch das Fenster

fernen. Um eine Information der rechten Liste hinzuzufügen, gehen Sie so vor:

1. Markieren Sie links den Eintrag, der hinzugefügt werden soll.
2. Klicken Sie die Schaltfläche **Hinzufügen** einmal.

Der zuvor markierte Eintrag wird der rechten Liste hinzugefügt. Genauso leicht läßt sich ein nicht gewünschter Eintrag wieder entfernen. Dazu markieren Sie den Eintrag - diesmal allerdings in der rechten Liste - und klicken den Schalter **Entfernen** einmal.

Erwähnenswert ist jetzt noch, daß sich Dialogboxen (wie übrigens sämtliche Fenster) ganz leicht an eine andere Bildschirmposition verschieben lassen. Sollte also eine Dialogbox einmal einen Bereich in Ihrer Datenbank überlagern, den Sie zu sehen wünschen, müssen Sie die Dialogbox nicht schließen, sondern 'schieben' sie einfach in einen Bildschirmbereich, in dem sie nicht stört. Auch dazu können Sie entweder die Maus oder die Tastatur verwenden. Sehen wir uns zunächst an, wie sich diese Aufgabe mit der Maus erledigen läßt.

1. Öffnen Sie irgendeine Dialogbox.
2. Zeigen Sie mit dem Mauszeiger auf die Titelzeile, drücken die linke Maustaste und halten diese gedrückt, während Sie die Dialogbox mit der Maus an eine andere Bildschirmposition ziehen.

Und nun das ganze noch einmal über die Tastatur.

1. Rufen Sie wieder irgendeine Dialogbox auf.
2. Öffnen Sie das Systemmenü der Dialogbox mit der Tastenkombination [Alt] + [___].
3. Wählen Sie den Befehl [Verschieben].

4. Verwenden Sie die Pfeiltasten ([←], [↑], [→], [↓]), um die Dialogbox zu verschieben.

5. Haben Sie die gewünschte Position erreicht, bestätigen Sie mit [↵].

Damit sind Sie bestens gerüstet.

Die Statuszeile

Gehen wir im Access-Fenster noch ein Stückchen weiter nach unten, so folgt dem Datenbankbearbeitungsbereich die **Statuszeile**. Sie ist Ihnen schon einige Male begegnet, zum Beispiel dann, wenn Sie sich über einen bestimmten Befehl innerhalb eines Pull-Down-Menüs etwas genauer informieren wollten. Damit nicht genug, hält die Statuszeile noch weitere Hinweise für Sie bereit:

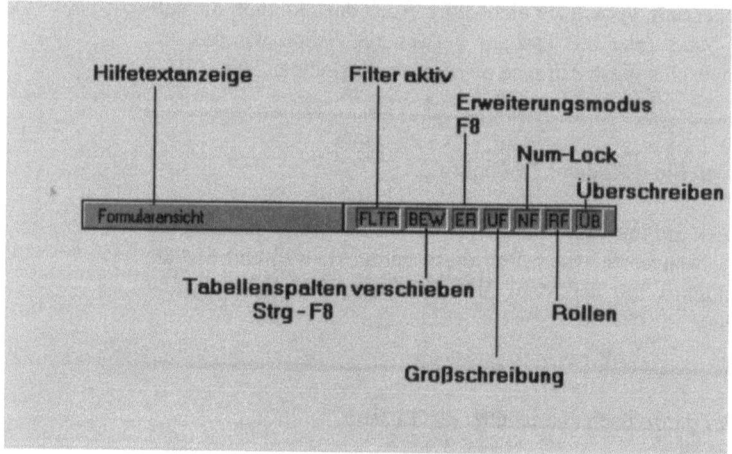

Abb. 4-27 Die Statuszeile

Die Statuszeile ist in zwei Bereiche eingeteilt: Links werden Statusmeldungen angezeigt, die Ihnen Informationen zu derzeit durchgeführten Arbeiten bieten. Im rechten Bereich werden spezielle Codes angezeigt, die vor allem den Status Ihrer Tastatur wiedergeben.

Hier die angezeigten Codes im Überblick:

Mit dieser Taste	wird als Code angezeigt	Beschreibung
[Strg] + [F8]	BEW	Ist dieser Modus eingeschaltet, können Tabellenspalten mit Hilfe der Pfeiltasten verschoben werden.
[F8]	ER	Ist dieser Modus aktiv, läßt sich ein markierter Bereich ausdehnen auf ein Wort, ein Feld, einen Datensatz usw.
[⇩]	UF	Die Feststelltaste für die Dauergroßschreibung wurde gedrückt.
[Num]	NF	Die Feststelltaste für den Nummernblock wurde gedrückt.
[Rollen]	RF	Die Taste Rollen wurde gedrückt.
[Einfg]	ÜB	Sie haben den Überschreibmodus eingeschaltet. (Nur in Modulen!)

Abhängig von der jeweiligen Aufgabe werden immer wieder andere Informationen in der Statuszeile eingeblendet. Sie sollten sie deshalb nie aus dem Auge verlieren.

Die Bildlaufleiste

In diesem Abschnitt möchten wir Ihre geschätzte Aufmerksamkeit nun noch auf den rechten Bildschirmbereich lenken und damit auf das vorläufig letzte Bildschirmelement des Access-Fensters, der **Bildlaufleiste**. Diese Leiste läßt sich nur mit der Maus bedienen. Sie dient dazu, sich schnell durch umfangreiche Texte zu bewegen.

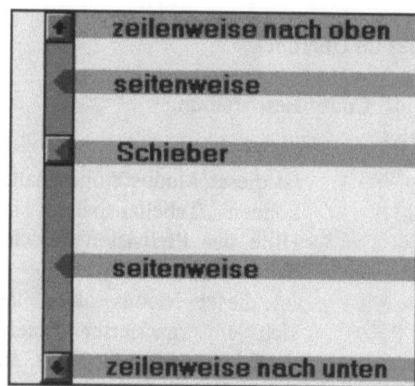
Abb. 4-28 Vertikale Bildlaufleiste

Die Bildlaufleiste besteht aus einem nach oben und einem nach unten weisenden Pfeil. Dazwischen liegt ein grauer Bereich, in dem sich der Schieber befindet. Nehmen wir an, Sie haben Ihr Fenster derart verkleinert, daß nicht mehr alle Informationen angezeigt werden können. In diesem Fall zeigen Sie mit der Maus auf den abwärtsweisenden Pfeil und klicken die linke Maustaste. Sie werden feststellen, daß der Fensterbereich nach oben 'verschwindet'. Zeile für Zeile. Wollen Sie allerdings das Fenster in die andere Richtung bewegen, verwenden Sie den aufwärtsweisenden Pfeil.

Natürlich kann man sich auch schneller bewegen. Dazu

1. zeigen Sie auf die obere bzw. untere Pfeilspitze, abhängig davon, in welche Richtung Sie sich bewegen wollen.

2. Anschließend betätigen Sie die linke Maustaste und halten diese solange gedrückt, bis Sie die gewünschten Informationen sehen.

Eine weitere Möglichkeit, sich im Fenster mittels Bildlaufleiste zu bewegen, ist der Schieber. Zeigen Sie auf den Schieber und ziehen ihn bei gedrückter linker Maustaste nach oben bzw. unten. Und weil aller guten Dinge drei sind, sorgt auch ein Mausklick in den grauen Bereich der Bildlaufleiste dafür, daß Bewegung auf den Bildschirm kommt. Klicken Sie oberhalb des Schiebers, wird der obere Fensterbereich eingeblendet, klicken Sie dagegen unterhalb, entsprechend der untere.

Ein Blick durch das Fenster 77

Zusammenfassung des Kapitels

- Sie haben sich mit der Bedienung der Maus vertraut gemacht und die 'Vokabeln' klicken, doppelklicken und ziehen kennengelernt.

- Sie haben sich einen Überblick über die Elemente des Access-Fensters verschafft.

- Sie haben von der Bedeutung der Titelzeile erfahren und kennen nun die Begriffe Vollbild, Fenster und Ikone.

- Sie haben die Menüleiste sowie die dazugehörigen Pull-Down-Menüs erforscht und haben sich mit deren Bedienung mittels Maus als auch über die Tastatur beschäftigt.

- Sie haben erkannt, daß Befehle sich einfacher über die in Access angebotenen Symbolleisten aufrufen lassen.

- Sie haben sich mit der Benutzerschnittstelle, den Dialogboxen, befaßt und wichtige Elemente derselben ergründet.

- Sie haben die Statuszeile als Hilfsmittel eingesetzt, um zu bestimmten Aufgaben, entsprechende Erklärungen zu erhalten.

TRAINIEREN SIE IHR WISSEN:

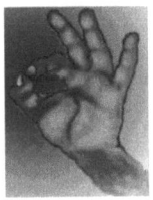

1. Erklären Sie die Begriffe Vollbild, Fenster und Ikone.

2. Welche Maustasten sind für die Arbeit mit Access wichtig?

3. Nennen Sie den Unterschied zwischen Kontrollkästchen und Optionsfeld.

4. Welchen Nutzen bietet die Symbolleiste?

5. Wie schalten Sie von einem Windows-Programm zum nächsten? Nennen Sie bitte zwei unterschiedliche Möglichkeiten.

Kapitel 5

Überblick
Das ?-Menü
Hilfe verwenden
Hilfethemen suchen
Der Ratgeber
Problembezogene Hilfe
Zusammenfassung des Kapitels

5. Rat und Hilfe in Access

Überblick

Obwohl Windows-Applikationen in der Regel leicht zu bedienen sind, verfügen sie über eine umfassende Bedienerhilfe, damit eben nichts schiefgehen kann. Diese Hilfe ist gut strukturiert, so daß der benötigte Text zum aktuellen Problem mühelos gefunden werden kann. Dabei kann die Hilfe auf unterschiedliche Arten angefordert werden. Zum einen steht ein kompletter Menüpunkt für diese Aufgabe bereit, der in weitere Unteraufgaben gegliedert ist. Zum anderen kann die Hilfe aber auch bezogen auf eine ganz bestimmte Aufgabenstellung bemüht werden. Die unterschiedlichen Hilfeangebote sind Thema dieses Kapitels.

Auch wenn Sie mit der Hilfefunktion von Windows bereits vertraut sind, empfehlen wir Ihnen das Durcharbeiten dieses Kapitels, da die Hilfe einige komplett neue Elemente enthält, wie beispielsweise die Ratgeber.

Das ?-Menü

Access bietet eine umfangreiche, für den Anwender leichtverständliche Bedienerhilfe an. Wenn also mal etwas nicht gleich so funktioniert wie es sollte: nicht verzagen, Bedienerhilfe fragen. Die Hilfe von Access kann auf drei Arten verwendet werden: als allgemeines Nachschlagewerk, bezogen auf ein bestimmtes Problem oder als Ratgeber.

Beschäftigen wir uns zunächst mit der allgemeinen Hilfestellung. Sehen Sie sich dazu die Menüleiste noch einmal an. Am rechten Rand weist diese ein Fragezeichen (?) auf. Immer dann, wenn Ihnen eine Aufgabe Kopfzerbrechen bereitet (bzw. ein großes Fragezeichen entstehen läßt), ist es Zeit, diesen Punkt, das Hilfe-Menü, zu öffnen.

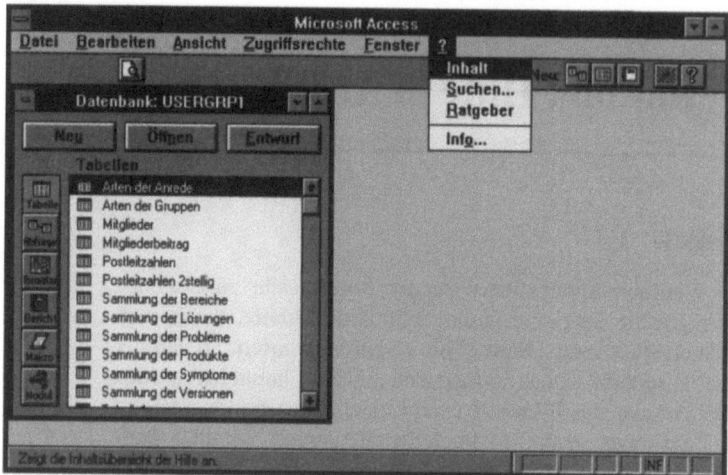

Abb. 5-1 Das Hilfe-Pull-Down-Menü

Erfreulicherweise zeigt sich kein überfülltes Menü mit viel zu mannigfaltigen Befehlen. Kurz, aber verständlich, das ist die Devise. Informieren Sie sich ruhig über die hier angezeigten Möglichkeiten. Wir schlagen dazu folgenden Vorgehensweise vor:

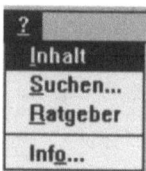

1. Öffnen Sie das Menü [?].

2. Bewegen Sie sich mit der Taste V von Befehl zu Befehl.

3. Informieren Sie sich in der **Statuszeile** über die Bedeutung der einzelnen Punkte.

Sie erhalten so einen ersten Eindruck der unterschiedlichen Befehle dieses Menüs. Lassen Sie uns diesen Dingen im nächsten Schritt näher auf den Grund gehen.

Hilfe verwenden

Wie es sich für ein richtiges Nachschlagewerk gehört, verfügt auch die Bedienerhilfe von Access über ein Inhaltsverzeichnis. Hier findet sich - wie in jeder Publikation - ein Leitfaden, was wo steht. Um einen ersten Überblick zu erhalten, wollen wir zunächst in das Inhaltsverzeichnis hineinschauen.

Wählen Sie aus dem Menü [?] den Befehl [Inhalt].

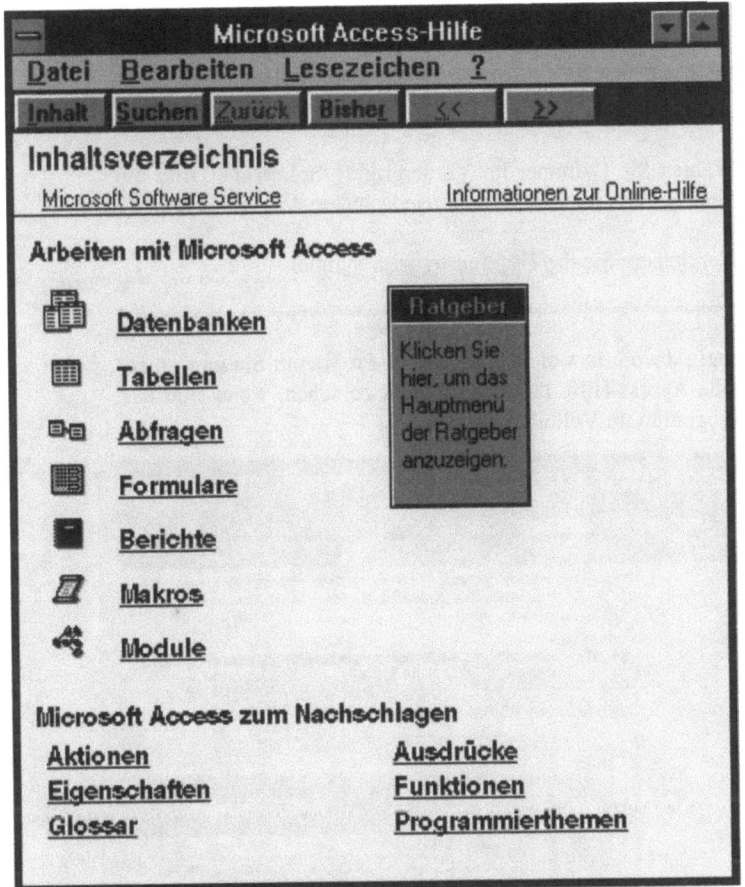

Abb. 5-2 Das Inhaltsverzeichnis der Hilfe

Sollte Ihr Hilfefenster etwas anders aussehen, arbeiten Sie vermutlich noch mit Windows 3.0.

Betrachten wir zunächst die in **Kapitel 4** bereits kennengelernten Elemente. Das Hilfefenster verfügt über eine Titelzeile, eine Menü- sowie eine Symbolleiste. Am rechten Bildschirmrand findet sich die Bildlaufleiste, die dazu dient, den Bildschirminhalt mausgesteuert nach oben bzw. unten zu verschieben. Möglicherweise ist Ihnen zu Beginn Ihrer Arbeit mit Access einfach wohler, wenn Sie den Hilfe- bildschirm immer im direkten Zugriff haben, ohne lange suchen zu müssen. Um Ihnen diesen Wunsch zu erfüllen, bietet Access im [?] des Hilfefensters den Befehl [Immer im Vordergrund] an.

Microsoft Access-Hilfe

1. Wählen Sie [?/Immer im Vordergrund]. Sofern die Hilfe im Fenster läuft, überdeckt sie nun jede andere Anwendung.

2. Verkleinern Sie das Hilfefenster zum Symbol.

Unabhängig davon, in welchem Windows-Programm Sie nun arbei- ten, ist die Access-Hilfe-Ikone auch dann zu sehen, wenn sich das aktive Programm im Vollbild befindet:

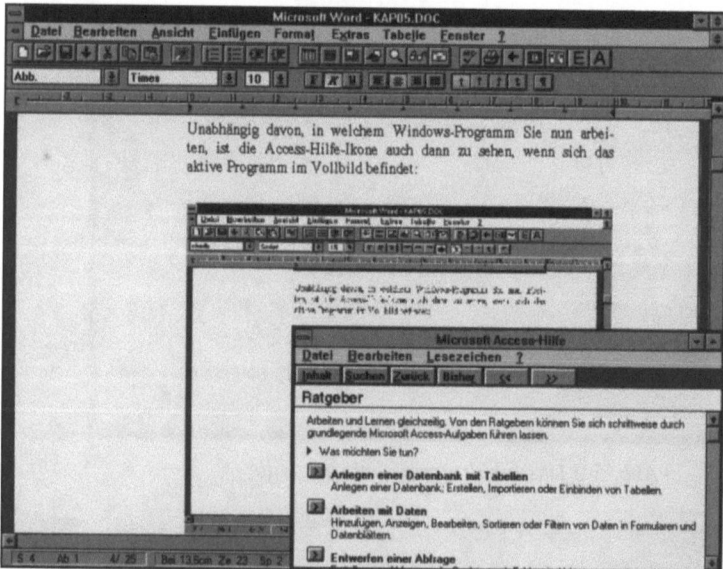

Abb. 5-3 Access-Hilfe im Vordergrund

Damit die Ikone allerdings Ihre laufende Arbeit nicht stört, läßt sie sich mit der Maus an jede beliebige Stelle verschieben. Testen Sie das ruhig mal.

1. Wechseln Sie zu Microsoft Access.

2. Stellen Sie die Applikation im Vollbild dar.

3. Ziehen Sie die Access-Ikone in einen Bildschirmbereich, in dem Sie nicht stört.

Natürlich läßt sich diese Funktionalität auch wieder abstellen.

1. Wechseln Sie zur Access-Hilfe.

2. Öffnen Sie das Menü [?]. Der Befehl [Immer im Vordergrund] kennzeichnet durch ein Häkchen, daß er derzeit aktiv ist.

3. Wählen Sie den Befehl [Immer im Vordergrund] erneut aus, verschwindet das Häkchen und mit ihm die 'Angewohnheit', sich immer in den Vordergrund 'zu schieben'.

Dem Fragezeichen-Menü können Sie übrigens auch entnehmen, daß es sich bei dem Hilfefenster um die Windows-Hilfe handelt, allerdings mit Access-Hilfetexten bestückt. Der Befehl [Info] im [?]-Menü belegt das.

Nun aber zurück zum Inhaltsverzeichnis. Hier werden alle Hilfethemen in einer Übersicht aufgelistet. Die meisten Angaben in diesem Bildschirm sind unterstrichen. Sobald Sie den Mauszeiger auf einen derartig gekennzeichneten Eintrag bewegen, ändert dieser seine Form und wird zu einer Hand mit Zeigefinger. Schauen Sie sich nun die einzelnen Unterthemen zu den grob eingeteilten Gebieten an. Gehen Sie so vor:

1. Zeigen Sie auf das Kapitel 'Datenbanken'.

2. Klicken Sie einmal die linke Maustaste.

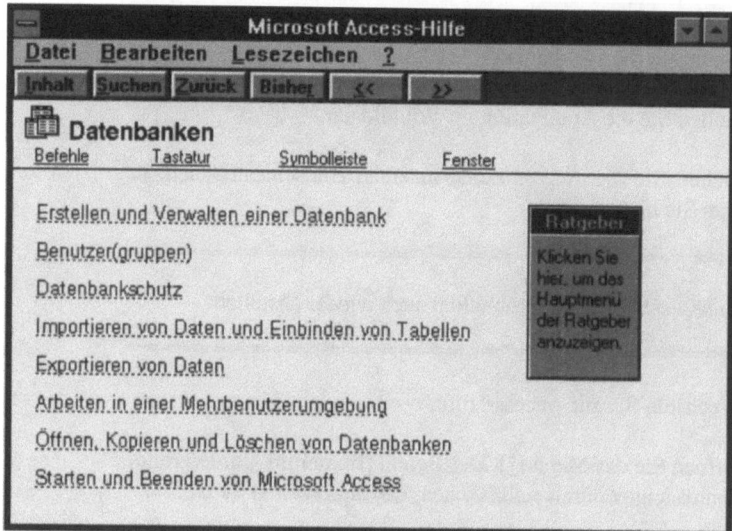

Abb. 5-4 Unterthemen zu Datenbanken

Wie unschwer zu erkennen ist, teilt sich dieses Sachgebiet in weitere Untergebiete auf. Um beispielsweise Hilfe zum Öffnen von Datenbanken zu erhalten, ist ein Mausklick auf dieses Thema erforderlich, und siehe da, die Hilfe verzweigt nicht in einen weiteren Bildschirm, sondern öffnet lediglich eine Box mit weiteren Informationen.

Schauen Sie sich die aufgelisteten Themen im Bildschirm Datenbanken nun noch einmal genau an, so stellen Sie fest, daß diese allesamt gebrochen unterstrichen sind. Für das Verzweigen in den Hilfebildschirmen können wir daher folgende Regel aufstellen:

- Durchgehend unterstrichene Einträge führen in einen weiteren Bildschirm.
- Gebrochen unterstrichene Einträge bieten Zusatzinformationen in einer Box an.

Das Schema ist einfach. Diese zuvor geöffnete Box enthält nun ihrerseits durchgehend unterstrichene Einträge. Möchten Sie sich darüber informieren, wie eine bereits bestehende Datenbank geöffnet wird,

Rat und Hilfe in Access 87

klicken Sie auf den entsprechenden Eintrag, um sich diese Vorgehensweise Schritt für Schritt erklären zu lassen.

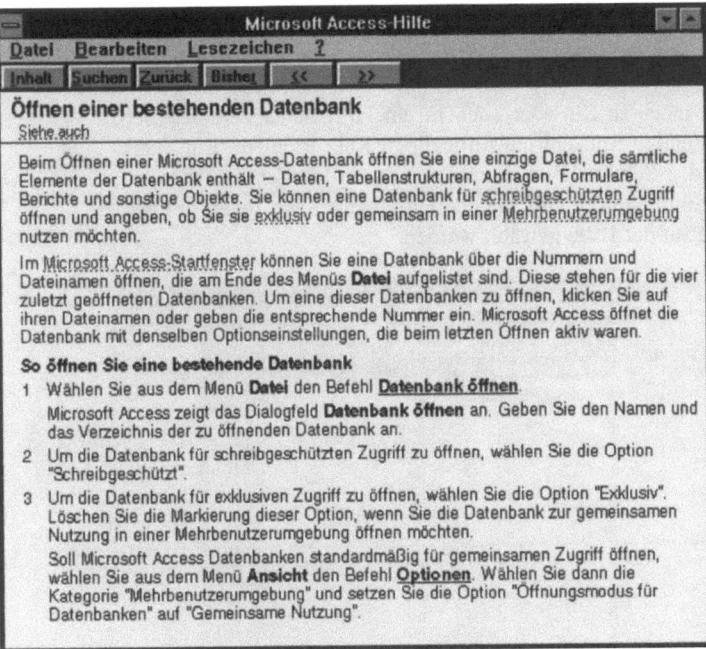

Abb. 5-5 Hilfetext in Microsoft Access

Und auch hier finden wir Einträge, die durchgehend bzw. gebrochen unterstrichen sind. Lassen Sie sich doch einmal erklären, was mit einer 'Mehrbenutzerumgebung' gemeint ist.

---

1. Führen Sie einen Mausklick auf den gebrochen unterstrichenen Eintrag durch.

2. Lesen Sie den Hilfetext.

3. Klicken Sie irgendwo im Bildschirmbereich, um die Box wieder zu schließen.

 Vielleicht interessieren Sie aber jetzt Informationen zum Befehl 'Datenbank öffnen' mehr. Bitte sehr, ein Mausklick auf diesen Eintrag verzweigt in eine ausführliche Beschreibung. Um zum vorherigen Hilfetext zurückzukehren, genügt ein Mausklick auf die Schaltfläche **Zurück** in der Symbolleiste.

 Vielleicht möchten Sie aber auch in ein Hilfethema zurückkehren, das schon einige Bildschirme zurückliegt. Kein Problem! Ein Mausklick auf den Schalter **Bisher** genügt, um ein Fenster einzublenden, das Aufschluß darüber gibt, welche Hilfethemen von Ihnen seit dem letzten Aufruf der Hilfe gewählt wurden.

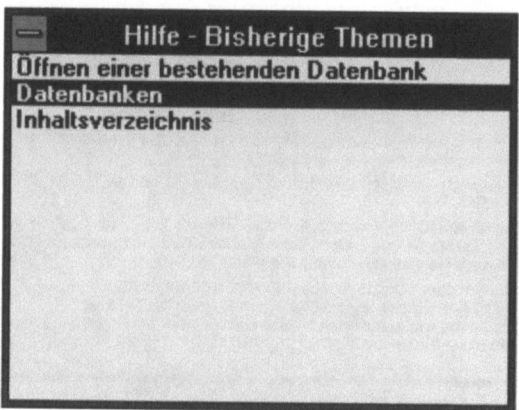

Abb. 5-7 Zuvor gewählte Hilfethemen

Diese können nun mittels Maus oder auch über die Tastatur gewählt werden. Um ein hier angezeigtes Thema mit der Maus zu wählen,

1. markieren Sie es.

2. Und führen dann einen Doppelklick aus.

Mit der Tastatur gehen Sie ähnlich vor.

1. Markieren Sie das Thema mit den Tasten Y oder V.

Rat und Hilfe in Access

2. Rufen Sie es durch Eingabe von Ü ab.

Sind Sie allerdings mehr für den 'Einstieg von oben', verwenden Sie den Schalter **Inhalt** dazu, immer wieder in das Inhaltsverzeichnis zurückzukehren. Hier können Sie nun wieder in ein ganz bestimmtes Thema einsteigen.

Neben der Möglichkeit, die untereinander dargestellten Punkte einzeln anzuwählen, haben Sie aber noch eine zweite Möglichkeit, die Unterthemen der einzelnen Hauptabschnitte einzusehen, ja man könnte fast sagen, diese Themen 'abzuspulen'. Die Schaltflächen Vor- bzw. Rücklauf stellen diesen Dienst bereit.

1. Kehren Sie in das Inhaltsverzeichnis zurück.

2. Betätigen Sie die Schaltfläche Vorlauf (>>) einmal. Das Unterthema 'Ratgeber' wird angezeigt.

3. Betätigen Sie anschließend den Vorlauf erneut. Sie sehen das Unterthema 'Datenbanken'.

4. Ein weiterer Mausklick auf den Vorlauf führt Sie in das Thema 'Tabellen' usw.

5. Kehren Sie nun über den Schalter **Inhalt** wieder in das Inhaltsverzeichnis zurück.

Alle Hauptabschnitte, die hier untereinander aufgeführt sind, lassen sich also auch der Reihe nach aufrufen. Einen Vorteil bietet dieser Vorlauf immer dann, wenn Sie einen generellen Überblick gewinnen wollen, denn Sie können die Unterthemen einsehen, ohne jedesmal in das Inhaltsverzeichnis zurückkehren zu müssen.

Sie sehen, Hilfethemen lassen sich ohne Mühe einsehen. Damit aber nicht genug, können sie natürlich auch gedruckt werden, denn was man schwarz auf weiß besitzt...

Bevor es jedoch soweit ist, kontrollieren Sie zunächst, ob die Windows-Hilfe auch den Namen Ihres Druckers kennt. Dazu

1. Öffnen Sie das Menü [Datei] innerhalb der Hilfefunktion.

2. Wählen Sie dann den Befehl [Druckereinrichtung], um diesen Dialog aufzurufen:

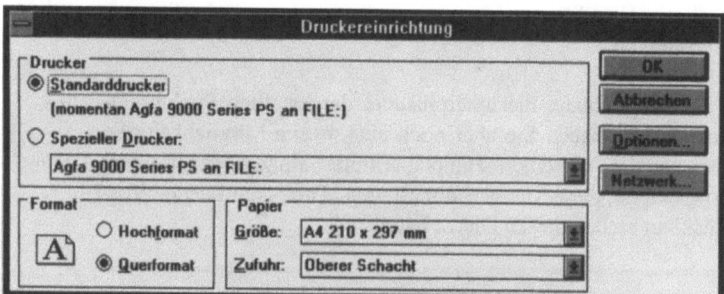

*Abb. 5-7 Dialog **Druckereinrichtung***

Grundsätzlich geht der Dialog zunächst vom Standarddrucker aus, der in der Druckersteuerung von Windows als solcher festgelegt wurde.

3. Stimmt der hier angezeigte Druckername mit Ihrem Drucker überein, klicken Sie **OK**. Andernfalls klicken Sie in den Kreis vor **Spezieller Drucker**.

4. Klicken Sie anschließend auf den abwärtsweisenden Pfeil, um die anderen Druckernamen einzusehen.

5. Wählen Sie den Namen Ihres Druckers durch einen Mausklick aus und bestätigen mit **OK**.

Perfekt! Dem Ausdruck steht jetzt nichts mehr im Wege. Schalten Sie nun Ihren Drucker ein und

1. verzweigen im Hilfefenster in das Thema, das Sie drucken wollen.

2. Wählen Sie dann den Befehl [Datei/Thema drucken].

Rat und Hilfe in Access 91

Eine Meldungsbox informiert Sie, daß das gewünschte Hilfethema nun gedruckt wird. Wollen Sie allerdings die eingebaute Hilfe von Access nicht zu Papier bringen, sondern das Hilfethema nur kopieren, um es beispielsweise in ein Dokument einer Textverarbeitung zu übernehmen, weil Sie vielleicht gerade selbst eine Anleitung zum Einsatz von Access verfassen und Ihnen die Übung, die das Hilfethema in diesem Zusammenhang für Sie bereithält, als geeignet erscheint, bewerkstelligen Sie das auf diese Weise:

1. Verzweigen Sie in das gewünschte Hilfethema.

2. Öffnen Sie das Menü [Bearbeiten] und treffen die Auswahl [Kopieren].

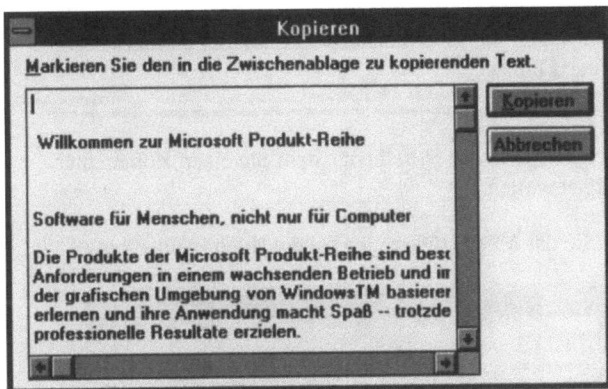

Abb. 5-8 Hilfetexte kopieren

Das Fenster gibt Ihnen die Möglichkeit exakt die Textstelle zu markieren, die für Sie interessant ist.

3. Bewegen Sie die Maus an den Beginn der zu kopierenden Textstelle und klicken die linke Maustaste, um den Cursor dort in Position zu bringen.

4. Markieren Sie die Textstelle jetzt mit der Maus, indem Sie den Zeiger über die benötigten Zeilen ziehen.

5. Lösen Sie den Kopiervorgang durch einen Mausklick auf die Schaltfläche **Kopieren** aus. Das Fenster **Kopieren** wird daraufhin geschlossen.

6. Wechseln Sie nun in Ihre Textverarbeitung und fügen den Inhalt über das [Bearbeiten]-Menü wieder ein.

Sie wissen jetzt, wie Sie sich in der Hilfe bewegen, Texte ausdrucken, ja sogar kopieren können, um diese weiterzuverarbeiten. Kann man sich noch mehr wünschen? Ja natürlich! Sie könnten doch den Wunsch haben, einen eigenen Kommentar einem bestimmten Thema zuzuordnen. Stellen Sie sich dazu vor, Sie haben in der Hilfe den Text zur Anlage von Tabellen aufgerufen. Immer dann, wenn Sie eine Tabelle neu erstellen müssen, schlagen Sie diesen Hilfetext wieder auf. Leider steht aber in diesem Hilfetext nicht beschrieben, wie Sie sich über die Tastatur vom Tabellenfenster zum Datenbankfenster bewegen. Da Sie aber nun einmal gern mit der Tastatur arbeiten und keine Lust haben, diese Tastenkombination immer wieder in der Hilfe zu suchen, fügen Sie sie einfach als Anmerkung diesem häufig benutzten Hilfetext hinzu.

Anmerkung eingeben

1. Verzweigen Sie in das Hilfethema, dem Sie einen Kommentar hinzufügen wollen.

2. Öffnen Sie das Menü [Bearbeiten] und wählen [Anmerken].

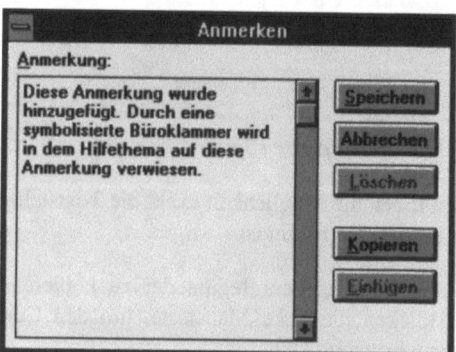

*Abb. 5-9 Dialog **Anmerken***

3. Unter Anmerkung tragen Sie nun Ihren Text ein, zum Beispiel *Fensterwechsel zwischen Tabellen mit STRG + F6.*

4. Klicken Sie abschließend auf die Schaltfläche **Speichern**, damit die Anmerkung nicht verloren geht.

Der Dialog ist am Bildschirm nicht mehr zu sehen. Eine Büroklammer weist jedoch darauf hin, daß diesem Hilfetext eigene Kommentare hinzugefügt wurden:

Anmerkung ansehen

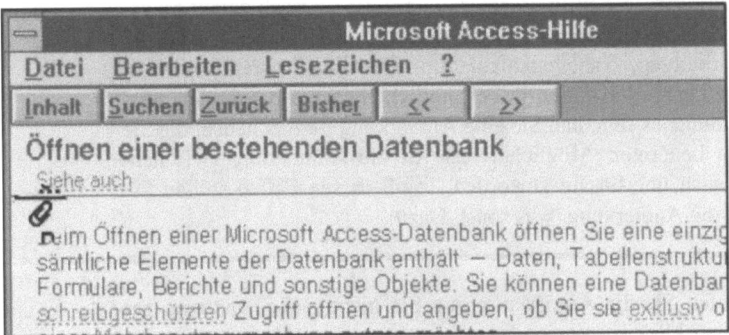

Abb. 5-10 Hilfethema mit Anmerkung

Fahren Sie nun auf dieses Symbol, so verwandelt sich der Mauszeiger wieder in den vertrauten Zeigefinger. Ein Mausklick, und der Dialog **Anmerkung** wird - samt Kommentar - geöffnet.

Wie zuvor ein Hilfethema, läßt sich natürlich auch eine Anmerkung kopieren, um dann in einer anderen Anmerkung oder in einem anderen Programm weiterverarbeitet zu werden. Wir wollen nun den Text dieser Anmerkung einem anderen Hilfethema hinzufügen.

Anmerkung kopieren

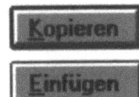

1. Öffnen Sie die zuvor eingegebene Anmerkung.

2. Klicken Sie auf die Schaltfläche **Kopieren**. Der Text wird in die Windows-Zwischenablage gestellt.

3. Anschließend klicken Sie auf **Abbrechen**.

4. Rufen Sie das Hilfethema auf, dem Sie diese Anmerkung ebenfalls hinzufügen wollen.

5. Wählen Sie [Bearbeiten/Anmerken].

6. Klicken Sie auf die Schaltfläche **Einfügen**.

7. Damit die Anmerkung hier ebenfalls nicht verloren geht, klicken Sie wieder die Schaltfläche **Speichern**.

Anmerkung löschen

Der Dialog geht, die Büroklammer kommt. Es sei noch darauf hingewiesen, daß der einzufügende Text selbstverständlich auch aus einer Textverarbeitung, Tabellenkalkulation, Datenbankanwendung usw. stammen kann. Nun fallen ja bekanntlich Späne, wo gehobelt wird und so könnte es sein, daß Sie eine Anmerkung gesetzt haben, die Sie gar nicht benötigen. Möglicherweise ist die Anmerkung zwischenzeitlich auch überflüssig geworden. In all diesen Fällen sollten Sie löschen, die Anmerkung, was sonst. Dazu

1. rufen Sie die Anmerkung, die Sie nicht mehr benötigen per Mausklick auf.

2. Anschließend betätigen Sie einmal die Schaltfläche **Löschen**.

Die Anmerkung 'zieht sich zurück'. Die Büroklammer ist nun auch nicht mehr zu sehen. Sicher ist Ihnen bei Ihrer Arbeit mit der Hilfe schon aufgefallen, daß einige Hilfetexte - nicht zuletzt durch eine Menge zusätzlicher erklärender Informationsboxen - recht lang sind. Was machen Sie, wenn Sie ein Hilfethema im Moment nicht weiter durcharbeiten können, weil Ihnen dazu die Zeit fehlt, Sie aber dieses Thema beim nächsten Aufruf der Hilfe gleich wieder parat haben wollen? Ganz recht! Sie legen ein Lesezeichen ein, genauso wie man das von Büchern gewohnt ist.

Lesezeichen 'einlegen'

1. Wählen Sie aus dem Menü [Lesezeichen] den Befehl [Definieren].

2. Unter **Lesezeichenname** zeigt der Dialog einen Vorschlag an. Hierbei handelt es sich um die Überschrift der jeweiligen Hilfetextseite. Sofern Ihnen dieser Name nicht zusagt, überschreiben Sie den Text durch einen eigenen.

3. Bestätigen Sie dann mit **OK**.

Wie Sie sehen, sehen Sie nichts! Jedenfalls noch nicht. Öffnen Sie noch einmal den Menüpunkt [Lesezeichen]. Voilà! Dort wird Ihr

Rat und Hilfe in Access

Lesezeichen angezeigt und kann natürlich auch ausgewählt werden. Das ist immer dann ganz besonders interessant, wenn Sie die Bedienerhilfe erneut aufrufen und nun dort anknüpfen wollen, wo Sie beim letzten Mal aufgehört haben. Das Lesezeichen wird durch das Verlassen der Hilfe nicht entfernt, sondern bleibt Ihnen solange erhalten, bis Sie selbst es wieder löschen, und zwar so:

Lesezeichen entfernen

1. Wählen Sie [Lesezeichen/Definieren].

2. Markieren Sie das Lesezeichen, das Sie entfernen wollen.

3. Klicken Sie die Schaltfläche **Löschen**.

Sie haben sich bislang einen guten Überblick über die Access-Hilfetexte verschafft. Die Bedienerhilfe bietet aber noch mehr. Es könnte ja zum Beispiel sein, daß Sie Hilfeinformationen zur Benutzeroberfläche Windows benötigen. In diesem Fall

1. öffnen Sie das [?]-Menü und wählen [Hilfe benutzen].

2. Dieses Hilfefenster sieht genauso aus wie vorher und wird genauso bedient wie vorher. Den einzigen Unterschied stellt der Hilfetext dar:

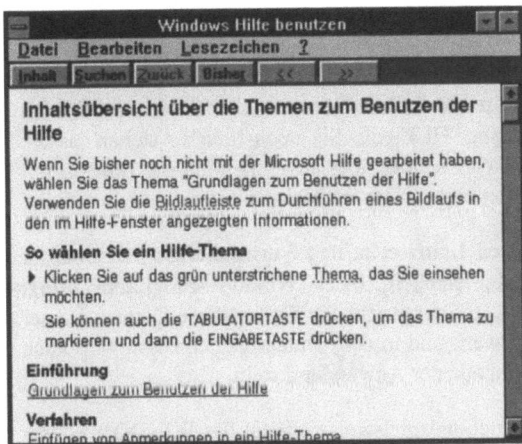

Abb. 5-11 Hilfetext der Windows-Hilfe

Sie erhalten jetzt textliche Informationen von Windows, die Ihnen die Verwendung der Bedienerhilfe erläutern. Für Sie bedeutet das, sofern Sie einmal mit der Windows-Hilfe vertraut sind, können Sie diese Hilfefunktion, die von sehr vielen Windows-Programmen eingesetzt wird, sofort benutzen, obwohl Sie das Programm selbst vielleicht kaum kennen.

Wie verzweigen Sie aber jetzt zurück zum Access-Hilfetext? Sehr gut! Über die Schaltfläche **Bisher**. Wir wollen Ihnen dennoch eine zweite Möglichkeit, Hilfetexte zu laden, nicht vorenthalten. Sie können nämlich genauso

1. im Menü [Datei] den Befehl [Öffnen] wählen, um folgenden Dialog angezeigt zu bekommen.

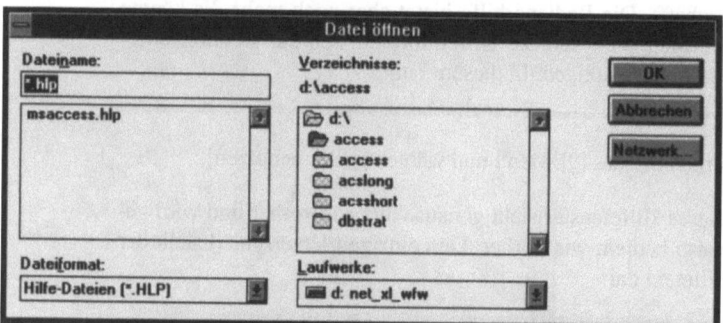

Abb. 5-12 Dialog zum Öffnen anderer Hilfetexte

2. Im Feld **Dateiname** finden Sie bereits die für Hilfetextdateien typische Endung 'HLP', die Sie auch bitte so stehen lassen. Dadurch ist sichergestellt, daß ausschließlich die Dateien mit den Hilfetexten in der Liste angezeigt werden.

Über die Listen **Laufwerke** und **Verzeichnisse** läßt sich der aktuelle Pfad einstellen. Jedes Windows-Programm bringt seine eigenen Hilfetexte mit. Sie finden diese Dateien immer auf dem Laufwerk und in dem Unterverzeichnis, in dem auch der Programmcode der Anwendung steht.

3. Wählen Sie doch beispielsweise einmal das WINDOWS-Verzeichnis, um zu sehen, welche Hilfetexte dort geboten werden:

Rat und Hilfe in Access 97

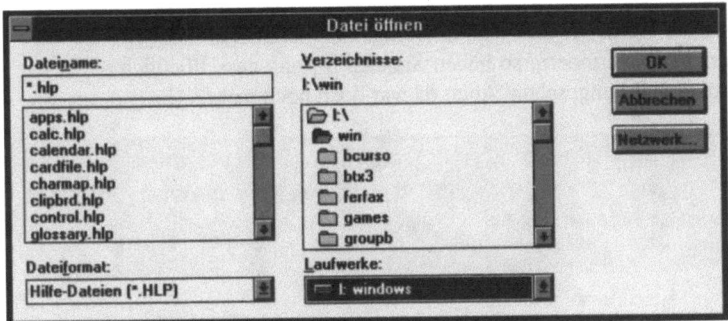

Abb. 5-13 Die Hilfetexte von Windows

Da staunt man nicht schlecht!

4. Wählen Sie nun die Datei PROGMAN.HLP aus und bestätigen mit **OK**.

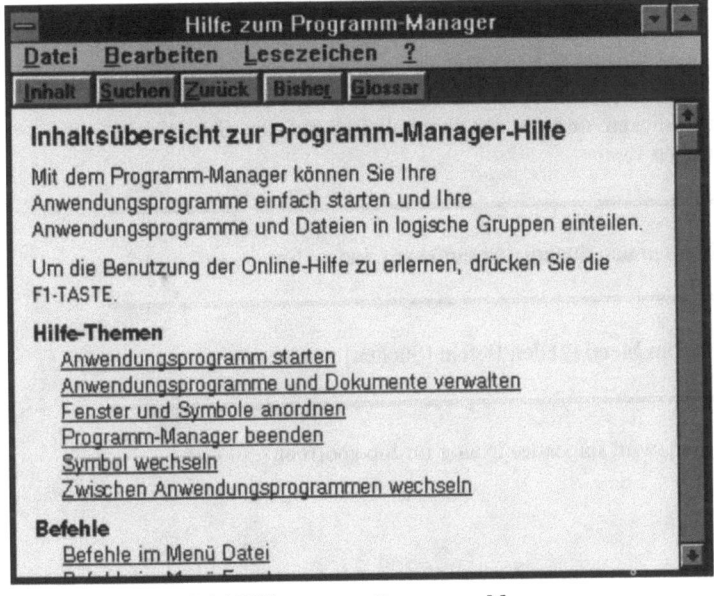

Abb. 5-14 Hilfetext zum Programm-Manager

Schon wieder ein anderer Hilfetext. Und auch er wird - wie zuvor beschrieben - eingesehen. Recht zielsicher manövrieren Sie nun in der

Bedienerhilfe. Wenn Sie sich jetzt allerdings noch einmal an das [?]-Menü von Access erinnern, so haben Sie sich bislang ausschließlich den Befehl [Inhalt] angesehen. Aber, da war doch noch mehr.....

Wenn Sie jetzt zum Access-Thema zurückkehren wollen, kein Problem! Sie müssen jetzt nicht erneut den **Öffnen**-Dialog bemühen, sondern können sogar den **Bisher**-Schalter verwenden um in die Access-Hilfe zurückzukehren.

Hilfethemen suchen

Ganz recht! Denn neben den zahlreichen Verzweigungsmöglichkeiten soll nicht unerwähnt bleiben, daß in der Hilfe selbstverständlich auch nach Stichworten gesucht werden kann. Bevor es jedoch soweit ist, wollen wir Ihnen die zwei Möglichkeiten vorstellen, die Sie in den Suchdialog der Hilfe führen. Entweder...

Dialog Suchen aufrufen

1. wählen Sie den Befehl [?/Inhalt]
2. und klicken dort in der Symbolleiste auf die Schaltfläche **Suchen**

...oder Sie rufen den Suchdialog direkt auf, indem Sie

aus dem Menü [?] den Befehl [Suchen] wählen.

In jedem Fall, wird folgender Dialog für Sie geöffnet:

Rat und Hilfe in Access

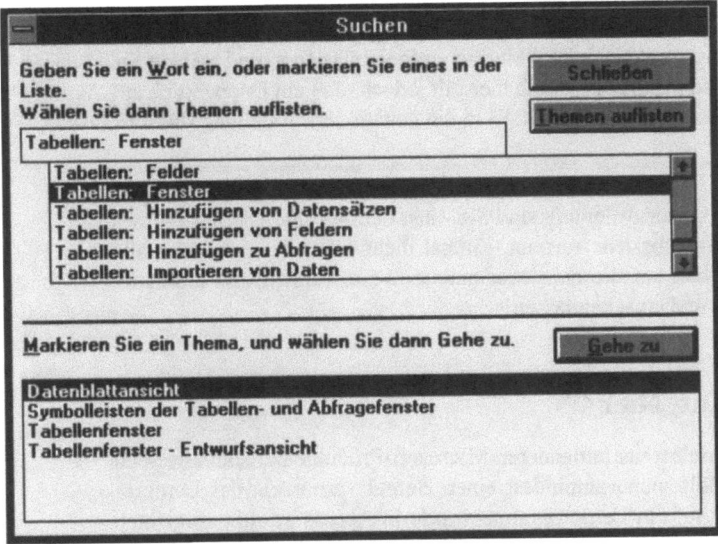

Abb. 5-15 Dialog **Suchen**

Alles Wissenswerte für die weitere Vorgehensweise wird gleich oben im Dialog erklärt. Vergessen hat man allerdings zu erwähnen, daß die Eingabe des Anfangsbuchstabens in der Liste sogleich den mit diesem Buchstaben beginnenden Themenbereich ansteuert. Nehmen wir an, Sie suchen Informationen zum Thema 'Tabellenfenster'.

1. Geben Sie zunächst ein *T* in das Eingabefeld ein. Die Suchfunktion verzweigt in den ersten Listeneintrag mit 'T'.

2. Nun verwenden Sie die Bildlaufleiste, um die einzelnen Themen, die mit dem Buchstaben 'T' beginnen, durchzusehen.

3. Haben Sie Ihren gewünschten Eintrag gefunden, markieren Sie ihn. Das Thema wird im Eingabefeld eingetragen.

4. Klicken Sie jetzt auf die Schaltfläche **Themen auflisten**. Alle Themen, die zu Ihrem Eintrag gefunden wurden, werden im unteren Teil des Dialogs - ebenfalls in einer Liste - angezeigt.

Alternativ zu der unter Punkt 4 dargestellten Vorgehensweise, können Sie den Themenkatalog auch durch einen Doppelklick auf den zuvor gewählten Listeneintrag abrufen.

5. Die weitere Anweisung ist wieder klar und deutlich dem Dialog zu entnehmen :"Markieren Sie ein Thema, und wählen Sie dann Gehe zu." Auch hier gilt jedoch, daß ein Doppelklick auf das Thema Sie ebenfalls in die gewünschte Anleitung führt.

Und mit dieser Anleitung sind Sie - seit dem letzten Abschnitt dieses Kapitels - ja bestens vertraut. Einmal mehr sehen Sie, daß sich alle Hilfethemen auf die eine oder andere Weise schnell und zielsicher aufrufen und einsehen lassen.

Der Ratgeber

Sollten Sie bereits mit anderen Microsoft-Produkten arbeiten, werden Sie im Hilfemenü zumindest einen Befehl vermissen, das Lernprogramm. Auf ein Lernprogramm wurde in Access bewußt verzichtet. Stattdessen bieten Ratgeber Ihre Dienste an. Nach unseren Erkenntnissen stellt sich der Lernerfolg über diesen Weg viel schneller ein. Was aber sind nun Ratgeber?

Wie der Name schon sagt, geben Sie Ratschläge. Und zwar immer dann, wenn Sie eine (für Sie) neue Access-Funktion erlernen wollen. Der Ratgeber begleitet Sie wie ein Trainer. Sie lernen die Arbeit mit Access an 'echten' Daten kennen, werden nicht durch ein Lernprogramm geführt, das immer einen festen Leitfaden vorgibt und auf die Probleme, die Sie lösen müssen, gar nicht direkt eingeht. Sie setzen den Ratgeber ein, während Sie in Access bestimmte Aufgaben erfüllen oder zumindest zu erfüllen versuchen. Ratgeber helfen sowohl bei der Anlage einer kompletten Datenbank als auch bei ganz bestimmten Teilaufgaben. Um zu erfahren, wie eine Tabelle in Access angelegt wird, rufen Sie den entsprechenden Ratgeber auf und lassen sich Schritt für Schritt bei Ihrer Arbeit helfen. Und genau das werden wir jetzt tun.

Wie der **Suchen**-Dialog lassen sich auch Ratgeber auf zwei verschiedene Arten aufrufen. Entweder...

aus dem [?]-Menü den Befehl [R̲atgeber] wählen

...oder

1. das Inhaltsverzeichnis der Access-Bedienerhilfe öffnen.

2. Einen Mausklick auf die Schaltfläche 'Ratgeber' ausführen.

In beiden Fällen wird das Auswahl-Menü für Ratgeber angezeigt:

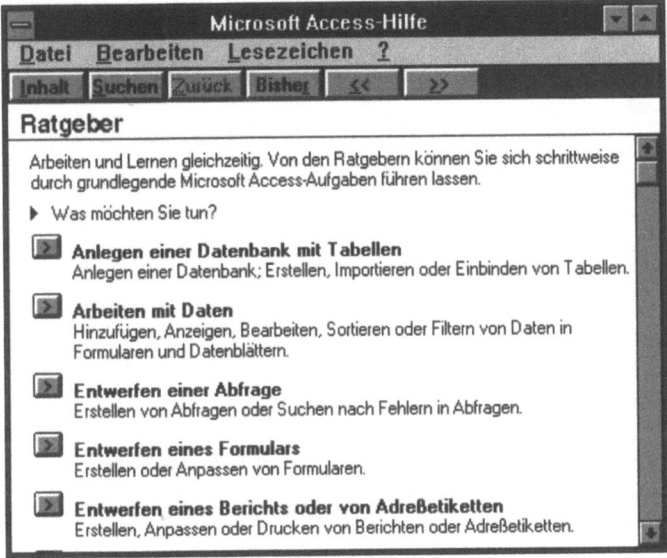

Abb. 5-16 Ratgeberthemen in der Hilfe

Im Gegensatz zu den zuvor kennengelernten Einträgen für Verzweigungen, sehen Sie hier keine durchgehend bzw. gebrochen unterstrichenen Schlüsselwörter. Ratgeber verhalten sich eben in mancherlei Dingen anders als man denkt. Fahren Sie nun mit dem Mauszeiger über die fett dargestellten Überschriften, 'verformt' sich der Mauszeiger in vertrauter Weise. Ein Mausklick reicht demnach aus, um in ein Unterthema 'einzusteigen'.

Gehen Sie nun mit uns 'in medias res' und lassen sich darüber informieren, wie eine Tabelle in Access erstellt wird.

1. Öffnen Sie das Ratgeber-Menü.

2. Wählen Sie die Auswahl zur Anlage von Datenbanken.

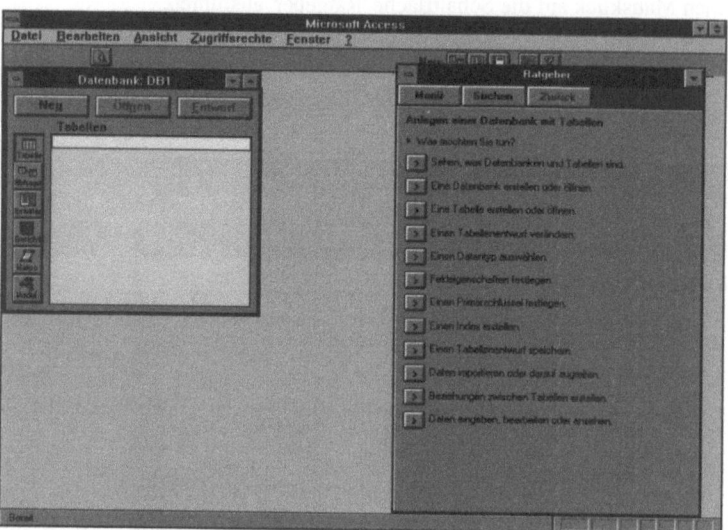

Abb. 5-17 Ratgeber begleiten Ihre Arbeit...

3. Zeigen Sie mit dem Mauszeiger auf die Schaltfläche vor **Eine Tabelle erstellen oder öffnen**. Der Mauszeiger ändert diesmal sein Aussehen nicht!

4. Klicken Sie einmal die linke Maustaste.

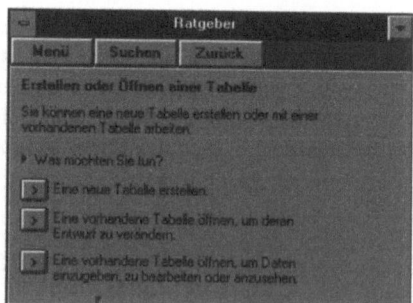

Abb. 5-18 ...Schritt für Schritt

Rat und Hilfe in Access

5. Führen Sie nun einen Mausklick auf die Schaltfläche vor **Eine neue Tabelle erstellen** durch. Der Ratgeber weiß zu berichten, wie das funktioniert:

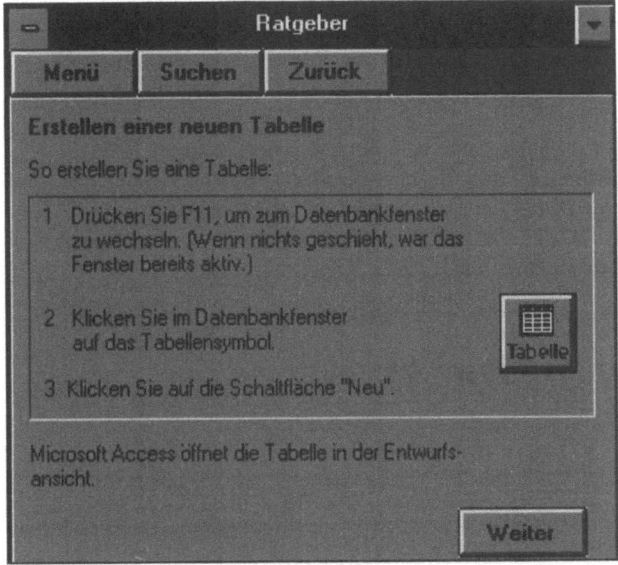

Abb. 5-19 Der Ratgeber hilft bei komplexen und speziellen Aufgaben

---

Sicher ist Ihnen bereits aufgefallen, daß der Ratgeber über eine **Symbolleiste** verfügt. Sie befindet sich diesmal direkt im Anschluß an die **Titelzeile**. Drei Schaltflächen bieten hier Ihre Dienste an:

Menü   Verzweigt in das erste Menü, mit dem der Ratgeber aufgerufen wurde.
Suchen   Öffnet den **Suchen**-Dialog der Bedienerhilfe.
Zurück   Kehrt zurück zum vorherigen Bildschirm.

Darüber hinaus verfügt der Ratgeber hin und wieder über einen **Weiter**-Schalter. Dieser wird immer dann eingeblendet, wenn ein bestimmtes Thema auf mehrere Ratgeberseiten verteilt werden mußte. Auf diese Weise läßt sich sofort ablesen, was zusammengehört.

Eine Besonderheit bezüglich der Schlüsseleinträge von Ratgebern in der Access-Hilfe haben wir bereits kennengelernt. Ratgeber verhalten sich aber auch sonst anders, als man vermuten würde. Sehen wir uns diese 'andere' Verhaltensweise genauer an:

- An erster Stelle ist zu nennen, daß sich Ratgeber ausschließlich mit einer Maus bedienen lassen. Der Versuch, die Tastatur zu verwenden, beeindruckt den Ratgeber nicht.

- Ratgeber arbeiten - wie alle Windows-Programme - in Fenstern. Dennoch kann die Fenstergröße der Ratgeber mit der Maus nicht eingestellt werden. Ratgeberfenster lassen sich lediglich auf die Verkleinerung zum Symbol ein, doch auch hierbei haben Sie ihren 'eigenen Kopf'.

1. Öffnen Sie irgendeinen Ratgeber.

2. Verkleinern Sie ihn auf Symbolgröße.

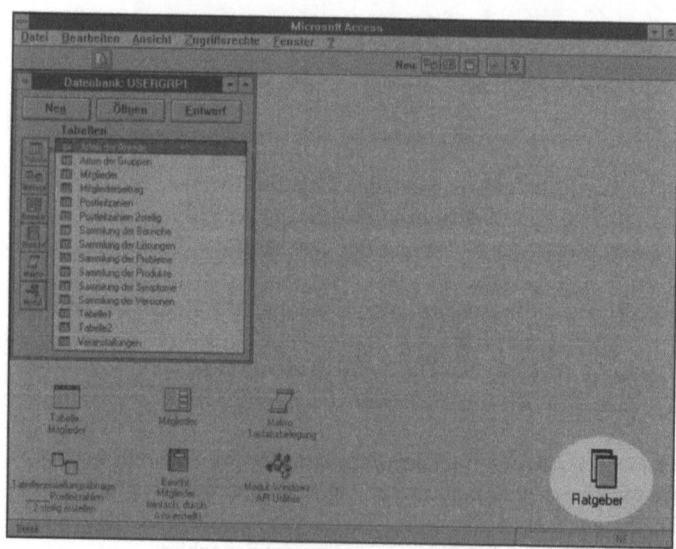

Abb. 5-20 Ratgeber als Ikone

> Versuchen Sie die Ratgeberikone an eine andere Bildschirmposition zu verschieben.

Es geht nicht. Die Ikone 'nimmt' rechts unten im Bildschirm 'Platz'. Sobald Sie einen Mausklick auf die Ikone durchführen, stellen Sie das Ratgeberfenster wieder her.

- Eine weitere Besonderheit stellen Sie fest, sobald Sie die Schaltfläche **Suchen** aus der Ratgeber Symbolleiste betätigen. Anstatt, daß der Ratgeber ein weiteres Fenster öffnet, nämlich den **Suchen**-Dialog, zieht er sich zurück, überläßt dem Dialog das Feld und kehrt erst zurück, nachdem der Suchvorgang beendet und damit das Dialogfeld **Suchen** wieder geschlossen wurde.

- Ebenso verhalten sich die Ratgeber, wenn Sie zusätzlich die Access-Hilfe starten. Der Ratgeber empfiehlt sich und meldet sich erst dann wieder zu Wort, wenn Sie zu Access zurückkehren oder die Hilfe schließen.

Hat man sich allerdings an diese Besonderheiten erst einmal gewöhnt, sind Ratgeber fast unersetzliche Helfer in vielen 'Accesslagen'.

Problembezogene Hilfe

Hilfe läßt sich allerdings auf einem noch ganz anderen Weg anfordern: für ein aktuelles Problem. Diese Hilfeanforderung bezieht sich dann immer auf eine ganz bestimmte Stelle, einen Menüpunkt, zum Beispiel, eine Dialogbox oder einfach ein Element des Bildschirms, das Ihnen unklar ist. Sie wird häufig auch als kontextsensitive Hilfe bezeichnet.

Um Hilfe zu einem bestimmten Bildschirmelement, der Symbolleiste beispielsweise, zu erhalten, gehen Sie so vor:

1. Betätigen Sie die Tastenkombination H + !.

2. Der Mauszeiger verwandelt sich in einen Zeiger mit Sprechblase. Zeigen Sie auf das unbekannte Element. Für unser Beispiel zeigen Sie bitte auf die Symbolleiste.

3. Klicken Sie die linke Maustaste.

Auf der Stelle wird die Symbolleiste erklärt:

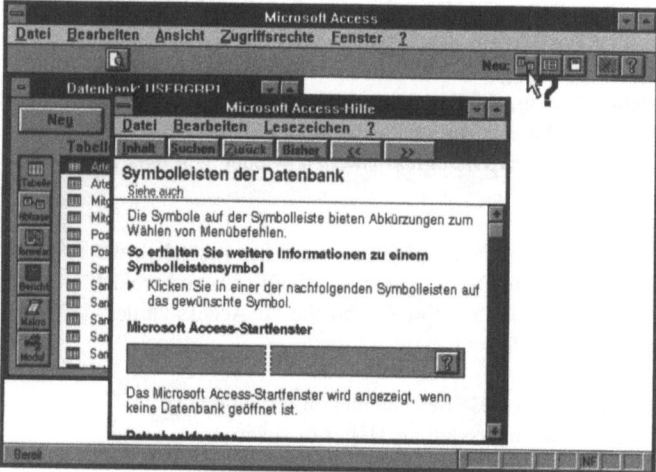

Abb. 5-21 Kontextsensitive Hilfe zur Symbolleiste

Ein Mausklick auf die unbekannten Symbole und - in bekannter Weise - öffnen sich erklärende Boxen. Möglicherweise stecken Sie ja auch in einem Pull-Down-Menü bzw. in einem Dialog fest. Überall dort bietet die Funktionstaste ! ihre problembezogenen Hilfedienste an. Nehmen wir nun an, Sie hätten Fragen zum **Optionen**-Dialog in Access.

1. Öffnen Sie den Dialog über [Ansicht/Optionen].

2. Betätigen Sie einmal die Taste !.

In aller Ruhe können Sie nun herausfinden, welche Option welche Aufgabe 'bekleidet'.

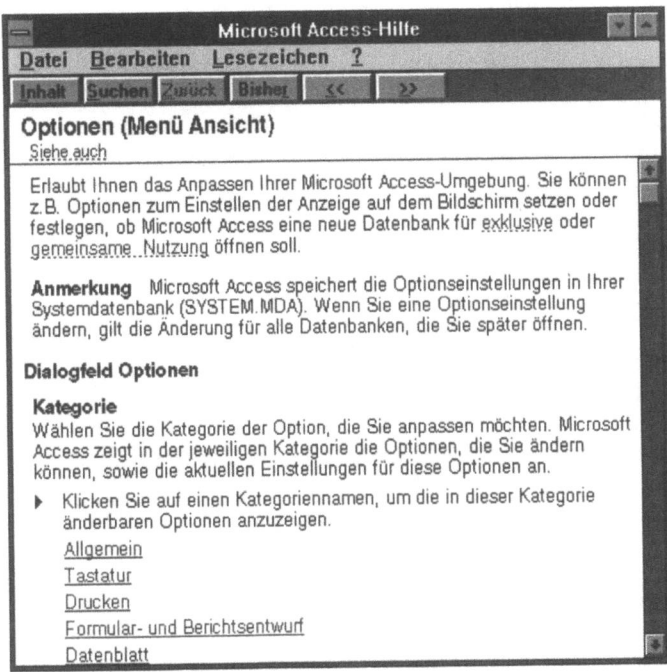

Abb. 5-22 Problembezogenen Hilfe zu Dialogen

Dieses Kapitel läßt recht deutlich erkennen, daß Access Ihnen Rat und Hilfe anbietet, wo immer es geht. So gerüstet, steht nun auch Ihrem Einstieg in das 'Datenbankdesign' nichts mehr im Wege. Vielleicht wollen Sie sich aber auch erst eine wohlverdiente Pause gönnen. In diesem Fall beenden Sie bitte Access und beantworten eventuelle Speicheranfragen mit *Nein*.

Zusammenfassung des Kapitels

- Sie haben das Windows-Hilfe-Fenster kennengelernt und erfahren, auf welche Arten der Einstieg in die Access-Hilfetexte erfolgen kann.

- Sie haben die Verzweigungen innerhalb der Hilfefunktion bemüht, um die gewünschten Themen aufzufinden. Darüber hinaus haben Sie von der Möglichkeit Gebrauch gemacht, Hilfethemen nach bestimmten Schlüsselwörtern zu suchen.

- Sie haben das Inhaltsverzeichnis der Access-Hilfe verwendet, um sich einen generellen Überblick über die angebotenen Hilfethemen zu verschaffen. Auch dabei haben Sie von den unterschiedlichen Verzweigungsmöglichkeiten Kenntnis erhalten.

- Sie haben sich mit dem Einsatz weiterer Hilfetexte sowie dem Setzen von Kommentaren und Lesezeichen in der Hilfe befaßt.

- Sie haben sich von Ratgebern assistieren lassen, um sowohl komplexe als auch spezifische Aufgaben in Access zu lösen.

- Sie haben festgestellt, daß zu jeder Aktion in Access eine kontextbezogene Hilfe abrufbar ist. In diesem Zusammenhang haben Sie deren Aufrufmöglichkeiten erforscht.

TRAINIEREN SIE IHR WISSEN:

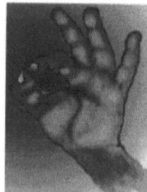

1. Auf welche Weise läßt sich das Inhaltsverzeichnis der Bedienerhilfe aufrufen? Nennen Sie zwei Wege.

2. Erklären Sie die Schaltflächen Vor- bzw. Rücklauf der Symbolleiste?

3. Welche Arten kennen Sie, um in der Bedienerhilfe das gewünschte Hilfethema zu finden. Nennen Sie mindestens drei.

4. Wozu verwenden Sie ein Lesezeichen in der Bedienerhilfe?

5. Erklären Sie die Arbeitsweise von Ratgebern. Wie unterscheiden Sie sich von herkömmlichen Lernprogrammen?

6. Erklären Sie den Begriff kontextsensitive Hilfe und nennen Sie deren Aufrufmöglichkeiten.

Kapitel 6

Überblick
Die Datenbank und ihre Objekte
Tabellen, Abfragen und Dynasets
Formulare und Berichte
Makros und Module
Zusammenfassung des Kapitels

6. Access stellt sich vor

Überblick

Kapitel 3 hat Ihnen Access als relationales Datenbankmanagementsystem vorgestellt, das über Objekte und Eigenschaften verfügt. Den Objekten werden wir in diesem Kapitel etwas weiter auf den Grund gehen. Sie werden die Objekte einzeln kennenlernen, aus denen jede Access-Datenbank besteht, und erfahren, für welche Aufgaben sie zuständig sind.

Dieses Kapitel führt Sie in grundlegende Techniken ein und definiert Begriffe, die für den Umgang mit Microsoft Access nützlich sind.

Die Datenbank und Ihre Objekte

In einer Datenbank werden Informationen aufbewahrt, die sich auf ein bestimmtes Thema beziehen. Wir wollen nun zunächst darüber nachdenken, wie diese Informationen aufbewahrt werden könnten, wenn wir ohne eine elektronische Datenbank arbeiten müßten. Beispielsweise könnten Telefonnummern unserer Kunden in einem Karteikasten aufbewahrt werden, Lieferantentelefonnummern ebenso. Sämtliche Produktbeschreibungen werden mit größter Wahrscheinlichkeit in einem Aktenschrank und dort in unterschiedlichen Ordnern gesammelt. Die Kontrolle über noch zu zahlende Rechnungen erledigt ein Tabellenkalkulationsprogramm und alle Kundenadressen haben wir in ein Dokument unserer Textverarbeitung eingegeben.

Wer aber weiß nun, was wo aufbewahrt wird? Es ist der Sachbearbeiter, der täglich mit diesen Informationen arbeitet. In seinem Kopf hat er die Zusammenhänge zwischen den Daten 'gespeichert'. Nehmen wir jetzt an, unser Sachbearbeiter erhält ein Telefax, in dem ein Kunde ihn bittet, einige technische Details für unser Produkt 'A1045' durchzugeben. Unglücklicherweise ist das Fax aber schlecht zu lesen. Begleiten Sie unseren Mitarbeiter, nennen wir ihn Herrn Müller, bei der Erledigung dieser Aufgabe.

Beziehungen

1. Zunächst einmal ist ein Rückruf beim Kunden erforderlich, da die Anfrage nicht zu lesen ist. Herr Müller sucht die Telefonnummer des Kunden aus der Kartei und telefoniert.

2. Nachdem er jetzt weiß, worum es geht, öffnet er den Aktenschrank, um Informationen zum Produkt 'A1045' zu finden. Herr Müller kopiert die technische Information zu diesem Artikel und legt sie neben seinen PC.

3. Nun ruft er sein Textverarbeitungsprogramm auf. Im Adreßdokument findet er die Anschrift des Kunden und erstellt das Anschreiben.

Datenbehälter

Zusammengenommen bilden diese verschiedenen Aufbewahrungsorte eine relationale Datenbank. Jeder 'Behälter' dient einem bestimmten Zweck. Unser Sachbearbeiter kann mühelos Informationen aus den unterschiedlichen Behältern zur Erledigung einer ganz bestimmten Aufgabe kombinieren. Der Schlüssel für das Funktionieren dieses 'Systems' ist die Kenntnis der Zusammenhänge zwischen den Informationen in diesen Behältern, die Herr Müller besitzt:

Abb. 6-1 Beziehungen zwischen Informationen

Objekte

In Microsoft Access sammeln Sie Ihre Informationen ebenfalls in mehreren 'Behältern', nur daß diese Behälter hier als Tabellen bezeichnet werden. Darüber hinaus können Sie festlegen, wie diese Tabellen zusammenhängen. Eingeordnet werden alle Objekte in den

Access stellt sich vor 113

Microsoft Access Datenbankcontainer und der enthält neben Tabellen auch Abfragen, Formulare und Berichte.

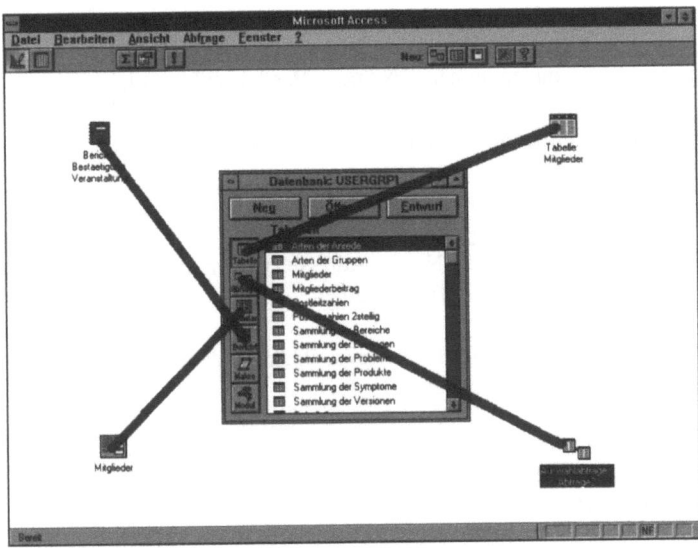

Abb. 6-2 Objekte einer Datenbank

Tabellen, Abfragen und Dynasets

Im vorangegangenen Abschnitt haben Sie erfahren, wie unser Herr Müller derzeit seine Daten aufbewahrt: in Aktenordnern, in Karteikästen, in Dokumenten usw. Für jeden Behälter gilt ein anderes Ablagesystem:

Daten speichern

- Die Produktinformationen werden in Aktenordner eingeheftet.
- Die Karteikarten müssen geschrieben und dann in den Karteikasten einsortiert werden.
- Die Adressen werden in einem Dokument in der Textverarbeitung erfaßt.
- Die offenen Rechnungen werden mit einem Tabellenkalkulationsprogramm verwaltet.

Das können Sie in Access leichter haben! Alle notwendigen Informationen werden in einer Datenbank in Form von Tabellen gespei-

Tabellenthemen

chert - getreu dem relationalen Modell (siehe **Kapitel 3**). Jede Tabelle enthält Daten zu einem ganz bestimmten Thema, zum Beispiel:

Thema	Daten
Lieferanten	Lieferantennummer, Name, Postleitzahl, Ort, Straße, Telefonnummer
Artikel	Artikelnummer, Bezeichnung, Einzelpreis, Verpackungseinheit
Kunden	Kundennummer, Name, Postleitzahl, Ort, Straße, Telefonnummer
Personal	Personalnummer, Name, Adresse, Geburtsdatum, Eintrittsdatum, Aufgabengebiet

Diese Liste läßt sich beliebig fortsetzen. Sie ist abhängig davon, welches Informationsbedürfnis Sie haben.

Die Daten in der Tabelle werden in Spalten und Zeilen dargestellt. Dabei werden die Spalten auch häufig als Felder, die Zeilen als Datensätze bezeichnet:

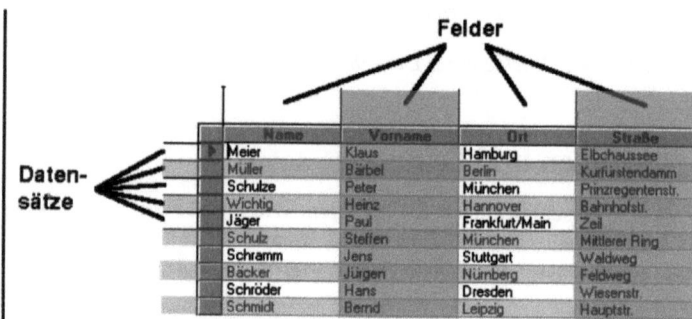

Abb. 6-3 Das Herzstück der relationalen Datenbank - die Tabelle

Feld

Das übergeordnete Tabellenthema, zum Beispiel Lieferanten, wird nun in weitere 'Unterthemen', zum Beispiel Name, Nummer, Adresse usw., gegliedert. Jedes 'Unterthema' steht in einem eigenen Feld. Die Felder können demnach auch Informationskategorien genannt werden.

Datensatz

Jeder Datensatz der Tabelle besteht aus den zuvor festgelegten Informationskategorien. Haben Sie beispielsweise für die Lieferantentabelle die Felder *Nummer*, *Name*, *Adresse* und *Telefon* festgelegt, so

Access stellt sich vor 115

lassen sich exakt diese Daten für jeden Lieferanten eingeben. Um nun den Namen des Ansprechpartners ebenfalls zu erfassen, muß der Tabelle zunächst ein neues Feld, *Ansprechpartner*, hinzugefügt werden. Anschließend können die Namen dann aufgenommen werden, selbstverständlich auch für Lieferanten, die Sie bereits früher gespeichert haben.

Abschließend sei hierzu angemerkt: Je klarer Ihre Datenbank strukturiert ist, desto leichter läßt sie sich pflegen. Vor allen Dingen sorgt ein vernünftiges Datenbankdesign jedoch für schnelles Wiederauffinden von Daten. Und das ist letztendlich Sinn und Zweck der ganzen Übung. Wir sammeln Daten, um diese in vielfältiger Weise zu verwenden. Zum Beispiel, um eine Adresse in einen Brief einzufügen...

Daten verwenden

Abb. 6-4 Daten mit Texten verbinden

... oder, um die Adresse eines Mitarbeiters herauszufinden.

Abb. 6-5 Einzelinformationen abrufen

Möglicherweise wollen Sie ja auch eine Liste aller Kunden im Postleitzahlgebiet '2000' drucken:

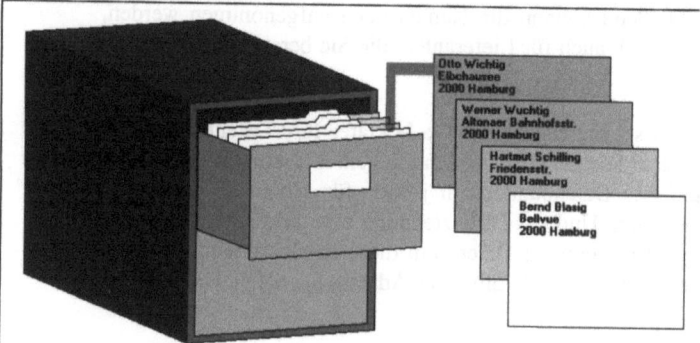

Abb. 6-6 Daten selektieren

Abfragen

Um Daten aus unterschiedlichsten Blickwinkeln zu betrachten, stellen Sie einfach Fragen, genauergesagt Abfragen. Was können das für Fragen sein? Zum Beispiel:

- Welche Mitarbeiter arbeiten in der Abteilung Verkauf?
- Welche Kunden haben bis zum 15.11.1992 Ihre Rechnungen nicht bezahlt?
- Welcher Lieferant liefert Bleistiftanspitzer?
- In welchem Postleitzahlgebiet werden die meisten Rucksäcke verkauft?

Dynaset

Und so weiter, und so fort. Die Daten, die Antwort auf diese Fragen geben, können aus einer oder auch mehreren Tabellen stammen. Die Abfrage stellt angeforderte Informationen zusammen. Dabei werden lediglich die Daten herausgefiltert, die Ihre Frage beantworten. Dieses Abfrageergebnis wird Dynaset genannt.

Nehmen wir an, Sie verfügen über zwei Tabellen. Die eine enthält Artikeldaten, die andere die Adressen Ihrer Lieferanten. Nun möchten Sie gerne erfahren, welche Lieferanten im Postleitzahlgebiet 8000 Bleistiftanspitzer verkaufen.

Access stellt sich vor   117

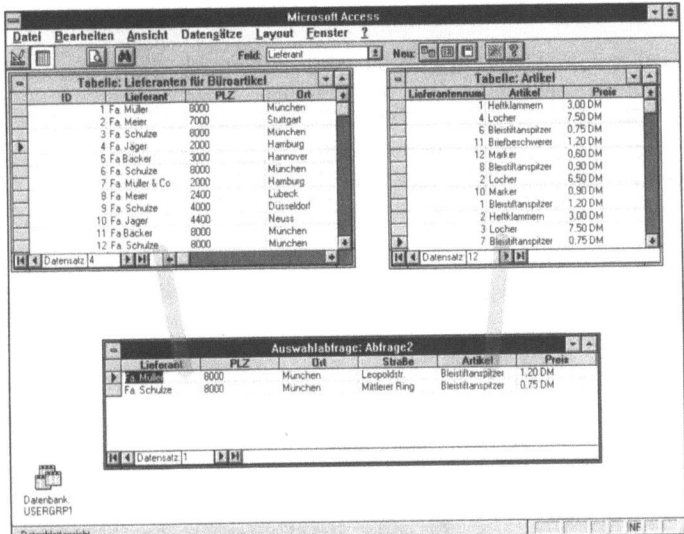

Abb. 6-7 Antworten auf Fragen

Ein Dynaset ist eine dynamische Auswahl von Datensätzen aus einer oder mehreren Tabellen. Sie definieren die Abfrage, die festlegt, welche Gruppe von Datensätzen Sie sehen möchten. Lassen Sie anschließend die Abfrage ausführen, greift diese automatisch auf die 'echten' Tabellendaten zurück, um die gewünschten Antworten zu liefern. Ändern Sie in diesem Dynaset nun Datenbestände, aktualisiert Access die Daten in den entsprechenden Tabellen. Sie können also immer sicher sein, daß die Daten auf dem neuesten Stand sind und Ihre Änderungen gespeichert werden. In einer Mehrbenutzerumgebung können Sie dadurch sofort die von anderen Benutzern an Datensätzen eines Dynasets vorgenommenen Änderungen sehen.

Formulare und Berichte

Abfragen und Tabellen haben eins gemein: Alle Daten werden grundsätzlich tabellarisch angeordnet dargestellt. Für das gleichzeitige Einsehen mehrerer Datensätze ist das auch durchaus in Ordnung. Besonders bedienerfreundlich - beispielsweise für die Eingabe von Daten - ist diese Form allerdings nicht. Auch präsentiert eine 'einfache' Tabelle die Daten in den seltensten Fällen so anschaulich wie nötig. Von Deckblättern, Kopf- und Fußzeilen, unterstrichenen Summenfeldern usw. für den Ausdruck ganz zu schweigen.

Formular

Wie schön, daß es Formulare und Berichte gibt! Ein Formular leistet überall dort gute Dienste, wo es um das Einsehen, Eingeben und Ändern von Daten geht. Während der Entwurfsphase legen Sie fest, wie die Daten angezeigt werden sollen. Arbeiten Sie später mit Ihrem Formular, ruft Access beim Öffnen des Formulars die Daten aus den zugrundeliegenden Tabellen ab und zeigt sie im definierten Layout an.

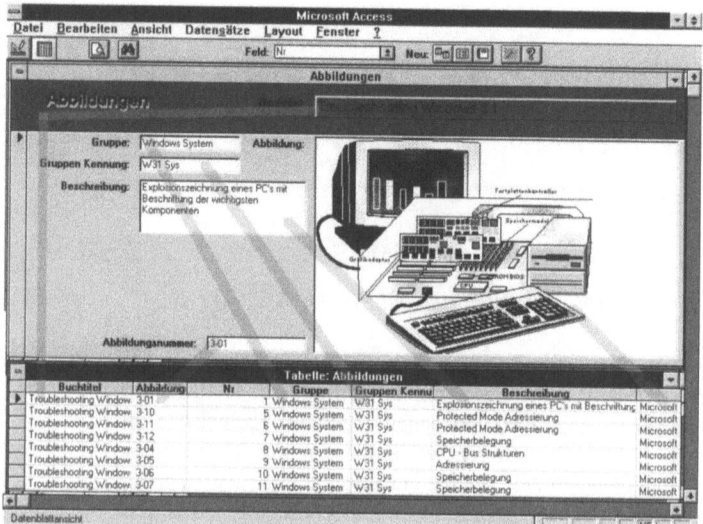

Abb. 6-8 Daten werden im Formular angezeigt

Die komfortable Eingabemaske erlaubt jedoch nicht nur die einfachere Eingabe bzw. Änderung von Daten. Sie stellt dem Anwender beispielsweise Auswahllisten zur Verfügung. Gibt es nun zu einer Eingabe mehrere Möglichkeiten, kann der Benutzer bequem aus einer Liste wählen. Schauen wir uns zum Beispiel ein Anredefeld an:

Access stellt sich vor 119

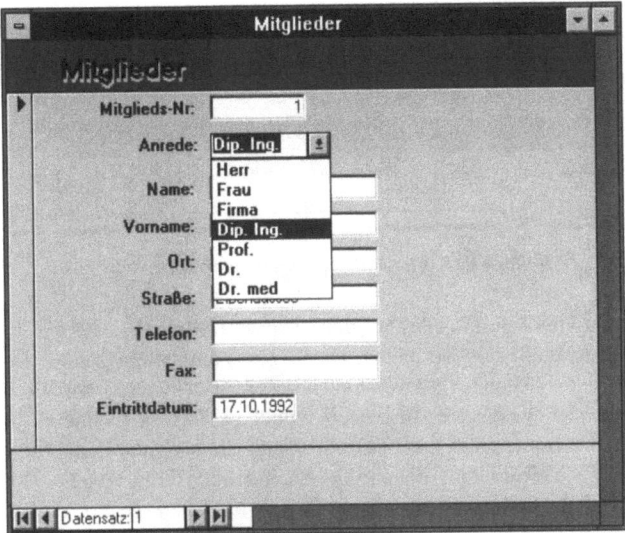

Abb. 6-9 Auswahlliste im Formular

Außerdem können wichtige Daten andersfarbig gestaltet werden. Nehmen wir einmal an, Sie arbeiten mit einer Access-Datenbank, die Ihnen mit Rat und Tat zu allen Problemen, die sich im täglichen Einsatz mit Ihrem System ergeben könnten, zur Seite steht. Ideal ist es, wenn die Kurzbeschreibung Ihres Problems sofort ins Auge fällt, zum Beispiel so:

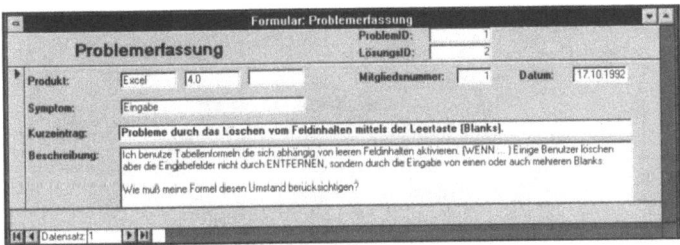

Abb. 6-10 Daten andersfarbig gestalten

Aber auch Fehlermeldungen lassen sich im Formular 'einbauen', damit der Anwender gleich erkennt, welche Daten im jeweiligen Eingabefeld gewünscht werden. Selbstverständlich können die Felder des Formulars mit Standardwerten vorbelegt werden. Außerdem lassen sich Berechnungen durchführen, deren Ergebnisse - bei Bedarf -

wieder angezeigt werden. Sollten Sie dennoch den Wunsch verspüren, die Daten wieder in tabellarischer Form einzusehen, so erledigt das ein Mausklick für Sie:

Abb. 6-11 Die tabellarische Anzeige eines Formulars

Berichte Die Präsentation von Daten - sei es auf dem Bildschirm oder auf dem Papier - ist die Aufgabe von Berichten. Daten 'sammeln' ist ein Teilbereich einer jeden Datenbankanwendung, dieselben auswerten der zweite zumeist viel wichtigere. In diesem Punkt ist Access - ohne Übertreibung - unschlagbar. Der Bericht bietet Ihnen zahlreiche Gestaltungsmöglichkeiten, mit denen Sie Sachverhalte eins, zwei, drei überzeugend darstellen. So könnte ein Bericht aussehen:

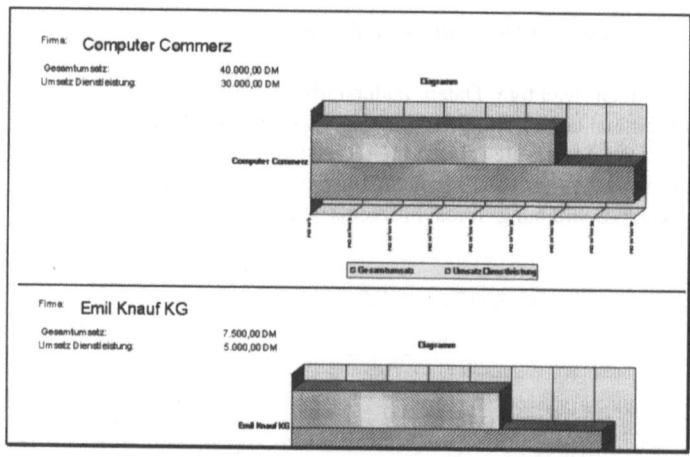

Abb. 6-12 Professionelle Berichte im Handumdrehen

Steuerelemente Wie das Formular verfügt auch der Bericht über Steuerelemente. Im Formular haben Sie diese als Eingabefelder und Auswahllisten bereits kennengelernt. Allerdings hält Access eine immense Auswahl von Steuerelementen bereit. Alle Bereiche auf einem Formular oder einem Bericht, die Daten anzeigen oder drucken, sind Steuerelemente. Während der Anlage des Formulars bzw. des Berichts werden sie einfach per Mausklick ausgewählt. Mit diesen Steuerelementen können Sie

Access stellt sich vor 121

- Daten in einem Eingabefeld anzeigen.
- Das Ergebnis einer Berechnung ausgeben.
- Wörter für einen Titel darstellen.
- Ein Diagramm oder eine Grafik einbinden.

Aber auch andere Objekte finden auf diese Weise im Formular bzw. Bericht Verwendung. Und so wundert es nicht, daß sich sogar ein anderes Formular oder ein anderer Bericht als Steuerelement heranziehen läßt.

Steuerelemente nehmen eine zentrale Stellung ein. Sie sorgen für schnelles Einbinden der notwendigen Objekte, um einem Formular oder einem Bericht die gewünschte Professionalität zu verleihen.

Makros und Module

Bislang haben Sie Access-Objekte kennengelernt, die Sie zur Verwaltung und Verwendung von Daten benötigen. Access bietet aber noch mehr, eine zweistufige Entwicklungsumgebung nämlich, die Ihnen bei der Steigerung Ihrer Produktivität hilft, indem bestimmte Aufgaben automatisiert werden. Damit alle Objekte Ihrer Datenbank zusammenarbeiten, kombinieren Sie Tabellen, Abfragen, Formulare und Berichte zu einer Datenbankanwendung. 'Schneidern' Sie sich so ein System, das voll und ganz auf Ihre Bedürfnisse abgestimmt ist.

Nur keine Angst! Programmierkenntnisse sind dazu gar nicht unbedingt erforderlich. Access bietet Ihnen zwei Wege der Automatisierung:

      Makros   und
      Module.

Mit Makros automatisieren Sie grundlegende Aktionen. Sie können Makros dazu verwenden, um einzelne Objekte zusammenarbeiten zu lassen. So ist es beispielsweise möglich, durch den Einsatz eines Makros beim Öffnen einer Datenbank sofort die zur Bearbeitung erforderlichen Formulare zu laden. Innerhalb der Formulare können Makros dann eingesetzt werden, um weitere Formulare abzurufen, Berichte oder Tabellen zu öffnen, Daten oder Objekte zu aktualisieren und vieles mehr.

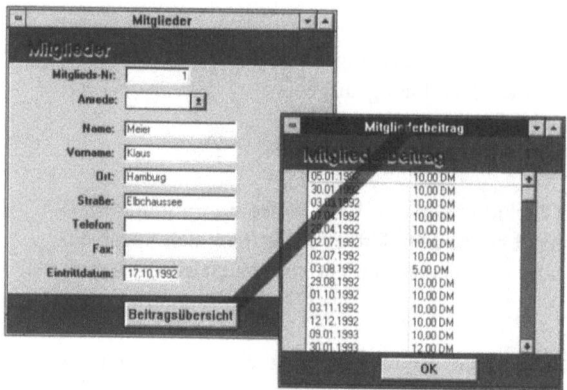

Abb. 6-13 Eine Schaltfläche wurde mit einem Makro verbunden.

Alle Befehle, die Microsoft Access kennt, stehen ebenfalls als Makros zur Verfügung und können in Ihrem Makroarbeitsblatt verwendet werden. Jeder Makro läßt sich dann auf vielfältige Weise auslösen. Er kann zum Beispiel einer Tastenkombination, einem Steuerelement, einem Formular oder einem Bericht zugeordnet sein.

Stellen Sie sich nur einmal vor, die Standard-Access-Menüpunkte müssen für Ihre Datenbankanwendung geändert werden. Sie schreiben dazu einen Makro, in dem Sie alle Anweisungen aufnehmen, die für diese Neudefinition der Menüs erforderlich sind.

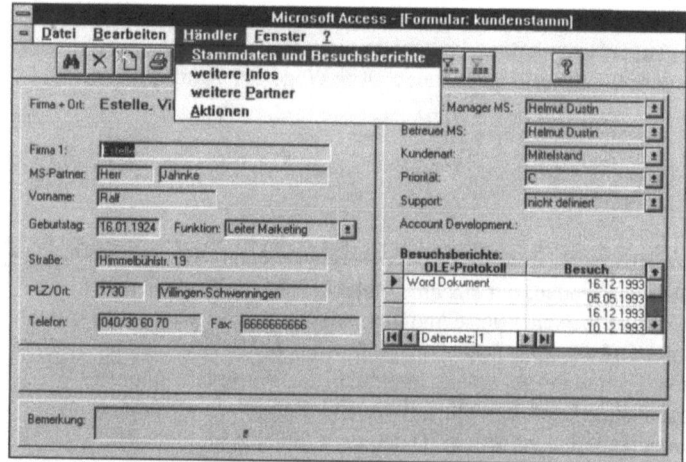

Abb. 6-14 Individuelle Menüpunkte einer Datenbank

Bei jedem Öffnen der betroffenen Datenbank müssen dann diese Arbeitsschritte durchlaufen werden. Notieren Sie daher einmalig im Makroarbeitsblatt, was im einzelnen passieren soll. Da Makros auch Menübefehlen zugeordnet werden können, ist das Ganze ein 'Kinderspiel'. Sie sehen, dafür müssen Sie kein Programmierer sein!

Immer dann, wenn Sie komplexere Aufgaben lösen müssen, ist es Zeit auf die Module zurückzugreifen. Welche Aufgaben können das sein?

Module

- Zum Beispiel eine komplizierte Berechnung, die nicht nur in einer einzigen, sondern in sämtlichen Abfragen Ihrer Datenbank durchgeführt werden soll. Anstatt die Berechnungsformel in jeder Abfrage einzugeben, bietet es sich an, eine Funktion in Access Basic zu schreiben, die dann stellvertretend für die Berechnung eingesetzt wird.

- Zum Beispiel eine dynamische Verbindung zu anderen Windows-Programmen. Um beispielsweise die aus der Datenbank selektierten Adressen in einer Textverarbeitung zu verwenden, ist es erforderlich festzustellen, ob das Textprogramm geöffnet ist, und wenn nicht, dieses nachzuholen. Anschließend wird eine Verbindung zwischen Access und der Textverarbeitung hergestellt, über die die gewünschten Daten dann verschickt werden. Da an die Textverarbeitung immer der 'neuste Stand' der Daten übermittelt wird, spricht man vom dynamischen Datenaustausch.

- Zum Beispiel umfangreiche Prüfroutinen für die Gültigkeit bestimmter Eingaben. Stellen Sie sich vor, Sie bearbeiten Aufträge aus dem Postleitzahlgebiet 5000. Da Sie provisionsberechtigt sind und in Ihrer Firma Gebietsschutz gewährt wird, ist es Ihnen nicht erlaubt, Kunden aus dem Raum 4000 zu bedienen. Weiterhin dürfen Sie Ihre Kunden nicht mehr beliefern, sofern diese einen Saldo > 50.000,00 DM aufweisen. Die gesamte Prüfung wird über das Feld Kundennummer durchgeführt. Die Routine muß nun zunächst feststellen, ob die Feldeingabe eine Zahl, also numerisch, ist. Im Anschluß daran wird überprüft, ob diese Kundennummer in Ihr Verkaufsgebiet gehört. Ist das ebenfalls erfüllt, wird nun noch der Saldo des Kunden kontrolliert.

Access-Basic ist eine integrierte Datenbank-Programmiersprache. Verwaltet wird der Programmcode in sogenannten Modulen, ihres Zeichens ebenfalls Access-Objekte, die einzelne - von Ihnen angelegte - Prozeduren enthalten. So könnte es beispielsweise Module zur Fehlerbehandlung, zur Gültigkeitsprüfung, zur DDE-Verbindung mit anderen Applikationen usw. geben. Jedes Modul enthält ganz speziell Prozeduren, die sich mit den übergeordneten Themen dann im Detail befassen.

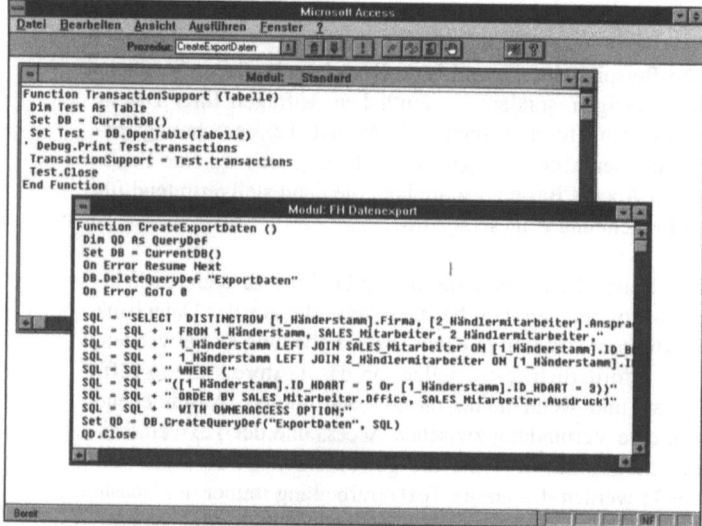

Abb. 6-15 Modul in Access

Sollten Sie bereits Erfahrung in der Basic (oder auch Visual Basic) Programmierung haben, wird Ihnen der Einstieg in dieses Entwicklungssystem nicht schwer fallen. Doch auch fortgeschrittene Anwender ohne Programmierkenntnisse arbeiten sich - aufgrund des modularen Aufbaus - recht schnell ein.

Zusammenfassung des Kapitels

- Sie haben den Datenbankcontainer von Microsoft Access samt seiner Objekte kennengelernt. Dabei haben Sie ergründet, was Objekte in Access sind.

- Sie haben den Begriff 'Beziehungen' erkundet und welche Bedeutung den Beziehungen in relationalen Datenbanken zukommt.

- Sie haben sich die wichtigsten Aufgaben eines Datenbanksystems vergegenwärtigt. Sie haben außerdem herausgefunden, was Tabellenthemen, Felder und Datensätze sind.

- Sie haben sich mit Abfragen befaßt und kennen den Unterschied zwischen Tabellen/Abfragen und Dynasets. Außerdem können Sie Fragen an Ihr System jetzt formulieren.

- Sie haben die Bedeutung von Steuerelementen erkannt und wissen diese auf Formularen und Berichten einzuordnen. Dabei sind Ihnen die Einsatzgebiete von Formularen und Berichten nähergebracht worden.

- Sie haben festgestellt, daß Access Ihnen eine zweistufige Entwicklungsumgebung zur Verfügung stellt, die zur Automatisierung von Arbeitsabläufen herangezogen werden kann. Für den Einstieg die Makros, für komplexere Lösungen die Module.

TRAINIEREN SIE IHR WISSEN:

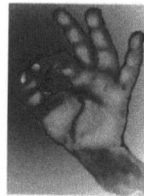

1. Was verstehen Sie unter 'Beziehungen'?

2. Nennen Sie mindestens drei Objekte des Microsoft Access Datenbankcontainers.

3. Erklären Sie den Unterschied zwischen einer Tabelle und einem Dynaset.

4. Wann setzen Sie Formulare ein?

5. Definieren Sie die Begriffe Makro und Modul.

6. Welche Funktionalität besitzt das Access-Logo der Infobox?

Kapitel 7

Überblick
Richtlinien zur Datenbankerstellung
Relationales Datenbankdesign
Kleine SQL-Kunde
Das Client/Server-Modell
Zusammenfassung des Kapitels

7. Richtig strukturiert ist halb gewonnen

Überblick

Kapitel 7 liefert Ihnen einen Überblick über das relationale Datenbankdesign und die Möglichkeiten, diese Datenbanken abzufragen. Sie sollen hier die wichtigsten theoretischen Grundbegriffe erfahren, die Sie bei der Anlage von relationalen Datenbanken in Zukunft begleiten. Es geht also nicht darum, in Access Tabellen anzulegen, sondern sich zu verdeutlichen, welche Informationen notwendig sind, um die Datenbank zu konzipieren.

Sie werden in diesem Kapitel Begriffe wie 'Abstraktion', 'Informationsstruktur', 'konzeptionelle, interne und externe Datensicht', 'Projection', 'Selection', 'Join' und viele mehr kennen- und umsetzen lernen. Außerdem gehen wir auf wichtige SQL-Grundlagen ein, die zum besseren Verständnis für die Arbeit mit Access unverzichtbar sind. Zu guter Letzt stellen wir Ihnen das Konzept vor, nach dem Access arbeitet, das Client/Server-Prinzip.

Sofern Sie bereits mit anderen SQL-fähigen Datenbanken gearbeitet haben oder arbeiten, und Ihnen die zuvor genannten 'Vokabeln' ein Begriff sind, ist das Durcharbeiten dieses Kapitels nicht erforderlich.

Richtlinien zur Datenbankerstellung

Bei der Beschreibung von Datenbanksystemen unterscheidet man nach dem Architekturmodell der 1975 von ANSI eingerichteten 'Study Group on Data Base Management Systems'

> die konzeptionelle Datensicht,
> die interne Datensicht und
> die externe Datensicht.

Für den Begriff 'Datensicht' finden Sie auch die Ausdrücke 'Schema' bzw. 'Modell'.

Konzeptionelles Modell

Die 'konzeptionelle Datenansicht' ist eine Vereinfachung der beobachtbaren Wirklichkeit. Das hört sich gut an, doch was ist damit gemeint? Stellen Sie sich einfach einmal einen Tag in Ihrem Leben vor. Laufend stehen Sie vor der Aufgabe, die wesentlichen Informationen aus der Unzahl von Sinneseindrücken herauszuarbeiten. Denken Sie zum Beispiel daran, worauf Sie achten, wenn Sie auf einer Treppe ins Stolpern geraten. Die Farbe des Geländers ist wohl kaum interessant. Auch für ein Unternehmen sind nur bestimmte Informationen relevant.

Nehmen wir jetzt an, wir arbeiten in einer Bibliothek. Unsere Aufgabe besteht darin, Bücher zu katalogisieren.

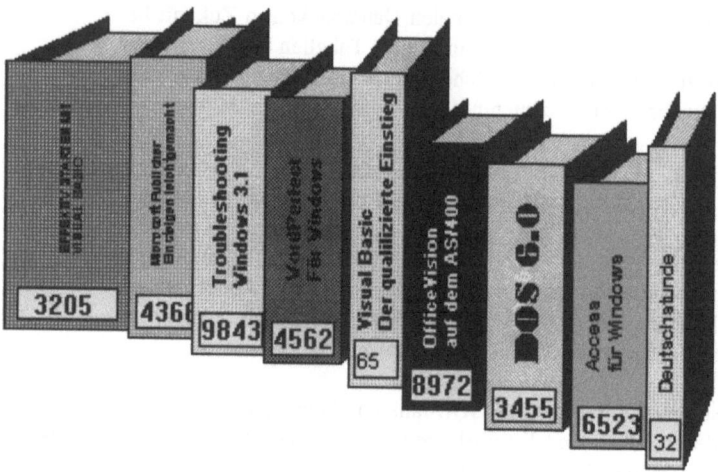

Abb. 7-1 Objekte der 'realen' Welt

Zunächst überlegen wir, welche Merkmale ein Buch aufweist. Als da sind:

    der Titel,
    die Farbe des Buches,
    die Art des Einbandes,
    die Seitenzahl,
    die äußere Form (Höhe, Breite, Länge) und
    die Inventarnummer.

Welche davon nehmen Sie nun in Ihre Datenbank auf, um das Buch zu erfassen und auf diese Informationen später zurückgreifen zu können? Sicher nicht die Farbe oder die Art des Einbandes. Aussagekräftig sind die Inventarnummer und der Titel. Über diese Angaben läßt sich jede Publikation schnell auffinden. Dies bedeutet, daß ein abstraktes Modell der Realität geschaffen wird.

Inventarnummer	Titel
3205	Effektiv Starten mit Visual Basic
4366	Microsoft Publisher Einsteigen leichtgemacht
9843	Troubleshooting Windows 3.1
4562	WordPerfect für Windows
65	Visual Basic Der qualifizierte Einstieg
8972	OfficeVision auf dem AS/400
3455	DOS 6
6523	Access für Windows
32	Deutschstunde
0	

Abb. 7-2 Datensätze aufgrund von Realweltobjekten

Zum Beispiel repräsentiert eine Zeile in der Tabelle ein bestimmtes Buch, ein Objekt der Realwelt. Mit der zuvor eingerichteten Tabelle lassen sich Situationen der Realwelt nachbilden oder simulieren. Der Kauf eines Buches wird durch Hinzufügen, der Verlust durch das Löschen einer Zeile dokumentiert.

Der Abbildungsprozeß der realen Welt in ein maschinell verarbeitbares Modell wird als Abstraktion bezeichnet und vollzieht sich in drei Schritten:

Abstraktion

Im ersten Schritt reduzieren Sie die Vielfalt von Objekten der realen Welt auf eine als relevante, leichter überschaubare Menge von Objekten des Modells. (Um beispielsweise eine Einkaufsabteilung in einem konzeptionellen Modell zu fassen, werden Sie Lieferantenrechnungen, Lieferantenartikellisten, Konditionen, Lieferzeiten usw. erfassen. Der Schreibtisch der Sachbearbeiterin dürfte allerdings kaum von Interesse sein.) Dabei wird für jedes Objekt ebenfalls nur die relevante Informationsmenge selektiert (siehe Beispiel 'Buch' weiter oben in diesem Abschnitt). Die einzelnen Informationen eines Objekts werden als Attribute bezeichnet. (Diese stellen später in Access die Spalten dar.)

Der zweite Schritt ist die Benennung. Jedem Objekt der Realität und jeder Eigenschaft wird ein eindeutiger Name zugeordnet. Auf diese Weise entsteht - zunächst unsortiert - ein 'Datengerüst'.

Im dritten und letzten Schritt werden die Daten strukturiert. (In unserem Beispiel Einkaufsabteilung werden nun alle Informationen zu Lieferanten - wie Name, Nummer, Ansprechpartner, Adresse, Telefonnummer - zusammengefaßt. Alle artikelbezogenen Daten bilden eine eigene Gruppe. Alle Konditionen wieder eine eigene usw.) Der Grad der Strukturierung, d. h. wie detailliert die Strukturierung vorgenommen wird, ist von Fall zu Fall verschieden.

Der immer noch einfachste Weg zum 'konzeptionellen Modell' zu gelangen, besteht darin, die notwendigen Daten zu visualisieren. Beachten Sie jedoch dabei, daß ein und dasselbe reale System durch nahezu beliebig viele konzeptionelle Modelle beschrieben werden kann. Es kommt immer auf den Blickwinkel und das Informationsbedürfnis an. (Denken Sie zum Beispiel daran, was bei einem Betrieb von Eigentümern, Führungskräften, Arbeitern, Kunden, Lieferanten und Steuerprüfern als relevant erachtet wird! Da hat jeder ganz sicher seine eigenen Vorstellungen.)

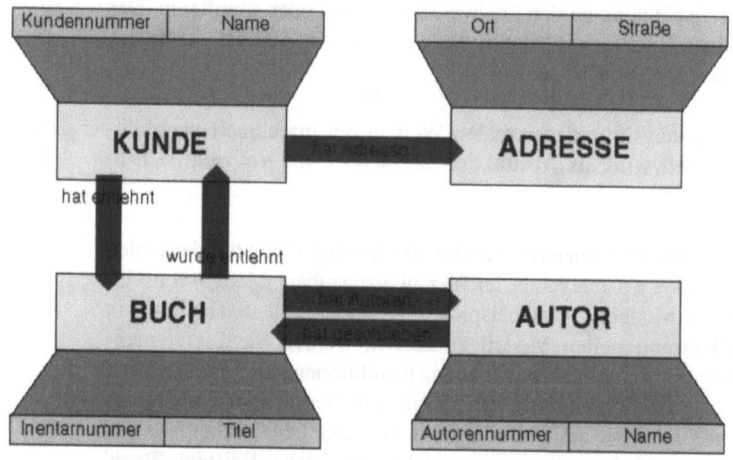

Abb. 7-3 Möglicher Entwurf einer Datenbank

In Ihrem Entwurf stellen Sie deshalb zunächst das Maximum der benötigten Informationen zusammen. Bei großen Datenbanksystemen wird diese Aufgabe meistens von einem ganzen Konsortium erledigt.

Verantwortliche EDV-Beauftragte arbeiten dabei mit der Geschäftsleitung und den betroffenen Abteilungen zusammen.

Für die Darstellung des konzeptionellen Modells auf einer EDV-Anlage dient das Datenbankverwaltungssystem. Im Falle von Access ist das ein Relationenmodell. Da wir uns auf das Wesentliche beschränken wollen, werden wir auf Ausführungen zum hierarchischen Modell bzw. Netzwerkmodell verzichten.

Die 'interne Datensicht' beschäftigt sich mit der physischen Datenorganisation, also der tatsächlichen Speicherung der im logischen Datenbankmodell erfaßten Datenstrukturen. Im einzelnen sind das

Internes Schema

1. die Beschreibung der Datenfelder und Datensätze,
2. die Realisierung der Zugriffspfade und
3. die Auswahl der geeignetsten Speicherungsform.

Punkt zwei und drei nimmt Access Ihnen ab, so daß Ihre Aufgabe nur noch darin besteht, die Datenfelder und Datensätze zu beschreiben. Im 'Access-Jargon' nennt man das: Anlegen von Tabellen.

Die 'externe Datensicht' wird auch als Benutzersicht bezeichnet. Sie beschreibt die Sicht, aus der der einzelne Benutzer die Datenbank im Hinblick auf seine speziellen Anwendungen sieht. In Access legen Sie diese Sicht über Abfragen und Zugriffsrechte fest. Besonders benutzerfreundlich gestalten Sie die 'Views' über Formulare.

Externes Schema

Relationales Datenbankdesign

Die Anlage von Tabellen sowie Formularen und Abfragen ist in Access kinderleicht. Symbole und die Maus bieten ideale Hilfestellung. Die eigentliche Schwierigkeit besteht darin, das Wie herauszufinden. Wie lege ich die einzelnen Tabellen an, damit sich sinnvolle Beziehungen aufbauen lassen. Und Beziehungen sind in einer relationalen Datenbank nun einmal das A und O. Betrachten wir zunächst die Informationsstruktur einer Bibliothek:

Informationsstruktur

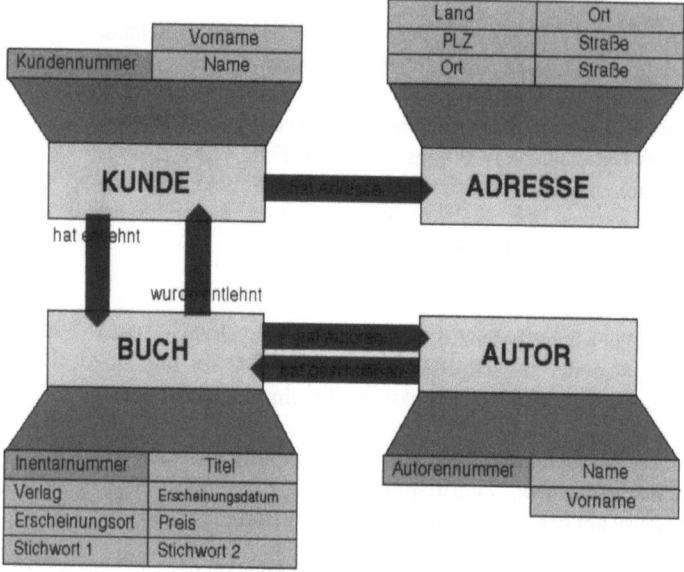

Abb. 7-4 Informationsstruktur

Normalisierung

Und wie sage ich das nun meinen Computer? Die Vorgehensweise zur Darstellung der Informationsstruktur mittels Relationen, die zu den Tabellen führt, nennt man 'Normalisierung'. Die 'erste Normalform' soll verhindern, daß die Informationsstruktur in eine solche Tabelle überführt wird:

Tabelle: Tabelle1

Feldname	Felddatentyp	Beschreibung
Kundennummer	Text	des Kunden
Vorname	Text	des Kunden
Nachname	Text	des Kunden
Inventarnummer	Text	des 1. Buches
Titel	Text	des 1. Buches
Verlag	Text	des 1. Buches
Preis	Text	des 1. Buches
Erscheinungsort	Text	des 1. Buches
Erscheinungsdatum	Text	des 1. Buches
Stichwort1	Text	des 1. Buches
Inventarnummer	Text	des 2. Buches
Titel	Text	des 2. Buches
Verlag	Text	des 2. Buches
Preis	Text	des 2. Buches
Erscheinungsort	Text	des 2. Buches
Erscheinungsdatum	Text	des 2. Buches
Stichwort1	Text	des 2. Buches

Abb. 7-5 Unstrukturierter Lösungsansatz

Eine solche Tabelle ist unübersichtlich und läßt sich dementsprechend schlecht bearbeiten. Die Länge der Datensätze ist dazu nicht

Richtig strukturiert ist halb gewonnen

vorhersehbar. Außerdem muß bei jeder Änderung der gesamte Datensatz gelesen werden, weil nicht vorauszusehen ist, im wievielten Feld vom Beginn des Datensatzes das zu verändernde Datenelement liegt. Sehen wir uns einen zweiten Lösungsansatz an:

Feldname	Felddatentyp	Beschreibung
Kundennummer	Zähler	des Kunden
Vorname	Text	des Kunden
Nachname	Text	des Kunden
Inventarnummer	Zahl	des entliehenen Buches
Titel	Text	des entliehenen Buches
Verlag	Text	des entliehenen Buches
Preis	Währung	des entliehenen Buches
Erscheinungsort	Text	des entliehenen Buches
Erscheinungsdatum	Datum/Zeit	des entliehenen Buches
Stichwort1	Text	des entliehenen Buches

Abb. 7-6 Zweiter Lösungsansatz zur Datenmodellierung

Dieser Ansatz ist auf jeden Fall schon besser. Die Sätze haben eine feste Länge, jedes gleichartige Feld steht in jedem Datensatz an der gleichen Stelle. Ferner sind die Attribute einfach, das heißt nicht weiter zerlegbar. Zum Vergleich: Ein Attribut 'Adresse' ist ein zusammengesetztes Attribut, weil es sich weiter in die Attribute 'Land', 'Ort' und 'Hausnummer' zerlegen läßt. Aus all diesen Erkenntnissen ergibt sich folgende Regel:

Erste Normalform

> Eine Tabelle ist in der e r s t e n N o r m a l f o r m , wenn sie eine feste Breite hat und nur aus einfachen Attributen besteht.

Unschön ist allerdings an dieser Darstellung die Redundanz. Möglicherweise leiht ein und derselbe Kunde nicht nur ein Buch aus, sondern gleich mehrere. Immer dann muß seine Kundennummer, sein Vor- und sein Nachname eingegeben werden. Und was tun, wenn sich jetzt der Nachname des Kunden ändert? (Vielleicht hat er zwischenzeitlich geheiratet und den Namen seines Partners angenommen.) Ganz einfach, man ändert alle Einträge??? Bei einer solchen Vorgehensweise können wir Ihnen allerdings nur wünschen, daß dieser Kunde nicht bereits hunderte von Büchern ausgeliehen hat.

Um diesen Änderungsaufwand zu vermindern, wird die Tabelle in mehrere zerlegt. In der Tabelle KUNDE speichern wir nur noch die Attribute, die in direkter Abhängigkeit zur Person des Kunden stehen. In unserem Beispiel sind das: die Kundennummer, Vor- und Zuname.

KUNDE	Kunden-Nr.	Vorname	Zuname

Dementsprechend verbleiben in der Tabelle BUCH:

BUCH	Inventar-Nr.	Titel	Verlag	Preis	Ersch.-Ort	Ersch.-Datum	Stichwort 1

Zwischen dem Attribut 'Vorname' der Tabelle KUNDE und den Attributen der Tabelle BUCH besteht kein funktionaler Zusammenhang. Der Zusammenhang zwischen den beiden Tabellen beruht lediglich auf der Tatsache, daß der Kunde das spezifizierte Buch ausgeliehen hat. Der Vorname des Kunden hat für diesen Tatbestand keine Bedeutung. Die Zusammenhänge der Tabellen, ihre Beziehungen also, werden ebenfalls durch Tabellen dargestellt. Der Sachverhalt, daß ein KUNDE ein BUCH ENTLEHNT, könnte in Tabellenform so aussehen:

ENTLEHNT	Kunden-Nr.	Inventar-Nr.	Entlehndatum	Rückgabedatum

Die Beziehungen können vom Typ 1:1, 1:n bzw. m:n sein. Eine 1:1-Beziehung liegt immer dann vor, wenn einem Attribut einer Tabelle exakt eine Entsprechung einer zweiten Tabelle zugeordnet werden kann. (Z. B. Das Buch 'Die Deutschstunde' wurde vom Autor 'Siegfried Lenz' geschrieben. Kein zweiter Autor hat exakt dieses Buch ebenfalls geschrieben!) Bei einer 1:n-Beziehung hat das Attribut der einen Tabelle mehrere Entsprechungen in der zweiten Tabelle. (Z. B. Ein Kunde hat mehrere Bücher ausgeliehen.) Im Falle einer m:n-Beziehung stehen mehreren Entsprechungen eines Attributs gleich mehrere Entsprechungen in einer zweiten Tabelle gegenüber. (Z. B. Mehrere Kunden leihen mehrere Bücher.)

Um in unserem Beispiel die korrekte Verknüpfung der Tabellen KUNDE und BUCH zu gewährleisten, wird der Primärschlüssel herangezogen. In **Kapitel 3** haben Sie den Begriff Primärschlüssel bereits kennengelernt. Wie war doch gleich die Definition? Der Primärschlüssel ist eine Spalte (oder eine Kombination mehrerer Spalten), die als eindeutige Kennzeichnung der Reihen in der Tabelle verwendet werden kann. Im Beispiel der Bibliotheksverwaltung verfügt sowohl das Feld 'Kunden-Nr.' der Tabelle KUNDE als auch das Feld 'Inventar-Nr.' der Tabelle BUCH über einen Primärschlüssel. Der Primärschlüssel der Tabelle ENTLEHNT besteht aus den Attributen 'Kunden-Nr.' und 'Inventar-Nr.'. Weder die Kundennummer noch die Inventarnummer allein bestimmen eindeutig eine Zeile der Tabelle. Nur die Kombination beider ist für jede Zeile eindeutig. Damit hat diese Kombination identifizierende Eigenschaft und ist somit Primärschlüssel.

Das Ergebnis dieses Lösungsansatzes könnte beispielsweise so aussehen:

KUNDE	Kunden-Nr.	Vorname	Zuname			

BUCH	Inventar-Nr.	Titel	Verlag	Preis	Ersch.-Ort	Ersch.-Datum	Stichwort 1

ENTLEHNT	Kunden-Nr.	Inventar-Nr.	Entlehndatum	Rückgabedatum

AUTOR	Autoren-Nr.	Vorname	Zuname

GESCHRIEBEN	Inventar-Nr.	Autoren-Nr.

ADRESSE	Kunden-Nr.	Land	Ort	Straße	Tel.-Nr.	Fax-Nr.

Zweite Normalform

Alle Attribute, .die nicht 'voll funktional abhängig' vom jeweiligen Primärschlüssel sind, werden ausgelagert. Erinnern Sie sich noch einmal an unser Beispiel zuvor. In der Tabelle ENTLEHNT hat der Vorname des Kunden nichts zu suchen, denn der ist für das Ausleihen eines Buches ganz und gar unerheblich. Er ist nicht 'voll funktional abhängig' vom Primärschlüssel und hat daher in dieser Tabelle keinen Platz.

> Eine Tabelle ist in der z w e i t e n N o r m a l f o r m , wenn sie in der ersten Normalform und jedes Attribut vom Primärschlüssel voll funktional abhängig ist.

Dritte Normalform

Eine Relation .der zweiten Normalform befindet sich schließlich in der dritten Normalform, wenn alle Attribute, die nicht zum Primärschlüssel gehören, direkt von diesem abhängen. Mit anderen Worten: Es ist nicht erlaubt, daß ein Attribut, das nicht zum Primärschlüssel gehört, nur indirekt ('transitiv') von diesem abhängt. Oder anders ausgedrückt: Die Attribute, die nicht zum Primärschlüssel gehören, müssen wechselseitig voneinander unabhängig sein. Betrachten Sie unter diesen Voraussetzungen nun noch einmal unsere Tabelle BUCH. Der Erscheinungsort eines jeden Buches ist unweigerlich abhängig vom Verlag. Es besteht also eine Abhängigkeit zwischen den Attributen 'Verlag' und 'Erscheinungsort'. Um diese aufzulösen, wird die Tabelle BUCH weiter unterteilt in BUCH und ERSCHEINT:

BUCH	Inventar-Nr.	Titel	Verlag	Preis	Ersch.-Datum	Stich-wort 1

ERSCHEINT	Verlag	Erscheinungsort

Primärschlüssel der Tabelle BUCH ist - nach wie vor - die 'Inventar-Nr.'. Die Tabelle ERSCHEINT führt als Primärschlüssel das Attribut 'Verlag'.

> Eine Tabelle ist in dritter Normalform, wenn sie in zweiter Normalform und jedes Attribut nicht transitiv (indirekt) vom Primärschlüssel abhängig ist.

Richtig strukturiert ist halb gewonnen 139

Die Darstellung nach dem Relationenmodell eignet sich besonders für nicht routinemäßige Abfragen des Datenbestands, d. h. Abfragen, in denen die Suchbegriffe erst bei Bedarf festgelegt werden. Das Relationenmodell verwendet dafür die drei Standardoperationen:

- Projektion (Streichen von Spalten).
- Verknüpfung (Zusammenfügen von Tabellen).
- Auswahl (Auswahl von Zeilen).

Gehen wir von einer Relation in der dritten Normalform aus und stellen uns die Frage: 'Wie heißen die Kunden, die das Buch 'Die Deutschstunde' ausgeliehen haben?' So könnte sie beispielsweise beantwortet werden:

Herangezogen werden die Tabellen

KUNDE	Kunden-Nr.	Vorname	Zuname
	1000	Doris	Müller
	1001	Egon	Harmann
	1002	Marion	Sauerbier
	1003	Otto	Oberhut
	1004	Liselotte	Kern
	1005	Cornelia	Togett

und

BUCH	Inv.-Nr.	Titel	Verlag	Preis	Ersch.-Datum	Stich-wort 1
	100	Deutschstunde	dtv	9,80	10/73	
	101	Heimatmuseum	H&C	25,00	08/78	
	102	Schnipsel	rororo	6,80	11/73	
	103	Ganz unten	KiWi	15,00	10/85	
	104	Utopia	Goldmann	7,80	05/60	
	105	Homo faber	Suhrkamp	12,80	05/74	
	106	Andorra	Suhrkamp	7,80	07/76	
	107	Bel-Ami	folio	9,80	06/73	
	108	1984	Penguin	9,80	05/54	

In Schritt eins, der Projektion (projection), werden nicht benötigte Attribute gestrichen. Aus der Relation KUNDE ist das der 'Vorname'. Aus der Relation BUCH entfallen 'Verlag', 'Preis', 'Erscheinungsdatum' sowie 'Stichwort 1'. Nach diesem Schritt haben die Einzeltabellen folgendes Aussehen:

projection

KUNDE	Kunden-Nr.	Zuname
	1000	Müller
	1001	Harmann
	1002	Sauerbier
	1003	Oberhut
	1004	Kern
	1005	Togett

BUCH	Inv.-Nr.	Titel
	100	Deutschstunde
	101	Heimatmuseum
	102	Schnipsel
	103	Ganz unten
	104	Utopia
	105	Homo faber
	106	Andorra
	107	Bel-Ami
	108	1984

join   Der nächste Schritt ist die Verknüpfung (join). Die verbliebenen neuen Relationen werden zusammengeführt.

Kunden-Nr.	Zuname	Inventar-Nr.	Titel
1000	Müller	100	Deutschstunde
1001	Harmann	101	Heimatmuseum
1001	Harmann	102	Schnipsel
1002	Sauerbier	100	Deutschstunde
1000	Müller	104	Utopia
1004	Kern	100	Deutschstunde

selection   Im dritten und damit letzten Schritt, der Auswahl (selection), werden alle Zeilen gestrichen, bei denen der 'Titel' nicht 'Deutschstunde' ist. Als Ergebnis bleibt die gesuchte Antwort übrig. Die Kunden, die 'Die Deutschstunde' ausgeliehen haben, heißen:

Kunden-Nr.	Zuname	Inventar-Nr.	Titel
1000	Müller	100	Deutschstunde
1002	Sauerbier	100	Deutschstunde
1004	Kern	100	Deutschstunde

Kleine SQL-Kunde

Im vorigen Abschnitt haben wir einige Grundbegriffe zum relationalen Datenbankdesign vorgestellt. Wie Fragen an eine Tabelle formuliert werden, soll uns in diesem Teil beschäftigen. Dabei wollen wir auch hier nur auf die 'allernotwendigsten' Begriffe eingehen, da Access die Abfragen in SQL (siehe **Kapitel 3**) für Sie verfasst, während Sie alle erforderlichen Beziehungen mausgesteuert herstellen. Es geht darum, diese Anweisungen lesen zu können. Die wichtigste SQL-Anweisung heißt SELECT. Sie kann aus sechs Komponenten bestehen:

> SELECT
> FROM
> WHERE
> GROUP BY
> HAVING
> ORDER BY

SELECT

Jede SELECT-Anweisung besteht aus mindestens zwei Komponenten: der SELECT- und der FROM-Komponente. Die anderen vier (WHERE, GROUP BY, HAVING und ORDER BY) sind nicht bindend. Drei Dinge sind von Bedeutung:

- Die Reihenfolge der Komponenten ist festgelegt; eine GROUP BY-Komponente darf zum Beispiel nicht vor einer WHERE- oder FROM-Komponente stehen.

Regeln

- Die ORDER BY-Komponente ist (wenn sie verwendet wird) immer die letzte.

- Eine HAVING-Komponente darf nur dann verwendet werden, wenn eine GROUP BY-Komponente eingesetzt wird.

Sehen wir uns nun zunächst einige Beispiele für die SELECT-Anweisung an. Innerhalb der SQL-Befehle haben wir folgende Schreibweise gewählt:

- SQL-Befehle: Großbuchstaben.
- Alle anderen Eingaben: Kleinbuchstaben.

SELECT kunden-nr., zuname
FROM kunde
ORDER BY zuname

SQL

Diese Anweisung filtert aus der Tabelle KUNDE (siehe vorheriger Abschnitt) die Spalten 'Kunden-Nr.' und 'Zuname'. Danach sortiert sie nach der Spalte 'Zuname'.

SELECT buch.titel, kunde.zuname
FROM buch, kunde
GROUP BY kunde.zuname
HAVING COUNT(buch.titel) > 1

In diesem Beispiel sind zwei Tabellen involviert: KUNDE und BUCH. Selektiert wird aus KUNDE das Feld 'Zuname' und aus BUCH das Feld 'Titel'. Gruppiert wird die Abfrage nach 'Zuname', wobei nur diejenigen Gruppen angezeigt werden, die mehr als ein Buch ('Titel') ausgeliehen haben. Das folgende Beispiel verwendet ebenfalls eine Bedingung, um Informationen einzugrenzen. Allerdings auf eine etwas andere Weise.

SELECT buch.titel, buch.preis, kunde.zuname
FROM buch, kunde
WHERE kunde.zuname = 'Müller'

Diesmal werden alle vom Kunden Müller entliehenen Titel samt jeweiligem Preis aufgelistet.

Sehen wir uns nun die SELECT-Anweisung einmal genauer an. Jede Komponente ist zuständig für eine ganz bestimmte Aufgabe und liefert, nachdem sie ihre Arbeit erledigt hat, eine 'Zwischenergebnistabelle', mit der die nächste Komponente dann weiterarbeitet. Das passiert allerdings nicht der Reihe nach, sondern SQL verarbeitet - aus Gründen der Beschleunigung - in der Praxis so viele Komponenten wie möglich zur gleichen Zeit.

Wie zuvor gehört, besteht eine SQL-Anweisung minimal aus folgenden Befehlen:

SELECT...
FROM...

Die SELECT-Komponente selektiert Spalten. Um aus einer Tabelle, die aus vielen Spalten besteht, zwei bestimmte auszuwählen, müssen die beiden Spalten namentlich erwähnt werden. Aus der im vorigen Abschnitt vorgestellten Tabelle BUCH sollen die Spalten 'Titel' und 'Preis' selektiert werden:

SELECT titel, preis
FROM buch

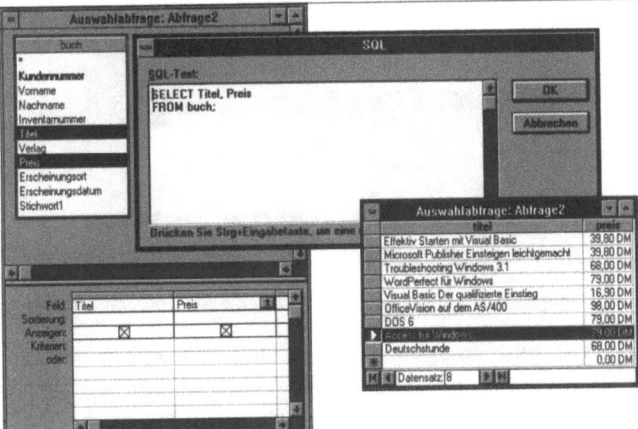

Abb. 7-7 'Titel' und 'Preis' der Tabelle BUCH

Sofern Sie alle Spalten benötigen, können Sie dies auf zwei unterschiedliche Weisen angegeben. Entweder führen Sie jede Spalte namentlich auf oder Sie weisen SQL per '*' an, alle Spalten zu verwenden. (Das Multiplikatorzeichen '*' ist hier als Platzhalter für alle Spalten und nicht als Rechenoperator zu sehen!)

SELECT *
FROM buch

nimmt alle Spalten der Tabelle Buch in Ihre Abfrage auf. Diese Eingabe ist identisch mit folgender

SELECT inventarnr, titel, verlag, preis, erscheinungsdat, stichwort
FROM buch

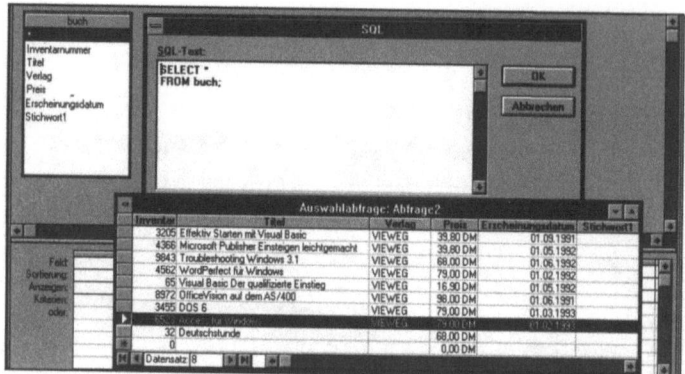

Abb. 7-8 Anzeige sämtlicher Spalten der Tabelle BUCH

Nun entscheiden Sie selbst, welche sich leichter lesen läßt. Arbeiten Sie mit mehr als einer Tabelle, sollte vor dem Spaltennamen der Name der Tabelle, aus der er stammt, angegeben werden. Auf diese Weise verhindern Sie Fehlfunktionen, wenn ein Spaltenname in zwei unterschiedlichen Tabellen ein und denselben Namen trägt. (Auch wenn Sie sich darüber jetzt vielleicht zunächst wundern, ist das durchaus zulässig. Denken Sie an Tabellen, die Sie kennen. Es ist doch denkbar, daß die Spalte 'Kunde-Nr.' in der Tabelle 'Aufträge' den gleichen Namen trägt wie in der Tabelle 'Kundenstamm'.) Um Tabellennamen von Spaltennamen zu trennen, verwenden Sie in der SQL-Schreibweise einen Punkt (.).

SELECT buch.titel, buch.preis, kunde.zuname
FROM buch, kunde

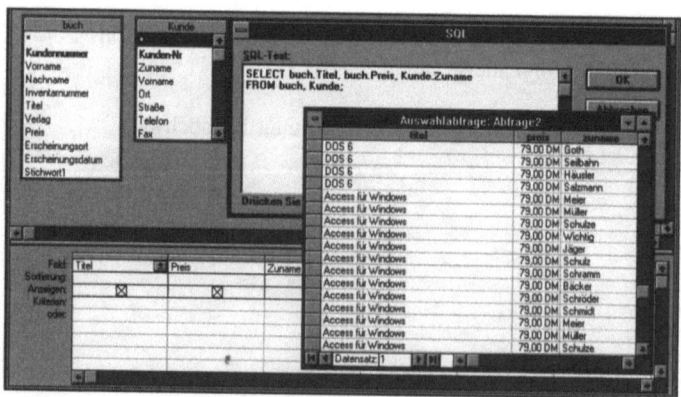

Abb. 7-9 Die Spalten stammen aus unterschiedlichen Tabellen

Wozu die FROM-Komponente dient, haben Sie mit an Sicherheit grenzender Wahrscheinlichkeit bereits erraten. Sie gibt an, welche Tabellen (bzw. Tabelle) in der SELECT-Anweisung verwendet werden (wird). Nun kann es auch hierbei vorkommen, daß zwei Tabellen gleichlautende Namen haben. Möglicherweise hatten Sie und ein Kollege identische Ideen, als Sie Ihre Kundenstammtabellen anlegten. Jede Kundenstammtabelle enthält Kundendaten:

- Ihre Tabelle enthält die Daten Ihrer Kunden.
- Die Tabelle des Kollegen enthält die Daten seiner Kunden.

Beide tragen den Namen KUNDE. Derjenige, der eine Tabelle anlegt, ist der Eigner der Tabelle. Bezieht sich nun ein Benutzer in einer FROM-Komponente auf eine bestimmte Tabelle, die eine andere Person erstellt hat, muß vor dem Tabellennamen der Name des Eigners angegeben werden. Solange Sie Ihre eigenen Tabellen benutzen, ist das natürlich nicht notwendig. Nehmen wir an, PETER hat eine Tabelle namens KUNDE erstellt, auf die HANS zugreifen möchte:

SELECT *
FROM peter.kunde

Und auch hierbei trennt der Punkt (.) die beiden Elemente. Das kennen Sie ja bereits. Diese Form der Abfrage zeigt Ihnen alle Spalten und alle Reihen der Tabelle KUNDE des Eigners PETER an. Was tun, wenn Sie sich allerdings lediglich für den Kunden 'Müller' interessieren? Sie teilen diesen Abfragewunsch auf folgende Weise mit:

SELECT *
FROM kunde
WHERE zuname = 'Müller'

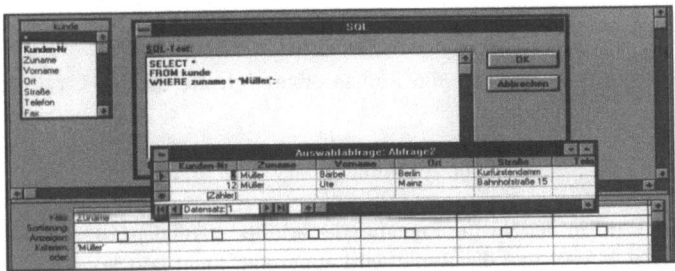

Abb. 7-10 Das Ergebnis zeigt nur Reihen mit dem Nachnamen 'Müller'

In der WHERE-Komponente wird in einer Bedingung angegeben, welche Reihen in das Endresultat aufgenommen werden müssen. Bedingung ist gut! Doch welche sind möglich?

- Einfacher Vergleich
- AND, OR, NOT
- BETWEEN-Operator
- IN-Operator
- LIKE-Operator

Wir möchten an dieser Stelle noch einmal deutlich darauf hinweisen, daß es sich bei den unten aufgezeigten Operatoren wieder nur um eine wichtige Teilmenge handelt. Sofern Sie sich umfassend in SQL einarbeiten wollen, sei hier noch einmal auf die einschlägige Literatur hingewiesen!

Einfacher Vergleich

Starten wir der Reihe nach und sehen uns zunächst einen einfachen Vergleich an. Er wird durch einen Ausdruck, wie zum Beispiel 25 oder 12 * 30, gebildet, auf den ein Operator, zum Beispiel < oder =, und wiederum ein Ausdruck folgt. Der Wert auf der linken Seite des Operators wird mit dem Ausdruck auf der rechten Seite verglichen. Vom Operator hängt es ab, ob die Bedingung WAHR, UNWAHR oder NULL ist. Die folgenden Vergleichsoperatoren kennt SQL:

Vergleichsoperator	Bedeutung
=	gleich
<	kleiner als
>	größer als
<=	kleiner als oder gleich
>=	größer als oder gleich
<>	ungleich

In obigem Beispiel werden nur die Reihen angezeigt, die der Bedingung

zuname = 'Müller'

entsprechen. Wird in der Spalte 'Zuname' der 'Müller' gefunden, ist die Bedingung WAHR und die Reihe wird angezeigt. Steht dort jedoch 'Meier', ist die Bedingung UNWAHR, was zur Folge hat, daß die Reihe nicht angezeigt wird. Die Bedingung ist ebenfalls nicht erfüllt, wenn in einer Reihe gar kein Name eingetragen wurde. In diesem Fall ist die Bedingung NULL.

Beide Ausdrücke in einem Vergleich müssen entweder numerisch oder alphanumerisch sein. Es ist nicht erlaubt, numerische Werte mit alphanumerischen Werten zu vergleichen. Die folgende SELECT-Anweisung ist falsch(!):

SELECT *
FROM kunde
WHERE zuname = 1000

Die Spalte 'Zuname' enthält alphanumerische Werte, hier Namen, die sich nicht mit einem Zahlenwert vergleichen lassen. Eine WHERE-Komponente kann mehrere Bedingungen enthalten, wenn die Operatoren AND, OR und NOT verwendet werden.

SELECT buch.titel, buch.preis, kunde.zuname
FROM buch, kunde
WHERE kunde.zuname = 'Müller'
AND buch.preis > 8,00

AND, OR, NOT

Bei dieser Konstallation werden nicht alle entliehenen Bücher des Kunden Müller aufgelistet, sondern nur diejenigen, deren Leihgebühr DM 8,00 überschreitet.

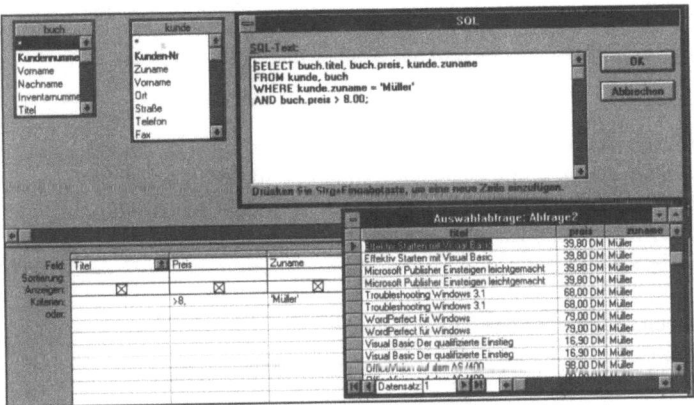

Abb. 7-11 Alle entliehenen Bücher des Kunden Müller über DM 8,00 werden angezeigt.

Verwenden Sie die AND-Bedingung, müssen alle angegebenen Vergleiche WAHR sein, damit die Zeile angezeigt ist. Um sowohl den Kunden 'Müller' als auch den Kunden 'Meier' ausgeben zu lassen, arbeiten Sie mit OR.

SELECT buch.titel, kunde.zuname
FROM buch, kunde
WHERE kunde.zuname = 'Müller'
OR kunde.zuname = 'Meier'

In diesem Fall wird immer dann eine Reihe angezeigt, wenn entweder die eine oder die andere Bedingung erfüllt ist.

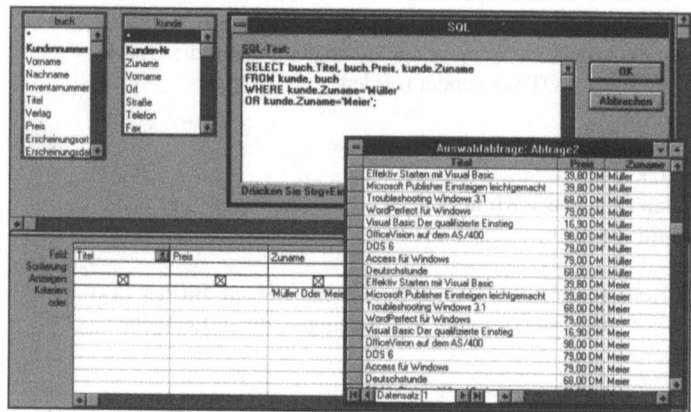

Abb. 7.12 Die Datensätze der Kunden 'Müller' und 'Meier' werden ausgegeben.

Möglicherweise schließt sich hier gleich eine Frage an: "Können diese Bedingungen auch miteinander verknüpft werden?". Natürlich können Sie. Angenommen, Sie wollen alle Kunden sehen, die 'Müller' bzw. 'Meier' heißen und Bücher ausgeliehen haben, deren Wert höher ist als DM 8,00.

SELECT buch.titel, buch.preis, kunde.zuname
FROM buch, kunde
WHERE kunde.zuname = 'Müller'
OR kunde.zuname = 'Meier'
AND buch.preis > 8,00

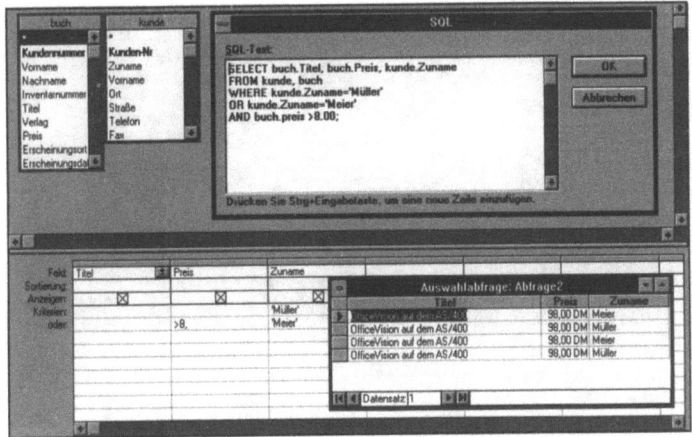

Abb. 7-13 Das Ergebnis sind alle Kunden namens 'Müller' und 'Meier', die Bücher über DM 8,00 ausgeliehen haben.

Die Bedingungen werden der Reihe nach - von links nach rechts - ausgewertet. Zunächst wird untersucht, ob der Name 'Müller' ist, wenn nicht wird gefragt, ob der Name 'Meier' ist. Nehmen wir an der Name ist 'Meier'. Jetzt wird noch die AND-Bedingung behandelt und, sofern Herr Meier Bücher ausgeliehen hat, die teurer als DM 8,00 sind, das Ergebnis angezeigt. Schematisch läßt sich dieser Vorgang folgendermaßen fassen:

'Müller' oder 'Meier' -> 'Meier'
'Meier' und > 8,00 -> Ergebnis.

Wie in der Mathematik können Sie allerdings auf diese Bedingungen die Klammersetzung anwenden, um die Auswertungsreihenfolge der Bedingungen zu verändern. Um zu erfahren, welche Titel die Kundinnen Maria Müller und Marta Meier ausgeliehen haben, formulieren Sie wie folgt:

SELECT buch.titel, kunde.vorname, kunde.zuname
FROM buch, kunde
WHERE (kunde.zuname = 'Müller'
AND kunde.vorname = 'Maria')
OR (kunde.zuname = 'Meier'
AND kunde.vorname = 'Marta')

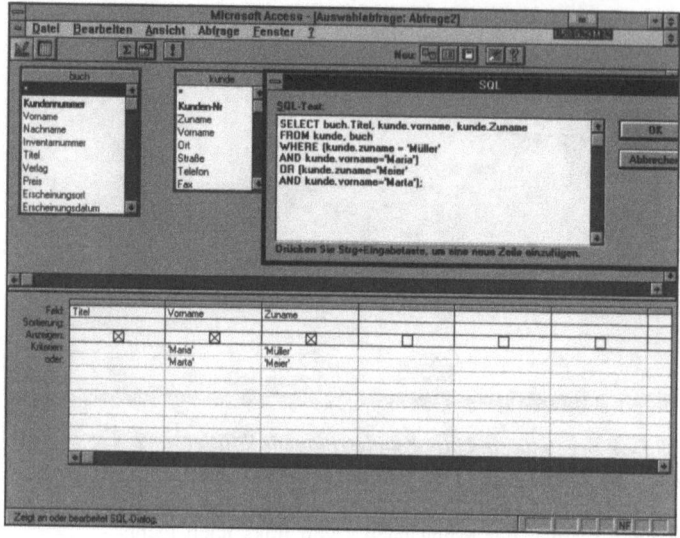

Abb. 7-14 Diese Abfrage zeigt nur die von 'Maria Müller' oder
'Marta Meier' entliehenen Buchtitel.

Die schematische Darstellung sieht nun so aus:

'Müller' und 'Maria' -> 'Maria Müller'
'Meier' und 'Marta' -> 'Marta Meier'
'Maria Müller' oder 'Marta Meier' -> Ergebnis

Vor jeder Bedingung kann der NOT-Operator angegeben werden. Der NOT-Operator ändert den Wert einer Bedingung in UNWAHR, falls er WAHR ist, und zu WAHR, falls er UNWAHR ist. Wie formulieren Sie also, wenn Sie die entliehenen Bücher aller Kunden sehen wollen, mit Ausnahme des Kunden Müller?

SELECT buch.titel, kunde.zuname
FROM buch, kunde
WHERE NOT kunde.zuname = 'Müller'

Richtig strukturiert ist halb gewonnen   151

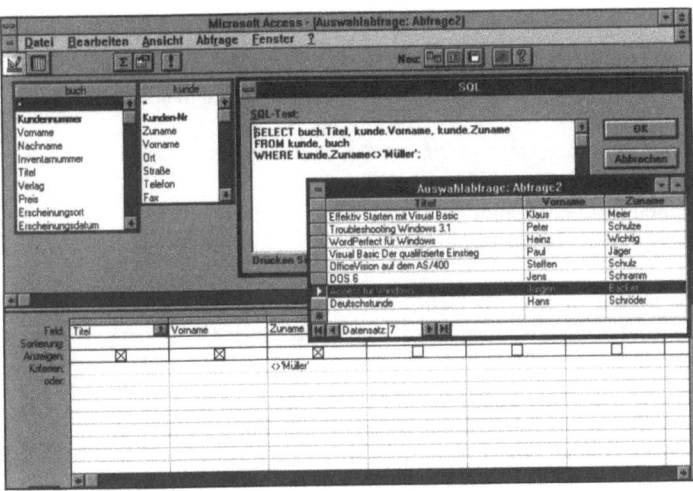

Abb. 7-15 Diesmal werden alle Kunden mit Ausnahme der Kundin 'Müller' aufgelistet.

Jede Reihe, in der die Bedingung WAHR ist, wird nicht ausgegeben, da der NOT-Operator den Wert der Bedingung umkehrt. Natürlich können Sie für diese Abfrage auch folgende Schreibweise wählen:

SELECT buch.titel, kunde.zuname
FROM buch, kunde
WHERE kunde.zuname <> 'Müller'

Die folgende 'Wahrheitstabelle' enthält für zwei Bedingungen X und Y alle Werte, die mit AND, OR und NOT möglich sind.

X	Y	X AND Y	X OR Y	NOT X
WAHR	WAHR	WAHR	WAHR	UNWAHR
WAHR	UNWAHR	UNWAHR	WAHR	UNWAHR
WAHR	NULL	NULL	WAHR	UNWAHR
UNWAHR	WAHR	UNWAHR	WAHR	WAHR
UNWAHR	UNWAHR	UNWAHR	UNWAHR	WAHR
UNWAHR	NULL	UNWAHR	NULL	WAHR
NULL	WAHR	NULL	WAHR	NULL
NULL	UNWAHR	UNWAHR	NULL	NULL
NULL	NULL	NULL	NULL	NULL

Wie formulieren Sie folgende Frage? "Zeige alle Kunden an, die zwischen dem 01.09. und 30.09.1992 Bücher ausgeliehen haben?"

SELECT entlehnt.kundennr, entlehnt.entlehndatum, kunde.zuname
FROM entlehnt, kunde
WHERE entlehnt.entlehndatum >= '01.09.92'
AND entlehnt.entlehndatum <= '30.09.92'

Richtig! Es geht aber auch einfacher, indem Sie den BETWEEN-Operator benutzen. Er gibt Ihnen die Möglichkeit einen Gültigkeitsbereich anzugeben:

SELECT entlehnt.kundennr, entlehnt.entlehndatum, kunde.zuname
FROM entlehnt, kunde
WHERE entlehnt.entlehndatum BETWEEN '01.09.92' AND '30.09.92'

Das Ergebnis ist das gleiche.

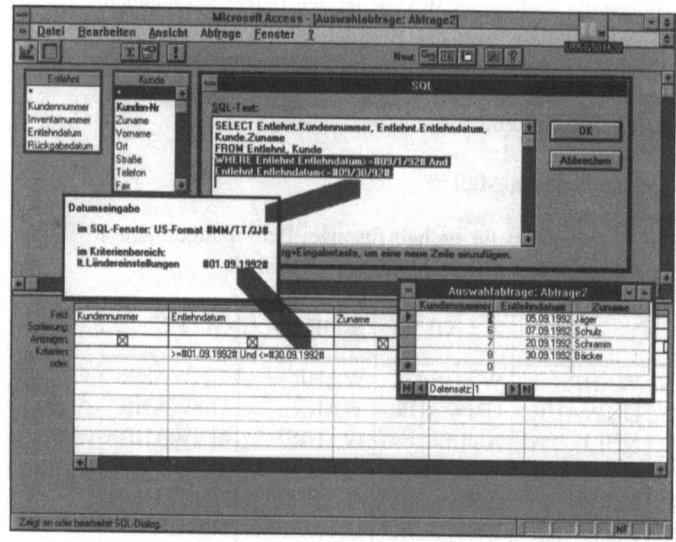

Abb. 7-16 Alle Kunden, die zwischen dem 01.09. und dem 30.09.92 Bücher entliehen haben.

Wir wollen uns nun anschauen, welchen Kundenkreis - örtlich gesehen - wir bedienen. Zunächst einmal interessiert uns dabei unsere unmittelbare Umgebung. Aus diesem Grund wollen wir wissen, welche unserer Kunden, aus Mannheim, Ludwigshafen, Heidelberg und Karlsruhe sind. Ein Vorschlag, diese Frage zu formulieren, ist dieser:

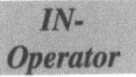

SELECT name, ort
FROM kunde
WHERE ort = 'Mannheim'
OR ort = 'Ludwigshafen'
OR ort = 'Heidelberg'
OR ort = 'Karlsruhe'

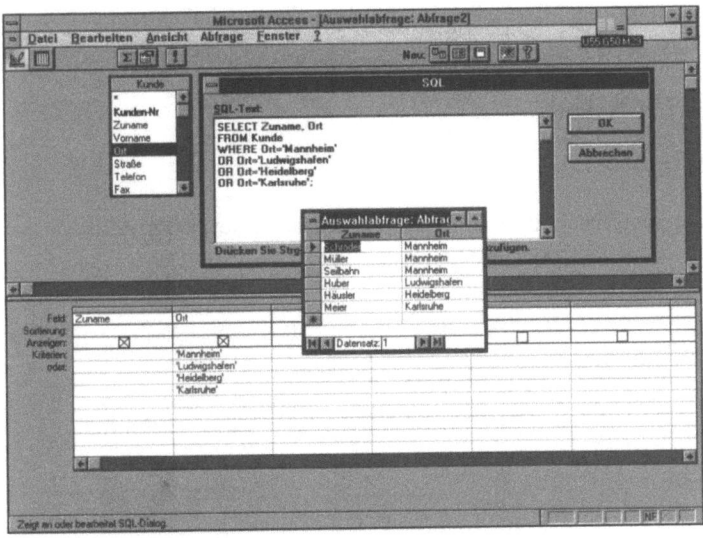

Abb. 7.17 Die Kunden aus vier Städten wurden selektiert.

Aber finden Sie nicht auch, daß sich diese Schreibweise einfach leichter lesen läßt?

SELECT name, ort
FROM kunde
WHERE ort IN ('Mannheim', 'Ludwigshafen', 'Heidelberg', 'Karlsruhe')

Für den IN-Operator gelten folgende Regeln:

- Die Angaben für den IN-Operator (in unserem Beispiel Mannheim, Ludwigshafen usw.) dürfen nur Konstanten sein. Ausdrücke (wie beispielsweise 20-5) sind nicht erlaubt.

- Alle Konstanten innerhalb der Klammer müssen vom gleichen Typ sein. Die Angabe IN (10, 20, 'Meier') oder IN (10, 20, '4000') ist ebenfalls nicht erlaubt.

- In der Klammer dürfen nicht zwei gleiche Konstanten stehen. Die Angabe ('Meier', 'Müller', 'Meier') ist demnach auch verboten.

LIKE-Operator

Um eine Aufstellung darüber zu erhalten, welche Ihrer Kunden im Postleitzahlgebiet 6000 sind, empfehlen wir Ihnen den LIKE-Operator. Er ist in der Lage, Datensätze auszugeben, die 'so ähnlich wie' eine von Ihnen eingegebene Bedingung aussehen, zum Beispiel:

SELECT name, ort, plz
FROM kunde
WHERE plz LIKE 6*

Diese Anweisung listet alle Kunden im Postleitzahlgebiet 6000 auf. (6000 ebenso wie 6800 oder 6300.)

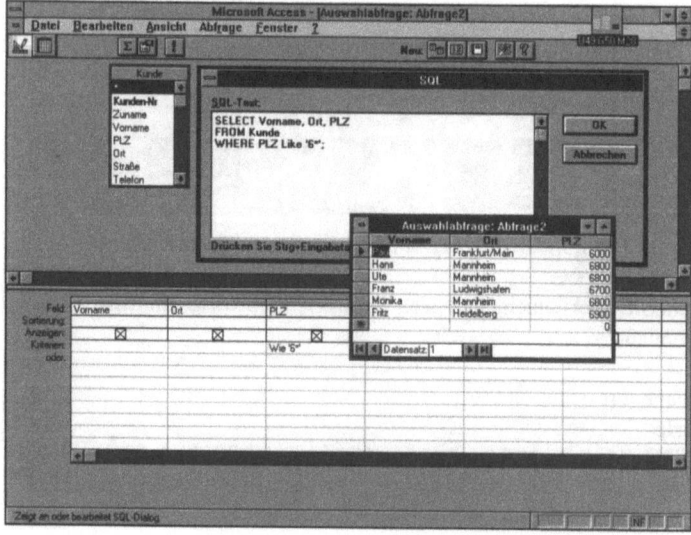

Abb. 7-18 Alle Kunden im Gebiet 6 werden angezeigt.

Selbstverständlich können Sie auf diese Weise auch herausbekommen, welche Kunden mit dem Buchstaben 'M' im Nachnamen beginnen. Der LIKE-Operator eignet sich sowohl für numerische als auch alphanumerische Felder.

Bis hierher haben Sie erfahren, wie bestimmte Spalten aus unterschiedlichen Tabellen abgefragt werden. Weiterhin haben Sie erfahren, daß sich die Ergebnisse in den Reihen über die WHERE-Komponente mannigfaltig eingrenzen lassen. Sie haben beispielsweise eine Abfrage angesehen, die alle Titel auflistet, die von den Kunden 'Müller' und 'Meier' ausgeliehen wurden, erinnern Sie sich noch?

SELECT buch.titel, kunde.zuname
FROM buch, kunde
WHERE kunde.zuname = 'Müller'
OR kunde.zuname = 'Meier'

Das Ergebnis einer solchen Abfrage könnte folgendermaßen aussehen:

Zuname	Titel
Müller	Deutschstunde
Meier	Utopia
Meier	Bel-Ami
Müller	Ganz unten
Meier	Homo faber
Müller	Schnipsel
Müller	1984

Schön wäre es doch, wenn alle 'Müller' und alle 'Meier' als Gruppe zusammen stünden. Dadurch wird die Tabelle noch aussagekräftiger. Finden Sie nicht? Gruppieren Sie einfach nach dem Zunamen, und der Fall ist erledigt. Die GROUP BY-Komponente hilft Ihnen dabei:

GROUP BY

SELECT buch.titel, kunde.zuname
FROM buch, kunde
GROUP BY kunde.zuname

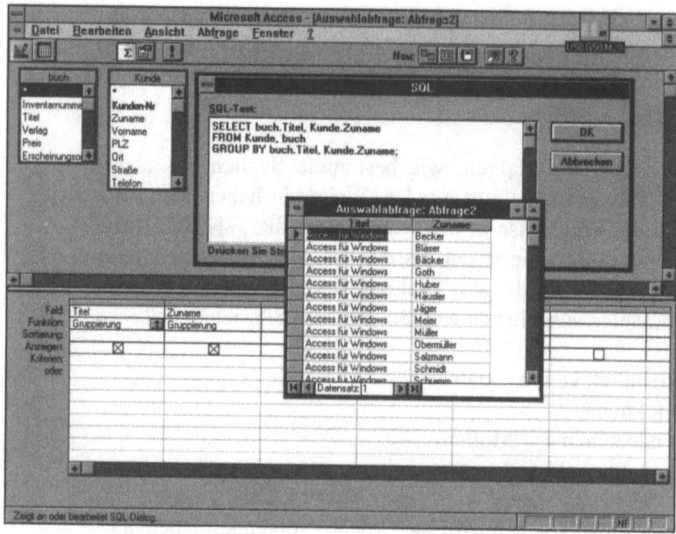

Abb. 7-19 Abfrage nach dem Zunamen gruppiert.

HAVING Mit Hilfe der GROUP BY-Komponente werden demnach die Reihen eines Zwischenergebnisses gruppiert. Besonders wirkungsvoll zeigt sich diese Komponente jedoch erst in Zusammenarbeit mit der HAVING-Komponente. Mit ihrer Hilfe können die Gruppen auf der Basis bestimmter Gruppeneigenschaften selektiert werden. Die HAVING-Bedingung ist der 'gewöhnlichen' WHERE-Komponente sehr ähnlich. Es gibt jedoch einen Unterschied: Jeder Ausdruck in der HAVING-Bedingung kann eine oder mehrere F u n k t i o n e n enthalten. Diese Funktionen führen mit den Werten innerhalb einer Spalte bestimmte Berechnungen durch. SQL kennt fünf Standardfunktionen:

COUNT Ermittelt die A n z a h l der Werte in einer Spalte oder die Anzahl der Reihen in einer Tabelle.
MIN Ermittelt den k l e i n s t e n W e r t in einer Spalte.
MAX Ermittelt den g r ö ß t e n W e r t in einer Spalte.
SUMME Ermittelt die S u m m e der Werte in einer Spalte.
AVG Ermittelt das arithmetische Mittel (den sogenannten M i t t e l w e r t) der Werte in einer Spalte.

Um nun herauszufinden, welche Kunden mehr als einen Titel ausgeliehen haben, ergänzen Sie die zuvor formulierte SQL-Anweisung:

SELECT buch.titel, kunde.zuname
FROM buch, kunde
GROUP BY kunde.zuname
HAVING COUNT (buch.titel) > 1

Und siehe da, augenblicklich reduziert sich unsere Liste:

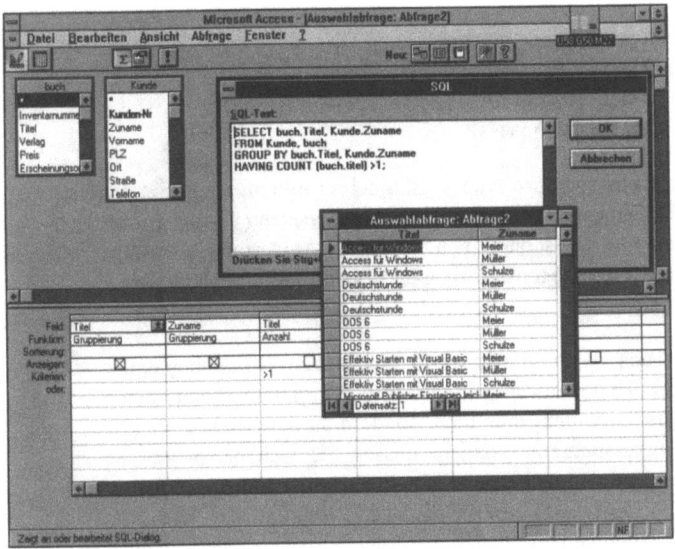

Abb. 7-20 Kunden, die mehr als einen Titel ausgeliehen haben.

In diesem Beispiel haben wir festgelegt, daß die Anzahl (COUNT) der geliehenen 'Titel' ermittelt werden soll. Für jede Reihe wurde die Gesamtzahl der Werte gezählt, die nach GROUP BY in der Spalte 'Titel' vorhanden waren. Da wir zusätzlich als Bedingung '> 1' festgelegt haben, werden auch nur diejenigen Kunden angezeigt, die mehr als ein Buch ausgeliehen haben. Sie sehen also, die zuvor eingeführten Operatoren lassen sich auch in Funktionen einsetzen.

Um den größten oder kleinsten Wert einer bestimmten Reihe zu erhalten, verwenden Sie die Funktionen MAX bzw. MIN. Beantworten Sie sich beispielsweise die Frage: 'Wieviel kostet der teuerste Titel, den jeder Kunde ausgeliehen hat?', indem Sie als Funktion MAX einsetzen.

SELECT buch.preis, kunde.zuname
FROM buch, kunde
GROUP BY kunde.zuname
HAVING MAX (buch.preis)

Interessiert Sie hingegen der preiswerteste Titel, verwenden Sie MIN. Natürlich können Sie auf diesem Weg auch herausbekommen, in welchem Gesamtwert jeder einzelne Kunde Bücher entliehen hat.

SELECT buch.preis, kunde.zuname
FROM buch, kunde
GROUP BY kunde.zuname
HAVING SUMME (buch.preis)

Ja selbst ein Mittelwert pro Kunde läßt sich ermitteln, wenn Sie die Funktion SUMME gegen die Funktion AVG ersetzen. Sicher haben Sie schon bemerkt, wie schnell man mit diesen Anweisungen vertraut ist. Sie sind ja - im Gegensatz zu manchen Programmiersprachen - auch sehr sprechend.

ORDER BY Wir können uns daher getrost noch der letzten Komponente der SELECT-Anweisung zuwenden, ORDER BY. Diese Komponente ändert das Ergebnis nicht inhaltlich, sondern sortiert Reihen auf der Basis einer oder mehrerer Spalten. Lassen Sie sich beispielsweise Ihren Kundenstamm alphabetisch aufsteigend sortiert anzeigen.

SELECT vorname, zuname
FROM kunde
ORDER BY zuname

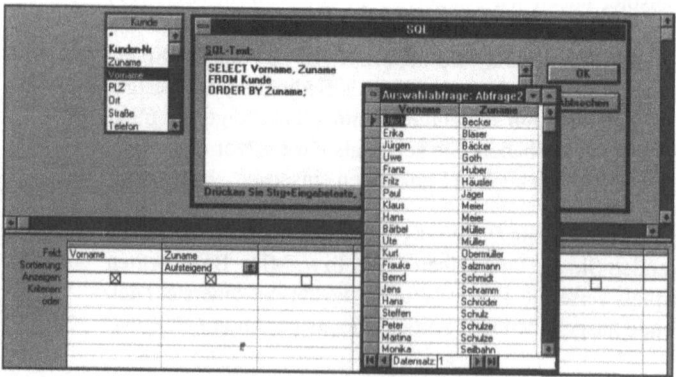

Abb. 7-21 Kundenstamm aufsteigend sortiert

Um die Sortierung über mehrere Spalten zu erhalten, geben Sie einfach die gewünschten Spalten hinter ORDER BY an. Vielleicht wollen Sie ja zusätzlich zum Nachnamen des Kunden jetzt auch noch wissen, welche Titel hat jeder Kunde ausgeliehen. Innerhalb der Nachnamen sollen die Titel dann ebenfalls sortiert angezeigt werden. Nichts einfacher als das.

SELECT kunde.vorname, kunde.zuname, buch.titel
FROM kunde, buch
ORDER BY kunde.zuname, buch.titel

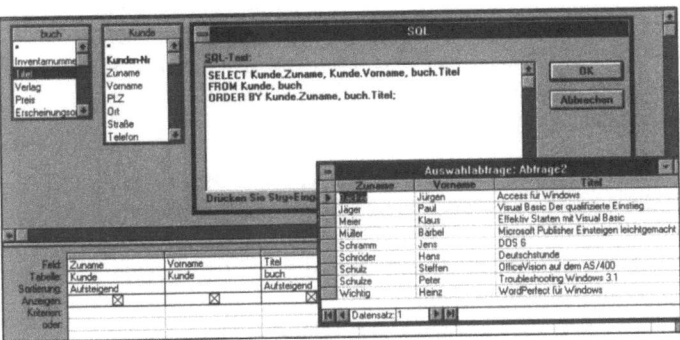

Abb. 7-22 Sortierung nach Nachname und Titel

Damit haben Sie die 'allerwichtigsten' Formulierungen kennengelernt. Sofern Sie in die Modul-Programmierung von Access einzusteigen gedenken, helfen diese Grundlagen, die von Access vorformulierten Anweisungen zu verstehen und in eigenen Modulen zu implementieren.

Alle übrigen Techniken, wie beispielsweise die Behandlung von statistischen Kennzahlen innerhalb der SELECT-Anweisung, das Zusammenführen von Ergebnissen mit Hilfe des UNION-Operators, der Einsatz von Unterabfragen usw. würden den Rahmen dieser Publikation bei weitem sprengen und werden daher auch nicht behandelt. Formulieren Sie einfach Ihre Abfragen in Zukunft mit Access. Die dadurch aufgezeichneten SQL-Anweisung können Sie mit dem zuvor erworbenen Wissen allemal nachvollziehen.

Das Client/Server-Modell

Access arbeitet nach dem Client/Server-Prinzip, was frei übersetzt bedeutet, daß ein Kunde bedient wird. Dabei ist der Server das Programm, das die Daten hat, der Client das Programm, das die Daten will. Stellen Sie sich nun Access im Netzwerk vor. Eine Arbeitsstation (in diesem Fall der Client) stellt eine Anfrage an das System (in diesem Fall der Server) Access. "Suche mir aus der Kundendatenbank alle Kunden namens Müller heraus", lautet die Aufgabe. Der Server erledigt diese und schickt die Antwort an die Arbeitsstation zurück. Nicht daß Sie glauben, diese bekäme nun die komplette Datenbank geschickt, nein, nein. Die Arbeitsstation erhält eine Antwort auf die zuvor formulierte Frage.

Vergleichen können Sie das Ganze mit einem Anruf bei der Telefonauskunft. Stellen Sie sich vor, Sie benötigen eine Telefonnummer. Sie sind der Client, der Daten, hier eine Telefonnummer, will. Die Auskunft ist der Server, der Daten, hier Telefonbücher, hat. Verdeutlichen Sie sich genau, was passiert:

- Sie wählen 1181 (rufen also Ihr System an oder auf).
- Die Telefonauskunft meldet sich (das Programm ist geladen).
- Sie teilen Ihren Wunsch mit (formulieren Ihre Abfrage).
- Die Telefonauskunft sucht nach der gewünschten Telefonnummer (führt die Abfrage aus).
- Sie erhalten das Ergebnis: Exakt die Telefonnummer, die Sie wissen wollten (womit die Abfrage am Bildschirm steht).

Sie als Kunde sind bedient worden, ganz ohne Frage. Die Telefonauskunft hat eben das Client/Server-Prinzip gewählt. Stellen Sie sich diesen Anruf nun ein zweites Mal vor. Diesmal wollen wir allerdings annehmen, die Telefonauskunft arbeitet nach dem 'File-Server-Konzept'. In solchen Konzepten dient der Server lediglich zur Aufbewahrung von Informationen. Arbeiten nimmt er Ihnen nicht ab.

- Sie wählen 1181 (rufen also Ihr System an oder auf).
- Die Telefonauskunft meldet sich (das Programm ist geladen).
- Sie teilen Ihren Wunsch mit (formulieren Ihre Abfrage).
- Die Telefonauskunft schickt Ihnen sämtliche Telefonbücher, die ihr vorliegen (File-Server gewährt Zugriff auf seine Informationen).
- Sie suchen sich die benötigte Telefonnummer selbst heraus und schicken anschließend die Telefonbücher wieder zurück (womit Sie Ihren Datensatz ebenfalls erhalten haben).

Die Frage ist natürlich, in welchem Fall Sie sich als Kunde besser betreut fühlen. Ganz sicher nicht in letzterem. Access setzt auf ein 'partnerschaftliches' Konzept, in dem der Kunde (Client) König ist.

Zusammenfassung des Kapitels

- Sie haben einige Richtlinien zur Datenbankerstellung kennengelernt. Dabei haben Sie sich mit den Begriffen 'konzeptionelle Datensicht', 'interne Datensicht' sowie 'externe Datensicht' vertraut gemacht.

- Sie haben erfahren, wie aus 'Realweltobjekten' Informationen in einer Datenbank werden und in diesem Zusammenhang den Begriff der Abstraktion beleuchtet.

- Sie haben Kenntnis davon erhalten, wie eine Informationsstruktur angelegt wird und ein erstes Datenmodell entwickelt. Dabei haben Sie sich mit der Normalisierung von Daten beschäftigt und dazu drei Normalformen eingesetzt.

- Sie haben sich mit den drei Arbeitsschritten 'Projection', 'Selection' und 'Join' befaßt, die zur Ermittlung einer Abfrage herangezogen werden.

- Sie haben sich mit der SELECT-Anweisung und deren Komponenten beschäftigt, um die von Access mitgeschnittenen SQL-Anweisungen besser zu verstehen.

- Sie haben den Unterschied zwischen einem Client/Server-Modell - wie Access - und einem File-Server-Konzept erkannt.

TRAINIEREN SIE IHR WISSEN:

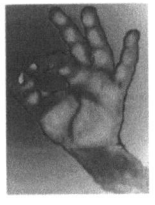

1. Erklären Sie den Begriff der Abstraktion und seine Bedeutung für das relationale Datenbankdesign?

2. Was verstehen Sie unter einer Informationsstruktur und wozu dient sie?

3. Wann ist eine Tabelle in der zweiten Normalform?

4. Welche Standardoperationen verwendet das Relationenmodell, um Abfragen durchzuführen.

5. Aus wievielen Komponenten besteht die SELECT-Anweisung minimal und maximal?

6. Nennen Sie mindestens drei Vergleichsoperatoren, die in SQL verwendet werden dürfen.

7. Wo liegt der Fehler in folgenden SELECT-Anweisungen?
   1. SELECT ...
      WHERE ...
      ORDER BY

   2. SELECT ...
      FROM ...
      HAVING ...
      GROUP BY...

   3. SELECT ...
      ORDER BY ...
      FROM ...
      GROUP BY ..

8. Kann eine SELECT-Anweisung eine HAVING-Komponente enthalten, ohne gleichzeitig eine GROUP BY-Komponente zu haben?

9. Wie lautet das Ergebnis der folgenden SELECT-Anweisung:

   SELECT   titel, preis
   FROM   buch
   WHERE   preis > 8

10. Welche Standardfunktionen für Berechnungen kennt SQL und bei welcher Komponente werden sie eingesetzt?

Kapitel 8

Überblick
Datenbank öffnen
Die Objekte der Datenbank kennenlernen
Datenbank schließen
Eine eigene Datenbank anlegen und speichern
Tabellen entwerfen und speichern
Der Primärschlüssel der Tabelle
Beziehungen zwischen Tabellen aufbauen
Daten erfassen
Tabelle drucken
Zusammenfassung des Kapitels

8. Die 'Access User Group' entsteht

Überblick

Dieses Kapitel stellt Ihnen die 'Access User Group' vor. Mit Hilfe dieses Beispielprojekts sollen Sie Access 'hands on' kennenlernen. In dieser Datenbank werden Mitgliederdaten, Beiträge der Mitglieder, Problemstellungen im Umgang mit Windows sowie deren Lösungen und vieles mehr verwaltet. Sie werden erfahren, wie Datenbanken angelegt, gespeichert, geschlossen und wieder geöffnet werden, werden Ihre ersten Tabellen in Access entwerfen und dabei Felder, Datentypen und deren Eigenschaften kennenlernen.

Access unterscheidet grundsätzlich zwei Bearbeitungsansichten, die Entwurfs- und die Datenansicht. Die Datenansicht nutzt der Endanwender, um Informationen in Formularen oder Tabellen zu erfassen, aber auch um Berichte zusammenzustellen. Aufgrund der angebotenen Symbole findet man sich in diesem Modus sehr schnell zurecht. Die Anlage der einzelnen Objekte erfolgt in der Entwurfsansicht. Hier wird die Struktur von Tabellen, Abfragen, Formularen und Berichten festgelegt. Diese Ansicht nutzt der Datenbankdesigner, um 'seine' Datenbanklösung zu 'zimmern'.

Nach Durcharbeiten dieses Kapitels sind Sie mit beiden Ansichten grundsätzlich vertraut und darüber hinaus in der Lage, Relationen, also Tabellen in der Datenbank anzulegen.

Datenbank öffnen

Der erste Schritt in diesem Kapitel soll das Öffnen einer bestehenden Datenbank sein. Wir werden Ihnen bei dieser Gelegenheit dann auch gleich unser Beispielprojekt AUG (Access User Group) vorstellen. Um Einsicht in die AUG zu erhalten, muß sie also geöffnet werden. Wir gehen davon aus, daß Sie Access bereits gestartet haben und vor sich das leere Datenbankfenster sehen. Und jetzt verfahren Sie wie folgt:

1. Öffnen Sie das [Datei]-Menü und wählen [Datenbank öffnen]. Access zeigt Ihnen daraufhin den Dialog **Datenbank öffnen** an:

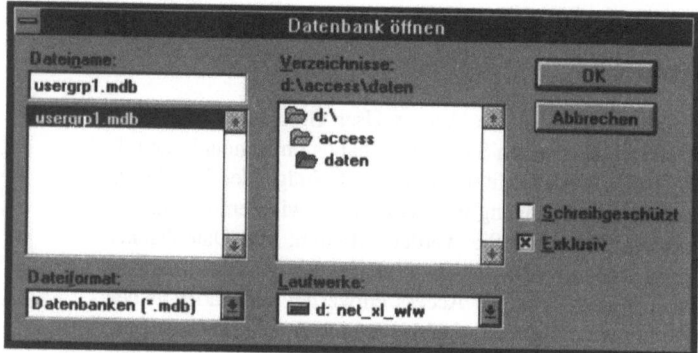

Abb. 8-1 Der Dialog Datenbank öffnen

2. Wechseln Sie in das Verzeichnis DATEN (unterhalb von Access) und markieren dort die Datei USERGRP1.MDB.

3. Bestätigen Sie Ihre Wahl mit **OK**.

Sofern Sie bereits mit anderen Windows-Programmen gearbeitet haben, wird Ihnen der Dialog **Datenbank öffnen** nicht fremd sein.

Öffnen-Dialog

Wenn nicht, beginnen Sie am besten unter **Dateiformat**. Dort lassen sich die gewünschten Endungen bequem mit der Maus einstellen. Haben Sie hier eine Änderung vorgenommen, ändert sich augenblicklich der Eintrag im Feld **Dateiname**.

Über **Laufwerke** stellen Sie den gewünschten Buchstaben der Festplatte bzw. des Diskettenlaufwerks ein. Abhängig von Ihrer Wahl ändert sich diesmal die Anzeige unterhalb des Textfelds **Verzeichnisse**. Sind Sie erst einmal im richtigen Laufwerk angelangt, können Sie seine Verzeichnisstruktur nun in aller Ruhe durchsehen. Dazu markieren Sie den Verzeichnisnamen, zu dem Sie wechseln wollen,

Die 'Access User Group' entsteht

und klicken anschließend auf **OK**. Daraufhin wird - links im Bild - angezeigt, welche Dateien sich im gewählten Unterverzeichnis befinden. Allerdings aufgepaßt! Die Anzeige ist natürlich noch abhängig vom zuvor eingestellten **Dateiformat**. Haben Sie hier beispielsweise als Format '.mdb' eingestellt, so werden auch nur diejenigen Dateien angezeigt, die diese Endung führen, selbst wenn tatsächlich mehr Dateien im gewählten Verzeichnis stehen sollten.

Nachdem Ihre gewünschte Datei in der Liste **Dateiname** angezeigt wird, müssen Sie diese nun noch markieren und den Dialog mit **OK** bestätigen. So sollte sich Ihre USERGRP1 nun präsentieren:

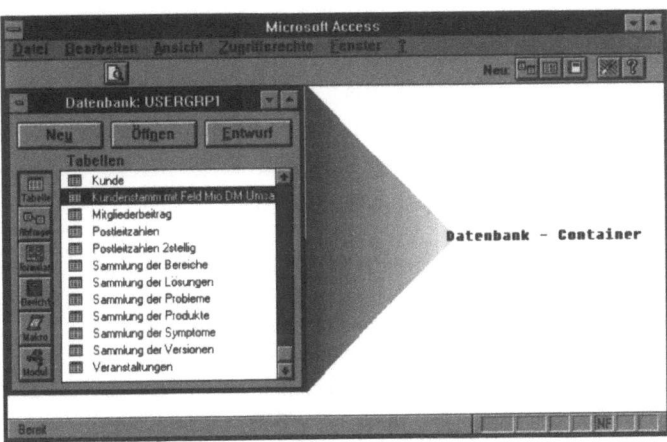

Abb. 8-2 Die Datenbank USERGRP1

Die Objekte der Datenbank kennenlernen

Willkommen zur Access User Group, kurz AUG. Vor sich sehen Sie den Datenbankcontainer, der alle Objekte, die zu Ihrer Datenbank gehören, aufnimmt. Der Datenbankcontainer ist eine eigenes Fenster, das sich vergrößern, verkleinern und auf Symbolgröße bringen läßt, ganz so, wie man das von Windows (Fenstern) kennt:

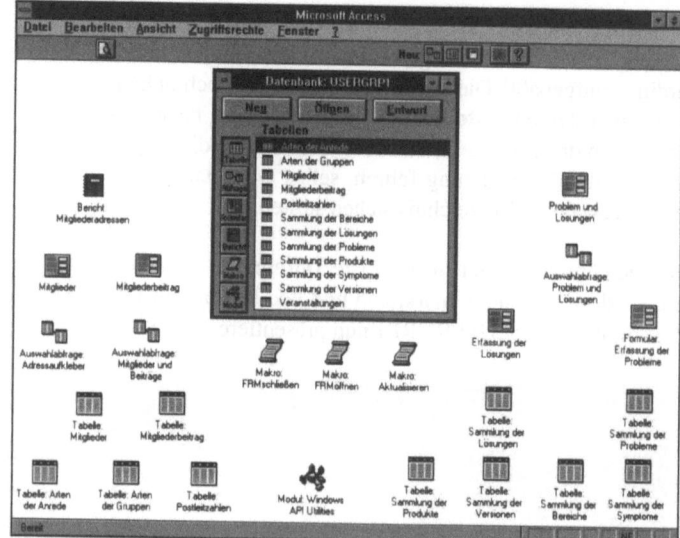

Abb. 8.3 Der Access-Datenbankcontainer und seine Objekte

Links im Fenster ist die Symbolleiste für die verfügbaren Objekte zu sehen. Als da gibt es Tabellen, Abfragen, Formulare, Berichte, Makros und Module (siehe **Kapitel 6**). Jedes über ein eigenes Symbol auf Mausklick zu erreichen. Abhängig davon, welches Objekt Sie gewählt haben, werden im Datenbankcontainer mal Tabellen, mal Abfragen, mal Berichte usw. angezeigt. Drei Schaltflächen gleich unter der Titelzeile des Fensters helfen bei der Anlage, Bearbeitung und dem Entwurf der einzelnen Objekte.

Unsere Datenbank wurde nach relationalen Gesichtspunkten (siehe **Kapitel 7**) 'designed'. Aus diesem Grund sehen Sie viele einzelne Tabellen, die zum Teil nur recht 'spärliche' Informationen enthalten. Diese Darstellungsweise gibt Ihnen allerdings die Möglichkeit, später die unterschiedlichsten Fragen an Ihr System zu stellen. Schematisch läßt sich die AUG so beschreiben:

Die 'Access User Group' entsteht

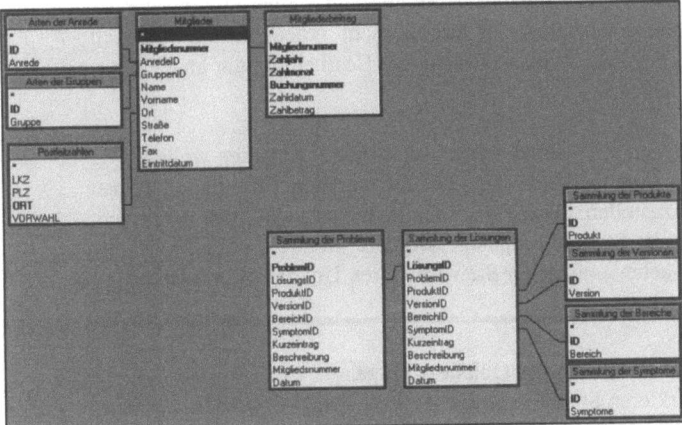

Abb. 8.4 Der Aufbau der AUG

Der wichtigste Bestandteil unserer Benutzergruppe sind die Mitglieder. Die gleichnamige Tabelle ist daher auch das 'Herzstück' unserer Datenbank. Um sich einen ersten Eindruck zu verschaffen, sollten Sie diese Tabelle öffnen und 'einen Blick riskieren'. Unabhängig davon, welches Objekt Sie in der 'Datenansicht' öffnen wollen, ist die Vorgehensweise immer wieder diese:

1. Wählen Sie in der Symbolleiste zunächst das Objekt, hier Tabelle.

2. Markieren Sie anschließend die gewünschte Tabelle, hier *Mitglieder*.

3. Klicken Sie die Schaltfläche **Öffnen**.

Alternativ können Sie einen Doppelklick auf die gewünschte Tabelle ausführen. In jedem Fall wird die Tabelle (bzw. das Objekt) in der Datenansicht angezeigt, bereit neue Datensätze aufzunehmen. Die für uns wichtigen Informationen über unsere Mitglieder finden sich in den einzelnen Spalten wieder. Betrachten Sie diese Tabelle einmal genauer und überlegen einen Moment, ob Ihnen daran etwas auffällt. Großartig! Die Postleitzahl fehlt. Außerdem wäre auch eine Länderkennung nicht schlecht. Da diese Informationen allerdings bereits in der Tabelle *Postleitzahlen* gepflegt werden, führen wir sie in der Tabelle *Mitglieder* natürlich nicht erneut auf. Schließlich wollen wir im Falle einer Änderung die Bearbeitung nur an e i n e r Stelle vornehmen.

Was tun, wenn wir dennoch eine Adreßliste ausdrucken wollen. Wir verwenden eine Abfrage, um die notwendigen Informationen neu zusammenzustellen. Da wir die Tabelle derzeit nicht mehr benötigen, kann sie als Symbol abgelegt werden. Wir haben eine solche Adreßliste schon einmal für Sie vorbereitet. Um diese einzusehen,

1. wechseln Sie in das Objekt Abfrage.
2. Markieren Sie die Abfrage *Adressen* und klicken anschließend wieder **Öffnen** oder führen einen Doppelklick auf die Abfrage aus.

Wohlgemerkt, Sie befinden sich nicht in einer neuen Tabelle, sondern einer Abfrage, die auf die Tabellen *Mitglieder* und *Postleitzahl* zurückgreift. Ganz korrekt müßte es heißen, Sie befinden sich in einem Dynaset (siehe **Kapitel 6**), denn das, was Sie vor sich sehen, ist bereits das Ergebnis einer Abfrage. Und dieses Ergebnis präsentiert sich natürlich wieder in Tabellenform. An dieser Stelle können wir folgendes schon einmal festhalten:

Die Tabelle *Mitglieder* ist auf weitere Tabellen, wie beispielsweise *Postleitzahlen*, 'angewiesen'.

Kehren wir noch einmal zurück in das Tabellenobjekt, um herauszufinden, welche Aufgaben die übrigen Tabellen übernehmen. Dort finden sich nun noch zwei Tabellen, die beide mit dem Namen 'Arten' beginnen, *Arten der Anrede* sowie *Arten der Gruppen*. Diese Tabellen sind echte 'Hilfstabellen' und sollen später den Anwender bei der Eingabe unterstützen. Natürlich muß der Anwender seine Daten nicht einfach in eine Tabelle erfassen, sondern erhält dazu ein aussagekräftiges Formular. Dieses Formular wiederum basiert auf den unterschiedlichsten Tabellen. Und immer dann, wenn der Benutzer die Anrede eingeben muß, kann er aus einer Liste von möglichen 'Anredetexten' auswählen, wenn er möchte. Ebenso verhält es sich mit den Gruppen. Haben Sie sich die beiden Tabellen schon angeschaut? Dann wird es Zeit, noch einmal das Objekt zu wechseln.

Sehen Sie sich nun das Formular an, in dem die Daten später gepflegt und verwendet werden. Dort

klicken Sie den abwärtsweisenden Pfeil des Kombinationsfelds *Gruppe*.

Jetzt ist Ihnen sicher auch klar geworden, welche Aufgabe die Gruppen übernehmen. Die Tabelle *Arten der Gruppe* verwaltet einfach nur, welche Nummer welche Gruppe beschreibt, zum Beispiel '2 = Schüler/Student'. Wozu werden die Mitglieder jedoch in Gruppen unterteilt? Das können wir Ihnen beantworten. Wie allgemein bekannt, ist nichts umsonst, oder sagen wir lieber kostenfrei. Auch unsere 'User Group' nicht. Um nun zu beurteilen, wer welchen Beitragssatz zahlen muß, unterteilen wir die Mitglieder kurzerhand. Das wiederum führt uns gleich zur nächsten Tabelle, dem *Mitgliederbeitrag*. Für jedes Mitglied wird hier Buch geführt, zu welchem Datum welcher Betrag für welchen Zahlungsmonat entrichtet wurde. Kehren Sie also zurück in das Objekt Tabelle und öffnen dort den *Mitgliederbeitrag*.

Nun drängt sich natürlich die Frage auf, warum denn unsere Mitglieder zahlen müssen. Ganz einfach. Sie bekommen dafür einen technischen Service. Die 'Access User Group' bietet einen Informationspool rund um Windows und seine Programme an. Und falls sich einmal ein Problem - beispielsweise zu Windows - allein nicht lösen läßt, so muß der Anwender nicht die häufig erfolglosen Versuche starten, die jeweilige technische Telefonberatung zu erreichen, sondern wählt sich in die AUG ein, stellt seine Frage und erhält die Antwort auf elektronischem Weg. So einfach ist das.

Das größte Problem besteht bei recht umfangreichen Datenbeständen zumeist darin, sie wieder aufzufinden. Auch die AUG kennt dieses Problem. Wie kommt der Anwender auf dem schnellsten Weg zu seiner gewünschten Information? Was liegt näher als unterschiedliche Stichworte zu verwenden. Das wichtigste Ausschlußkriterium zur erfolgreichen Antwort ist in unserer Datenbank das Produkt. Der Kunde muß also angeben, ob er eine Frage zu Windows, zu Excel, WordPerfect für Windows usw. hat. Die verfügbare Datenmenge wird daraufhin bereits eingeschränkt. Im nächsten Schritt nennt er die Versionsnummer, mit der er arbeitet, womit

Daten finden, aber wie?

die Menge weiter reduziert wird. Nun charakterisiert er sein konkretes Problem (z. B. Drucken, Speichern, Bearbeiten, DDE usw.) und gibt über das letzte Stichwort bekannt, welche Fehlfunktion sich im Betrieb einstellt (z. B. Absturz oder druckt Steuerzeichen). Auf diese Weise erhält der Benutzer schnell und zuverlässig die Informationen, die er benötigt.

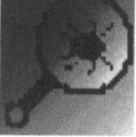

Wie aber verwaltet man dieses Konzept? Man nehme vier einzelne Tabellen. Jede Tabelle enthält neben der Identifikationsnummer lediglich eine Spalte: das jeweilige Stichwort. Sehen Sie sich dazu die betroffenen Tabellen ruhig an. Es sind

- Sammlung der Produkte
- Sammlung der Versionen
- Sammlung der Bereiche
- Sammlung der Symptome

Sämtliche Produkte, für die unsere AUG Unterstützung bietet, sind in der Tabelle *Sammlung der Produkte* aufgeführt. Hier finden sich ausschließlich Produktnamen, weiter nichts! Alle nur denkbaren Versionsstände sämtlicher Produkte finden Sie in der *Sammlung der Versionen*. Es geht in dieser Tabelle lediglich darum, die Nummern aller Versionen 'dingfest zu machen' und n i c h t um die Zuordnung zu einzelnen Produkten. Wie der Name schon sagt, werden in der *Sammlung der Bereiche* bestimmte Aufgabenbereiche gepflegt. Auch hierbei geht es nur um eine Sammlung, nicht um eine Zuordnung zu Produkten oder Versionen. In der Tabelle *Sammlung der Symptome* werden mögliche Störfälle dokumentiert.

Diese vier 'Stichworttabellen' sind das Basismaterial für die Tabellen *Sammlung der Lösungen* und *Sammlung der Probleme*. In der einen Tabelle finden sich alle Fragen, also Probleme, in der anderen die notwendigen Antworten, also Lösungen. Hat der Benutzer über seine Stichwortauswahl nun eine ganz bestimmte Frage gestellt, so erhält er - aufgrund der Verbindung zwischen Lösungen und Problemen - seine Antwort. Schauen Sie sich im Objekt Abfrage das Abfrageergebnis zu *Problem und Lösungen* an. Zu jedem Problem wird eine Lösung angezeigt. Die 'Optik' sowie benutzerfreundliche Eingabemöglichkeiten realisieren Sie dann wieder mit einem Formular. In unserem Beispiel trägt es den Namen *Problemlösungen*.

Über diesen Service hinaus informieren wir unsere Mitglieder regelmäßig über neue Entwicklungen und nützliche Tips. Einmal monatlich versenden wir aus diesem Grund ein Magazin. Dazu benötigen wir die Anschriften aller Mitglieder in Form von Adreßetiketten. Im Objekt Bericht können Sie sich einen solchen Bericht anschauen.

Datenbank schließen

Sie sind nun bestens vertraut mit den Zielen unserer AUG und der daraus resultierenden Datenbankanwendung. Schließen Sie daher unser Beispielprojekt, um sich selbst an die Arbeit zu begeben.

1. Aktivieren Sie den Datenbankcontainer.

2. Wählen Sie anschließend den Befehl [Datenbank schließen] aus dem Menü [Datei].

Sie sehen wieder das leere Access-Fenster. Es sei an dieser Stelle noch darauf hingewiesen, daß ein Doppelklick in das Systemmenü des Datenbankcontainers dieses Fenster natürlich ebenfalls schließt.

Wir werden die Anlage sämtlicher Objekte im folgenden am zuvor vorgestellten Beispielprojekt erläutern. Fühlen Sie sich jedoch frei, ruhig Ihre eigenen Anwendungen daraus zu entwickeln. Wenn etwas partout nicht klappen sollte, kann das Beispiel immer noch exakt nachvollzogen werden.

Eine eigene Datenbank anlegen und speichern

Nach jedem Programmstart meldet sich zunächst das Access-Fenster, das ist Ihnen bekannt. Um eine neue Datenbank anzulegen,

1. wählen Sie aus dem [Datei]-Menü den Befehl [Neue Datenbank anlegen].

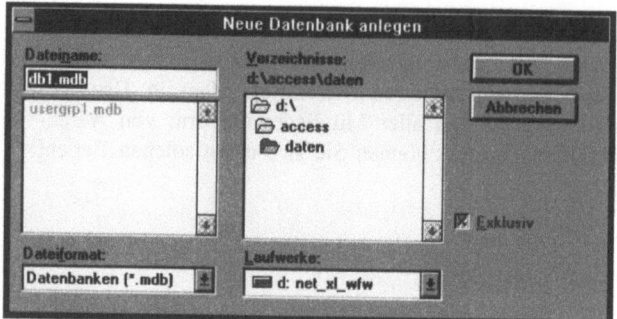

*Abb. 8-5 Dialog **Neue Datenbank anlegen***

2. Legen Sie den gewünschten Datenbanknamen im Feld **Dateiname** fest. (Getreu den altbekannten DOS-Regeln darf der Name maximal aus 8 Stellen, also Buchstaben, Zahlen oder einer Kombination aus beidem, bestehen.)

3. Sofern erforderlich stellen Sie **Laufwerke** und **Verzeichnisse** ein

4. und bestätigen mit **OK**.

Selbst wenn Sie erst in die 'Windows-Szene' einsteigen, wird Ihnen nicht entgangen sein, wie schnell man mit diesen Programmen klar kommt. Der Dialog **Neue Datenbank anlegen** verdeutlicht diesen Umstand. Vergleichen Sie ihn mit dem zuvor in diesem Kapitel beschriebenen Dialog **Datenbank öffnen**, werden Sie feststellen, daß beide Anzeigen nahezu identisch sind.

Beim Anlegen speichern

Sollten Sie allerdings bereits ein Kenner von Windows-Programmen sein, so wird Ihnen auffallen, daß beim Öffnen der Datenbank nicht etwa sofort ein leerer Datenbankcontainer geöffnet wird, beispielsweise namens 'Datenbank 1', sondern Sie aufgefordert werden, einen Namen festzulegen. Vergleichen Sie dies mit Programmen wie Write (von Windows) oder Paintbrush, aber auch Excel, Word für Windows oder WordPerfect für Windows, so wird der Unterschied ganz deutlich. Während Sie bei zuletzt genannten Programmen den Namen erst beim Speichern bekannt geben, verlangt Access den Datenbanknamen bereits bei der Anlage. Damit wird die Datenbank auch sofort auf der Festplatte angelegt, im Gegensatz zu Dokumenten, die Sie zum Beispiel mit Write erstellen. Diese verbleiben solange im Hauptspeicher, bis Sie den Speichervorgang veranlassen. Erst dann wird das Dokument dauerhaft auf den von Ihnen angegebenen Datenträger gesichert.

Im Gegensatz zu anderen Programmen arbeiten Sie in Access immer auf einem aktuellen Datenbestand. (Ein Leistungsmerkmal, über das Datenbankanwendungen übrigens im allgemeinen verfügen!) Jede von Ihnen eingegebene Information wird automatisch auf die Festplatte zurückgeschrieben. Das ist für all diejenigen Anwender besonders praktisch, die sowieso nie viel vom Speichern gehalten haben. Wird eine Änderung vorgenommen, sagen wir, eine Telefonnummer oder eine Adresse ändert sich, ist diese sofort auf der Festplatte verankert und natürlich anderen zugänglich.

Eine 'Tücke' bringt die Namensvergabe bei der Anlage dennoch mit sich. Verwenden Sie einen bereits vergebenen Namen, kann es passieren, daß die Datenbank 'im Eifer des Gefechts' überschrieben wird. Natürlich warnt Access davor noch einmal ausdrücklich.

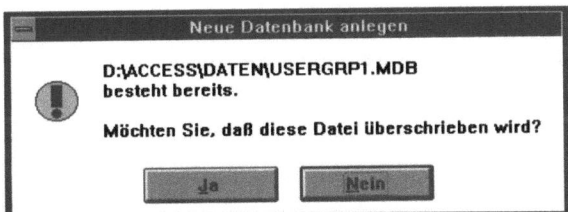

Abb. 8-6 Überschreiben oder nicht, das ist hier die Frage.

Doch wenn Sie diese Warnung mit **Ja** bestätigen, ist die bestehende Datenbank zerstört. Eine regelmäßige Datensicherung der verwendeten Datenbanken ist in jedem Fall immens wichtig.

Tabellen entwerfen und speichern

Bevor in eine Tabelle Daten eingegeben werden können, muß zunächst ihr Gerüst erstellt werden. Diese Arbeit erledigen Sie, wenn Sie Tabellen entwerfen. Und das sollten Sie jetzt tun, damit sich der derzeit leere Datenbankcontainer füllt. Sie haben weiter vorne in diesem Kapitel erfahren, daß Access zwischen zwei Ansichten unterscheidet, der Daten- und der Entwurfsansicht. Das Erstellen des

'Tabellengerüsts' erfolgt grundsätzlich in der Entwurfsansicht. Ein neuer Tabellenentwurf kann auf zwei Wegen angefordert werden, entweder über die Symbole oder über das Menü. Sofern Sie mit Symbolen arbeiten wollen,

1. wechseln Sie in das Objekt Tabelle

2. und klicken dann die Schaltfläche **Neu**.

Treffen Sie Ihre Wahl lieber über Menüpunkte, gehen Sie folgendermaßen vor:

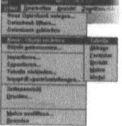

1. Öffnen Sie das [Datei]-Menü und dort den Menüpunkt [Neues Objekt erstellen].

3. Access zeigt jetzt ein weiteres Pull-Down-Menü an, aus dem Sie die Auswahl [Tabelle] treffen.

In jedem Fall rufen Sie die Entwurfsansicht zur Anlage eines neuen Tabellenentwurfs auf:

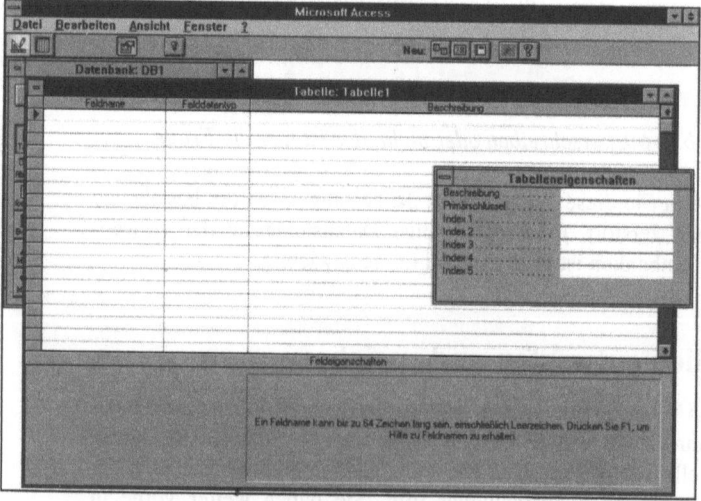

Abb. 8-7 Die Entwurfsansicht für den Tabellenentwurf

Wie man sieht, hat sich der Bildschirm ganz schön verändert. Den größten Raum nehmen zwei Fenster ein, **Tabelle** und **Tabelleneigenschaften**. Im Fenster **Tabelle** werden Sie später die einzelnen Spalten dieser Tabelle definieren. Das Fenster **Tabelleneigenschaften** informiert Sie - auf einen Blick - über die in der Tabelle festgelegten Indizes. Dieses Fenster läßt sich zwar verschieben, aber nicht zur Ikone ablegen. Sollte es Ihnen bei Ihren momentanen Arbeiten im Weg sein, kann es geschlossen werden.

1. Öffnen Sie das Menü [Ansicht]. Ein Häkchen vor dem Menüpunkt [Tabelleneigenschaften] weißt darauf hin, daß das Fenster zu sehen ist.

2. Wählen Sie nun [Tabelleneigenschaften] aus. Das Häkchen verschwindet und mit ihm das Fenster.

Über diesen Weg können Sie das Fenster auch jederzeit wieder anzeigen lassen. Der Menüpunkt [Tabelleneigenschaften] des [Ansicht]-Menüs arbeitet quasi als Wechselschalter, an oder aus. (Sie kennen das sicher von Ihrer Wohnzimmerbeleuchtung.) Sofern Sie sich allerdings bereits mit den Symbolen angefreundet haben, können Sie diese Wechselschalterwirkung auch auf Mausklick haben. Klicken Sie dazu das Symbol Eigenschaftenfenster, um dasselbe anzuzeigen oder auszublenden.

Schauen Sie sich nun die Menüzeile an, so fällt auf, daß der Menüpunkt [Zugriffsrechte] nicht mehr zu sehen ist. Die Symbolleiste hingegen wurde mit einigen zusätzlichen Symbolen ausgestattet. Access konzentriert sich zu jedem Zeitpunkt auf die für die Arbeit wesentlichen Elemente. Aus diesem Grund sehen Sie - je nach bearbeitetem Objekt - mal mehr, mal weniger Menüpunkte bzw. Symbole.

Beginnen Sie nun mit der Eingabe der Tabellenfelder. Dazu bringen Sie den Cursor im ersten Eingabefeld unter **Feldname** in Position.

Tabelle entwerfen

1. Geben Sie den Feldnamen ein, hier *Mitgliedsnummer*.

2. Klicken Sie mit der Maus in die nächste Zelle

   oder

   verwenden Sie die Taste T, um sich ein Feld weiter zu bewegen.

3. Klicken Sie auf den abwärtsweisenden Pfeil

   oder

   öffnen Sie die Vorschlagsliste mit der Tastenkombination A + V.

4. Markieren Sie den Datentyp 'Zähler' entweder mit der Maus

   oder

   mit der Taste V. Anschließend bestätigen Sie mit U.

5. Bewegen Sie sich nun in die Spalte **Beschreibung** und geben einen Kommentar zu dem Feld an, hier: *Mitgliedsnummer wird durch das System automatisch vergeben.*

6. Verwenden Sie noch einmal die Maus oder die T-Taste, um sich in die zweite Zeile zu bewegen.

7. Wiederholen Sie die Schritte eins bis sechs für alle Felder, die Sie anlegen wollen.

Die Zeile, in der Sie arbeiten, wird durch ein nach rechts weisendes Dreieck besonders gekennzeichnet, da sich der Cursor nur als vertikale Linie präsentiert. Die Tabelle selbst ist in drei Spalten aufgeteilt:

Die 'Access User Group' entsteht

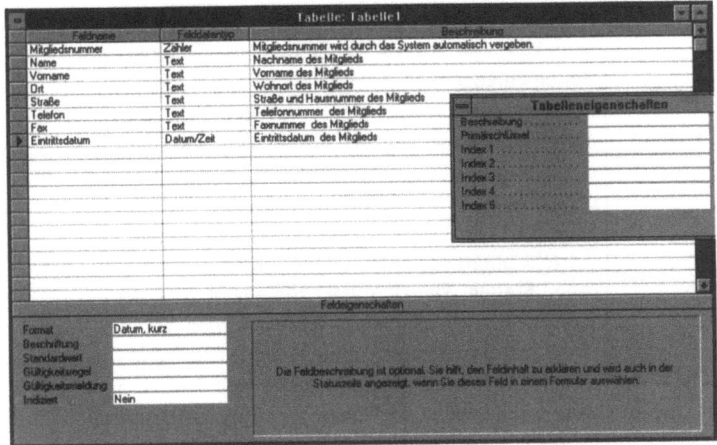

Abb. 8-8 Das Tabellenentwurfsfenster

In die erste Spalte, **Feldname**, tragen Sie den Spaltennamen ein, der später als 'Beschriftung' dieser Spalte dienen soll. Die nächste Spalte nimmt den **Felddatentyp** auf. Hier legen Sie fest, welcher Art die Daten sind, die künftig erfaßt werden sollen. Bestimmen Sie als Datentyp beispielsweise 'Zahl', so ist es anschließend unmöglich, in dieses Feld Buchstaben einzugeben. Folgende Datentypen kennt Access:

Datentyp	Beschreibung
Text	Dies ist die Standardeinstellung für jedes neue Feld, das Sie anlegen. Es nimmt maximal 255 Zeichen auf. Der von Access vorgegebene Standardwert beträgt 50, kann von Ihnen jedoch anders festgelegt werden.
Memo	Nimmt Texte mit einer Länge von maximal 32.000 Zeichen auf. Auf diese Felder können Sie k e i n e n Index setzen.
Zahl	In dieses Feld kann ein beliebiger numerischer Wert eingetragen werden. Der Standardwert ist Double.
Datum/Zeit	Verwenden Sie diese Einstellung für Datums- bzw. Zeitfelder. Access berücksichtigt die Jahre 100 bis 9999.

Währung	In Währungsfelder können Zahlen mit einer Genauigkeit von bis zu 15 Stellen und Dezimalstellen eingegeben werden.
Zähler	Das Feld Zähler wird nicht vom Benutzer, sondern von Access gepflegt. Es erhöht sich automatisch um eins, sobald ein neuer Datensatz angelegt wird. Wird eine Zeile gelöscht, wird der Wert im Feld Zähler ebenfalls entfernt. Dadurch entsteht allerdings eine 'Lücke' in der Numerierung. Stellen Sie sich vor, Sie legen in einer Tabelle 10 Datensätze an. Diese werden von 1 bis 10 durchnumeriert. Nun löschen Sie Datensatz 3. Die Numerierung lautet danach 1, 2, 4, 5 usw. Selbst wenn Sie einen weiteren Datensatz hinzufügen, erhält dieser die Nummer 11. Die 3 ist damit 'verloren'.
Ja/Nein	Diese Felder können nur zwei Werte enthalten. E n t w e d e r J a o d e r Nein. Ja/Nein-Felder können nicht indiziert werden.
OLE-Objekt	OLE-Objekte werden mit Windows-Programmen erzeugt, die sich auf Object Linking und Embedding (zu deutsch: Objekte verknüpfen und einfügen) verstehen. Ein OLE-Objekt kann beispielsweise eine Excel-Grafik oder eine Zeichnung (mit MS-Draw erstellt) sein. Felder vom Typ OLE-Objekt eignen sich ausschließlich dazu, derartige Objekte aufzunehmen. Naturgemäß können auch sie nicht indiziert werden.

Die **Beschreibung** dient lediglich Ihrer eigenen Orientierung und wirkt sich auf die Dateneingabe nicht aus. Sie ermöglicht es, wichtige Informationen zum jeweiligen Feld als Kommentar zu erfassen.

Vervollständigen Sie bitte die Tabelle um folgende Felder:

Feldname	Felddatentyp
Name	Text
Vorname	Text
Ort	Text
Straße	Text

Die 'Access User Group' entsteht

Telefon	Text
Fax	Text
Eintrittsdatum	Datum/Zeit

Sofern Sie eine Beschreibung erfassen wollen, steht dem natürlich nichts im Wege. Haben Sie die Tabelle erfaßt? Großartig! Jetzt halten Sie uns bitte nicht für unkonzentriert, doch leider haben wir zwei Felder vergessen:

Feldname	Felddatentyp	Beschreibung
AnredeID	Text	Stellt die Beziehung zur Tabelle *Arten der Anrede* her.
GruppenID	Text	Stellt die Beziehung zur Tabelle *Arten der Gruppen* her.

Das gibt uns allerdings Gelegenheit, Ihnen zu zeigen, wie nachträglich Felder hinzugefügt werden können.

Felder hinzufügen

1. Aktivieren Sie die Zeile, vor die eine weitere Zeile hinzugefügt werden soll. (In unserem Beispiel ist das die Zeile, in der *Name* eingetragen wurde.)

2. Wählen Sie [Bearbeiten/Zeile einfügen]

   oder

   markieren Sie die gesamte Zeile und betätigen die Taste *.

3. Geben Sie anschließend die gewünschten Informationen ein.

Wie markiert man die gesamte Zeile, werden Sie sich jetzt vielleicht fragen. Die Antwort lautet:

Zeilen markieren

1. Setzen Sie den Mauszeiger in den Bearbeitungsbereich vor die Spalte **Feldname**:

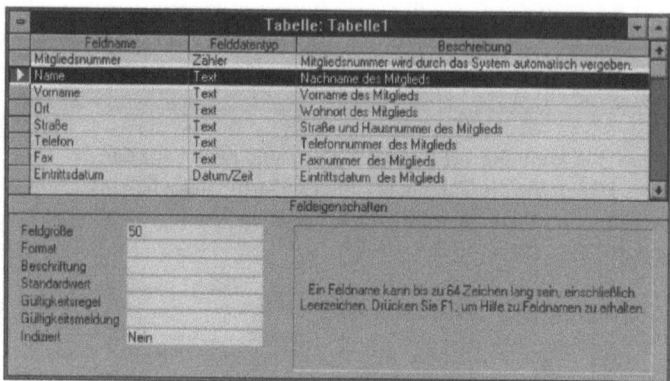

Abb. 8-9 Gesamte Zeile mit der Maus markieren

2. Klicken Sie einmal die linke Maustaste.

Felder verschieben

Wenn Ihnen das zu kompliziert ist, können Sie das 'fehlende' Feld selbstverständlich auch am Ende des Tabellenentwurfs hinzufügen. Nachdem alle Eintragungen erfolgt sind, markieren Sie die Zeile und schieben das Feld mit der Maus an die gewünschte Position. Dazu

halten Sie die linke Maustaste gedrückt, während Sie die Zeile an ihre neue Position ziehen.

Felder löschen

Erwähnenswert ist in diesem Zusammenhang jetzt noch, daß Felder nicht nur hinzugefügt, sondern natürlich auch gelöscht werden können. Solange in die Tabelle noch keine Daten eingegeben wurden, ist das auch unproblematisch. Im Falle einer Entwurfsänderung an einer bestehenden Tabelle achtet Access darauf, daß Ihnen beim Löschen kein Fehler unterläuft - wie sich zeigen wird.

1. Aktivieren Sie die Zeile, die gelöscht werden soll.

2. Wählen Sie [Bearbeiten/Zeile löschen]

oder

Die 'Access User Group' entsteht 183

markieren Sie die gesamte Zeile und betätigen die Taste ⌐.

Keine Angst, wenn eine Aktion mal nicht geklappt hat. Der jeweils letzte Befehl läßt sich, wie in allen Windows-Programmen, rückgängig machen. Wichtig ist nur, daß Sie ihn auch sofort auswählen, wenn Sie einen Irrtum bemerkt haben. Auf der Stelle

Rückgänig

wählen Sie [Bearbeiten/Rückgängig],

und die Sache ist wieder im Lot. Es gibt allerdings auch Befehle, die sich n i c h t rückgängig machen lassen. Das beste Beispiel ist der Ausdruck. Sobald Sie diesen veranlaßt haben, schickt Access die Aufgabe zum Drucker.

Nachdem das Grobgerüst 'gezimmert' ist, besteht Ihre nächste Aufgabe nun darin, den einzelnen Feldern die gewünschten Feldeigenschaften zuzuweisen. Wir beginnen wieder beim ersten Feld, *Mitgliedsnummer*. Verwenden Sie die Maus oder die Pfeiltasten, um dort den Cursor zu positionieren. Zu jedem Feld zeigt Access im unteren Teil des Fensters **Tabelle** Feldeigenschaften an:

Feldeigenschaften

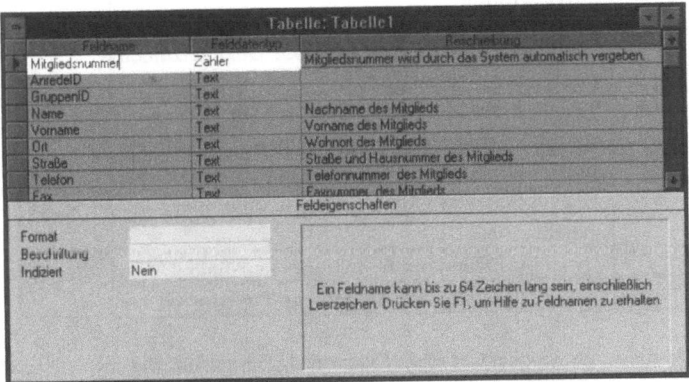

Abb. 8-10 Die Eigenschaften der Felder

Abhängig vom Felddatentyp können das mehr oder weniger Eingabefelder sein.

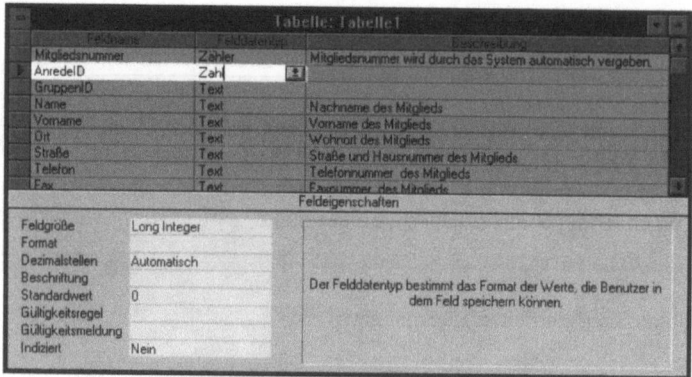

Abb. 8.11 Eigenschaften eines Feldes vom Typ Zahl

Setzen Sie den Cursor im Eingabebereich für die Feldeigenschaften einmal in das Feld **Beschriftung**. Siehe da, im Informationsbereich rechts von den Eingabefeldern wird zum jeweils aktiven Feld erklärt, was eingetragen werden soll. Bewegen Sie sich anschließend in ein anderes Feld, zum Beispiel **Indiziert**. So werden Sie Schritt für Schritt mit Rat und Tat begleitet. Erlauben Sie uns dennoch ein Wort zum **Felddatentyp** 'Zahl'. Fünf unterschiedliche Einstellungen sind hier möglich:

Einstellung	Beschreibung
Byte	Speichert Zahlen von 0 bis 255. Dezimalzahlen werden nicht gespeichert.
Integer	Speichert Zahlen von -32.768 bis 32.767. Dezimalzahlen werden nicht gespeichert.
Long Integer	Speichert Zahlen von -2.147.483.648 bis 2.147.483.647. Dezimalzahlen werden nicht gespeichert.
Single	Speichert Zahlen mit 6-stelliger Genauigkeit.
Double	Speichert Zahlen mit 10-stelliger Genauigkeit.

Da Sie über diese Werte die maximale Datenmenge angeben, die in einem Feld gespeichert werden kann, sollten Sie unbedingt darauf achten, die Werte korrekt zuzuweisen. Der Datentyp 'Zähler' ist beispielsweise grundsätzlich auf 'Long Integer' eingestellt. Diesen Wert können Sie nicht verändern. Wollen Sie nun ein Feld vom Datentyp 'Zähler' mit einem Feld vom Datentyp 'Zahl' in Beziehung setzen, muß die Einstellung des Feldes vom Datentyp 'Zahl' ebenfalls

Die 'Access User Group' entsteht

'Long Integer' sein! Haben Sie das nicht beachtet, ist Ärger vorprogrammiert.

Tragen Sie für die Felder der Tabelle *Mitglieder* nun folgende Feldeigenschaften ein:

Feld	Feldeigenschaft	Wert
Mitgliedsnummer		keine Eingabe
AnredeID	Feldgröße	Long Integer
GruppenID	Feldgröße	Long Integer
Name	Feldgröße	24
	Indiziert	Ja (Duplikate möglich)
Vorname	Feldgröße	24
Ort	Feldgröße	24
	Indiziert	Ja (Duplikate möglich)
Straße	Feldgröße	24
Telefon	Feldgröße	24
Fax	Feldgröße	24
Eintrittsdatum	Format	Datum, kurz

Damit sind zunächst einmal alle Informationen für die Tabelle *Mitglieder* eingegeben. Der Entwurf kann also gespeichert werden.

Tabellenentwurf speichern

1. Wählen Sie den Befehl [Speichern] aus dem Menü [Datei].

Abb. 8-12 Tabellenentwurf speichern

2. Geben Sie den gewünschten Namen ein, hier *Mitglieder*.

3. Bestätigen Sie mit **OK**. Die Frage, ob ein Primärschlüssel gesetzt werden soll, beantworten Sie bitte mit **Nein**.

Anders als beim Namen der kompletten Datenbank, können die Namen der Objekte länger werden als 8 Zeichen. Bis zu 64 Zeichen sind hier erlaubt, ja sogar Sonderzeichen dürfen verwendet werden, mit drei Ausnahmen allerdings,

Punkt	(.),
Ausrufezeichen	(!),
eckige Klammern	([]),

denn die sind Access vorbehalten. Auch darf ein Objektname nicht mit einem Leerzeichen beginnen. Namen wie *Arten der Anrede* sind hingegen kein Problem!

[Speichern unter]

Wählen Sie den Befehl [Datei/Speichern] für ein neues Objekt, das zuvor noch nicht gespeichert wurde, zeigt Access automatisch den Dialog **Speichern unter** an. Hier tragen Sie dann den gewünschten Namen ein. Führen Sie nachträglich jetzt noch Änderungen am Entwurf durch und wählen erneut [Datei/Speichern], werden lediglich die Änderungen gesichert. Ein neuer Name muß logischerweise nicht eingetragen werden. Wollen Sie allerdings einen bestehenden Tabellenentwurf unter einem anderen Namen speichern, so erledigt das der Befehl [Speichern unter] aus dem Menü [Datei].

Tabelle schließen

Für den Moment benötigen wir die Tabelle *Mitglieder* nicht mehr. Daher kann sie geschlossen werden.

Aus dem Menü [Datei] wählen Sie den Befehl [Schließen].

Oder:

Führen Sie einen Doppelklick auf das Systemmenü der Tabelle aus.

Tabelle 'Arten der Anrede'

Trainieren Sie die bisher vorgestellten Möglichkeiten ein wenig und legen nun bitte noch die Tabelle *Arten der Anrede* an. Sie hat folgenden Aufbau:

Die 'Access User Group' entsteht

Feldname	Felddatentyp	Beschreibung	Feldeigenschaft
AnredeID	Zähler	Stellt die Beziehung zur Tabelle *Mitglieder* her.	
Anrede	Text		Feldgröße = 24

Nachdem alle Felder feststehen, speichern Sie die Tabelle unter dem Namen *Arten der Anrede* ab, schließen sie aber bitte noch nicht. Denn die Tabelle *Arten der Gruppen* hat einen sehr ähnlichen Aufbau. Warum also alles noch einmal eingeben. Schließlich stellt Access - wie jedes Windowsprogramm - Kopierfunktionen zur Verfügung. Der gesamte Tabellenaufbau soll kopiert und in eine neue Tabelle überführt werden. Wie so oft, gibt es auch diesmal zwei Lösungsmöglichkeiten, um diese Aufgabe zu meistern. Wir gehen jetzt zunächst davon aus, daß die Tabelle *Arten der Anrede* noch geöffnet ist.

Tabellenentwurf kopieren

1. Wählen Sie [Bearbeiten/Alles markieren]. (Die Cursorposition spielt bei diesem Befehl ausnahmsweise keine Rolle.)

2. Öffnen Sie das [Bearbeiten]-Menü erneut und wählen [Kopieren].

   Oder

   betätigen Sie die Tastenkombination S + c.

   Oder

   betätigen Sie die Tastenkombination S + *.

3. Wechseln Sie zum Datenbankcontainer.

4. Wechseln Sie in das Objekt Tabelle und klicken die Schaltfläche **Neu**.

5. Wählen Sie [Bearbeiten/Einfügen.]

oder

die Tastenkombination S + v

oder

die Tastenkombination H + *.

6. Der Cursor markiert den Eintrag der ersten Zelle. Geben Sie hier für unser Beispiel *GruppenID* und als **Beschreibung** *Stellt die Beziehung zur Tabelle Mitglieder her* ein.

Ein zweiter Weg führt Sie ebenfalls ans Ziel und der geht so:

1. Wechseln Sie zum Datenbankcontainer und dann zum Objekt, zur Tabelle.

2. Markieren Sie die Tabelle, die kopiert werden soll.

3. Wählen Sie [Bearbeiten/Kopieren].

4. Wählen Sie [Bearbeiten/Einfügen]. Access zeigt jetzt folgenden Dialog an:

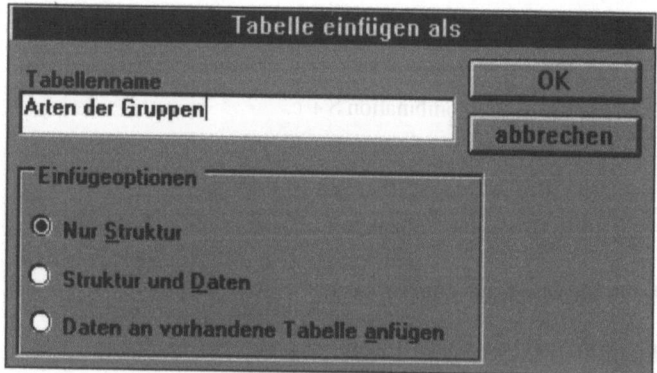

Abb. 8.13 Dialog **Tabelle einfügen als**

5. Legen Sie den Tabellennamen fest. Der Cursor steht bereits in diesem Eingabefeld.

6. Wählen Sie eine Einfügeoption.

7. Bestätigen Sie mit **OK**.

Speichern Sie die Tabelle jetzt noch und geben ihr den Namen *Arten der Gruppen*. So schnell lassen sich Tabellen in Access anlegen. Damit haben Sie auch schon das Grundgerüst der 'Access User Group' 'gebaut'.

Sollten Sie vor lauter Begeisterung nun Tabellen entworfen haben, die Sie gar nicht verwenden wollen, löschen Sie diese kurzerhand. Auch dazu

Tabelle löschen

1. wechseln Sie in den Datenbankcontainer und in das Objekt, in dem gelöscht werden soll, hier: Tabelle.

2. Wählen Sie [Bearbeiten/Löschen]

    oder

    betätigen Sie einmal die Taste _.

3. Bestätigen Sie die Frage, ob Sie wirklich löschen wollen mit **OK**.

Ihre nächste Aufgabe wird darin bestehen, die Beziehungen zwischen den drei zuvor angelegten Tabellen herzustellen. Um einen besseren Überblick zu erhalten, schlagen wir vor, die drei Tabellen nebeneinander anordnen zu lassen. Dazu öffnen Sie die zuvor geschlossene Tabelle *Mitglieder* wieder in der Entwurfsansicht.

1. Wechseln Sie zum Datenbankcontainer und dort zum Objekt Tabelle.

Tabellen- entwurf öffnen

2. Markieren Sie die Tabelle *Mitglieder*.

3. Klicken Sie auf die Schaltfläche **Entwurf**.

Um die Fenster nicht einzeln mit der Maus in Form und Position bringen zu müssen,

Fenster anordnen

wählen Sie aus dem [**F**enster]-Menü den Befehl [**N**ebeneinander].

Vermutlich ist das angezeigte Ergebnis noch nicht so ganz akzeptabel. Bei uns stellt sich die Anordnung jetzt so dar:

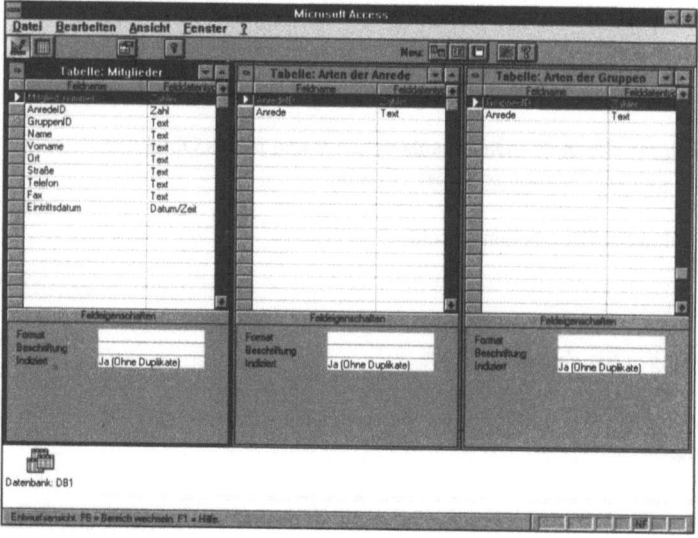

Abb. 8-14 Angeordnete Fenster

Fenster ausblenden

Der Datenbankcontainer hilft uns derzeit allerdings wenig. Also blenden wir ihn für den Moment aus.

1. Wechseln Sie zum Datenbankcontainer.

2. Wählen Sie [Fenster/**A**usblenden].

Damit ist er unsichtbar. Lassen Sie sich die verbleibenden Fenster nun noch einmal anordnen. Voilà, so läßt es sich arbeiten. Übrigens, ein ausgeblendetes Fenster kann selbstverständlich jederzeit über den Menüpunkt [Fenster/Einblenden] wieder sichtbar gemacht werden. Sollten Sie also einmal ein Fenster vermissen, weil es in der Liste der geöffneten Fenster nicht mehr angezeigt wird, gilt der Wahlspruch: Nicht verzagen, [Fenster/Einblenden] fragen!

So gerüstet, können Sie sich getrost der wichtigsten Aufgabe im relationalen Datenbankdesign widmen, dem Herstellen von Beziehungen.

Der Primärschlüssel der Tabelle

Damit Tabellen sich aufeinander beziehen können, benötigen die Tabellen, die voneinander abhängen sollen, zumindest ein gemeinsames Feld. Dieses gemeinsame Feld muß eindeutig zugeordnet werden können, d. h. die Information in diesen Feldern darf pro Tabellenreihe nur einmal vorkommen. Eine Kundennummer könnte solch ein Feld sein, eine Auftragsnummer ebenfalls. Ein Vor- oder Zuname hingegen eignet sich in keinem Fall, denn es liegt in der Natur der Sache, daß beispielsweise der Name 'Müller' mehr als einmal vorkommt. Außerdem darf ein solches Feld niemals leer sein, denn was sollte dann miteinander verglichen werden. Beide Forderungen erfüllt der Primärindex und aus genau diesem Grund tragen diese Felder einen Primärschlüssel.

Das Wissen darum ist die eine Seite, das Umsetzen in Access die andere. Betrachten Sie die drei Tabellenentwürfe vor sich. Die Tabellen *Arten der Anrede* und *Arten der Gruppen* sollen der Tabelle *Mitglieder* in Zukunft assistieren. Beantworten Sie sich zunächst die Frage, welches Feld in der Tabelle *Arten der Anrede* und welches Feld in der Tabelle *Arten der Gruppen* eindeutig ist. Prima! Die *AnredeID* und die *GruppenID*. Beide Felder sind vom Typ Zähler und werden daher bei jedem neuen Datensatz um eine Zahl erhöht. Beide Bedingungen sind also erfüllt: Eindeutig und in jeder Reihe eingetragen. Um den Primärschlüssel auf das Feld *AnredeID* zu setzen, verfahren Sie wie folgt:

1. Aktivieren Sie das Feld, das Sie indizieren wollen, hier *AnredeID*.

2. Wählen Sie [Bearbeiten/Primärschlüssel setzen]

   oder

   klicken Sie auf das Schlüsselsymbol.

Das Schlüsselsymbol vor dem Feldnamen deutet auf den Primärschlüssel hin. So sind Sie immer bestens informiert. Setzen Sie bitte nun noch den Primärschlüssel für die *GruppenID*. Danach sehen wir uns die Tabelle *Mitglieder* an. Welche Felder müssen Ihrer Meinung nach einen Primärschlüssel erhalten? So ist es! *AnredeID* und *GruppenID*. Über diese beiden Felder soll die Beziehung zu den 'Hilfstabellen' aufgebaut werden. Allerdings soll später in unserem Projekt auch noch eine Beziehung über das Feld *Mitgliedsnummer* (zur Tabelle *Mitgliederbeitrag*) hergestellt werden. Das sind nun schon drei Felder, über die sich der Primärschlüssel erstrecken müßte. Ja geht denn das? Natürlich, solange die Inhalte der Feldgruppe eindeutig sind und in jeder Reihe auch Einträge aufweisen kann. Um einen Primärschlüssel aus einer Feldgruppe zusammenzusetzen, müssen Sie

Primärschlüssel über mehrere Felder

1. sämtliche Felder, die zum Primärschlüssel herangezogen werden sollen markieren.

2. Den Primärschlüssel setzen.

Sollten die Felder nicht untereinander stehen, markieren Sie zuerst Feld Nummer eins mit der Maus, halten dann die Taste S gedrückt, während Sie die anderen benötigten Felder anklicken. Nachdem die 'Primärschlüsselfrage' geklärt ist, müssen Sie Access nun noch sagen, daß sich diese Schlüsselfelder aufeinander beziehen sollen.

Beziehungen zwischen Tabellen aufbauen

Die 'Access User Group' entsteht

Schließen Sie zunächst die drei Tabellen, da Access für geöffnete Tabellen keine Beziehungen herstellen kann. (Auch Tabellen im Ikonenformat sind geöffnete Tabellen!) Der Menüpunkt zum Aufbau der Beziehungen befindet sich im Menü [Bearbeiten] des Datenbankcontainer-Menüs:

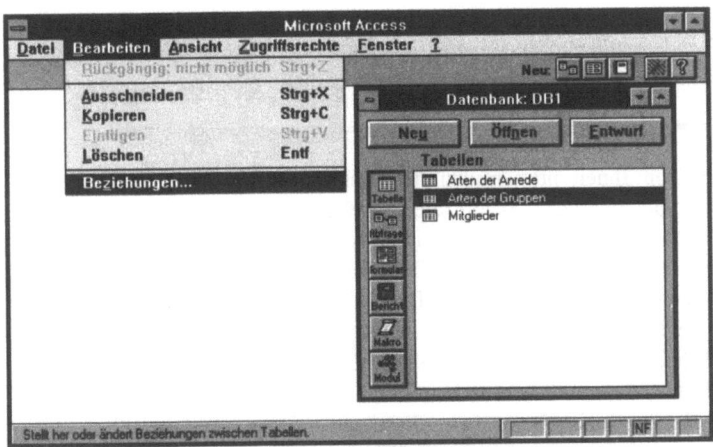

Abb. 8-15 Menüleiste des Datenbankcontainers

1. Öffnen Sie das Menü [Bearbeiten] und wählen [Beziehungen].

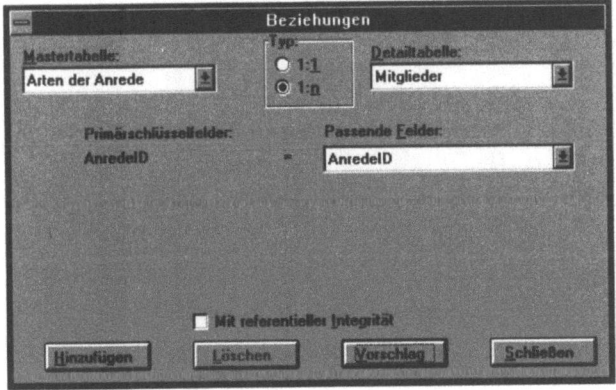

*Abb. 8-16 Dialog **Beziehungen***

2. Legen Sie die gewünschten Tabellen fest.

3. Legen Sie den Beziehungstyp fest.

4. Klicken Sie die Schaltfläche **Vorschlag**.

5. Klicken Sie die Schaltfläche **Hinzufügen**.

6. Nachdem alle Beziehungen aufgebaut wurden, klicken Sie die Schaltfläche **Schließen**.

Die zuvor von Ihnen primärindizierten Felder werden in diesem Dialog zusammengeführt. Damit die Tabellen später zusammenarbeiten können, müssen die jeweils identischen Felder miteinander verglichen werden. Nehmen wir als Beispiel die Tabelle *Mitglieder* und die Tabellen *Arten der Anrede*. Die Tabelle *Mitglieder* verfügt über ein Feld *AnredeID*, die Tabelle *Arten der Anrede* ebenso. In welcher Tabelle wird die *AnredeID* erstellt? Ganz genau, in *Arten der Anrede*. Immer dann, wenn eine neue Anredeart hinzukommt, zum Beispiel Herrn Prof. Dr., erhält diese durch das Zähler-Feld *AnredeID* eine neue Nummer zugeteilt. Wieviel mal kommt demnach jede Anredeart in der Tabelle *Arten der Anrede* vor? Exakt so ist es, ein einziges Mal. Die von uns erfaßten Anredearten sind zum Beispiel diese:

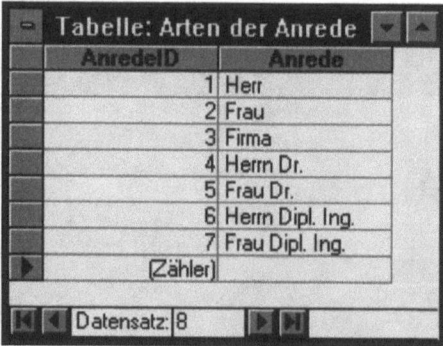

Abb. 8-17 Daten in der Tabelle Arten der Anrede

Master- und Detailtabellen

Diese Tabelle ist zuständig für die Anlage und Pflege von Anredearten, weiter nichts. Eine Tabelle, die die Ursprungsdaten enthält, wird in Access **Mastertabelle** genannt. Jede Tabelle, die auf diese

Mastertabelle Bezug nimmt, heißt **Detailtabelle**. Während in einer Mastertabelle jede Feldinformation nur ein einziges Mal vorkommen darf, kann die Information in der Detailtabelle sehr wohl mehr als einmal verwendet werden. Betrachten wir noch einmal die Tabelle *Mitglieder*:

Tabelle: Mitglieder

Mitgliedsnummer	AnredeID	GruppenID	Name	Vorname	Ort	Straße	Te
1	6	1	Meier	Klaus	Hamburg	Elbchaussee	
2	2	1	Müller	Bärbel	Berlin	Kurfürstendamm	
3	3	1	Schulze	Peter	München	Prinzregentenstr.	
4	1	2	Wichtig	Heinz	Wittbeck	Bahnhofstr.	
5	6	3	Jäger	Paul	Frankfurt	Zeil	
6	1	1	Schulz	Steffen	München	Mittlerer Ring	
7	1	1	Schramm	Jens	Stuttgart	Waldweg	
8	1	1	Bäcker	Jürgen	Nürnberg	Feldweg	
9	1	1	Schröder	Hans	Mannheim	Wiesenstr.	
10	3	1	Schmidt	Bernd	Bamberg	Hauptstr.	
11	1	1	Meier	Hans	Karlsruhe	Seilbahnstraße 11	
12	5	1	Müller	Ute	Mannheim	Bahnhofstraße 15	
13	2	1	Schulze	Martina	Hamburg	Palmerstraße 13	
14	1	1	Obermüller	Kurt	München	Leopoldstraße 5	
15	1	1	Huber	Franz	Ludwigshafen	Limburger Straße 1	
16	2	1	Bläser	Erika	Hamburg	Ost-West-Straße 3-	
17	6	3	Becker	Ulrich	München	Bavaria-Ring 13	
18	1	1	Goth	Uwe	Düsseldorf	Kaiserstraße 13	
19	2	3	Seilbahn	Monika	Mannheim	Immermannstraße	
20	1	2	Häusler	Fritz	Esslingen	Rheinstraße 4	
21	2	1	Salzmann	Frauke	Bochum	Große Beckstraße	
(Zähler)	0	0					

Datensatz: 3

Abb. 8-18 Daten in der Tabelle Mitglieder

1:n Beziehung

Mehrere Damen und mehrere Herren sind Mitglied in unserem Club. Dementsprechend kommt auch im Feld *AnredeID* in mehreren Reihen 'Herr' bzw. 'Frau' vor. Setzen Sie nun die **Mastertabelle** (hier: *Arten der Anrede*) mit der **Detailtabelle** (hier: *Mitglieder*) in Beziehung, so ergibt sich eine Beziehung vom **Typ** 1:n.

1:1 Beziehung

1:1-Beziehungen finden Sie überall dort, wo die Information der Mastertabelle in der Detailtabelle ebenfalls nur ein einziges Mal vorkommt. Auch hierzu ein Beispiel. Nehmen Sie an, Sie haben eine Tabelle *Abteilungen* aufgebaut. In diese Tabelle geben Sie sämtliche Abteilungen ein, die in Ihrem Haus vorkommen. Diese ist Ihre Mastertabelle. Eine zweite Tabelle, die Sie eingerichtet haben, heißt *Hausverwaltung*. Sie ist die Detailtabelle und führt Buch über jede Abteilung des Unternehmens (Mitarbeiterzahl, Stockwerk, Anzahl Büromöbel usw.). Jede Abteilung kommt in unserer Firma ebenfalls nur ein einziges Mal vor. Dem Feld *AbteilungsID* der Mastertabelle steht demnach ein Feld *AbteilungsID* der Detailtabelle gegenüber. In diesem Beispiel sind die Informationen des Feldes AbteilungsID (der Detailtabelle) ebenfalls eindeutig, d. h. sie kommen pro Zeile nur einmal vor.

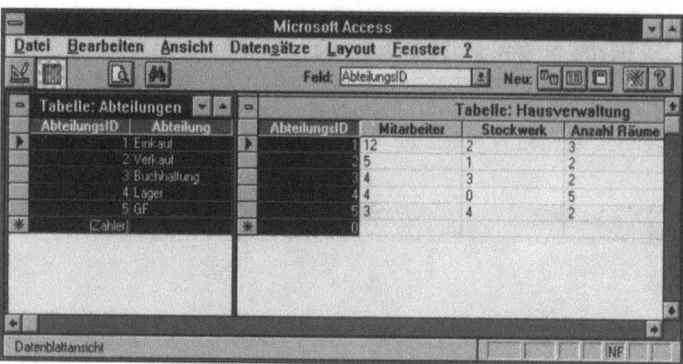

Abb. 8-19 Eine Beziehung vom Typ 1:1

Ihre wichtigste Aufgabe im Dialog **Beziehungen** besteht demnach darin, die **Mastertabelle** sowie die **Detailtabelle** auszuwählen und festzulegen, welchen Typs die Beziehung beider Tabellen zueinander ist. Sobald Sie die gewünschte **Mastertabelle** gewählt haben, werden die zu ihr gehörigen Primärschlüsselfelder eingeblendet. Nun können Sie **Passende Felder** zwar über das Kombinationsfeld auswählen, aber so viel Mühe müssen Sie sich gar nicht machen. Ein Mausklick auf den Schalter **Vorschlag** trägt das Feld automatisch ein.

Referentielle Integrität

Die letzte wichtige Frage, die Sie beantworten müssen, betrifft die referentielle Integrität. Klären wir vielleicht zunächst einmal, was damit gemeint ist. Dazu verwenden wir wieder die Tabellen *Arten der Anrede* und *Mitglieder*. Über das Feld *AnredeID* stehen beide Tabellen miteinander in Beziehung. Wir wissen weiterhin, daß in unserer Mitgliedertabelle sowohl die Anredeart 'Herr' als auch 'Frau' mehrfach vorkommt. Was würde jetzt passieren, wenn wir aus der Tabelle *Arten der Anrede* genau diese beiden Anredearten löschen würden? Richtig, die Tabelle *Mitglieder*, die ja auf diese Anredearten angewiesen ist, hätte ein Problem. Aus diesem Grund unterbindet Access einen solchen Löschversuch, sofern die referentielle Integrität gewählt wurde und kommentiert wie folgt:

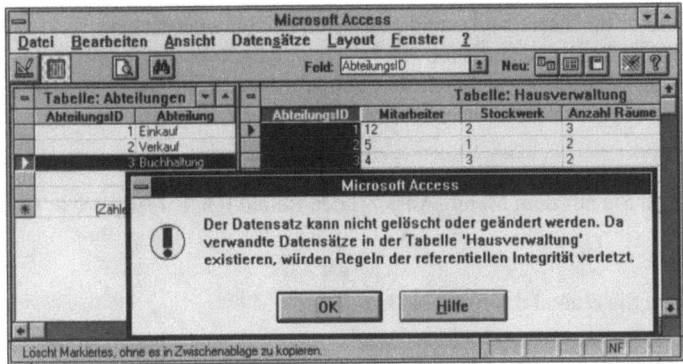

Abb. 8-20 Unzulässiger Löschversuch

Die referentielle Integrität sorgt also dafür, daß verwandte Datensätze nicht gelöscht bzw. geändert werden können. Dadurch bleiben die Daten konsistent.

Daten erfassen

Der Tabellenentwurf ist festgelegt, ebenso die Beziehungen, die die Tabellen zueinander haben. Damit kann jetzt die Dateneingabe beginnen. Daten werden grundsätzlich in der Datenansicht erfaßt. Diese Ansicht läßt sich - wie könnte es anders sein - auf unterschiedlichste Weise aufrufen. Um eine g e s c h l o s s e n e Tabelle in der Datenansicht zu öffnen,

Tabelle in der Datenansicht öffnen

1. wechseln Sie im Datenbankcontainer in das Objekt Tabelle.

2. Dort markieren Sie die gewünschte Tabelle und klicken auf die Schaltfläche **Öffnen**.

Oder:

Sie führen einen Doppelklick auf die gewünschte Tabelle durch.

*Zur Daten-
ansicht
umschalten*

Haben Sie zuvor die Tabelle allerdings bereits in der Entwurfsansicht geöffnet, ist es selbstverständlich nicht notwendig, sie erst zu schließen, um sie nach oben beschriebenem Muster wieder aufzurufen. In diesem Fall schalten Sie einfach in die Datenansicht um.

Wählen Sie aus dem Menü [Ansicht] den Befehl [Datenblatt]

oder

klicken Sie einmal das Symbol Datenblatt.

Übrigens, über das [Ansicht]-Menü können Sie natürlich auch wieder in die Entwurfsansicht zurückschalten. Dazu

wählen Sie den Befehl [Tabellenentwurf]

oder

klicken einmal das Symbol Tabellenentwurf.

Vor Ihnen präsentiert sich eine leere Tabelle. Wie zuvor in der Entwurfsansicht werden auch hier die einzelnen Tabellenzellen entweder auf Mausklick oder mittels T-Taste angesteuert. Jedes Feld der Tabelle kann nun mit individuellen Daten bestückt werden, mit Ausnahme der Felder vom Typ 'Zähler', denn diese Felder werden automatisch 'hochgezählt', sobald ein neuer Datensatz, sprich eine neue Tabellenreihe, angelegt wird.

*Datensätze
erfassen*

Öffnen Sie jetzt bitte die Tabelle *Arten der Anrede* in der Datenansicht und geben folgende Informationen ein. (Wohlgemerkt, die *AnredeID* wird automatisch gepflegt. Sie müssen lediglich die *Anrede* erfassen!)

AnredeID	Anrede
	Herr
	Frau
	Firma
	Herrn Dr.
	Frau Dr.
	Herrn Dipl. Ing.
	Frau Dipl. Ing.

Die 'Access User Group' entsteht

Im Gegensatz zum Tabellenentwurf, müssen die Datensätze von Ihnen n i c h t gespeichert werden! Das erledigt Access für jeden Datensatz immer dann, wenn Sie zu einem anderen Datensatz wechseln. Wie bewegt man sich nun in den vorhandenen Datensätzen? Wie steuern Sie beispielsweise den vorherigen Datensatz an. Richtig! Sie klicken mit der Maus in die gewünschte Reihe. Was tun Sie, wenn die gewünschte Reihe derzeit am Bildschirm nicht angezeigt wird, weil die Tabelle entsprechend viele Datensätze enthält? Sie verwenden den Vor- bzw. Rücklauf:

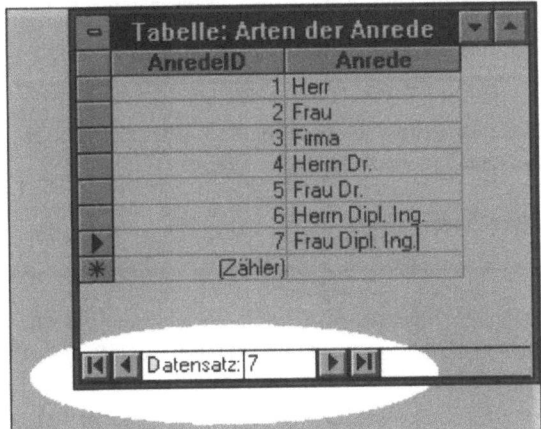

Navigation in Datensätzen

Abb. 8-21 Datensätze mausgesteuert auswählen

Um den	verwenden Sie das Symbol:
vorherigen Datensatz anzusteuern,	◀
nächsten Datensatz anzusteuern,	▶
ersten Datensatz anzusteuern,	◀◀
letzten Datensatz anzusteuern,	▶▶

Datensätze bearbeiten

Selbstverständlich können Sie auch menügesteuert navigieren. Öffnen Sie einmal das Menü [Datensätze] und dort den Befehl [Gehe zu].

Natürlich lassen sich Datensätze jederzeit nach- bzw. überarbeiten. Die wichtigste Voraussetzung dafür, daß die Bearbeitung klappt, ist der Befehl [Bearbeiten zugelassen] aus dem Menü [Datensätze]. Findet sich vor diesem Befehl ein Häkchen, steht der Überarbeitung nichts im Weg. Sollte besagtes Häkchen jedoch nicht zu sehen sein, so wählen Sie diesen Menüpunkt aus, damit eine Bearbeitung möglich wird. Ändern Sie im Feld *Anrede* des Datensatzes mit der Nummer eins das Wort *Herr* in *Herrn*.

1. Bringen Sie den Cursor in dem Feld des Datensatzes in Position, das geändert werden soll, hier: *Herr*.

2. Geben Sie Ihre Änderung ein.

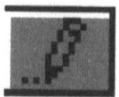

Sobald Sie einen Datensatz bearbeiten, wird dieser Umstand am Anfang der Zeile auch kenntlich gemacht. Ein kleiner Bleistift deutet darauf hin.

Datensatz hinzufügen

Es liegt in der Natur einer jeden Datenbank, das sie sich im Laufe der Zeit füllt. Wie gehen Sie also vor, wenn ein neuer Datensatz hinzugefügt werden soll?

1. Aus dem Menü [Datensätze] wählen Sie den Befehl [Daten eingeben].

2. Access blendet alle zuvor angezeigten Sätze aus und bietet eine leere Reihe an, bereit neue Daten aufzunehmen.

3. Nachdem die gewünschten Datensätze hinzugefügt wurden, wählen Sie [Datensätze/Alle Datensätze anzeigen].

Die 'Access User Group' entsteht

Es sei der Vollständigkeit halber nun noch darauf hingewiesen, daß sich Feldinformationen, einzelne oder auch mehrere Datensätze natürlich kopieren, wieder einfügen und auch löschen lassen. Das erledigen Sie in der Datenansicht auf die gleiche Weise wie in der Entwurfsansicht. Beachten Sie beim Kopieren, Einfügen und Löschen grundsätzlich folgende Regel:

Kopieren, Einfügen, Löschen

Erst markieren, dann Befehl aktivieren.

Und die benötigten Befehle befinden sich auch diesmal - wie in Windowsprogrammen üblich - im Menü [Bearbeiten]. Auf eine Besonderheit beim Löschen wollen wir Sie allerdings doch noch aufmerksam machen. Sobald Sie einen Datensatz löschen, der ein Feld vom Typ 'Zähler' enthält, entsteht eine Lücke in der Numerierung Ihrer Datensätze. Diese Lücke läßt sich auch nicht mehr schließen, da der Zähler immer weiter 'hochgezählt' wird. Da aber beim Löschen ohnehin Vorsicht geboten ist, fragt Access sowieso noch einmal nach, ob Sie den Löschvorgang tatsächlich durchführen wollen.

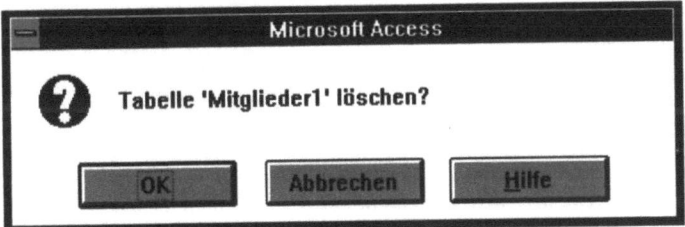

Abb. 8-22 Nachfrage beim Löschvorgang

Tabelle drucken

Zum Abschluß dieses Kapitels sollen Sie nun noch erfahren, wie Sie die eingegebenen Datensätze zu Papier bringen. Wir schlagen daher vor, die Mitgliedertabelle einmal auszudrucken. Dazu ist zu sagen, daß sich lediglich die Datenansicht der Tabelle, n i c h t aber die Entwurfsansicht drucken läßt. Öffnen Sie daher die Tabelle *Mitglieder* in der Datenansicht.

Drei Befehle im [Datei]-Menü beschäftigen sich mit dem Ausdruck: die [Seitenansicht] sowie [Drucken] und [Druckereinrichtung]. Um sich einen ersten Überblick über den Ausdruck zu verschaffen, empfehlen wir in jedem Fall zunächst die Tabelle in der Seitenansicht anzuschauen. Hier lassen sich Papierformate, Einstellungen für Ränder usw. mühelos am Bildschirm überprüfen.

Seitenansicht

Wählen Sie aus dem Menü [Datei] den Befehl [Seitenansicht].

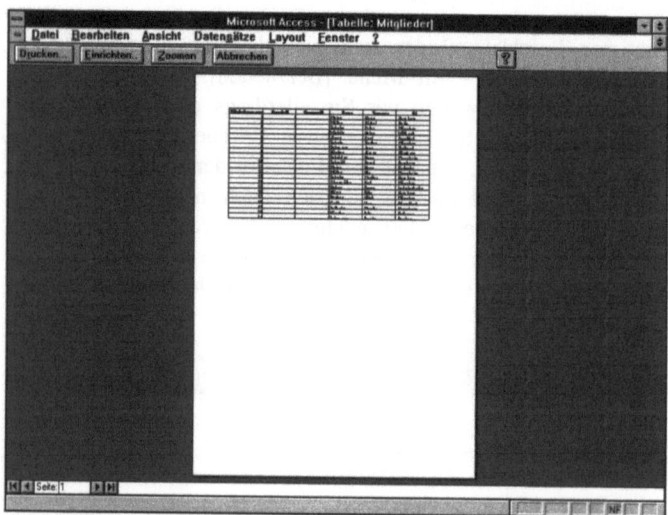

Abb. 8-23 Die Mitgliedertabelle in der Seitenansicht

Wie so oft, verändert sich daraufhin die Symbolleiste. Die angezeigten Schaltflächen helfen bei der Einrichtung und dem Ausdruck Ihrer Tabelle.

Kontrollieren Sie jetzt zuerst, ob tatsächlich alle Spalten der Tabelle auf der Seite Platz finden. Nun ist die dargestellte Ansicht nicht unbedingt geeignet, die einzelnen Texte gut lesen zu können. Aus diesem Grund

1. bewegen Sie den Mauszeiger auf die letzte Spalte der Tabelle.

2. Klicken Sie einmal die linke Maustaste.

Oder:

Klicken Sie einmal auf die Schaltfläche **Zoomen**.

In jedem Fall wird die Tabelle nun wieder in einer lesbaren Größe dargestellt, und da erkennen Sie auch sogleich, daß lange nicht alle Spalten auf der Seite Platz finden. Um die Zoomansicht zu verkleinern, klicken Sie die linke Maustaste erneut.

Was nun? Als erstes bietet sich der Ausdruck im Querformat an. Um diesen Wunsch einzustellen,

Drucker einrichten

aktivieren Sie die Schaltfläche **Einrichten**.

Oder:

wählen Sie [Datei/Druckereinrichtung].

Access führt Sie in den Dialog **Druckereinrichtung**, in dem Sie den gewünschten Drucker sowie dessen Papierformate wählen können. Zur Wahl Ihres Druckers, hält die Box **Drucker** zwei Auswahlen für Sie bereit: den Standarddrucker und den speziellen Drucker. Der Standarddrucker wird in Windows entweder über das Druckersymbol oder (seit Windows 3.1) über den Druck-Manager eingestellt. Sollten Sie mit weiteren Druckern arbeiten, so müssen diese Windows ebenfalls bekanntgegeben werden. Alle Drucker, die nicht den Standarddrucker darstellen, bezeichnet Access als spezielle Drucker. Eingerichtet werden sie ebenfalls über das Druckersymbol bzw. den Druck-Manager. Auf diese Weise ist es möglich, in Access auf unterschiedlichen Druckern auszudrucken, ohne die Druckereinstellung für andere Windowsprogramme zu verändern.

Durch einen Mausklick entscheiden Sie, ob Sie auf dem Standarddrucker oder einem speziellen Drucker ausgeben wollen. Nehmen wir an, Sie wollten einen speziellen Drucker verwenden:

1. Klicken Sie den abwärtsweisenden Pfeil der Druckerliste unter der Option **Spezieller Drucker**.

Spezieller Drucker

2. Markieren Sie den gewünschten Drucker.

Netzwerk-drucker

Arbeiten Sie in einem Netzwerk und wollen den Druckauftrag auf den Netzwerkdrucker ausgeben, hilft Ihnen dabei die Schaltfläche **Netzwerk**:

1. Aktivieren Sie die Schaltfläche **Netzwerk**. (Abhängig vom eingesetzten Netzwerk erhalten Sie nun den vom jeweiligen Netzwerkhersteller mitgelieferten Dialog.)
2. Wählen Sie den gewünschten Drucker aus.
3. Bestätigen Sie mit **OK**.

Papier-formate

Steht der Drucker erst einmal fest, begeben Sie sich nun daran, die Papierformate sowie die Ausrichtung zu wählen. Zur Einstellung des gewünschten Papierformats assistiert auch diesmal eine Liste, die sich durch Mausklick auf den abwärtsweisenden Pfeil öffnen läßt, um die vom Drucker unterstützten Formate zu präsentieren. Die Papierzufuhr, also ob das Papier aus Papierkassette eins, zwei oder drei entnommen bzw. manuell angelegt werden soll, läßt sich ebenso bequem zuweisen.

Ausrichtung und Ränder

Die **Ausrichtung** kann entweder Hochformat oder Querformat sein. (Logisch, werden Sie sagen.) Aus diesem Grund kann mittels Optionsfeld die gewünschte Wahl getroffen werden. Achten Sie auf das Blatt Papier in dieser Box! Es zeigt die jeweilige Richtung an. Ganz unten 'im Bild' lassen sich dann noch die Ränder einstellen. Der Standardwert beträgt 2,5 cm (gemessen von der Papierkante) für alle Seiten, kann aber natürlich geändert werden. Achten Sie beim Ausdruck auf einen Laserdrucker darauf minimal 0,5 cm Rand zu veranschlagen, da ansonsten Informationen verloren gehen könnten.

Nur Daten

Wollen Sie einmal nur die 'nackten' Zahlen drucken, also keine Rahmen, Trennlinien, Grafiken usw., aktivieren Sie das Kontrollkästchen **Nur Daten**. Diese Auswahl eignet sich hervorragend, um beispielsweise einen Formularvordruck auszufüllen.

Nachdem Sie sämtliche Einstellungen nach Ihren Wünschen angepaßt haben, bestätigen Sie den Dialog **Druckereinrichtung** mit **OK**. Anschließend kontrollieren Sie noch einmal, ob die Tabelle jetzt

Die 'Access User Group' entsteht 205

besser auf die Seite paßt. Wir haben für unsere Tabelle das Querformat, sowie zwei Zentimeter (2 cm) linken und rechten Seitenrand gewählt. Demnach stellt sich unser Ergebnis folgendermaßen dar:

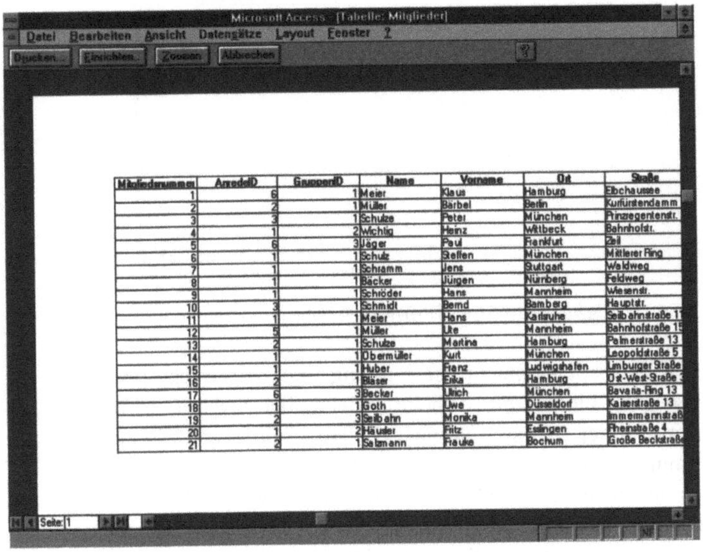

Abb. 8-24 Geänderte Einstellungen für den Ausdruck

Nun kann gedruckt werden. Um den Ausdruck zu veranlassen, können Sie wieder zwei Wege beschreiten:

Tabelle drucken

1. Aktivieren Sie die Schaltfläche **Drucken**

   oder

   wählen Sie [Datei/Drucken].

2. Legen Sie **Druckbereich, Druckqualität** usw. fest.

3. Bestätigen Sie mit **OK**.

Unabhängig davon, wie Sie den Dialog **Drucken** aufrufen, erhalten Sie in beiden Fällen folgendes Fenster:

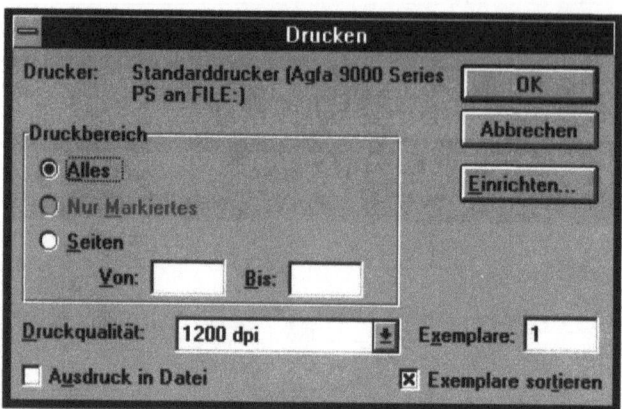

Abb. 8-25 Der Dialog Drucken

Druck-bereich

Der Druckbereich erlaubt Ihnen den Umfang Ihres Ausdrucks festzulegen. Das kann die gesamte Tabelle (**Alles**), aber auch ein zuvor von Ihnen markierter Bereich (**Nur Markiertes**) sein, wenn Sie nur ganz bestimmte Reihen oder Spalten drucken möchten. Sollte Ihre Tabelle gar auf mehrere Seiten verteilt sein, von denen Sie lediglich die Seiten *3* und *4* auszugeben wünschen, so erledigen Sie das über die Option **Seiten**. Hier tragen Sie unter **Von** die erste und unter **Bis** die letzte zu druckende Seite ein. Um beispielsweise nur die Seite *3* auszugeben, legen Sie diese sowohl unter **Von** als auch unter **Bis** fest.

Drucker wechseln

Auf welchem Drucker der Ausdruck erfolgen wird, ist ganz oben im Dialog unter Drucker zu sehen. Stellen Sie jetzt fest, daß dies der falsche Drucker ist, so bietet Ihnen der Dialog die Möglichkeit, diesen zu wechseln. Aktivieren Sie die Schaltfläche **Einrichten** und Sie werden sehen, daß Sie auch von hier aus in den Dialog **Druckereinrichtung** verzweigen können. Wählen Sie nun den gewünschten Drucker sowie die notwendigen Papierformate und Seitenränder wie weiter oben beschrieben.

Anzahl Exemplare

Stehen der gewünschte Drucker sowie der zu druckende Umfang fest, gilt es nun anzugeben, wievielmal die Tabelle ausgedruckt werden soll. Access schlägt als Standardwert eine Kopie vor. Wünschen Sie die Tabelle jedoch gleich zwei- oder dreimal, tragen Sie die Kopienzahl unter **Exemplare** ein. Immer dann, wenn eine mehrseitige Tabelle öfter als einmal ausgedruckt wird, sollte die Auswahl **Exemplare sortieren** ausgewählt sein. Nehmen wir an, Sie wollten eine vierseitige Tabelle zweimal ausdrucken. Aktivieren Sie nun das Kontrollkästchen **Exemplare sortieren**, wird zuerst die gesamte Tabelle (Seite 1 - 4) ausgedruckt, anschließend wird die gesamte Tabelle (Seite 1 - 4) ein zweites Mal gedruckt. Der Ausdruck ist bereits in der richtigen Reihenfolge. Verzichten Sie auf diese Auswahl, druckt Access zunächst die Seite 1 zweimal, anschließend die Seite 2 zweimal, dann die Seite 3 zweimal und zuletzt die Seite 4 zweimal. In diesem Fall müssen Sie den Ausdruck selbst sortieren.

Über die **Druckqualität** legen Sie die Qualität des Ausdrucks sowie die Druckgeschwindigkeit fest. Abhängig vom verwendeten Drucker, lassen sich hier unterschiedliche Optionen einstellen. Generell kann man jedoch sagen, daß Druckqualitäten von 'hoch' bis 'niedrig' eingestellt werden können. Beachten Sie, daß bei hoher Druckqualität zwar der qualitativ beste Ausdruck erzeugt wird, diese Einstellung allerdings mehr Zeit in Anspruch nimmt als die übrigen Optionen. Wählen Sie hingegen niedrige Druckqualität, so geht der Ausdruck deutlich flotter vonstatten. Grafiken werden hierbei jedoch nicht gedruckt und natürlich ist die Qualität insgesamt geringer.

Druckqualität

Möglicherweise verfügen Sie aber an Ihrem Arbeitsplatz gar nicht über einen eigenen Drucker und an ein Netzwerk sind Sie derzeit auch noch nicht angeschlossen. Da stellt sich natürlich die Frage, ob in diesem Fall ein Ausdruck dennoch erfolgen kann. Die Antwort lautet: Ja! Drucken Sie Ihre Tabelle in eine Datei. Diese können Sie später auf einem System einspielen, das über einen Drucker verfügt. Achten Sie jedoch darauf, daß Sie den Druckertreiber verwenden, der zu dem Drucker des Systems paßt, auf dem Sie ausdrucken werden!

Ausdruck in Datei

1. Aktivieren Sie im Dialog **Drucken** das Kontrollkästchen **Ausdruck in Datei**.

2. Bestätigen Sie mit **OK**. Access zeigt daraufhin einen weiteren Dialog an:

Abb. 8-26 Ausdruck in eine Datei veranlassen

3. Tragen Sie den Namen der Druckdatei im Eingabefeld **Ausgabedateiname** ein. Zur Benennung der Datei beachten Sie bitte die unter DOS üblichen Namenskonventionen. Für unser Beispiel verwenden wir den Namen *druckdat*.

4. Bestätigen Sie auch diesen Dialog mit **OK**. Die Druckdatei wird in dem Verzeichnis abgelegt, das Sie Access als Arbeitsverzeichnis zugedacht haben. (Um in Erfahrung zu bringen, welches das war, aktivieren Sie die Ikone von Access im Programm-Manager durch e i n e n Mausklick und wählen dann [Datei/Eigenschaften].)

5. Kopieren Sie die Druckdatei auf eine Diskette.

6. Kopieren Sie anschließend die Druckdatei auf den Rechner, der über einen Drucker verfügt.

7. Veranlassen Sie den Ausdruck über eine DOS-Box. Öffnen Sie dazu die DOS-Box. Danach wechseln Sie in das Verzeichnis, in das Sie die Druckdatei kopiert haben. Geben Sie für unser Beispiel nun folgenden Befehl ein:

print druckdat

Seiten-ansicht verlassen

Nachdem der Ausdruck erfolgt ist, kehren Sie wieder in die Datenansicht zurück. Sage und schreibe drei Wege führen Sie an dieses Ziel.

Wählen Sie aus dem Menü [Datei] den Befehl [Seitensicht].

Oder:

Wählen Sie aus dem Menü [Ansicht] den Befehl [Datenblatt].

Oder:

Klicken Sie einmal auf die Schaltfläche **Abbrechen**.

Gratulation, lieber Leser! Haben Sie einmal die Druckmöglichkeiten für ein Objekt erkundet, so können Sie dieses Wissen für jedes andere Objekt wieder einsetzen.

Zusammenfassung des Kapitels

- Sie haben erfahren, wie Datenbanken in Access geöffnet werden und haben sich anschließend mit den Objekten unserer Beispieldatenbank AUG (Access User Group) vertraut gemacht.

- Sie haben gelernt, eigene Datenbanken anzulegen, zu speichern und natürlich auch zu schließen.

- Sie haben sich den Unterschied zwischen der Entwurfsansicht und der Datenansicht verdeutlicht und wissen nun, daß der Entwurf eines Objekts (hier die Tabelle) immer gespeichert werden muß, während die Datenansicht auf den aktuellen Datensätzen arbeitet und die Speicherung automatisch vornimmt.

- Sie haben Ihre ersten Tabellen entworfen. Dabei haben Sie die Feldnamen für die Spalten festgelegt und wichtige Feldeigenschaften zugewiesen. Außerdem haben Sie Felder kommentiert.

- Sie haben herausgefunden, wie einer Tabelle ein Primärschlüssel zugewiesen wird und welche Bedeutung dieser für die Beziehung von Tabellen untereinander hat. Ferner haben Sie Beziehungen in Access festgelegt.

- Sie haben Daten in die zuvor entworfenen Tabellen eingegeben, bearbeitet und gelöscht. In diesem Zusammenhang haben Sie den Stellenwert der referentiellen Integrität kennengelernt.

- Sie haben eine Tabelle ausgedruckt und damit verbunden mit der Seitenansicht sowie mit den möglichen Druckoptionen

Bekanntschaft geschlossen. Ferner wissen Sie jetzt, daß Tabellen lediglich in der Datenansicht, nicht aber in der Entwurfsansicht zu Papier gebracht werden können.

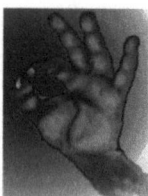

TRAINIEREN SIE IHR WISSEN:

1. Zu welchem Zeitpunkt legen Sie den Namen einer neuen Datenbank fest?

2. Erklären Sie den Unterschied zwischen der Entwurfs- und der Datenansicht.

3. Sie geben Daten in eine Tabelle ein. Müssen die Datensätze von Ihnen gespeichert werden oder nicht?

4. Über welchen Index können Beziehungen zwischen Tabellen aufgebaut werden?

5. Was verstehen Sie unter 'referentieller Integrität'?

6. Wann und wozu verwenden Sie den Dialog **Tabelleneigenschaften**?

Kapitel 9

Überblick
Eine Abfrage anlegen und speichern
Auswählen und Anordnen der Felder
Datensätze bestimmen
Abfrageergebnis drucken
Zusammenfassung des Kapitels

9. Antworten auf (Ab)Fragen

Überblick

Im vorangegangenen Kapitel haben Sie das Objekt Tabelle unter die Lupe genommen. **Kapitel 9** steht ganz im Zeichen der Abfrage. Sie werden eine Abfrage anlegen und sich bei dieser Gelegenheit mit dem Abfragefenster vertraut machen. Die wichtigste Aufgabe bei der Anlage einer Abfrage besteht - neben der Wahl der benötigten Tabellen - in der Auswahl der gewünschten Felder. Auf welche Weise Felder für die Abfrage definiert werden können, ist ebenso Gegenstand dieses Kapitels wie die Anordnung derselben. Wollen Sie einmal nur ganz bestimmte Datensätze angezeigt bekommen, so steht auch dabei die Abfrage mit Rat und Tat zur Seite. Um beispielsweise nur Kundenadressen aus dem Postleitzahlgebiet 4000 zu sehen, müssen diese Datensätze bestimmt werden. Wie Sie das bewerkstelligen, erfahren Sie im Teilabschnitt **Datensätze bestimmen**. Was die Tabelle kann, kann die Abfrage schon lange und deshalb lassen sich natürlich auch Abfrageergebnisse ausdrucken.

Sie werden in **Kapitel 9** sehr viele Parallelen in der Bearbeitung entdecken. So definieren Sie die Abfrage in der Entwurfsansicht, während Sie das Abfrageergebnis grundsätzlich in der Datenansicht betrachten. Die für die jeweiligen Ansichten typischen Symbole stehen Ihnen in der Abfrage ebenso zur Verfügung wie in der Tabelle. Auch das Speichern und Drucken eines Abfrageobjekts dürfte Ihnen vertraut vorkommen. Schließlich haben Sie diese Aufgaben bereits für die Tabelle gemeistert.

Eine Abfrage anlegen und speichern

Bevor wir uns nun mit der Anlage von Abfragen befassen, sollten wir noch einmal einen Moment darüber nachdenken, wozu Abfragen eingesetzt werden. Sehen Sie sich dazu die Felder der Tabelle *Mitglieder* an. Hier fehlt ganz eindeutig eine Postleitzahl. Die benötigen wir in dieser Tabelle allerdings auch nicht, da die Postleitzahl über die Tabelle *Postleitzahlen* gepflegt wird. Nun möchten Sie vielleicht eine Aufstellung der Adressen aller Mitglieder drucken. Dazu gehört natürlich auch die Postleitzahl! Stellen Sie die notwendigen Feldinformationen aus den unterschiedlichen Tabellen einfach neu zusammen. Um besagte Tabellen zu 'befragen', setzen Sie die Abfrage ein. Sie ermöglicht es Ihnen, aus den unterschiedlichsten Tabellen die unterschiedlichsten Felder zusammenzuführen, um so immer wieder neue Erkenntnisse zu gewinnen.

Langer Rede kurzer Sinn. Begeben Sie sich nun daran, eine Abfrage zu verfassen, in der folgende Informationen angezeigt werden:

> Vor- und Nachname des Mitglieds
> Straße
> Postleitzahl
> Ort

Die Abfrage 'Adressen'

So soll Ihre Abfrage später einmal aussehen:

Vorname	Name	Straße	PLZ	Ort
Klaus	Meier	Elbchaussee	2000	Hamburg
Bärbel	Müller	Kurfürstendamm	1000	Berlin
Peter	Schulze	Prinzregentenstr.	8000	München
Heinz	Wichtig	Bahnhofstr.	3100	Wittbeck
Paul	Jäger	Zeil	6000	Frankfurt
Steffen	Schulz	Mittlerer Ring	8000	München
Jens	Schramm	Waldweg	7000	Stuttgart
Jürgen	Bäcker	Feldweg	8500	Nürnberg
Hans	Schröder	Wiesenstr.	6800	Mannheim
Bernd	Schmidt	Hauptstr.	8600	Bamberg
Hans	Meier	Seilbahnstraße 11	7500	Karlsruhe
Ute	Müller	Bahnhofstraße 15	6800	Mannheim
Martina	Schulze	Palmerstraße 13	2000	Hamburg
Kurt	Obermüller	Leopoldstraße 5	8000	München
Franz	Huber	Limburger Straße 1	6700	Ludwigshafen
Erika	Bläser	Ost-West-Straße 3	2000	Hamburg
Ulrich	Becker	Bavaria-Ring 13	8000	München
Uwe	Goth	Kaiserstraße 13	4000	Düsseldorf
Monika	Seilbahn	Immermannstraße	6800	Mannheim
Fritz	Häusler	Rheinstraße 4	7300	Esslingen
Gustav	Maler	Bleckmannshof 46		Bochum

Abb. 9-1 Eine Adreßliste aller Mitglieder

Auf den ersten Blick eine ganz gewöhnliche Tabelle in der Datenansicht, werden Sie vielleicht denken. Stimmt in gewisser Weise. Auch Abfragen bestehen letztendlich aus Reihen und Spalten und sind daher Relationen (= Tabellen).

Um eine Abfrage zu entwerfen, können Sie wieder zwischen mehreren Möglichkeiten wählen.

1. Wechseln Sie entweder in das Objekt Abfrage und klicken hier die Schaltfläche **Neu**

   Abfrage entwerfen (Weg 1)

   oder

   wählen Sie aus dem Menü [Datei] den Befehl [Neues Objekt erstellen] und anschließend [Abfrage].

2. Markieren Sie die benötigte Tabelle/Abfrage aus dem Dialog und wählen **Hinzufügen**.

3. Wiederholen Sie Schritt zwei solange, bis alle gewünschten Tabellen bzw. Abfragen ausgewählt sind.

4. Beenden Sie den Dialog über die Schaltfläche **Schließen**.

Wählen Sie diesen Weg der Anlage, ist Ihnen gleich zu Beginn der Dialog **Tabelle/Abfrage hinzufügen** zu Diensten.

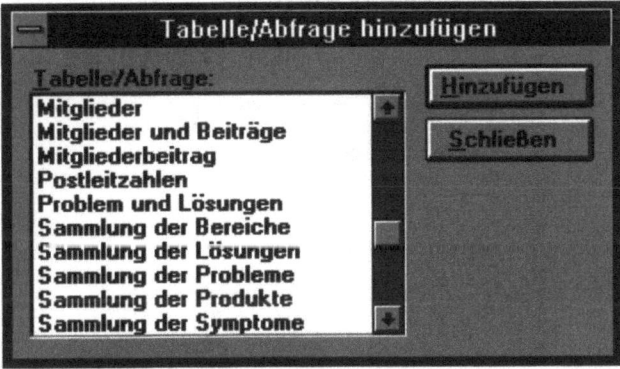

*Abb. 9-2 Dialog **Tabelle/Abfrage hinzufügen***

Alle Tabellen, die Sie zuvor bereits angelegt haben, werden in einer Liste angezeigt. Allerdings können Sie Abfragen nicht nur aufgrund von Tabellen, sondern auch auf Basis einer bestehenden Abfrage einrichten. Abfragen lassen sich demnach also weiterverwenden. Nachdem Sie die 'Basis' für die Abfrage festgelegt haben, ergibt sich folgendes Bild:

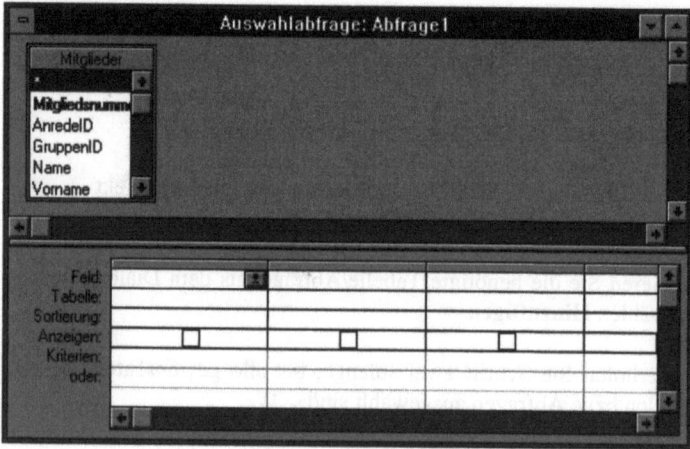

Abb. 9-3 Das Abfrageentwurfsfenster

Entwurfsansicht der Abfrage

Das Entwurfsfenster QBE = Query By Example) der Abfrage ist in zwei Bereiche geteilt. Im oberen Teil zeigt Access alle ausgewählten Tabellen bzw. Abfragen mit deren Feldern an. Für jede Tabelle/Abfrage wird eine eigene Box angezeigt, die in der Titelzeile den Namen trägt. Für die Tabelle *Mitglieder* sieht das zum Beispiel so aus:

Abb. 9-4 Mitglieder im Abfrageentwurf

Jede Box läßt sich verschieben und in ihrer Größe verändern. Um die Box an eine andere Stelle zu setzen,

Antworten auf (Ab)Fragen   *217*

1. zeigen Sie mit dem Mauszeiger auf die Titelbeschriftung, hier *Mitglieder*.

2. Anschließend halten Sie die linke Maustaste gedrückt, während Sie die Box an die gewünschte Position ziehen.

Erscheint Ihnen die Box zu klein, so läßt sich diese - wie jedes Fenster unter Windows - vergrößern. Um beispielsweise die Box nach unten zu verlängern,

1. bringen Sie den Mauszeiger am unteren Rand in Position.

2. Halten Sie die linke Maustaste auch diesmal gedrückt, während Sie die Maus nach unten ziehen.

Sollten Sie einmal sehr viele Tabellen ausgewählt haben, reicht möglicherweise der Platz im oberen Bereich nicht aus. In diesem Fall können Sie die Bildlaufleisten dieses Bereichs verwenden, um sich horizontal bzw. vertikal zu bewegen.

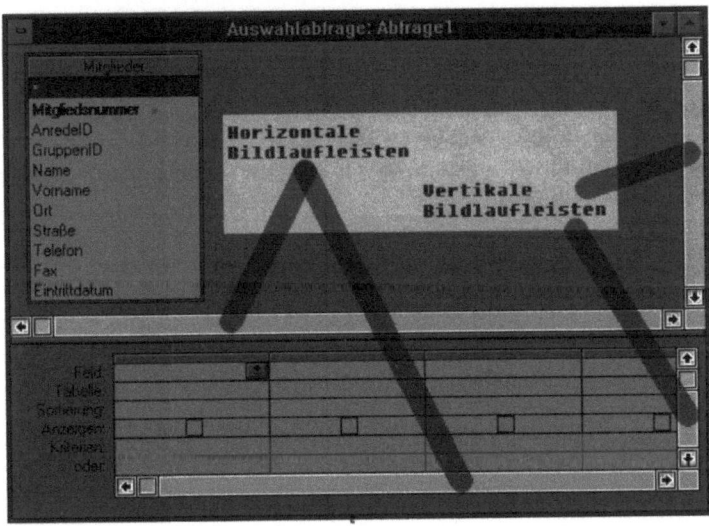

Abb. 9-5 Die Bildlaufleisten des oberen Bereichs

Sie haben aber auch die Möglichkeit, den oberen Bereich zu vergrößern, was zur Folge hat, daß der untere Bereich 'abnimmt'. Dazu zeigen Sie auf die dicke graue Trennlinie zwischen den beiden Bereichen,

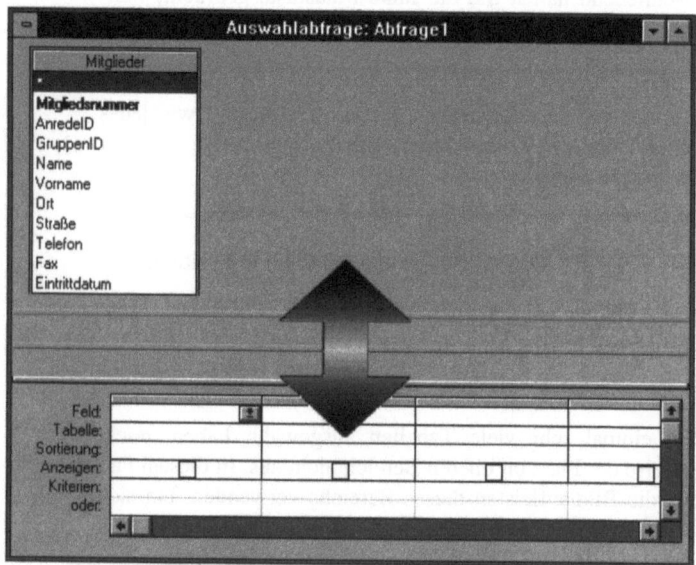

Abb. 9-6 Bildschirmbereich neu aufteilen

drücken wieder die linke Maustaste und halten diese gedrückt, während Sie die Maus nach unten fahren. Der untere Bereich nimmt später die einzelnen Felder sowie die damit verbundenen Bedingungen und Sortierungen auf.

So schön Ihr Entwurfsfenster jetzt auch schon eingerichtet sein mag, möchten wir Sie dennoch bitten, dies noch einmal - ohne Speichern - zu verlassen, denn ob Sie es glauben oder nicht, Sie kennen jetzt erst e i n e n Weg, einen Abfrageentwurf einzurichten. Natürlich wollen wir Ihnen einen anderen möglichen Weg nicht vorenthalten.

Um den Abfrageentwurf zu schließen,

Abfrage-entwurf schließen

1. führen Sie einen Doppelklick auf das Systemmenü des Abfrageentwurfsfensters durch

oder

wählen Sie im Menü [Datei] den Befehl [Schließen].

2. Beantworten Sie die Frage nach dem Speichern mit **Nein**.

Damit zum versprochenen zweiten Lösungsansatz, um eine Abfrage zu entwerfen.

Abfrage entwerfen (Weg 2)

1. Wechseln Sie zum Objekt Tabelle.

2. Markieren Sie die Tabelle, die als Basis für die Abfrage dienen soll, hier *Mitglieder*.

3. Klicken Sie auf das Symbol 'Neue Abfrage erstellen' in der o b e r e n Symbolleiste (gleich unter der Menüzeile).

Diesmal liegt Ihrem Abfrageentwurf nur eine Tabelle zugrunde. Nicht ganz das, was Sie wollten, oder? Immerhin benötigen wir noch die *Postleitzahlen*-Tabelle. Diese läßt sich allerdings mühelos hinzufügen. Stellen Sie dazu den Datenbankcontainer und das Abfrageentwurfsfenster nebeneinander dar.

Über das [Fenster]-Menü wählen Sie den Befehl [Nebeneinander].

Und nun fügen Sie weitere Tabellen auf Mausklick Ihrem Abfrageentwurfsfenster hinzu.

Dem Abfrageentwurf Tabellen hinzufügen

1. Wechseln Sie im Datenbankcontainer zum Objekt Tabelle und markieren dann die gewünschte Tabelle, hier *Postleitzahlen*.

2. Diese Tabelle ziehen Sie nun bei gedrückter linker Maustaste in das Abfrageentwurfsfenster.

Dieser Weg eignet sich sehr gut, um in einen bestehenden Abfrageentwurf nachträglich noch benötigte Tabellen unterzubringen. Für alle diejenigen, die Tabellen allerdings lieber aus dem Dialog **Tabelle/Abfrage hinzufügen** auswählen, sei gesagt, dieser läßt sich im Abfrageentwurfsfenster jederzeit wieder an den Bildschirm 'zaubern'.

Wählen Sie dazu [Abfrage/Tabelle/Abfrage hinzufügen].

Tabellen/ Abfragen aus dem Abfrageentwurf entfernen

Möglicherweise ist es ja auch genau umgekehrt. Sie haben Tabellen hinzugefügt, die Sie gar nicht verwenden wollten. Nun ist guter Rat teuer? Durchaus nicht!

1. Markieren Sie die 'unerwünschte' Tabelle bzw. Abfrage.

2. Wählen Sie aus dem Menü [Bearbeiten] den Befehl [Löschen]

   oder

   betätigen Sie die Taste _ einmal.

Die Tabelle/Abfrage ist nun im Abfrageentwurf nicht mehr zu sehen. Nicht unerwähnt bleiben soll, daß das Menü [Abfrage] ebenfalls einen Befehl zum Entfernen nicht gewollter Tabellen/Abfragen bereithält.

1. Markieren Sie auch diesmal die Tabelle/Abfrage, die entfernt werden soll.

2. Anschließend wählen Sie [Abfrage/Tabelle/Abfrage entfernen].

Antworten auf (Ab)Fragen

Abfrage-entwurf speichern

Bevor Sie im nächsten Abschnitt daran gehen, dem Abfrageentwurf die gewünschten Felder hinzuzufügen, sollten Sie diesen jetzt schon einmal speichern, damit das 'Kind' einen Namen hat. Wie beim Tabellenentwurf (siehe **Kapitel 8**) wählen Sie auch diesmal

1. [Datei/Speichern].

2. Legen Sie den Abfragenamen, hier: *Mitgliederadressen*, fest.

3. Bestätigen Sie mit **OK**.

Befinden Sie sich derzeit in der Datenansicht, so finden Sie den Befehl zum Speichern der Abfrage ebenfalls im Menü [Datei], jedoch unter anderem Namen. Hier heißt er [Abfrage speichern]. Weitere Informationen zum Speichern von Objekten entnehmen Sie bitte **Kapitel 8**, in dem sämtliche Techniken ausführlich beschrieben sind. Ihr vorläufiger Abfrageentwurf jedenfalls sollte jetzt so aussehen:

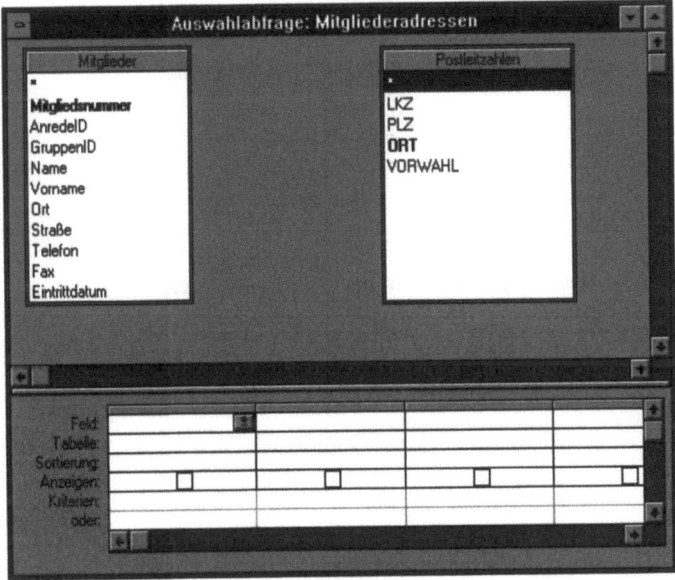

Abb. 9-7 Vorläufiges Ergebnis des Abfrageentwurfs

Auswählen und Anordnen der Felder

Den oberen Teil des Abfrageentwurfsfensters haben Sie nun 'im Griff'. Widmen wir uns daher in diesem Abschnitt dem unteren Bereich. Und dort gehören die Felder hin. Sie erinnern sich noch? Unsere Abfrage soll folgende Felder enthalten:

>   Vor- und Nachname des Mitglieds
>   Straße
>   Postleitzahl
>   Ort

Der untere Bereich ist wieder in Tabellenform aufgebaut. Links vor jeder Reihe finden Sie die entsprechende Beschriftung. Wir wollen uns jetzt mit der ersten Reihe, **Feld**, beschäftigen. In diese Reihe tragen Sie die benötigten Felder ein. Wie Sie sich schon denken werden, gibt es selbstverständlich zwei Möglichkeiten, besagte Felder zu wählen. Tragen Sie zunächst das Feld 'Name' (der Tabelle *Mitglieder*) in den unteren Abfrageentwurf ein.

Felder auswählen (Weg 1)

1. Markieren Sie aus der Tabelle *Mitglieder* das Feld *Name*.

2. Bei gedrückter linker Maustaste ziehen Sie es dann in die erste Spalte der Reihe **Feld**.

Oder:

Führen Sie einen Doppelklick auf das Feld *Name* durch.

So sollte Ihr Ergebnis nun aussehen:

Antworten auf (Ab)Fragen

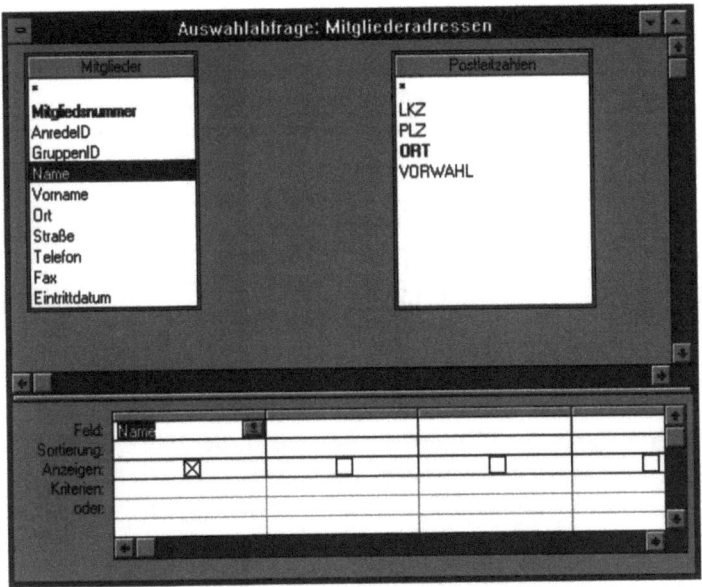

Abb. 9-8 Der Name wurde als Feld definiert.

Der zweite Lösungsansatz ist - unser Meinung nach - nicht ganz so komfortabel, aber sehen Sie selbst. Fügen Sie jetzt dem Abfrageentwurf ein weiteres Feld aus der Tabelle *Mitglieder* hinzu, und zwar *Straße*.

Felder auswählen (Weg 2)

---

1. Bringen Sie den Mauszeiger in der Spalte rechts neben dem Namen in Position. Das Feld erhält dadurch einen abwärtsweisenden Pfeil.

2. Klicken Sie einmal auf diesen Pfeil, so öffnet sich eine Liste mit sämtlichen Feldern beider Tabellen. (Der Tabellenname ist vorangestellt und durch einen Punkt getrennt folgen die Feldnamen.)

3. Wählen Sie das gewünschte Feld, hier *Mitglieder.Straße*.

Da Access nicht weiß, aus welcher der zugrundeliegenden Tabellen Sie ein Feld auszuwählen wünschen, werden zunächst alle Tabellen berücksichtigt. Steht das Feld aber dann fest, bietet ein erneuter Mausklick auf den abwärtsweisenden Pfeil nur noch die Felder der aktiven Tabelle an. Um die Abfrage zu vervollständigen, möchten wir Sie bitten, jetzt die restlichen Felder in folgender Reihenfolge hinzuzufügen:

Tabelle	Feldname
Mitglieder	Ort
Postleitzahlen	PLZ

Damit ist der Abfrageentwurf fast perfekt. Aber eben nur 'fast', denn er hat derzeit folgendes Aussehen:

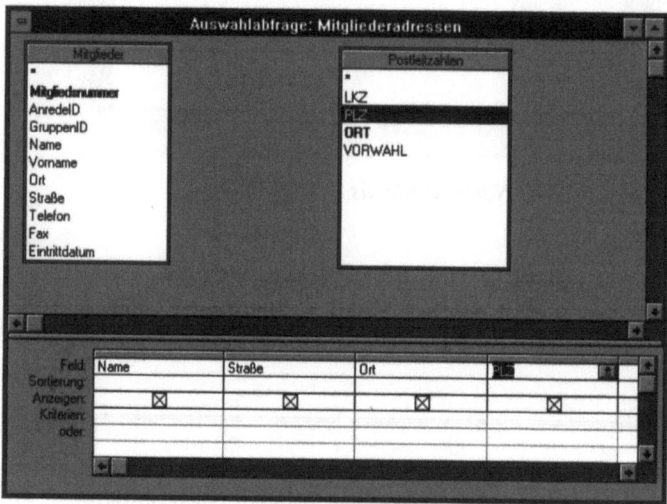

Abb. 9-9 Gewählte Felder im Abfrageentwurf

Felder nachträglich hinzufügen

Der Vorname fehlt, und auch die Postleitzahl steht noch nicht am richtigen Platz. Es gilt daher, den Vornamen einzufügen, und die Postleitzahl in Position zu bringen. Um den Vornamen einzufügen, haben Sie nichts weiter zu tun, als

> das Feld *Vorname* der Tabelle *Mitglieder* mit der Maus vor die Spalte *Name* zu ziehen.

Alle nachfolgenden Felder 'rücken' eine Spalte weiter nach rechts, um dem 'Neuling' Platz zu schaffen.

Erfreulicherweise ist es in Access ebenfalls denkbar einfach, nachträglich komplette Spalten zu ergänzen.

Spalten einfügen

1. Bewegen Sie den Cursor in die Spalte, vor die eine weitere Spalte eingefügt werden soll.

2. Wählen Sie aus dem Menü [Bearbeiten] den Befehl [Spalte einfügen].

Genauso leicht lassen sich Spalten im übrigen auch wieder löschen. Dazu

Spalten löschen

1. markieren Sie die betroffene Spalte

2. und wählen [Bearbeiten/Spalte löschen].

Vorsicht beim Befehl [Bearbeiten/Alles Löschen]! Er entfernt augenblicklich sämtliche zuvor gewählten Tabellen und Abfragen, auf die sich die aktuelle Abfrage derzeit stützt.

Haben Sie schon eine Idee, wie Sie die Postleitzahl an die richtige Position bekommen? Ein möglicher Lösungsweg, da haben Sie völlig recht, führt über die Windows-Zwischenablage, also die Befehle [Bearbeiten/Ausschneiden] und [Bearbeiten/Einfügen]. Als schnellere Lösung bietet sich allerdings ein Neuanordnen der Spalten mittels Maus an.

Spalten verschieben

1. Markieren Sie die Spalte, die verschoben werden soll, hier: *PLZ*. Dazu setzen Sie den Mauszeiger in den grauen Bereich oberhalb der Zelle und klicken die linke Maustaste. (Der Mauszeiger verändert nun sein Aussehen.)

2. Ziehen Sie dann den markierten Bereich vor die Spalte *Ort*.

Das vorläufige Ergebnis Ihrer Abfrage sollte jetzt dieses sein:

Abb. 9-10 Die richtige Anordnung der Felder

Tabellennamen einblenden

Da Ihrer Abfrage mehrere Tabellen zugrunde liegen, wäre es doch schön, wenn Sie auf einen Blick sehen könnten, welches Feld zu welcher Tabelle gehört, oder nicht? Schalten Sie sich dazu einfach die Tabellennamen im unteren Anzeigebereich ein.

Aus dem Menü [Ansicht] wählen Sie den Befehl [Tabellennamen].

Abfrage ausführen

Der Abfrageentwurf informiert Sie daraufhin auch über die zugrundeliegenden Tabellen jedes einzelnen Feldes. Nachdem der Abfrageentwurf feststeht, sollten Sie nun die Abfrage ausführen, um das Abfrageergebnis einzusehen. Dazu stehen wieder mehrere Wege offen. Allein die Symbolleiste hält zwei Symbole zur Lösung dieser Aufgabe bereit:

Klicken Sie entweder auf das Symbol 'Datenansicht'

oder

verwenden Sie das Symbol 'Abfrage ausführen'.

Für alle 'Menü-Fans' hier nun der entsprechende Lösungsweg.

Wählen Sie [Ansicht/Datenblatt]

oder

[Abfrage/Ausführen].

Möglicherweise irritiert Sie Ihr Abfrageergebnis, denn es sieht vermutlich der unten gezeigten Abbildung ähnlich:

Vorname	Name	Straße	PLZ	Ort
Fritz	Häusler	Rheinstraße 4	4630	Esslingen
Frauke	Salzmann	Große Beckstraße	4630	Bochum
Klaus	Meier	Elbchaussee	3500	Hamburg
Bärbel	Müller	Kurfürstendamm	3500	Berlin
Peter	Schulze	Prinzregentenstr.	3500	München
Heinz	Wichtig	Bahnhofstr.	3500	Wittbeck
Paul	Jäger	Zeil	3500	Frankfurt
Steffen	Schulz	Mittlerer Ring	3500	München
Jens	Schramm	Waldweg	3500	Stuttgart
Jürgen	Bäcker	Feldweg	3500	Nürnberg
Hans	Schröder	Wiesenstr.	3500	Mannheim
Bernd	Schmidt	Hauptstr.	3500	Bamberg
Hans	Meier	Seilbahnstraße 11	3500	Karlsruhe
Ute	Müller	Bahnhofstraße 15	3500	Mannheim
Martina	Schulze	Palmerstraße 13	3500	Hamburg
Kurt	Obermüller	Leopoldstraße 5	3500	München
Franz	Huber	Limburger Straße 1	3500	Ludwigshafen
Erika	Bläser	Ost-West-Straße 3	3500	Hamburg
Ulrich	Becker	Bavaria-Ring 13	3500	München
Uwe	Goth	Kaiserstraße 13	3500	Düsseldorf
Monika	Seilbahn	Immermannstraße	3500	Mannheim
Fritz	Häusler	Rheinstraße 4	3500	Esslingen
Frauke	Salzmann	Große Beckstraße	3500	Bochum

Datensatz: 2268

Abb. 9-11 Ein Abfrageergebnis

Sie haben völlig recht! So sollte unser Ergebnis nicht aussehen. Was aber ist passiert? Ganz einfach, wir haben zwar Felder aus zwei unterschiedlichen Tabellen angeordnet, aber im Abfrageentwurf noch kein Kriterium festgelegt, das beide Tabellen zusammenführt. Da unsere Tabellen auch keine Standardverknüpfungen (siehe **Kapitel 8 - Beziehungen**) aufweisen, kommt es in der Abfrage zu ungewollten

Ergebnissen. Schalten wir daher noch einmal zurück in die Entwurfsansicht. Wissen Sie noch wie?

Zum Abfrageentwurf zurückkehren

Klicken Sie entweder das Symbol 'Entwurfsansicht'

oder

wählen Sie [Ansicht/Abfrageentwurf].

Überlegen Sie zuerst, welches Feld in beiden Tabellen vorkommt. Nicht sonderlich schwierig, wie Sie feststellen werden, es ist das Feld *Ort*. Sowohl in der Mitgliedertabelle als auch in der Postleitzahlentabelle enthält das Feld die gleiche Art von Daten, nämlich Orte. Solche Felder werden auch als 'gleichwertige Felder' bezeichnet. Die Feldnamen dürfen dabei ruhig unterschiedlich sein. So ist es durchaus zulässig, daß der Feldname in der Mitgliedertabelle *Wohnorte* lautet, während er in der Postleitzahlentabelle als *Ort* festgelegt wurde. Für die 'Gleichwertigkeit' ist demnach allein der Feldinhalt verantwortlich.

Tabellen verknüpfen

Über das Feld *Ort* sollen die Tabellen nun miteinander verknüpft werden. Informieren Sie sich zunächst, wie das vonstatten geht.

Wählen Sie aus dem Menü [Abfrage] den Befehl [Tabellen verknüpfen].

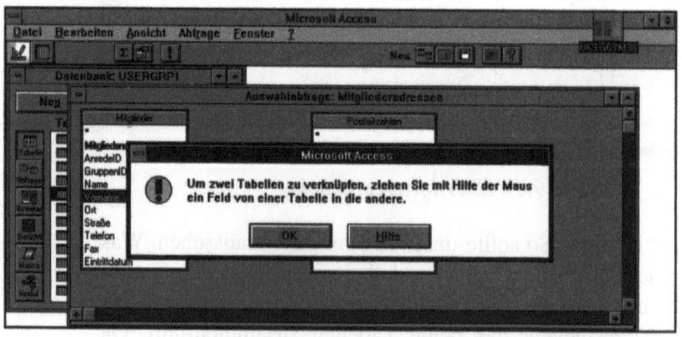

Abb. 9-12 Information zum Verknüpfen von Tabellen

Wie so oft, ist auch diese Aufgabe schnell mit der Maus erledigt. Verknüpfen Sie nun die beiden Tabellen über das Feld *Ort* miteinander. Sie werden feststellen, daß Access eine schwarze Linie zwischen den Tabellen anzeigt, um die Verknüpfung deutlich zu machen.

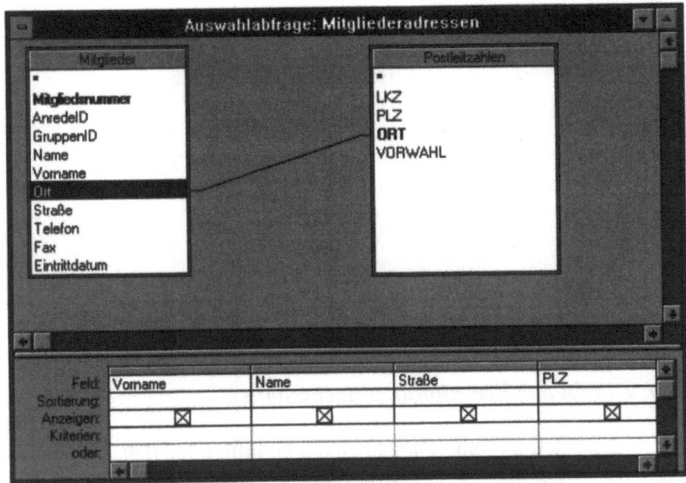

Abb. 9-13 Tabellen wurden verknüpft

Access unterstützt unterschiedliche Verknüpfungsarten. Die Gleichheitsverknüpfung (Inner Join) und die Inklusionsverknüpfung (Outer Join) werden uns im weiteren nun näher beschäftigen. Im Falle einer Gleichheitsverknüpfung werden Daten aus zwei Tabellen immer dann kombiniert, wenn der Wert des Feldes aus Tabelle 1 mit dem des Feldes aus Tabelle 2 übereinstimmt. Dabei müssen die Felder, über die die Verknüpfung aufgebaut wird, gleichwertig sein. (Stellt Access in Ihrer Abfrage also fest, daß sowohl im Feld *Ort* der Tabelle *Mitglieder* als auch im Feld *Ort* der Tabelle *Postleitzahlen* beispielsweise Düsseldorf vorkommt, so gilt die Bedingung als erfüllt und der Datensatz wird angezeigt. Gibt es allerdings zum Ort des Mitglieds keinen entsprechenden Ort in der Postleitzahlentabelle, wird dieses Mitglied nicht angezeigt.) Eine solche Gleichheitsverknüpfung liegt Ihrer Abfrage derzeit zugrunde. Woher wir das wissen? Das kann man sich anschauen. Markieren Sie zuerst die Linie, die beide Tabellen über das Feld *Ort* miteinander verbindet, und

Inner Join

führen einen Doppelklick auf diese Linie durch.

Oder

wählen Sie [Ansicht/Verknüpfungseigenschaften].

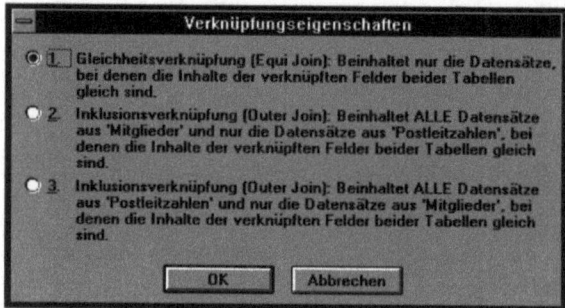

Abb. 9-14 Dialog **Verknüpfungseigenschaften**

Hier sehen Sie, daß es sich um eine Gleichheitsverknüpfung handelt. Neben einer kurzen Erklärung der Verknüpfungsarten bietet dieser Dialog vor allem die Möglichkeit, die gewünschte Art einzustellen. Behalten Sie bitte die Gleichheitsverknüpfung bei und lassen Ihre Abfrage anschließend ausführen:

Vorname	Name	Straße	PLZ	Ort
Klaus	Meier	Elbchaussee	2000	Hamburg
Bärbel	Müller	Kurfürstendamm	1000	Berlin
Peter	Schulze	Prinzregentenstr.	8000	München
Heinz	Wichtig	Bahnhofstr.	3100	Wittbeck
Paul	Jäger	Zeil	6000	Frankfurt
Steffen	Schulz	Mittlerer Ring	8000	München
Jens	Schramm	Waldweg	7000	Stuttgart
Jürgen	Bäcker	Feldweg	8500	Nürnberg
Hans	Schröder	Wiesenstr.	6800	Mannheim
Bernd	Schmidt	Hauptstr.	8600	Bamberg
Hans	Meier	Seilbahnstraße 11	7500	Karlsruhe
Ute	Müller	Bahnhofstraße 15	6800	Mannheim
Martina	Schulze	Palmerstraße 13	2000	Hamburg
Kurt	Obermüller	Leopoldstraße 5	8000	München
Franz	Huber	Limburger Straße 1	6700	Ludwigshafen
Erika	Bläser	Ost-West-Straße 3	2000	Hamburg
Ulrich	Becker	Bavaria-Ring 13	8000	München
Uwe	Goth	Kaiserstraße 13	4000	Düsseldorf
Monika	Seilbahn	Immermannstraße	6800	Mannheim
Fritz	Häusler	Rheinstraße 4	7300	Esslingen
Frauke	Salzmann	Große Beckstraße	4630	Bochum

Abb. 9-15 Eine Adreßliste aller Mitglieder samt Postleitzahlen

Damit sind Sie am Ziel der in diesem Kapitel gestellten Aufgabe angelangt. Das Ergebnis zeigt eine Adreßliste aller Mitglieder, selbstverständlich mit der zur Adresse gehörenden Postleitzahl. Aber Halt! Schauen Sie noch einmal genau hin. Werden wirklich alle Mitglieder ausgegeben? Wir gehen einmal davon aus, daß Sie Mitglieder aus den unterschiedlichsten Städten erfaßt haben, also auch aus Städten, deren Postleitzahl drei- oder vierstellig ist wie zum Beispiel 4630 Bochum oder 4044 Kaarst. Die von uns mitgelieferte Postleitzahlentabelle berücksichtigt allerdings nur Ortschaften, deren Postleitzahl ein- bzw. zweistellig ist, wie beispielsweise 2000 Hamburg oder 2300 Kiel. Aufgrund der Gleichheitsverknüpfung, des sogenannten Inner Join, werden allerdings nur Datensätze ausgegeben, bei denen s o w o h l in der Mitgliedertabelle a l s a u c h in der Postleitzahlentabelle das Feld *Ort* einen Eintrag aufweist.

Übung

Wir wollen uns diesen Umstand noch einmal an einem Beispiel verdeutlichen. Schließen Sie zunächst Ihre Abfrage und öffnen dann bitte die Tabelle *Mitglieder* in der Datenansicht. Dazu wechseln Sie zum Objekt Tabelle und klicken die *Mitglieder* doppelt an. Suchen Sie jetzt nach dem Ort *Bochum*. Das Menü [Bearbeiten] hält für Sie den Befehl [Suchen] bereit. Tragen Sie im **Suchen**-Dialog unter **Suchen nach** *Bochum* ein. Anschließend klicken Sie die Schaltfläche **Suchen**. Die Antwort auf diesen Suchvorgang ist schlichtweg diese:

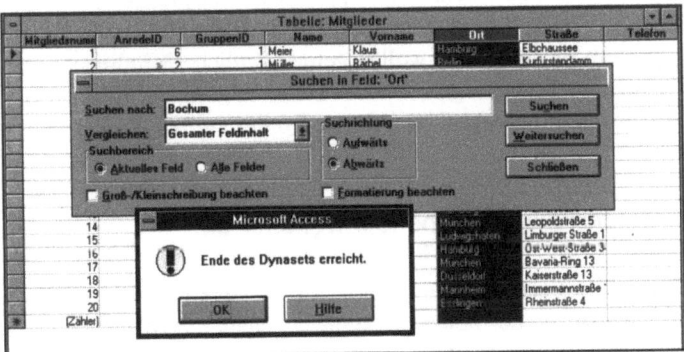

Abb. 9-16 Erfolgloser Suchvorgang

Keine Antwort ist ja bekanntlich auch eine. Der gewünschte Ort wurde nicht gefunden. Verlassen Sie den **Suchen**-Dialog durch einen Mausklick auf den Schalter **Schließen**. Nun öffnen Sie die Tabelle *Mitglieder* in der Datenansicht und fügen folgenden Datensatz hinzu:

AnredeID	*1*
GruppenID	*1*
Name	*Maler*
Vorname	*Gustav*
Ort	*Bochum*
Straße	*Bleckmannshof 46*
Telefon	*0234 / 13 45 6*
Fax	*0234 / 13 45 7*

Führen Sie nun in die Abfrage *Mitgliederadressen* aus. Sofern Sie die Gleichheitsverknüpfung beibehalten haben, dürfte Ihr neu hinzugefügter Datensatz nicht zu sehen sein. Welche Lösungsmöglichkeiten gibt es aber, um dennoch alle Mitgliederadressen auszugeben? Natürlich können Sie die Tabelle *Postleitzahlen* um die fehlenden Ortschaften ergänzen. Nun haben Sie aber dazu gerade keine Zeit.

Outer Join

Dennoch benötigen Sie eine vollständige Aufstellung. Verwenden Sie daher einfach eine andere Art der Verknüpfung, den sogenannten Outer Join (die Inklusionsverknüpfung). Bei dieser Verknüpfungsart werden grundsätzlich aus einer Tabelle sämtliche Datensätze angezeigt, während aus einer zweiten Tabelle zusätzlich diejenigen sichtbar gemacht werden, die dem Verknüpfungsfeld entsprechen.

Zurück zu unserem Beispiel. Wir wollen gerne sämtliche Mitglieder aufgelistet haben, auch diejenigen, für die keine Postleitzahl in der Tabelle *Postleitzahlen* existiert. Unsere erste Forderung lautet demnach:

Zeige alle Datensätze der Tabelle *Mitglieder* an.

Sofern es einen übereinstimmenden Datensatz in der Tabelle *Postleitzahlen* gibt, so soll in der Abfrage die entsprechende Postleitzahl ausgegeben werden. Wohnt ein Mitglied beispielsweise in München, möchten wir in der Abfrage im Feld *PLZ* auch *8000* sehen. Unsere zweite Forderung lautet also wie folgt:

Existiert zum Wohnort des Mitglieds ein gleichwertiger Eintrag in der Tabelle *Postleitzahlen*, soll dieser ebenfalls angezeigt werden.

Beide Forderungen erfüllt die Inklusionsverknüpfung. Wechseln Sie nun zurück zum Abfrageentwurf und öffnen den Dialog **Verknüpfungseigenschaften** wie weiter vorne beschrieben. Sie müssen sich zwischen Auswahl 2 (Left Join) und 3 (Right Join) entscheiden, was Ihnen allerdings nicht sonderlich schwer fallen dürfte, da Sie jetzt eine genaue Vorstellung davon haben, aus welcher Tabelle ALLE Datensätze angezeigt werden sollen. Richten Sie Ihr Augenmerk - nachdem Sie die gewünschte Auswahl getroffen haben - einen Moment auf die Verbindungslinie zwischen beiden Tabellen, so stellen Sie fest, daß diese die Verknüpfungsrichtung durch einen Pfeil anzeigt. Danach führen Sie die Abfrage bitte aus, um das Ergebnis zu betrachten:

Vorname	Name	Straße	PLZ	Ort
Klaus	Meier	Elbchaussee	2000	Hamburg
Bärbel	Müller	Kurfürstendamm	1000	Berlin
Peter	Schulze	Prinzregentenstr.	8000	München
Heinz	Wichtig	Bahnhofstr.	3100	Wittbeck
Paul	Jäger	Zeil	6000	Frankfurt
Steffen	Schulz	Mittlerer Ring	8000	München
Jens	Schramm	Waldweg	7000	Stuttgart
Jürgen	Bäcker	Feldweg	8500	Nürnberg
Hans	Schröder	Wiesenstr.	6800	Mannheim
Bernd	Schmidt	Hauptstr.	8600	Bamberg
Hans	Meier	Seilbahnstraße 11	7500	Karlsruhe
Ute	Müller	Bahnhofstraße 15	6800	Mannheim
Martina	Schulze	Palmerstraße 13	2000	Hamburg
Kurt	Obermüller	Leopoldstraße 5	8000	München
Franz	Huber	Limburger Straße 1	6700	Ludwigshafen
Erika	Bläser	Ost-West-Straße 3	2000	Hamburg
Ulrich	Becker	Bavaria-Ring 13	8000	München
Uwe	Goth	Kaiserstraße 13	4000	Düsseldorf
Monika	Seilbahn	Immermannstraße	6800	Mannheim
Fritz	Häusler	Rheinstraße 4	7300	Esslingen
Gustav	Maler	Bleckmannshof 46		Bochum

Abb. 9-17 Eine wirklich vollständige Mitgliederliste

Sollten Sie diese Abfrage zukünftig als Basis für ein Formular oder einen Bericht verwenden wollen, empfiehlt es sich die Standardabfrageeigenschaften neu zuzuweisen, um später Zugriff auf sämtliche Felder zu erhalten.

Abfrageeigenschaften ändern

1. Aus dem Menü [Ansicht] wählen Sie den Befehl [Abfrageeigenschaften]. Access zeigt den Dialog **Abfrageeigenschaften** an.

2. Deaktivieren Sie das Kontrollkästchen **Nur ausgewählte Felder** durch einen Mausklick.

3. Bestätigen Sie Ihre Wahl mit **OK**.

Führen Sie die Abfrage daraufhin aus, werden alle Felder aller zugrundeliegenden Tabellen/Abfragen nebeneinander ausgegeben. Wozu benötige ich denn dann noch eine Abfrage, mag sich nun so mancher fragen, wenn doch sämtliche Felder aufgelistet werden? Diese Art der Abfrageausgabe eignet sich ideal, um komplette Tabellen miteinander zu verbinden. Auf diese Weise steht - für die spätere Formular- oder Berichterstellung - das Maximum an Feldern zur Verfügung. Aus diesem Pool kann dann immer noch gewählt werden, welches Feld erwünscht ist und welches nicht. Da in relationalen Datenbanken die Informationen in unterschiedlichsten Tabellen untergebracht sind, ist diese Eigenschaft sehr wichtig, um Formularen und Berichten den Zugriff auf Felder verschiedener Tabellen zu ermöglichen.

SQL

In **Kapitel 7** haben Sie sich mit den wichtigsten SQL-Grundlagen vertraut gemacht. Eingesetzt haben Sie diese bislang allerdings noch nicht. Sollen Sie auch nicht, denn schließlich notiert Access die notwendigen SQL-Befehle für Sie. Um Ihre SQL-Kenntnisse dennoch unter Beweis zu stellen, sollten Sie 'einen Blick riskieren'.

Wählen Sie [Ansicht/SQL].

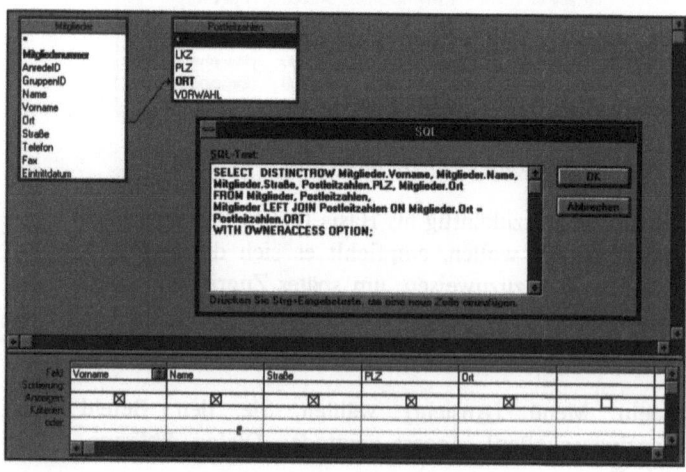

Abb. 9-18 Der SQL-Dialog

In diesem Dialog können Sie Ihre für die Abfrage gewählten Bedingungen nachlesen, in SQL - versteht sich. Sofern Sie viel SQL-Erfahrung haben, erlaubt der Dialog auch eine direkte Eingabe der Access-SQL-Befehle.

Datensätze bestimmen

Felder auswählen und anordnen ist zwar schon die 'halbe Miete', ein ebenso wichtiger Aspekt beim Entwerfen einer Abfrage ist jedoch das Eingrenzen auf ganz bestimmte Datensätze. Solange die Datenbestände 'übersichtlich' sind und eine gewisse Anzahl nicht überschreiten, ist das sicher nicht erforderlich. Doch stellen Sie sich eine Tabelle mit 1000 oder mehr Datensätzen vor, aus denen Sie nur ganz bestimmte Informationen benötigen. Wie grenzen Sie diese ein? Das Abfrageentwurfsfenster von Access hält dazu im unteren Bereich eine eigene Zeile bereit, die **Kriterien**. Hier legen Sie - Feld für Feld - fest, unter welcher Bedingung der Inhalt ausgegeben werden soll. Nehmen wir an, Sie wollten nicht die komplette Liste der Mitgliederadressen anzeigen, sondern nur die Mitglieder aus Städten, deren Postleitzahl einstellig ist, wie beispielsweise Hamburg (2000), Frankfurt (6000), Düsseldorf (4000), Köln (5000) oder München (8000).

Um diese Eingrenzung zu erhalten, müssen Sie einen Ausdruck in die Zeile **Kriterien** eingeben und zwar ganz genau in die Spalte, in der das gewünschte Feld eingetragen ist. Für unser Beispiel ist das die Postleitzahl (*PLZ*). Der Ausdruck selbst besteht aus zwei Teilen, einem Vergleich und den zu vergleichenden Informationen. Für den Vergleich stehen die in SQL-fähigen Datenbanken verfügbaren Operatoren bereit. **Kapitel 7** hat Ihnen die wichtigsten bereits vorgestellt. Hier die Vergleiche noch einmal in der Übersicht:

- Einfacher Vergleich
- AND, OR, NOT (UND, ODER, NICHT)
- BETWEEN-Operator (ZWISCHEN)
- IN-Operator (IN)
- LIKE-Operator (WIE)

Folgende Vergleichsoperatoren sind erlaubt:

Vergleichsoperator	Bedeutung
=	gleich
<	kleiner als
>	größer als
<=	kleiner als oder gleich
>=	größer als oder gleich
<>	ungleich

Ausdruck Access akzeptiert sowohl die englische als auch die deutsche Schreibweise für Vergleiche. Englisch eingegebene Vergleiche werden allerdings ins Deutsche übersetzt. Um den Ausdruck zu vervollständigen, fehlt nun noch die vergleichende Information. Nehmen wir an, Sie wollten nur die Mitglieder aus München auflisten. Zwei Felder bieten sich an, in denen die Kriterien festgelegt werden können, die Postleitzahl (*PLZ*) oder der *Ort*. Wollten Sie den Ausdruck im Feld *PLZ* festlegen,

1. bringen Sie den Cursor im Feld *PLZ* in Position.
2. Anschließend geben Sie den Ausdruck ein, hier *8000*.
3. Betätigen Sie einmal die Taste U.

Access stellt den Ausdruck folgendermaßen dar:

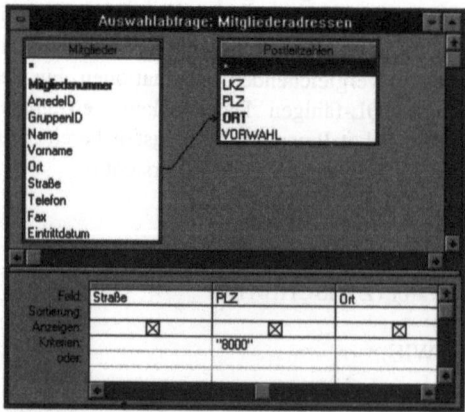

Abb. 9-19 Die Vergleichszeichen wurden in Hochkommata dargestellt.

Das Feld *PLZ* wurde von uns als Textfeld definiert. Um diesen Umstand zu kennzeichnen und zu korrekten Ergebnissen zu gelangen, bindet Access die vergleichende Zeichenfolge freundlicherweise für Sie in Hochkommata ein. Um dererlei 'Kleinigkeiten' müssen Sie sich also gar nicht kümmern.

Führen Sie Ihre Abfrage nun aus. Es werden ausschließlich Mitglieder aus dem Postleitzahlgebiet 8000 angezeigt. Da Sie keinen Vergleichsoperator angegeben haben, geht Access davon aus, daß Sie '=' (ist gleich) meinen.

Entfernen Sie nun den unter *PLZ* eingegebenen Ausdruck, indem Sie ihn markieren und einmal die Taste _ betätigen. Anschließend geben Sie den Ausdruck unter *Ort* ein, um alle Mitglieder in München aufzulisten. Tragen Sie *München* als Kriterium im Feld *Ort* ein und führen anschließend die Abfrage aus. Dieses Ergebnis kennen Sie bereits!

Ausdruck entfernen

Jedoch zurück zu unserem ursprünglichen Wunsch, alle Mitglieder aus Städten mit einstelligen Postleitzahlen darzustellen. Entfernen Sie den Ausdruck unter **Kriterien** im Feld *Ort* noch einmal und widmen sich stattdessen wieder dem Kriterium des Feldes *PLZ*. Stellen Sie zunächst folgende Überlegung an: Wie würden Sie unter MS-DOS in einem Verzeichnis alle Dateien anzeigen lassen, in denen im Dateinamen die Zeichenfolge 'XYZ' vorkommt? Ganz recht, Sie würden Platzhalter verwenden. Unter MS-DOS, das wissen Sie genau, steht ein

    *   für eine beliebige Anzahl Zeichen, während ein
    ?   ein beliebiges einzelnes Zeichen darstellt.

Nun, in Access ist es genauso. Über den Platzhalter '?' steht uns ein Stellvertreterzeichen für die erste Zahl innerhalb der Postleitzahl zur Verfügung. Der Rest sind - im wahrsten Sinne des Wortes - Nullen. Tragen Sie im Feld *PLZ* daher folgenden Ausdruck ein:

Platzhalter

    ?000

und betätigen einmal die Taste Ü. Spätestens hier erkennt man, daß Access 'mitdenkt'. 'Messerscharf' hat das Programm - durch das Platzhalterzeichen - erkannt, daß es sich hierbei nicht um einen '='-Vergleich handeln kann. Stattdessen wird der notwendige Operator, hier *Wie* (Like), eingesetzt. Schauen Sie sich das Abfrageergebnis an, werden nur noch Mitglieder aus Städten mit einstelliger Postleitzahl aufgelistet. Welche 'Konstruktionen' für Ausdrücke erlaubt sind, listet sehr schön die Bedienerhilfe auf:

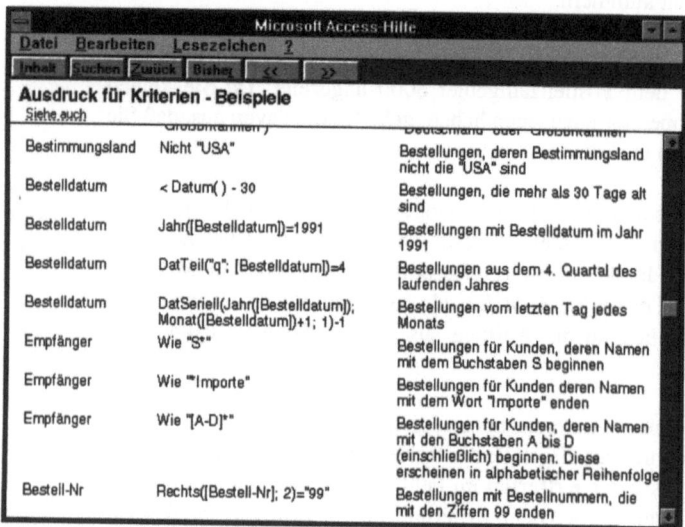

Abb. 9-20 Erlaubte Ausdrücke

Manchmal reicht ein Kriterium allerdings nicht aus, um auf die gewünschten Datensätze einzugrenzen. In diesem Fall lassen sich mehrere Kriterien festlegen. Dabei ist zu beachten:

- Legen Sie in mehr als einem Feld Kriterien fest, so müssen beide Kriterien erfüllt sein, damit der Datensatz ausgegeben wird. Hierbei handelt es sich um eine UND-Bedingung. (Beispiel: Zeige alle Mitglieder, die im Postleitzahlgebiet *4000* wohnen, und deren Nachname mit dem Buchstaben *M* beginnt.)

- Legen Sie mehrere Kriterien für ein Feld untereinander fest, so wird der Datensatz angezeigt, wenn entweder der eine oder der andere Ausdruck zutrifft, was einer ODER-Bedingung entspricht. (Beispiel: Zeige alle Mitglieder an, die entweder in Stuttgart oder in München wohnen.)

Im ersten Beispiel sind zwei Felder betroffen, die Postleitzahl und der Nachname des Mitglieds. Im zweiten Beispiel beziehen sich beide Bedingungen hingegen auf den Ort. So geben Sie eine UND-Verknüpfung ein:

UND

1. Geben Sie die Bedingung für das erste Feld in der Reihe Kriterien ein, hier: *PLZ*. Als Ausdruck legen Sie *4000* fest.

2. Anschließend positionieren Sie den Cursor im nächsten Feld, das Sie mit einer Bedingung ausstatten wollen, hier: *Name*. Der Ausdruck für dieses Feld lautet: *"[M]*"*.

3. Bestätigen Sie mit U und führen die Abfrage aus.

Alle Ausdrücke für Kriterien werden in einer Zeile, der Zeile für **Kriterien**, eingegeben.

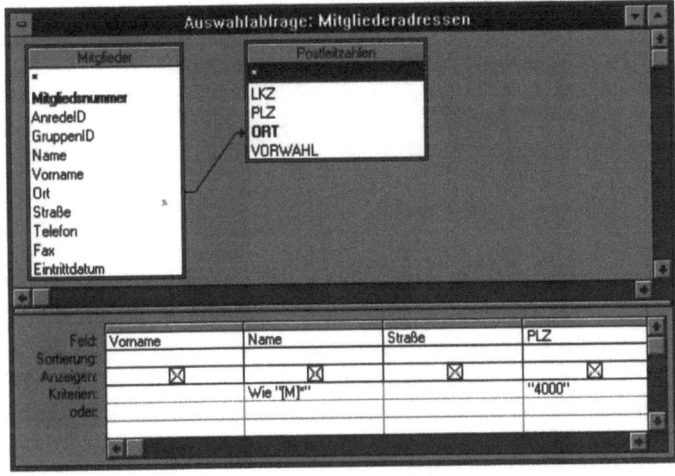

Abb. 9-21 UND-Verknüpfung

Anders sieht es bei der ODER-Verknüpfung aus. Hier stehen alle Ausdrücke in der betroffenen Spalte untereinander:

ODER

1. Setzen Sie den Cursor in der Reihe Kriterien in die Spalte, für die Sie Kriterien festlegen wollen, hier *Ort*.

2. Legen Sie den ersten Ausdruck fest, hier: *Stuttgart*.

3. Bewegen Sie den Cursor eine Zelle nach unten in die Reihe **oder**.

4. Legen Sie den zweiten Ausdruck fest, hier: *München*.

5. Sofern Sie weitere ODER-Bedingungen eingeben wollen, wiederholen Sie die Schritte 3 - 4.

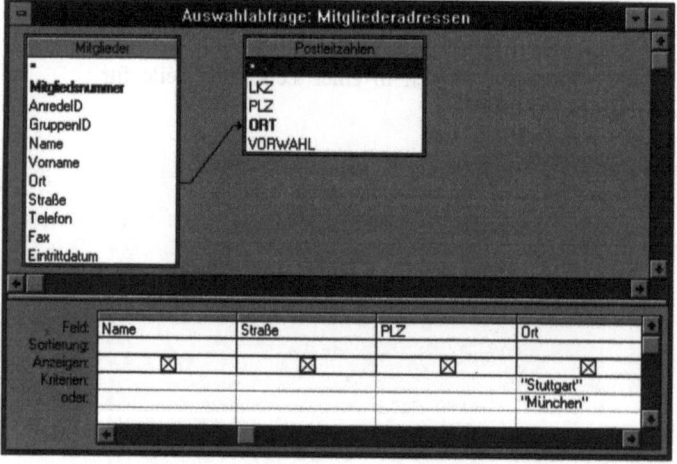

Abb. 9-22 ODER-Verknüpfung

Sortieren Sollten Sie jetzt noch den Wunsch verspüren, die Datensätze in einer bestimmten Reihenfolge anzusehen, so steht dem nichts im Wege. Die Zeile **Sortierung** macht's möglich. Hier läßt sich einstellen, ob der jeweilige Feldinhalt auf- oder absteigend angezeigt werden soll. Aufsteigend bedeutet von A bis Z bzw. von 0 bis 9, absteigend, genau anders herum. Beachten Sie, daß die Sortierung für maximal 10 Felder (gleichzeitig) eingestellt werden kann. Denken Sie außerdem daran, daß jede Sortierung die Abfrage langsamer macht.

Schreiben Sie bitte eine Abfrage, in der alle Mitglieder aufsteigend sortiert nach dem Nachnamen aufgelistet werden.

1. Bringen Sie den Cursor im Feld *Name* der Zeile **Sortierung** in Position.

2. Klicken Sie auf den abwärtsweisenden Pfeil.

3. Wählen Sie **Aufsteigend**.

Über den zuvor beschriebenen Weg kann die Sortierung auch wieder aufgehoben werden. Statt **Aufsteigend** wählen Sie allerdings dann **(nicht sortiert)**.

Sortierung aufheben

Abfrageergebnis drucken

Um die Mitgliederliste auszudrucken, führen Sie die Abfrage aus. Auf diese Weise erhalten Sie das Abfrageergebnis, ein Dynaset - in Access-Terminologie. Dieses Dynaset kann selbstverständlich gedruckt werden. Über das Menü [Datei] und dort die Befehle [Drucken] oder [Seitenansicht]. Das Drucken eines Dynaset geht genauso vonstatten wie der Ausdruck einer Tabelle. Aus diesem Grund möchten wir Sie bitten, die einzelnen 'Drucktechniken' in **Kapitel 8 - Tabelle drucken** nachzuschlagen.

Zusammenfassung des Kapitels

- Sie haben zwei mögliche Wege kennengelernt, eine Abfrage zu entwerfen. In diesem Zusammenhang haben Sie sich mit dem Abfrageentwurfsfenster vertraut gemacht.

- Sie haben erfahren, daß sowohl Tabellen als auch bestehende Abfragen als Basismaterial für eine neue Abfrage dienen können. Außerdem wissen Sie nun, wie diese Basisdaten der Abfrage zu jedem Zeitpunkt hinzugefügt, aber auch wieder entzogen werden können.

- Sie haben sich umfassend mit der Anlage von Feldern für eine Abfrage beschäftigt. Sie kennen nun unterschiedliche Techniken, um Felder hinzuzufügen, zu löschen oder neu anzuordnen.

- Sie haben sich das Abfrageergebnis, das Dynaset, Ihres Abfrageentwurfs angesehen und gelernt, zwischen Abfrageergebnis und Abfrageentwurf zu wechseln. Darüber hinaus haben Sie Kenntnis von Verknüpfungen und deren Bedeutung erhalten.

- Sie haben Ihre zuvor erworbenen SQL-Kenntnisse auf die Probe gestellt.

- Sie haben das Abfrageergebnis auf bestimmte Datensätze eingegrenzt und dabei komfortable Unterstützung von Access erfahren.

- Sie haben festgestellt, daß der Ausdruck eines Dynaset genauso vonstatten geht wie der einer Tabelle.

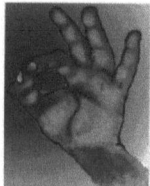

TRAINIEREN SIE IHR WISSEN:

1. Welche Möglichkeiten gibt es, um eine neue Abfrage zu entwerfen?

2. Welches Basismaterial kann einer Abfrage zugrunde liegen?

3. Erklären Sie den Unterschied zwischen Inner und Outer Join.

4. Wieviel Sortierfelder dürfen Sie pro Abfrageentwurf verwenden?

5. Nennen Sie drei gültige Vergleiche zur Festlegung von Kriterien.

Kapitel 10

Überblick
Ein Formular anlegen und speichern
Datensätze anzeigen und hinzufügen
Die Datenblattansicht des Formulars
Das Formular drucken und schließen
Zusammenfassung des Kapitels

10. Datenerfassung leichtgemacht

Überblick

Kapitel 10 stellt Ihnen die Formulare vor. Formulare bieten wesentlich komfortablere Eingabemöglichkeiten als Tabellen. Aus diesem Grund sollten Sie unbedingt auf sie zurückgreifen. In diesem Kapitel wird Ihnen ein Assistent zur Hand gehen. Sie werden sehen, daß sich Formulare auf diese Weise im 'Handumdrehen' aufbauen lassen. Ist das Formular erst einmal erstellt, kann es zur Eingabe und Änderung von Datensätzen verwendet werden. Wie Sie neue Datensätze hinzufügen und bestehende ansteuern, um sie zu verändern, werden Sie im Verlauf dieses Kapitels erfahren.

Auch das Formular kennt - wie könnte es anders sein - mehrere Ansichten. So finden Sie neben der Formularansicht selbstverständlich auch diesmal eine Entwurfsansicht. Damit nicht genug, verfügt das Formular sogar über eine dritte Variante, die Datenblattansicht. Wie sich Formulare drucken und auch wieder schließen lassen, darüber weiß der Teilabschnitt **Das Formular drucken und schließen** zu berichten.

Ihrer kreativen Gestaltung sind fast keine Grenzen gesetzt. Viel Spaß bei der Einrichtung Ihrer eigenen Formulare!

Ein Formular anlegen und speichern

Mit einem Formular steuern Sie den Anwender bei der Dateneingabe. So wundert es nicht, daß Formulare einer Papiervorlage genau nachgebildet werden können. Formulare (in Papierform), die dem Anwender bereits vertraut sind, projizieren Sie mittels Access einfach an den Anwenderbildschirm. Darüber hinaus lassen sich Ihre Daten professionell präsentieren. Denken Sie daran, daß Access die Vorteile von Windows nutzt. Und das bedeutet:

- Grafiken können eingebunden werden.
- Eine Vielzahl von Schriften kann verwendet werden.

- Windows-Objekte wie Schaltflächen, Listenfelder usw. werden eingesetzt und schaffen so die vertraute, bekannte Oberfläche.

Um einen schnellen Einstieg in die Formulargestaltung zu finden, weist Ihnen ein Assistent den Weg. Er stellt Ihnen einige Fragen und 'baut' aufgrund Ihrer Eingaben das gewünschte Formular. Dabei bietet dieser Helfer unterschiedliche Layouts und Stilrichtungen an. Natürlich ist es nachträglich jederzeit möglich, weitere Veränderungen vorzunehmen.

Neues Formular anlegen

Sie sollten nun für die Tabelle *Mitglieder* ein Formular durch den Assistenten erstellen lassen. Wie Sie sich sicher schon denken werden, stehen zur Anlage eines Formulars mehrere Lösungswege offen.

1. Wechseln Sie in das Objekt Formular.

2. Klicken Sie auf die Schaltfläche **Neu**.

   Oder

   wählen Sie [Datei/Neues Objekt erstellen] und dort [Formular].

In jedem Fall meldet sich der Dialog **Neues Formular**:

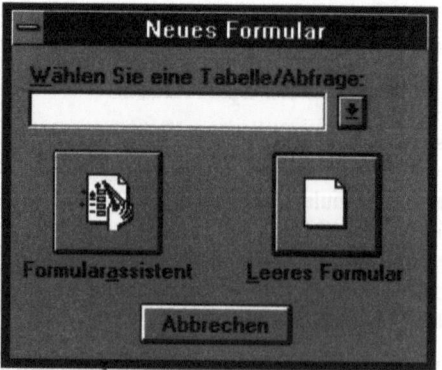

*Abb. 10-1 Ein **Neues Formular** erstellen*

Datenerfassung leichtgemacht 247

Der Dialog fordert Sie zunächst auf, eine Tabelle bzw. Abfrage zu wählen. Dadurch legen Sie die Basisdaten fest. Anschließend entscheiden Sie, ob das Formular durch einen Assistenten oder individuell 'von Hand' erstellt werden soll.

1. Wählen Sie die Tabelle *Mitglieder* aus der Liste.

2. Klicken Sie auf die Schaltfläche **Formularassistent**.

Bevor Sie allerdings die Fragen des Assistenten jetzt beantworten, wollen wir Ihnen - wie immer - den alternativen Lösungsweg, diesmal zur Anlage von Formularen, nicht vorenthalten. Auch so gelangen Sie zum neuen Formular:

1. Wechseln Sie in das Objekt Tabelle.

2. Wählen Sie die gewünschte Tabelle durch einen Mausklick, hier: *Mitglieder*.

3. Klicken Sie in der oberen Symbolleiste (gleich unter den Menüpunkten) das Symbol zur **Formularneuerstellung**.

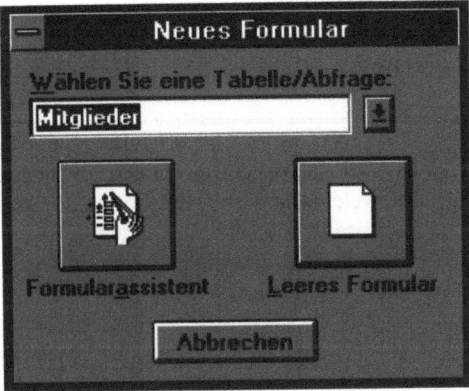

*Abb. 10-2 Die Tabelle/Abfrage für das **Neue Formular** wurde bereits eingetragen.*

Ein Mausklick auf die Schaltfläche **Formularassistent** und Sie finden sich ebenfalls im Dialog des Assistenten. Die erste Frage, die Sie dem Assistenten beantworten müssen, ist die Frage nach dem 'Wer?'. Access bietet vier Assistenten an. Für einen müssen Sie sich entscheiden. Links im Bild sehen Sie eine Übersicht der Ergebnisse aller Assistenten. Wählen Sie beispielsweise den Grafikassistenten, wird ein Formular erzeugt, von dessen Layout Sie hier einen ersten Eindruck gewinnen können. Folgende Assistenten erzeugen folgende Formulare:

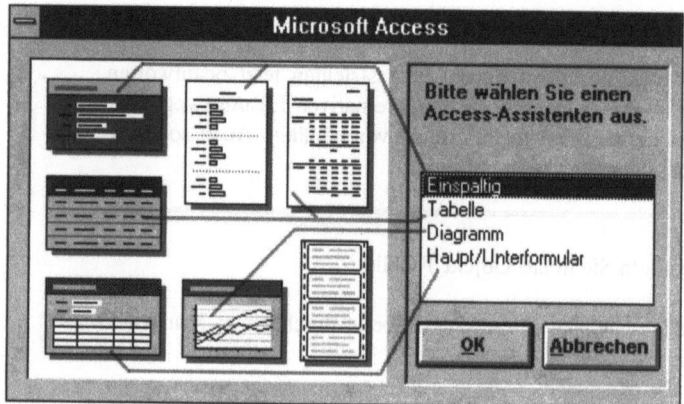

Abb. 10-3 Assistenten und die Formulare, die sie erzeugen.

1. Markieren Sie den gewünschten Assistenten, hier: *Einspaltig*.

2. Bestätigen Sie mit **OK**.

Felder aufnehmen

Der nächste Dialog zeigt - links im Bild - den gewählten Assistenten. Dieser möchte nun wissen, welche Felder in das Formular aufgenommen werden sollen. Dazu stellt er Ihnen zwei Listen zur Verfügung, **Verfügbare Felder** und die **Feldreihenfolge**.

Datenerfassung leichtgemacht

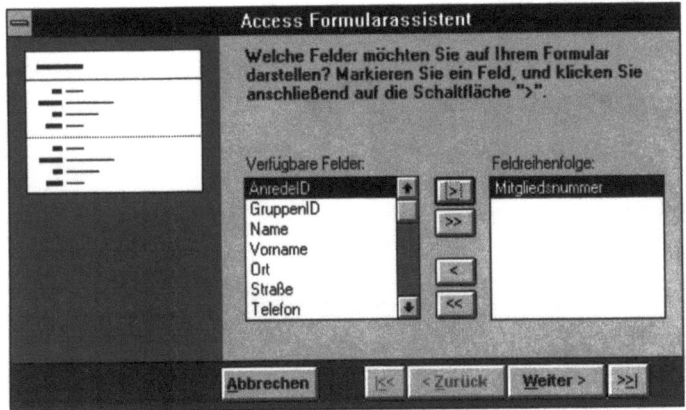

Abb. 10-4 Notwendige Felder hinzufügen.

1. Markieren Sie in der Liste **Verfügbare Felder** das erste Feld, das in das Formular aufgenommen werden soll.

2. Klicken Sie die Schaltfläche ![Weiter >].

Das Feld wechselt nun von der Liste **Verfügbare Felder** zur Liste **Feldreihenfolge**. Wählen Sie die Felder in der Reihenfolge aus, in der sie im Formular erscheinen sollen. Haben Sie ein Feld fälschlicherweise hinzugefügt, so markieren Sie es in der Liste **Feldreihenfolge** und 'befördern' es durch einen Mausklick auf den Schalter ![< Zurück] zurück an seinen Ursprungsort.

Felder entfernen

Benötigen Sie sämtliche Felder im Formular, so können alle Felder auf einmal hinzugefügt werden, indem Sie auf die Schaltfläche ![>>] klicken. Wir möchten Sie bitten, für unser Beispiel alle Felder in Ihr Formular aufzunehmen. Übrigens: Um alle gewählten Felder wieder zu entfernen, bedienen Sie sich des Schalters ![<<].

Mehrere Felder bearbeiten

Weiter geht's - wie der Name schon sagt - über die gleichnamige Schaltfläche. Die Schalter sind bewußt denen eines Video- bzw. Kassettenrekorders nachempfunden, Geräte die in unseren 'modernen Zeiten' in fast keinem Haushalt fehlen. Und so findet man sich mit dem Vor- und Rücklauf auch gleich zurecht. Im nächsten Schritt müssen Sie entscheiden, welche Stilrichtung Sie für Ihr Formular wünschen.

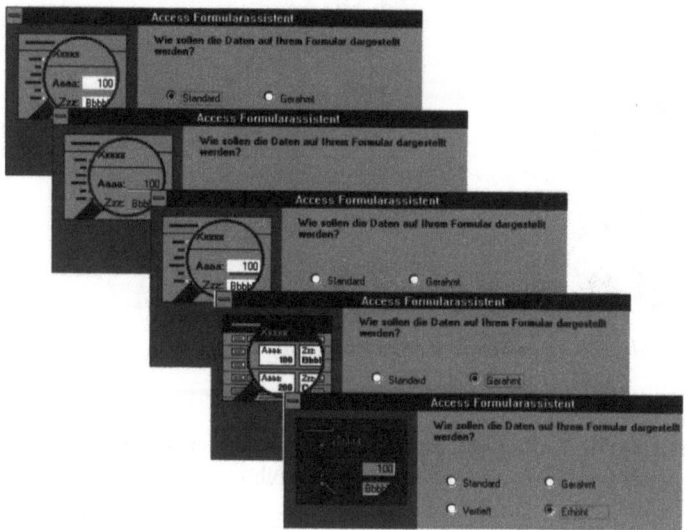

Abb. 10-5 Stilrichtung festlegen

Stil

Geschmäcker sind ja bekanntlich verschieden, und daher sollten Sie nun nacheinander die angebotenen Stilrichtungen auf Mausklick einsehen.

1. Aktivieren Sie **Vertieft** durch einen Mausklick.

2. Betrachten Sie dann unter der Lupe (links im Bild) das Ergebnis.

Für welche Variante Sie sich entscheiden, bleibt Ihnen überlassen. Wir haben für unser Beispiel **Erhöht** gewählt. Um die Formularerstellung abzuschließen, gehen Sie noch einmal **Weiter**.

Datenerfassung leichtgemacht 251

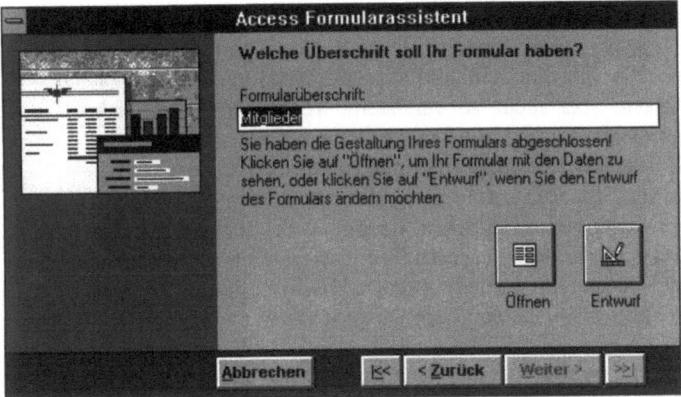

Abb. 10-6 Formular 'überschreiben'

Beantworten Sie hier noch die Frage nach der gewünschten **Formularüberschrift**. Vorgeschlagen wird zunächst der Name der Tabelle bzw. Abfrage, auf der Ihr Formular basiert. Geschafft! Damit kann das Formular geöffnet werden. Abhängig von der gewählten Stilrichtung weist Ihr Formular nun ein ganz bestimmtes Layout auf. In jedem Fall wird sofort der erste Datensatz der zugrundeliegenden Tabelle/Abfrage angezeigt. Unser Formular hat beispielsweise dieses Aussehen:

Überschrift

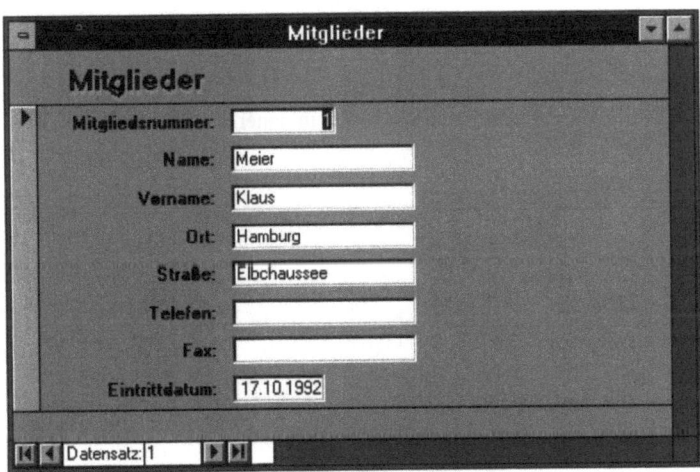

Abb. 10-7 Durch den Assistenten erstelltes Formular

***Steuer-
elemente***

Die auf dem Formular verwendeten Anzeigen werden Steuerelemente genannt. Unser Formular verwendet die Steuerelemente 'Textfeld' und 'Eingabefeld'. Ein Textfeld wird dazu eingesetzt, um Informationen anzuzeigen, aber nicht zu verändern. Textfelder eignen sich daher ausgezeichnet für Beschriftungen. Eingabefelder hingegen erlauben dem Anwender Informationen neu zu erfassen, zu ändern oder zu löschen. Im Gegensatz zu Textfeldern kann in Eingabefelder der Cursor positioniert werden. Klicken Sie einmal ein Textfeld mit der Maus an, werden Sie feststellen, daß der Cursor automatisch in das zugehörige Eingabefeld wandert. Gehört zum gewählten Textfeld kein Eingabefeld, bleibt der Cursor wo er war.

Access verfügt über eine reichhaltige Auswahl von Steuerelementen, die Sie für die Gestaltung von Berichten und Formularen verwenden können. Ein Blick in die Entwurfsansicht des Formulars verdeutlicht dies.

Wechseln Sie über das Symbol **Entwurfsansicht** in den Formularentwurf

oder

wählen Sie [Ansicht/Formularentwurf].

Ihr Formular wird jetzt in der Entwurfsansicht angezeigt, in der Access Ihnen die möglichen Steuerelemente in einer Toolbox zur Verfügung stellt.

Abb. 10-8 Die Toolbox

Für Ihr Formular haben Sie derzeit die beiden obersten Elemente verwendet. Wie Sie ein Formular mittels Werkzeugleiste be- bzw. überarbeiten, erfahren Sie in **Kapitel 15**. Kehren Sie jetzt noch einmal zum Formular zurück, indem Sie

entweder auf das Symbol der Formularansicht klicken

oder

[Ansicht/Formular] wählen.

Damit Ihre bisherige Arbeit nicht verloren geht (stellen Sie sich nur einmal vor der Strom fällt aus!), speichern Sie Ihr Formular jetzt noch ab.

Formular speichern

1. Wählen Sie aus dem Menü [Datei] den Befehl [Formular speichern].

2. Anschließend legen Sie den **Formularnamen**, hier: *Mitglieder*, fest und bestätigen den Dialog mit **OK**.

Sofern Sie ausführliche Informationen zum Speichern von Access-Objekten benötigen, finden Sie diese in **Kapitel 8**. Im nächsten Schritt sollen Sie sich mit der Anzeige und Eingabe von Daten über das zuvor entworfene Formular vertraut machen.

Datensätze anzeigen und hinzufügen

Wie Sie wissen, zeigt das Formular immer nur einen Datensatz nach dem anderen an. Die große Frage ist daher, wie bewege ich mich von Datensatz zu Datensatz. Nun, Sie haben natürlich mehrere Möglichkeiten. Nehmen wir an, Sie wollten die Datensätze nacheinander einsehen. Entweder

betätigen Sie einmal die Taste U,

Datensätze ansteuern

oder:

Sie wählen [Daten_sätze/_Gehe zu/_Nächstem],

oder:

 Sie verwenden die Maus. Führen Sie einen einfachen Mausklick auf das Symbol der Statuszeile durch.

Das Ergebnis ist immer wieder dies: Sie bewegen sich zum nächsten Datensatz. Verwenden Sie das hier vorgestellte Verfahren ebenfalls, um sich zum vorherigen, zum ersten bzw. zum letzten Datensatz zu bewegen. Je nach gewünschtem Datensatz, verwenden Sie folgende Tastencodes, Menüpunkte oder Mausklicks:

Datensatz	Tastatur	Menü	Maus
nächster	U	[Daten_sätze/_Gehe zu/_Nächstem]	
vorheriger	O	[Daten_sätze/_Gehe zu/_Vorherigem]	
erster	S + P	[Daten_sätze/_Gehe zu/_Erstem]	
letzter	S + :	[Daten_sätze/_Gehe zu/_Letztem]	

Bestimmte Datensätze ansteuern

Jetzt könnte es aber auch vorkommen, daß Sie einen bestimmten Datensatz direkt ansteuern wollen, sagen wir Datensatz Nr. 7. In diesem Fall geben Sie Ihren Wunsch in die Statuszeile ein. Dazu

1. bringen Sie den Cursor im Feld **Datensatz** vor der Datensatznummer in Position.

2. Führen Sie einen Doppelklick durch, um die Datensatznummer zu markieren, zum Beispiel so:

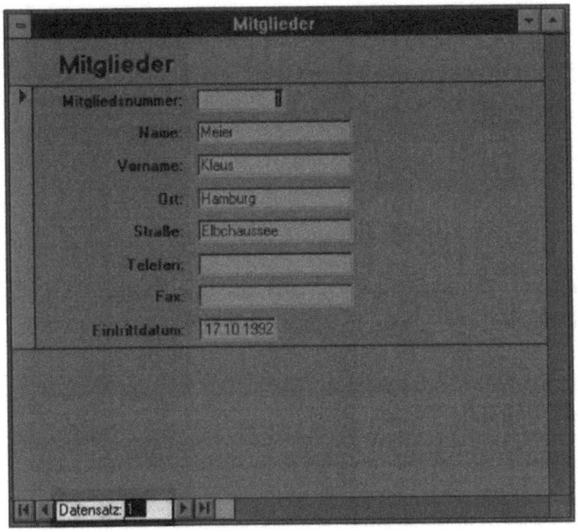

Abb. 10-9 Markierte Datensatznummer

3. Tragen Sie die gewünschte Nummer ein, hier: 7.

4. Bestätigen Sie Ihre Eingabe mit U.

Das Formular zeigt Ihnen jetzt den siebten Datensatz an. In aller Regel kennt man jedoch die Datensatznummern nicht unbedingt auswendig. Viel einfacher ist es, nach Herrn Müller oder der Stadt München oder einer bestimmten Kundennummer zu suchen. Um beispielsweise das Mitglied mit dem Namen 'Becker' zu finden, gehen Sie so vor:

---

1. Positionieren Sie den Cursor durch einen Mausklick im gewünschten Feld, hier: *Name*.

Datensatz suchen

2. Aktivieren Sie das Symbol zur Datensatzsuche

oder

wählen Sie [Bearbeiten/Suchen].

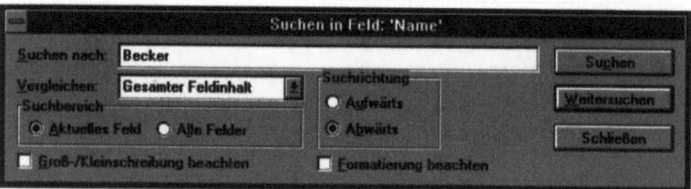

*Abb. 10-10 Der Dialog **Suchen***

3. Tragen Sie unter **Suchen nach** den gewünschten Suchtext ein, hier: *Becker*.

4. Starten Sie Ihre Suche durch einen Mausklick auf die Schaltfläche **Weitersuchen**.

Sofern ein Mitglied mit dem Namen 'Becker' in Ihrer Datenbank existiert, wird dessen Datensatz nun angezeigt. Andernfalls meldet Access:

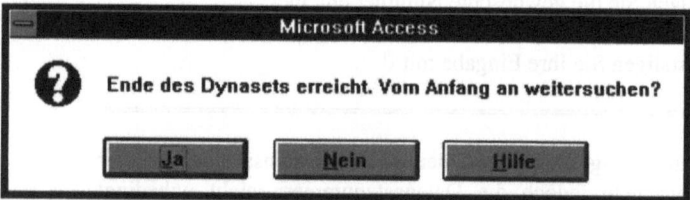

Abb. 10-11 Suchvorgang am Anfang fortsetzen

Beantworten Sie diese Frage ruhig mit **Ja**, um sicher zu gehen, daß der gesamte Datenbestand durchsucht wird. Kommt es im Anschluß daran zu folgender Information seitens Access,

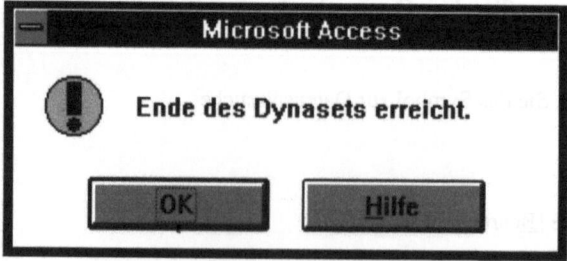

Abb. 10-12 Keine übereinstimmenden Datensätze gefunden.

können Sie sicher sein, daß der Datensatz, nach dem Sie suchen, nicht gefunden wurde. Der **Suchen**-Dialog gibt Ihnen die Möglichkeit, den zu suchenden Text mannigfach einzugrenzen. So darf sich die Eingabe im Feld **Suchen nach** von einem Buchstaben bis hin zu einem kompletten Begriff - nach dem Sie suchen wollen - erstrecken. Um beispielsweise Mitglieder zu suchen, deren Namen mit 'B' beginnen, gehen Sie so vor:

Suche eingrenzen

1. Tragen Sie im Feld **Suchen nach** den gewünschten Anfangsbuchstaben ein, hier: *B*.

2. Unter **Vergleichen** klicken Sie einmal auf den abwärtsweisenden Pfeil, um den Inhalt der Liste einzusehen.

3. Wählen Sie dann **Anfang des Feldinhalts** durch einen Mausklick aus.

4. In der Box **Suchrichtung** legen Sie nun noch fest, ob Sie **Aufwärts** oder **Abwärts** suchen wollen. Wählen Sie **Aufwärts**, sofern Sie sich am Anfang Ihres Datenbestands befinden. Andernfalls entscheiden Sie sich für **Abwärts**.

5. Starten Sie Ihre Suche durch einen Mausklick auf die Schaltfläche **Suchen**. Access zeigt nun den ersten Datensatz an, der Ihren Suchkriterien entspricht.

6. Der Dialog **Suchen** bleibt geöffnet, so daß Sie sich über die Schaltfläche **Weitersuchen** mühelos zum nächsten Datensatz bewegen können, der Ihren Suchkriterien entspricht.

7. Nachdem Sie den gewünschten Datensatz gefunden haben, **Schließen** Sie den Dialog über den gleichnamigen Schalter.

Das Suchergebnis ist in jedem Fall abhängig von der unter **Vergleichen** eingestellten Auswahl. Probieren Sie die unterschiedlichen Möglichkeiten ruhig aus, um deren Wirkungsweisen kennenzulernen.

Neben dem angegebenen Vergleich können Sie das Suchergebnis zusätzlich durch das Kontrollkästchen **Groß-/Kleinschreibung beachten** weiter eingrenzen. Aktivieren Sie es durch einen Mausklick, so sucht Access exakt nach der von Ihnen unter **Suchen nach** eingegebenen Zeichenfolge. Nehmen wir wieder an, Sie suchen Mitglieder mit dem Namen 'Becker'. Nehmen wir weiter an, Sie haben den Namen Becker in Großbuchstaben eingegeben, also BECKER. Bei aktivierter Groß-/Kleinschreibung findet Access nun alle Mitglieder namens 'BECKER', deren Namen in Großbuchstaben eingegeben wurden. Mitglieder, die als 'Becker' oder 'becker' erfaßt wurden, werden nicht gefunden.

Suchtempo steigern

Abhängig vom zu durchsuchenden Datenbestand kann ein Suchvorgang eine ganze Weile dauern. Es empfiehlt sich daher immer, den Cursor zunächst in das Feld zu positionieren, nach dessen Inhalt gesucht werden soll. Im Dialog **Suchen** verwenden Sie danach als **Suchbereich** die Option **Aktuelles Feld**. Access durchsucht daraufhin den Datenbestand nur im zuvor ausgewählten Feld. Entscheiden Sie sich für den **Suchbereich Alle Felder**, wird die gesamte Tabelle berücksichtigt, was bei umfangreichen Tabellen entsprechend länger dauert. Am schnellsten wird Access 'fündig', wenn sich Ihre Suche auf ein indiziertes Feld bezieht.

Datenbestand eingrenzen

Eine weitere Möglichkeit Datensätze schneller zu finden, bietet der Filter im Formular. Mit Hilfe von Filtern grenzen Sie einen kompletten Datenbestand auf das für Ihre Arbeit notwendige Quantum ein. Stellen Sie sich dazu vor, Sie arbeiten mit einer Datenbank, in der Mitglieder aus ganz Europa gespeichert sind. Da Sie allerdings nur diejenigen Mitglieder bearbeiten wollen, die in Ihren Zuständigkeitsbereich fallen, filtern Sie diese kurzerhand heraus. Das Einsetzen eines Filters vollzieht sich in zwei Schritten:

- Angabe der Filterbedingung
- Anwenden des Filters.

Wir wollen für unser Beispiel davon ausgehen, Sie seien für die Betreuung der Mitglieder in München zuständig und damit beginnen, die Filterbedingung festzulegen.

Filterbedingung festlegen

1. Betätigen Sie das Symbol zur Eingabe der Filterbedingung

   oder

   wählen [Datensätze/Filter/Sortierung bearbeiten].

Datenerfassung leichtgemacht 259

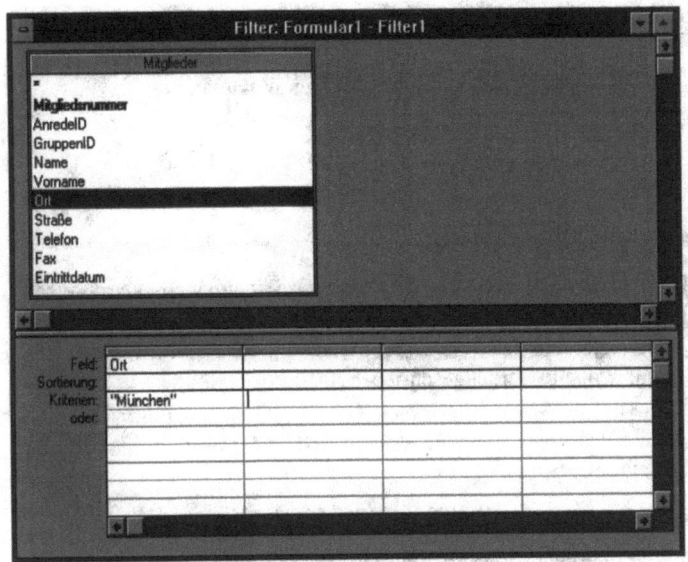

Abb. 10-13 Dialog **Filter**

2. Führen Sie in der Liste **Mitglieder**, im oberen Bereich der Anzeige, einen Doppelklick auf das gewünschte Feld, hier: *Ort*, durch. (Sollte das Feld nicht sofort zu sehen sein, verwenden Sie die Bildlaufleiste, um es sichtbar zu machen.)

3. Der Ort wird nun im unteren Bereich unter **Feld** eingetragen.

4. Danach positionieren Sie den Cursor in die Zeile **Kriterien** und geben die gewünschten Kriterien zur Eingrenzung Ihres Datenbestands ein, hier: *München*.

5. Bestätigen Sie Ihre Eingabe mit U und schließen dann das Fenster, zum Beispiel über [Datei/Schließen].

So einfach lassen sich Datenbestände also filtern. Da Sie dieses Fenster bereits zur Erstellung von Abfragedefinitionen kennengelernt haben, bereitet Ihnen die Anlage eines Filters kaum Mühe. (Sofern Sie sich über die Angaben in diesem Fenster genauer informieren wollen, empfehlen wir Ihnen **Kapitel 9** noch einmal durchzuarbeiten.) Schritt eins ist damit getan.
Nun zu Schritt zwei. Bevor der Datenbestand tatsächlich eingegrenzt wird, muß der zuvor definierte Filter jetzt aktiviert werden. Dazu

Filter anwenden

klicken Sie auf das Symbol 'Filter aktivieren'

oder

wählen [Datensätze/Filter/Sortierung anwenden].

Die Anzahl der Datensätze reduziert sich. Sie arbeiten nun mit einem Dynaset, daß lediglich die für Sie interessanten Daten anzeigt. Jede Änderung, die Sie jetzt vornehmen, wird dennoch in die 'Originaltabelle' zurückgeschrieben. Dadurch bleibt der Datenbestand insgesamt aktuell. Die Statuszeile informiert Sie durch den Eintrag FLTR zusätzlich darüber, daß Sie derzeit auf einen 'gefilterten' Datenbestand zurückgreifen.

Filter aufheben

Selbstverständlich können Sie jederzeit zum 'vollständigen' Datenbestand zurückkehren. Sowohl ein Symbol als auch ein Menüpunkt machen es möglich:

Klicken Sie auf das Symbol 'Filter aufheben'

oder

wählen Sie [Datensätze/Alle Datensätze anzeigen].

Wird der gewünschte Datensatz im Formular angezeigt, kann dieser jetzt bearbeitet werden. Unterschieden werden muß bei der Bearbeitung von Datensätzen nun, ob der Datensatz insgesamt oder Felder innerhalb des Satzes bearbeitet werden sollen. Warum? Na weil der zu bearbeitende Bereich jetzt erst einmal markiert werden muß, bevor die Arbeit beginnen kann. Aha! Das haben Sie sicher schon mal irgendwo gehört, nicht wahr?

Datensätze bearbeiten

Um einen kompletten Datensatz zu markieren, bietet Access - wie immer - mehrere Möglichkeiten. Nachdem Sie den gewünschten Datensatz (wie zuvor beschrieben) angesteuert haben, wählen Sie entweder

den Befehl [Datensatz markieren] aus dem Menü [Bearbeiten]

Datenerfassung leichtgemacht

oder

markieren Sie die Leiste links im Formular

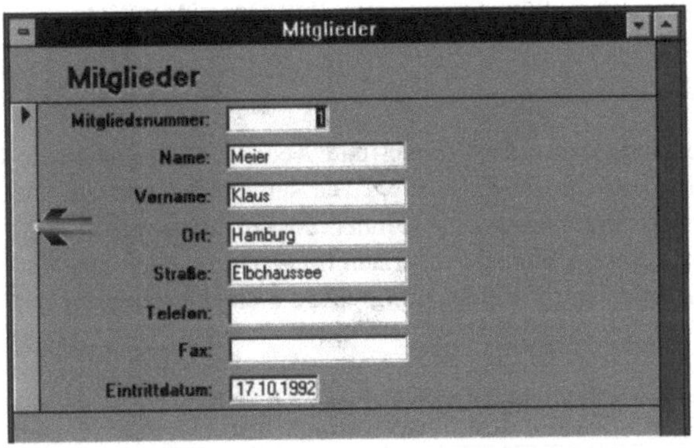

Abb. 10-14 Leiste zum Markieren eines kompletten Datensatzes

durch einen Mausklick.

In beiden Fällen wird die Markierungsleiste dunkel hinterlegt:

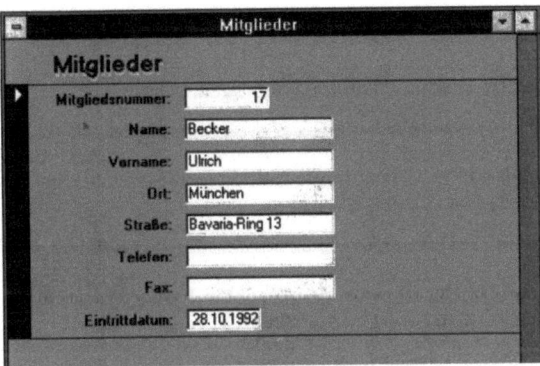

Abb. 10-15 Ein kompletter Datensatz wurde markiert.

Nun darf bearbeitet werden. Und das könnte beispielsweise das Ausschneiden, Kopieren oder auch das Löschen des Datensatzes sein. Getreu der Windows-Philosophie finden sich all diese Befehle im Menü [Bearbeiten]. Wie gehen Sie allerdings vor, wenn Sie einen neuen Datensatz aufnehmen wollen?

Datensätze hinzufügen

1. Aus dem Menü [Datensätze] wählen Sie den Befehl [Gehe zu].

2. Access öffnet daraufhin ein weiteres Pull-Down-Menü, aus dem Sie die Auswahl [Neuem] treffen.

Ein Blick in die Statuszeile verrät Ihnen, daß Access für Sie einen weiteren (neuen) Datensatz angehängt hat, dessen Felder nun zunächst leer sind und darauf warten, von Ihnen ausgefüllt zu werden. Der Cursor steht in diesem Moment im ersten Eingabefeld. Nun müssen wir Ihnen natürlich noch mitteilen, wie Sie die einzelnen Felder ansteuern.

Felder ansteuern

Nachdem Sie den Feldinhalt eingetragen haben,

betätigen Sie einmal die Taste T,

um zum nächsten Eingabefeld zu gelangen. Zum vorherigen Feld können Sie sich natürlich ebenfalls mittels Tasten bewegen, indem Sie

die Tastenkombination H + T einmal betätigen.

Wollen Sie allerdings nur ganz bestimmte Felder eintragen, so können Sie diese auch direkt auswählen. Dazu

Bestimmte Felder ansteuern

bringen Sie den Mauszeiger im gewünschten Feld in Position und klicken die linke Maustaste

oder

wählen Sie das benötigte Feld über die Feldliste in der Symbolleiste aus. Klicken Sie in diesem Fall auf den abwärtsweisenden Pfeil und markieren das Feld durch einen Mausklick.

Die zuletzt genannte Methode eignet sich dann besonders gut, wenn aus Platzgründen nicht gleich alle Felder im Formularfenster zu sehen sind. Nachdem der Cursor positioniert wurde, kann die Bearbeitung beginnen. Und das bedeutet auch diesmal:

Felder bearbeiten

Erst markieren, dann bearbeiten.

Die Bearbeitung eines Feldes ist abhängig davon, was Sie bearbeiten möchten. Um beispielsweise einen Eintrag aus einer Liste zu wählen, muß der gewünschte Eintrag markiert werden. Wollen Sie hingegen ein Kontrollkästchen aktivieren oder deaktivieren, so erreichen Sie das auf einfachen Mausklick. Die wohl umfangreichsten Bearbeitungsmöglichkeiten erlauben die Eingabefelder. Mit ihnen wollen wir uns daher einen Augenblick beschäftigen. Ist ein Eingabefeld leer, so besteht die Bearbeitung darin, die gewünschte Information in das Feld einzutragen. Soll jedoch eine bestehende Information geändert werden, führen wieder einmal viele Wege nach Rom, Verzeihung, ans Ziel. Klären Sie nun zunächst, was Sie ändern wollen,

      den gesamten Feldinhalt   oder
      bestimmte Buchstaben oder Zahlen.

Eingabefelder bearbeiten

Um den gesamten Feldinhalt zu ändern, muß das Feld insgesamt markiert werden. In diesem Fall

1. bringen Sie den Cursor am Anfang des Feldes in Position.

2. Drücken Sie anschließend die linke Maustaste und halten diese gedrückt, während Sie den Mauszeiger hinter das letzte Zeichen ziehen, wo Sie die Maustaste wieder loslassen.

3. Löschen Sie den nun markierten Feldinhalt, indem Sie einmal die Taste _ betätigen oder geben Sie die neue Information direkt ein. (Natürlich kann dieser markierte Bereich jetzt auch ausgeschnitten oder kopiert werden. Die Befehle dazu finden Sie im Menü [Bearbeiten].)

Um nur wenige Zeichen eines Eingabefeldes zu verändern, bietet es sich an, die nicht mehr erwünschten Zeichen zunächst zu entfernen, damit Sie dann durch neue Zeichen ersetzt werden können. Stellen

Sie sich einfach vor, Sie hätten den Namen 'Maier' falsch eingegeben. Statt 'Maier' steht im Eingabefeld **Name** 'Meyer'. Dieser Irrtum soll in folgendem Beispiel behoben werden.

1. Positionieren Sie den Cursor hinter den letzten falschen Buchstaben, hier: *y*.

2. Betätigen Sie die Taste R so oft, bis alle falschen Zeichen entfernt sind, hier: zweimal.

3. Geben Sie die korrekten Zeichen ein, hier: *ai*.

Datensatz vorzeitig speichern

Jede Änderung an Ihrem Datensatz wird automatisch gesichert, sobald Sie sich zu einem anderen Datensatz bewegen, erinnern Sie sich noch? Sollten Sie jedoch den Wunsch verspüren, die Änderung der Feldinhalte des aktuellen Datensatzes vorzeitig auf Ihrer Festplatte zu speichern, so hat Access auch dagegen nichts.

Wählen Sie aus dem Menü [Datei] den Befehl [Datensatz speichern].

Wie Sie wissen, zeigt die Formularansicht Datensatz für Datensatz an, optisch ansprechend aufbereitet. Im Gegensatz dazu bietet die Tabelle zwar keine Optik, aber einen Überblick über mehrere Datensätze. Was würden Sie tun, wenn Sie die Datensätze in tabellarischer Form einsehen wollten? Die Tabelle *Mitglieder* aufrufen? Erfreulicherweise müssen Sie sich soviel Mühe gar nicht machen!

Die Datenblattansicht des Formulars

Wie bereits zu Anfang dieses Kapitels erwähnt, verfügt das Formular über eine dritte Ansicht, die Tabellenansicht. Verschaffen Sie sich nun einen Überblick über die Datensätze, die Sie derzeit bearbeiten.

Wählen Sie [Ansicht/Datenblatt]

Datenerfassung leichtgemacht 265

oder

klicken Sie auf das Symbol zur Datenblattansicht.

Willkommen in der Datenblattansicht!

Mitgliedsnumm	Name:	Vorname:	Ort:	Straße:
1	Meier	Klaus	Hamburg	Elbchaussee
2	Müller	Bärbel	Berlin	Kurfürstendamm
3	Schulze	Peter	München	Prinzregentenstr.
4	Wichtig	Heinz	Wittbeck	Bahnhofstr.
5	Jäger	Paul	Frankfurt	Zeil
6	Schulz	Steffen	München	Mittlerer Ring
7	Schramm	Jens	Stuttgart	Waldweg
8	Bäcker	Jürgen	Nürnberg	Feldweg
9	Schröder	Hans	Mannheim	Wiesenstr.
10	Schmidt	Bernd	Bamberg	Hauptstr.
11	Meier	Hans	Karlsruhe	Seilbahnstraße 11
12	Müller	Ute	Düsseldorf	Bahnhofstraße 15
13	Schulze	Martina	Hamburg	Palmerstraße 13
14	Obermüller	Kurt	München	Leopoldstraße 5
15	Huber	Franz	Ludwigshafen	Limburger Straße 1
16	Bläser	Erika	Hamburg	Ost-West-Straße 3
17	Becker	Ulrich	München	Bavaria-Ring 13
18	Metzger	Uwe	Düsseldorf	Kaiserstraße 13
19	Seilbahn	Monika	Mannheim	Immermannstraße
20	Häusler	Fritz	Esslingen	Rheinstraße 4
22	Maler	Gustav	Bochum	Bleckmannshof 46

Abb. 10-16 Die Datenblattansicht des Formulars

Zugegeben, optisch 'nicht ganz so ausgefeilt' wie Ihr Formular. Allerdings läßt sich auch in dieser Ansicht - neben allen anderen Bearbeitungsmöglichkeiten wie kopieren, löschen, ändern, hinzufügen usw. - das Layout noch beeinflussen. Den Menüpunkt [Layout] stellt Access überall dort zur Verfügung, wo Daten in Tabellenform erfaßt bzw. bearbeitet werden, also auch in geöffneten Tabellen oder Abfrageergebnissen. Getreu dem Motto 'einmal gelernt, immer gelernt', werden wir uns daher nun ein wenig mit diesem Menüpunkt beschäftigen, damit Sie ihn in Zukunft auch für die Gestaltung der zuvor erwähnten Objekte nutzen können.

'Schlägt' man den Menüpunkt [Layout] auf, so verraten die hier angebotenen Befehle augenblicklich, daß es um die Gestaltung von Zeilen und Spalten geht. (Wie könnte es in einer Tabelle auch anders sein!) Damit frisch ans Werk. Unser Datenblatt soll in der Schriftart

Arial, Schriftgröße 10 dargestellt werden. Die Cursorposition spielt diesmal keine Rolle.

Schriftart ändern

1. Wählen Sie [Layout/Schriftart].
2. In der Liste **Schriftart** markieren Sie *Arial* (steht ganz oben).
3. Für die **Schriftgröße** stellen Sie *10* Punkt ein.
4. Bestätigen Sie Ihre Eingabe mit **OK**.

Das gesamte Datenblatt wird nun in der TrueType-Schrift Arial, Schriftgröße 10 Punkt, dargestellt. Ganz sicher ist diese Darstellung am Bildschirm besser zu erkennen. Beachten Sie, daß sich die Schriftart und -größe nur für das gesamte Datenblatt ändern läßt. Der Dialog **Schriftart** erlaubt Ihnen die Auswahl der Schriftart, des Schriftstils sowie der Schriftgröße.

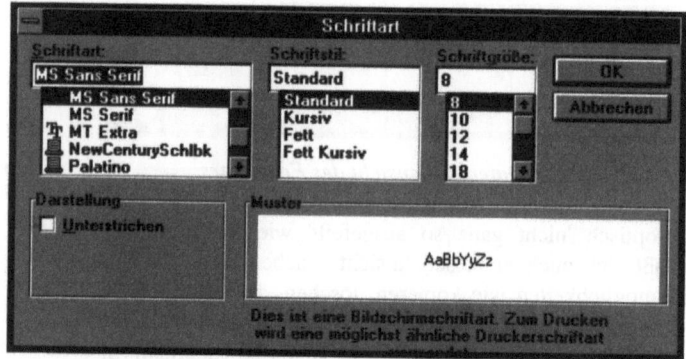

Abb. 10-17 Der Dialog Schriftart

Unter **Schriftart** werden alle in Ihrem System verfügbaren Schriften angezeigt.

Sollten Sie unter Windows 3.1 arbeiten und dennoch keine True-Type-Schriften im **Schriftart**-Dialog von Access sehen, so haben Sie deren Anzeige möglicherweise in der Windows-Systemsteuerung verboten. Öffnen Sie das **Schriftarten**-Symbol aus der **Systemsteuerung** und klicken die Schaltfläche **TrueType**. Sofern das Kontrollkästchen **TrueType-Schriftarten verwenden** nicht gewählt ist, aktivieren Sie es durch einen Mausklick.

Die Symbole vor den einzelnen Schriftnamen bedeuten:

Symbol	Beschreibung
TT	Diese Schrift ist eine durch Windows 3.1 zur Verfügung gestellte TrueType-Schrift, die sowohl bei der Anzeige am Bildschirm als auch beim Ausdruck optimale Ergebnisse erzeugt.
🖨	Diese Schrift ist eine Druckerschrift. Für den Ausdruck liefert sie einwandfreie Ergebnisse, zur Anzeige am Bildschirm wird eine möglichst ähnliche Windows-Schrift verwendet.
kein Symbol	Diese Schrift ist eine Bildschirmschrift. Für die Anzeige am Bildschirm liefert sie einwandfreie Ergebnisse, zum Ausdruck wird eine möglichst ähnliche Druckerschrift verwendet.

Glücklicherweise geht Windows nicht davon aus, daß Sie sich das Aussehen jeder unter **Schriftart** angebotenen Schrift gleich vorstellen können. Die Box **Muster** zeigt Ihnen in einer Vorschau, auf welche Schriftart Sie sich gerade 'einlassen'. Da manche Schriftarten erst wirken, wenn sie größer oder in anderem Schriftstil dargestellt werden, wird auch die Änderung der Schriftgröße sowie des Schriftstils vorausschauend angezeigt. Erst nachdem Sie die für Ihre Zwecke nützliche Schrifteinstellung gefunden haben, sollten Sie den Dialog **Schriftart** mit **OK** bestätigen.

Ebenso wie die Formatierung der Schriftart bezieht sich die Änderung der Zeilenhöhe immer auf das gesamte Datenblatt. Grundsätzlich wird die Höhe der Zeilen von der verwendeten Schriftart und -größe bestimmt. Diese kann von Ihnen jedoch folgendermaßen neu zugewiesen werden:

Zeilenhöhe einstellen

1. Wählen Sie [Layout/Zeilenhöhe].

*Abb. 10-18 Dialog **Zeilenhöhe***

2. Die gewünschte **Zeilenhöhe** geben Sie im Eingabefeld in Punkt ein. (Ein Punkt entspricht 0,376 mm.)

3. Bestätigen Sie Ihre Angabe mit **OK**.

Sollte sich jetzt allerdings herausstellen, daß die von Ihnen eingestellte Zeilenhöhe wenig praktikabel ist, so rufen Sie den Dialog **Zeilenhöhe** erneut auf und aktivieren dort das Kontrollkästchen **Standardhöhe**. Dadurch wird die von der Schriftart und -größe abhängige optimale Zeilenhöhe wieder eingestellt. Das Einstellen der Zeilenhöhe ist - unserer Meinung nach - ohnehin schneller mit der Maus erledigt.

---

1. Bringen Sie den Mauszeiger zwischen der Trennlinie zweier Zeilen in Position, ungefähr so:

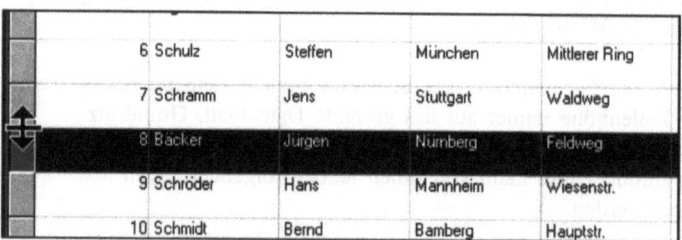

Abb. 10-19 Zeilenhöhe mit der Maus einstellen

2. Drücken Sie dann die linke Maustaste und halten diese gedrückt, während Sie den Mauszeiger nach oben oder nach unten fahren.

Datenerfassung leichtgemacht

Spaltenbreite einstellen

Was für Zeilen gilt, gilt selbstverständlich auch für Spalten. Mit einem Unterschied allerdings: Spalten können einzeln bearbeitet werden. Demnach können Sie die Breite jeder einzelnen Spalte gesondert festlegen. Und das ist ja auch sinnvoll, wenn man bedenkt, daß ein Textfeld, in dem ein langer Eintrag stehen kann, mehr Platz benötigt als ein numerisches Feld, in dem beispielsweise nur eine zweistellige Zahl verwaltet wird. Bevor Sie also mit der Anpassung der Spaltenbreite beginnen, setzen Sie zuerst den Cursor in die zu verändernde Spalte! Danach

wählen Sie [Layout/Spaltenbreite] und tragen im Dialog **Spaltenbreite** die gewünschte Breite in Punkt ein.

Oder

1. Sie setzen den Mauszeiger im Bereich der Spaltenüberschriften auf die rechte Begrenzungslinie der Zelle, ungefähr so:

Abb. 10-20 Position des Mauszeiger, um Spaltenbreite zu verändern.

2. Anschließend ziehen Sie die Maus bei gedrückter linker Maustaste nach links oder rechts.

Spalten verschieben

Natürlich können die Spalten in jeder Datenblattansicht von Ihnen so 'zurechtgerückt' werden, wie es die momentane Aufgabe erfordert. Betrachten Sie dazu die Datenblattansicht unserer Mitgliedertabelle. Die ersten drei Felder sind die Mitgliedsnummer, die Anrede- und die Gruppenkennung. Wir wollen allerdings derzeit nur die Vornamen, Namen und Wohnorte sehen. Was ist zu tun? Ganz recht, die wichtigen Spalten sollten am Anfang stehen.

1. Markieren Sie zunächst die betroffenen Spalten, hier: **Name**, **Vorname**, **Ort**. Setzen Sie den Mauszeiger dazu in die Überschrift der Spalte **Name**. Anschließend drücken Sie die linke Maustaste und halten diese gedrückt, während Sie den Mauszeiger bis in die Überschrift **Ort** ziehen. Dort angekommen, lassen Sie die linke Maustaste wieder los. Die betroffenen Spalten sind nun markiert.

2. Der Mauszeiger stellt sich jetzt wieder als Pfeilzeiger dar. Drücken Sie noch einmal die linke Maustaste und halten diese gedrückt, während Sie die drei markierten Felder an den Anfang (also vor das erste Feld, hier: **Nummer des Mitglieds**) ziehen.

Die wichtigsten Daten stehen somit gleich am Anfang des Datenblatts zur Verfügung. Blättern Sie doch nun einmal über die untere Bildlaufleiste weiter nach rechts, um die restlichen Spalten einzusehen. Fällt Ihnen etwas auf? Ihre so wichtigen Spalten **Name**, **Vorname** und **Ort** werden im Fenster nicht mehr angezeigt. Zu welchem Mitglied gehören allerdings die Informationen, die weiter hinten im Datenblatt stehen? Bei derartigen Problemen steht Ihnen die Spaltenfixierung hilfreich zur Seite.

Spalten fixieren

1. Markieren Sie die betroffene Spalte, hier: **Ort**.

2. Wählen Sie [Layout/Spalten fixieren].

Die rechte Begrenzungslinie des Feldes **Ort** weißt auf die Spaltenfixierung hin. Im Gegensatz zu den übrigen Feldtrennlinien, die durchbrochen dargestellt werden, ist diese durchgehend. Blättern Sie nun noch einmal nach rechts, wird der Unterschied augenfällig.

Benötigen Sie die Spaltenfixierung nicht mehr, läßt sie sich jederzeit wieder aufheben.

Spaltenfixierung aufheben

1. Markieren Sie zunächst die Spalte, die die Fixierung aufweist, hier: **Ort**.

2. Anschließend wählen Sie [Layout/Spaltenfixierung aufheben].

Möglicherweise fällt Ihnen während der Bearbeitung auf, daß momentan viel zu viele Spalten angezeigt werden. Stellen Sie sich vor, Sie wollten lediglich die Felder **Vorname**, **Name**, **Ort** und **Telefon** bearbeiten. Gibt es eine Möglichkeit, die restlichen Spalten zu unterdrücken? Die eindeutige Antwort lautet: Ja, die gibt es.

Spalten ausblenden

1. Markieren Sie die Spalte, die Sie ausblenden wollen, zum Beispiel: **Straße**.

2. Wählen Sie [Layout/Spalten ausblenden].

Auf diese Weise läßt sich ein allzu ausführliches Informationsangebot im Handumdrehen an die eigenen Wünsche anpassen. Und genauso einfach werden ausgeblendete Spalten wieder sichtbar gemacht. Sollte Ihnen in der Datenblattansicht also einmal eine Spalte 'fehlen', gilt der Wahlspruch: Nicht verzagen, [Spalten einblenden] fragen!

Spalten einblenden

1. Wählen Sie [Layout/Spalten einblenden]:

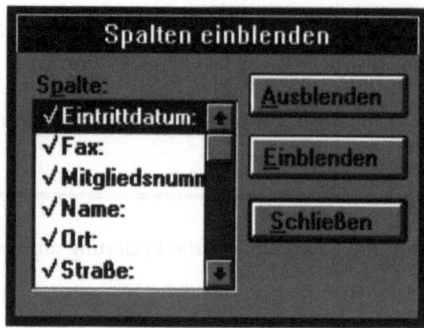

*Abb. 10-21 Dialog **Spalten einblenden***

Alle Spalten werden in der Liste **Spalte** aufgeführt. Spalten, die ausgeblendet sind, weisen kein Häkchen auf.

2. Markieren Sie die Spalte, die Sie einblenden möchten, durch einen Mausklick.

3. Anschließend betätigen Sie die Schaltfläche **Einblenden**.

4. Wiederholen Sie die Schritte 2 und 3 für alle Spalten, die Sie einblenden wollen.

5. Nachdem Sie alle gewünschten Spalten wieder sichtbar gemacht haben, **Schließen** Sie den Dialog über die gleichnamige Schaltfläche.

Layout speichern

Ein einmal erstelltes Layout kann selbstverständlich abgespeichert werden, um es beim nächsten Aufruf des Datenblatts nicht erneut festlegen zu müssen.

Wählen Sie [Datei/Formular speichern], um das Datenblattlayout unter dem aktuellen Formularnamen zu speichern.

Beachten Sie jedoch, daß in diesem Fall die 'Originaldatenblattansicht' durch Ihr eigenes Layout ersetzt wird. Wollen Sie diesen Effekt verhindern und sowohl das Original als auch Ihr Layout sichern,

1. wählen Sie [Datei/Formular speichern unter].
2. Dann legen Sie einen Namen für Ihr Layout fest.

Im Objekt Formular werden nun zwei Formulare angezeigt.

Das Formular drucken und schließen

Aufgrund Ihrer in den vorangegangenen Kapiteln gewonnenen Erfahrungen zum Thema Ausdruck wollen wir Sie in diesem Abschnitt nicht mit allgemeinen Informationen langweilen, sondern Sie auch diesmal bitten, diese dem **Kapitel 8** zu entnehmen, in dem der gesamte Druckdialog ausführlich erklärt wird. Vielmehr wollen wir auf zwei Besonderheiten beim Drucken von Formularen hinweisen.

Im Gegensatz zu Tabelle und Abfrage verfügt das Formular nicht nur über zwei, sondern gleich über drei Ansichten. Darüber hinaus kann j e d e Ansicht ausgedruckt werden, während sich sowohl bei der Tabelle als auch bei der Abfrage die Entwurfsansicht n i c h t drukken läßt. Wählen Sie daher zunächst die Ansicht, die ausgedruckt werden soll, bevor Sie den Druckauftrag starten.

Besonderheiten beim Ausdruck

Sofern Sie sich in der Formularansicht befinden, kann es sinnvoll sein, nur die D a t e n , die eingegeben wurden, auszudrucken. Stellen Sie sich vor, der Benutzer druckt seine Informationen auf einen bestimmten Vordruck. Diesen Vordruck haben Sie - originalgetreu - in einem Formular nachgebildet, um dem Anwender die Eingabe in das - ja schon vertraute Formular - zu erleichtern. Nun wäre es ausgesprochen dumm, wenn das Formular selbst auch noch einmal ausgedruckt würde, da ja bereits Vordruckpapier im Drucker liegt. In einem solchen Fall aktivieren Sie das Kontrollkästchen **Nur Daten** des Dialogs **Druckereinrichtung**. Und schon steht einem erfolgreichen Ausdruck nichts mehr im Wege.

Benötigen Sie Ihr Formular nicht mehr, vergessen Sie nicht es über

Formular schließen

[Datei/Schließen]

ordnungsgemäß in den Datenbankcontainer 'zurückzulegen'.

Zusammenfassung des Kapitels

- Sie haben ein Formular mit Hilfe eines Assistenten angelegt.

- Sie haben erfahren, welche Steuerelemente es gibt. Außerdem haben Sie die Steuerelemente Textfeld und Eingabefeld eingesetzt.

- Sie haben - neben dem Formularentwurf - die Eingabemöglichkeiten in ein Formular ergründet. Dabei haben Sie Datensätze angesteuert, gesucht und eingegrenzt.

- Sie haben gelernt, einen zu umfangreichen Datenbestand im Formular auf das wesentliche zu reduzieren. In diesem Zusammenhang haben Sie sich mit den möglichen Filterbedingungen vertraut gemacht.

- Sie haben innerhalb des Datensatzes die Feldansteuerung erprobt.

- Sie haben die Datenblattansicht des Formulars eingesehen und Mittel gefunden diese Tabellendarstellung ebenfalls benutzerfreundlicher zu gestalten.

- Sie haben die Besonderheiten beim Ausdruck eines Formulars kennengelernt.

TRAINIEREN SIE IHR WISSEN:

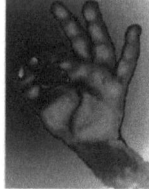

1. Nennen Sie zwei Wege, um ein Formular mittels Assistent einzurichten.

2. Wann verwenden Sie das Steuerelement Textfeld?

3. Wieviele Ansichten des Formulars kennen Sie bereits und wie heißen sie?

4. Auf welche Weise läßt sich der Datenbestand im Formular eingrenzen?

Kapitel 11

Überblick
Einen Bericht erstellen
Den Bericht ansehen, speichern und drucken
Der Bericht in der Entwurfsansicht
Adreßetiketten einrichten und drucken
Zusammenfassung des Kapitels

11. Schwarz auf Weiß: Der Bericht

Überblick

Die beste und individuellste Möglichkeit, Ihre Daten zu Papier zu bringen, ist der Bericht. **Kapitel 11** führt Sie daher in die Berichterstellung ein. Ob Sie Umsatzzahlen präsentieren oder einen Firmenkatalog erstellen wollen, der Bericht weiß diese Aufgabe professionell zu erledigen. Aber auch Diagramme, Telefonlisten und Adreßetiketten sind für den Bericht kein Problem. Bei der Erstellung Ihres ersten Berichts werden Sie wieder einen Assistenten einsetzen. Darüber hinaus werden Sie feststellen, daß Bericht und Formular viele Gemeinsamkeiten aufweisen. So finden Sie - bereits im Formular - verwendete Steuerelemente im Bericht wieder.

Nach Durcharbeiten dieses Kapitels sind Sie dann in der Lage, mittels Assistent einen Bericht zu erstellen, denselben in der Seitenansicht kritisch zu betrachten, ihn gegebenenfalls in der Entwurfsansicht zu modifizieren, um ihn letztendlich auszudrucken. Wie Sie **Adreßetiketten einrichten und drucken**, verrät Ihnen der gleichnamige Abschnitt.

Einen Bericht erstellen

Was ist ein Bericht?

Vielleicht stellen Sie sich im Moment die Frage, wozu Sie eigentlich noch einen Bericht benötigen. Schließlich lassen sich auch mit Datenblättern und Formularen aussagekräftige Druckergebnisse erzeugen. Stimmt! Doch wollen Sie Daten wirklich anschaulich präsentieren, führt kein Weg am Bericht vorbei. Ein Bericht erlaubt Ihnen den Einsatz verschiedener Designerelemente wie Bilder, Linien, Rechtecke und Diagramme. Bei der Auswahl und Anordnung der Elemente haben Sie völlige Freiheit. Schauen wir uns daher zunächst einige Beispiele für Berichte an:

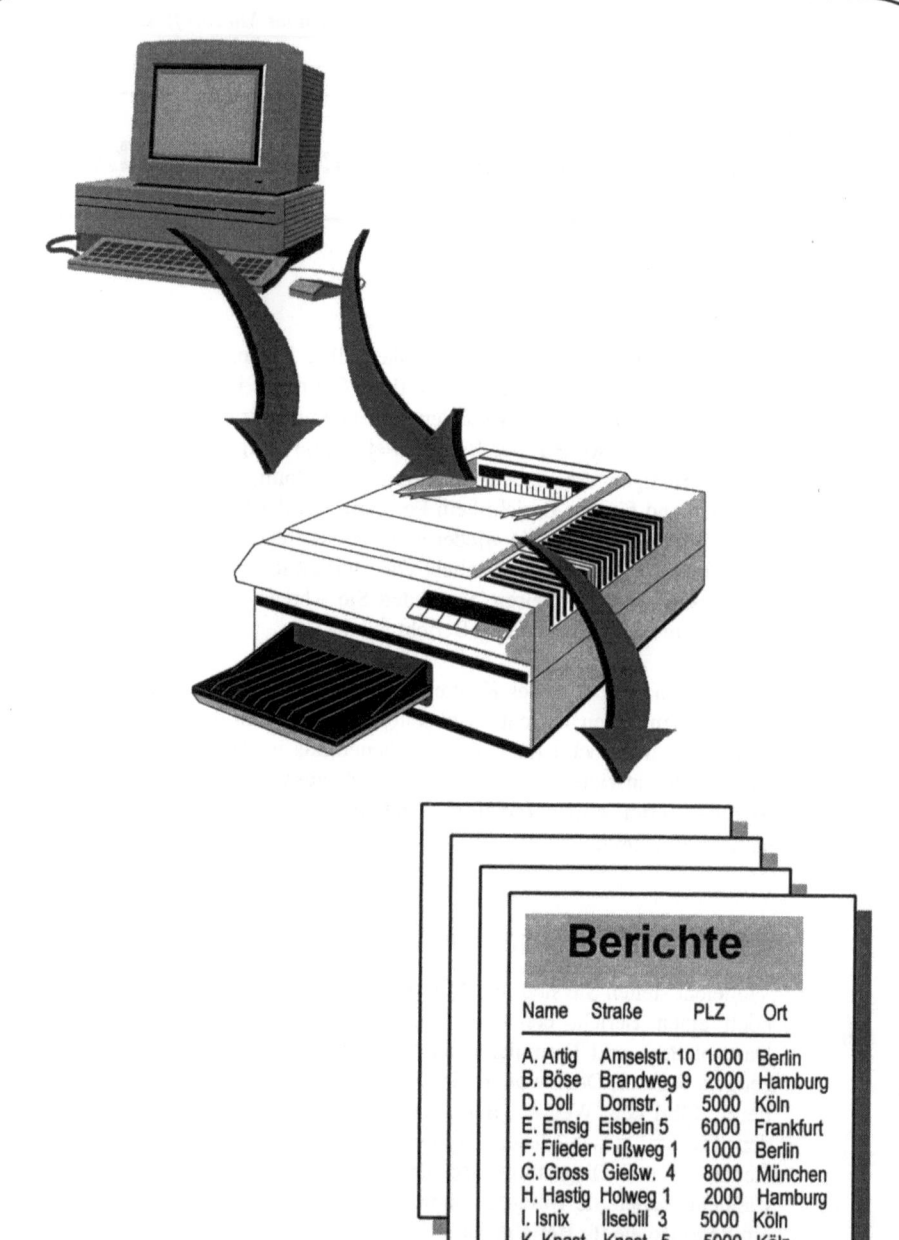

Schwarz auf Weiß: Der Bericht

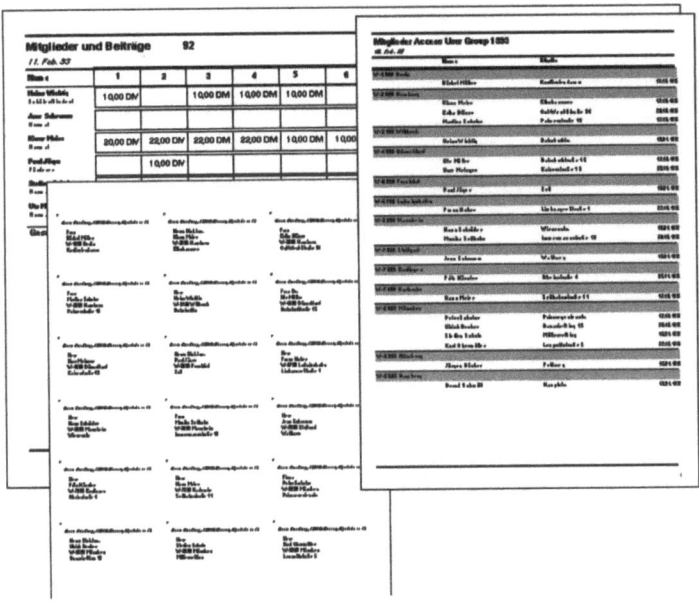

Abb. 11-1 Beispiele für mögliche Berichte

Ein Bericht eignet sich sehr gut, um Informationen, die in gewissen Abständen immer wieder 'präsentationsreif' ausgedruckt werden müssen, zu gestalten. Denken Sie dabei an eine Telefonliste, die sich ständig verändert, an die quartalsmäßige (bzw. monatliche) Darstellung von Umsatzzahlen oder an Adreßetiketten. Verwenden Sie den Bericht immer dann, wenn Sie Informationen regelmäßig in 'topform' drucken wollen. Der Bericht ist also eine weitere Möglichkeit, Informationen aus der Datenbank abzurufen und das in Präsentationsqualität. Betrachten wir im Gegensatz dazu das Datenblatt, so ist seine Stärke die Auflistung vieler Datensätze 'auf einen Blick'. Das Formular hingegen zeigt einen einzigen Datensatz anwenderfreundlich aufbereitet an.

Wozu ein Bericht?

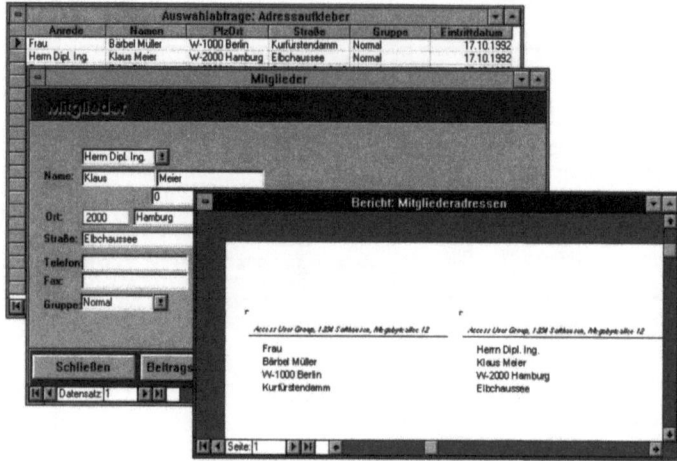

Abb. 11-2 Methoden, um Datenbankinformationen abzurufen.

Jede Methode hat eben ihre Schwerpunkte. Sie selbst müssen entscheiden, auf welche Weise sich Ihre momentane Aufgabe am besten lösen läßt.

Neuen Bericht erstellen

In diesem Kapitel sollen Sie eine Liste aller Mitglieder unserer Access User Group erstellen. Jedoch nicht nur einfach so, sondern sortiert nach Postleitzahlen. Auch der Bericht verwendet als Datenbasis Tabellen oder Abfragen. (Für unser Beispiel werden wir auf die Abfrage *Adressen* zurückgreifen. In **Kapitel 9** haben Sie diese Abfrage erstellt.) Auch der Bericht kann auf mehreren Wegen erstellt werden. Entweder

---

1. Sie wechseln in das Objekt Abfrage und markieren dort mit der Maus die Abfrage *Adressen*.

2. Anschließend klicken Sie einmal auf das Symbol zur Berichterstellung.

Oder:

---

1. Sie wechseln in das Objekt Bericht.

2. Hier klicken Sie einmal auf die Schaltfläche **Neu**.

In jedem Fall erhalten Sie den Einstiegsdialog zur Berichterstellung, allerdings mit einem kleinen Unterschied:

Sofern Sie die Tabelle/Abfrage zuvor bereits markiert hatten, stellt sich der Dialog **Neuer Bericht** nun so dar:

Andernfalls müssen Sie die Tabelle/Abfrage noch aus der angebotenen Liste auswählen:

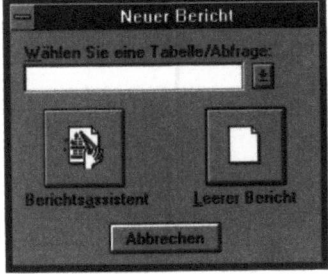
Abb. 11-3 Abfrage/Tabelle bereits eingetragen

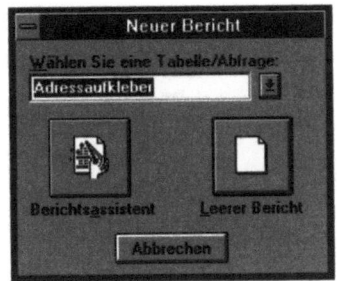
Abb. 11-4 Abfrage/Tabelle muß noch ausgewählt werden

Um den ersten Bericht zu gestalten, lassen Sie sich ruhig wieder von den Assistenten inspirieren.

Klicken Sie einmal auf die Schaltfläche **Berichtsassistent**.

Berichts-assistenten

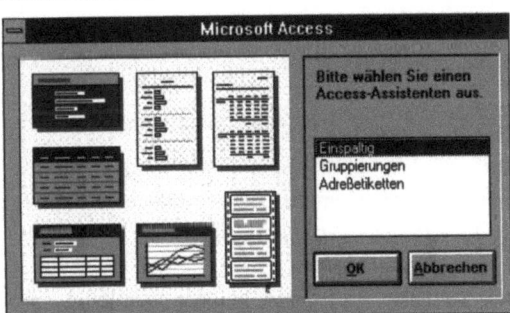
Abb. 11-5 Die Berichtsassistenten

Der einspaltige Bericht stellt die Daten 'en block' dar. Die Feldinformationen sind blockweise untereinander angeordnet, jeder Wert steht in einer eigenen Zeile:

Adressaufkleber
11 Feb 93
Anrede: Frau
Namen: Bärbel Müller
PlzOrt: W-1000 Berlin
Straße: Kurfürstendamm
Gruppe: Normal
Telefon:
Fax:
Eintrittdatum: 17 10 1992
Anrede: Frau
Namen: Erika Bläser
PlzOrt: W-2000 Hamburg
Straße: Ost-West-Straße 34
Gruppe: Normal

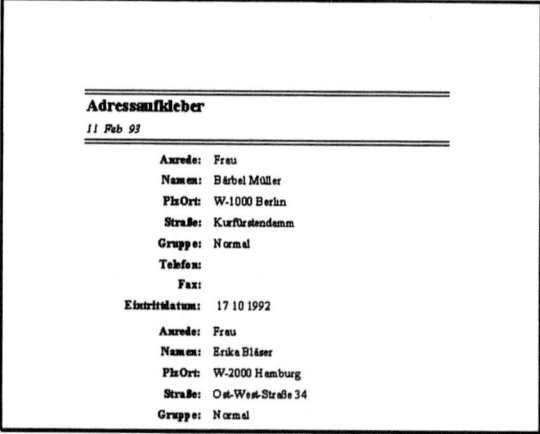

Abb. 11-6 Ein einspaltiger Bericht

Wählen Sie den Gruppierungsbericht werden Ihre Daten in Gruppen zusammengefaßt, zum Beispiel nach der Postleitzahl:

Mitglieder Access User Group 1993
11. Feb. 93

	Name	Straße	
W-1000 Berlin			
	Bärbel Müller	Kurfürstendamm	17.10.1992
W-2000 Hamburg			
	Klaus Meier	Elbchaussee	17.10.1992
	Erika Bläser	Ost-West-Straße 34	28.10.1992
	Martina Schulze	Palmerstraße 13	17.10.1992
W-3100 Wittbeck			
	Heinz Wichtig	Bahnhofstr.	16.01.1993
W-4000 Düsseldorf			
	Ute Müller	Bahnhofstraße 15	17.10.1992
	Uwe Metzger	Kaiserstraße 13	28.10.1992
W-6000 Frankfurt			
	Paul Jäger	Zeil	16.01.1993
W-6700 Ludwigshafen			
	Franz Huber	Limburger Straße 1	27.10.1992

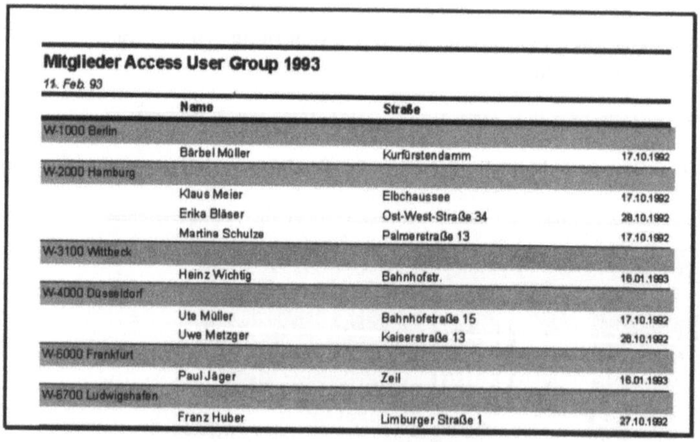

Abb. 11-7 Ein Gruppierungsbericht

Ein dritter und letzter Assistent hilft Ihnen bei der Erstellung von Adreßetiketten:

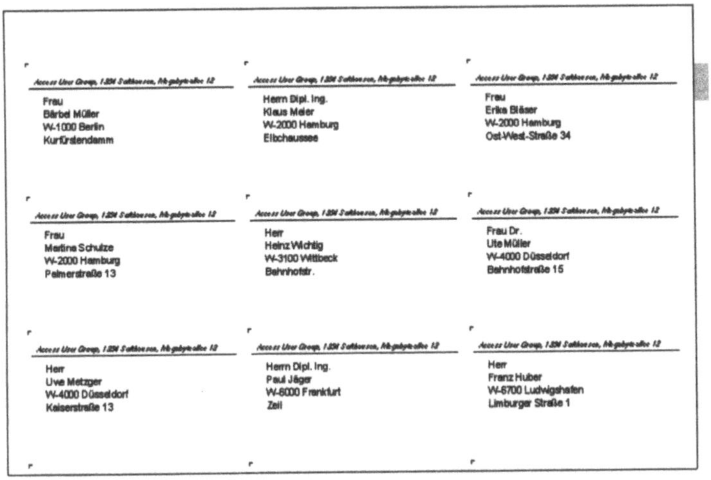

Abb. 11-8 Ein Bericht für Adreßetiketten

Folgen Sie nun - wie im vorherigen Kapitel - den Anweisungen, die Ihnen der Assistent gibt. Abhängig vom gewählten Assistenten müssen mal mehr, mal weniger Fragen beantwortet werden. Wählen Sie für unser Beispiel den Assistenten für einen Gruppenbericht aus. Folgende Einstellungen sollten Sie realisieren:

Dialog	Ihre Angabe
Welche Felder?	*Alle Felder*
Gruppieren nach?	*Postleitzahl (PLZ)*
Wie gruppieren?	*Normal*
Wie sortieren?	*Name*
Wie darstellen?	*Präsentation*
Berichtsüberschrift	*Adressen der Mitglieder nach Postleitzahl*

Öffnen Sie zu guter Letzt den Bericht in der Seitenansicht, der jetzt folgendermaßen aussieht:

Adressen der Mitglieder nach Postleitzahl				
11 Feb 93				
PLZ	Ort	Anrede	Vorname	Name
1000				
	Berlin	Frau	Bärbel	Müller
2000				
	Hamburg	Frau	Erika	Bläser
	Hamburg	Herrn Dipl Ing	Klaus	Meier
	Hamburg	Frau	Martina	Schulze
3100				
	Wittbeck	Herr	Heinz	Wichtig
4000				
	Düsseldorf	Herr	Uwe	Metzger
	Düsseldorf	Frau Dr	Ute	Müller
6000				
	Frankfurt	Herrn Dipl Ing	Paul	Jäger
6700				
	Ludwigshafen	Herr	Franz	Huber
6800				
	Mannheim	Herr	Hans	Schröder

Abb. 11-9 Adressen der Mitglieder nach Postleitzahlen

Natürlich werden Sie andere Mitgliedernamen und -adressen eingegeben haben. Das Layout jedoch, also die Überschriften, die Linien und die Schriftarten, sind identisch.

Den Bericht ansehen, speichern und drucken

Informationen des Berichts

Wir können demnach festhalten, daß ein Teil des Berichts reines Design ist, während die tatsächlichen Daten aus der zugrundeliegenden Tabelle oder Abfrage angezeigt werden. Damit haben Sie bereits eine erste wichtige Unterscheidung vorgenommen. Alle Designelemente werden im Berichtsentwurf gespeichert. Die Datenherkunft ist (und bleibt) eine Tabelle oder Abfrage.

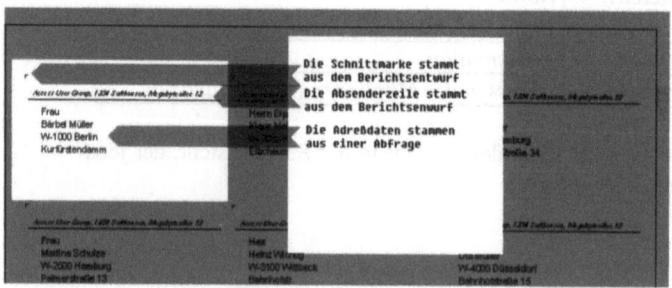

Abb. 11-10 Designelemente und Datenherkunft

Ein Bericht läßt sich also einmalig gestalten und dann mit immer wieder aktuellen Datenbeständen anzeigen. Ohne Ihr Dazutun! D. h. eine Kleinigkeit müssen Sie doch noch beachten. Der Bericht muß natürlich zuvor von Ihnen gespeichert worden sein. Aber das erledigen Sie mittlerweile 'mit links'. Um den Bericht erstmalig abzuspeichern, wählen Sie

Bericht speichern

1. aus dem Menü [Datei] den Befehl [Speichern].

2. Im Dialog **Speichern unter** legen Sie dann den gewünschten, bis zu 64 Zeichen langen Namen fest. Für unser Beispiel haben wir den Namen *Adressen der Mitglieder nach Postleitzahl* gewählt.

3. Bestätigen Sie mit **OK**.

Verwenden Sie den Befehl [Datei/Speichern] anschließend erneut, werden Sie feststellen, daß der Dialog **Speichern unter** nicht wieder angezeigt wird. Vielmehr werden die von Ihnen vorgenommenen Änderungen unter gleichem Namen gesichert. Für den Fall, daß Sie einen Bericht duplizieren wollen, speichern Sie ihn unter anderem Namen erneut ab:

Bericht duplizieren

1. Öffnen Sie den Bericht, der dupliziert werden soll.

2. Wählen Sie [Datei/Speichern unter].

3. Legen Sie einen neuen Namen fest.

4. Bestätigen Sie mit **OK**.

Benötigen Sie den Bericht nicht mehr, kann er geschlossen werden. 'In alter Gewohnheit' wählen Sie deshalb

Bericht schließen

[Datei/Schließen]

oder

führen einen Doppelklick auf das Systemmenü durch

oder

betätigen Sie einfach die Schaltfläche **Abbrechen**.

Genauso leicht kann er schließlich wieder geöffnet werden. Sie vermuten bereits richtig! Man

---

Bericht öffnen

1. wechsle in das Objekt Bericht.

2. Markiere den gewünschten Bericht mit der Maus...

3. ... und führe einen einfachen Mausklick auf die Schaltfläche **Öffnen** durch.

Oder:

Öffne den Bericht durch einen Doppelklick.

Der Ausdruck

Wie Sie augenblicklich feststellen, wird grundsätzlich die Seitenansicht des Berichts geöffnet, und das ist auch gut so. Denn dadurch haben Sie die Möglichkeit, Ihren Bericht noch einmal kritisch zu betrachten, bevor Sie ihn zu Papier bringen. Sie haben den Ausdruck und die dafür erforderlichen Einstellungen ausführlich in **Kapitel 8** kennengelernt. Aus diesem Grund werden wir uns auch diesmal wieder auf die Besonderheiten beschränken. Schauen Sie sich dazu Ihren Bericht in der Seitenansicht an. Vielleicht sind Sie auch der Meinung, daß die Adressen ein bißchen 'gequetscht' untereinander stehen. Um den Zeilenabstand etwas großzügiger zu gestalten,

---

Zeilenabstand verändern

1. klicken Sie auf die Schaltfläche **Einrichten**. Sie öffnen dadurch den Dialog **Druckereinrichtung**.

2. Im Dialog **Druckereinrichtung** klicken Sie auf die Schaltfläche **Weiteres**.

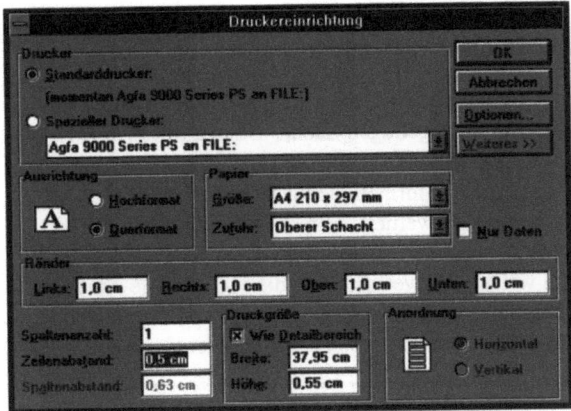

Abb. 11-11 Erweiterter Druckerdialog

Der Dialog wird nach unten hin noch einmal verlängert.

3. Tragen Sie in das Feld **Zeilenabstand** 0,5 cm ein.

4. Bestätigen Sie mit **OK**.

Voilà. Der Zeilenabstand wurde vergrößert:

PLZ	Ort	Anrede	Vorname	Name
Adressen der Mitglieder nach Postleitzahl				
11 Feb 93				
1000				
	Berlin	Frau	Bärbel	Müller
2000				
	Hamburg	Frau	Erika	Bläser
	Hamburg	Herm Dipl Ing	Klaus	Meier
	Hamburg	Frau	Martina	Schulze

Abb. 11-12 Geänderter Zeilenabstand

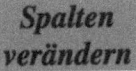

Bei der von uns eingegebenen Anzahl von Mitgliederadressen wird die Seite so besser ausgenutzt. Sobald Sie mit mehreren Spalten nebeneinander arbeiten, erlauben die zusätzlichen Optionen das Festlegen

des Spaltenabstands
die Anordnung der Spalten nebeneinander.

Diese Auswahlen sind jedoch grau, also nicht wählbar, solange Sie im Feld **Spaltenanzahl** *1* eingetragen haben. Über die Box **Druckgröße** legen Sie den Druckbereich fest. Zunächst geht Access natürlich davon aus, daß Sie alle Informationen ausdrucken wollen, die in der Seitenansicht angezeigt werden. Entschließen Sie sich jedoch dazu, nur einen bestimmten Teil zu drucken, steht dem auch nichts im Wege. Nehmen wir an, Sie wollten nicht die vollständige Adresse aller Mitglieder drucken, sondern nur dessen Vor- und Nachnamen, sortiert nach Postleitzahl - versteht sich. Nichts leichter als das:

*Druck-
bereich
verändern*

1. Öffnen Sie den Bericht.
2. Klicken Sie einmal auf die Schaltfläche Einrichten.
3. Im Dialog **Druckereinrichtung** klicken Sie wieder auf die Schaltfläche **Weiteres**.
4. Tragen Sie in das Feld **Breite** (der Box **Druckgröße**) *10 cm* ein. Das Kreuz im Kontrollkästchen **Wie Detailbereich** wird dadurch entfernt.
5. Bestätigen Sie Ihre Eingabe durch **OK**.

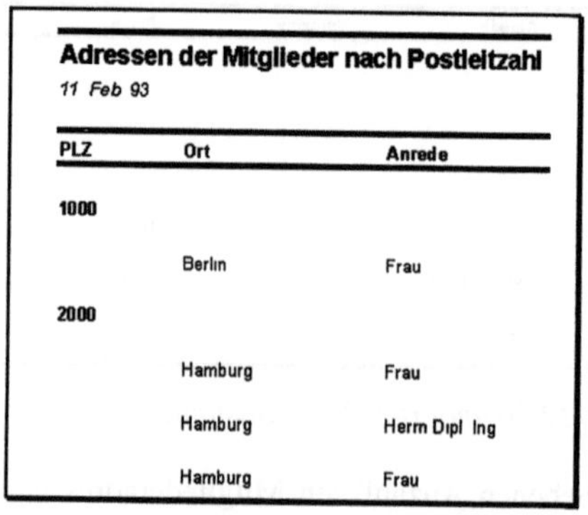

Adressen der Mitglieder nach Postleitzahl		
11 Feb 93		
PLZ Ort		Anrede
1000		
	Berlin	Frau
2000		
	Hamburg	Frau
	Hamburg	Herrn Dipl Ing
	Hamburg	Frau

Abb. 11-13 Der Druckbereich wurde anders festgelegt.

Benötigen Sie den Ausdruck später dann wieder vollständig, rufen Sie über die Schaltfläche **Weiteres** den erweiterten Dialog zur Druckereinrichtung erneut auf. Ein Mausklick auf das Kontrollkästchen **Wie Detailbereich** und alles ist 'wieder beim alten'.

Es kann vorkommen, daß sich Ihr Bericht auf einen umfangreichen Datenbestand stützt. Während der Layoutphase kann es daher störend sein, wenn bei jeder kleinen Änderung an der Schriftart, der Schriftgröße oder sonstigen Designerelementen gleich sämtliche Seiten des Berichts neu formatiert werden. Abhängig vom eingesetzten Rechner dauert die Bearbeitung des vollständigen Berichts entsprechend lange. Für diesen Fall ist Access vorbereitet und stellt Ihnen die Beispielansicht zur Verfügung. Diese Ansicht verwenden Sie um Schriftart, Schriftgröße und das allgemeine Layout Ihres Berichts zu überprüfen. Die Daten, die angezeigt werden, sind lediglich Beispieldaten, d. h. eine winzig kleine Menge aus dem Originaldatenbestand. Damit es schneller geht! Und so aktivieren Sie diese Ansicht:

Beispielansicht

1. Markieren Sie den Bericht, den Sie bearbeiten wollen.

2. Klicken Sie die Schaltfläche **Entwurf**.

3. Wählen Sie anschließend [Datei/Beispielansicht].

Scheinbar unterscheidet sich diese Ansicht durch nichts von der Seitenansicht. Bezogen auf das gestalterische Moment ist das auch völlig richtig. Schauen Sie sich jedoch den Datenbestand an, wird der Unterschied offensichtlich. Um Ihren Bericht nun zu überarbeiten, klicken Sie einmal auf die Schaltfläche **Abbrechen**. Willkommen in der Entwurfsansicht.

Der Bericht in der Entwurfsansicht

Der Bericht läßt sich selbstverständlich jederzeit auch direkt in der Entwurfsansicht öffnen. Dazu

**Berichts-
entwurf
öffnen**

1. wechseln Sie in das Objekt Bericht und markieren den gewünschten Bericht durch einen einfachen Mausklick.

2. Anschließend klicken Sie auf die Schaltfläche **Entwurf**.

Möglicherweise geht es Ihnen beim ersten Anblick des Berichtsentwurfs nicht anders als uns: Sie sind verwirrt. Diese Verwirrung löst sich jedoch sofort auf, wenn Sie die einzelnen 'Bauteile' des Berichtsfensters betrachten:

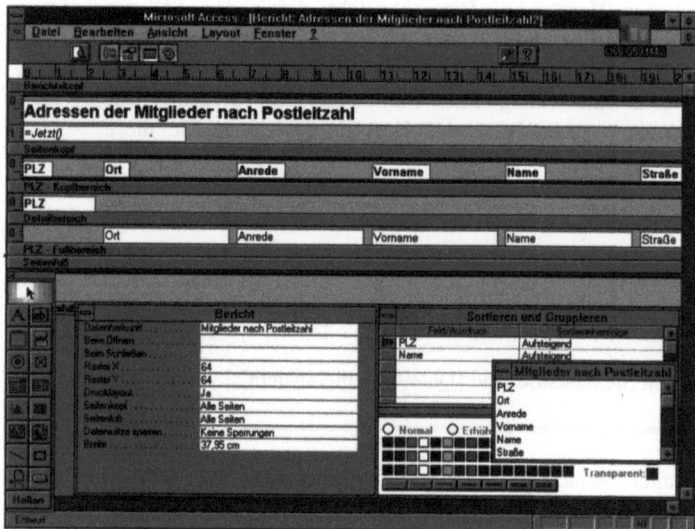

Abb. 11-14 Der Bericht in der Entwurfsansicht

**Aufbau des
Berichts-
fensters**

Gleich oben findet sich die bewährte Symbolleiste, links im Bild präsentiert sich die Werkzeugleiste, die Sie ja bereits im Formularentwurf kennengelernt haben. Den weitaus größten Teil des Fensters beansprucht der Berichtsentwurf. Er teilt sich seinerseits in unterschiedliche Bereiche:

Berichtskopf   Enthält Informationen, die nur einmalig zu Anfang des Berichts gedruckt werden. (Zum Beispiel ein Deckblatt für den Bericht.)

Seitenkopf	Enthält Informationen, die zu Anfang einer jeden Seite des Berichts gedruckt werden. (Zum Beispiel Überschriften, die über jede Seite gehören.)
Detailbereich	Enthält die eigentlichen Informationen.
Seitenfuß	Enthält Informationen, die zum Ende einer jeden Seite des Berichts gedruckt werden. (Zum Beispiel die Seitenzahl.)
Berichtsfuß	Enthält Informationen, die nur einmalig zum Ende des Berichts gedruckt werden. (Zum Beispiel ein Abschlußblatt für den Bericht mit Anschrift und Telefonnummer der Firma.)

Jeder Bereich enthält unterschiedliche Steuerelemente wie Eingabefelder, Textfelder, Diagramme usw. Um ein bestimmtes Element einzubringen, entscheiden Sie zunächst, in welchen Bereich es gehört und setzen es dann unter Zuhilfenahme der Werkzeugleiste mausgesteuert in den Bereich ein. **Kapitel 16** wird Sie ausführlich über die manuelle Gestaltung von Berichten informieren. Zunächst soll es jedoch darum gehen, einzelne Steuerelemente umzugestalten, und zwar:

Die Überschrift:	Kursiv und zentriert
Das Tagesdatum:	An den rechten Seitenrand
Die Mitgliederadressen:	Schriftart: Times New Roman, Schriftgröße: 12

Die Überarbeitung von Steuerelementen ist denkbar einfach. Zunächst wird das gewünschte Steuerelement durch einen Mausklick markiert, um im Anschluß daran kopiert, ausgeschnitten, farblich verändert oder verschoben zu werden. Geben Sie jetzt die Änderungen für die Überschriften ein.

Steuerelemente neu gestalten

Schriftstil

1. Markieren Sie das Textfeld, das die Überschrift enthält. (Das Steuerelement wird daraufhin mit schwarzen Vierecken, genannt Anfasser, ausgestattet. Gleichzeitig werden in der Symbolleiste weitere Werkzeuge eingeblendet.)

2. Klicken Sie in der Symbolleiste auf das Symbol für kursive Schriftdarstellung.

3. Klicken Sie in der Symbolleiste auf das Symbol für zentrierte Ausrichtung.

Ihr vorläufiges Ergebnis sollte so aussehen:

			Adressen der Mitglieder nach Postleitzahl			
11 Feb 93						
PLZ	Ort	Anrede	Vorname	Name	Straße	Gruppe
1000						
	Berlin	Frau	Bärbel	Müller	Kurfürstendamm	Normal
2000						
	Hamburg	Frau	Erika	Bläser	Ost-West-Straße 34	Normal
	Hamburg	Herrn Dipl	Klaus	Meier	Elbchaussee	Normal

Abb. 11-15 Neu formatierte Überschrift

Ausrichtung festlegen

Und jetzt zu Element zwei, dem Tagesdatum. Die Funktion '=Jetzt()' sorgt dafür, daß unser Bericht immer mit dem aktuellen Datum versorgt wird. Allerdings soll das Datum an der rechten Papierkante ausgegeben werden. Nachdem Sie das Steuerelement markiert haben,

richten Sie das Datum per Mausklick auf das Symbol für rechtsbündige Darstellung aus.

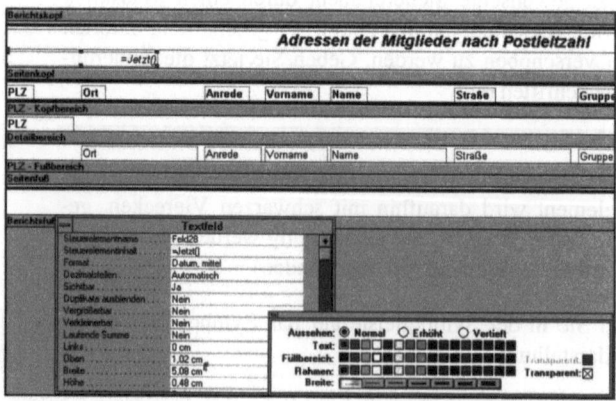

Abb. 11-16 Rechtsbündige Ausrichtung innerhalb des Steuerelements

Nun, das ist sicher noch nicht ganz das, was Sie wollten, oder? Um das Datum an der rechten Papierkante auszugeben, reicht es nicht aus, den Text innerhalb des Steuerelements rechtsbündig anzuordnen. Vielmehr ist die Veränderung der Position des Steuerelements erforderlich. Verschieben Sie das Steuerelement einfach mit der Maus an die rechte Papierkante. Wenn das nur so einfach wäre! Es ist, es ist.

1. Markieren Sie das Steuerelement.

2. Bewegen Sie den Mauszeiger dann auf den unteren oder oberen Rahmen z w i s c h e n den Anfassern. (Auf keinen Fall auf einen Anfasser!) Der Mauszeiger wird zur ausgestreckten Hand.

3. Drücken Sie die linke Maustaste, halten diese gedrückt und ziehen das Steuerelement an den rechten Rand. Der rechte Rahmen des Steuerelements sollte mit dem rechten Rand des Papiers übereinstimmen.

4. Anschließend lassen Sie die Maustaste wieder los und klicken einmal auf das Symbol Seitenansicht, um das Ergebnis anzusehen.

Position verändern

Das hat ja wunderbar geklappt! Ihr Layout verändert sich:

	Name	Straße	Gruppe	Telefon	Fax	Eintrittdatum
Adressen der Mitglieder nach Postleitzahl						11 Feb 93
bel	Müller	Kurfürstendamm	Normal			17 10 1992
a	Bläser	Ost-West-Straße 34	Normal			28 10 1992
s	Meier	Elbchaussee	Normal			17 10 1992
ina	Schulze	Palmerstraße 13	Normal			17 10 1992

Abb. 11-17 Die Überschrift und das Tagesdatum wurden neu gestaltet.

Damit zu den Anschriften der Mitglieder. Sie befinden sich im Detailbereich. Da diesmal mehrere Steuerelemente formatiert werden müssen, lohnt es sich, vorher alle betroffenen zu markieren.

Mehrere Steuerelemente markieren

1. Drücken Sie die Taste H und halten diese gedrückt.

2. Markieren Sie per Mausklick nach und nach die gewünschten Felder, hier: alle Felder im Detailbereich (Vorname, Name, Straße, Ort).

Und so sollten Ihre Steuerelemente nun markiert sein:

Abb. 11-18 Mehrere Steuerelemente markiert

Stellen Sie jetzt bitte für diese Gruppe die Schriftart *Times New Roman* und danach die Schriftgröße *12* ein. Ein Blick in die Symbolleiste verrät Ihnen, daß diese um weitere Werkzeuge bereichert wurde.

1. Klicken Sie den abwärtsweisenden Pfeil der Schriftartenliste, um diese zu öffnen.

2. Klicken Sie solange auf den abwärtsweisenden Pfeil, bis die Schriftart *Times New Roman* zu sehen ist. (Die Liste ist alphabetisch sortiert. Sie befinden sich bei *A* wie *Arial*.)

3. Markieren Sie die Schriftart *Times New Roman*.

4. Wählen Sie aus der Liste der Schriftgrößen die Größe *12* aus.

5. Wechseln Sie anschließend in die Seitenansicht.

Ihr 'amtliches Endergebnis' sieht dann so aus:

Schwarz auf Weiß: Der Bericht

Adressen der Mitglieder nach Postleitzahl					
PLZ	Ort	Vorname	Name	Straße	
1000					
	Berlin	Bärbel	Müller	Kurfürstendamm	
2000					
	Hamburg	Erika	Bläser	Ost-West-Straße 34	
	Hamburg	Klaus	Meier	Elbchaussee	
	Hamburg	Martina	Schulze	Palmerstraße 13	
3100					
	Wittbeck	Heinz	Wichtig	Bahnhofstr.	

Abb. 11-19 Neu formatierter Bericht

Die Möglichkeiten zur Gestaltung Ihrer Berichte sind schier unendlich. Überlegen Sie daher zuerst immer, was Sie tun wollen, welche Bereiche (Berichtskopf, Seitenkopf usw.) Sie dazu benötigen, welche Steuerelemente Sie verwenden wollen und wie diese angeordnet werden müssen.

Adreßetiketten einrichten und drucken

Ein ebenso wichtiges wie leidiges Thema ist der Ausdruck von Adreßetiketten. Wer kennt sie nicht, die Probleme, die auftreten können, wenn man sich auf dieses 'Glatteis' begibt. Microsoft Access hat diese Problematik erkannt und bietet auf denkbar einfachste Weise Hilfe an. Alles was Sie benötigen ist der Bogen Adreßetiketten, den Sie bedrucken wollen, und ein Lineal, um die Höhe und Breite des ersten Etiketts auszumessen. Natürlich sollten Sie auch Access gestartet haben, und dort den für Adreßetiketten zuständigen Assistenten bemühen.

Bericht für Adreß- etiketten erstellen

1. Wechseln Sie in das Objekt Abfrage und markieren dort die Abfrage *Adressen*.

2. Anschließend klicken Sie auf das Symbol zur Berichterstellung.

3. Klicken Sie die Schaltfläche **Berichtsassistent**.

4. Wählen Sie den Assistenten für Adreßetiketten aus und bestätigen mit **OK**.

Zunächst müssen Sie jetzt festlegen, was auf die Etiketten gedruckt werden soll:

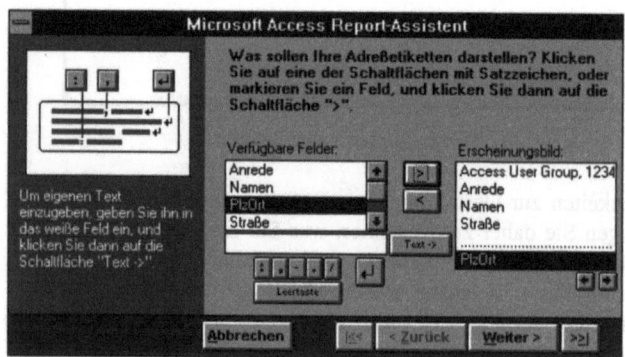

Abb. 11-20 Layout der Etiketten festlegen

Dazu verwenden Sie die verfügbaren Felder oder eigene Texte, die Sie einbringen wollen. Um ein Feld hinzuzufügen, markieren Sie es und klicken anschließend auf den Schalter ▭. Trennen Sie die Feldinhalte durch einen Mausklick auf die ▭. Sofern Sie eigene Texte für den Aufkleber eingeben wollen, legen Sie den gewünschten Text im Eingabefeld (gleich unter der Feldliste) fest. Vielleicht wollen Sie ja die Adreßaufkleber nicht für Adressen, sondern für eine Information, die dann auf Ihre Briefumschläge geklebt wird, verwenden, zum Beispiel: *In der Zeit vom 3. bis 15. Juli haben wir Betriebsferien!* Nachdem Sie den Text eingegeben haben, wird er durch einen Mausklick auf die Schaltfläche ▭ der Box **Erscheinungsbild** hinzugefügt. Ist die Zeile gestaltet, beendet ein Mausklick auf das Symbol ▭ Ihre Arbeit. Der Cursor bewegt sich dadurch in die nächste Zeile, bereit neue Anweisungen aufzunehmen. Wollen Sie Satzzeichen zwischen einzelnen Feldern verwenden, so ist auch daran gedacht. Fünf Symbole helfen bei der Realisation dieser Aufgabe:

Schwarz auf Weiß: Der Bericht

Symbol	Bedeutung
	Doppelpunkt
	Komma
	Bindestrich
	Punkt
	Schrägstrich

Um beispielsweise die Felder *Name* und *Vorname* durch ein Komma zu trennen, gehen Sie so vor:

1. Fügen Sie der Box **Erscheinungsbild** das Feld *Name* hinzu.

2. Klicken Sie einmal auf das Symbol Komma.

3. Fügen Sie dann der Box **Erscheinungsbild** das Feld *Vorname* hinzu.

4. Beenden Sie die Zeile durch einen Mausklick auf die Zeilenschaltung.

Name und *Vorname* werden fortan im Bericht durch ein Komma getrennt. **Weiter** geht's im Text durch einen Mausklick auf die gleichnamige Schaltfläche. Ihre nächste Aufgabe besteht darin, die Sortierreihenfolge Ihrer Adressen festzulegen:

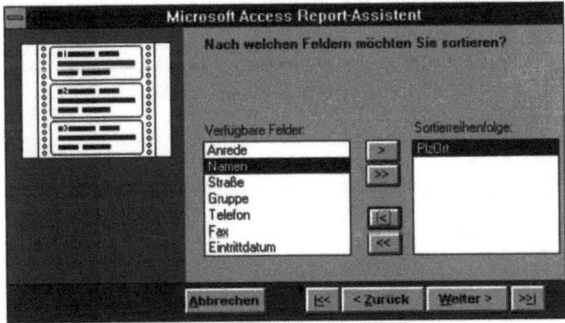

Abb. 11-21 Sortierreihenfolge festlegen

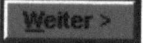 Hier können Sie entscheiden, ob Sie nach *Name* oder lieber nach Postleitzahl (*PLZ*) bzw. *Ort* sortieren möchten. Markieren Sie das gewünschte Feld und legen dann die Sortierreihenfolge durch Mausklick auf den **Hinzufügen**-Schalter fest. Maximal 3 Felder können über den Assistenten zur Sortierung herangezogen werden. Beachten Sie diese 'Höchstgrenze' nicht, reagiert Access mit folgender Warnmeldung:

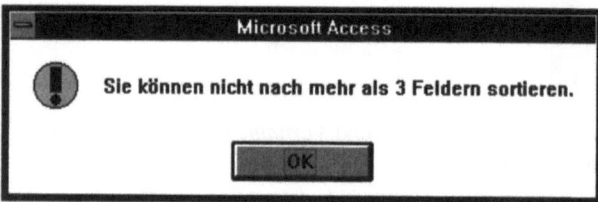

Abb. 11-22 Zu viele Sortierkriterien

Die Sortierreihenfolge erlaubt es Ihnen, Ihre Adressen nach ganz bestimmten Kriterien zu ordnen, zum Beispiel zuerst nach der Postleitzahl und innerhalb der Postleitzahl nach Firmennamen. Auf diese Weise informiert Sie die Adreßliste sogleich, in wievielen Städten Sie Kunden betreuen. Die Namen der Kunden werden dabei praktischerweise alphabetisch aufsteigend (von A bis Z) sortiert angezeigt.

Die letzte Angabe, die der Assistent von Ihnen erwartet, ist die Bekanntgabe der Etikettengröße. Ein erneuter Mausklick auf die Schaltfläche **Weiter** führt Sie in folgenden Dialog:

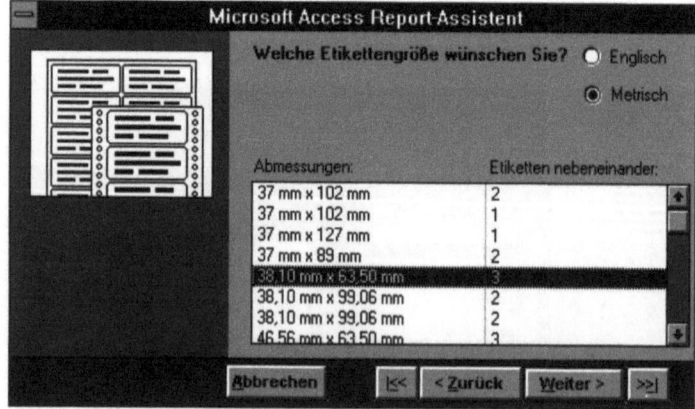

Abb. 11-23 Etikettengröße festlegen

Nun bemühen Sie zunächst den anfangs bereitgelegten Bogen Adreßetiketten und Ihr Lineal. Messen Sie Höhe und Breite des ersten Etiketts und wählen aufgrund der daraus resultierenden Ergebnisse die notwendige Abmessung aus. Der erste Wert stellt die Höhe, der zweite die Breite dar. Die hier gewählte Einstellung läßt sich nachträglich (d. h. außerhalb des Assistenten) natürlich ändern. Um die Abmessungen von metrisch auf Zoll umzustellen, reicht ein Mausklick auf die Option Englisch ganz oben im Dialog. Damit ist "die Gestaltung Ihrer Adreßetiketten abgeschlossen", wird Ihnen ein letzter Mausklick auf die Schaltfläche **Weiter** mitteilen. Öffnen Sie Ihren Bericht jetzt einmal in der Seitenansicht, um das Ergebnis zu sehen:

Abb. 11-24 Der Bericht des Adreßassistenten.

Bemühen Sie noch einmal den Schalter **Einrichten** und wählen im Dialog **Druckereinrichtung** die Schaltfläche **Weiteres**.

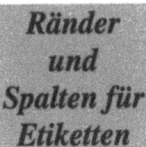
Ränder und Spalten für Etiketten

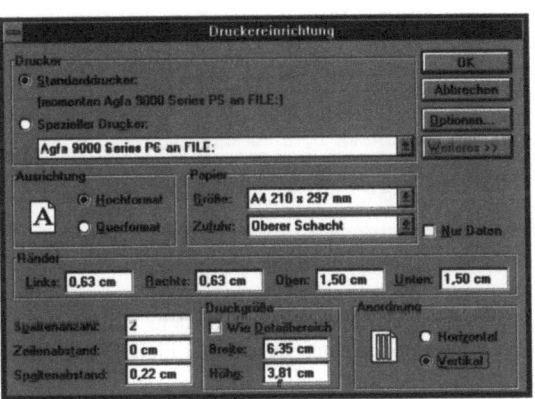

Abb. 11-25 Spaltenanzahl für Etikettendruck festlegen

Legen Sie im Feld **Spaltenanzahl** fest, wieviele Spalten Sie tatsächlich nebeneinander ausgeben wollen und beenden Ihre Eingabe mit der Taste T. Anschließend bestimmen Sie die **Anordnung** der Spalten. Nehmen wir an, Sie haben sich für eine Gruppierung Ihrer Adressen nach der Postleitzahl entschieden. Eine horizontale Spaltenanordnung führt zu folgendem Ergebnis, ...

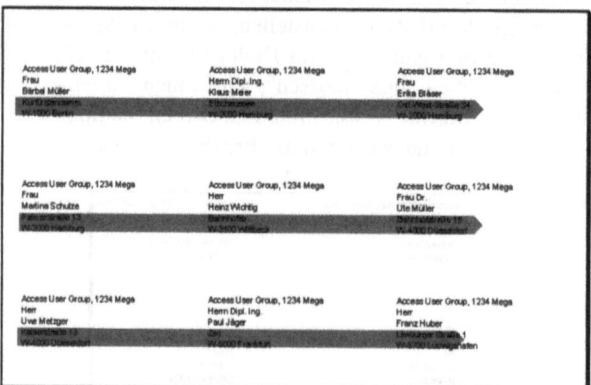

Abb. 11-26 Horizontale Anordnung von Spalten.

... während eine vertikale Anordnung so aussieht:

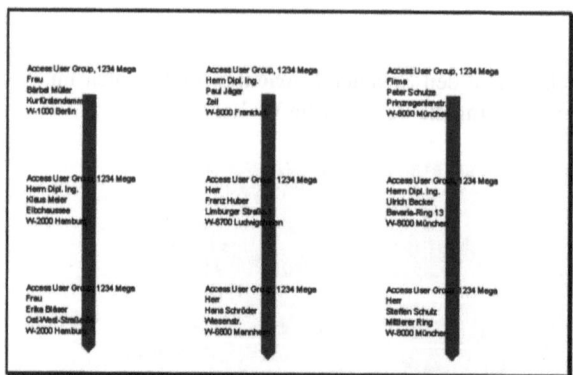

Abb. 11-27 Vertikale Anordnung von Spalten.

Sind alle Einstellungen nach Ihrem 'Gusto', steht dem Ausdruck - durch einen Mausklick auf den Schalter **Drucken** - nichts mehr im Wege.

Zusammenfassung des Kapitels

- Sie haben einen Bericht mit Hilfe eines Assistenten angelegt.

- Sie haben erfahren, daß Steuerelemente nicht nur in Formularen, sondern auch in Berichten Verwendung finden.

- Sie haben die Entwurfsansicht des Berichts eingesehen und sich mit den unterschiedlichen Bereichen vertraut gemacht. Darüber hinaus haben Sie erste Formatierungen und Layoutkorrekturen an einem bestehenden Berichtsentwurf vorgenommen.

- Sie haben gelernt, Adreßetiketten mittels Access einzurichten und nach Ihren Wünschen auszudrucken.

TRAINIEREN SIE IHR WISSEN:

1. Wann verwenden Sie einen Bericht?

2. Wie duplizieren Sie einen Bericht? Nennen Sie zwei verschiedenen Lösungswege.

3. Über wieviele Ansichten verfügt der Bericht?

4. Wie weisen Sie mehreren Steuerelementen gleichzeitig eine bestimmte Schriftart zu?

5. Welche Utensilien benötigen Sie zur Anlage von Adreßetiketten?

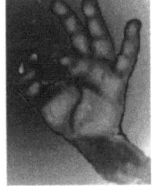

Kapitel 12

Überblick
Ein Makro erstellen und ausführen
Makro überarbeiten und speichern
Zusammenfassung des Kapitels

12. Makros automatisieren die Arbeit

Überblick

Immer dann, wenn alle Tabellen, Abfragen, Berichte und Formulare der Datenbankanwendung ausgearbeitet, sind ergibt sich - fast unweigerlich - der Wunsch, bestimmte Abläufe zu automatisieren. Dabei stellt sich die Frage, wie ausgeprägt diese Automatisierung sein soll. Microsoft Access bietet zwei Datenbankobjeke, die bei der automatischen Steuerung Ihrer Datenbankanwendung behilflich sind, die Makros und die Module. Einfache Arbeitsabläufe, wie beispielsweise das Öffnen von Formularen und Berichten 'auf Knopfdruck', das automatische Suchen und Filtern von Datensätzen oder das Überprüfen der Benutzereingaben auf Datengenauigkeit, lassen sich ideal über Makros steuern. Im Gegensatz zur Modulprogrammierung können in Makros die notwendigen Steuerungsroutinen einfach zugewiesen werden, während Module, die in Access Basic erstellt werden, eine gewisse Programmierkenntnis voraussetzen.

Kapitel 12 beschäftigt sich mit der Erstellung von Makros zur Automatisierung Ihrer Datenbankanwendung. Sie erfahren in diesem Kapitel, was Makros sind, wie sie erstellt, gespeichert und ausgeführt werden. Darüber hinaus gewährt es Ihnen einen Einblick in die Bearbeitungsmöglichkeiten für Makros.

Ein Makro erstellen und ausführen

Bevor wir uns nun der Makroerstellung widmen, wollen wir zunächst klären, was ein Makro ist. Jeder Makro führt eine oder auch mehrere Aufgaben automatisch aus. Jede Aufgabe, die Access ausführen soll, wird Aktion genannt. Auf eine große Anzahl dieser 'Access-Aktionen' können Sie im Makro zurückgreifen. Starten Sie dann Ihren Makro, werden die Aktionen der Reihe nach ausgeführt und dabei die von Ihnen angegebenen Objekte und Daten verwendet. Mögliche Aktionen können das Öffnen eines Formulars oder einer Tabelle,

Was ist ein Makro?

aber auch das Aktualisieren von Daten bzw. Objekten, das Anwenden von Filtern oder das Drucken eines Objekts sein.

Um ein Makro zu erstellen, öffnen Sie zunächst ein neues Makrofenster:

Makro erstellen

1. Wechseln Sie in das Objekt Makro.

2. Klicken Sie auf die Schaltfläche **Neu**.

Oder

1. Öffnen Sie im Menü [Datei] den Befehl [/Neues Objekt erstellen].

2. Im Untermenü wählen Sie den Menüpunkt [Makro].

Auf die eine oder andere Weise (er)öffnet sich Ihnen ein neues, leeres Makroarbeitsblatt:

Das Makrofenster

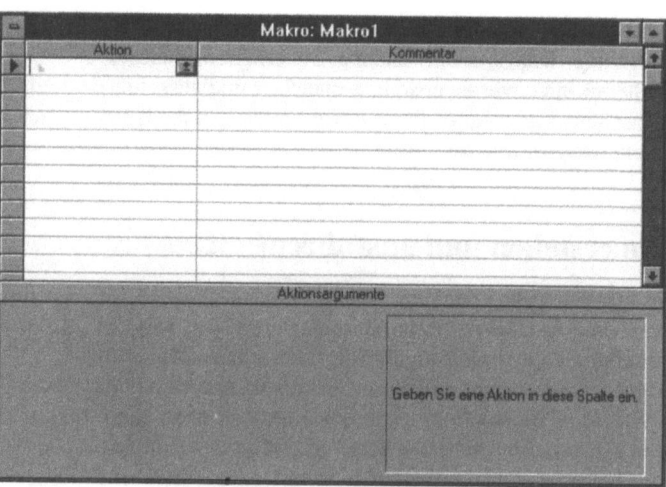

Abb. 12-1 Das Makrofenster

Wie Sie sicher festgestellt haben werden, hat das Makrofenster große Ähnlichkeit mit dem Tabellenentwurfsfenster. Es ist in zwei Bereiche eingeteilt, wobei im oberen Teil die gewünschten Aktionen festgelegt und kommentiert werden, während im unteren Teil die Argumente der jeweiligen Aktion näher zu beschreiben sind. Wie man es bereits aus dem Tabellenentwurfsfenster gewohnt ist, wird jedes mögliche Argument (rechts im Bild) noch einmal erklärt. Um zwischen den beiden Fensterteilen zu wechseln, verwenden Sie entweder die Maus oder die Taste &. Aber halt! Dieser Wechsel funktioniert natürlich nur, wenn mindestens eine Aktion eingegeben wurde und dementsprechend ein unterer Teil existiert. Lassen Sie uns also die Gelegenheit ergreifen und eine Aktion zum Öffnen eines Berichts beschreiben.

Aktion festlegen

1. Klicken Sie in das erste Feld der Spalte **Aktion**. (Sofern es sich um ein neues Makroblatt handelt, steht der Cursor dort bereits.)

2. Klicken Sie einmal auf den abwärtsweisenden Pfeil, um die Liste der anwählbaren Aktionen zu öffnen.

3. Bewegen Sie sich zur Aktion **ÖffnenTabelle**. (Die angezeigte Liste ist alphabetisch sortiert. Um schneller zur gewünschten Aktion zu gelangen, geben Sie deren ersten Buchstaben ein, hier *ö*.)

4. Markieren Sie die Aktion mit der Maus, um Sie in das Feld eintragen zu lassen. Access zeigt nun im unteren Teil die für diese Aktion gültigen Argumente an.

5. Geben Sie als **Kommentar** *Mitgliederliste* ein.

6. Klicken Sie dann in das erste Argument, **Tabellenname**.

7. Öffnen Sie die Liste der verfügbaren Tabellen durch einen Mausklick auf den abwärtsweisenden Pfeil.

8. Wählen Sie den Bericht *Mitglieder*.

Makro ausführen

Fertig ist der Makro! Dieser kann jetzt ausgeführt werden. Dabei hilft die Symbolleiste oder das Makromenü:

Klicken Sie auf das Symbol Makroausführung

oder

wählen Sie [Makro/Ausführen].

Wie Sie allerdings sehen, geht es ganz so einfach doch nicht. Um den Makro auszuführen muß er gespeichert werden:

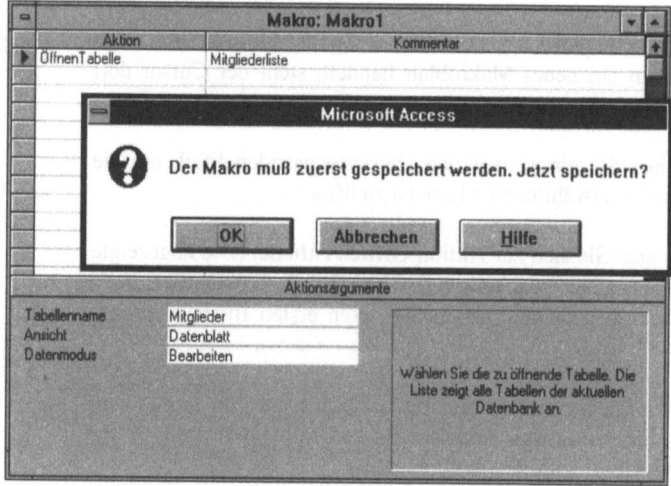

Abb. 12-2 Nachgefragt: Makro speichern?

Makro überarbeiten und speichern

Makro speichern

Beantworten Sie die zuvor gestellte Frage mit **OK**, zeigt Access den Dialog **Speichern unter** an, sofern Ihr Makro zum ersten Mal gespeichert wird und bislang noch keinen Namen hatte. Andernfalls werden die Änderungen an Ihrem Makro gesichert und die Aktion (bzw. die Aktionen) im Anschluß daran ausgeführt. Nicht unerwähnt bleiben soll, daß sich Makros natürlich auch auf 'konventionelle' Weise abspeichern lassen, soll heißen über das Menü [Datei] und die dort verfügbaren Befehle [Speichern] und [Speichern unter]. (Sofern Sie detaillierte Informationen zum Speichern von Objekten benötigen, schlagen Sie bitte in **Kapitel 8 - Tabellen entwerfen und speichern** nach.) Speichern Sie bitte diesen Makro unter dem Namen **MitgliederadressenAnzeigen**. Danach führen Sie ihn erneut aus, um zu testen, ob der gewünschte Bericht angezeigt wird.

Ganz bestimmt haben Sie bemerkt, daß es eine Weile dauert, bis die Tabelle am Bildschirm erscheint. In einem solchen Fall machen Sie den Benutzer Ihrer Datenbankanwendung auf Aktionen, die etwas Zeit in Anspruch nehmen, aufmerksam, zum Beispiel durch einen anderen Mauszeiger. Wie wäre es mit einer Sanduhr? Um weitere Aktionen festzulegen, muß das Makrofenster noch einmal geöffnet werden.

Makro bearbeiten

1. Wechseln Sie dazu in den Datenbankcontainer und dort zum Objekt Makro.

2. Markieren Sie den gewünschten Makro und klicken auf die Schaltfläche **Entwurf**.

Die erste Aktion Ihres Makros soll also nicht gleich das Öffnen der Tabelle, sondern zunächst das Anzeigen der Sanduhr sein. Sie benötigen demnach eine freie Zeile vor der Aktion **ÖffnenTabelle**. Wissen Sie noch, wie nachträglich Leerzeilen eingefügt werden? Richtig!

1. Die Zeile markieren, vor die eine weitere Zeile eingefügt werden soll.

2. Die Taste ⁺ betätigen

   oder

   [Bearbeiten/Einfügen] wählen.

Da Sie eine Sanduhr anzeigen wollen, wählen Sie aus der Liste der Aktionen zunächst den Buchstaben *S* und stellen anschließend die

Aktion **Sanduhr** auf Mausklick ein. Wie Sie sehen, ist diese Aktion nur mit einem einzigen Argument gesegnet. Das **Argument Sanduhr** kann genau zwei Werte aufnehmen, **Ja** oder **Nein**. Entscheiden Sie sich für **Ja**, damit die Sanduhr beim Öffnen der Tabelle angezeigt wird. Bevor Sie nun den Makro ausführen lassen, vergessen Sie nicht die Sanduhr nach erfolgtem Tabellenaufbau wieder abzuschalten! Dazu

1. bringen Sie den Mauszeiger in der dritten Zeile in Position,
2. wählen die **Aktion Sanduhr** noch einmal,
3. stellen das **Argument Sanduhr** allerdings diesmal auf **Nein**.

Damit ist Ihr Makro zur erneuten Ausführung bereit. Schon besser, nicht? Gehen wir noch einen Schritt weiter und nehmen uns vor, den Makro später über eine Schaltfläche im Formular *Mitglieder* aufzurufen. Angezeigt würde jedesmal eine unsortierte Mitgliedertabelle. Nicht gerade 'das Gelbe vom Ei'. Viel besser wäre es, den sortierten Bericht auszugeben. Natürlich könnten Sie jetzt aus der Liste der Aktionen **ÖffnenBericht** wählen und die notwendigen Argumente 'von Hand' eingeben.

'Öffnen'-Aktionen hinzufügen

Im Falle der 'Öffnen'-Aktionen bietet Ihnen Access allerdings einen besonderen Komfort, den Sie sich nicht entgehen lassen sollten:

1. Wechseln Sie im Datenbankcontainer zum Objekt Bericht.
2. Ordnen Sie das Makrofenster und den Datenbankcontainer über das Menü [Fenster/Nebeneinander] an.
3. Ziehen Sie den gewünschten Bericht, hier: Mitgliederadressen nach PLZ, auf die Aktion **ÖffnenTabelle** im Makrofenster.

Die Aktion **ÖffnenBericht** wird hinzugefügt. Die Argumente sind von Access automatisch passend eingesetzt worden. Die Aktion

ÖffnenTabelle können Sie jetzt getrost löschen. Markieren Sie dazu die gesamte Zeile und betätigen einmal die Taste ⌫.

Wollen Sie am Ende einer Makroausführung den Benutzer noch textlich über das Makroresultat informieren, steht dem nichts im Wege. Die Aktion **Meldung** ist bei solchen Aufgaben stets gern zu Diensten. Folgende Argumente können für die Meldung eingestellt werden:

Argument	Beschreibung
Meldung	Meldungstext, der im Dialog angezeigt wird.
Signalton	Wünschen Sie einen Ton (Beep), wenn die Meldung angezeigt wird, muß dieses Argument **Ja** heißen, andernfalls **Nein**.
Typ	Je nach eingestelltem Typ zeigt Ihre Meldungsbox ein Symbol an oder nicht.
Titel	Text, der in der Titelzeile der Meldungsbox ausgegeben wird.

Fügen Sie nun bitte noch als letzte Aktion eine Meldung mit folgenden Argumenten hinzu...

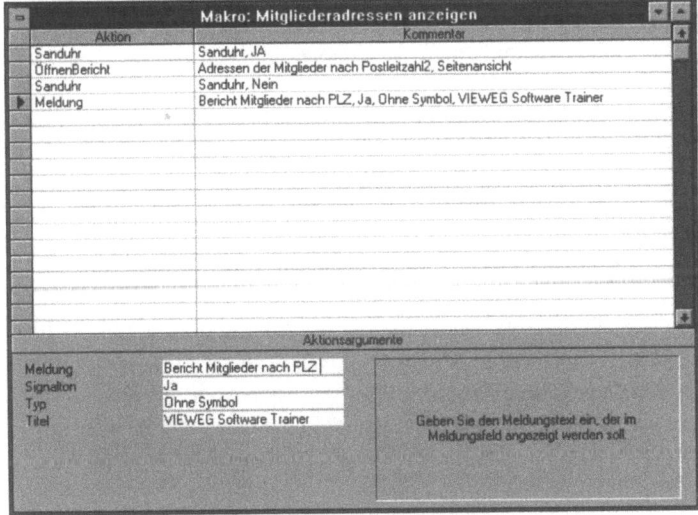

Abb. 12-3 Die Aktion **Meldung**

Makro im Formular verwenden

... und ernten zum guten Schluß die Früchte Ihrer Arbeit durch eine Makroausführung. Wie rufen Sie allerdings diesen Makro von Ihrem Formular *Mitglieder* ab? Ganz einfach: Binden Sie den Makro an eine Schaltfläche im Formular *Mitglieder*. Öffnen Sie dazu das mitgelieferte Formular *Mitglieder2*, denn dort haben wir für Sie bereits eine Schaltfläche eingerichtet. Führen Sie einen Mausklick auf die Schaltfläche **Mitgliederliste anzeigen** durch und beobachten, was passiert. Völlig richtig. Es passiert gar nichts! Ihre Aufgabe besteht nun darin, die Schaltfläche 'in Gang' zu bringen.

1. Wechseln Sie in die Entwurfsansicht des Formulars, hier: *Mitglieder2*.

2. Markieren Sie die Schaltfläche durch einen Mausklick. Im Eigenschaftenfenster werden nun alle Eigenschaften der Befehlsschaltfläche angezeigt. (Sollte das Eigenschaftenfenster bei Ihnen nicht angezeigt werden, wählen Sie [Ansicht/Eigenschaften], um es einzublenden.)

3. Bringen Sie den Mauszeiger in der Eigenschaft **Beim Klicken** in Position.

4. Wählen Sie aus der Liste der verfügbaren Makros Ihren soeben erstellten Makro, *MitgliederadressenAnzeigen*, aus.

5. Wechseln Sie in die Formularansicht und klicken nun auf die Schaltfläche **Mitgliederliste anzeigen**.

Die Schaltfläche arbeitet jetzt wie man es von ihr erwartet. Auf diese Weise lassen sich Arbeitsabläufe im Handumdrehen automatisieren.

Gratulation, lieber Leser! Sie haben Ihren Einstieg in Access gefunden und sind jetzt durchaus in der Lage einfache Datenbankanwendungen zu erstellen. Sofern Sie mehr über Access wissen möchten oder gar zum Access-Profi avancieren wollen, empfehlen wir Ihnen **Teil III** dieser Publikation, der sich mit fortgeschrittenen Themen zur Datenbankerstellung beschäftigt.

Zusammenfassung des Kapitels

- Sie haben erfahren, was Makros sind und welche Rolle sie in Access spielen.

- Sie haben ein Makro erstellt und sich mit dem Makrofenster vertraut gemacht. Außerdem haben Sie die Bedeutung von Aktionen kennengelernt.

- Sie haben Ihrem Makro Aktionen hinzugefügt und damit verbunden verschiedene Argumente verschiedener Aktionen ergründet.

- Sie haben verschiedene Wege erprobt, um ein Makro auszuführen.

TRAINIEREN SIE IHR WISSEN:

1. Wobei helfen Makros?

2. Mit welchem anderen Entwurfsfenster hat das Makrofenster Ähnlichkeit?

3. Nennen Sie zwei Wege, um ein Makro auszuführen.

4. Nennen Sie zwei Möglichkeiten, eine 'Öffnen'-Aktion dem Makrofenster hinzuzufügen.

5. Was verstehen Sie unter einer 'Aktion'?

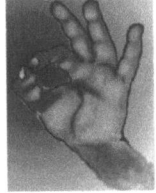

Kapitel 13

Überblick
Die Tabellen der Beispieldatenbank
Die Feldeigenschaften
Der Index
Tabellenstruktur ändern
Daten suchen und ersetzen
Tabellen importieren oder einbinden
Daten exportieren
Individuelle Einstellungen
Zusammenfassung des Kapitels

13. Tabellen bearbeiten

Überblick

Kapitel 13 ist das erste von sechs Kapiteln, das sich an den fortgeschrittenen Access-Benutzer richtet. Damit setzt der dritte Teil die Kenntnis der beiden vorausgegangenen Teile oder entsprechendes Wissen voraus.

Sie sollen in diesem Kapitel die Feinheiten im Umgang mit Tabellen erfahren. Sie werden sich mit den Tabelleneigenschaften beschäftigen und erfahren, wie Sie Anzeigeformate, Gültigkeitsregeln und Standardwerte für Felder bereits bei der Tabellenanlage berücksichtigen. Darüber hinaus lernen Sie die Verwendung des Index sowohl für einzelne als auch für mehrere Felder kennen.

Die nachträgliche - jedoch oft unvermeidliche - Änderung der Tabellenstruktur ist unproblematisch, solange Tabellen noch keine Daten enthalten. Was allerdings zu beachten ist, wenn die Struktur einer Tabelle geändert werden muß, die bereits Daten enthält, verrät Ihnen der Teilabschnitt **Tabellenstruktur ändern**. Auch die nachträgliche inhaltliche Änderung an Datenbeständen läßt sich nicht immer vermeiden und so sorgen Befehle zum **Daten suchen und ersetzen** dafür, daß die betroffenen Stellen schnell gefunden und bearbeitet werden können.

Access bietet Ihnen nicht nur die Möglichkeit auf eigene Tabellen, also Tabellen der aktuellen Datenbank, sondern auch auf Tabellen anderer Access-Datenbanken oder anderer Systeme, wie beispielsweise Paradox oder dBASE-Dateien, zurückzugreifen. Wie Sie **Tabellen importieren oder einbinden** erläutert der gleichnamige Teilabschnitt. Natürlich können Sie Access-Daten auch exportieren, zum Beispiel in ein Kalkulationsprogramm oder zur Weiterverwendung in einem Serienbrief der Textverarbeitung. Zum Abschluß des Kapitels sollen Sie dann noch erfahren wie Sie **Individuelle Einstellungen** für die Arbeit mit Tabellen vornehmen können.

Als Beispiel für den dritten Teil dieser Publikation haben wir uns für ein Vertriebsinformationssystem entschieden. Sie finden es auf der Diskette unter dem Namen VERTRIEB.MDB. Öffnen Sie diese Datenbank, landen Sie nicht erwartungsgemäß im Datenbankcontainer von Access, sondern in einem eigenen Hauptmenü. Über das [Fenster]-Menü können Sie jedoch jederzeit zum Datenbankcontainer zurückkehren!

Die Tabellen der Beispieldatenbank

Als Datenbasis verwendet die Datenbank VERTRIEB.MDB - wie jede Access-Datenbank - Tabellen. Da komplexe Datenbankanwendungen meist mehr als einige wenige Tabellen enthalten, haben wir uns für dieses Modell ganz bestimmte Namenskonventionen für die Tabellen einfallen lassen. Die wichtigste Tabelle beginnt mit dem Namen '1_'. Hier befinden sich die zentralen und wichtigsten Daten unseres Vertriebsinformationssystems. Die Tabelle **1_Händlerstamm** stellt gewissermaßen den Kundenstamm dar. Alle Tabellen, die mit dem Kundenstamm unmittelbar in Zusammenhang stehen, sind mit der Kennung '2_' benannt worden. Tabellen, die zwar mit dem Kunden direkt zu tun haben, aber lediglich Zusatzinformationen liefern, 'rangieren' auf Platz drei und beginnen daher mit '3_'. Für alle Listenfelder, aus denen Informationen gewählt werden können, gibt es zugrundeliegende 'Z_'-Tabellen. 'Z_'-Tabellen enthalten Informationen ganz allgemeiner Art, zum Beispiel eine Auswahl möglicher Dienstleistungen (z. B. Schulung, Service), eine Auswahl möglicher Funktionen (z. B. Geschäftsführer, Vertriebsleiter) oder Zielgruppen (z. B. Großkunden, Mittelstand).

Die Feldeigenschaften

Beim Einrichten von Tabellen spielen die Eigenschaften eine zentrale Rolle. Hier lassen sich Feldgrößen, Feldformate, Gültigkeitsregeln und -meldungen, aber auch Indizes einstellen. Auf diese Weise setzen Sie Standards, die in der gesamten Datenbank verwendet werden. Nachdem Sie Feldeigenschaften für eine Tabelle festgelegt haben, sind diese im Datenblatt der Tabelle, aber auch in Abfragen bekannt. Erstellen Sie später dann Formulare und Berichte, denen die besagte Tabelle zugrunde liegt, enthalten diese automatisch die festgelegten Eigenschaften als Standardfeldeigenschaften.

Um die einzelnen Eigenschaften in der Anwendung nachzuvollziehen, sollten Sie nun die Tabelle **1_Händlerstamm** in der Entwurfsansicht öffnen. Access stellt Ihnen sieben Feldeigenschaften zur Verfügung:

Feldeigenschaft	**Beschreibung**
Feldgröße	Feldgrößen lassen sich für Textfelder oder Zahlenfelder auf einen gültigen Wertebereich einstellen.
Format	Formatieren Sie mit dieser Eigenschaft die Ausgaben für Datumsangaben oder Zahlenfelder (z. B. Allgemeine Zahl, Währung usw.).
Dezimalstellen	Haben Sie ein Anzeigeformat für ein Zahlen- oder Währungsfeld festgelegt, können Sie zwischen 0 und 15 Dezimalstellen einstellen.
Beschriftung	Legt eine neue Feldbeschriftung (anstelle der Standardbeschriftung, d.h. Feldname) fest.
Standardwert	Der hier eingegebene Wert wird automatisch in das Feld eingetragen, wenn ein neuer Datensatz hinzugefügt wird.
Gültigkeitsregel, Gültigkeitsmeldung	Nur Daten, die den hier festgelegten Regeln entsprechen, können in das Feld eingegeben werden.
Indiziert	Setzt einen Index auf das aktuelle Feld, um eventuelle Suchvorgänge zu beschleunigen.

Feldeigenschaften

Jeder Felddatentyp hat ganz bestimmte Eigenschaften. Das können mal mehr, mal weniger sein. So läßt sich beispielsweise für ein Memofeld keine Feldgröße einstellen, da dessen Größe vom System bestimmt wird. Anders sieht es bei Textfeldern aus. Sehen Sie sich dazu die Einstellungen der Textfelder unserer **1_Händlerstamm**-Tabelle an:

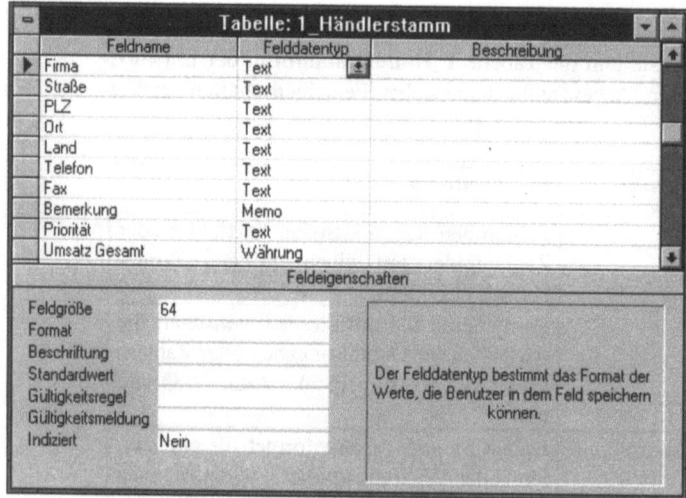

*Abb. 13-1 Textfelder der **1_Händlerstamm**-Tabelle*

Um die Feldeigenschaften einer Tabelle einzustellen,

Feldeigen-schaften einstellen

1. öffnen Sie die Tabelle in der Entwurfsansicht.

2. Klicken Sie dann in das Feld, dessen Eigenschaften eingestellt werden sollen...

3. ... und anschließend im unteren Bildschirmbereich in die Feldeigenschaft, die Sie bearbeiten wollen.

4. Legen Sie nun den gewünschten Wert fest. Der rechte Bildschirmbereich unterstützt Sie mit erklärenden Texten dabei.

Feldgröße für Textfelder

Um sicherzustellen, daß die in ein Feld eingegebenen Daten nicht größer als gewünscht werden, legen Sie die **Feldgröße** fest. Dies ist allerdings nur für Text- und Zahlenfelder möglich. Alle anderen Felddatentypen werden von Access 'versorgt'. Textfelder können einen Wertebereich von 1 bis 255 Zeichen umfassen. Access schlägt als Standardwert 50 Zeichen vor. Keine Angst vor 'verschwendetem' Speicherplatz, wenn Ihre Textfelder zu groß angelegt wurden. Access verwendet grundsätzlich immer nur den tatsächlichen Speicherplatz! Um allerdings eine Eingabekontrolle auszuüben, empfiehlt es sich in manchen Fällen, die Eingabemenge zu begrenzen. Betrachten Sie einmal das Feld *Land*. Seine Feldgröße ist auf 3 Zeichen begrenzt, um lediglich eine Länderkennung - und nicht etwa den Ländernamen (!) - aufzunehmen.

Das Zahlenfeld erlaubt die Wahl zwischen fünf Einstellungen für die Feldgröße: Byte, Integer, Long Integer, Single, Double. Jede Einstellung beschreibt einen ganz bestimmten Wertebereich und legt außerdem fest, ob das Feld Dezimalstellen enthalten darf oder nicht:

Feldgröße für Zahlenfelder

Einstellung	Wertebereich	Dezimalstellen	Speichergröße
Byte	0 bis 255	keine	1 Byte
Integer	-32.768 bis 32.767	keine	2 Byte
Long Integer	-2.147.483.648 bis 2.147.483.647	keine	4 Byte
Single	$-3{,}4 \times 10^{38}$ bis $3{,}4 \times 10^{38}$	7	4 Byte
Double	$-1{,}797 \times 10^{308}$ bis $1{,}797 \times 10^{308}$	15	8 Byte

Den Standardwert für Zahlenfelder setzt Access standardmäßig auf Double. Wählen Sie jedoch die Feldgrößen immer nur so groß aus wie nötig, denn Access kann mit kleineren Feldgrößeneinstellungen schneller arbeiten als mit großen. Schauen Sie sich die Zahlenfelder der Tabelle **1_Händlerstamm** an, so erkennen Sie, daß für einige Felder die Einstellung **Integer**, für andere allerdings die Einstellung **Long Integer** gewählt wurde. Alle Felder, die mit der Kennung 'ID_' beginnen, beziehen sich auf primärindizierte Zählerfelder in abhängigen Tabellen. Zählerfelder tragen von Haus aus die Feldgrößeneinstellung **Long Integer**. Und damit sich beide Feldtypen verstehen, ist hier bei allen 'ID_'-Feldern diese Einstellung erforderlich.

Vorsicht beim nachträglichen Ändern von Feldgrößen in Tabellen, die bereits Daten enthalten. Wählen Sie den Wert für ein Feld zu klein, geht der Datenbestand verloren, da Access die Informationen in dem bereitgestellten Speicherplatz nicht unterbringen kann!!

Die nächste Feldeigenschaft, die sich einstellen läßt, ist das Format. Für jeden Felddatentyp gibt es eine Reihe von Möglichkeiten das Ausgabeformat zu beeinflussen. Über das Ausgabeformat legen Sie fest, wie der Feldinhalt auf dem Bildschirm bzw. im Ausdruck aus-

Ausgabeformate

sieht. Wir wollen nun die Formate für Zahlen- und Datumsformate untersuchen, da diese am häufigsten beeinflußt werden. Texte unterliegen meist weniger Beschränkungen oder Vorgaben. Die folgende Tabelle zeigt die Formate, die für Felder des Datentyps **Datum/Zeit** zur Verfügung stehen. Datum und Zeit sind in einem Datentyp zusammengefaßt. Über die Ausgabeformate läßt sich steuern, ob nur das Datum, nur die Zeit oder beides angezeigt werden soll.

Format	Ausgabe
Datum, Standard	13.11.92 23:56:45
Datum, lang	Freitag, 13. November 1992
Datum, mittel	13. Nov 92
Datum, kurz	13.11.92
T.MM.JJ	13.11.92
Zeit, lang	23:56:45
Zeit, 12-Std.	11:56 AM
Zeit, 24-Std.	23:56

Klicken Sie das Feld *Datum letzte Änderung* an. In den Feldeigenschaften öffnen Sie dann die Liste der möglichen Formate. Im Anschluß daran, schauen Sie sich bitte die Zahlenformate des Feldes *Support* an. Diese sehen - natürlicherweise - deutlich anders aus:

Format	Beispiel	Ausgabe
Allgemeine Zahl	5634,4	5634,4
Währung	5634,4	5.634,40 DM
Festkommazahl	5634,4	5634
Standardzahl	5634,4	5.634,40
Prozentzahl	0,58	58 %
Exponentialzahl	5634,4	563E+03

Eigene Formate definieren

Neben der Möglichkeit, auf ein vorgegebenes Format zurückzugreifen, akzeptiert Access auch benutzerdefinierte Formate. Öffnen Sie die Tabelle **2_Aktionsplanung** und klicken in das Feld *Dauer*, um ein solches Format anzusehen:

Tabellen bearbeiten

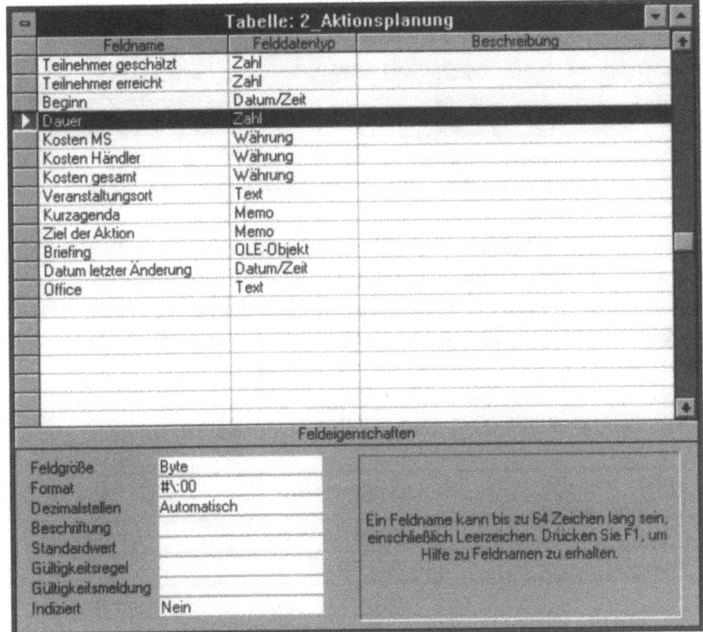

Abb. 13-2 Benutzerdefiniertes Format

Wechseln Sie anschließend in die Datenblattansicht und informieren sich über die Ausgabe in diesem Feld. Bei der Anlage benutzerdefinierter Formate sollten Sie folgende Regel kennen:

\#   Steht für Zahlen von 1 bis 9.
0   Zeigt führende Nullen an.

Dazu einige Beispiele:

Format	Wert	Anzeige
###	15	15
0##	15	015
#.###	1000	1.000
#.###,00	1000	1.000,00
00" Teilnehmer"	20	20 Teilnehmer

Ein selbstdefiniertes Format für ein Zahlenfeld kann bis zu vier durch Semikolon voneinander getrennte Teile enthalten:

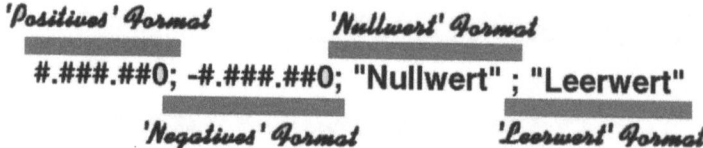

Abb. 13-3 Argumente eines benutzerdefinierten Formats

Der erste Teil stellt das Ausgabeformat bei positivem, der zweite Teil bei negativem Wert dar. Enthält das Feld den Wert 0, wird die Formatierung des dritten Teils herangezogen, während bei einem leeren Feld der vierte Teil verwendet wird. Auch hierzu ein Beispiel samt Ausgabe:

#.###,00;-#.###,00;"NULL";"UNBEKANNT"

Wert	Anzeige
4567	4.567,00
-4567	-4.567,00
0	NULL
leeres Feld	UNBEKANNT

Standardwert

Nachdem Sie Ihre gewünschten Formate festgelegt haben, tragen Sie im nächsten Schritt eine eventuelle Vorbelegung ein. Dieser Standardwert wird dann automatisch in das Feld eingetragen, wenn Sie einen neuen Datensatz anlegen. Verwenden Sie den Standardwert immer dann, wenn Sie wissen, daß ein bestimmtes Feld oft denselben Wert enthält. Auf diese Weise läßt sich bei der Datenerfassung viel Zeit sparen. So sollte das Feld *Land* beispielsweise die Vorbelegung *W* enthalten, während das Feld *Anrede* mit *Herr* (oder *Frau*) angegeben werden kann. Alle Berichte, Formulare und Abfrageergebnisse berücksichtigen fortan diese Standards. Legen Sie die Standardwerte möglichst beim Erstellen Ihres Tabellenentwurfs fest. Eine nachträgliche Änderung des Standardwerts in einem Feld wirkt sich n i c h t rückwirkend auf bereits bestehende Abfragedatenblätter, Formulare oder Berichte aus, sondern nur auf neu erstellte.

Abschließend sei noch erwähnt, daß Sie für den Felddatentyp **Datum/Zeit** zwei Funktionen als Vorbelegung verwenden können:

    =Datum()   Zeigt das aktuelle Datum an.
    =Jetzt()   Zeigt die aktuelle Uhrzeit an.

Tabellen bearbeiten 325

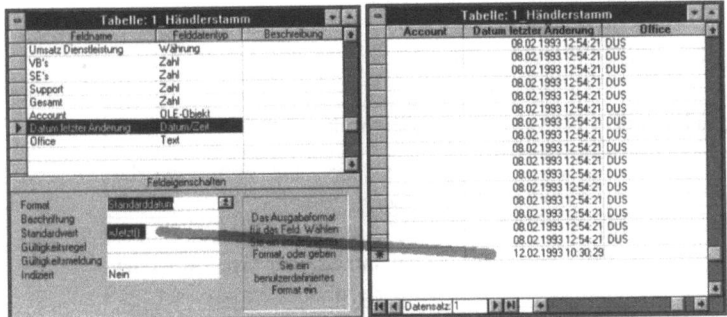

*Abb. 13-4 Die Funktion **Jetzt**() als Standardwert*

Manchmal ist es vonnöten, unerlaubte Eingaben zu verbieten. Sie werden jetzt vielleicht einwenden, daß Access ohnehin kontrolliert, daß in ein numerisches Feld keine Texte eingegeben werden. In vielen Fällen sind jedoch genauere Eingaberegeln notwendig. So darf beispielsweise in ein Umsatzfeld oder in ein Feld *Anzahl Mitarbeiter* niemals ein negativer Wert eingetragen werden. Schränken Sie in solchen Fällen die Eingabemöglichkeiten über eine Gültigkeitsregel ein, um nur diejenigen Werte zuzulassen, die Ihrer Bedingung genügen. Sobald Sie eine Gültigkeitsregel aufgestellt haben, sollten Sie einen entsprechenden Meldungstext verfassen, der im Falle einer ungültigen Eingabe angezeigt wird.

Gültigkeits-regel/ Gültigkeits-meldung

Für das Feld *Gesamtumsatz* haben wir eine Gültigkeitsregel (>= 0) eingetragen. Wenn wir nun in die Tabelle einen negativen Wert eingeben, kommentiert Access mit unserem eigenen Gültigkeitstext wie folgt:

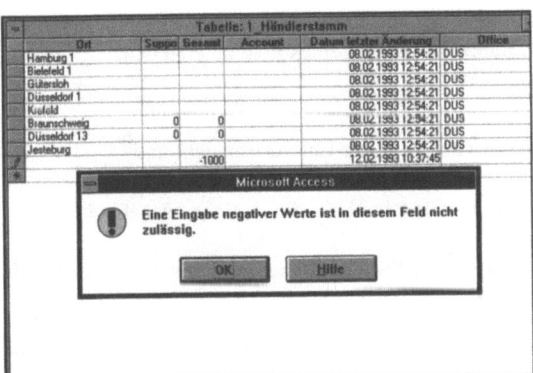

Abb. 13-5 Gültigkeitsmeldung

Zu guter Letzt noch einige Beispiele:

Gültigkeitsregel	Gültigkeitsmeldung
<>0	Geben Sie eine Zahl ein, die größer oder kleiner 0 ist.
<3000 oder >5000	Eine gültige Bestellnummer kann nur kleiner als 3000 oder größer als 5000 sein.
<#1.1.1993#	Das Datum muß vor dem 1. Januar 1993 liegen.
>="4000" und <="4999"	Die Postleitzahl muß im Gebiet 4000 liegen.

Der Index

Neben dem Primärindex (siehe **Kapitel 8**) erlaubt Access das Indizieren weiterer Felder. Da jede Tabelle allerdings nur einen Primärindex enthalten kann (Sie erinnern sich?), ist ein weiterer 'normaler' Index notwendig. Ein Index sorgt dafür, daß Suchvorgänge und Abfragen beschleunigt werden. Doch Vorsicht! Änderungen an Daten werden durch Indizes verlangsamt. Dies hat einen ganz einfachen Grund: Jedesmal, wenn in einer indizierten Tabelle Daten hinzugefügt oder geändert werden, muß Access den (oder die) Index (Indizes) aktualisieren. Überlegen Sie daher immer sorgfältig, ob ein Index tatsächlich benötigt wird, bevor Sie sich zu dessen Erstellung entschließen.

Einzelnes Feld indizieren

Ein Index läßt sich über ein einzelnes, aber auch über mehrere Felder setzen. Um einen Index für ein einzelnes Feld zu erstellen,

1. öffnen Sie die Tabelle in der Entwurfsansicht und

2. markieren das gewünschte Feld durch einen Mausklick.

3. Anschließend stellen Sie den Index über die Feldeigenschaft **Indiziert** ein.

Sie haben die Wahl zwischen folgenden Möglichkeiten:

Tabellen bearbeiten

Einstellung	Beschreibung
Nein	Das aktuelle Feld ist nicht indiziert. Ein vorhandener Index wird auf diese Weise gelöscht.
Ja (Duplikate möglich)	Das Feld wird indiziert. Dabei ist es erlaubt, daß Daten (wie z. B. Müller, Meier usw.) mehrfach vorkommen. Eignet sich zur Indizierung von Vornamen, Nachnamen, Firmennamen, Orten usw.
Ja (Ohne Duplikate)	Diese Auswahl erstellt einen eindeutigen Index. In diesem Fall dürfen Daten nicht mehrfach vorkommen. Eignet sich zur Indizierung von Feldern, die nicht den Primärschlüssel bilden, z. B. Rechnungsnummern, Bestellnummern, Seriennummern. Der eindeutige Index verhindert, daß ein und dieselbe Nummer zweimal eingegeben wird.

Ein Beispiel für ein indiziertes Feld zeigt das Feld *Firma* der Tabelle **1_Händlerstamm**:

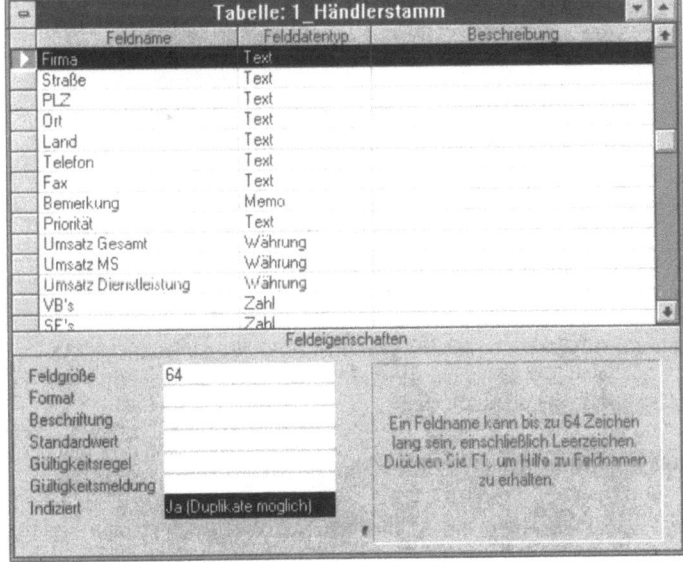

Abb. 13-6 Das indizierte Feld Firma

Mehrere Felder indizieren

Beziehen sich Ihre Suchkriterien auf mehrere Felder, bietet der Mehr-Felder-Index seine Dienste an. Er muß mindestens zwei (kann aber auch mehr) Felder umfassen. Bis zu fünf Mehr-Felder-Indizes können pro Tabelle festgelegt werden. Wir gehen davon aus, daß Sie Ihre Tabelle in der Entwurfsansicht geöffnet haben, damit Sie die Anlage des Mehr-Felder-Index mitverfolgen können.

1. Öffnen Sie das Eigenschaftenfenster der Tabelle durch einen Mausklick auf das Symbol in der Symbolleiste

   oder:

   wählen Sie [Ansicht/Tabelleneigenschaften].

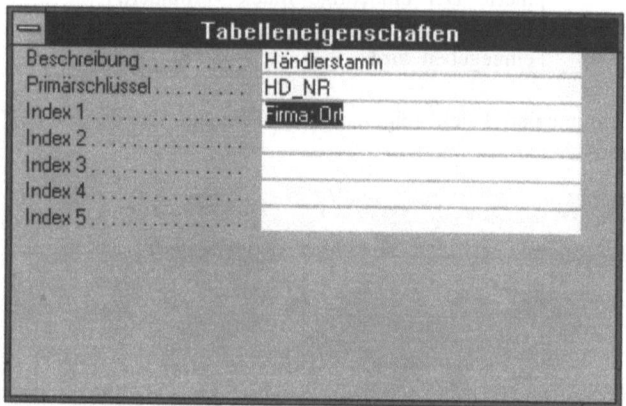

Abb. 13-7 Das Eigenschaftenfenster der Tabelle

Hier sehen Sie die Eigenschaften der gesamten Tabelle (im Gegensatz zu den zuvor kennengelernten Feldeigenschaften!). Dies sind in erster Linie der Primärschlüssel sowie die fünf Mehr-Felder-Indizes.

2. Klicken Sie auf eine der fünf Indexeigenschaften...

3. ... und geben die Feldnamen, die den Index bilden sollen, durch Semikolon getrennt ein.

> Das Trennzeichen, das Sie verwenden müssen, ist abhängig von der in der Windows-Systemsteuerung gewählten Einstellung.

4. Zum Schluß speichern Sie Ihre Änderung ab, damit der Index von Access erstellt wird.

In der Tabelle **1_Händlerstamm** wurde ein Mehr-Felder-Index für die Felder *Firma* und *Ort* festgelegt.

Tabellenstruktur ändern

Auch wenn die Datenbank noch so gut geplant wurde, kann es vorkommen, daß sich nachträglich Änderungen an der Tabellenstruktur ergeben. Möglicherweise benötigen Sie noch weitere Felder. Andererseits stellt sich manchmal im laufenden Betrieb heraus, daß bestimmte Felder gar nicht benutzt werden. Vielleicht müssen Sie aber auch Änderungen an den Feldnamen oder Felddatentypen vornehmen. All diese Änderungen sind unproblematisch, solange die Tabelle noch keine Daten enthält. Doch unglücklicherweise erkennt man Änderungen zumeist erst dann, wenn bereits mit der Anwendung gearbeitet wurde, d. h. Daten erfaßt wurden.

In diesem Stadium ist bei der Änderung der Tabellenstruktur größte Vorsicht geboten, um keinen Datenverlust zu erleiden und vor allem die Lauffähigkeit der Datenbankanwendung insgesamt nicht zu gefährden. Nehmen wir an, Sie entschließen sich, ein Tabellenfeld zu löschen, weil es nicht mehr benötigt wird. In diesem Fall muß das Feld ebenfalls aus allen Abfragen, Formularen, Berichten und Ausdrücken, in denen es verwendet wurde, entfernt werden. Eine Abfrage, die ein gelöschtes Feld einbezieht, kann nicht mehr ausgeführt werden. Steuerelemente in Formularen und Berichten zeigen einen Fehler an, sobald sie sich auf ein gelöschtes Feld beziehen. Gleiches gilt für das Umbenennen von Feldnamen. In jedem Fall sollten Sie nach dem Löschen bzw. Umbenennen von Feldern folgende Objekte noch einmal untersuchen:

Felder löschen oder umbenennen

Objekt	Was?
Abfrage	Wurde das Feld zur Ausgabe verwendet? Wurde das Feld zur Berechnung eines neuen Wertes verwendet? Wurde über dieses Feld eine Verknüpfung zu einer anderen Tabelle hergestellt?
Formulare und Berichte	Wurde das Feld als Steuerelementinhalt bei vorhandenen Steuerelementen verwendet? Beziehen sich andere Eigenschaften auf das Feld (z. B. VerknüpfenVon, VerknüpfenNach)?
Makros und Module	Wurde das Feld in Ausdrücken verwendet? Wurden Eigenschaften des Felds zur Laufzeit verändert (z. B. Sichtbar Ja/Nein)?

Felddatentypen ändern

Gleichermaßen 'heikel' ist das nachträgliche Ändern des Felddatentyps. Bevor Sie daher einen Felddatentyp ändern, sollten Sie unbedingt abwägen, ob diese Änderung wirklich unumgänglich ist. Verdeutlichen Sie sich die Auswirkungen, die eine solche Änderung auf die gesamte Datenbank hat! Auch diesmal müssen Sie sich fragen, welche Formulare, Berichte und Abfragen verwenden dieses Feld? Wurde das Feld in Ausdrücken verwendet, deren Felddatentyp dann ebenfalls geändert werden müßte? Handelt es sich möglicherweise um ein Feld, das mit einer anderen Tabelle verknüpft ist? Wenn ja, muß der Felddatentyp des Verknüpfungsfelds ebenfalls geändert werden. Hinzu kommt, daß eine eventuelle Standardbeziehung zwischen Tabellen aufgehoben wird, sobald Sie den Felddatentyp verändern. Ganz abgesehen vom möglichen Datenverlust, den Sie erleiden könnten, wenn der neue Felddatentyp die 'Aufnahmekapazität' des alten Felddatentyps unterschreitet.

Dies ist besonders kritisch beim Ändern der Feldgröße in Zahlenfeldern. Access sieht als Feldgröße für Zahlenfelder den Standardwert **Double** vor, also die größtmögliche Feldgröße für ein Zahlenfeld. Belassen Sie es bei diesen Werten, während der Anlage Ihrer Tabellen, könnte sich das bei einer größeren Datenbankanwendung

Tabellen bearbeiten 331

negativ auf die 'Performance' auswirken. Erkennen Sie nun diesen mißlichen Umstand zu spät, sind Sie gezwungen, die Feldgrößen der Zahlenfelder nachträglich zu ändern. Achten Sie unbedingt darauf, daß Sie nur solchen Feldern eine kleinere Feldgröße zuteilen, die mit weniger auch 'zufrieden' sind. Sofern sich ein Felddatentyp größeren Formats nicht in ein kleineres Format speichern läßt, zeigt Access folgende Warnmeldung an,

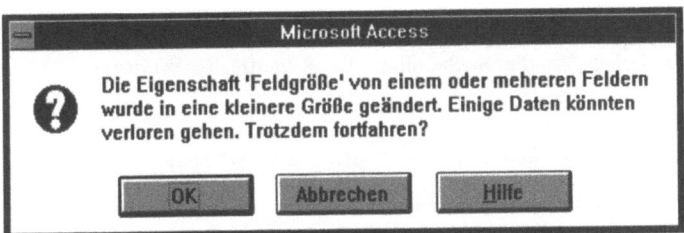

Abb. 13-8 Warnmeldung bei der Umwandlung von Datentypen

die Sie in jedem Fall beherzigen sollten! Wie unproblematisch sind dagegen Änderungen am Datenbestand selbst. Ohne Probleme kann aus Frau Müller eine Frau Meier werden, sofern die Dame einen anderen Namen angenommen hat. Vor allen Dingen helfen die Suchen- und Ersetzen-Dialoge die gewünschten Datensätze schnell und zuverlässig zu finden.

Daten suchen und ersetzen

Es gibt unterschiedliche Möglichkeiten, Daten im relationalen Datenbanksystem 'wiederzufinden'. Zwei Dialoge, die in Tabellen, Abfragen und Formularen immer zur Verfügung stehen, heißen **Suchen** und **Ersetzen**. Beide Befehle erlauben es, ganz bestimmte Daten schnell anzusteuern, eine Funktionalität, die bei großen Datenmengen unverzichtbar ist.

Um Informationen in einem bestimmten Tabellenfeld zu suchen,

Bestimmte Tabellenfelder durchsuchen

1. öffnen Sie zunächst die Tabelle in der Datenblattansicht.

2. Anschließend bringen Sie den Cursor in der Spalte in Position, die die zu durchsuchenden Daten enthält.

3. Wählen Sie nun [Bearbeiten/Suchen], um den **Suchen**-Dialog zu öffnen.

4. Geben Sie unter **Suchen nach** die Zeichenfolge ein, nach der Access alle Felder der Spalte durchsuchen soll.

5. Starten Sie den Suchvorgang durch einen Mausklick auf den **Suchen**-Schalter.

6. Wiederholen Sie die Suche über die Schaltfläche **Weitersuchen**.

7. Beenden Sie Ihre Arbeit, indem Sie den Dialog **Schließen**.

Sofern die Zeichenfolge in irgendeinem Feld der Spalte existiert, bewegt Access den Datensatzzeiger in diese Reihe, andernfalls kommentiert das Programm - schlicht und ergreifend - wie folgt:

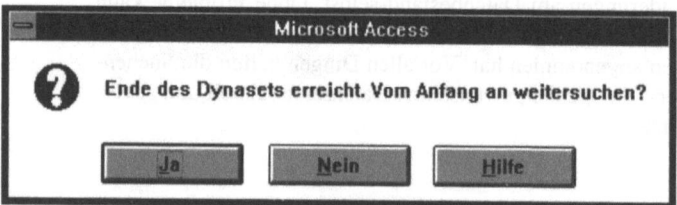

Abb. 13-9 Suche erfolglos

Allerdings sollten Sie in diesem Fall noch nicht gleich aufgeben. Denn immerhin können Sie im **Suchen**-Dialog unterschiedlichste Eingrenzungen vornehmen, um den gewünschten Datensatz doch noch zu finden. Sehen wir uns daher den Dialog noch einmal genauer an.

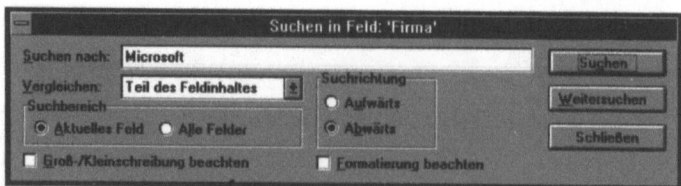

*Abb. 13-10 Der **Suchen**-Dialog*

Tabellen bearbeiten

Möglicherweise wurde der Datensatz nicht gefunden, weil die von Ihnen eingegebene Zeichenfolge nicht exakt mit dem gesamten Feldinhalt übereinstimmt. Stellen Sie in diesem Fall unter **Vergleichen** zum Beispiel die Auswahl **Teil des Feldinhaltes** ein und starten Ihre Suche erneut. Verwenden Sie den Schalter **Suchen**, um den gesamten Datenbestand zu durchsuchen. In diesem Fall erstreckt sich die Suche auf alle Datensätze unabhängig von der **Suchrichtung**.

Vergleichs-wert festlegen

Sie können den Vergleichswert aber auch weiter eingrenzen, indem Sie das Kontrollkästchen **Groß-/Kleinschreibung beachten** aktivieren. Access läßt die Groß-/Kleinschreibung nun nicht mehr unberücksichtigt, sondern sucht exakt nach der von Ihnen eingegebenen Zeichenfolge. Haben Sie als Zeichenfolge *Rot* eingegeben, findet Access die Einträge *rot* und *ROT* nicht.

Wollen Sie ab der aktuellen Cursorposition die Suche beginnen, müssen Sie zwei Dinge tun:

Such-richtung festlegen

1. Die **Suchrichtung** (**Aufwärts** oder **Abwärts**) festlegen.
2. Den Schalter **Weitersuchen** klicken.

Den Schalter **Weitersuchen** verwenden Sie übrigens auch dann, wenn die Suche zuvor bereits erfolgreich war und Sie nun wissen wollen, ob die eingegebene Zeichenfolge ein weiteres Mal vorkommt.

Sie können die Suche beschleunigen, indem Sie die Spalte, in der die zu suchende Zeichenfolge steht, mit der Maus anklicken, bevor Sie den **Suchen**-Dialog aufrufen. Allerdings kann es vorkommen, daß man nicht genau weiß, in welcher Spalte sie sich befindet. In diesem Fall investieren Sie etwas mehr Zeit und einen Mausklick auf die Option **Alle Felder** im **Suchbereich**. Die zuvor festgelegte Cursorposition spielt nun keine Rolle mehr, denn Access durchsucht alle Felder nach der gewünschten Zeichenfolge.

Alle Tabellen-felder durch-suchen

Wie bereits zu Anfang dieses Kapitels erwähnt, erlaubt Access das Verwenden eigener Anzeigeformate für bestimmte Felddatentypen (z. B. Zahl und Datum). So können Sie beispielsweise für den Typ **Datum** vom kurzen bis zum langen Datumsformat unterschiedliche Anzeigen wählen. Nehmen wir nun an, Sie haben für die Ausgabe eines Datumsfeldes das Ausgabeformat **Datum, lang** gewählt. Im

Datumsfeld der Tabelle wollen Sie nach Informationen suchen, die im März erfaßt wurden. Wie gehen Sie vor?

Formatierung beachten

1. Öffnen Sie die Tabelle in der Datenblattansicht.
2. Bringen Sie den Cursor im Feld *Datum* in Position.
3. Wählen Sie [Bearbeiten/Suchen], um den **Suchen**-Dialog aufzurufen.
4. Geben Sie unter **Suchen nach** *März* ein.
5. Entscheiden Sie sich in der Liste **Vergleichen** für **Teil des Feldinhaltes**.
6. Grenzen Sie als **Suchbereich** auf **Aktuelles Feld** ein.
7. Aktivieren Sie das Kontrollkästchen **Formatierung beachten**.
8. Starten Sie die Suche durch einen Mausklick auf den Schalter **Suchen**.
9. Um die Suche zu wiederholen klicken Sie auf **Weitersuchen**.
10. Um Ihre Arbeit zu beenden, **Schließen** Sie den Dialog wieder.

Ersetzen-Dialog

Access sucht nun nach den Werten im angezeigten Format und nicht nach den in der Datenbank gespeicherten. Wollen Sie nicht nur nach Werten suchen, sondern gleich Änderungen an den gefundenen Werten vornehmen, leistet der Dialog **Ersetzen** gute Dienste. Er ist dem **Suchen**-Dialog ähnlich:

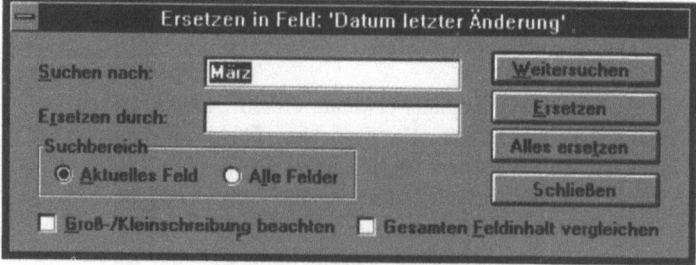

*Abb. 13-11 Dialog **Ersetzen***

Auch hier wird unter **Suchen nach** die zu suchende Zeichenfolge eingegeben. Die neue Zeichenfolge tragen Sie dann unter **Ersetzen durch** ein. Wie zuvor im **Suchen**-Dialog läßt sich der **Suchbereich** festlegen. Auch das Eingrenzen auf exakte Übereinstimmung der eingegebenen Zeichenfolge (**Groß-/Kleinschreibung beachten**) dürfte Ihnen bekannt vorkommen. Was allerdings nicht zum viel zitierten 'Einmal gelernt, immer gelernt' paßt, ist die Angabe der Vergleichsbedingung bezogen auf den Feldinhalt. Während Access im **Suchen**-Dialog zur Eingrenzung eine Liste, **Vergleichen**, anbietet, wartet der **Ersetzen**-Dialog mit einem Kontrollkästchen auf, um diese Eingrenzung zu realisieren, was uns einmal mehr zeigt, daß man eben doch nicht alles nur einmal lernen muß!

Nachdem Sie alle Eingaben vorgenommen haben, starten Sie den Ersetzvorgang über den Schalter **Weitersuchen**. Sofern die von Ihnen eingegebene Suchzeichenfolge gefunden werden konnte, markiert Access den entsprechenden Datensatz. Wählen Sie **Ersetzen**, um den aktuellen Datensatz zu verändern. Anschließend betätigen Sie erneut die Schaltfläche **Weitersuchen** und das Spiel geht von vorne los.

Einzeln ersetzen

Um die Änderung in der gesamten Tabelle vorzunehmen, klicken Sie auf die Schaltfläche **Alles ersetzen**. Nach getaner Arbeit verabschieden Sie sich dann über **Schließen** vom immer noch angezeigten Dialog.

Alles ersetzen

Tabellen importieren oder einbinden

Die Arbeit mit Access-Tabellen haben Sie hinreichend kennengelernt. Access kann aber auch auf Datenbestände in anderen Datenbanken zurückgreifen, und zwar:

- Paradox
- dBASE III und dBASE IV
- Btrieve (mit Xtrieve Dictionary-Datei)
- Microsoft SQL-Server
- Andere Access Datenbanken (d. h. außerhalb der geöffneten).

importieren oder einbinden?

Access stellt Ihnen gleich zwei Verfahren zur Verfügung, um auf externe Datenbestände zugreifen zu können. Importieren oder einbinden, das ist hier die Frage. Eine importierte Tabelle wird Bestandteil der Access-Datenbank, in die sie überführt wurde. Damit 'verliert' die Tabelle ihr bestehendes Format und unterwirft sich den Access-Regeln. Eine eingebundene Tabelle hingegen behält ihr Format und ist fortan in zwei Systemen nutzbar: in Access und dem Datenbankprogramm, in dem sie ursprünglich erstellt wurde.

Beide Varianten haben Vor- und Nachteile. Während eine importierte Tabelle von Access schneller bearbeitet werden kann als eine eingebundene, kann die importierte Tabelle jedoch nicht mehr mit der Ursprungsdatenbank bearbeitet werden, es sei denn, Sie machen sich die Mühe und exportieren besagte Tabelle wieder. Andererseits ist es sinnvoll, Tabellen lediglich einzubinden, wenn die Datenbestände in diesen Tabellen zentral gepflegt werden, beispielsweise auf einem SQL-Server. Um immer 'up-to-date' zu sein, sollten Sie vom Importieren solcher Tabellen dringend Abstand nehmen.

Entschließen Sie sich zum Import einer Tabelle, erstellt Access eine neue Tabelle, die den Namen der externen Tabelle trägt und importiert die Daten aus der gewählten Datei. Binden Sie hingegen die Tabelle ein, stellt Access eine Verknüpfung zu dieser Datei her und zeigt sie im Datenbankcontainer wie folgt an:

Abb. 13-12 Symbol zur Anzeige der Verknüpfung bei eingebundenen Tabellen

Tabellen bearbeiten 337

Um eine Tabelle zu importieren,

Tabelle importieren

1. wechseln Sie in den Datenbankcontainer.
2. Dort wählen Sie [Datei/Importieren].

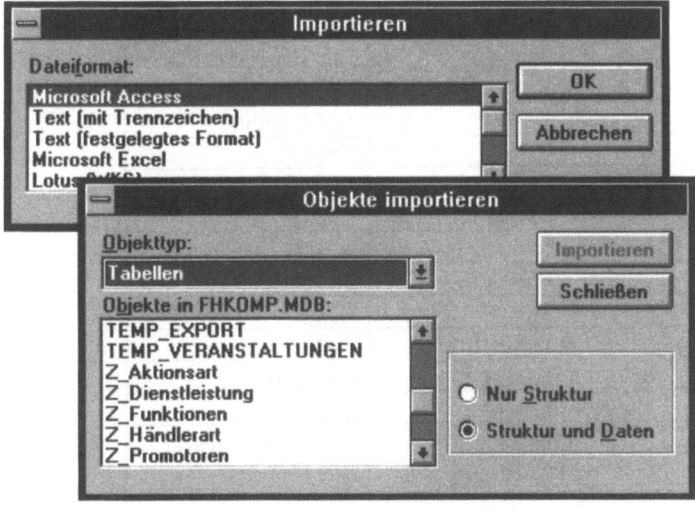

Abb. 13-13 Der Dialog Importieren

3. Wählen Sie aus der Liste das gewünschte Dateiformat und bestätigen mit **OK**.

4. Access ruft nun den Dialog **Datei auswählen** für Sie auf. Wechseln Sie in das Verzeichnis, in dem sich die gewünschte Datei befindet und markieren die Datei durch einen Mausklick. Anschließend bestätigen Sie wieder mit **OK**.

Falls Sie eine Paradox-Tabelle importieren (oder einbinden), die verschlüsselt ist, geben Sie das Kennwort der Paradox-Tabelle ein und bestätigen den Dialog mit **OK**.

5. Den erfolgreichen Import meldet Access in einer Box. Sie können nun weitere Tabellen importieren oder den Dialog **Datei auswählen Schließen**, um zum Access-Datenbankcontainer zurückzukehren.

Beim Importieren von Tabellen wandelt Access die Datentypen der 'fremden' Datei in Microsoft Access-Felddatentypen folgendermaßen um:

Herkunft	'Fremder' Datentyp	Access-Felddatentyp
Paradox	Alphanumerisch	Text
	Zahl	Zahl (Double)
	Kleine Zahl	Zahl (Integer)
	Währung	Zahl (Double)
	Datum	Datum/Zeit
dBASE	Zeichen	Text
	Numerisch, Gleit	Zahl (Double)
	Logisch	Ja/Nein
	Datum	Datum/Zeit
	Memo	Memo
Btrieve	String, lstring, zstring	Text
	Integer (1Byte)	Zahl (Byte)
	Integer (2Byte)	Zahl (Integer)
	Integer (4Byte)	Zahl (Long Integer)
	Float oder bfloat (4-Byte)	Zahl (Single)
	Float oder bfloat (8-Byte), decimal	Zahl (Double)
	Money	Währung
	Logical	Ja/Nein
	Date, time	Datum/Zeit
	Note	Memo
	Lvar	OLE-Objekt

Um eine Tabelle einzubinden,

Tabelle einbinden

1. wechseln Sie ebenfalls in den Datenbankcontainer,

2. wählen aber diesmal [Datei/Tabelle einbinden].

3. Es erscheint der Dialog **Einbinden**,

Tabellen bearbeiten

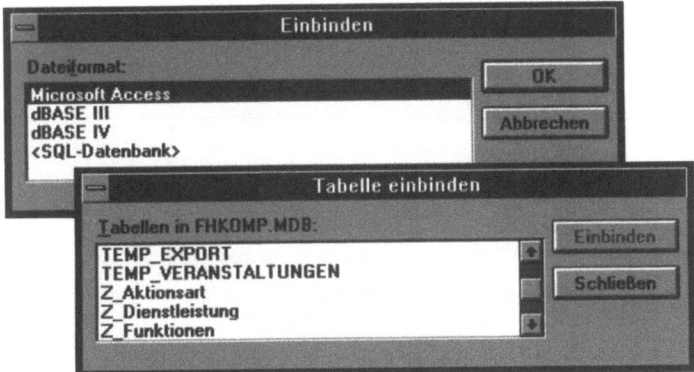

Abb. 13-14 Dialog Einbinden

in dem Sie das gewünschte Format markieren, um den Dialog anschließend mit **OK** zu bestätigen.

4. Auch diesmal fordert Access Sie dialoggesteuert zum **Datei auswählen** auf. Wählen Sie also die gewünschte Datei und bestätigen mit **OK**.

Sofern Sie eine dBASE-Tabelle e i n b i n d e n, erhalten Sie nun einen weiteren Dialog, **Indexdateien auswählen**, aus dem Sie die - zur DBF-Datei gehörigen - NDX-Dateien aussuchen müssen.

5. Das erfolgreiche Einbinden meldet Access auch diesmal in einer Box. Sie können nun weitere Tabellen einbinden oder den Dialog **Datei auswählen Schließen.**

Sollte der Name, der soeben eingebundenen oder importierten Tabellen bereits in Ihrer Datenbank vorhanden sein, vergibt Access automatisch einen neuen Namen. Nehmen wir an, Sie importieren die dBASE-Tabelle NEUKUNDE.DBF (gehört zum Lieferumfang von Access und befindet sich im Access-Programmverzeichnis) in die aktuelle Datenbank. Dummerweise enthält aber Ihre Datenbank bereits eine Tabelle mit dem Namen NEUKUNDE. Für Access kein Problem. Die NEUKUNDE.DBF wird einfach als NEUKUNDE1 importiert oder eingebunden. Freundlicherweise informiert darüber dann auch gleich die Meldungsbox:

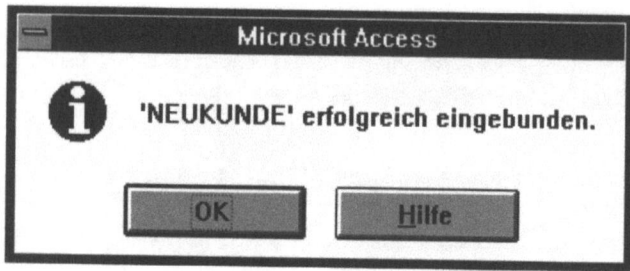

Abb. 13-15 Tabelle mit neuem Namen eingebunden

Mit eingebundenen Tabellen arbeiten

Diesen Namen könnten Sie nun natürlich nach eigenem Geschmack umbenennen. Denken Sie daran, daß Access die Verwendung von bis zu 64 Zeichen langen Objektnamen möglich macht und auch Leerstellen im Namen akzeptiert. Überhaupt lassen sich eingebundene Tabellen wie 'ganz normale' Access-Tabellen bearbeiten. Der Unterschied besteht eben lediglich darin, daß Access auf Datenbestände in einem fremden Format zurückgreifen muß, was zu Geschwindigkeitsverlusten führen kann. Sie sollten daher folgende Regeln beachten, um optimales Laufzeitverhalten mit eingebundenen Tabellen zu erzielen:

- Verwenden Sie nur die tatsächlich benötigten Daten. Schreiben Sie zu diesem Zweck Abfragen, um die Anzahl der angezeigten Datensätze zu reduzieren, damit Access auf entsprechend weniger Daten zurückgreifen muß.

- Vermeiden Sie unnötiges Blättern zum Ende eines Datenblatts. Bei großen Tabellen kann das dauern!

- Sofern Sie in eine eingebundene Tabelle neue Daten erfassen müssen, sollten Sie ein Formular verwenden, in dem Sie die Formulareigenschaft **Standardbearbeitung** auf **Nur Daten eingeben** setzen. In ein solches Formular können zwar nur Daten eingegeben, aber nicht eingesehen werden, allerdings spart das erheblich Zeit, da Access keine vorhandenen Datensätze anzeigen muß.

- Beziehen Sie in Ihre Abfragen auch eingebundene Tabellen ein, sollten Sie auf Abfragekriterien mit Funktionen verzichten. Um jeden Preis vermeiden sollten Sie hingegen Aggregatfunktionen - wie beispielsweise Summe, Mittelwert usw.-, da

Tabellen bearbeiten 341

Access zur Ausführung einer solchen Abfrage sämtliche Daten der eingebundenen Tabelle abruft.

Die Verknüpfung zu einer eingebundenen Tabelle kann selbstverständlich jederzeit wieder gelöst werden.

Verknüpfung zu eingebundener Tabelle lösen

1. Markieren Sie dazu die eingebundene Tabelle im Datenbankcontainer...

2. ... und betätigen einmal die Taste _

   oder

   wählen [Bearbeiten/Löschen].

Das Symbol der verknüpften Tabelle ist nun nicht mehr zu sehen.

Sollten Sie in Ihrem Haus einen Microsoft SQL-Server einsetzen, so haben Sie möglicherweise den Wunsch, auf dort gelagerte SQL-Servertabellen ebenfalls zuzugreifen. Der ODBC-Treiber macht's möglich. ODBC, das steht für Open DataBase Connectivity und steht für herstellerunabhängigen Datenbankzugriff. Um auf den Microsoft SQL-Server zuzugreifen, muß der ODBC-Treiber installiert worden sein. Wie Sie das bewerkstelligen, können Sie im **Anhang** nachlesen. Weiterhin müssen Sie beachten, daß SQL-Servertabellen einen eindeutigen Index enthalten müssen, damit Access mit Ihnen 'klar kommt'. Und dann kann es losgehen:

1. Wechseln Sie zum Datenbankcontainer und wählen [Datei/Tabelle einbinden] oder [Datei/Importieren].

2. Wählen Sie dann das Format **SQL-Datenbank** und bestätigen mit **OK**.

3. Im Dialog **SQL Datenquellen** geben Sie die gewünschte ODBC-Datenbank an und bestätigen auch diese Angabe mit **OK**.

4. Sie befinden sich nun im Anmeldedialog für die gewählt ODBC-Datenbank. Geben Sie Ihren Anmeldenamen und das Kennwort des SQL-Datenbankservers ein. Auch hier schließen Sie Ihre Eingabe mit **OK** ab.

5. Aus dem Listenfeld Tabellen in entfernter Datenbank wählen Sie jetzt die gewünschte Tabelle aus, um Sie zu importieren oder einzubinden.

6. Nachdem Sie alle Tabellen importiert bzw. eingebunden haben, **Schließen** Sie den Dialog über die gleichnamige Schaltfläche.

Achten Sie darauf, daß Sie die notwendige Berechtigung zum Zugriff auf die SQL-Servertabelle besitzen, da ansonsten Fehler beim Importieren oder Einbinden auftreten können.

Zu guter Letzt wollen wir Ihnen natürlich nicht vorenthalten, daß Sie auch Tabellen aus anderen Access-Datenbanken importieren oder einbinden können. Das Prozedere gleicht dem zuvor mehrfach beschriebenen und soll daher hier nicht noch einmal in allen Einzelheiten aufgeführt werden.

Kalkulationstabellen und Textdateien

Nun gibt es ja nicht nur Datenbankprogramme auf dem PC, sondern auch Tabellenkalkulations- und Textverarbeitungsprogramme. Auch dort entstehen Daten, die gelegentlich in einem Datenbanksystem weiterverarbeitet werden sollen. Wie zuvor, kommt es auch beim Überführen von Dokumenten und Kalkulationstabellen darauf an, ob Sie diese Informationen importieren oder einbinden wollen. Sofern Sie derartige Daten importieren, werden auch dafür eigene Access-Tabellen eingerichtet. Dabei versucht Access jedem Feld in der neuen Tabelle den Datentyp zuzuweisen, der am besten paßt. Access untersucht zu diesem Zweck die erste Datenzeile und wählt danach die Datentypen aus.

Nehmen wir an, in Ihrer Tabellenkalkulation liegt folgende Tabelle vor:

Laufende Nummer	Teilnehmername	Datum
1	Müller	13.11.1992
2	Meier	13.11.1992
3	Schulze	14.11.1992

Tabellen bearbeiten 343

Access liest die erste Datenzeile (also 1, Müller, 13.11.1992) und erstellt daraufhin die notwendigen Felddatentypen. In Access hätte die Tabelle in der Entwurfsansicht nun folgendes Aussehen:

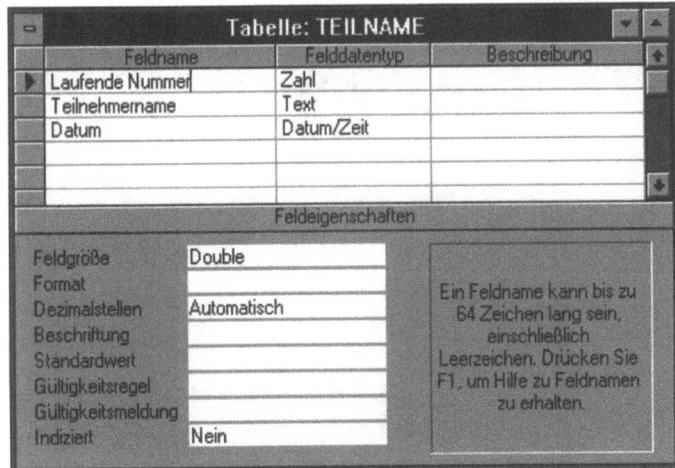

Abb. 13-16 Importierte Kalkulationstabelle

Da Access die Felddatentypen nur aufgrund der e r s t e n Datenzeile bestimmt, ist es wichtig, daß die Kalkulationstabelle in jeder Spalte einheitliche Daten enthält. Würde in unserem Beispiel in irgendeinem Datensatz der Teilnehmername im Feld *Laufende Nummer* stehen, käme es zu einem Importfehler!

Folgende Kalkulations- und Textformate können von Access importiert werden:

- Microsoft Excel (Versionen 2.x, 3.0 und 4.0)
- Lotus 1-2-3 oder 1-2-3/W (.WKS, .WK1 und .WK3-Dateien)
- Text mit Trennzeichen (Z. B. Komma, Tab usw.)
- Text mit festem Format (Jedes Feld hat eine ganz bestimmte Breite. Großrechner bzw. Rechner der mittleren Datentechnik arbeiten zum Teil mit diesem Format.)

Kalkulationstabelle importieren

1. Wechseln Sie zum Datenbankcontainer und wählen []Datei/Importieren].

2. Legen Sie dann das gewünschte Dateiformat und danach die zu importierende Datei fest.

3. Access zeigt daraufhin den Dialog **Import von Arbeitsblatt** an.

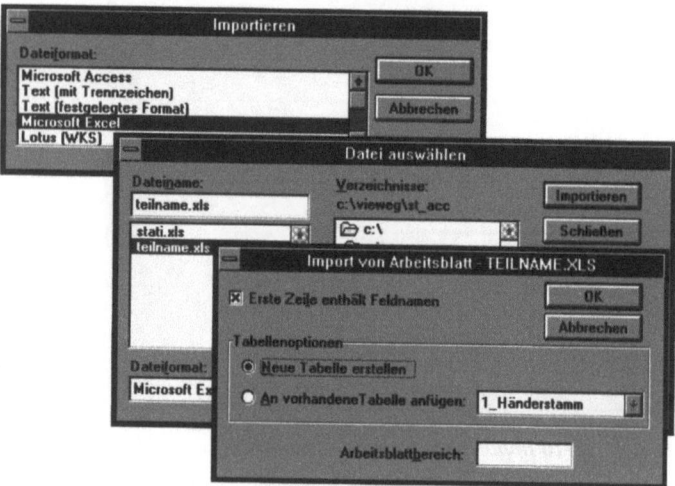

*Abb. 13-17 Dialog **Import von Arbeitsblatt***

4. Legen Sie die gewünschten Importoptionen fest und bestätigen mit **OK**.

5. Den erfolgreichen Import meldet Access so:

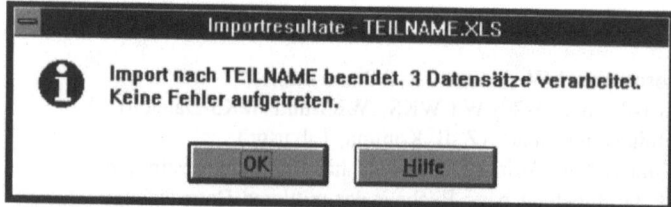

Abb. 13-18 Meldung Importresultate

6. Bestätigen Sie die Meldung mit **OK**. Sofern Sie keine weiteren Tabellen importieren wollen, Schließen Sie auch den Dialog **Datei auswählen**.

Tabellen bearbeiten

Die Tabelle kann entweder in eine neue (jungfräuliche) Access-Tabelle übernommen werden, in diesem Fall ist der Tabellenname identisch mit dem der Kalkulationstabelle, oder an eine bestehende Tabelle angehängt werden. Die Option **An vorhandene Tabelle anfügen** präsentiert Ihnen eine Liste aller in der aktuellen Datenbank verfügbaren Access-Tabellen. Vorsicht beim Anfügen an vorhandene Tabellen! Stellen Sie in jedem Fall v o r dem Import sicher, daß die Struktur der zu importierenden Tabelle mit derjenigen der Access-Tabelle übereinstimmt.

Damit die neue Tabelle im Anschluß an den Import aussagekräftige Spaltenüberschriften trägt, sollten Sie das Kontrollkästchen **Erste Zeile enthält Feldnamen** aktivieren. Tun Sie das nicht, werden die Spalten einfach durchnumeriert. Im Falle einer Kalkulationstabelle müssen Sie nicht die gesamte Tabelle importieren, sondern können sich auf einen **Arbeitsblattbereich** beschränken. Geben Sie dazu entweder die Nummern der benötigten Zellen (C4:E15 beispielsweise legt einen Zellbereich von Zelle C4 bis Zelle E15 fest) oder den Namen des Bereichs ein, falls der Bereich einen Namen hat - versteht sich. Und auch diese Variante ist zur Eingabe des Arbeitsblattbereichs erlaubt:

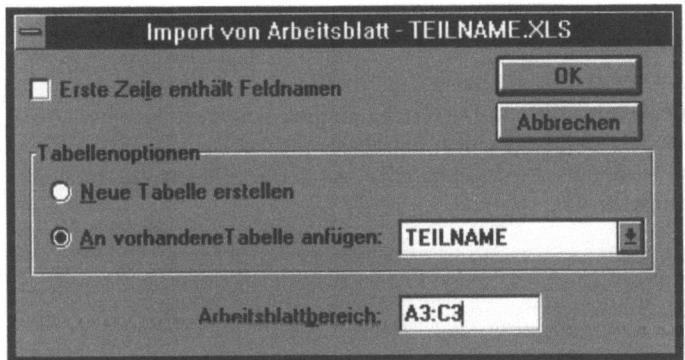

Abb. 13-19 Eingrenzung auf einen bestimmten Arbeitsbereich

Um eine Textdatei in eine Datenbanktabelle importieren zu können, muß die Textdatei die Feldinhalte der einzelnen Felder durch entsprechenden Zeichen voneinander trennen. Das Semikolon oder auch das Tabulatorzeichen bieten sich als Trennzeichen an. Vom Import eines Fließtextes müssen wir dringend abraten. Dummerweise ver-

Textdatei importieren

sucht Access allerdings auch diesen Wunsch zu erfüllen, mit folgendem Ergebnis:

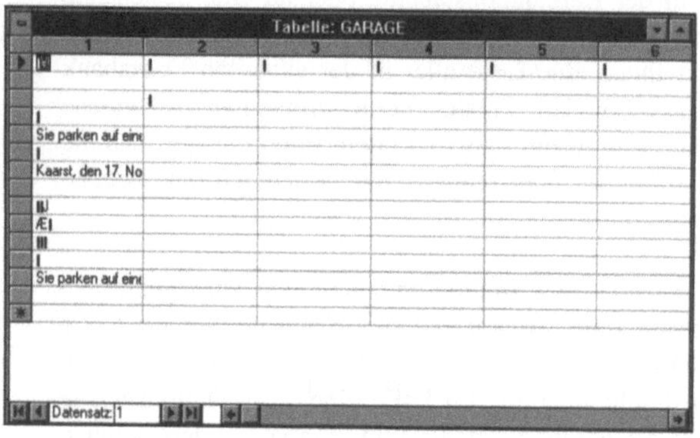

Abb. 13-20 In Tabellenstruktur überführter Fließtext

Sorgen Sie also vor dem Import für ein Format, das Access versteht, und damit sind letztendlich wieder Tabellen gemeint. Ein Dokument, in dem Adressen oder Artikelpositionen erfaßt wurden, eignet sich gut zur Übernahme nach Access.

Der Import von Textdateien erfolgt auf die gleiche Weise, mit dem Unterschied allerdings, daß Sie als Dateiformat diesmal Text auswählen und einen dementsprechend anderen Dialog zum Festlegen Ihrer Importoptionen erhalten. Der Dialog **Import von Text** bietet Ihnen - neben den bereits bekannten Eingabemöglichkeiten - weitere Optionen an, die Sie durch einen Mausklick auf den Schalter **Optionen** sichtbar machen können:

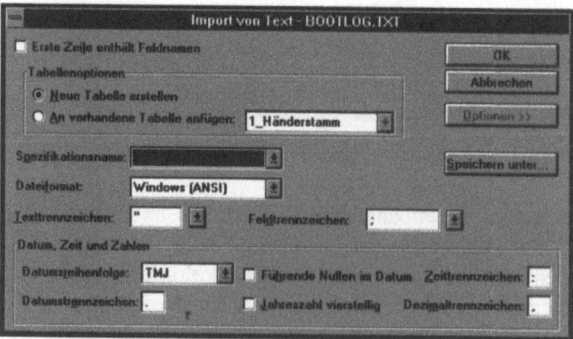

*Abb. 13-21 Dialog **Import von Text***

Tabellen bearbeiten

Neben dem Dateiformat, den Trennzeichen und Ihren Einstellungswünschen für Datum, Zeit und Zahlen, ermöglicht der Dialog, auf eine bereits bestehende Spezifikation zurückzugreifen. Doch wenn Sie die Liste **Spezifikationsname** in einer neuen Datenbank öffnen, ist diese vermutlich leer. Sie können die Angaben, die Sie hier festlegen, aber speichern. Beim nächsten Aufruf des Dialogs wird die Spezifikation dann unter dem von Ihnen festgelegten Namen zur Auswahl angeboten. Diese Vorgehensweise empfiehlt sich besonders dann, wenn Sie ganz bestimmte Textdateien regelmäßig importieren müssen. Die Spezifikation, die Sie hier festlegen, gilt allerdings nur für das Format 'Text (mit Trennzeichen)'.

Import spezifizieren

Beschränkt sich Ihr Datenaustausch allerdings nicht nur auf PCs, sondern schließt den Host mit ein, kann es notwendig werden, eine Spezifikation für feste Satzlängen zu erstellen. In diesem Fall benötigen Sie die Satzbeschreibung der auf dem Host verwendeten Datei. Angelegt wird die Spezifikation für Dateien mit fester Satzlänge dann wie folgt:

Dateien mit fester Satzlänge importieren

1. Wechseln Sie zum Datenbankcontainer und wählen [Datei/Import/Exporteinstellungen]. Access 'belohnt' Sie mit dem Dialog **Import-/Exporteinstellungen**.

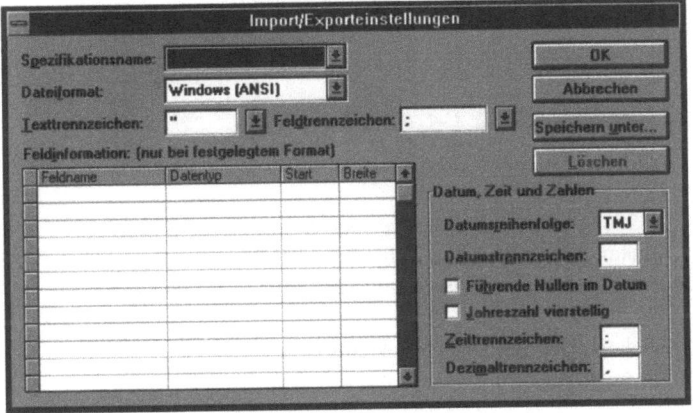

Abb. 13-22 Dialog Import/Exporteinstellungen

2. Wollen Sie eine bestehende Spezifikation ändern, wählen Sie den entsprechenden **Spezifikationsnamen** aus. Andernfalls

widmen Sie sich zunächst den Feldern Dateiformat, Trennzeichen sowie den Einstellungen für Datum/Zeit- und Zahlenfeldern, vorausgesetzt natürlich, daß eine Änderung dieser Einstellungen notwendig ist.

3. In jedem Fall müssen von Ihnen die Feldinformationen eingetragen werden. (Dazu benötigen Sie nun die Satzbeschreibung der Datei mit fester Satzlänge.)

    Feldname   Der Name, den das Feld erhalten soll.
    Datentyp   Der Felddatentyp, der zugewiesen werden muß (z. B. Datum, Text usw.).
    Start   Startposition des Feldes (Spalte) in der Datei.
    Breite   Breite des Feldes in der Datei.

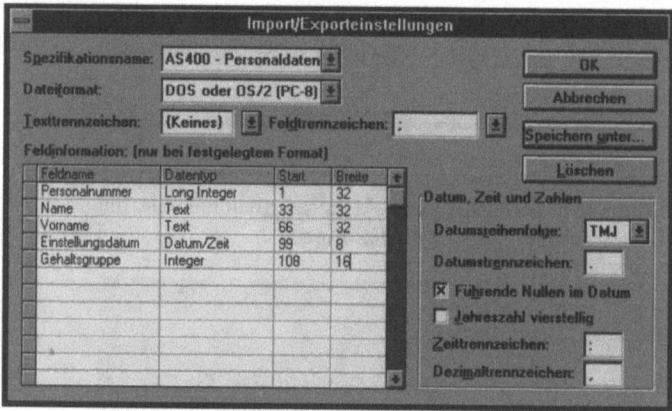

Abb. 13-23 Felder in der Textdatei mit festgelegtem Format

4. Um die Spezifikation zu erstellen, muß Sie gespeichert werden. Klicken Sie deshalb die Schaltfläche **Speichern unter**, legen einen Namen fest und bestätigen mit **OK**.

5. Den Dialog **Import-/Exporteinstellungen** bestätigen Sie ebenfalls mit **OK**.

Die Spezifikation 'steht' und kann nun verwendet werden.

Tabellen bearbeiten 349

1. Wechseln Sie dazu noch einmal in den Datenbankcontainer, wählen aber diesmal [Datei/Importieren].

2. Entscheiden Sie sich für das **Dateiformat** 'Text (festgelegtes Format)'.

3. Wählen Sie anschließend die gewünschte Datei aus und bestätigen mit **Importieren**. Access zeigt daraufhin wieder den Dialog **Import von Text**, allerdings in leicht abgewandelter (oder sollten wir sagen 'abgespeckter') Form, an.

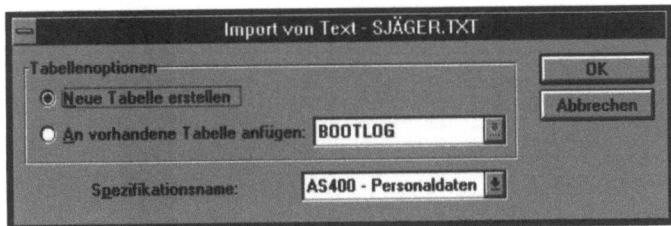

Abb. 13-24 Dateien mit fester Länge importieren

4. Treffen Sie unter Spezifikationsname Ihre Wahl und bestätigen mit **OK**.

Nach erfolgtem Import zeigt Access in jedem Fall eine Meldung an und informiert Sie auf diesem Wege, ob der Import fehlerfrei war. Ein fehlerhafter Import wird demnach sogleich entsprechend kommentiert:

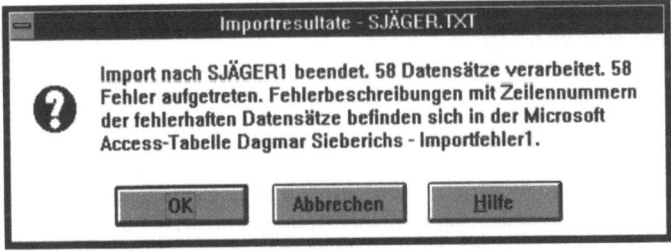

Abb. 13-25 Fehlerhafter Datenimport

Was nun? Folgen Sie einfach den Anweisungen der Meldungsbox. Alle Datensätze, die importiert werden konnten, liegen in der impor-

Import-fehler

tierten Tabelle vor. Datensätze, die Fehler verursacht haben, sind in einer Tabelle mit dem Namen **Importfehler** dokumentiert. Diese Tabelle sollten Sie nun anschauen, um sich zu informieren, warum die hier aufgeführten Datensätze nicht importiert werden konnten:

Fehler	Feld	Zeile
Typumwandlung fehlgeschlagen	Personalnummer	17
Typumwandlung fehlgeschlagen	Personalnummer	18
Typumwandlung fehlgeschlagen	Personalnummer	19
Typumwandlung fehlgeschlagen	Personalnummer	20
Typumwandlung fehlgeschlagen	Personalnummer	21
Typumwandlung fehlgeschlagen	Einstellungsdatum	22
Typumwandlung fehlgeschlagen	Personalnummer	23
Typumwandlung fehlgeschlagen	Personalnummer	24
Typumwandlung fehlgeschlagen	Personalnummer	25
Typumwandlung fehlgeschlagen	Personalnummer	26
Typumwandlung fehlgeschlagen	Personalnummer	27
Typumwandlung fehlgeschlagen	Personalnummer	28
Typumwandlung fehlgeschlagen	Personalnummer	29
Typumwandlung fehlgeschlagen	Personalnummer	30
Typumwandlung fehlgeschlagen	Personalnummer	31
Typumwandlung fehlgeschlagen	Personalnummer	32

Abb. 13-26 Tabelle Importfehler

Die **Zeile** informiert Sie über die Zeile in der Datei, die den Fehler verursacht hat. Das Feld, das die Daten nicht aufnehmen konnte, wird in der Spalte **Feld** ausgegeben. Die eigentliche Fehlerbeschreibung findet sich in der Spalte **Fehler**. Bevor Sie also die nicht korrekt importierte Datei erneut zu transferieren versuchen, sollten Sie sicherstellen, daß die hier aufgeführten Fehler beseitigt wurden.

Benötigen Sie die Tabelle Importfehler nicht mehr, vergessen Sie nicht, sie gelegentlich zu löschen.

Daten exportieren

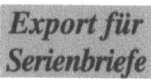
Export für Serienbriefe

Natürlich 'saugt' Access nicht nur Daten in sich auf, sondern ist durchaus bereit, diese an andere (z. B. ein Textprogramm) weiterzugeben. Dazu müssen Daten exportiert werden. Alle Formate, die Access importieren kann, können selbstverständlich auch für den Export genutzt werden. Im übrigen müssen die gleichen Regeln beachtet werden. Wollen Sie Adressen für einen Serienbrief exportieren, schreiben Sie zunächst die Export-/Importspezifikation, die für

Tabellen bearbeiten

die korrekten Trennzeichen in der Textverarbeitung sorgt. Die Datenbank VERTRIEB.MDB verfügt über eine solche Spezifikation. Wählen Sie aus dem Menü [Datei] den Befehl [Import-/Exporteinstellungen]. Der von uns verwendete **Spezifikationsname** heißt *WW* und kann aus der Liste ausgewählt werden. Diese Spezifikation kann zum Überführen von Adressen nach Word für Windows genutzt werden.

Um Tabellen in ein Textverarbeitungsprogramm zu exportieren, gehen Sie so vor:

1. Wechseln Sie zum Datenbankcontainer und wählen [Datei/Exportieren].

Tabelle exportieren

2. Markieren Sie das **Zieldateiformat** aus der Liste und bestätigen mit **OK**. Access zeigt nun eine Liste aller Tabellen der geöffneten Datenbank an:

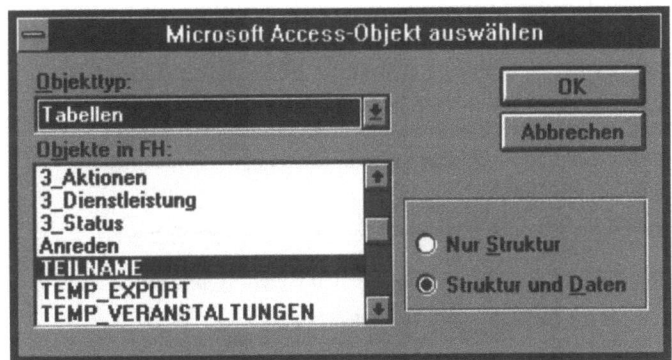

*Abb. 13-27 Dialog **Microsoft Access-Objekt auswählen***

3. Legen Sie die gewünschte Tabelle durch einen Mausklick fest und bestätigen dann wieder mit **OK**.

4. Im Dialog Exportieren nach Datei wechseln Sie zuerst in das gewünschte Unterverzeichnis. Anschließend formulieren Sie den Namen (nur 8 Zeichen lang!) und schließen Ihre Eingaben mit **OK** ab.

5. Wählen Sie entweder die benötigte Spezifikation (Text mit fester Länge) oder geben Sie Spezifikationsmerkmale ein (Text mit Trennzeichen). In jedem Fall beenden Sie Ihre Eingabe mit **OK**.

Die Tabelle wird in ein für das Textprogramm 'leserliches' Format exportiert. Wollen Sie Ihre Tabellen in ein Tabellenkalkulationsprogramm oder in ein anderes Datenbanksystem überführen, geht das genau so. Mit einem Unterschied allerdings. Den oben aufgeführten Schritt 5 müssen Sie nicht durchlaufen, da Spezifikationen nur für Textprogramme benötigt werden.

Individuelle Einstellungen

Wie jedes Programm läßt sich selbstverständlich auch Access auf Ihre persönlichen Wünsche einstellen. Und so ist es möglich, gewisse Standardeinstellungen nach eigenem Geschmack festzulegen. Das kann das Ausblenden der Statuszeile, aber auch das Neuzuweisen bestimmter Seitenränder für den Ausdruck sein. Änderungen an der Cursorsteuerung lassen sich ebenso auswählen, wie Standardschriftarten und -größen für die Datenblattansicht. Alle Änderungen, die Sie an den Optionen durchführen, werden in der Datei SYSTEM.MDA gespeichert und stehen somit zukünftig jeder Datenbank zur Verfügung (nicht nur der aktuellen!).

1. Aus dem Menü [Ansicht] wählen Sie den Befehl [Optionen].

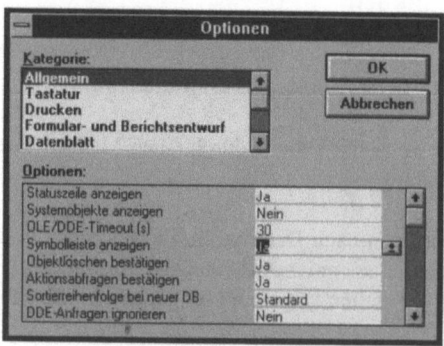

*Abb. 13-28 Dialog **Optionen***

2. Klicken Sie auf die **Kategorie**, die Sie ändern wollen. Access zeigt daraufhin im unteren Bereich des Dialogs die zur gewählten Kategorie gehörenden Einstellungen an.

3. Tragen Sie die notwendigen Veränderungen dann in die Optionen ein. (Ein ausführliche Beschreibung jeder einzelnen Option hält die Bedienerhilfe für Sie bereit. Um Sie zu aktivieren, betätigen Sie einmal die Taste !).

4. Beenden Sie Ihre Eingaben mit **OK**.

Die VERTRIEB.MDB arbeitet beispielsweise ohne Symbolleiste. Weil das Vertriebsinformationssystem eine eigene Symbolleiste mitliefert, wurde die Standardleiste einfach abgeschaltet.

Zusammenfassung des Kapitels

- Sie haben sich an die fortgeschrittene Tabellenbearbeitung 'gewagt' und wissen nun, welchen Stellenwert Feldeigenschaften haben und wie sich dieselben einstellen lassen.

- Sie haben eine weitere Möglichkeit der Indexverwendung kennengelernt und erkannt, daß der Primärschlüssel nicht alles ist.

- Sie haben erfahren, daß eine Tabellenstruktur zwar jederzeit änderbar ist, aber auch die damit verbundenen Risiken beleuchtet.

- Sie haben die Suchen- und Ersetzenfunktion verwendet, um Daten (nicht die Struktur!) schnell und zuverlässig zu finden und gegebenenfalls zu ändern.

- Sie haben Access als kommunikatives System kennengelernt und sich mit den Im- und Exportmöglichkeiten vertraut gemacht.

- Sie haben zum Abschluß des Kapitels gesehen, wie einfach sich Access auf Ihre Bedürfnisse einstellt.

TRAINIEREN SIE IHR WISSEN:

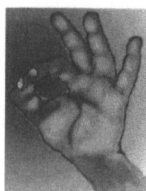

1. Nennen Sie mindestens drei Feldeigenschaften von Access.

2. Welche Indexarten verwendet Access?

3. Aus wieviel Teilen kann ein selbstdefiniertes Format für Zahlenfelder bestehen und durch welches Zeichen müssen die Argumente voneinander getrennt werden?

4. Welche Access-Funktion zeigt das aktuelle Datum an?

5. Worauf müssen Sie bei nachträglichem Umstrukturieren von Tabellen achten?

6. Erklären Sie den Unterschied zwischen 'importieren' und 'einbinden'.

7. Nennen Sie die Formate, aus denen Access Daten übernehmen kann.

8. In welche Formate können Access-Tabellen exportiert werden?

Kapitel 14

Überblick
Mit Abfragekriterien arbeiten
Berechnungen anstellen
Ausgabe festlegen
Tabellen mehrfach hinzufügen
Eine Kreuztabellenabfrage
Mit Aktionsabfragen arbeiten
Mit Parameterabfragen arbeiten
Zusammenfassung des Kapitels

14. Professionelle Abfragen

Überblick

Kapitel 14 führt Sie ein in die fortgeschrittenen Techniken bei der Arbeit mit Abfragen und setzt daher das Wissen aus **Kapitel 9** oder entsprechendes Wissen voraus. Sie werden weitere Möglichkeiten für die Verwendung von Abfragekriterien kennenlernen und darüber hinaus erfahren, wie Sie der Abfrage Berechnungen hinzufügen, sei es in Form eines zusätzlichen Feldes oder in der Berechnung vorhandener Datensätze.

Ein weiteres Thema, mit dem sich dieses Kapitel beschäftigt, behandelt die Ausgabe von Spalten und Reihen im Abfrageergebnis. Schließlich muß nicht jedes Feld, das im Abfrageentwurf verwendet wurde, im Abfrageergebnis auch gleich zu sehen sein. Andererseits kann es vorkommen, daß auf Tabellen mehr als einmal zugegriffen werden muß, was nichts anderes bedeutet, als ein und dieselbe Tabelle dem Tabellenentwurf mehrfach hinzuzufügen. Der Teilabschnitt **Tabellen mehrfach hinzufügen** hält entsprechende Beispiele bereit.

Eine besondere Abfrageform stellt **Die Kreuztabellenabfrage** dar. Wie sie erstellt und wann sie benötigt wird, verrät der gleichnamige Teilabschnitt.

Zu guter Letzt werden wir auf die unterschiedlichen Abfragearten eingehen, die Access zur Verfügung stellt, und in diesem Zusammenhang die Unterschiede zwischen Auswahlabfragen, Aktionsabfragen und Parameterabfragen beleuchten.

Mit Abfragekriterien arbeiten

Was Kriterien sind und wie die für Kriterien verfügbaren Operatoren eingesetzt werden, haben Sie bereits in **Kapitel 9** in aller Ausführlichkeit erfahren. Wir wollen nun weitere Abfragekriterien beleuchten, die in der täglichen Arbeit sehr nützlich sind. So könnten Sie beispielsweise den Wunsch verspüren, alle Datensätze anzuzeigen, die bezogen auf ein ganz bestimmtes Feld auch tatsächlich Informationen aufweisen, oder anders ausgedrückt 'Nicht Null' sind. Auf diese Weise läßt sich beispielsweise ermitteln, von welchen Kunden Sie die Geburtsdaten kennen. Verwenden Sie dazu die Beispieldatenbank VERTRIEB.MDB und erstellen eine Abfrage aus den Tabellen **1_Händlerstamm** und **2_Händlermitarbeiter**, die folgende Spalten anzeigt:

Ist Nicht Null

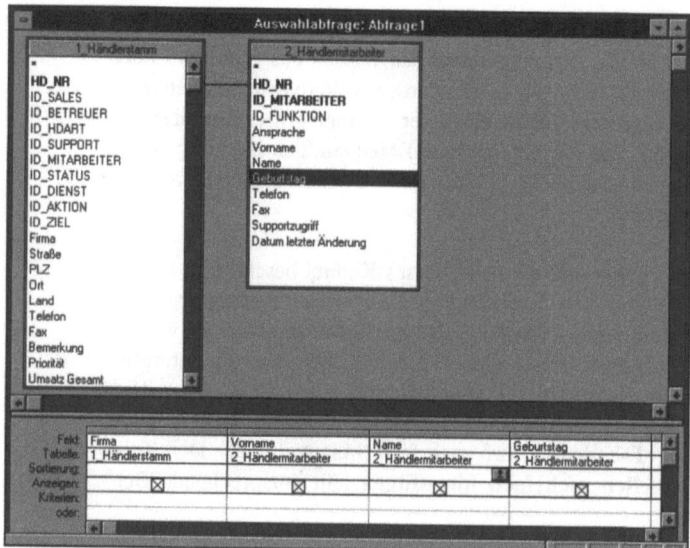

Abb. 14-1 Der Abfrageentwurf einer Beispielabfrage

Nun geben Sie das gewünschte Kriterium im Abfrageentwurf ein:

1. Klicken Sie in die Zeile **Kriterien** der Spalte **Geburtstag**.

2. Tragen Sie als Kriterium *nicht null* ein.

3. Führen Sie die Abfrage aus.

Ist Null

Im Dynaset sehen Sie nur Datensätze der Kunden, deren Feld Geburtstag einen Eintrag hat. Selbstverständlich können Sie auch herausfinden, von wem Ihnen die Geburtsdaten fehlen. Dazu tragen

Professionelle Abfragen 359

Sie als Kriterium *null* ein. Ändern Sie nun Ihre Abfrage dahingehend einmal ab. Das Dynaset sieht jetzt so aus:

Firma	Vorname	Name	Geburtstag
Estelle	Peter	Meier	
Computer Commerz	Paul	Schröder	
Computer Commerz	Michael	Huber	
Computer Commerz	Jens	Bäcker	
Computer Commerz	Dirk	Kühn	
Estelle	Paul	Will	
Estelle		Schulte	
Estelle	Heinz	Huber	
Estelle	Sabine	Wichtig	
Estelle	Jürgen	Gruber	
Estelle	Klaus	Fürst	
Datenbau & Co	Jürgen	Heinrich	
Datenbau & Co	Monika	Wichtig	

Abb. 14-2 Kunden, deren Geburtsdatum nicht bekannt ist.

Dabei stellt sich sogleich heraus, daß Ihnen auch noch nicht alle Vornamen Ihrer Kunden vorliegen. Ändern Sie die Abfrage nun noch einmal, damit Ihnen nur die Kunden angezeigt werden, von denen Sie Vor- und Nachnamen kennen, deren Geburtsdaten allerdings fehlen. Ihr Dynaset zeigt daraufhin folgende Daten an:

Kriterien verknüpfen

Firma	Vorname	Name	Geburtstag
Estelle	Peter	Meier	
Computer Commerz	Paul	Schröder	
Computer Commerz	Michael	Huber	
Computer Commerz	Jens	Bäcker	
Computer Commerz	Dirk	Kühn	
Estelle	Paul	Will	
Estelle	Heinz	Huber	
Estelle	Sabine	Wichtig	
Estelle	Jürgen	Gruber	
Estelle	Klaus	Fürst	
Datenbau & Co	Jürgen	Heinrich	
Datenbau & Co	Monika	Wichtig	
Computer für Alle	Paul	Scheel	
Knobloch & Co	Paul	Huber	
Klose AG	Heinz	Krause	
CTC	Jürgen	Huber	
CTC	Klaus	Häusler	
Softdisk	Peter	Stahn	
Computerhaus	Heinz	Bläser	
Computerhaus	Jens	Frank	
Mehrwalt und Söhne	Peter	Bläser	
Mehrwalt und Söhne	Jürgen	Bäcker	

Abb. 14-3 Kundenvor- und -nachname ist bekannt, das Geburtsdatum nicht

Und so sieht die Abfrage mit ihren Kriterien im Entwurfsmodus aus:

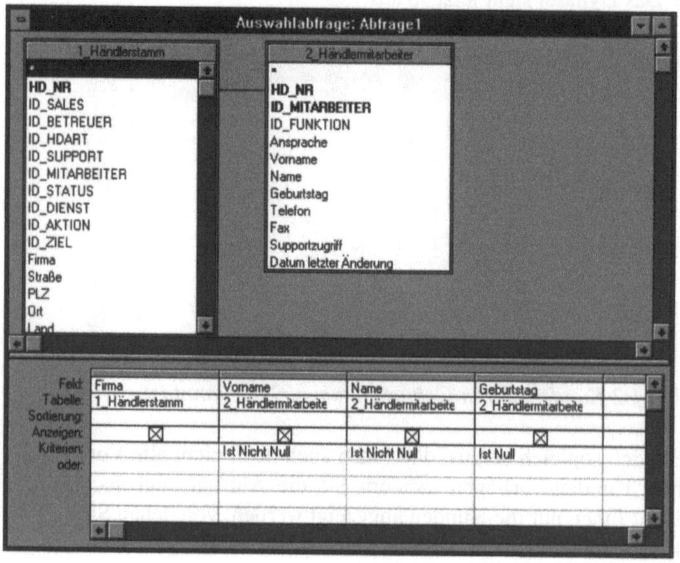

Abb. 14-4 Die notwendigen Kriterien

Datum() Wenn Sie erst einmal alle Geburtsdaten 'zusammen haben', fällt es Ihnen (und auch Access) nicht mehr schwer, all diejenigen Kunden anzuzeigen, die am heutigen Tag Geburtstag haben. Dazu verwenden Sie das Kriterium 'Datum()'. Geben Sie dieses Kriterium wie folgt in den Abfrageentwurf ein und lassen die Abfrage anschließend ausführen:

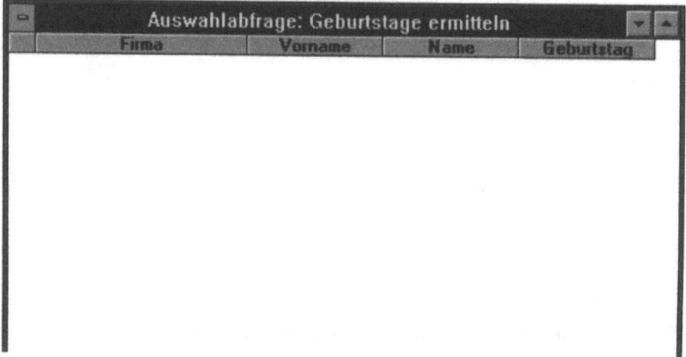

Abb. 14-5 Welche Kunden haben heute Geburtstag?

Wie Sie sehen, sehen Sie nichts! Es ist auch äußerst unwahrscheinlich, daß ein Neugeborenes (weil am heutigen Tag Geburtstag) zu Ihren Kunden zählt. Access überprüft aufgrund des oben angegebenen Kriteriums, welche eingegebenen Geburtsdaten mit dem heutigen Datum übereinstimmen. Die Funktion 'Datum()' allein eignet sich also überall dort gut, wo tagesgenaue Eingrenzungen gewünscht werden, also z. B.:

Wie viele Telefonate wurden heute geführt?
Wie viele Aufträge sind heute eingegangen?
Wie viele Störungen sind heute entgegengenommen worden?

usw. Sie können diese Funktion dennoch nutzen, um die jeweils aktuellen Geburtstage zu erfahren, indem Sie einfach Ihr Kriterium ergänzen. Veranlassen Sie Access, nur die ersten sechs Stellen (nämlich Tag und Monat) des jeweils aktuellen Tagesdatums zu vergleichen:

Datums-Funktion ergänzen

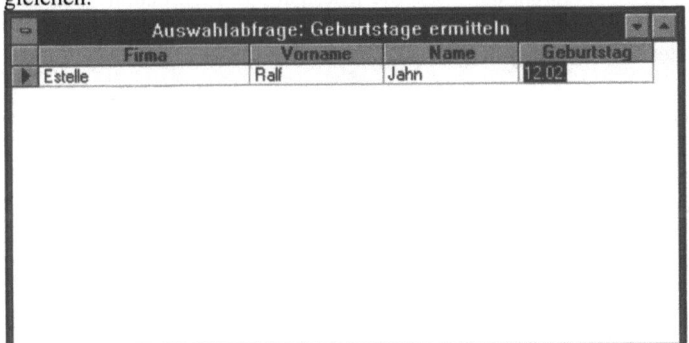

Abb. 14-6 Ergänztes Kriterium

Sie bedienen sich dabei einer weiteren Access-Funktion, der Funktion 'Links()'. Eingefleischte Basic-Programmierer erkennen natürlich sofort, daß es sich hierbei um die Funktion 'Left()' handelt. Links() besitzt folgende Argumente: Zeichenkette, Anzahl der gewünschten Stellen von links. In unserem Beispiel ist die Zeichenkette die Access-Funktion 'Datum()', von der wir sechs Zeichen von links (TT.MM.) betrachten wollen. Da die Funktion 'Datum()' allerdings immer die aktuelle Jahreszahl liefert, müssen wir Access noch veranlassen, sich auch bei der Ausgabe des Feldes *Geburtstag* auf Tag und Monat zu beschränken. Das erreichen Sie durch die Eingabe eines eigenen Ausdrucks für dieses Feld. Auch hier grenzen Sie kurzerhand auf sechs Stellen ein:

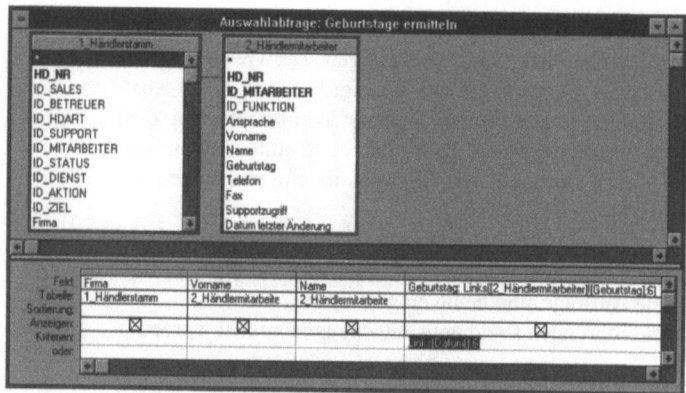

Abb. 14-7 Geburtstag wird auf Tag und Monat eingegrenzt.

Auf diese Weise lassen sich die Kundengeburtstage für jeden beliebigen Tag des Jahres abrufen, ohne daß Sie jedesmal das Tagesdatum tatsächlich in den Kriterienbereich eintippen müssen. (Die 'fertige' Abfrage finden Sie unter dem Namen *Geburtstage ermitteln*.)

Zeiträume eingrenzen

Mit der Funktion 'Datum()' läßt sich allerdings noch mehr überprüfen, zum Beispiel, wann Sie welche Kundenaktionen durchgeführt haben. Entwickeln Sie dazu folgende Abfrage...

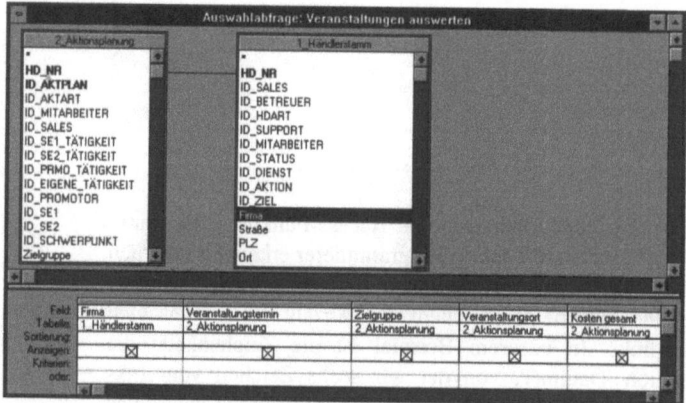

Abb. 14-8 Veranstaltungen auswerten

... und führen Sie diese anschließend aus. Sie erhalten alle Kundenaktionen, die - seitdem diese Datenbank existiert - eingegeben wurden. Möglicherweise interessiert Sie aber nur der letzte Monat. Kaum

Professionelle Abfragen 363

zu glauben, aber wahr: Mit der Funktion 'Datum()' läßt sich ein solcher Zeitraum berechnen. Geben Sie dazu folgendes Kriterium für den Veranstaltungstermin ein:

Zwischen Datum() und Datum()-30.

Führen Sie die Abfrage nun noch einmal aus, ist das Ergebnis wesentlich übersichtlicher. (Auch diese Abfrage liegt - unter dem Namen *Veranstaltungen auswerten* - vor!) Vielleicht interessiert es Sie auch zu wissen, welche Veranstaltungen Sie bei einem ganz bestimmten Kunden durchgeführt haben. Dazu öffnen Sie nun bitte die Abfrage *Veranstaltungen auswerten2* im Entwurfsmodus und geben den Namen des Kunden in den Kriterienbereich der Spalte *Firma* ein. Allerdings, Sie haben recht, der komfortabelste Weg zur Dateneingabe ist die Entwurfsansicht der Abfrage nun wirklich nicht. Viel angenehmer wäre es, könnte man den Kundennamen in einem Formular erfassen oder auswählen. Man kann!

Öffnen Sie dazu nun auch noch das Formular mit dem 'aussagekräftigen' Namen *Formular1*. Dieses Formular dient lediglich zur Verdeutlichung dieser Übung, wird aber ansonsten nicht verwendet, weil nicht benötigt. Das Formular besteht aus einem einzigen Feld, in dem Firmennamen angezeigt werden. Der jeweils angezeigte Firmenname soll unserer Abfrage als Kriterium dienen. Damit das auch klappt, benötigen Sie einige Informationen über das Formular und das dort angezeigte Steuerelement, wie die Komponenten von Formularen und Berichten auch genannt werden.

Abfragekriterien aus Formularfeldern beziehen

Notieren Sie zunächst den Namen, *Formular1*. Er ist aus der Titelzeile des Formulars ersichtlich. Anschließend wechseln Sie in die Entwurfsansicht des Formulars und markieren das einzige dort befindliche Steuerelement, ein Textfeld. Im Eigenschaftenfenster informieren Sie sich nun über den Steuerelementnamen. (Sollte das Eigenschaftenfenster nicht angezeigt werden, wählen Sie [Ansicht/Eigenschaften], um es einzublenden.) So gerüstet, wechseln Sie über das Menü [Fenster] nun zurück zum Abfrageentwurf *Veranstaltungen auswerten2*. In die Zeile **Kriterien** der Spalte *Firma* tragen Sie die eben gewonnenen Erkenntnisse ein, ergänzt um die Information, um welchen Objekttyp der Datenbank es sich eigentlich handelt. Die komplette Eingabe sieht dann so aus:

[Formulare]![Formular1]![Firma].

[Formulare] Teilt Access mit, daß es sich um ein Formular und um kein anderes Datenbankobjekt - wie etwa eine Tabelle oder Abfrage - handelt.
[Formular1] Ist der Name des gewünschten Formulars.
[Firma] Ist der Name des Steuerelement im gewünschten Formular, auf das sich die Abfrage beziehen soll.

Beachten Sie, daß das Formular im Formularmodus geöffnet sein muß, damit Access die Abfrage korrekt durchführen kann. Für unseren Test ordnen Sie nun bitte das Formular - im Formularmodus - und die Abfrage - im Entwurfsmodus - untereinander an:

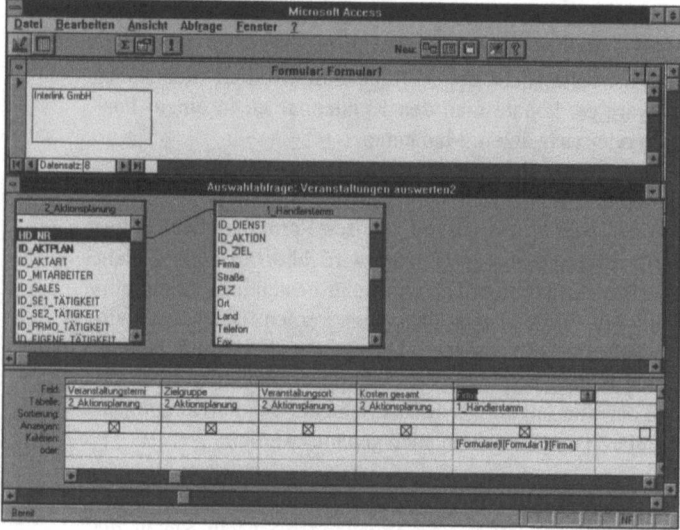

Abb. 14-9 Formular und Abfrage untereinander angeordnet

Blättern Sie im Formular zum Datensatz Nummer 8, *Interlink GmbH*. Anschließend führen Sie die Abfrage aus. Das Dynaset enthält lediglich Veranstaltungen, die Sie für die Firma 'Interlink GmbH' durchgeführt haben. (Später werden Sie sehen, wie Sie Ihrem Formular Schaltflächen hinzufügen, über die sich eine solche Abfrage direkt starten läßt.)

Berechnungen anstellen

Vielleicht wollen Sie nun Ihr nächstes Quartal planen und benötigen dazu die Kosten, die im vergangenen Jahr angefallen sind. Geben Sie in die Abfrage *Veranstaltungen auswerten* die notwendigen Kriterien ein und lassen die Abfrage ausführen:

Zielgruppe	Firma	Veranstaltungs	Veranstaltungst	Kosten gesamt
Buchhaltung	Estelle		03.02.1993	100,00 DM
Vertriebsmitarbeiter	Estelle	Kaiser-Friedrich-Ha	31.12.1992	500,00 DM
Einkauf	Computer AG	Ramada	11.01.1993	800,00 DM
Sachbearbeiter	Estelle		01.02.1993	350,00 DM
Einkauf	Estelle		18.09.1992	150,00 DM
Management	Estelle		02.02.1993	400,00 DM
Buchhaltung	Computerhaus	Saalbau, Essen	05.01.1993	1.000,00 DM
Vertriebsmitarbeiter	Computerhaus		05.02.1993	500,00 DM
Marketing	Estelle		03.02.1993	300,00 DM
Vertriebsmitarbeiter	Computer Commerz	Bei uns	06.01.1993	50,00 DM
Geschäftsleitung	Computer Commerz		08.02.1993	1.000,00 DM
Marketing	Walter & Co.		01.02.1993	700,00 DM
Management	Estelle		06.06.1992	2.000,00 DM

Abb. 14-10 Berechnungen anstellen

Da die Kosten ja bekanntlich steigen, sollten Sie für Ihr neu zu planendes Quartal von einer Kostensteigerung bei den Veranstaltungen um 30 % ausgehen. Fügen Sie dem Abfrageentwurf deshalb ein neues berechnetes Feld hinzu:

Berechnete Felder

1. Öffnen Sie die Abfrage *Veranstaltungen auswerten* im Entwurfsmodus (sofern nicht bereits geschehen).

2. Bringen Sie den Mauszeiger in der leeren Spalte hinter *Kosten gesamt* in Position, um ein neues Feld einzufügen.

3. Tragen Sie den Feldinhalt wie folgt ein:

   Kosten neu: [Kosten gesamt]*1,3

4. Führen Sie die Abfrage aus.

Zur Berechnung eines neuen Feldes, sollten Sie dem Feld zunächst einen Namen geben, hier *Kosten neu*. Sollten Sie den Namen vergessen haben, benennt Access das Feld, und es erhält den Namen Ausdruck*n*, wobei ein für eine laufende Nummer steht, also Ausdruck1, Ausdruck2 usw. Abgeschlossen wird der Feldname mit einem Doppelpunkt (:). Der Rest ist ein 'ganz normaler' Access-Ausdruck, wie Sie ihn beispielsweise auch zur Eingrenzung von Kriterien verwenden könnten. Dabei sei erwähnt, daß zur Berechnung in Ausdrücken die vier Grundrechenarten verwendet werden dürfen, also Addition (+), Subtraktion (-), Multiplikation (*) und Division (/). Natürlich können zur Berechnung auch zwei Feldnamen herangezogen werden, z. B. *[Anzahl]*[Einzelpreis]* oder *[Zwischensumme] + [Mehrwertsteuer]*.

Formate in Ausdrücken

Access hat - das hat das Dynaset gezeigt - die Kosten um 30 % erhöht. Nur die Ausgabe der neuen Kosten ist noch nicht 'der wahre Jakob'. Neben den korrekt formatierten DM-Werten der Gesamtkosten sind die neuen Kosten fast unleserlich. Access stellt zu diesem Zweck Funktionen zur Verfügung, die Formatierungen in Ausdrücken möglich machen:

Funktion	Beschreibung
ZCurrency	Wandelt einen Ausdruck in das Währungsformat
ZInteger	Wandelt einen Ausdruck in das Zahlenformat Integer
ZDouble	Wandelt einen Ausdruck in das Zahlenformat Double
ZLong	Wandelt einen Ausdruck in das Zahlenformat Long
ZSingle	Wandelt einen Ausdruck in das Zahlenformat Single
ZString	Wandelt einen Ausdruck in eine Zeichenkette

Jede Funktion erwartet als Argument den Ausdruck, der umgewandelt werden soll. Im Falle unserer Kosten muß der Funktion ZCurrency demnach ([Kosten gesamt]*1,3) mitgegeben werden, so daß die vollständige Eingabe für Ihren Ausdruck so aussieht:

*ZCurrency([Kosten gesamt]*1,3).*

Ergänzen Sie nun Ihr neues Feld um die Funktion ZCurrency und führen die Abfrage dann noch einmal aus. Das Ergebnis ist gleich besser lesbar, nicht wahr! (Sollte nicht alles auf Anhieb geklappt haben, verrät Ihnen die Abfrage *Veranstaltungen auswerten3* die Lösung.)

Neben Einzelergebnissen spielen Gesamtergebnisse eine genauso wichtige (wenn nicht wichtigere) Rolle. Access ist daher auf die Berechnung von Gesamtergebnissen auch bestens vorbereitet und bietet neun unterschiedliche Berechnungsarten an, die Sie entweder auf Ihr gesamtes Abfrageergebnis oder auf bestimmte Gruppen innerhalb der Tabelle beziehen können. Betrachten wir zunächst die Berechnungsarten....

Aggregatfunktionen

Berechnungsart	Was wird berechnet?
Summe	Summe aller Werte eines Feldes.
Mittelwert	Mittelwert aller Werte eines Feldes.
Minimum	Niedrigster Wert eines Feldes.
Maximum	Höchster Wert eines Feldes.
Anzahl	Anzahl der Werte in einem Feld. (Nullwerte werden nicht berücksichtigt.)
StAbw	Standardabweichung der Werte eines Feldes.
Varianz	Varianz der Werte eines Feldes.
Erster	Feldwert des ersten Datensatzes der Tabelle (oder Abfrage).
Letzter	Feldwert des letzten Datensatzes der Tabelle (oder Abfrage).

.... und anschließend wie sie verwendet werden. Grundsätzlich können Berechnungen für die gesamte Tabelle oder für bestimmte Gruppen (Artikelgruppen, Kundengruppen usw.) durchgeführt werden. Um die Berechnung einer gesamten Tabelle zu erhalten, ist es wichtig, für jedes in der Abfrage 'eingebaute' Feld ein Rechenergebnis zu erhalten. Weiterhin müssen die Felder einzeln ausgewählt worden sein, d. h. eine Verwendung des '*' - zum Hinzufügen aller Felder einer Tabelle - ist für die Arbeit mit Aggregatfunktionen unzulässig. Öffnen Sie nun die Abfrage *Veranstaltungskosten ermitteln* in der Entwurfsansicht. Anschließend berechnen Sie bitte, wie viele Veranstaltungstermine stattgefunden haben, und wieviel Kosten dies insgesamt verursacht hat. Dazu

Gesamte Tabelle berechnen

1. Schalten Sie zunächst die Funktionen ein, indem Sie entweder [Ansicht/Funktionen] wählen

oder

das Symbol zum Ein- und Ausschalten der Funktionen klicken.

2. Im unteren Teil des Entwurfsfensters hat Access nun eine neue Zeile, **Funktion**, hinzugefügt. Wählen Sie für die Spalte *Veranstaltungstermin* die Berechnungsart **Anzahl** und für die Spalte *Kosten gesamt* **Summe**.

3. Führen Sie die Abfrage aus.

Access zeigt nun an, wieviel Termine insgesamt veranstaltet wurden, und was Sie das gekostet hat. Die sich anschließende Frage dürfte nun lauten: Und wie sieht die Berechnung bezogen auf den einzelnen Kunden aus? Um diese Antwort zu erhalten, wechseln Sie wieder in die Entwurfsansicht und

Einzelne Gruppe berechnen

1. fügen als erste Spalte das Feld *Firma* der Tabelle **1_Händlerstamm** hinzu.

2. Automatisch fügt Access diesem Feld die Funktion **Gruppierung** hinzu. Führen Sie nun diese Abfrage aus.

Diesmal erhalten Sie kein Gesamtergebnis, sondern eine Berechnung nach Kundengruppe. Alle Veranstaltungstermine eines jeden Kunden wurden - samt der damit verbundenen Kosten - zusammengezählt. Natürlich können zur Gruppierung mehrere Gruppen herangezogen werden. Nehmen wir an, Sie formulieren Ihre Frage noch weiter aus und wollen nun wissen, für welche Zielgruppe innerhalb des einzelnen Kunden Sie wie viele Veranstaltungen durchgeführt haben. Zu diesem Zweck:

Mehrere Gruppen berechnen

1. wechseln Sie noch einmal in den Abfrageentwurf.

2. Fügen Sie hinter die Spalte **Firma** das Feld *Zielgruppe* der Tabelle **2_Aktionsplanung** hinzu.

Professionelle Abfragen 369

3. Auch dieses Feld erhält automatisch die Funktion **Gruppierung** (was in Access der Standardwert für Funktionen ist, wie man spätestens hier bemerkt). Führen Sie die Abfrage aus.

Beachten Sie, daß Access die Spalten von links nach rechts gruppiert. Wollen Sie also zuerst eine Gruppierung der Zielgruppe und dann nach Kunden, tauschen Sie - im Entwurfsbereich - die Plätze der Spalten **Firma** und **Zielgruppe**.

Einen kleinen Schönheitsfehler hat die Abfrage allerdings noch: Sie bezieht sich auf den gesamten Datenbestand dieser Datenbank, (und der reicht immerhin zurück bis in das Jahr 1989). Bislang haben wir noch vergessen, das Kriterium zur Eingrenzung auf Veranstaltungen des letzten Jahres einzugeben. Für Sie aber sicher kein Problem, oder? Man nehme das Kriterium

Bedingung verwenden

Zwischen Datum() und Datum()-360,

trage es in der Spalte **Veranstaltungstermin** ein und führe die Abfrage aus. Denkste! Das Ergebnis der Abfrage, mit oben angegebenem Kriterium, dürfte Sie nur wenig zufriedenstellen. Es gibt nämlich kein Ergebnis. Unglücklicherweise haben wir versucht, für den Veranstaltungstermin das Datum auf das vergangene Jahr zu begrenzen. Doch leider wird hier - aufgrund der gewählten Aggregatfunktion - mittlerweile die Veranstaltungsanzahl berechnet. Vom Datum keine Spur (mehr). Und nun? Sie fügen das Feld *Veranstaltungstermin* einfach noch einmal hinzu. Als Funktion wählen Sie eine **Bedingung** und geben Ihr Kriterium dann in diese Spalte ein, etwa so:

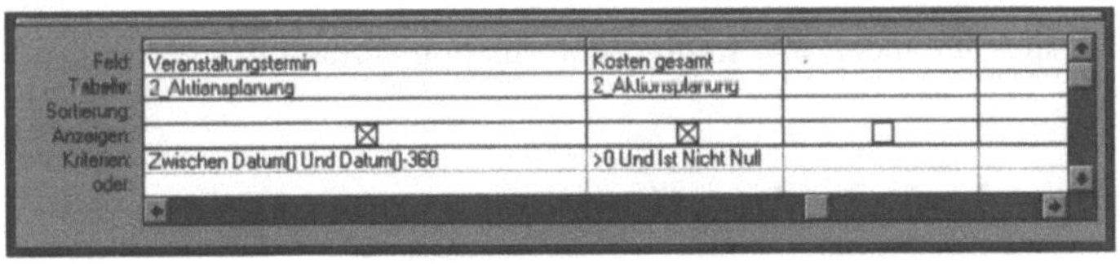

Abb. 14-11 Eine Funktion als Bedingung verwenden

Alles 'in Butter'! Geben Sie als Kriterium für die **Kosten gesamt** nun noch >0 ein, da Sie ja nur Kosten interessieren, die tatsächlich entstanden sind und führen die Abfrage dann noch einmal aus. Perfetto - wie der Italiener (und natürlich auch die Italienerin) zu sagen pflegt.

Schauen Sie sich dennoch im Entwurfsmodus einmal die Zeile **Anzeigen** an. Was fällt Ihnen auf? Beim Veranstaltungstermin, der als Funktion die **Bedingung** verwendet, ist das Kontrollkästchen der Zeile **Anzeigen** deaktiviert, was uns zu unserem nächsten Thema führt...

Ausgabe festlegen

Sie können Felder, die zur Durchführung der Abfrage benötigt werden, nämlich **Anzeigen** (= Kontrollkästchen aktiviert) oder es bleiben lassen (= Kontrollkästchen deaktiviert). Auf diese Weise können Sie wesentlich mehr Felder zur Anlage der Abfrage verwenden, ohne gleich alle auch anzeigen zu müssen. Wir wollen nun die Abfrage *Veranstaltungskosten ermitteln2* um das Feld *Veranstaltungsort* der Tabelle *2_Aktionsplanung* ergänzen. Wechseln Sie dazu in den Entwurfsmodus der Abfrage und fügen das Feld *Veranstaltungsort* hinter die *Zielgruppe* hinzu. Lassen Sie die Abfrage anschließend ausführen. Nachdem Sie über die Veranstaltungsorte informiert sind, benötigen Sie diese Daten vorübergehend nicht mehr. Aus diesem Grund

Spalten ausblenden

1. wechseln Sie in den Entwurfsmodus

2. und deaktivieren das Kontrollkästchen der Zeile **Anzeigen** für die Spalte **Veranstaltungsort**.

3. Führen Sie die Abfrage aus.

So leicht läßt sich mal mehr, mal weniger Information abrufen.

Tabellen mehrfach hinzufügen

Bislang haben Sie unterschiedliche Tabellen (bzw. Abfragen) verwendet, um auf deren Basis weitere Abfrage aufzubauen. Können Sie sich denn vorstellen, daß ein und dieselbe Tabelle gleich zweimal dem Abfrageentwurf hinzugefügt werden muß, um die gewünschten Ergebnisse zu erhalten? Sehen Sie sich unter diesem Aspekt einmal die Abfrage *Aktion_bericht_se1* im Entwurf an:

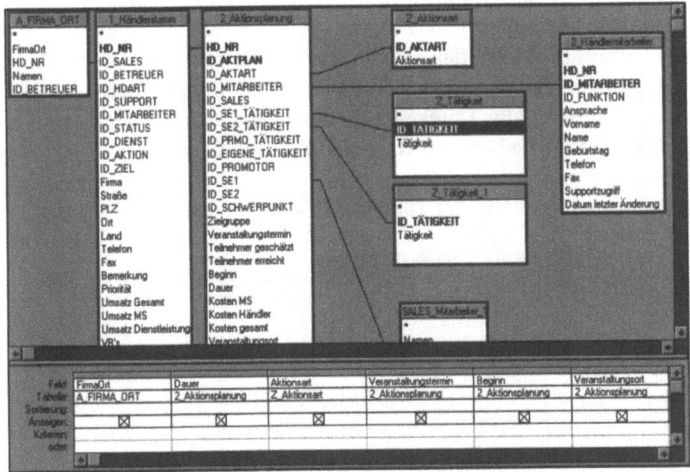

Abb. 14-12 Abfrage mit Originaltabelle und Kopie

Die wichtigste Tabelle dieses Abfrageentwurfs ist **2_Aktionsplanung**. Wie man sieht, besteht diese Tabelle zu großen Teilen aus ID_Feldern, was nichts anderes bedeutet, als daß sie die notwendigen textlichen Informationen aus abhängigen Relationen bezieht. Betrachten wir nun die Tätigkeit unserer Sales-Mitarbeiter einmal genauer, also die Felder *ID_SE1_TÄTIGKEIT* und *ID_SE2_TÄTIGKEIT*. Unsere Firma ist so strukturiert, daß niemals mehr als zwei Vertriebsleute an einer Veranstaltung teilnehmen. Dementsprechend wurde denn auch die Tabelle **2_Aktionsplanung** aufgebaut. Da jeder Vertriebsmitarbeiter eine ganz bestimmte Aufgabe übernimmt, steht auch jedem ein eigenes Feld für seine Tätigkeit zu. Natürlich hätten wir in der Tabelle **2_Aktionsplanung** die jeweiligen Tätigkeiten der Vertriebsmitarbeiter direkt erfassen können. Doch das hätte dann zu Redundanzen geführt, die schlecht pflegbar sind. Stellen Sie sich eine solche Tabelle einmal vor:

Firma	Mitarbeiter	Tätigkeit
Müller & Co.	Schneidwind	Vortrag
Müller & Co.	Obergreil	Kundenberatung
Müller & Co.	Schneidwind	Vorführung
Ottonorma AG	Schneidwind	Vortrag
Ottonorma AG	Schneidwind	Kundenberatung
Oberhasli KG	Obergreil	Kundenberatung

Was machen Sie nun, wenn aus *Kundenberatung Kundenbetreuung* wird? Ganz recht, Sie ändern an zwanzig (oder mehr) Stellen. (Einmal ganz abgesehen davon, daß eine solche Tabelle selbst gegen elementare Regeln der relationalen Datenbank verstößt!) Damit Ihnen das nicht passiert, werden alle Tätigkeiten in einer separaten Tabelle zusammengefaßt und bei Bedarf - per ID_Feld - herangezogen.

Die Tätigkeitsarten haben wir in der Tabelle **Z_Tätigkeit** festgelegt.

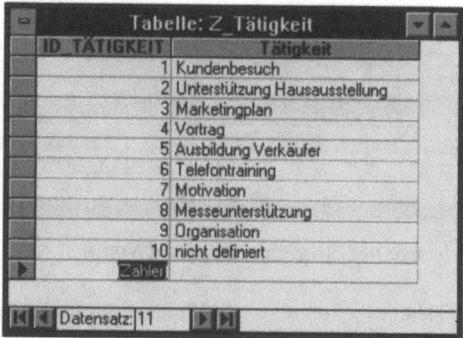

Abb. 14-13 Nur eine Tabelle verwaltet die Tätigkeiten

Jeder Tätigkeit wird per Primärschlüssel eine ID zugewiesen, die später der Tabelle **2_Aktionsplanung** als Referenz dient. Sofern Änderungen oder Ergänzungen erforderlich sind, werden sie lediglich an einer Stelle durchgeführt und stehen augenblicklich dem Gesamtsystem zur Verfügung. Auf diese Tabelle müssen wir also zurückgreifen, um die *ID_SE1_TÄTIGKEIT* zu interpretieren. Allerdings wird die Referenz zur Tabelle Tätigkeit nicht nur einmal, sondern gleich zweimal benötigt. Um eine Tabelle (bzw. Abfrage) dem Abfrageentwurf mehrfach hinzuzufügen,

1. wählen Sie im Abfrageentwurfsfenster [Abfrage/Tabelle/Abfrage hinzufügen].

2. Fügen Sie die gewünschte Tabelle/Abfrage sooft hinzu, wie Sie diese benötigen.

3. **Schließen** Sie den Dialog nach getaner Arbeit wieder.

Professionelle Abfragen 373

Access hat das Original sowie entsprechend viele Kopien ein- und derselben Tabelle/Abfrage hinzugefügt. Auch um die Neubenennung der Kopien hat sich das Programm dabei gleich gekümmert. Jede Kopie erhält den Namen des Originals, ergänzt um einen Unterstrich (_) sowie eine laufende Nummer, zum Beispiel **Z_Tätigkeit_1**. Die Kopie kann nun genauso verwendet werden wie jede Originaltabelle bzw. -abfrage.

Eine Kreuztabellenabfrage

Bislang haben Sie die 'einfache' Ausführung der Abfragenerstellung kennengelernt. Jede bislang erstellte Abfrage besteht aus zwei Komponenten:

- den Spaltenüberschriften und
- den eigentlichen Informationen in Zeilen.

Um nun zu erfahren, welcher Verkaufsmitarbeiter bei welchem Kunden wieviel Umsatz gemacht hat, könnten Sie - nach bekanntem Schema - eine 'einfache' Abfrage erstellen. Wir haben das auch für Sie erledigt. Die Abfrage trägt den Namen *Umsätze pro Kunde und Mitarbeiter* und sieht so aus:

Händlerart	Nachname	Umsatz Gesamt
Behörden	Hart	300,00 DM
Behörden	Meier	3.000,00 DM
Discounter	Fernandez	2.600,00 DM
Discounter	Hart	1.500,00 DM
Discounter	Liebscher	7.000,00 DM
Distributor	Fernandez	1.300,00 DM
Distributor	Kaufmann	500,00 DM
Einmalkunde	Liebscher	1.000,00 DM
Einmalkunde	Rainers	400,00 DM
Einmalkunde	Siebeking	2.000,00 DM
Einrichtungshaus	Dustin	5.000,00 DM
Endverbraucher	Dustin	500,00 DM
Endverbraucher	Dustin	3.000,00 DM
Endverbraucher	Dustin	5.000,00 DM
Endverbraucher	Fernandez	100,00 DM
Endverbraucher	Hart	8.000,00 DM
Endverbraucher	Kaufmann	2.000,00 DM
Endverbraucher	Liebscher	0,00 DM
Endverbraucher	Liebscher	1.000,00 DM
Endverbraucher	Meier	2.500,00 DM

Abb. 14-14 Umsätze pro Kunde und Mitarbeiter

Nicht besonders übersichtlich, oder? Man muß ziemlich lange blättern. Außerdem fehlt der Tabelle die Aussagekraft. Besser wäre es, wenn die Verkäufernamen als Spaltenüberschriften, die Kundenarten hingegen als Zeilenüberschriften angeordnet wären und die ganze Tabelle dadurch einfach kompakter würde. Was halten Sie deshalb von dieser Anordnung?

Kreuztabellenabfrage: Umsatz pro Kunde und Mitarbeiter (Kreuztabelle)

Händlerart	Dustin	Fernandez	Hart	Kaufmann	Liebscher	Meier	Rainers
Behörden			300,00 DM			3.000,00 DM	
Discounter		2.600,00 DM	1.500,00 DM		7.000,00 DM		
Distributor		1.300,00 DM		500,00 DM			
Einmalkunde					1.000,00 DM		400,0
Einrichtungshaus	5.000,00 DM						
Endverbraucher	8.500,00 DM	100,00 DM	8.000,00 DM	2.000,00 DM	1.000,00 DM	2.500,00 DM	
Großkunde		100,00 DM					30,0
Händler	2.400,00 DM	11.200,00 DM	6.600,00 DM	6.000,00 DM	8.700,00 DM	6.200,00 DM	4.000,0
Hersteller						200,00 DM	
Lizenznehmer		2.500,00 DM	2.550,00 DM		3.500,00 DM	4.060,00 DM	6.100,0
Mittelstand	10.000,00 DM				7.500,00 DM		
nicht definiert				1.500,00 DM			
Privat	800,00 DM						500,0
Schulen							11.300,0
Universitäten				3.400,00 DM			
Versandhaus	200,00 DM						

Datensatz: 1

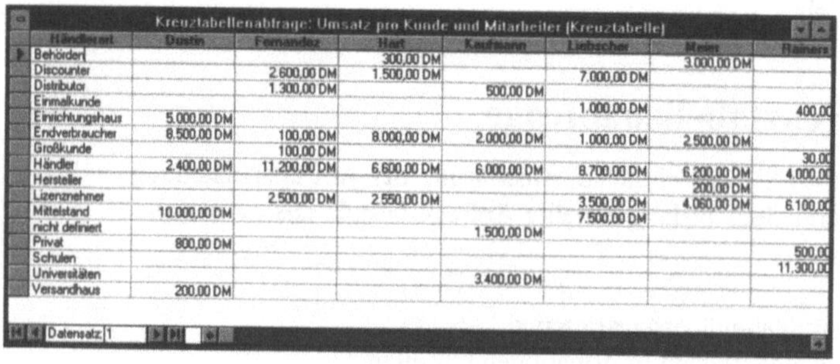

Abb. 14-15 Die gleiche Abfrage als Kreuztabelle

Lassen Sie uns die oben gezeigte Kreuztabellenabfrage jetzt gemeinsam erstellen.

Kreuztabellenabfrage erstellen

1. Erstellen Sie eine neue Abfrage und fügen die Tabellen **1_Händlerstamm**, **Z_Mitarbeiter** und **Z_Händlerart** hinzu.

2. Stellen Sie nun die Beziehungen zwischen den Tabellen wie folgt her:

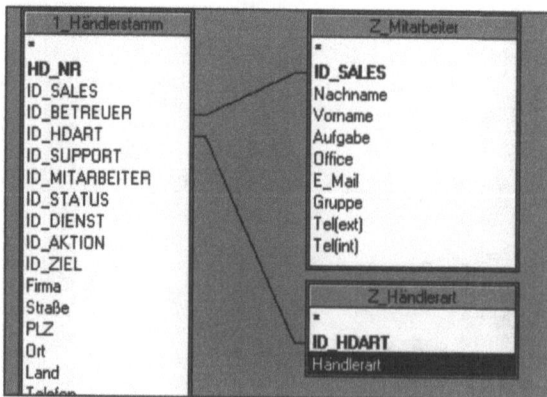

Abb. 14-16 Beziehungen festlegen

Professionelle Abfragen 375

3. Ziehen Sie dann aus der Tabelle **Z_Händlerart** das Feld *Händlerart* in den unteren Bereich des Abfrageentwurfsfensters. Danach das Feld Nachname (aus **Z_Mitarbeiter**) und wieder anschließend das Feld Umsatz Gesamt (aus **1_Händlerstamm**).

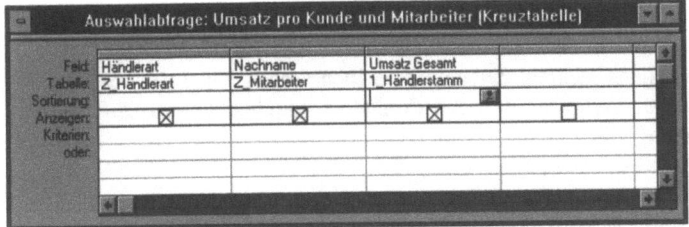

Abb. 14-17 Felder anordnen

4. Aus dem Menü [Abfrage] wählen Sie jetzt den Befehl [Kreuztabelle]. Access fügt im unteren Teil des Entwurfsfensters zwei weitere Zeilen ein, **Funktion** und **Kreuztabelle**:

Abb. 14-18 Die Kreuztabelle wurde aktiviert.

5. Tragen Sie in diese Zeilen nun folgende Werte ein:

Feld	Funktion	Kreuztabelle
Händlerart	Gruppierung	Zeilenüberschrift
Nachname	Gruppierung	Spaltenüberschrift
Umsatz Gesamt	Summe	Tabelleneintrag

6. Führen Sie die Abfrage aus.

Was sie beachten müssen

Eine Kreuztabellenabfrage zu erstellen ist nicht schwer, man muß nur wissen, was erlaubt ist. (Wie bei allen Dingen im Leben, Sie sagen es.)

1. Es darf grundsätzlich nur e i n e Spaltenüberschrift verwendet werden. Die **Funktion** der Spaltenüberschrift muß i m m e r **Gruppierung** sein.

2. Sie können mehrere Zeilenüberschriften verwenden. Auch bei Zeilenüberschriften darf die **Funktion** ausschließlich **Gruppierung** sein.

3. Als Tabelleneintrag ist (natürlicherweise) wieder nur e i n Eintrag erlaubt. Dieser darf n i e m a l s die Funktion Gruppierung erhalten, da mit einer Gruppierung nicht gerechnet werden kann.

Um mit Spalten- und Zeilenüberschriften noch ein bißchen vertrauter zu werden, schlagen wir vor, Sie tauschen die Zeilenüberschriften nun einmal gegen die Spaltenüberschriften aus. Seien Sie mutig und probieren es selbst einmal. (Die Lösung finden Sie dann in der Abfrage *Übersicht Kunden2*.) Die sich daraus ergebende Kreuztabelle gibt Ihnen jetzt auch die Möglichkeit, die Vornamen der Vertriebsmitarbeiter als weitere Zeilenüberschrift aufzunehmen.

---

1. Wechseln Sie in die Entwurfsansicht der Abfrage *Übersicht Kunden2*.

2. Fügen Sie das Feld *Vorname* (der Tabelle **Z_Mitarbeiter**) vor den Nachnamen hinzu.

3. Wählen Sie als Eintrag für die **Kreuztabelle** *Zeilenüberschrift*.

4. Führen Sie die Abfrage aus.

Bedingung in der Kreuztabellenabfrage

Na bravo! Auf diese Weise lassen sich also beliebig viele Zeilenüberschriften 'einbauen'. Damit nicht genug, können Sie in Kreuztabellenabfragen selbstverständlich auch Bedingungen festlegen. Nehmen wir nun an, Sie interessieren sich ausschließlich für die Umsätze mit Großkunden, dem Mittelstand, Ihren Distributoren und den Versandhäusern. Fügen Sie dazu das Feld *ID_HDART* im Abfrageentwurf als letztes Feld hinzu. Als **Funktion** wählen Sie *Bedingung*. Unter Kriterium tragen Sie dann *1 oder 2 oder 6 oder 10* ein. (Diese Codenummern haben wir der Tabelle **Z_Händlerart** entnommen. 1 = Mittelstand, 2 = Großkunde, 6 = Versandhaus, 10 = Distributoren.) Führen Sie die Abfrage jetzt aus, wird diese noch einmal übersichtlicher.

Spaltenüberschriften fixieren

Den letzten Schliff erhält Ihre Kreuztabelle, wenn Sie jetzt die Spalten nach Ihren Wünschen anordnen. Sehen Sie sich dazu zunächst noch einmal das Dynaset der Abfrage *Übersicht Kunden2* 'im Original' an.

Kreuztabellenabfrage: Übersicht Kunden2 ohne Spaltenfixierung

Vorname	Nachname	Distributor	Großkunde	Mittelstand	Versandhaus
Helmut	Dustin			10.000,00 DM	200,00 DM
Ilse	Kaufmann	500,00 DM			
Monika	Fernandez	1.300,00 DM	100,00 DM		
Petra	Siebeking		2.000,00 DM		
Ralf	Liebscher			7.500,00 DM	
Sabine	Rainers		30,00 DM		

Datensatz: 1

Abb. 14-19 Eingegrenzte Kreuztabellenabfrage

Um die Spaltenanordnung anders festzulegen, helfen die Abfrageeigenschaften der Kreuztabelle weiter:

1. Wechseln Sie in die Entwurfsansicht der Abfrage.

2. Wählen Sie [Ansicht/Abfrageeigenschaften].

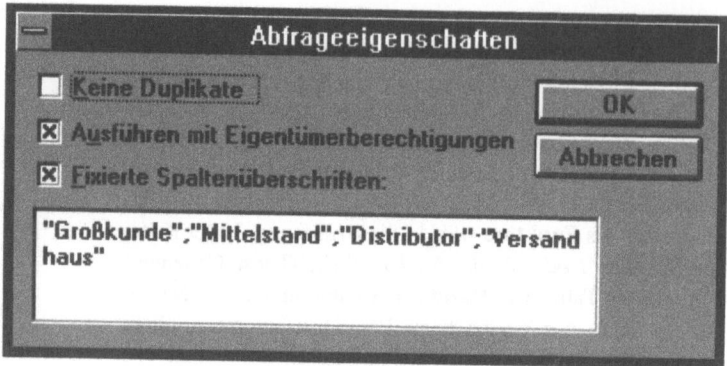

Abb. 14-20 Abfrageeigenschaften der Kreuztabelle

3. Aktivieren Sie das Kontrollkästchen **Fixierte Spaltenüberschriften** durch einen Mausklick.

4. Bringen Sie den Cursor dann im darunterliegenden Eingabefeld in Position und tragen die Spaltennamen in der von Ihnen gewünschten Reihenfolge ein. Trennen Sie dabei jeden Namen durch ein Listentrennzeichen, in aller Regel ein Semikolon. (Welches Listentrennzeichen Sie verwenden, können Sie in der Windows-Systemsteuerung erfahren.) Für unser Beispiel erfassen Sie bitte wie folgt:

Großkunde;Mittelstand;Distributor;Versandhaus

Hinweis Beachten Sie dabei, daß die hier eingegebenen Namen exakt mit den in der Spaltenüberschrift verwendeten übereinstimmen müssen. Geben Sie beispielsweise statt *Großkunde Großkunden* ein, führt die Abfrage später zu keinem Ergebnis!

5. Beenden Sie Ihre Eingabe mit **OK**.

6. Führen Sie die Abfrage aus.

Wann Spaltenfixierung? Es soll nicht unerwähnt bleiben, daß Kreuztabellen, sofern Sie denn häufig verwendet werden, einen Geschwindigkeitszuwachs erfahren, sobald deren Spalten fixiert wurden. In einem Punkt ist die Spaltenfixierung sogar u n e r l ä ß l i c h und zwar dann, wenn die Kreuztabelle als Datenbasis für ein Formular oder einen Bericht dient!

Mit Aktionsabfragen arbeiten

Im Erstellen von Auswahlabfragen macht Ihnen so schnell keiner mehr etwas vor. Gehören aber auch Aktionsabfragen zu Ihren 'Steckenpferden'? Aktionsabfragen? Was soll das jetzt schon wieder heißen? Das soll heißen, daß aus einer Auswahlabfrage jederzeit eine Aktionsabfrage werden kann, sofern Sie das wünschen. Aktionsabfragen führen - wie der Name schon sagt - Aktionen durch und unterscheiden sich somit von Auswahlabfragen, die lediglich Daten a n z e i g e n . Eine Aktion könnte das Löschen oder Anfügen bestimmter Datensätze, aber auch das Aktualisieren von Daten sein. Insgesamt stellt Access vier Arten von Aktionsabfragen zur Verfügung:

- Die Tabellenerstellungsabfrage.
- Die Löschabfrage.
- Die Anfügeabfrage.
- Die Aktualisierungsabfrage.

Abfragearten

Die Tabellenerstellungsabfrage wird verwendet, um aus einer Abfrage eine neue Tabelle zu erzeugen. Die Löschabfrage erledigt für Sie das Löschen bestimmter Datensätze aus einer oder auch mehreren Tabellen. Muß eine Tabelle um eine Gruppe von Datensätzen ergänzt werden, so erledigen Sie das mit der Anfügeabfrage. Um Datensätze zu aktualisieren, bietet die Aktualisierungsabfrage ihre Dienst an.

Jede neu erstellte Abfrage wird von Access immer als Auswahlabfrage erstellt. Beim Ausführen einer solchen Abfrage zeigt Access Ihnen das Dynaset der gewählten Felder an. Nun gibt es aber auch Aufgaben, die zeitraubend sein können. Denken Sie beispielsweise an Änderungen in Preislisten nach einer Preiserhöhung. Diese Änderungen kann man nun stundenlang 'von Hand' eingeben. Man kann aber auch alle Preise um einen Prozentsatz 'x' mit Hilfe einer Aktionsabfrage neu festsetzen. Führen Sie eine Aktionsabfrage aus, beginnt sie augenblicklich und ohne Rückfragen mit der Arbeit. Um Aktionsabfragen nicht versehentlich auszuführen, unterscheiden sie sich bereits im Datenbankcontainer optisch von Auswahlabfragen:

Symbol für eine Auswahlabfrage   Symbol für eine Aktionsabfrage

Abb. 14-21 Unterschiedliche Symbole für unterschiedliche Abfragearten

Regeln zur Erstellung

Um eine Aktionsabfrage (egal welcher Art) zu erstellen, sollten Sie grundsätzlich folgende Schritte durchlaufen:

1. Erstellen Sie zuerst eine Auswahlabfrage und kontrollieren, ob diese die gewünschten Änderungen durchführt.
2. Erst im zweiten Schritt 'verwandeln' Sie dann die Auswahlabfrage in eine Aktionsabfrage.

Bei umfangreichen Manipulationen, besonders wenn Sie Datensätze löschen oder aktualisieren müssen, empfiehlt es sich, von der betroffenen Datenbank zuerst eine Sicherungskopie anzulegen. Danach kann es losgehen.

Auswahlabfrage erstellen

1. Wechseln Sie im Datenbankcontainer in das Objekt Abfrage und klicken auf die Schaltfläche **Neu**.

2. Fügen Sie die gewünschten Tabellen/Abfragen hinzu.

3. Stellen Sie - sofern erforderlich - die Beziehungen her.

4. Wählen Sie die gewünschten Felder aus.

5. Legen Sie, wenn notwendig, Kriterien fest.

6. Führen Sie die Abfrage aus, um das Dynaset einzusehen.

Kontrollieren Sie im Dynaset nun sehr genau, ob tatsächlich die gewünschten Ergebnisse erzielt wurden. Wenn ja, kann die Aktionsabfrage erstellt werden. Wenn nein, wechseln Sie zur Entwurfsansicht

Professionelle Abfragen

und nehmen die notwendigen Änderungen vor. Arbeitet die Auswahlabfrage nach Ihren Wünschen, können Sie mit Schritt zwei - dem Umwandeln der Abfrage in eine Aktionsabfrage - beginnen.

Um die Auswahlabfrage in eine Tabellenerstellungsabfrage umzuwandeln,

Tabellenerstellungsabfrage

1. wechseln Sie in die Entwurfsansicht der Auswahlabfrage und

2. wählen dann [Abfrage/Neue Tabelle erstellen].

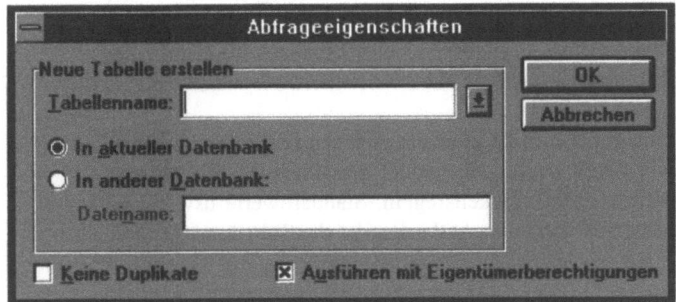

Abb. 14-22 Neue Tabelle erstellen

3. Geben Sie unter **Tabellenname** den gewünschten Namen ein. Sofern Sie eine neue Tabelle erstellen wollen, geben Sie einen neuen Namen an. Wollen Sie eine bestehende Tabelle überschreiben, wählen Sie deren Namen aus der Liste. (Hier werden alle Tabellen der geöffneten Access-Datenbank angezeigt.)

4. Sofern die Tabelle in einer anderen als der geöffneten Datenbank gespeichert werden soll, wählen Sie die Option **In anderer Datenbank**. Nun müssen Sie den Laufwerksbuchstaben, den Verzeichnisnamen und den Namen der Datenbank im Eingabefeld festlegen (z. B. C:\DATEN\EINKAUF.MDB).

5. Um nur eindeutige Werte in die neue Tabelle zu überführen, aktivieren Sie das Kontrollkästchen **Keine Duplikate**.

6. Bestätigen Sie Ihre Angaben mit **OK**. In der Titelzeile des Abfrageentwurfsfensters ist nun **Tabellenerstellungsabfrage** zu lesen.

7. Führen Sie die Abfrage aus.

8. Um die neue Tabelle erstellen zu lassen, bestätigen Sie die abschließende Meldungsbox mit **OK**.

Access erstellt nun die neue Tabelle in der von Ihnen angegebenen Datenbank. (Ein Beispiel für eine Tabellenerstellungsabfrage liefert die Aktionsabfrage CreateTEMP_EXPORT. Sie erstellt eine Tabelle mit dem Namen TEMP_EXPORT. Diese Tabelle wird dann zum Export nach Microsoft Excel bzw. Microsoft Word verwendet.)

Hinweis Die neu erstellte Tabelle erhält zwar die gleichen Felddatentypen und Feldgrößen wie die ihr zugrundeliegenden Basistabellen, alle übrigen Feldeigenschaften (wie Gültigkeitsregeln, Standardwerte usw.) werden jedoch nicht übernommen. Außerdem ist die Tabelle nicht indiziert.

Löschabfrage Um die Auswahlabfrage in eine Löschabfrage umzuwandeln,

1. wechseln Sie in die Entwurfsansicht der Auswahlabfrage und

2. wählen aus dem Menü [Abfrage] den Befehl [Löschen]. Die Titelzeile zeigt nun an, daß es sich um eine **Löschabfrage** handelt. Weiterhin wurde die Zeile **Löschen** im unteren Bereich des Entwurfsfensters hinzugefügt. (Um die Tabellennamen ebenfalls sehen zu können, schalten Sie diese über [Ansicht/Tabellennamen] ein.)

Professionelle Abfragen 383

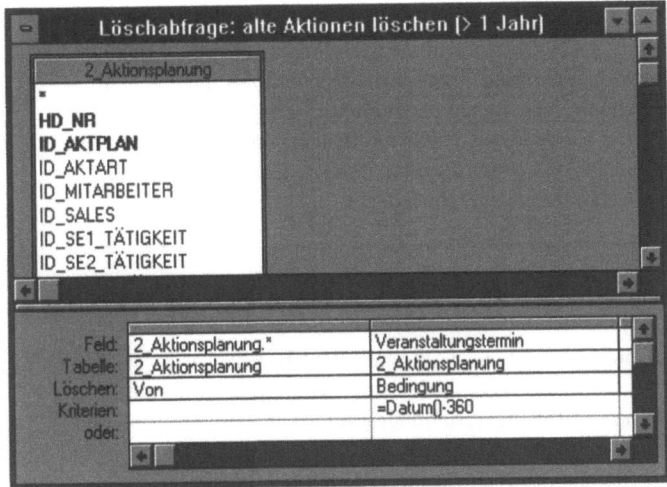

Abb. 14-23 Löschkriterien festlegen

3. Die Zeile **Löschen** bietet ganze zwei Auswahlmöglichkeiten: **Bedingung** bzw. **Von**. Verwenden Sie **Von**, um den Namen der Tabelle festzulegen, aus der gelöscht werden soll. Geben Sie **Bedingung** an für die Felder, die Sie zum Festlegen von Kriterien verwenden.

4. Überprüfen Sie, ob Sie alle Felder der gewünschten Tabelle ausgewählt haben, damit Access den gesamten Datensatz auch löschen kann. (Verwenden Sie vorzugsweise das Sternchen (*), um Felder für Löschabfragen hinzuzufügen.)

5. Führen Sie die Abfrage aus.

6. Access informiert Sie jetzt in einer Meldungsbox wie viele Datensätze gelöscht werden. Bestätigen Sie mit **OK**, um den Löschvorgang auszulösen

   oder

   wählen Sie **Abbrechen**, um zum Abfrageentwurf zurückzukehren.

Haben Sie Änderungen an eingebundenen Tabellen vorgenommen, kann die Abfrage n i c h t mehr abgebrochen werden!!

Anfüge-abfrage

Eine Anfügeabfrage bemühen Sie immer dann, wenn eine bestimmte Tabelle um weitere Datensätze ergänzt werden muß. Sie eignet sich ideal, um Datenbestände zusammenzuführen. Die im Entwurfsbereich der Abfrage gewählten Felder sollten mit den Feldern der Tabelle, in die angefügt wird, übereinstimmen. Um die Auswahlabfrage in eine Anfügeabfrage umzuwandeln,

1. wechseln Sie in die Entwurfsansicht der Auswahlabfrage und

2. wählen aus dem Menü [Abfrage] den Befehl [Anfügen]. Access zeigt den Dialog **Abfrageeigenschaften** an, den Sie bereits von der Tabellenerstellungsabfrage kennen.

3. Wählen Sie aus der Liste **Tabellenname** die Tabelle aus, an die die Datensätze angefügt werden sollen. Sofern erforderlich, stellen Sie weitere Optionen ein und bestätigen dann mit **OK**.

4. Die Titelzeile ändert sich auch diesmal und zeigt nun **Anfügeabfrage** an. Außerdem stellt Access im unteren Teil des Entwurfsfensters die Zeile **Anfügen an** bereit.

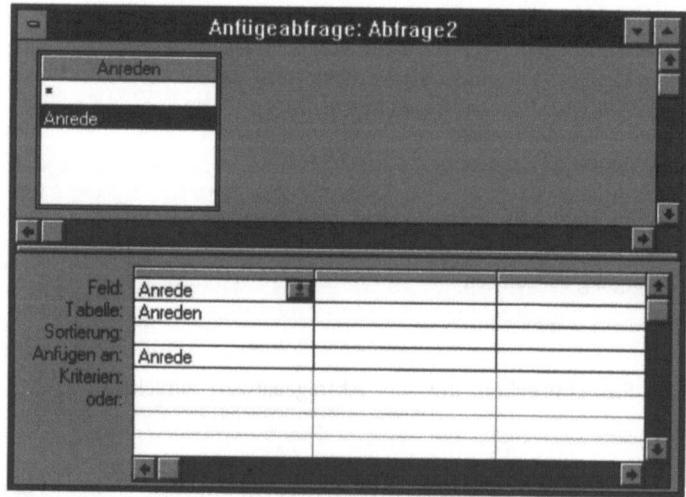

Abb. 14-24 Anfügekriterien festlegen

Professionelle Abfragen 385

Klicken Sie in die Zeile **Anfügen an**. Access zeigt dort alle Feldnamen, die mit der zugrundeliegenden Tabelle übereinstimmen. Wählen Sie das Feld aus.

5. Führen Sie die Abfrage aus.

6. Sofern die Datensätze angefügt werden sollen, bestätigen Sie die Meldungsbox mit **OK**.

Um die Auswahlabfrage in eine Aktualisierungsabfrage umzuwandeln,

Aktualisierungsabfrage

1. wechseln Sie in die Entwurfsansicht der Auswahlabfrage und

2. wählen aus dem Menü [Abfrage] den Befehl [Aktualisieren]. Die Titelzeile ändert sich auch diesmal. Außerdem wird im unteren Bereich des Entwurfsfensters die Zeile **Aktualisieren** ergänzt.

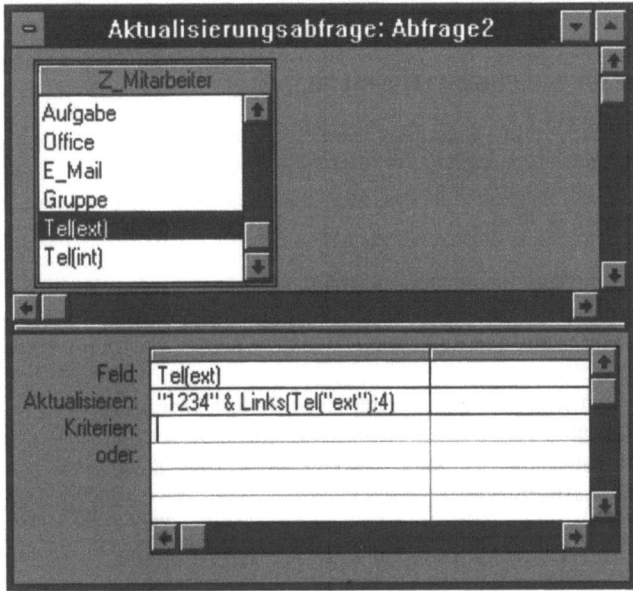

Abb. 14-25 Aktualisierungskriterien festlegen

3. Geben Sie den Wert oder den Ausdruck in das jeweilige Feld der Zeile **Aktualisieren** ein, den Sie zur Änderung heranziehen wollen.

4. Führen Sie die Abfrage aus.

5. Eine Meldungsbox zeigt Ihnen auch diesmal, wie viele Datensätze erfolgreich bearbeitet werden konnten. Bestätigen Sie mit **OK**, um die Aktualisierung abzuschließen oder brechen Sie an diese Stelle durch einen Mausklick auf den **Abbrechen**-Schalter ab.

Das Abbrechen einer Aktionsabfrage sollten Sie immer dann erwägen, wenn Access Fehler in der Meldungsbox anzeigt. In diesem Fall kehren Sie in den Entwurfsbereich der Abfrage zurück, und kontrollieren diese noch einmal ganz genau. Anhand der angezeigten Fehlermeldung können Sie in den meisten Fällen bereits ablesen, welcher Art der Fehler war. Möglicherweise war der Datenbestand, den Sie bearbeiten wollten, just in dem Moment auch einfach nur von einem anderen Benutzer gesperrt.

Mit Parameterabfragen arbeiten

Der endgültig letzte Abfragetyp, den wir Ihnen vorstellen wollen, ist die Parameterabfrage. Verwenden Sie diesen Abfragetyp immer dann, wenn Sie ein und dieselbe Abfrage mit unterschiedlichen Kriterien ausgeben müssen, z. B.

- Sie wollen monatlich eine Liste der Monatsumsätze drucken. Die Abfrage ist immer dieselbe. Das Kriterium, der Monat, ändert sich alle vier Wochen.

- Sie wollen für jeden Verkaufsberater einen Bericht über seine aktuelle Umsatzsituation drucken. Die Abfrage ist immer dieselbe. Das Kriterium, der Name des Verkaufsberaters, ändert sich für jeden Ausdruck.

- Sie benötigen detaillierte Informationen über ein bestimmtes Postleitzahlgebiet.

Professionelle Abfragen

- Sie wollen wissen, welche Ihrer Kunden in der nächsten Woche Geburtstag haben.

- Sie wollen das gewünschte Kriterium in ein Formular eingeben und diese Eingabe dann als Parameter in der Abfrage verwenden.

Wir könnten diese Liste noch stundenlang fortsetzen. Vielleicht fragen Sie sich nun nach dem besonderen Clou der Parameterabfrage. Alle oben aufgezählten Beispiele sind Abfragen, in denen immer wieder andere Kriterien verwendet werden. Das ist völlig korrekt. Doch wie haben Sie bislang die Kriterien einer Abfrage neu festgelegt? Abfrage im Entwurfsmodus öffnen, Kriterium neu zuweisen, Abfrage ausführen. Mit Verlaub, ziemlich umständlich.

Die Parameterabfrage präsentiert Ihnen einen Dialog zur Eingabe der Parameterwerte, in den Sie das gewünschte Kriterium festlegen. Erst danach wird die Abfrage durchgeführt:

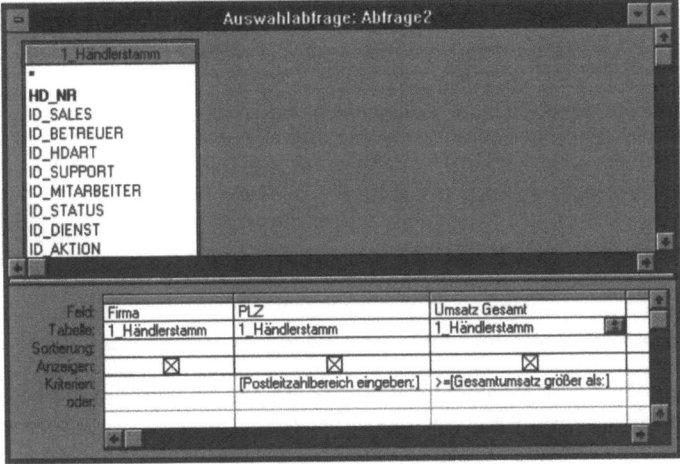

Abb. 14-26 Die Parameterabfrage fordert zur Eingabe der gewünschten Kriterien auf.

Sie sollen nun selbst eine Parameterabfrage erstellen. Öffnen Sie dazu die Abfrage *Veranstaltungen auswerten3* in der Entwurfsansicht. Wir wollen einen Parameter für die **Zielgruppe** festlegen, um diese individuell abrufen zu können. Und so erstellen Sie die Parameterabfrage:

Parameterabfrage erstellen

1. Klicken Sie in die Zeile **Kriterien** der Spalte **Zielgruppe** und geben den Parameternamen in eckige Klammern ein:

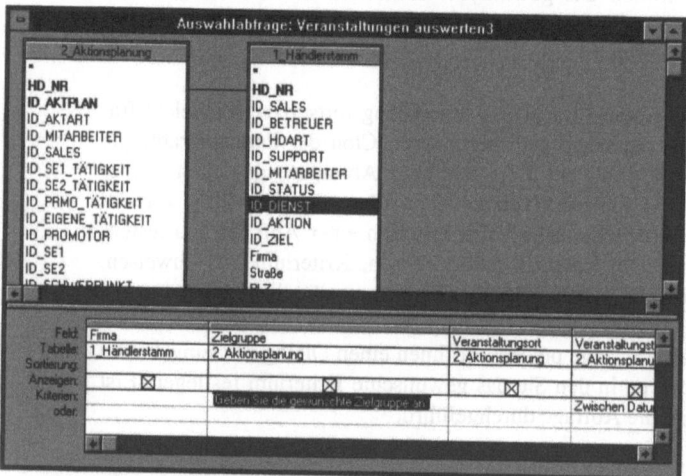

Abb. 14-27 Parametername im Kriterienbereich festlegen.

Achten Sie darauf, daß der Kriterienname nicht mit dem Feldnamen identisch ist.

2. Führen Sie dann die Abfrage aus.

3. Tragen Sie als Wert in den Dialog **Eingabe der Parameterwerte** *Einkauf* ein.

Access grenzt die Abfrage daraufhin auf die Zielgruppe *Einkauf* ein. Sofern Sie mehr als einen Parameter eingegeben haben, zeigt Access der Reihe nach die Eingabedialoge für jeden Parameter an.

Sollte Ihr Kriterium eine 'Zwischen'-Bedingung, also eine Bedingung in der zwei Parameter vorkommen, sein, führen Sie jeden einzelnen Parameter in der Parameterliste getrennt auf.

Um die Parameter des Kriteriums *Zwischen [Anfangsdatum eingeben] und [Enddatum eingeben]* zu verwenden, müssen Sie wie folgt im Entwurfsbereich eingegeben werden:

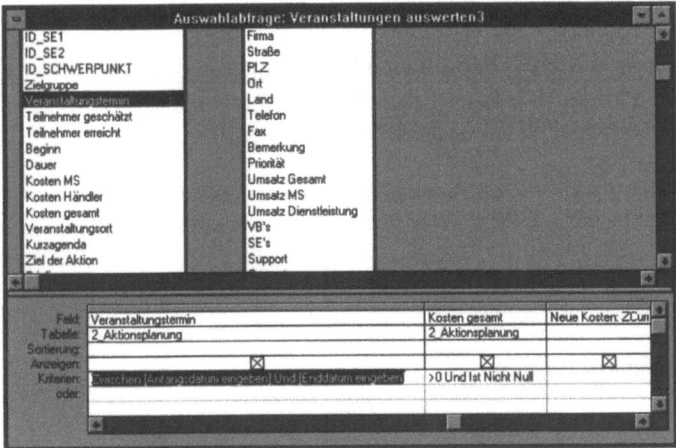

Abb. 14-28 Mehrere Parameter

Zusammenfassung des Kapitels

- Sie haben fortgeschrittene Techniken bei der Verwendung von Abfragekriterien kennengelernt. Dabei haben Sie Kriterien verknüpft und Funktionen verwendet. Außerdem wissen Sie nun, daß Sie Abfragekriterien auch aus Formularfeldern beziehen können.

- Sie haben erfahren, wie berechnete Felder im Abfrageentwurf entstehen und die Aggregatfunktionen (wie Summe, Anzahl usw.) eingesetzt werden, um Datensatzgruppen, aber auch die gesamte Tabelle zu berechnen.

- Sie haben auf die Ausgabe der Spalten im Dynaset ebenso Einfluß genommen wie auf die Formate einzelner Ausdrücke.

- Sie haben Tabellen mehrfach im Entwurfsbereich hinzugefügt, um nicht nur das Original, sondern auch Kopien davon zu verwenden.

- Sie haben erkundet, was Kreuztabellen sind und wie sie erstellt werden.

- Sie haben den Unterschied zwischen Auswahlabfragen und Aktionsabfragen herausgearbeitet. Weiterhin haben Sie die vier Arten der Aktionsabfrage kennengelernt.

- Sie haben Access mittels Parameterabfrage veranlaßt, vor dem Ausführen der Abfrage die notwendigen Kriterien vom Benutzer zu erfragen.

TRAINIEREN SIE IHR WISSEN:

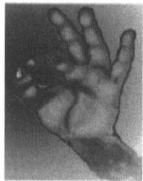

1. Was bewirkt der Eintrag *Ist Nicht Null* im Kriterienbereich einer Abfrage?

2. Welche Aggregatfunktionen kennt Access?

3. Mit welcher Funktion können Sie einen Ausdruck ins Währungsformat wandeln lassen?

4. Wie lautet die Syntax, um Abfragekriterien aus Formularen zu beziehen?

5. Welche Rechenarten können verwendet werden, um berechnete Felder einzugeben?

6. Wie erhalten Sie eine Berechnung für die gesamte Tabelle?

7. Wann verwenden Sie eine Kreuztabelle?

8. Wie legen Sie Kriterien in einer Kreuztabellenabfrage fest?

9. Welche Aktionsabfragen gibt es?

10. Erklären Sie den Unterschied zwischen einer Auswahlabfrage und einer Aktionsabfrage.

Kapitel 15

Überblick
Neues Formular erstellen
Das Formularentwurfsfenster
Arbeiten mit Steuerelementen
Die Eigenschaften des Formulars
Steuerelemente und ihre Eigenschaften
Feldreihenfolge und Kopf-/Fußbereiche
Unterformulare verwenden
Zusammenfassung des Kapitels

15. Benutzerfreundlich gestalten

Überblick

Dieses Kapitel hat 'nur' ein einziges Thema: Das Gestalten der Benutzeroberfläche Ihrer Datenbankanwendung. Doch gerade dieses Thema 'hat es in sich'. Sie werden erfahren, wie ein Formular komplett neu (d.h. ohne Hilfe eines Assistenten) erstellt wird und sich deshalb zunächst einmal **Das Formularentwurfsfenster** samt der darin enthaltenen Komponenten anschauen. Im Anschluß daran werden Sie das Gestalten im Formularentwurf erproben. Alles, was Sie beim **Arbeiten mit Steuerelementen** wissen müssen, verrät der gleichnamige Teilabschnitt. So gerüstet, sind Sie dann gut präpariert, um ins Herz der Formulargestaltung vorzudringen: Und damit sind die verfügbaren Objekte samt ihrer Eigenschaften gemeint. Ob Formular, Schaltfläche, Textfeld oder Bezeichnungsfeld, jedes für sich betrachtet Access als Objekt, das mit entsprechenden Eigenschaften ausgestattet ist. So verfügen beispielsweise alle Objekte über Eigenschaften wie Schriftart, Schriftgröße und Schriftbreite. Welche Eigenschaften wie eingesetzt werden, können Sie in den Teilabschnitten **Die Eigenschaften des Formulars** und **Die Steuerelemente und ihre Eigenschaften** nachvollziehen.

Um die Benutzerschnittstelle noch professioneller zu gestalten, gehen die letzten drei Abschnitt des **Kapitels 15** auf Techniken ein, um die Feldreihenfolge vorzugeben, Berechnungen in Formularen zu realisieren, aber auch darauf, eine eigene Symbolleiste zu verwenden. Sie sehen, es gibt viel zu tun...

Neues Formular erstellen

Sie haben die Anlage von Formularen unter Zuhilfenahme des Formularassistenten bereits in **Kapitel 10** kennengelernt. Nun werden Sie ein Formular 'von Grund auf' selbst erstellen. Formulare sind die 'Schnittstelle' zwischen Ihrer Datenbankanwendung und dem Benutzer. Je übersichtlicher ein Formular gestaltet ist, desto leichter findet sich der Anwender zurecht. Versuchen Sie daher von Anfang an Ihre grafische Oberfläche nach dem Grundsatz

weniger kann mehr sein

zu gestalten. Denken Sie daran, daß zu viele Farben, unterschiedliche Steuerelemente oder Schrifttypen den Anwender eher verwirren als ihm nützen. Und damit zur Formularerstellung.

Leeres Formular anlegen

1. Wechseln Sie im Datenbankcontainer zum Objekt Formular.

2. Klicken Sie auf die Schaltfläche **Neu**.

   Oder

   wählen Sie [Datei/Neues Objekt erstellen/Formular].

3. Im Dialog **Neues Formular** stellen Sie den Tabellen- oder Abfragenamen ein, auf den sich ihr Formular beziehen soll, hier **1_Händlerstamm**.

4. Anschließend klicken Sie die Schaltfläche **Leeres Formular**.

Wie immer gibt es zu diesem Ziel einen zweiten Lösungsweg. Und so können Sie natürlich auch

1. die Tabelle bzw. Abfrage im Datenbankcontainer markieren

2. und anschließend das Formularsymbol der Symbolleiste klicken.

3. Im Dialog **Neues Formular** ist der Name der Datenquelle (also der Tabelle oder Abfrage) nun bereits eingetragen. Klicken Sie nur noch auf die Schaltfläche **Leeres Formular**.

Das Formularentwurfsfenster

In jedem Fall finden Sie sich im Formularentwurfsfenster wieder. Doch so verwirrend, wie es auf den ersten Blick scheint, ist es gar nicht.

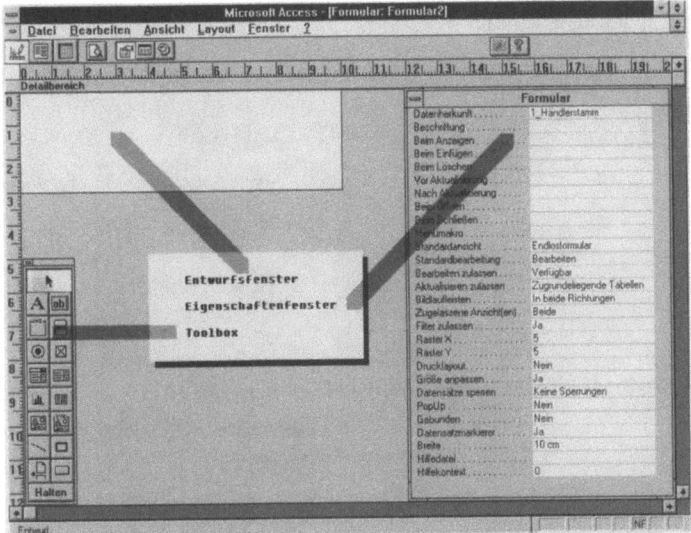

Abb. 15-1 Der Formularentwurfsbereich

Grundsätzlich bietet der Formularentwurf sogleich drei voneinander unabhängige Fenster an:

> Das Entwurfsfenster,
> das Eigenschaftenfenster,
> die Toolbox.

Da es sich bei diesen Fenstern um diejenigen handelt, die Sie zur Erstellung eines Formulars auf jeden Fall benötigen, werden sie bei der Anlage eines jeden neuen Formulars automatisch angezeigt. Wir wollen uns der Sache allerdings Schritt für Schritt nähern und blenden daher die Werkzeugleiste sowie das Eigenschaftenfenster für den Moment aus:

1. Wählen Sie [Ansicht/Eigenschaften], um das Eigenschaftenfenster auszublenden und

2. [Ansicht/Toolbox], um die Werkzeugleiste zu schließen.

Entwurfsfenster

Damit ergibt sich folgendes Bild:

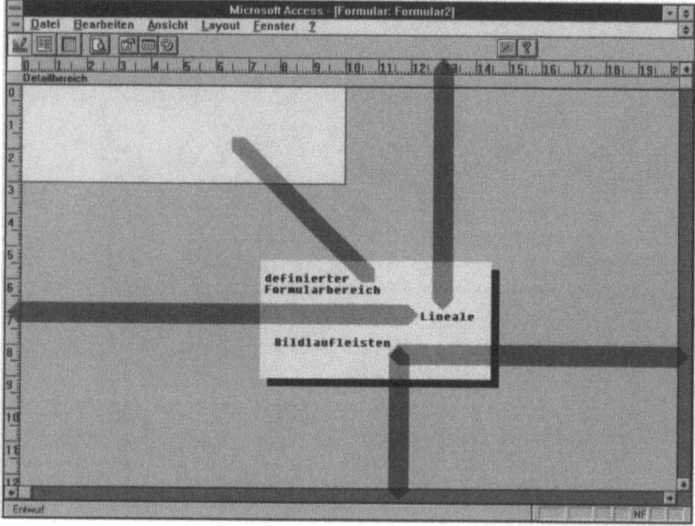

Abb. 15-2 Der Entwurfsbereich des Formulars

Das ist ihr 'Reißbrett', auf dem Sie in Zukunft Formulare entwerfen. Der weiße Bereich symbolisiert die Größe des Formulars und ist ein Standardvorschlag von Access. Diesen Bereich können Sie nach Belieben erweitern. Sie sollten allerdings darauf achten, daß Sie für VGA-Bildschirme eine Breite von 16,5 und eine Höhe von 10,5 Zentimetern nicht überschreiten. Für SuperVGA-Bildschirme sollte die Breite nicht mehr als 21 und die Höhe nicht mehr als 14 Zentimeter betragen. Dank der Lineale am linken und oberen Fensterrand läßt sich das auch wunderbar ablesen. Doch wie vergrößern Sie nun diesen weißen Bereich? Ganz einfach. Um das Formular zu verbreitern,

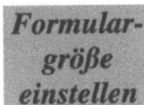

1. zeigen Sie mit dem Mauszeiger auf die rechte Formularkante bis der Mauszeiger sein Aussehen verändert.

2. Drücken Sie dann die linke Maustaste und halten diese gedrückt, während Sie die Maus weiter nach rechts ziehen.

Wollen Sie hingegen das Formular verlängern, müssen Sie die untere Kante bemühen.

1. Zeigen Sie diesmal mit dem Mauszeiger auf die untere Formularkante bis der Mauszeiger sein Aussehen verändert.

2. Drücken Sie wieder die linke Maustaste und halten diese gedrückt, während Sie die Maus weiter nach unten ziehen.

Jede Änderungen, die Sie vorgenommen haben, läßt sich sogleich in der Formularansicht überprüfen. Die Symbolleiste hält eine ganze Reihe von Symbolen bereit, die Sie bei Ihrer Arbeit mit dem Formulardesign unterstützt:

Abb. 15-3 Die Symbolleiste im Formularentwurf

Nachdem Sie den Formularbereich vergrößert haben, schalten Sie also nun über das entsprechende Symbol zur Formularansicht um. (Selbstverständlich können Sie dazu auch den Befehl [Ansicht/Formular] verwenden.)

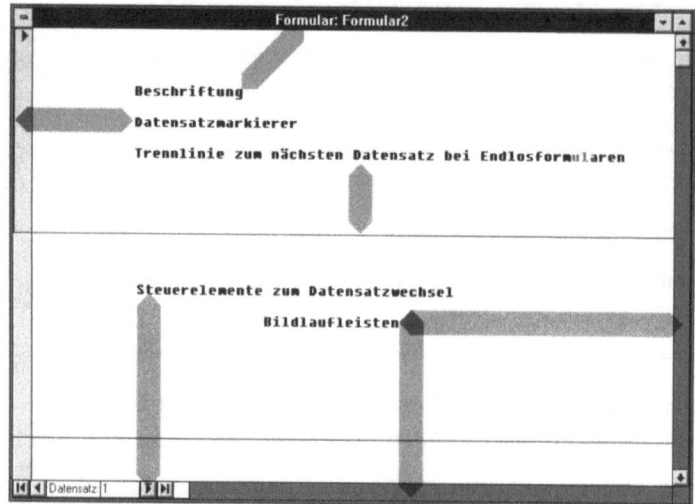

Abb. 15-4 Das leere Formular in der Formularansicht

Handeln Sie stets nach der Maxime: Vertrauen ist gut... Lieber einmal zuviel kontrolliert, als später umfangreiche Änderungen vornehmen zu müssen. Anschließend verwenden Sie wieder die Symbolleiste (oder den Befehl [Ansicht/Formularentwurf]), um zum Formularentwurf zurückzukehren.

Ihre nächste Aufgabe besteht darin, die Formulareigenschaften einzustellen. Öffnen Sie nun das Eigenschaftenfenster wieder. Ein Mausklick auf das entsprechende Symbol erledigt das im 'Handumdrehen'. Im Eigenschaftenfenster sollten Sie die Titelzeile nicht aus den Augen verlieren! Die weiß immer ganz genau, auf welches Element im Formular sich die derzeit angezeigten Eigenschaften beziehen. Um die Eigenschaften für ein bestimmtes Element zu erhalten, beachten Sie daher folgende goldene Regel:

Zuerst das Element markieren, erst dann die Eigenschaften studieren!

Eigenschaften des Formulars

Die Eigenschaften für das Formular werden angezeigt, wenn Sie einmal auf den Schnittpunkt zwischen den beiden Linealen klicken...

Benutzerfreundlich gestalten

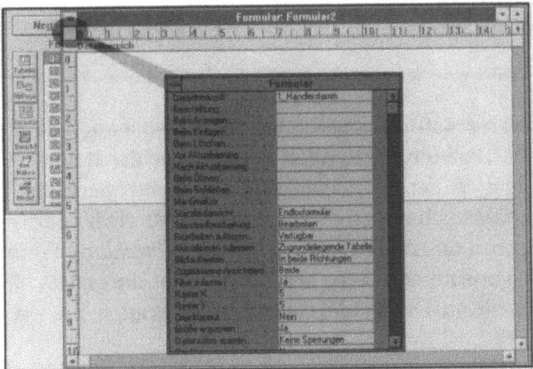

Abb. 15-5 Markierungsbereich, um Formulareigenschaften zu sehen.

... oder den Befehl [Bearbeiten/Formular auswählen] abrufen.

Wir wollen unser Formular jetzt dahingehend ändern, daß zukünftig immer nur ein Datensatz im Formular zu sehen ist. Außerdem benötigen wir keinen Datensatzanzeiger und werden darüber hinaus auf die vertikale Bildlaufleiste verzichten. Ihre Aufgabe besteht nun darin, diese Wünsche über die verfügbaren Eigenschaften umzusetzen:

1. Klicken Sie in die Eigenschaft **Standardansicht**: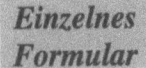

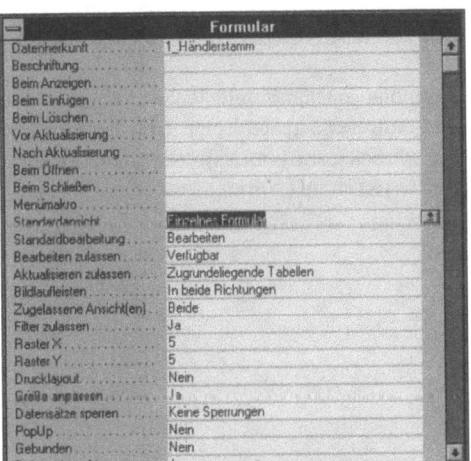

Abb. 15-6 Die Formulareigenschaften

2. Wählen Sie daher aus der Liste *Einzelnes Formular*.

Access setzt diese Eigenschaft automatisch auf *Endlosformular*, was bedeutet, das mehrere Datensätze untereinander - immer durch eine schwarze Linie getrennt - in der Formularansicht ausgegeben werden. Wir wollen aber grundsätzlich immer nur einen Datensatz nach dem anderen sehen und haben uns daher für ein *Einzelnes Formular* entschieden. Die dritte Variante der Liste, Datenblatt, zeigt die Datensätze wie in einer Tabelle an. Das ist nicht schwer zu erraten.

Und nun zu den Bildlaufleisten. In der Formularansicht soll lediglich die horizontale Bildlaufleiste zugelassen werden.

Bildlaufleisten abschalten

1. Klicken Sie daher auf die Eigenschaft **Bildlaufleisten**

2. und wählen aus der Liste *Nur horizontal*.

Formulargröße an Fenstergröße anpassen

Blättern Sie danach weiter nach unten und stellen die Eigenschaft **Datensatzmarkierer** auf *Nein*. Jetzt schauen Sie sich das Ergebnis wieder in der Formularansicht an. Um dem einzelnen Formular den 'letzten Schliff' zu verleihen, wählen Sie aus dem Menü [Fenster] den Befehl [Größe an Formular anpassen]. Die derzeitige Fenstergröße stellt sich so auf die zuvor von Ihnen festgelegte Formulargröße ein.

Nun ist es Zeit, das Formular mit Steuerelementen zu bestücken, denn schließlich soll der Anwender später seine Eingaben darüber tätigen. Schalten Sie also zurück zum Formularentwurf und fordern die Toolbox über den Befehl [Ansicht/Toolbox] an:

Um ein Steuerelement einzusetzen,

1. markieren Sie das gewünschte Element durch einen Mausklick.

2. Bewegen Sie den Mauszeiger an die gewünschte Stelle im Formular.

3. Halten Sie die linke Maustaste gedrückt, während Sie den Mauszeiger in eine gewünschte Richtung ziehen.

4. Lassen Sie die linke Maustaste wieder los.

Steuerelement erstellen

Die Steuerelemente Bezeichnungsfeld, Diagramm und Objektfeld erwarten direkt noch weitere Angaben für die Fertigstellung, während alle anderen sich nun zunächst in einer ersten 'Rohfassung' präsentieren. Eine ausführliche Beschreibung der einzelnen Steuerelemente finden Sie weiter unten in diesem Kapitel (**Die Objekte und ihre Eigenschaften**).

Unser Formular soll später zur Eingabe und Änderung von Kundenadressen verwendet werden. Wir benötigen daher die Felder *Firma*, *Straße*, *PLZ* und *Ort* der zugrundeliegenden Tabelle **1_Händlerstamm** als Textfelder. Nun sollen diese allerdings nicht über die Toolbox, sondern über die Feldliste hinzugefügt werden. Das hat den Vorteil, daß sie gleich über die korrekten Feldnamen verfügen. Damit das Entwurfsfenster nicht unübersichtlich wird, schlagen wir vor, die Toolbox auszublenden ([Ansicht/Toolbox]), bevor Sie die Feldliste durch einen Mausklick auf das dafür zuständige Symbol (oder den Befehl [Ansicht/Feldliste]) öffnen.

Abb. 15-8 Die Feldliste

Um ein Feld aus der Feldliste im Formular hinzuzufügen,

Feldliste verwenden

1. blättern Sie in der Feldliste zum gewünschten Feld, hier: *Firma.*

2. Markieren Sie das Feld dann durch einen Mausklick und

3. ziehen es bei gedrückter linker Maustaste in das Formular,

4. wo Sie die Maustaste wieder loslassen.

Wiederholen Sie diesen Vorgang nun für die Felder *Straße*, *PLZ* und *Ort*. Ihr vorläufiger Entwurf sollte später so (oder so ähnlich) aussehen:

Benutzerfreundlich gestalten 403

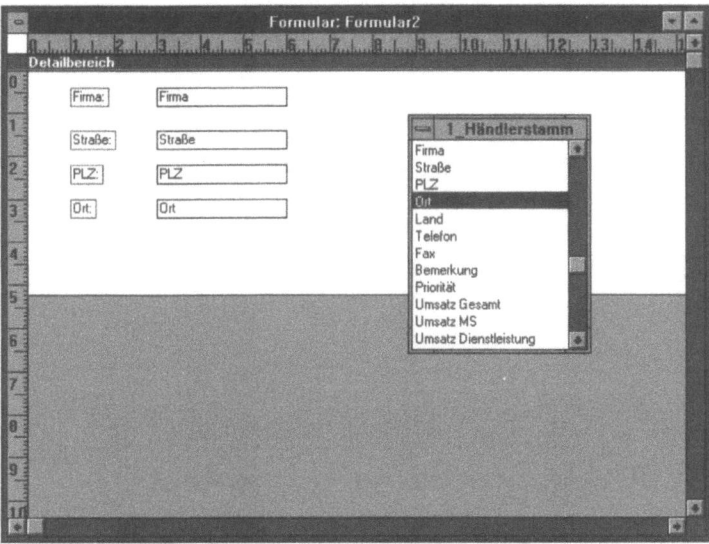

Abb. 15-9 *Textfelder, die aus der Feldliste hinzugefügt wurden.*

Wie nicht anders zu erwarten, verfügen auch Steuerelemente - wie das Formular selbst - über Eigenschaften. Sie haben soeben Felder aus der Feldliste hinzugefügt, um in diesen Feldern Daten der zugrundeliegenden Tabelle/Abfrage anzuzeigen. Bei dieser Vorgehensweise werden die Eigenschaften **Steuerelementname** und **Steuerelementinhalt** für das entsprechende Feld gleich eingetragen. Fügen Sie hingegen die Felder über die Toolbox hinzu, müssen diese Eigenschaften von Ihnen nachgetragen werden. Klicken Sie beispielsweise auf das Textfeld *Firma* und öffnen dann das Eigenschaftenfenster, um sich die oben genannten eingetragenen Eigenschaften anzusehen. Sofern Sie solche 'Anzeigefelder' im Formular verwenden, ist die Anlage der Felder über die Feldliste ganz sicher der beste Weg.

Arbeiten mit Steuerelementen

Schauen Sie sich Ihr Formular nun einmal in der Formularansicht an:

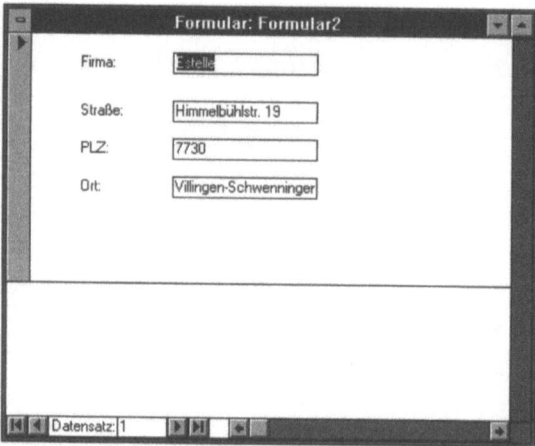

Abb. 15-10 Die Formularansicht Ihres soeben erstellten Formulars

Farben und Rahmen verwenden

Nicht schlecht, denn immerhin werden bereits Datensätze in den Textfeldern angezeigt. Und dank der Hilfe von Vor- und Rücklauftasten kann auch schon geblättert werden. Aber es könnte besser sein. Das Formular wirkt sehr trist. Sie sollten daher zu allererst etwas 'für das Auge' tun. Im Zeitalter von dreidimensionalen Effekten, wollen Sie sicher nicht abseits stehen. Als 'maßvolle' Farbgebung schlagen wir einen grauen Hintergrund für das Formular und vertiefte Rahmen für die Textfelder vor. Dazu bemühen Sie einen weiteren Helfer, die Farbpalette. Kehren Sie nun in den Formularentwurf zurück und schließen die Feldliste durch einen Mausklick auf das Feldlistensymbol, bevor Sie die Farbpalette - ebenfalls per Mausklick (oder den Befehl [Ansicht/Palette]) - sichtbar machen. Und so sieht sie aus, die Farbpalette:

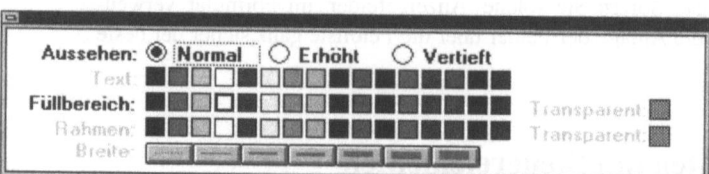

Abb. 15-11 Die Farbpalette

Abhängig vom markierten Steuerelement lassen sich die Textfarbe, der **Füllbereich** sowie die **Rahmen** farblich einstellen. Darüber hinaus können Sie die Linienbreite der Rahmen bestimmen und für

Benutzerfreundlich gestalten

Füllbereich und **Rahmen** gegebenenfalls Tranzparenz vereinbaren. Den 3-D-Effekt Ihrer Steuerelemente erreichen Sie durch die entsprechende Einstellung in der Optionsgruppe **Aussehen**. Wollen Sie vom 'normalen' (also zweidimensionalem) Aussehen Ihres Steuerelements abweichen, überläßt Access Ihnen die Entscheidung, ob das Element erhöht oder vertieft angezeigt wird.

Bevor Sie Einstellungen in der Farbpalette wählen, kontrollieren Sie zuerst, ob zuvor der gewünschte Bereich (bzw. das gewünschte Steuerelement) gewählt wurde, denn auch bei der Bewältigung dieser Aufgabe gilt:

Erst markieren, dann kolorieren!

Formularhintergrund einfärben

1. Klicken Sie auf die Anzeige **Detailbereich**, um den Formularhintergrund auszuwählen.
2. Kontrollieren Sie im Eigenschaftenfenster, ob dort in der Titelzeile **Bereich** angezeigt wird. Wenn ja, ist der Hintergrund korrekt markiert. Wenn nein, probieren Sie es noch einmal.
3. Aktivieren Sie dann die Farbpalette durch einen Mausklick, so daß sie vorne am Bildschirm zu sehen ist.
4. Wählen Sie in der Rubrik **Füllbereich** die Farbe *hellgrau* (dritte von links) durch einen Mausklick.

Na wenn das nicht schon gut aussieht! Aber es kommt noch besser.

Textfeld vertieft darstellen

1. Markieren Sie das Textfeld *Firma* durch einen Mausklick.
2. Vergewissern Sie sich über die Titelzeile des Eigenschaftenfensters, daß Sie das Textfeld 'erwischt' haben.
3. Aktivieren Sie die Farbpalette.
4. Klicken Sie in der Optionsgruppe **Aussehen** Vertieft.

Aktivieren Sie anschließend das Textfeld *Straße* durch einen Mausklick, um die Wirkung des vertieften Textfelds sehen zu können. Damit auch die übrigen Textfelder diese Formatierung erhalten, sollten Sie gleich alle drei markieren.

Mehrere Steuerelemente markieren

1. Markieren Sie zunächst das erste gewünschte Steuerelement durch einen Mausklick, hier: *Straße*.

2. Halten Sie dann die Taste H gedrückt und markieren das nächste Steuerelement durch einen Mausklick, hier: *PLZ*.

3. Halten Sie die Taste H weiterhin gedrückt und markieren nun noch das letzte Steuerelement, hier: *Ort*, natürlich wieder durch einen Mausklick.

Sofern Sie mehr als drei Steuerelemente gleichzeitig markieren wollen, wiederholen Sie Schritt zwei entsprechend oft. Stellen Sie die markierten Steuerelemente nun ebenfalls vertieft dar und schalten anschließend um in die Formularansicht. Schon besser! Störend wirkt allerdings jetzt der weiße Hintergrund der Bezeichnungsfelder. Wir schlagen daher vor, alle Bezeichnungsfelder zu markieren und für deren Füllbereich **Transparent** einzustellen. (Das Bezeichnungsfeld finden Sie immer links neben jedem Textfeld.) Dazu kehren Sie wieder zurück in den Formularentwurf.

1. Markieren Sie die Bezeichnungsfelder *Firma*, *Straße* und *PLZ*. Da die Steuerelemente alle untereinander stehen, können diese auch mit der Maus 'eingefangen' werden. Setzen Sie den Mauszeiger oben links über das Feld *Firma*, halten die linke Maustaste gedrückt und ziehen den Mauszeiger bis rechts unter das Feld *PLZ*.

2. Anschließend betätigen Sie die Taste II und klicken einmal auf das Feld *Ort*.

2. Aktivieren Sie in der Farbpalette für den Füllbereich das Kontrollkästchen **Transparent**.

3. Wechseln Sie zur Formularansicht.

Wir wissen zwar nicht, wie Sie es empfinden, doch uns ist die gewählte Schriftart zu klein. Außerdem favorisieren wir eine fette Schriftart für Bezeichnungsfelder. Um die Schriftart aller Steuerelemente zu ändern, müssen zunächst einmal alle Steuerelemente markiert werden:

Wählen Sie [Bearbeiten/Alles markieren].

Danach weisen Sie die Schriftart aus der Symbolleiste zu, denn diese hat - wie man sieht - ihr Aussehen kräftig verändert.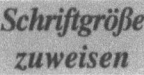

Abb. 15-12 Erweiterte Symbolleiste

Wählen Sie aus der Liste der Schriftgrößen *10*.

Sie werden feststellen, daß der Text nun nicht mehr so recht in die Steuerelemente paßt. Kein Problem! Passen Sie ihn an, indem Sie

den Befehl [Layout/Größe anpassen] auswählen.

Klicken Sie nun irgendwo in den Formularentwurf, um die Markierung der Steuerelemente wieder aufzuheben. Anschließend markieren Sie die alle Bezeichnungsfelder und

weisen durch einen Mausklick auf das Symbol für Fettschrift dieses Schriftattribut zu.

Kontrollieren Sie Ihre Arbeit danach in Formular der Formularansicht. Mit der groben Gestaltung können Sie schon recht zufrieden sein und sich nun getrost an das 'Feintuning' begeben. Und da wäre zunächst einmal das Feld *PLZ* zu bemängeln. Es ist eindeutig zu groß. Verkleinern wir es also. Schalten Sie dazu wieder zurück in den Formularentwurf.

Größe von Steuerelementen anpassen

1. Dazu markieren Sie zunächst das gewünschte Steuerelement, hier: *PLZ*. Es erhält daraufhin Anfasser.

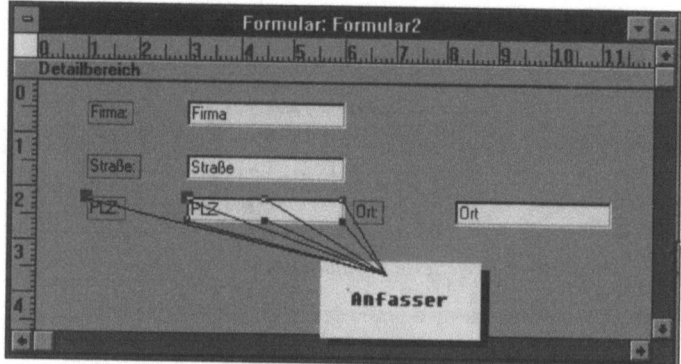

Abb. 15-13 Markiertes Steuerelement

2. Um das Steuerelement in der Höhe zu verändern, bewegen Sie den Mauszeiger in der Mitte auf den oberen bzw. unteren Anfasser. Der Mauszeiger verändert sein Aussehen.

3. Halten Sie nun die linke Maustaste gedrückt und ziehen die Maus in die gewünschte Richtung.

Wollen Sie Ihr Steuerelement in der Breite verändern, bringen Sie den Mauszeiger auf einem rechten oder linken Anfasser in Position und ziehen dann ebenfalls die Maus in die gewünschte Richtung. Hier ist allerdings ein bißchen Vorsicht geboten. Da das Steuerelement in der Höhe recht klein ist, werden sowohl links als auch rechts lediglich Anfasser zur proportionalen Größenveränderung angeboten, womit Sie das Element sowohl in der Höhe als auch in der Breite verändern können. Sie brauchen hierbei eben eine ruhige Hand.

Benutzerfreundlich gestalten

> Um leichter Arbeiten zu können, sollten Sie sich das Raster über den Befehl [Ansicht/Raster] einschalten.

Nachdem Sie das Steuerelement *PLZ* verkleinert haben, stellen Sie wahrscheinlich sofort fest, daß der *Ort* nun ziemlich 'abseits steht'. Schieben wir ihn also näher an die Postleitzahl heran.

Steuerelemente verschieben

1. Zuerst markieren Sie das Steuerelement *Ort*.

2. Anschließend bewegen Sie den Mauszeiger an irgendeine Kante des Steuerelements. (Jedoch n i c h t auf einen Anfasser!) Auch diesmal verändert der Zeiger sein Aussehen.

3. Nun halten Sie wieder die linke Maustaste gedrückt und ziehen das Steuerelement an seinen gewünschten Platz.

Doch wie man sieht wird nicht nur das Textfeld verschoben, sondern mit ihm sogleich das Bezeichnungsfeld. Da Access standardmäßig davon ausgeht, daß zu jedem Textfeld auch ein Bezeichnungsfeld gehört, sind die beiden ein 'Paar'. Verschieben Sie eins von beiden, bewegt sich das andere gleich mit. Gibt es denn keinen Ausweg? Doch, es gibt einen.

Vielleicht ist Ihnen schon aufgefallen, daß der Anfasser an der linken oberen Ecke des Steuerelements besonders groß ist. Zeigen Sie auf diesen Anfasser, nimmt der Mauszeiger zwar wieder die Form einer Hand, aber diesmal mit erhobenem Zeigefinger an. Ziehen Sie nun das Steuerelement bei gedrückter linker Maustaste an eine neue Position, so bewegt es sich allein.

Überhaupt sind wir der Meinung, daß sich die Beschriftung für den Ort viel besser am Anfang der Zeile 'macht'. Was halten Sie von folgender Idee?

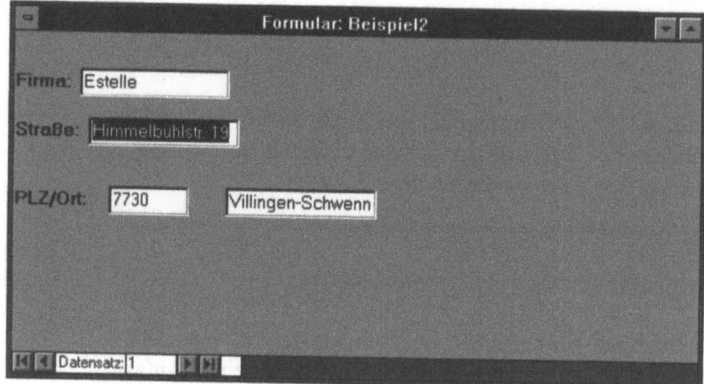

Abb. 15-14 Beschriftung am Zeilenanfang

Um sie umzusetzen, müssen jetzt folgende Dinge erledigt werden:

1. Das Bezeichnungsfeld *PLZ* muß um den Text *Ort* ergänzt werden.
2. Das Bezeichnungsfeld *Ort* muß gelöscht werden.
3. Das Textfeld PLZ muß etwas weiter nach rechts verschoben werden.

Um Text in einem Bezeichnungsfeld zu ergänzen,

1. klicken Sie in das Bezeichnungsfeld hinter den gewünschten Buchstaben, hier: Z.

2. Dann geben Sie den neuen Text ein, hier: *Ort*.

3. Klicken auf irgendein anderes Steuerelement oder auf den Formularhintergrund.

Steuer-elemente löschen

Damit ist die erste Aufgabe bereits erledigt. Nun muß das Bezeichnungsfeld *Ort* gelöscht werden, denn das benötigen wir nicht mehr.

1. Markieren Sie das gewünschte Steuerelement, hier: das Bezeichnungsfeld *Ort*.

2. Betätigen Sie einmal die Taste _

   oder

   wählen Sie [Bearbeiten/Löschen].

Anschließend 'schieben' Sie das Textfeld *PLZ* (aber nur das Textfeld!) ein bißchen mehr nach rechts. Nun haben Sie sich wirklich viel Mühe gegeben, aber trotzdem sieht das Formular immer noch ein bißchen 'derangiert' aus. Das liegt ganz einfach daran, daß die Textfelder *Firma*, *Straße* und *PLZ* nicht 'ordentlich' untereinander stehen. Aber das bekommen Sie auch hin.

---

1. Markieren Sie die gewünschten Steuerelemente, die Sie 'auf Linie' bringen wollen, hier: die Textfelder *Firma*, *Straße* und *PLZ*.

2. Wählen Sie aus dem Menü [Layout] den Befehl [Ausrichten]. Im Untermenü entscheiden Sie sich dann für [Linksbündig].

Steuerelemente ausrichten

Das sieht doch gleich ganz anders aus! Ein fast professionelles Formular.

Damit das Bezeichnungsfeld Ort nun nicht wieder 'abgeschlagen' am rechten Formularrand steht, ziehen Sie es weiter nach links. Orientieren Sie sich am oberen Lineal, wenn Sie das Steuerelement verschieben und sorgen dafür, daß der linke Rand des Elements bei Zentimeter 3,5 beginnt. Gar nicht einfach, oder? Sie bemerken vielleicht, daß das Steuerelement 'seinen eigenen Kopf' hat. Ganz so wie Sie wollen, will es nicht. Das liegt allerdings nicht an dem Steuerelement, sondern am Raster, das Access standardmäßig verwendet. Um solche Feineinstellungen vorzunehmen, sollten Sie daher das Raster vorübergehend ausschalten:

Lineale benutzen

Wählen Sie dazu den Befehl [Layout/Am Raster ausrichten].

Am Raster ausrichten

Ordnen Sie nun die Steuerelemente noch wie folgt untereinander an:

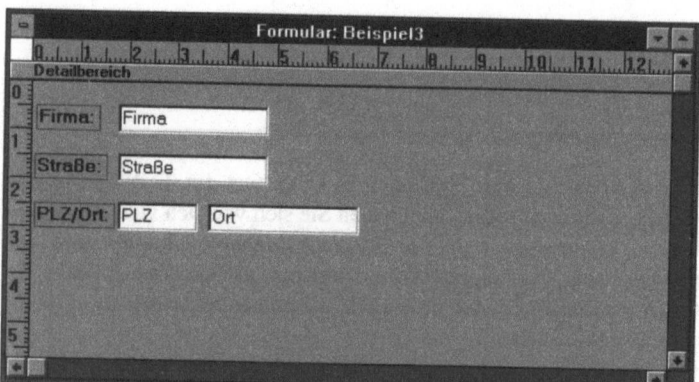

Abb. 15-15 Gewünschte Anordnung der Steuerelemente

Congratulations! Das wäre geschafft. Der guten Ordnung halber wollen wir es aber nicht versäumen, darauf hinzuweisen, daß sich Steuerelemente natürlich auch kopieren lassen:

Steuerelemente kopieren

1. Dazu wird das Steuerelement, das kopiert werden soll, zunächst einmal markiert.

2. Anschließend wählen Sie [Bearbeiten/Kopieren]

3. und dann [Bearbeiten/Einfügen].

Warum einfach, wenn es auch umständlich geht, denkt Access bestimmt jetzt. Denn zum Kopieren von Steuerelementen hat man sich etwas ganz Feines ausgedacht, den Befehl **Duplizieren**. Und der erledigt das Kopieren und Einfügen in einem Arbeitsgang. Nachdem Sie das Steuerelement markiert haben, wählen Sie lediglich [Bearbeiten/Duplizieren] und sind schneller am Ziel als oben beschrieben.

Beim Kopieren erhält das neue Steuerelement die gleichen Formate, Rahmen, Schriften und Größen wie das Original. Auf diesem Weg lassen sich schnell mehrere Steuerelemente gleichen Typs erstellen. Was tun Sie jedoch, wenn Sie bereits fünf Steuerelemente erstellt

Benutzerfreundlich gestalten

haben und erst beim sechsten das 'optimale' Aussehen hinbekommen? Alle Steuerelemente noch einmal löschen und das 'gelungene' entsprechend oft kopieren? Auf keinen Fall! Nachdem das gewünschte Layout 'steht',

1. wählen Sie [Layout/Voreinstellung ändern].

2. Das nächste Steuerelement, das Sie erstellen, erhält exakt die zuvor eingegebenen Voreinstellungen.

3. Um bereits bestehenden Steuerelementen ebenfalls zu diesem Layout zu verhelfen, markieren Sie diese und wählen [Layout/Voreinstellung anwenden].

Voreinstellung ändern

So einfach ist das. Es gibt eben (fast) nichts, was es nicht gibt. Diese geänderten Voreinstellungen haben allerdings nur Gültigkeit für das aktuelle Formular. Sofern Sie diese Einstellungen 'systemweit' (d. h. für jedes weitere Formular dieser und aller anderen Datenbanken, die Sie jemals in Access erstellen werden) verwenden wollen, müssen Sie eine Formularvorlage erstellen.

1. Wählen Sie aus dem Menü [Ansicht] den Befehl [Optionen].

2. Unter **Kategorie** markieren Sie **Formular- Berichtsentwurf**.

3. In Liste der **Optionen** läßt sich nun die Formularvorlage neu festlegen. Die von Access ursprünglich verwendete trägt den Namen *Normal*.

4. Löschen Sie den Namen *Normal* und tragen stattdessen den Namen Ihres Formulars ein, das fortan als Formularvorlage dienen soll.

Formularvorlage erstellen

Access trägt diese Änderungen in die Systemdatenbank SYSTEM.MDA ein. Aus diesem Grund wirkt sich eine solche Änderung nicht nur auf Ihre aktuelle Datenbank, sondern auf alle Datenbanken aus.

Die Seiten-ansicht

Nach soviel mühevoller 'Kleinarbeit' haben Sie sich eine Pause redlich verdient, wenngleich wir auch diese nutzen sollten, um das Formular in der Seitenansicht zu betrachten. Sie werden feststellen, daß es durchaus auch für den Ausdruck Ihrer Firmendaten geeignet ist.

Klicken Sie auf das Symbol für die Seitenansicht

oder

wählen Sie [Datei/Seitenansicht].

Voilà!

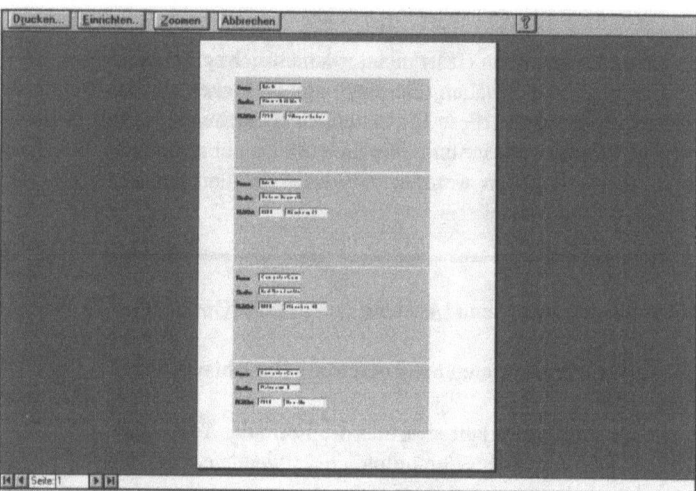

Abb. 15-16 Das Formular in der Seitenansicht.

Sofern Sie mit der Seitenansicht noch nicht vertraut sind, möchten wir Sie bitten, die hier gebotenen Bearbeitungsmöglichkeiten in **Kapitel 8 (Tabelle drucken)** nachzulesen.

Die Eigenschaften des Formulars

Einige Formulareigenschaften haben Sie bereits weiter oben in diesem Kapitel kennengelernt. Weitere werden nun folgen. Wir wollen jedoch nicht jede einzelne Eigenschaft der Reihe nach aufzählen, da das erstens den Rahmen dieser Publikation sprengen würde und zweitens für Sie recht langweilig wäre. (Im übrigen erhalten Sie eine genaue Beschreibung jeder Eigenschaft, wenn Sie in besagte Eigenschaft klicken und anschließend die Taste ! betätigen.) Vielmehr sollen Sie erfahren, mit welcher (oder welchen) Eigenschaft(en) sich bestimmte Aufgaben lösen lassen. Wie legt man beispielsweise den Fenstertyp fest? Was muß getan werden, um beim Öffnen des Formulars die Standardmenüzeile zu verändern? Wie werden die Bearbeitungsrechte im Formular eingeschränkt? Kann nachträglich eine andere Datenquelle verwendet werden? Wie wird der Formulartitel geändert, ohne das Formular unter einem anderen Namen abspeichern zu müssen. Fragen über Fragen, vor denen jeder, der Windows-Anwendungen erstellt, früher oder später steht.

Wir wollen die Eigenschaften nun zunächst in drei Bereiche einteilen:

- Eigenschaften, die Sie über die Symbolleiste, die Farbpalette oder schlichtweg durch Einstellen mit der Maus erreichen können, wie Höhe, Breite, Schriftart, Schriftgröße, Farbe usw. Die so eingestellten Werte werden bei den (meisten) Steuerelementen als Eigenschaft dokumentiert.

- Eigenschaften, die eine bestimmte Funktionalität herstellen, wie einen bestimmten Fenstertyp, eine Gültigkeitsprüfung, einen bestimmten Bearbeitungsmodus (nur lesen, nur neue Daten erfassen). Diese Eigenschaften müssen über das Eigenschaftenfenster zugewiesen werden.

- Eigenschaften, die auf bestimmte Ereignisse reagieren, zum Beispiel 'Beim Klicken', 'Beim Öffnen', 'Beim Schließen'. Auch diese Eigenschaften, die Ihre Anweisungen in aller Regel von Makros oder Modulen erhalten, müssen über das Eigenschaftenfenster festgelegt werden.

Mit der ersten Gruppe werden wir uns nicht weiter beschäftigen, da Sie im Verlauf des Kapitels mehrfach unter Beweis gestellt haben, daß Sie diese mühelos über die Farbpalette, die Symbolleiste oder ähnliches zuzuweisen wissen. Widmen wir uns daher der Gruppe zwei. Bezogen auf das Formular werden wir diese Gruppe nun noch einmal einteilen, und zwar in Eigenschaften, die das A u s s e h e n des Formulars beeinflussen und solche, die sich um die B e a r -

beitungsmöglichkeiten im Formular 'kümmern'. Um das Aussehen des Formulars festzulegen, stehen neun Eigenschaften zur Verfügung:

Das Aussehen des Formulars

Standardansicht,
Bildlaufleisten,
Zugelassene Ansichten,
Beschriftung
Größe anpassen,
PopUp,
Gebunden
Menümakro und
Datensatzmarkierer,

wovon Sie die Einstellungsmöglichkeiten für die Standardansicht, die Bildlaufleisten sowie den Datensatzmarkierer bereits kennengelernt haben. Im Teilabschnitt **Das Formularentwurfsfenster** haben Sie als Standardansicht ein *Einzelnes Formular* gewählt. Öffnen Sie das Formular *Beispiel3* noch einmal in der Formularansicht, um sich diese Einstellung zu verdeutlichen. Der Benutzer kann seine Datensätze durch diese Maske ansehen, bearbeiten und er kann neue Datensätze hinzufügen. Er kann aber auch die Ansicht wechseln, um zur Ansicht Datenblatt umzuschalten. Und das sogar auf Mausklick.

Ansichten beschränken

Klicken Sie einmal auf das Symbol Datenblatt

oder

wählen Sie [Ansicht/Datenblatt].

Diese Umschaltung können Sie verhindern, indem Sie die Eigenschaft **Zugelassene Ansicht(en)** auf das *Formular* beschränken. Anschließend kontrollieren Sie in der Formularansicht die Wirkungsweise dieser Einstellung und werden sehen, daß sowohl das Symbol als auch der Befehl zum Umschalten in die Ansicht Datenblatt grau, also nicht aktiv, sind.

Formular beschriften

Vielleicht fällt Ihnen bei dieser Gelegenheit auf, daß der Name des Formulars, der in der Titelzeile angezeigt wird, nicht gerade sprechend gewählt ist. Der Name *Beispiel3* verrät nicht unbedingt jedem,

Benutzerfreundlich gestalten 417

daß sich dieses Formular mit der Erfassung von Kundenadressen beschäftigt. Wechseln Sie deshalb in den Formularentwurf und geben als **Beschriftung** *Kundenadressen bearbeiten* ein. Anschließend sehen Sie sich die Formularansicht dann noch einmal an. Viel besser! Oder?

Als nächstes kümmern Sie um die Eigenschaft **Größe anpassen** oder besser gesagt, nehmen Sie zur Kenntnis. Diese Eigenschaft ist grundsätzlich auf *Ja* eingestellt und sollte das auch bleiben. Somit sorgt Access bei jedem neuen Öffnen des Formulars für eine Fenstergröße, die garantiert alle Steuerelemente anzeigt, auch wenn der Benutzer das Formular extrem verkleinert und dann auch noch (ob versehentlich oder nicht) gespeichert hat.

Größe anpassen

Eine besondere Formularform ist das PopUp-Formular. Ein PopUp-Formular liegt über allen anderen Fenstern, die in Ihrer Datenbankanwendung geöffnet sind. Beispiele für PopUp-Fenster sind:

PopUp

    Das Eigenschaftenfenster des Formularentwurfs   oder
    die Toolbox.

Die Datenbank VERTRIEB.MDB enthält ebenfalls ein PopUp-Formular. Es trägt den Namen *Veranstaltungen* und hat folgendes Aussehen:

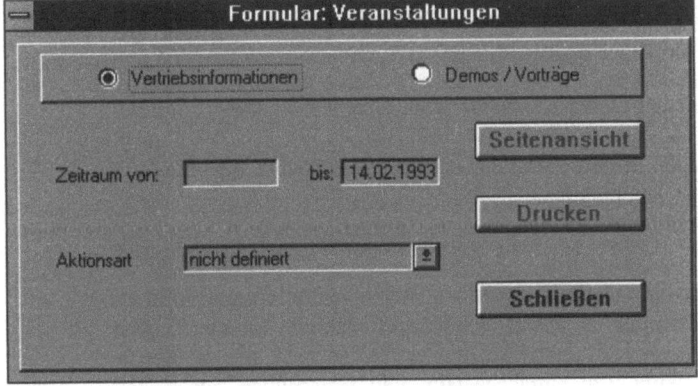

Abb. 15-17 Beispiel für ein PopUp-Formular

Auf den ersten Blick ist gleich zu erkennen, daß dieses Fenster nur einen sehr dünnen Fensterrahmen besitzt und ihm außerdem die

Symbole zum Vergrößern bzw. Verkleinern (auf Sinnbildgröße) fehlen. Ein Blick in das Systemmenü macht auch hier Unterschiede zu 'normalen' Fenstern deutlich. Das Systemmenü eines PopUp-Fensters verfügt lediglich über die Befehle **Verschieben** und **Schließen**. Versuchen Sie einmal die Größe dieses Fensters zu ändern! Geht auch nicht, ganz recht. Ja ist es denn überhaupt möglich ein anderes - als das PopUp-Fenster - zu aktivieren? Es ist! Wenn auch das PopUp-Formular jedes andere Fenster überdeckt. Es läßt sich immer noch an den äußersten unteren oder oberen Bildschirmrand 'schieben', und die Arbeit in einem anderen Fenster kann dadurch aufgenommen werden.

Gebunden

Es gibt jedoch Situationen, in denen dieser Fensterwechsel auch nicht erwünscht ist, weil Sie zunächst eine Antwort vom Benutzer benötigen, bevor die Programmausführung fortgesetzt werden darf. In einem solchen Fall läßt sich - natürlich per Eigenschaft - festlegen, daß ein Wechsel in ein anderes Fenster nicht möglich ist, solange das PopUp-Fenster geöffnet ist. Die Eigenschaft, die eben diese Funktionalität gewährleistet, heißt **Gebunden**, Visual Basic-Programmierern sicher besser bekannt unter dem Begriff 'modal'.

Gebundenes PopUp-Formular erstellen

Um ein gebundenes PopUp-Formular zu erhalten,

1. öffnen Sie das gewünschte Fenster in der Entwurfsansicht.

2. Stellen Sie für die Eigenschaften **PopUp** und **Gebunden** *Ja* ein.

3. Speichern Sie das Formular und schließen es dann.

4. Öffnen Sie das Formular aus dem Datenbankcontainer durch einen Doppelklick.

Wollen Sie anschließend weitere Einstellungen an diesem Formular vornehmen, muß es zuerst wieder geschlossen werden. Danach klicken Sie es im Datenbankcontainer an und betätigen die Schaltfläche **Entwurf**. Ein einfaches Hin- und Herschalten 'auf Knopfdruck' zwischen Formular- und Entwurfsansicht funktioniert für das PopUp-Formular nicht.

Die letzte Möglichkeit das Aussehen des Formulars zu beeinflussen besteht darin, die Standard-Menüleisten von Access gegen Ihre eigenen zu tauschen. Dabei können Sie sowohl die Menüleiste als auch die Einträge innerhalb der Pull-Down-Menü nach eigenen Wünschen festlegen. Um neue Menüleisten und Menüs zu erstellen, müssen Sie einen Menümakro schreiben. (Wie Sie das bewerkstelligen, erfahren Sie in **Kapitel 17**.) Ist der Makro erstellt, kann er über die Eigenschaft **Menümakro** zugewiesen werden. Die Liste bietet sämtliche Makros an, die Sie bis zu diesem Zeitpunkt erstellt haben. Öffnen Sie sich doch einfach einmal das Formular **Hauptmenü**, um eine geänderte Menüzeile anzusehen. Anschließend wechseln Sie in die Entwurfsansicht, um die Eigenschaft **Menümakro** genauer 'unter die Lupe' zu nehmen.

Menüs verändern

Und nun zu den Bearbeitungsmöglichkeiten im Formular. Vier Eigenschaften unterstützen Sie, um diese festzulegen:

Bearbeitung festlegen

  Datenherkunft,
  Standardbearbeitung,
  Bearbeiten zulassen,
  Filter zulassen und
  Datensätze sperren.

Die wichtigste Information zur Bearbeitung der Daten im Formular ist die Datenherkunft. Sie kann eine Tabelle oder eine Abfrage sein. Alle in der Tabelle bzw. Abfrage zugrundeliegenden Felder können im Formular angezeigt und gegebenenfalls editiert werden. Bei der Anlage des Formulars haben Sie die Datenherkunft bereits im Dialog **Neues Formular** zugewiesen und die wird nun als Eigenschaft, **Datenherkunft**, eingetragen. Sollten Sie dabei versehentlich eine falsche Quelle gewählt haben, läßt sie sich über die Eigenschaft **Datenherkunft** neu festlegen. Die Liste zeigt alle Tabellen bzw. Abfragen an, die zu diesem Zeitpunkt existieren.

Datenherkunft

Liegt Ihrem Formular eine Abfrage zugrunde, weil Sie beispielsweise Felder aus unterschiedlichen Tabellen anzeigen wollen, spielen die Beziehungen (**siehe Kapitel 8**), über die die Tabellen miteinander verknüpft sind, eine zentrale Rolle. Nehmen wir an, Ihrem Formular liegt eine Abfrage zugrunde. Nehmen wir weiter an, die Abfrage basiert auf zwei Tabellen, die in einer 1:n-Beziehung zueinander stehen. Im Formular können sämtliche Felder aktualisiert werden, die der 'n'-Tabelle entstammen, nicht jedoch der '1'-Tabelle:

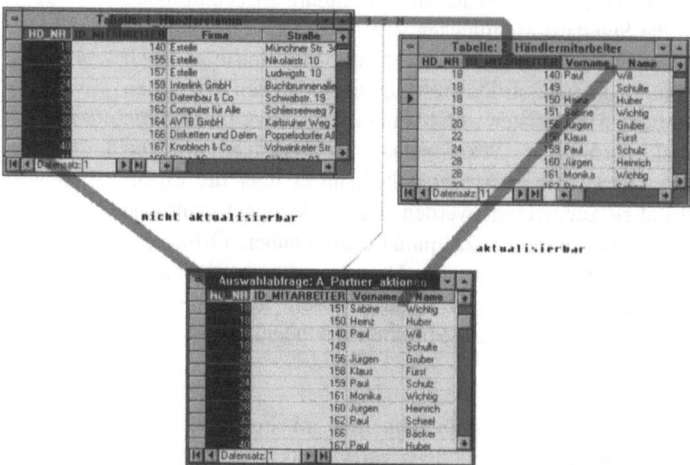

Abb. 15-18 Aktualisierungsmöglichkeit von Feldern im Formular

Um dennoch die Felder der '1'-Tabelle editieren zu können, dürfen in der Abfrage nur Felder aus der '1'-Tabelle sichtbar gemacht werden. Für alle Felder der 'n'-Tabelle bedeutet das, Sie werden weder in der Abfrage noch im Formular angezeigt, können in der Abfrage jedoch dazu herangezogen werden, um Kriterien festzulegen.

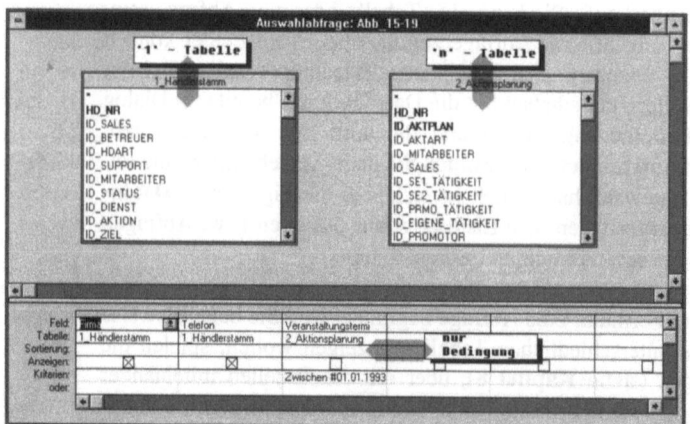

Abb. 15-19 Felder der '1'-Tabelle lassen sich ändern

Die Abfrage ermittelt, wo im Januar 1993 Veranstaltungen stattfinden. Die Felder der '1'-Tabelle lassen sich in diesem Fall ändern.

So könnten nun beispielsweise Korrekturen an den Telefonnummern vorgenommen werden.

Die Eigenschaft **Standardbearbeitung** erlaubt es Ihnen festzulegen, ob der Anwender die Daten *Nur lesen* oder auch ändern, also *Bearbeiten*, darf. Access geht zunächst davon aus, daß dem Benutzer auch die Änderung der Daten gestattet ist und sieht daher als Standardwert *Bearbeiten* vor. Sofern die zugrundeliegende Tabelle sehr viele Daten 'beheimatet' kann die Arbeit mit einem solchen Formular recht mühsam werden. Bekanntlich müssen auch in die größten Tabellen in aller Regel neue Datensätze aufgenommen werden. Damit das Hinzufügen von neuen Daten allerdings schneller vonstatten geht, erlaubt Access die Einstellung *Nur Daten eingeben*. Der Benutzer kann bestehende Daten nun allerdings nicht einsehen oder verändern.

Standardbearbeitung

Angenommen Sie haben sich entschieden, dem Benutzer ausschließlich Leserechte in einem bestimmte Formular zu gewähren und deshalb die Eigenschaft **Standardbearbeitung** auf *Nur lesen* eingestellt. Was tut der 'gewiefte' Anwender, um diese Einschränkung zu umgehen?

Bearbeiten nicht zulassen

1. Er öffnet das Formular.

2. Wählt den Befehl [Datensätze/Bearbeiten zugelassen]

3. und ändert fortan trotzdem den Datenbestand.

Sie müssen also noch ein wenig mehr Vorsorge treffen. Um dem Benutzer ausschließlich Leserechte zu gewähren, sind immer zwei Einstellungen erforderlich:

Standardbearbeitung (*Nur lesen*) und
Bearbeiten zulassen (*Nicht verfügbar*).

Mit letzterer Einstellung deaktivieren Sie den Befehl [Bearbeiten zugelassen] aus dem Menü [Datensätze] in der Formularansicht.

Sie können dem Anwender noch weitere Beschränkungen auferlegen, indem Sie beispielsweise die Symbole zum Filtern von Datensätzen deaktivieren. Filtern bedeutet, aus einer großen Datenmenge eine ent-

Filter deaktivieren

sprechend kleinere zu selektieren. Filtern bedeutet aber auch, daß der Anwender eine Sortierung (auf- oder absteigend) festlegen kann. Abhängig von der zugrundeliegenden Datenmenge kann aber gerade das Sortieren dauern. Wählen Sie für die Eigenschaft **Filter zulassen** *Nein*, um die Befehle [Datensätze/ Filter/Sortierung bearbeiten], [Datensätze/Filter/Sortierung anwenden] und [Datensätze/Alle Datensätze anzeigen] sowie die Symbole zum Einsatz des Filters (in der Formularansicht) abzuschalten.

Datensätze sperren

Wird Ihre Datenbank in einer Mehrbenutzerumgebung eingesetzt, so sollten Sie dafür sorgen, daß immer nur derjenige den aktuellen Datensatz bearbeiten kann, der ihn als erster geöffnet hat. In einer Mehrbenutzerumgebung liegt Ihre Datenbank auf dem Fileserver und kann von mehreren Anwendern gleichzeitig geöffnet werden. Die Standardeinstellung *Keine Sperrungen* für die Eigenschaft **Datensätze sperren** sorgt zwar dafür, daß der Datensatz gesperrt wird, bevor er gespeichert wird. Allerdings ist es zwei oder drei oder mehr Benutzern möglich, gleichzeitig Änderungen an diesem Satz vorzunehmen. Die Änderungen, die beim Speichern dann zurückgeschrieben werden, dürften mühelos zu Konfusionen führen. Es darf daher nicht passieren, daß mehrere Anwender ein und denselben Datensatz gleichzeitig ändern. Access stellt daher auch zwei weitere Einstellungen für das Sperren von Datensätzen zur Verfügung:

Alle Datensätze   Alle Datensätze des Formulars (und natürlich der zugrundeliegenden Tabellen) werden gesperrt, solange das Formular geöffnet ist.

Bearbeiteter Datensatz   Ein Datensatz, der durch einen Benutzer bearbeitet wird, ist solange gesperrt, bis der Benutzer die Arbeit an diesem Datensatz beendet oder das Formular schließt. Versucht ein zweiter (oder dritter) den gesperrten Datensatz ebenfalls zu bearbeiten, erhält er eine Fehlermeldung mit dem Hinweis, daß dieser Datensatz derzeit von einem anderen Benutzer bearbeitet wird.

Ereignisse

Soweit die Eigenschaften, die eine bestimmte Funktionalität herstellen. Die dritte und letzte Gruppe der Eigenschaften reagiert auf ganz bestimmte Ereignisse und führt immer dann - von Ihnen als Eigenschaft festgelegte - Aufgaben durch, zum Beispiel

Beim Anzeigen,
Beim Einfügen,
Beim Löschen,
Vor Aktualisierung,
Nach Aktualisierung,
Beim Öffnen   und
Beim Schließen.

Die Aufgabe, die einem Ereignis zugewiesen werden kann, haben Sie zuvor entweder in einem Makro oder in einem Modul festgelegt. Eingetragen wird daher in der Eigenschaft der entsprechende Makroname oder der Name der Prozedur, die Sie in einem Modul verfaßt haben. Wir wollen uns in diesem Kapitel allerdings nicht mit der Erstellung von Makros oder Modulen, sondern mit den Ereignissen selbst beschäftigen, genauer gesagt, wann welches Ereignis eintritt. (**Kapitel 17** geht ausführlich auf die Erstellung von Makros ein. Sofern Sie in Access eigene Module schreiben wollen, empfehlen wir Ihnen den vierten Teil (**Programmieren in Access**) dieser Publikation.)

Beim Öffnen	Nachdem ein Formular geöffnet wurde, doch bevor der erste Datensatz angezeigt wird. *Beim Öffnen* eines Formulars können Sie z. B. einen Makro verwenden, um automatisch ein anderes Formular zu schließen.
Beim Anzeigen	Bevor ein Datensatz zum aktuellen Datensatz wird. Dies ist der Fall beim Öffnen eines Formulars oder beim Wechsel von einem Datensatz zum nächsten. Nutzen Sie dieses Ereignis, um beispielsweise den Cursor immer in das erste Eingabefeld des Formulars zu schicken, damit der Anwender dies nicht erst selbst erledigen muß.
Beim Einfügen	Sobald der Benutzer einen neuen Datensatz in der zugrundeliegenden Tabelle hinzufügt. Verwenden Sie dieses Ereignis, um beispielsweise in einer abhängigen Tabelle ebenfalls einen leeren Datensatz anzuhängen.
Vor Aktualisierung	Nachdem Sie einen geänderten Datensatz verlassen, aber bevor Access die Änderung speichert. Diesen Zeitpunkt können Sie nutzen, um die eingegebenen Daten auf Gültigkeit zu überprüfen.

Nach Aktualisierung	Nachdem Sie einen geänderten Datensatz verlassen und Access ihn gespeichert hat. Dieser Zeitpunkt eignet sich, um auf der Grundlage des aktuellen Formulars ein anderes Formular zu aktualisieren.
Beim Löschen	Beim Versuch einen Datensatz zu löschen, aber bevor der Datensatz tatsächlich gelöscht wird. Verwenden Sie dieses Ereignis, um vor dem tatsächlichen Löschen der Daten noch einmal eine Meldung anzuzeigen.
Beim Schließen	Beim Schließen des Formulars, aber bevor es vom Bildschirm entfernt wird. Sollten abhängige Formulare geöffnet sein, können Sie diese gleich mit schließen.

Aktionen für Ereignisse festlegen

Vielleicht wollen Sie nun ein wenig stöbern. Sehen Sie sich zum Beispiel das Formular **Hauptmenü** in der Entwurfsansicht an. **Beim Öffnen** durchläuft dieses Formular grundsätzlich die Prozedur *FH_Init*, ihres Zeichens eine Initialisierungsroutine. (Sofern Sie der Programmcode interessiert, finden Sie ihn im Modul '_Standard'.) Da es sich bei dieser Angabe um ein Modul handelt, muß ein Gleichheitszeichen vorangestellt werden. Verzichten Sie auf das Gleichheitszeichen, interpretiert Access Ihren Eintrag als Makro. Weitere Beispiele finden Sie im Formular **Aktionsplanung**. Öffnen Sie dieses Formular nur in der Entwurfsansicht! (Ein direktes Öffnen des Formulars in der Datenblattansicht ist nicht möglich, da es auf Angaben aus dem Formular **Hauptmenü** angewiesen ist.)

Steuerelemente und ihre Eigenschaften

Obwohl Sie die Eigenschaften des Formulars nun 'im Griff' haben, müssen Sie nicht glauben, daß dieses Thema damit erschöpfend behandelt wäre. Auch Objekte verfügen über Eigenschaften, die sich allerdings ebenfalls - wie zuvor beim Formular - in drei große Gruppen unterteilen lassen. Auf Eigenschaften, die sich über die Farbpalette, die Symbolleiste oder durch Anpassung mit der Maus realisieren lassen, wollen wir auch in diesem Teil wieder verzichten. Näher betrachten werden wir jedoch auch diesmal die Ereignisse und Eigenschaften, die die Funktionalität der Elemente beeinflussen. Während wir die Funktionalität von Steuerelementen später einzeln erarbeiten, sollen voran die möglichen Ereignisse, auf die Steuerelemente reagieren können, behandelt werden. Und das sind:

Ereignis	Eigenschaft	Beschreibung
Auswählen eines Steuerelements	**Beim Hingehen**	Wenn Sie zu diesem Steuerelement wechseln, aber bevor das Steuerelement tatsächlich aktiviert ist (also den Fokus erhält).
Drücken einer Befehlsschaltfläche	**Beim Klicken**	Beim Klicken auf die Befehlsschaltfläche.
Ändern der Daten in einem Steuerelement	**Vor Aktualisierung**	Nachdem Sie ein geändertes Steuerelement verlassen, aber bevor Access die Änderung speichert.
Ändern der Daten in einem Steuerelement	**Nach Aktualisierung**	Nachdem Sie ein geändertes Steuerelement verlassen und Access es gespeichert hat.
Doppelklick auf ein Steuerelement	**Beim Doppelklicken**	Beim Doppelklick auf ein Steuerelement oder dessen Beschriftungsfeld.
Verlassen eines Steuerelements	**Beim Verlassen**	Beim Verlassen des Steuerelements, aber bevor es den Fokus verliert.

Ereignisse bei Steuerelementen

Was für Formulareigenschaft gilt, gilt selbstverständlich auch für Steuerelemente und so nutzen Sie die Ereignisse, um eine Aufgabe ausführen zu lassen, für die Sie entweder zuvor ein Makro oder eine Prozedur geschrieben haben. Während Modulprozeduren durch ein vorangestelltes Gleichheitszeichen gekennzeichnet werden, reicht es für den Makro aus, lediglich seinen Namen anzugeben.

Steuerelemente erstellen Sie mit Hilfe der Toolbox, das wissen Sie. Diese sollte daher nun im Formularentwurf angezeigt werden. Erinnern wir uns einmal kurz zurück, wie ein Steuerelement erstellt wird:

Arbeiten mit der Toolbox

1. Markieren Sie das gewünschte Steuerelement in der Toolbox durch einen Mausklick.

2. Bewegen Sie die Maus auf den Formularentwurf.

3. Halten Sie die linke Maustaste gedrückt, während Sie das Element auf die benötigte Größe ziehen.

In den meisten Fällen ist das Steuerelement damit angelegt. Nur das Bezeichnungsfeld, das Diagramm und das Objektfeld erwarten augenblicklich weitere Angaben. Es kann vorkommen, daß Sie ein und denselben Elementtyp mehrfach hinzufügen wollen. Schön wäre es, wenn das einmal durch Mausklick aktivierte Steuerelement einfach aktiv bleiben könnte. Kann es.

Steuerelement mehrmals hinzufügen

1. Klicken Sie zuerst auf die Schaltfläche **Halten**.

2. Aktivieren Sie dann das gewünschte Steuerelement.

3. Fügen Sie das Steuerelement entsprechend häufig hinzu.

4. Benötigen Sie das Steuerelement nicht mehr, klicken Sie einmal auf die Schaltfläche mit dem Pfeilzeiger.

5. Klicken anschließend wieder auf die Schaltfläche **Halten**, um die Funktion wieder aufzuheben, (es sein denn, Sie benötigen ein anderes Steuerelement ebenfalls mehrfach).

Wozu setzen Sie jetzt welches Steuerelement ein. Wenn Ihnen Windows nicht ganz fremd ist, beantworten sich viele Fragen von selbst. Man kann allerdings - wenn man sich die Toolbox so anschaut - folgende generelle Aussage treffen: Während die Steuerelemente Optionsgruppe, Umschaltfläche, Optionsfeld, Kontrollkästchen, Kombinationsfeld und Listenfeld in der Regel im Formular verwendet werden, dürften die Elemente Diagramm, Linie, Rechteck und Seitenumbruch vermutlich häufiger im Bericht Verwendung finden. Alle Elemente können selbstverständlich sowohl im Formular als auch im Bericht eingesetzt werden. Nur zeigt die tägliche Arbeit, daß sich tatsächlich bevorzugte Steuerelemente für das Formular als auch für den Bericht kristallisieren.

Grundsätzlich unterscheidet Access gebundene, ungebundene und berechnete Steuerelemente:

Benutzerfreundlich gestalten 427

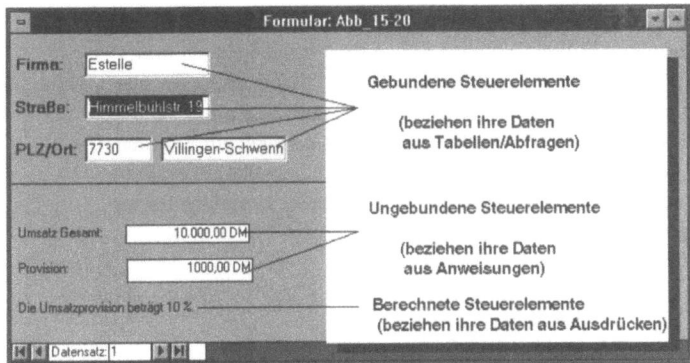

Abb. 15-20 Steuerelementtypen

Betrachten wir das Formular nun in der Entwurfsansicht, um die Verknüpfungen zwischen Steuerelementen im Formular und Feldern in der Tabelle deutlich zu machen.

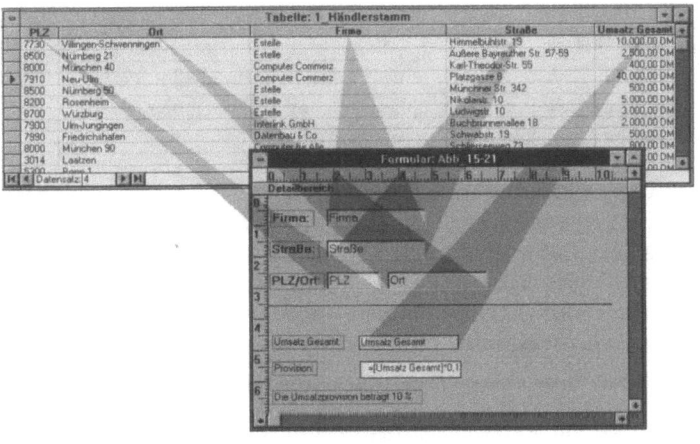

Abb. 15-21 Verknüpfung zwischen Steuerelementtypen und Tabellenfeldern

Steuerelemente, die mit einem Feld in einer Tabelle bzw. Abfrage verknüpft sind, werden g e b u n d e n e   S t e u e r e l e m e n t e genannt. Sie werden verwendet, um Werte - wie Texte, Datumsangaben, Zahlen, Bilder, Diagramm oder Ja/Nein-Bedingungen - in Feldern anzuzeigen, einzugeben und zu ändern.

Berechnete Steuerelemente

Ist das Steuerelement nicht mit einem Tabellenfeld, sondern mit einem Ausdruck verknüpft, so wird es **berechnetes Steuerelement** genannt. Auf diese Weise lassen sich Rechenoperationen mit anderen Feldern der zugrundeliegenden Tabelle/Abfrage durchführen. Natürlich können Sie sich auch auf ein Steuerelement der Form beziehen, um Berechnungen durchzuführen. Erlaubte Rechenoperationen sind die vier Grundrechenarten, für die Access folgende Operatoren bereitstellt:

+   Addition
-     Subtraktion
*   Multiplikation
/   Division

Grundsätzlich legen Sie Ausdrücke nach folgendem Schema an:

Wert 1	Operator	Wert 2
= [Nettopreis]	+	[MWST]
= [Umsatz]	*	0,10

Dabei kann 'Wert 1' bzw. 'Wert 2' der Name eines Steuerelements, ein Feldname, eine Konstante oder eine Funktion sein. Außerdem muß jeder Ausdruck mit einem Gleichheitszeichen (=) beginnen, da Access die Eingabe ansonsten als Text interpretiert.

Ungebundene Steuerelemente

Der dritte und letzte Steuerelementtyp sind die **ungebundenen Steuerelemente**. Sie werden verwendet, um beschreibenden Text, Linien, Bilder oder Rechtecke anzuzeigen. Und mit einem solchen ungebundenen Steuerelementtyp wollen wir den Elementen nun einzeln 'zu Leibe rücken'. Öffnen Sie dazu das Formular *Beispiel3* in der Entwurfsansicht.

1. Erstellen Sie ein Bezeichnungsfeld wie zuvor beschrieben. Legen Sie es unten im Formular an (siehe Abb. 15-21).

2. Nachdem Sie das Steuerelement im Formular aufgezogen haben, geben Sie den beschreibenden Text ein, hier: *Die Umsatzprovision beträgt 10 %.*

3. Klicken Sie außerhalb des Bezeichnungsfelds, um es anzulegen.

Der Text, den Sie eintragen, ist statisch. Hierbei handelt es sich entweder um eine Überschrift, eine Feldbezeichnung oder anderen beschreibenden Text, der sich nicht verändert, wenn Sie später von Datensatz zu Datensatz blättern. Das Bezeichnungsfeld ist immer ungebunden. Der von Ihnen eingetragene Text wird als Beschriftung betrachtet und dementsprechend in die Eigenschaften des Steuerelements eingetragen. Klicken Sie das soeben erstellte Steuerelement an und kontrollieren die Eigenschaft **Beschriftung**. Selbstverständlich läßt sich diese jederzeit nachträglich bearbeiten. Sollten Sie sehr viel Text eingeben wollen, hält Access einen **Zoom**-Dialog für Sie bereit, in dem sich die Inhalte besser bearbeiten lassen. Der **Zoom**-Dialog kann für jedes zu bearbeitende Feld aufgerufen werden, d. h. für Eigenschaften genauso wie für Felder, die Sie im Abfrageentwurf erstellen. Um den Dialog zu öffnen:

1. Klicken Sie in das Feld, das Sie zoomen wollen.

2. Betätigen Sie einmal die Tastenkombination H + ".

3. Geben Sie die gewünschten Änderungen ein und bestätigen mit **OK**.

Zoom-Dialog

Idealerweise geben Sie für jedes Steuerelement einen aussagekräftigen Namen an. Klicken Sie daher noch einmal auf das soeben erstellte Bezeichnungsfeld. Unter **Steuerelementname** tragen Sie dann einen Namen ein, der das Element zutreffend beschreibt. Die übrigen Eigenschaften beziehen sich auf die Größe, Farbe und gewählte Schriftart, alles Eigenschaften also, die sich auch über die Farbpalette, die Symbolleiste oder mittels Maus einstellen lassen.

Anschließend fügen Sie das Feld *Umsatz Gesamt* hinzu. Verwenden Sie dazu die Feldliste und ziehen das Feld unter die Postleitzahl (*PLZ*). Automatisch legt Access für Sie ein Textfeld (samt Bezeichnungsfeld) an. Dieses Steuerelement ist gebunden. An die Tabelle **1_Händlerstamm** nämlich, in der das Feld 'beheimatet' ist. Sobald Sie in die Formularansicht wechseln, werden die Daten aus dem entsprechenden Tabellenfeld der Reihe nach angezeigt.

Um ein weiteres Textfeld hinzuzufügen, verwenden Sie diesmal die Toolbox. Der Unterschied wird sofort deutlich. Access erstellt jetzt ein ungebundenes Textfeld, das nicht mit irgendeiner Tabelle bzw. Abfrage verknüpft ist. Dieses Textfeld soll fortan als berechnetes Steuerelement dienen. Tragen Sie daher folgenden Ausdruck ein:

=[Umsatz Gesamt]*0,1.

Sie können den Ausdruck entweder direkt in das Textfeld schreiben, oder ihn unter der Eigenschaft **Steuerelementinhalt** festlegen. Anschließend beschriften Sie das zugehörige Bezeichnungsfeld mit *Provision* (auch hier können Sie entweder das Element direkt beschreiben oder die Eigenschaft **Beschriftung** verwenden) und ordnen es - wie in Abb. 15-21 gezeigt - an. Wechseln Sie allerdings jetzt in die Formularansicht, weicht das Format des Feldes *Provision* von *Umsatz Gesamt* ab. Sie sollten daher dem Feld *Provision* ebenfalls ein Währungsformat zuweisen.

Format festlegen

1. Wechseln Sie zum Formularentwurf.

2. Markieren Sie das gewünschte Steuerelement, hier: das Textfeld *Provision*.

3. Öffnen Sie das Eigenschaftenfenster.

4. Unter **Format** wählen Sie aus der Liste das gewünschte Format aus, hier: *Währung*.

5. Sofern erforderlich, stellen Sie die Anzahl der Dezimalstellen ein, hier: 2.

Gültigkeit sicherstellen

Betrachten Sie die Formularansicht nun noch einmal, sieht die Sache bereits ganz anders aus. Im nächsten Schritt sollten Sie eine Gültigkeitsregel für das Umsatzfeld festlegen, damit bei der Neuanlage eines Kunden nicht versehentlich ein negativer Umsatz eingegeben werden kann. Nachdem Sie in die Entwurfsansicht zurückgekehrt sind,

1. markieren Sie das Steuerelement, hier: das Textfeld *Umsatz Gesamt*.

2. In der Eigenschaft Gültigkeitsregel tragen Sie nun >=0 ein.

3. Als Gültigkeitsmeldung geben Sie *Der Umsatz eines Kunden kann nicht kleiner als 0 sein!* ein.

Sofern diese Gültigkeitsregel bereits bei der Tabellenanlage für das Feld vorgesehen wurde, wird sie automatisch auch dem Formular als Eigenschaft 'mitgegeben', kann allerdings von Ihnen (für das Formular) anders festgelegt werden. Sie ändert sich dadurch nicht für das Tabellenfeld!

In Windowsprogrammen ist es allgemein üblich, Aktionen oder Befehle in der Statuszeile mittels Kurzkommentar zu erklären. Auch Sie können diese Funktionalität in Ihre Datenbankanwendung einbauen, in dem Sie die Eigenschaft **Statuszeilentext** festlegen. Geben Sie als Statuszeilentext Hi*er Bitte den Gesamtumsatz des Kunden eintragen* ein. Danach wechseln Sie in die Formularansicht und klicken in das Textfeld *Umsatz Gesamt*. Lassen Sie dabei die Statuszeile nicht aus den Augen.

Der Statuszeilentext wird nur dann angezeigt, wenn für die Eigenschaft **Aktiviert** *Ja* gewählt wurde.

Damit noch einmal zurück zum Feld *Provision*. Schalten Sie in die Formularansicht und überprüfen Sie, ob dieses Feld Eingaben akzeptiert. Zu dumm, nicht wahr. Schließlich soll hier lediglich die Berechnung der Provision durchgeführt werden. Sie können aber Eingaben in Textfeldern unterbinden. Zwei Eigenschaften sind dabei behilflich:

Eingaben verhindern

    Gesperrt   und
    Aktiviert.

Wählen Sie für die Eigenschaft **Gesperrt** den Wert *Ja*, um zu verhindern, daß Eingaben möglich sind. Außerdem stellen Sie für **Aktiviert** *Nein* ein, damit dieses Feld erst gar nicht durch Mausklick gewählt werden kann.

Sollte Ihrem Textfeld ein Tabellenfeld vom Typ *Memo* zugrunde liegen, kann der Inhalt möglicherweise sowohl am Bildschirm als auch beim Ausdruck abgeschnitten werden. Um das zu verhindern stellen Sie folgende Eigenschaften ein:

Wo?	Eigenschaft	Einstellung
Bildschirm	**Bildlaufleisten**	*Vertikal*
Ausdruck	**Vergrößerbar**	*Ja*
Ausdruck	**Verkleinerbar**	*Ja*

Schauen wir uns nun zwei weitere Steuerelemente, das Listen- und das Kombinationsfeld, an. Häufig ist es einfacher, Werte aus Listen auszuwählen, als sie selbst eingeben zu müssen. Das Auswählen aus einer Liste verhindert außerdem Fehleingaben:

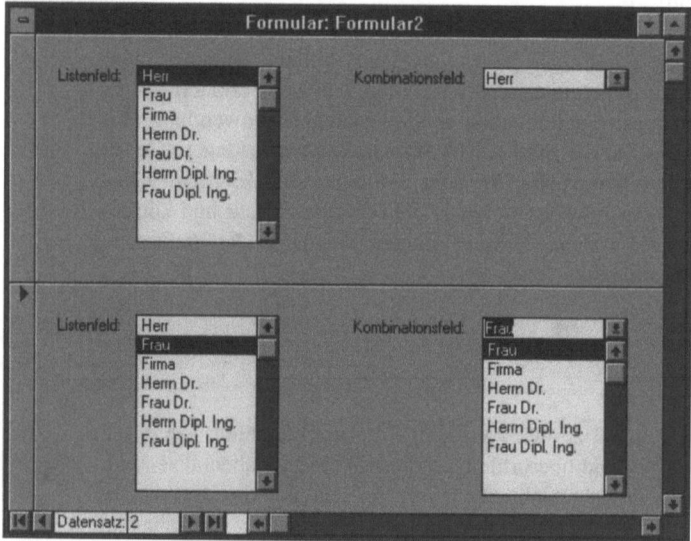

Abb. 15-22 Listen- und Kombinationsfeld

Während Sie im Listenfeld aus einer einfachen Liste Werte wählen können, vereint das Kombinationsfeld ein Textfeld mit einem Listenfeld und akzeptiert daher - neben der Auswahl aus der Liste - auch Eingaben. Die Liste des Kombinations- bzw. Listenfeldes besteht aus mehreren Zeilen mit Daten. Jede Zeile kann eine oder mehrere Spalten enthalten. Außerdem können die Spalten mit oder ohne Spaltenüberschriften erscheinen.

Benutzerfreundlich gestalten 433

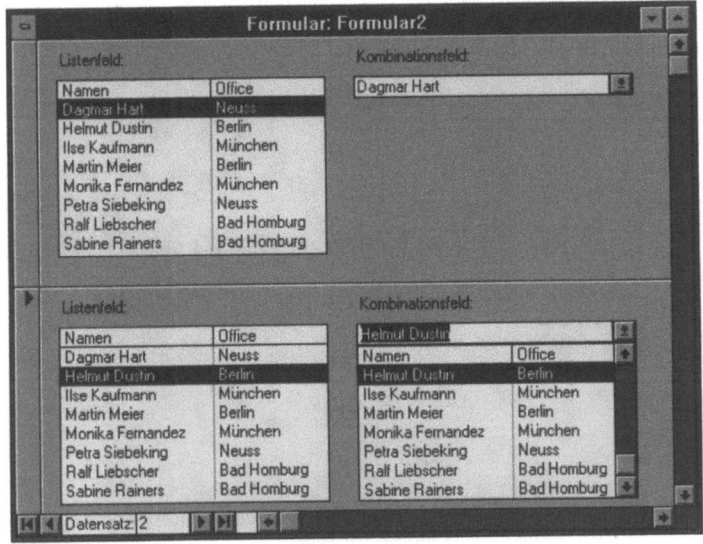

Abb. 15-23 Spalten in Listenfeldern

Nachdem Sie das Listen- bzw. Kombinationsfeld im Formular hinzugefügt haben, legen Sie als nächstes die Datenherkunft fest. Moment mal! Die Datenherkunft wird doch durch das Formular bestimmt. Stimmt! Für Listen- bzw. Kombinationsfelder gilt allerdings hier eine Ausnahme. Sie können (müssen aber nicht) auf einer anderen Tabelle/Abfrage beruhen. Um die Datenherkunft eines Listen- bzw. Kombinationsfelds festzulegen, stehen zwei Eigenschaften zur Verfügung:

Herkunftstyp und
Datensatzherkunft,

wobei die **Datensatzherkunft** vom **Herkunftstyp** abhängig ist. Stellen Sie also zuerst immer den Herkunftstyp ein. Dieser kann

eine *Tabelle/Abfrage*,
eine *Wertliste*   oder
eine *Feldliste*

sein. Während die **Datensatzherkunft** bei der Einstellung *Tabelle/Abfrage* bzw. *Feldliste* immer aus einer Tabelle oder Abfrage stammt, müssen die anzuzeigenden Daten bei einer *Wertliste* in die Eigenschaft **Datensatzherkunft** eingegeben werden. Erstellen Sie ein Kombinationsfeld, um eine Eingabeunterstützung für das Feld *Anrede* zu erhalten. So soll das Formular später aussehen:

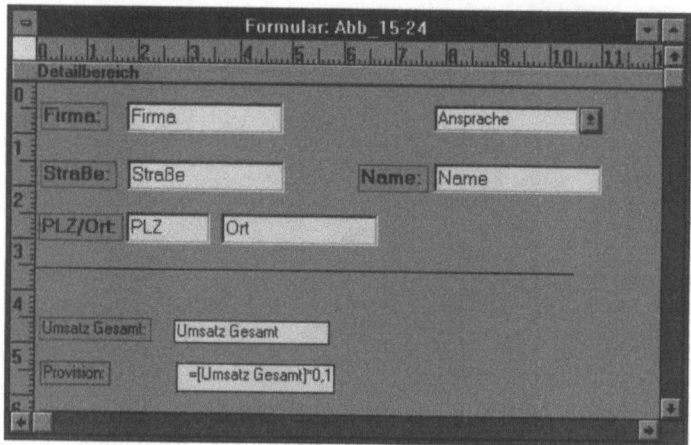

Abb. 15-24 Das Formular wird ergänzt

Greifen Sie für die weiteren Aufgaben auf das Formular *Lösung* zurück.

*Herkunfts-
typ Tabelle*

1. Ändern Sie die Datenquelle dieses Formulars in *Beispielabfrage für Kombinationsfeld*. (Diese Abfrage faßt auch **1_Händlerstamm**, **2_Händlermitarbeiter** und **Sales_Mitarbeiter** alle benötigten Felder zusammen).

2. Nehmen Sie rechts neben die *Straße* ein weiteres Textfeld, *Name*, auf. Verwenden Sie dazu die Feldliste.

3. Rechts neben die *Firma* plazieren Sie das Kombinationsfeld. (Access fügt automatisch ein Bezeichnungsfeld hinzu, was wir allerdings momentan nicht benötigen. Löschen Sie es deshalb.)

4. Wählen Sie als **Herkunftstyp** *Tabelle/Abfrage* und als **Datensatzherkunft** *Anreden*.

5. Legen Sie als **Steuerelementinhalt** das Feld *Ansprache* fest.

Benutzerfreundlich gestalten 435

6. Als **Steuerelementname** geben Sie ebenfalls *Ansprache* ein, um dem Feld einen aussagekräftigeren Namen zu verleihen.

Wechseln Sie in die Formularansicht. Anstatt die jeweilige Anrede eingeben zu müssen, kann Sie bequem aus der Liste gewählt werden. Die Abfrage, die dem Kombinationsfeld zugrunde liegt und die Informationen zur Anzeige im Kombinationsfeld bereitstellt, heißt *Anreden*. Die Tabelle, in die der gewählte Eintrag zurückgeschrieben wird, heißt **2_Händlermitarbeiter**, denn dort befindet sich das Feld *Ansprache*, das Sie als **Steuerelementinhalt** angegeben haben.

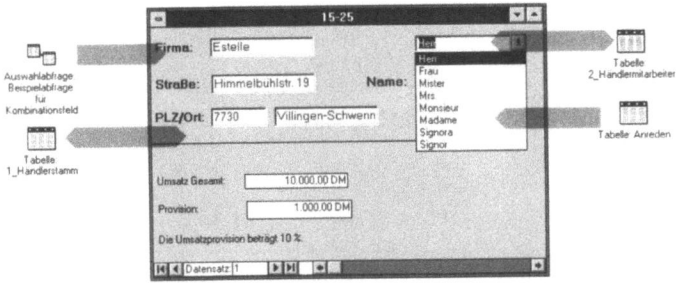

Abb. 15-25 Woher kommen die Daten und wohin gehen sie?

Vielleicht haben Sie aber gar nicht so viele Anredearten. Möglicherweise kommen Sie mit *Herr* und *Frau* aus. In einem solchen Fall ist es sicher leichter, die Werte einer Wertliste zu entnehmen, anstatt extra eine Tabelle anzulegen.

Herkunftstyp Wertliste

---

1. Wählen Sie für die Eigenschaft **Herkunftstyp** Wertliste.

2. Tragen Sie als **Datensatzherkunft** *Herr;Frau* (getrennt durch Semikolon) ein.

Nun werden im Kombinationsfeld nur noch zwei Auswahlen angeboten.

Die Verwendung der Tabelle/Abfrage als Herkunftstyp ist aber sicher in den meisten Fällen der flexiblere Weg, da sich Tabellen leichter pflegen lassen. Die Anlage eines einspaltigen Kombinationsfelds unter Zuhilfenahme einer Abfrage haben Sie bereits erprobt. Die meisten Tabellen/Abfragen verfügen allerdings in der Regel über mehr als nur eine einzige Spalte. Wir wollen daher beleuchten, wie ein mehrspaltiges Kombinationsfeld aufgebaut wird. Dazu übernimmt unser Kombinationsfeld jetzt eine andere Aufgabe. Es wird fortan die Funktionen der einzelnen Ansprechpartner auflisten. Sehen Sie sich dazu zunächst die Tabelle **Z_Funktionen** an.

ID_FUNKTION	Funktion
1	Nicht bekannt
2	Geschäftsführer
3	Vertriebsmitarbeiter
4	Leiter Vertrieb
5	Systemberater
6	Leiter Systemberater
7	Techniker
8	Leiter Technik
9	Trainer
10	Leiter Training
11	Marketing
12	Leiter Marketing
13	Sekretärin
14	Vertriebsassistent/in
15	Einkauf
16	Leiter Einkauf
18	Controller
19	Leiter Niederlassung
20	nicht definiert
(Zähler)	

Abb. 15-26 Die Tabelle Z_Funktionen

Diese Tabelle 'sammelt' sämtliche Funktionen, die in unserem Kundenkreis vorkommen. Sie besteht aus einem Zählerfeld, das den Primärindex bildet und dem eigentlichen Text. Wird ein neuer Kunde oder ein neuer Mitarbeiter eines bestehenden Kunden angelegt, so muß auch seine Funktion eingegeben werden. Damit allerdings im Feld **Funktion** nicht einmal *Vertrieb*, dann wieder *Vertriebsmitarbeiter*, später dann *Verkäufer* und zu guter Letzt *Kundenberater* steht, sollen die Funktionen aus einem Kombinationsfeld ausgewählt werden. (Wir hätten uns natürlich auch für ein Listenfeld entscheiden können. Doch das hätte entschieden mehr Platz im Formular benötigt.)

Wechseln Sie nun in den Formularentwurf und geben als **Herkunftstyp** *Tabelle/Abfrage* und als **Datensatzherkunft** *Z_Funktionen* an. Wir wollen diesmal nicht den Text, also *Geschäftsführer, Einkäufer* usw. in die Tabelle **2_Händlermitarbeiter** zurückschreiben, sondern lediglich die ID, die die jeweilige Funktion repräsentiert. (Bei größeren Anwendungen wirken sich auch solche 'Kleinigkeiten' positiv auf die Geschwindigkeit aus.) Tragen Sie daher unter **Steuerelementinhalt** das Feld *ID_Funktion* ein. (Außerdem empfehlen wir *Funktion* als **Steuerelementnamen** zu verwenden.) Die **Spaltenanzahl** der Liste beträgt diesmal 2 Spalten, denn wir wollen beide Spalten der Tabelle *Z_Funktionen* ausgeben lassen. Auch wollen wir diesmal nicht auf **Spaltenüberschriften** verzichten und stellen diese Eigenschaft auf *Ja*. Was die **Spaltenbreiten** angeht, so soll die erste Spalte 2 cm, die zweite 3 cm breit werden. Tragen Sie daher *2;3* (getrennt durch Semikolon) ein.

Eine Liste mit zwei Spalten

Als **Gebundene Spalte** bezeichnet Access die Spalte in der (dem Kombinationsfeld) zugrundeliegenden Tabelle/Abfrage, die in das Feld, das Sie als **Steuerelementinhalt** festgelegt haben, zurückgeschrieben wird. (Dem unter **Steuerelementinhalt** gewählten Feld liegt in unserem Fall eine andere Tabelle zugrunde!) Im **Steuerelementinhalt** haben Sie sich für *ID_Funktion* entschieden. Geben Sie daher an, die wievielte Spalte *ID_Funktion* in der Tabelle *Z_Funktionen* ist. (Sie können entweder in der Tabelle nachschauen oder uns vertrauen: Es ist die erste.) Legen Sie jetzt noch die **Zeilenanzahl** (also die Einträge, die in der Liste untereinander angezeigt werden) mit *10* (Zeilen) und die **Listenbreite** mit *6* (cm) fest. Danach schauen Sie sich die Formularansicht an.

Fast gut, nicht wahr. Sobald Sie die Liste aufklappen, werden die Feldüberschriften und sowohl ID als auch der dazugehörige Text nebeneinander angezeigt. Unschön ist allerdings, daß eine Auswahl aus der Liste nun die ID in das Feld einträgt und nicht den Text. Was können Sie tun? Sie können die ID unsichtbar machen und dafür sorgen, daß nur noch der Text ausgegeben wird.

---

1. Wechseln Sie in die Entwurfsansicht.

2. Legen Sie als Spaltenbreite für die erste Spalte *0* fest.

3. Wechseln Sie in die Formularansicht.

Schauen wir uns abschließend die Eigenschaften noch einmal im Überblick an, die Ihnen bei der Gestaltung von Kombinations- und Listenfeldern zur Seite stehen:

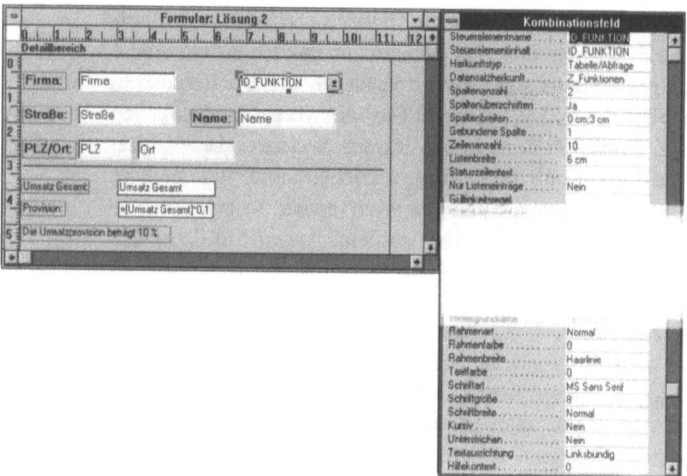

Abb. 15-27 Wichtige Eigenschaften für Kombinations- und Listenfelder

Für Sie ist es jetzt wieder Zeit zum 'Stöbern'. Schauen Sie sich die Formulare der Datenbankanwendung im Hinblick auf die verwendeten Kombinationsfelder noch einmal an. Ganz besonders sollten Sie Ihr Augenmerk auf das Formular *Aktionsplanung* und dort das Kombinationsfeld *ID_Mitarbeiter* richten. Es enthält ein Beispiel dafür, daß als Datensatzherkunft auch eine SQL-Anweisung verwendet werden kann.

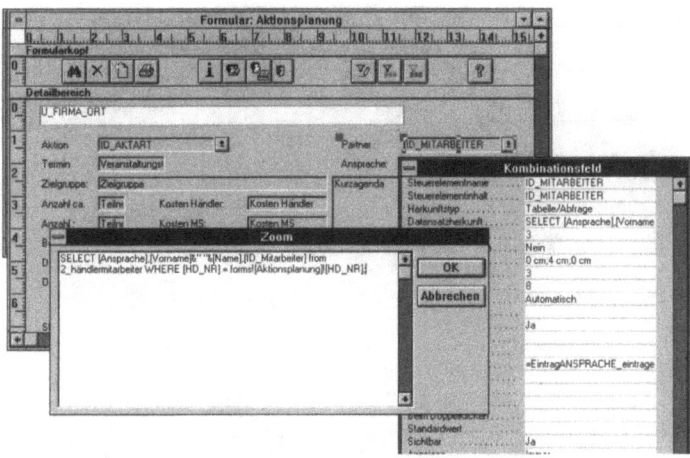

Abb. 15-28 SQL-Anweisung als Datensatzherkunft

Als nächste Gruppe werden wir Ihnen die Umschaltfläche, das Kontrollkästchen und das Optionsfeld vorstellen. Jedes dieser Steuerelemente kann dazu verwendet werden, Ja/Nein-Werte auszuwählen, also den Benutzer entscheiden zu lassen, ob er eine Auswahl wünscht oder nicht. Alle drei Elemente erfüllen den gleichen Zweck. Sie unterscheiden sich lediglich in ihrem Aussehen. Verwenden Sie daher immer das Steuerelement, das dem Zweck des Formulars am besten entspricht.

Kontrollkästchen eignen sich beispielsweise hervorragend, um den Anwender aus einer Reihe von Möglichkeiten einige auswählen zu lassen. Ein solches Beispiel zeigt das Formular *Händlerinfos*: (Um das Formular zu öffnen, öffnen Sie zunächst das *Hauptmenü*, klicken auf die Schaltfläche **Händlerstammdaten** und wählen dann aus dem Menü [H̲ändler] den Befehl [A̲ktionen].

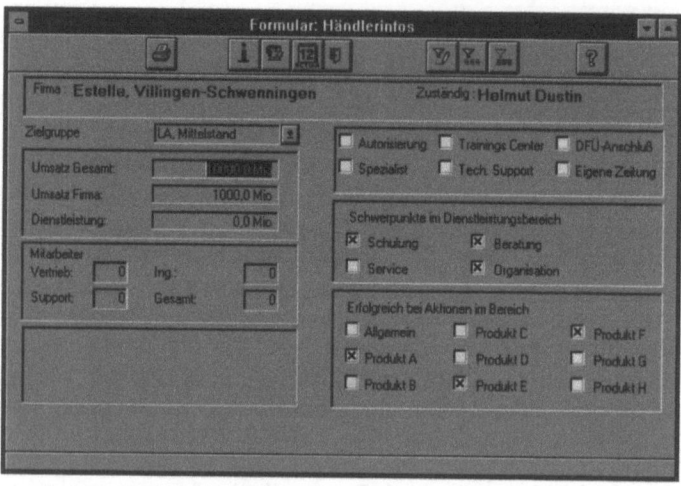

Abb. 15-29 Einsatz von Kontrollkästchen

Ein aktiviertes Kontrollkästchen verfügt über ein Kreuz (x), während ein deaktiviertes leer ist.

Demgegenüber werden Optionsfelder zumeist als 'Entweder-Oder-Auswahl' verwendet: (Um das Formular zu öffnen, öffnen Sie zunächst das *Hauptmenü* und klicken dann auf die Schaltfläche **Vertriebsinformationen**. Anschließend führt Sie ein Mausklick auf die Schaltfläche **Übersicht Veranstaltungen** in das gewünschte Formular.)

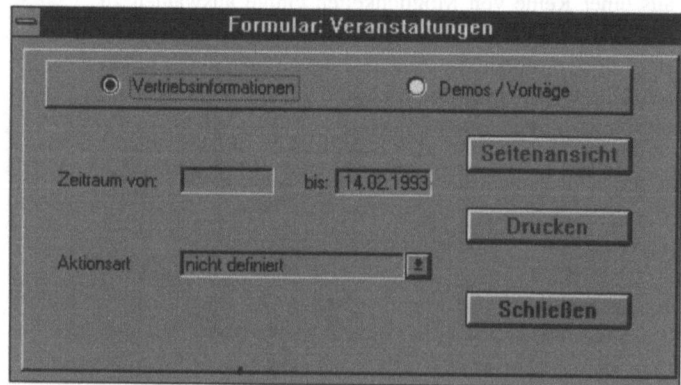

Abb. 15-30 Typischer Einsatz von Optionsfeldern.

Ein aktiviertes Optionsfeld wird durch einen schwarzen Punkt gekennzeichnet. Der Kreis eines deaktivierten Optionsfelds ist leer.

Eine Umschaltfläche hingegen 'macht sich' am besten in einer Symbolleiste. Die Access-Symbolleiste zeigt dafür selbst ein Beispiel. Wechseln Sie in Ihren eigenen Formularentwurf und markieren ein Textfeld. Automatisch wird die Symbolleiste erweitert. Die Symbole Fett, Kursiv und Unterstreichen sind Beispiele für Umschaltflächen:

Abb. 15-31 Typischer Einsatz von Umschaltflächen.

Eine aktivierte Umschaltfläche stellt sich 'heruntergedrückt' dar, während eine deaktivierte Schaltfläche 'normal' aussieht.

Wie dokumentiert sich allerdings der jeweils eingestellte Wert in den zugrundeliegenden Tabellen. Grundsätzlich kann der Wert in den Feldern, die die Informationen aufnehmen, nur *Ja* oder *Nein* sein. Welcher Wert letztendlich angezeigt wird, ist abhängig von der Feldformatierung. Sehen Sie sich die Tabelle **3_Dienstleistung** nun einmal in der Entwurfsansicht an. Sie liegt - unter anderen - dem Formular *Aktionsplanung* zugrunde. Klicken Sie in irgendein *Ja/Nein*-Feld und kontrollieren das Format. Es dürfte - in allen Fällen - ebenfalls *Ja/Nein* lauten. Legen Sie nun als Format für das erste Feld vom Datentyp **Ja/Nein** das **Format** *Wahr/Falsch* fest, für das zweite wählen Sie das **Format** *An/Aus*. Anschließend betrachten Sie die Wirkungsweise der festgelegten Formate in der Datenblattansicht. Setzen Sie abschließend bitte wieder alle Formate auf *Ja/Nein*.

Nun können Sie die vorgenannten Steuerelemente allerdings nicht nur einzeln, sondern auch als Gruppe einsetzen. Eine Optionsgruppe zeigt eine Reihe von Möglichkeiten an, aus der sich allerdings nur eine einzige auswählen läßt. Schauen Sie sich den Dialog **Drucken** von Access an:

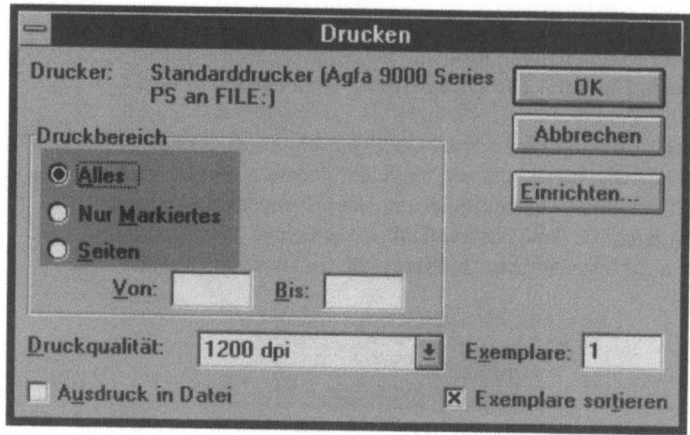

Abb. 15-32 Optionsgruppe

Sobald eine Auswahl aktiviert ist, werden alle anderen deaktiviert. Die typischen Symbole, die in der Optionsgruppe verwendet werden, dürften ganz sicher Optionsfelder sein. Stellen Sie sich diese Optionsgruppe nun einmal mit Kontrollkästchen (oder sogar mit Umschaltflächen) statt Optionsfeldern vor. Das vielzitierte 'Einmal gelernt, immer gelernt' würde damit ein weiteres Mal auf den Kopf gestellt. Um eine Optionsgruppe zu erstellen, gehen Sie wie folgt vor:

1. Klicken Sie in der Toolbox auf das Symbol Optionsgruppe.

2. Um eine gebundene Optionsgruppe zu erstellen, wählen Sie das gewünschte Feld aus der Feldliste aus. Um eine ungebundene Optionsgruppe zu erstellen, ziehen Sie einen Rahmen auf.

3. Entscheiden Sie nun durch einen Mausklick in die Toolbox, welches Symbol in der Optionsgruppe verwendet werden soll: Kontrollkästchen, Optionsfeld oder Umschaltfläche.

4. Ziehen Sie i n n e r h a l b der Optionsgruppe den Bereich für das Steuerelement auf. Der Optionsgruppenrahmen wird nun hervorgehoben, um darauf hinzuweisen, daß dieses Steuerelement 'Mitglied' der Optionsgruppe wird.

Benutzerfreundlich gestalten

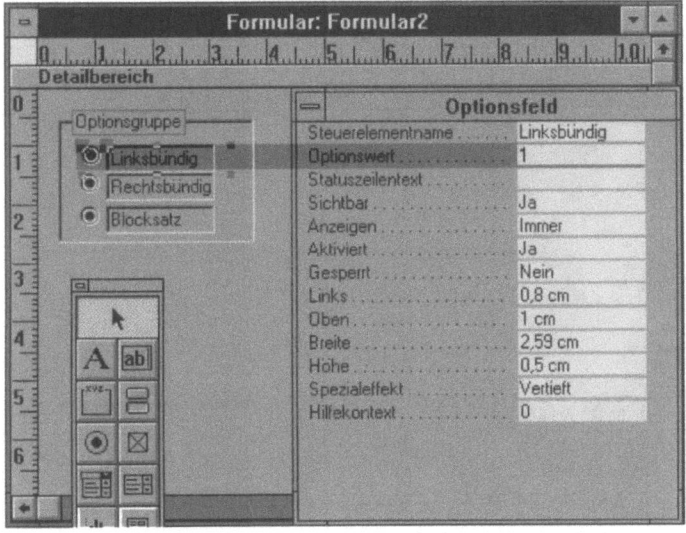

Abb. 15-33 Die Eigenschaft Optionswert wird auf 1 gesetzt.

> Sollten Sie mit der Maus verrutscht und das Steuerelement nun außerhalb der Optionsgruppe gelandet sein, schneiden Sie es aus ([Bearbeiten/Ausschneiden] und fügen es in die Optionsgruppe wieder ein [Bearbeiten/Einfügen]. Sollten Sie der Versuchung erliegen, das Steuerelement in die Gruppe ziehen zu wollen, so bleibt es ein eigenständiges Steuerelement und wird als 'Gruppenmitglied' nicht akzeptiert!

5. Wiederholen Sie die Schritte 3 und 4 für weitere Kontrollkästchen, Optionsfelder oder Umschaltflächen.

Für jedes weitere Element, das Sie in der Optionsgruppe anlegen, wird der Optionswert automatisch hochgezählt. Dieser kann dann später - beispielsweise - in einem Modul abgefragt werden.

Widmen wir uns nun einem weiteren überaus interessanten und allseits beliebten Steuerelement, der Befehlsschaltfläche. Setzen Sie die Befehlsschaltfläche ein, um - auf Mausklick - eine (oder auch mehrere Aufgaben) ausführen zu lassen. Diese Aufgaben können Sie wieder durch ein Makro oder natürlich auch durch ein Modul erledigen lassen. Für die Gestaltung von Schaltflächen gibt es sicher unzählige Beispiele. Wir wollen Ihnen zwei Möglichkeiten vorstellen. Schaltflächen können 'schlicht und ergreifend', ...

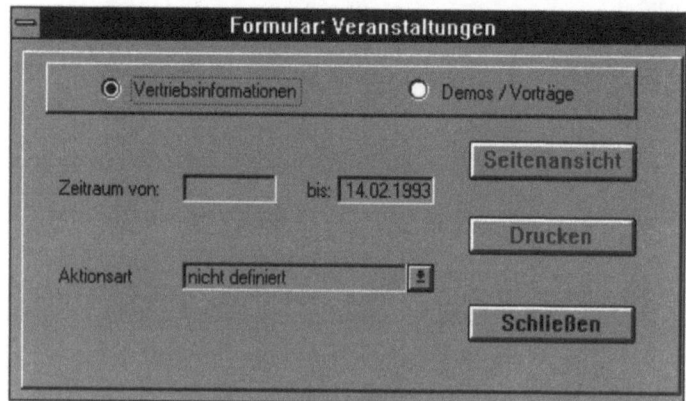

Abb. 15-34 Schaltflächen mit Texten

... aber auch 'farbenfroh' und bebildert sein:

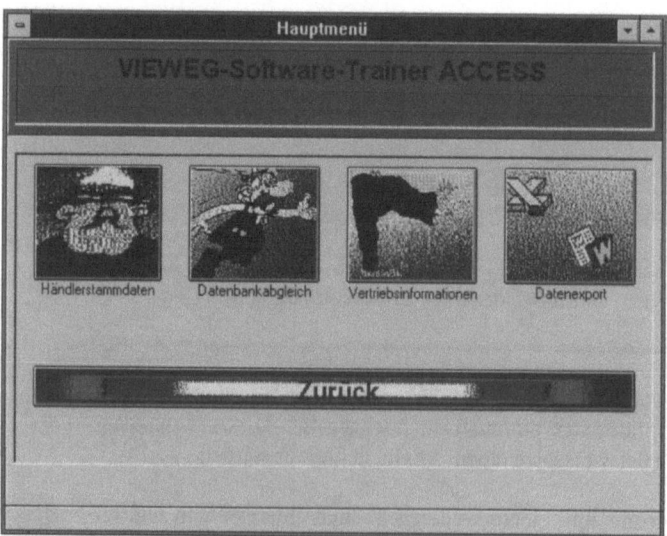

Abb. 15-35 Schaltflächen mit Bildern

Um eine Schaltfläche mit Text zu stellen,

1. Legen Sie die Schaltfläche zunächst im Formular an.

2. Legen Sie den gewünschten Text in der Eigenschaft **Beschriftung** fest.

Natürlich können Sie den Text auch direkt in die Schaltfläche eingeben. Wünschen Sie allerdings ein Bild, geben Sie den Laufwerksbuchstaben, den Verzeichnisnamen sowie den Dateinamen vollständig in die Eigenschaft **Bild** ein, zum Beispiel:

C:\BILDER\KOPF.BMP,

und bestätigen die Eingabe mit Ü. Übrig bleibt von Ihrer langen Eingabe lediglich der Eintrag (Bitmap). Das Bild wird vollständig nach Access übernommen.

Nachdem Ihre Schaltfläche 'hübsch' ist, sollten Sie nun noch dafür sorgen, daß sie auch leistungsfähig wird. Sehen Sie sich dazu das Formular *Hauptmenü* (und dort die erste Schaltfläche) im Entwurfsmodus an. Immer wenn der Anwender diese Schaltfläche anklickt, wird dadurch eine Modulfunktion ausgelöst, die sich darum kümmert, daß sämtliche Voreinstellungen stimmen und alle Formulare (teils sichtbar, teils versteckt) geöffnet werden. (Sofern Sie die Prozedur schon jetzt genauer betrachten wollen, finden Sie diese im Modul *FH Kundenstamm*.) Selbstverständlich können Sie weniger komplexe Aufgaben auch über einen Makro lösen.

Obwohl die Toolbox noch weitere Steuerelemente bereithält, wollen wir auf diese hier dennoch nicht eingehen. Das Unterformular lernen Sie weiter unten kennen, während die übrigen Steuerelemente ausführlich im nächsten Kapitel beschrieben werden, da ihr Einsatz nach unserer Erfahrung im Präsentationsbereich (und das heißt für Access im Bericht) liegt.

Feldreihenfolge und Kopf-/Fußbereiche

Kehren Sie nun noch einmal zurück zu Ihrem eigenen Formular. Sofern Sie dieses noch nicht unter einem anderen Namen gespeichert haben, heißt es immer noch *Lösung*.

1. Öffnen Sie das Formular in der Formularansicht.

2. Klicken Sie mit der Maus in das Textfeld *Firma*.

3. Verwenden Sie die Taste T, um sich von Feld zu Feld zu bewegen.

4. Beantworten Sie sich bitte die Frage, ob die Reihenfolge, in der sich der Cursor nun von Feld zu Feld bewegt, die richtige ist.

Was für eine Frage, werden Sie denken. Vermutlich stimmt die Reihenfolge hinten und vorne nicht. Kann sie auch nicht, denn noch haben Sie die Feldreihenfolge nicht festgelegt. Und es ist auch kaum vorstellbar, das Sie alle Steuerelemente dieser Form in der Reihenfolge hinzugefügt haben, in der Sie jetzt die Felder benötigen. Schaffen Sie Abhilfe:

Feldreihenfolge automatisch festlegen

1. Kehren Sie in den Formularentwurf zurück.

2. Wählen Sie [Bearbeiten/Feldreihenfolge].

3. Im Dialog **Feldreihenfolge** klicken Sie auf die Schaltfläche **Automatisch**.

4. Bestätigen Sie mit **OK**.

Alle Felder lassen sich nun mittels H-Taste von links oben nach rechts unten erreichen. Überzeugen Sie sich selbst! Na ja, vielleicht ist das auch nicht gerade 'der wahre Jakob', denn praktischer wäre es, wenn zunächst alle Adreßfelder (also *Firma*, *Straße*, *PLZ* und *Ort*) angesteuert würden, bevor die Eingabe der Funktion erfolgt. Aber das läßt sich doch alles einstellen. Öffnen Sie den Dialog für die **Feldreihenfolge** noch einmal:

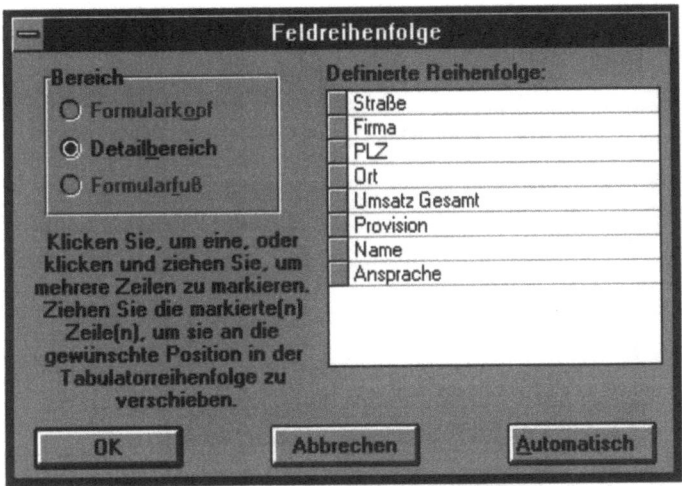

Abb. 15-36 Dialog **Feldreihenfolge**

Unter definierte Reihenfolge können Sie die momentane Feldreihenfolge begutachten. Das erste Feld, *Firma*, steht auch bereits an seinem richtigen Platz. Im Anschluß daran soll die T-Taste in das Feld *Straße* wechseln. Setzen wir also das Feld Straße an die zweite Position:

1. Markieren Sie das Feld Straße durch einen Mausklick auf die graue Fläche links vom Feld.

2. Drücken Sie die linke Maustaste und halten diese gedrückt, während Sie die Straße eine Zeile nach oben ziehen.

3. Wollen Sie weitere Felder versetzen, wiederholen Sie die Schritte 1 und 2 entsprechend oft.

Feldreihenfolge individuell festlegen

Wie man sieht, ist in der Optionsgruppe **Bereich** nur der Detailbereich verfügbar. Was stellen jedoch die übrigen Auswahlen dar? Eine gute Frage, die uns zu unserem nächsten Thema führt. Sowohl der Formularkopf als auch -fuß kann nur dann gewählt werden, wenn diese dem Formularentwurf hinzugefügt wurden. Um das zu tun, beenden Sie zunächst Ihre Arbeit mit dem Dialog **Feldreihenfolge**. Neben dem Detailbereich, den Sie im Verlauf dieses Kapitel eifrig mit Steuerelementen bestückt haben, lassen sich zwei weitere Bereiche im Formular verwenden:

Kopf- und Fuß-bereiche

Seitenkopf bzw. Seitenfuß,
Formularkopf bzw. Formularfuß.

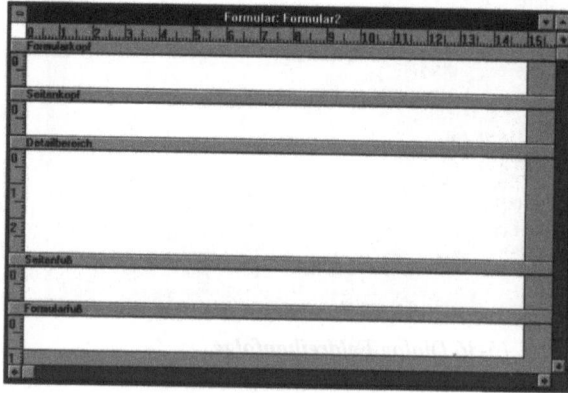

Abb. 15-37 Verschiedene Bereiche

Ihr Detailbereich wird von diesen neuen Bereichen 'eingeklammert'. Oberhalb des Bereichs findet sich daher zunächst der Seitenkopf, gleich unter dem Bereich der Seitenfuß. Die nächste Klammer bilden Formularkopf- und fuß. Sie klammern wiederum den Seitenkopf und -fuß ein. Nehmen wir den Seitenkopf/-fuß wieder heraus, umklammert den Detailbereich lediglich der Formularkopf und -fuß.

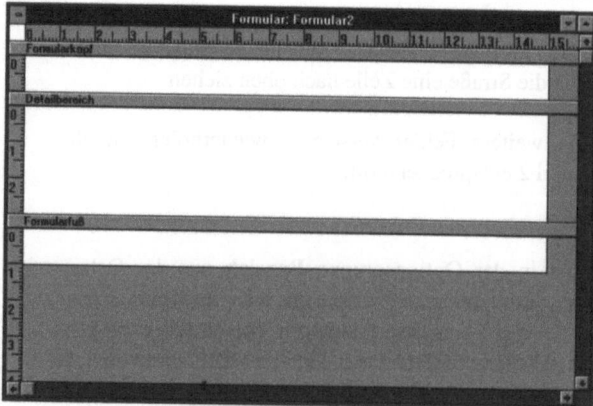

Abb. 15-38 Detailbereich und Formularkopf und -fuß.

Benutzerfreundlich gestalten 449

Der Mittelpunkt ist und bleibt also der Detailbereich. Was fangen Sie mit zusätzlichen Köpfen oder Füßen überhaupt an? Verwenden Sie den Seitenkopf und -fuß immer dann, wenn das Formular nicht nur als Bildschirmmaske, sondern auch zum Zwecke des Ausdrucks dient. Alle Elemente, die Sie im Seitenkopf bzw. -fuß untergebracht haben, werden b e i m   A u s d r u c k am Anfang (Seitenkopf) bzw. Ende (Seitenfuß) einer jeden Seite gedruckt. So eignet sich der Seitenkopf für die Überschrift des Formulars, während der Seitenfuß idealerweise die Seitennumerierung übernimmt.

Seitenkopf/ Seitenfuß

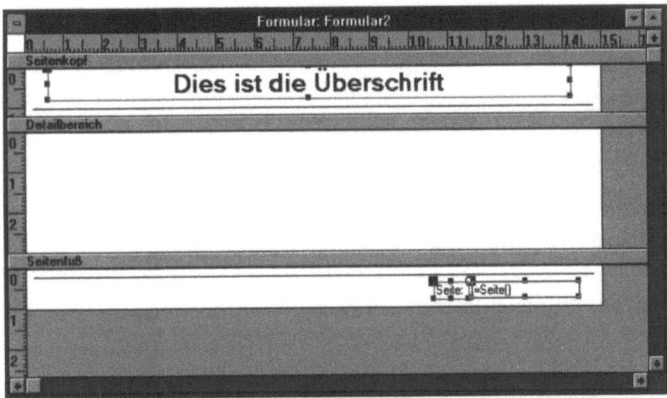

Abb. 15-39 Seitenkopf und Seitenfuß beeinflussen nur den Ausdruck
Seitenkopf und -fuß werden in der Formularansicht n i c h t angezeigt. Um einen Seitenkopf/Seitenfuß hinzuzufügen,

1. wechseln Sie in die Entwurfsansicht des Formulars.

2. Wählen Sie [Layout/Seitenkopf/-fuß].

Auf dem selben Weg lassen sich angezeigte Seitenköpfe und -füße auch wieder entfernen. Benötigen Sie einen oberen und unteren Bereich a m   B i l d s c h i r m , verwenden Sie den Formularkopf bzw. -fuß. Der Formularkopf eignet sich beispielsweise hervorragend zum Einsatz einer eigenen Symbolleiste. Der Formularfuß hingegen kann Ihnen behilflich sein, Ihre eigenen Vor- bzw. Rücklaufsymbole einzusetzen:

Formularkopf / Formularfuß

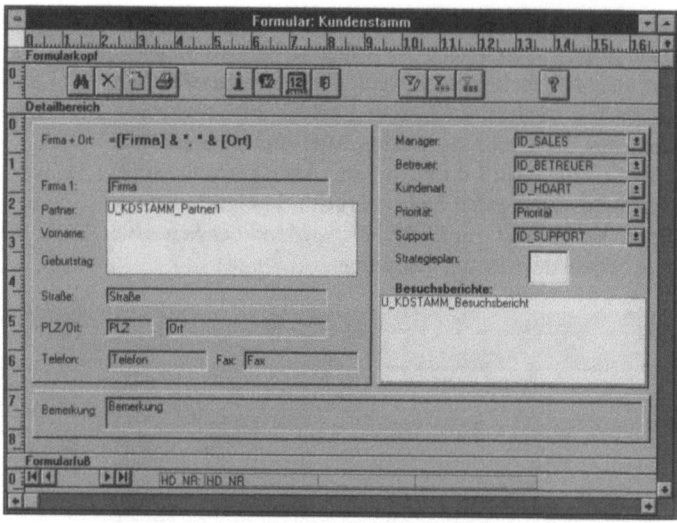

Abb. 15-40 Der Einsatz von Formularkopf und -fuß.

Unabhängig davon, ob die Bildschirmauflösung VGA oder Super-VGA ist, werden Informationen, die in Formularköpfen bzw. -füßen stehen, immer am oberen bzw. unteren Fensterbereich eingeordnet. Um einen Formularkopf/-fuß hinzuzufügen,

1. wechseln Sie in die Entwurfsansicht.
2. Wählen Sie dort [Layout/Formularkopf/-fuß].

Löschen von Kopf- bzw. Fuß- bereichen

Wie beim Seitenkopf/-fuß gilt auch hier: Ein Ausblenden von Formularkopf und -fuß erfolgt auf dem gleichen Weg. Sollten Sie im Seitenkopf oder -fuß bzw. im Formularkopf oder -fuß nun bereits Steuerelemente angeordnet haben, fragt Access nach, bevor der jeweilige Kopf- bzw. Fußbereich entfernt wird:

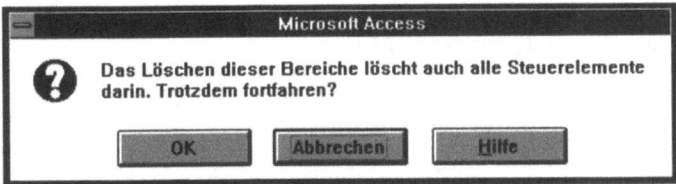

Abb. 15-41 Inhalte in Kopf- und Fußbereich löschen?

Zu Anfang des Kapitel haben Sie erfahren, wie der Detailbereich des Formulars vergrößert (oder verkleinert) wird. Sie mögen sich vielleicht fragen, ob eine Größenänderung für Kopf- und Fußbereiche ebenfalls durchgeführt werden kann.

Bereiche vergrößern

1. Bewegen Sie den Mauszeiger an die untere Kante des Bereichs.

2. Drücken Sie die linke Maustaste und halten diese gedrückt, während Sie die Maus in die gewünschte Richtung ziehen.

Wie das Formular und die Steuerelemente verfügen auch Bereiche über Eigenschaften, die Ihnen die Möglichkeit geben das Aussehen des jeweiligen Bereichs zu verfeinern.

Bereichseigenschaften

1. Wechseln Sie in den Formularentwurf.

2. Klicken Sie auf den gewünschten Bereich.

3. Öffnen Sie das Eigenschaftenfenster und geben die benötigten Einstellungen an.

Unterformulare verwenden

Unterformulare sind Formulare in Formularen und da fragt man sich sogleich, wozu denn das gut sein soll. Unterformulare bieten - wie die weiter oben beschriebenen Kombinations- und Listenfelder - die Möglichkeit, Daten aus einer anderen Quelle anzuzeigen als der dem

Formular zugrundeliegenden. Sehen Sie sich das Formular *Kundenstamm* nun einmal in der Entwurfsansicht an,...

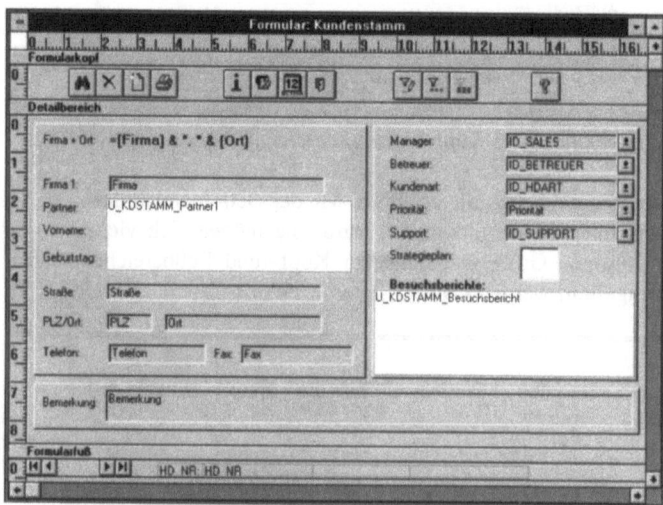

Abb. 15-42 *Der Einsatz von Unterformularen*

... anschließend schalten Sie dann in die Formularansicht:

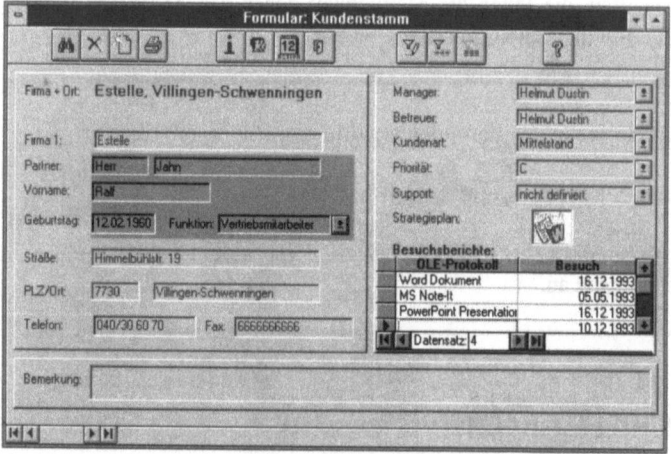

Abb. 15-43 *Unterformulare als Bestandteil eines Formulars*

Das Formular *Kundenstamm* verwendet zwei Arten von Unterformularen, die Datenblattansicht und...

Benutzerfreundlich gestalten

Das Unterformular als Datenblatt

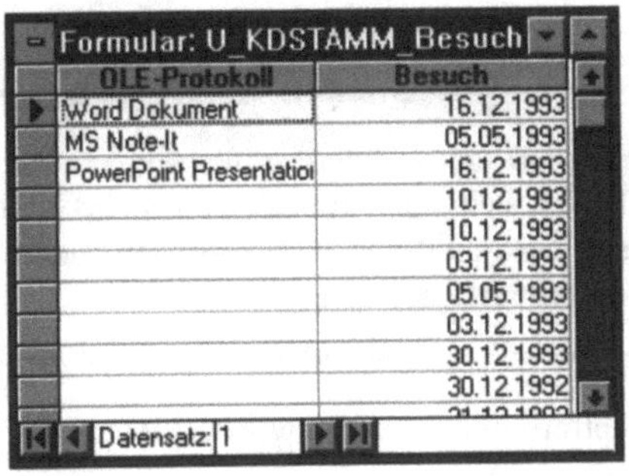

Abb. 15-44 Das Unterformular als Datenblatt

... die Formularansicht

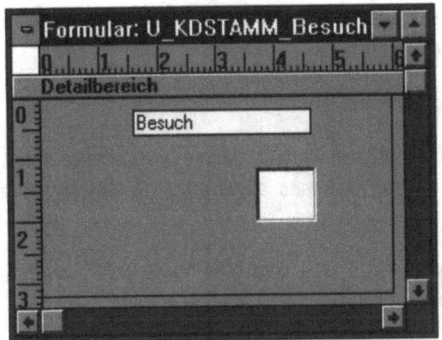

Das Unterformular als Formular

Abb. 15-45 Das Unterformular als Formular

Sämtliche Formulare, die mit einem 'U_' beginnen sind Unterformulare. Schauen Sie sich die Formulare an, um sich ein wenig inspirieren zu lassen. Danach versuchen Sie es selbst einmal:

Unterformular erstellen

1. Erstellen Sie ein neues leeres Formular.

2. Ordnen Sie die benötigten Steuerelemente auf dem Formular an.

3. Anschließend legen Sie die Formulareigenschaften, **Standardansicht** und **Zugelassene Ansicht(en)**, nach Ihren Wünschen fest. (Um beispielsweise ein Unterformular als Formular zu verwenden, legen Sie sowohl für die **Standardansicht** als auch für **Zugelassene Ansicht(en)** *Datenblatt* fest.)

4. Speichern Sie das Unterformular ab und schließen es dann.

Wie Sie sehen ist das Erstellen eines Unterformulars keine Kunst. Zunächst einmal unterscheidet sich seine Anlage von nichts zu der eines 'normalen' Formulars. Nun muß das Unterformular allerdings an ein Hauptformular geknüpft werden. Dazu

Unter-formular dem Hauptformular hinzufügen

1. Öffnen Sie das Hauptformular in der Entwurfsansicht.
2. Öffnen Sie die Toolbox.
3. Klicken Sie auf das Symbol Unterformular/-bericht.
4. Ziehen Sie im Formular einen Rahmen auf, der das Unterformular repräsentiert.
5. Öffnen Sie das Eigenschaftenfenster.
6. Wählen Sie als **Herkunftsobjekt** (für das soeben erstellte Steuerelement) aus der Liste das zuvor erstellte Unterformular aus.
7. Geben Sie unter **Verknüpfen von** den Namen des verknüpfenden Feldes im Unterformular an.
8. Geben Sie unter **Verknüpfen nach** den Namen des verknüpfenden Feldes im Hauptformular an.
9. Wechseln Sie zu Formularansicht.

Die einzige 'Hürde' beim Einbinden von Unterformularen scheinen die Eigenschaften **Verknüpfen von** und **Verknüpfen nach** zu sein. Wir sagen 'scheinen', weil auch das Zuweisen dieser Eigenschaften keine große Kunst ist. Machen Sie sich deutlich, daß im Unterformular ja nur Daten angezeigt werden sollen, die mit dem Hauptformular in Beziehung stehen. Was tun Sie bei einer Abfrage, um die Beziehung zwischen zwei Tabellen herzustellen? Sie verknüpfen zwei Felder miteinander. Nichts anderes ist das Verknüpfen von Hauptformular und Unterformular. Dabei ist lediglich darauf zu achten, daß das Verknüpfungsfeld sowohl in der dem Hauptformular als auch dem Unterformular zugrundeliegenden Datenquelle vorkommt. (Aber das

Benutzerfreundlich gestalten 455

kennen Sie von Abfragen mittlerweile ja auch bestens.) Es ist nicht notwendig, daß das Verknüpfungsfeld Bestandteil des Haupt- bzw. Unterformulars ist.

> Haben Sie das Unterformular so entworfen, daß zwischen Formular- und Datenblattansicht gewechselt werden kann, läßt sich dieser Wechsel in der Formularansicht über den Befehl [Ansicht/Unterformulardatenblatt] durchführen.

Nichts ist unmöglich (und in der EDV erst recht nicht!). Aus diesem Grund kann es daher auch vorkommen, daß Sie Ihr soeben erstelltes Unterformular noch einmal ändern müssen. Was ist zu tun?

Unterformular ändern

1. Öffnen Sie das Hauptformular, in dem sich Ihr Unterformular befindet, in der Entwurfsansicht.

2. Sorgen Sie dafür, daß das Unterformular, das Sie ändern wollen, n i c h t markiert ist, d. h. keine Anfasser hat.

3. Führen Sie dann einen Doppelklick irgendwo i m Unterformular aus. Das Unterformular wird nun in der Entwurfsansicht geöffnet.

4. Nehmen Sie die gewünschten Änderungen vor, speichern Sie das Unterformular und schließen es wieder.

5. Klicken Sie noch einmal i n das Unterformular. (Auch diesmal darf das Unterformular keine Anfasser haben!)

6. Betätigen Sie nun die Taste U. Das Unterformular wird dadurch aktualisiert.

7. Wechseln Sie in die Formularansicht, um die Änderungen zu kontrollieren.

Um ein Unterformular in einem Hauptformular zu verwenden sind vier Schritte erforderlich, die hier abschließend noch einmal zusammengefaßt werden sollen:

Die vier Schritte zum Unterformular

1. Erstellen des Hauptformulars.
2. Erstellen des Unterformulars.
3. Einfügen des Unterformulars in das Hauptformular.
4. Das Hauptformular samt Unterformular in der Formularansicht 'begutachten'.

Ein fünfter Schritt ist immer nur dann erforderlich, wenn sich in der Formularansicht herausstellt, daß Änderungen notwendig sind. Und dieser fünfte Schritt heißt dann 'Änderungen vornehmen'.

Zusammenfassung des Kapitels

- Sie haben ein neues leeres Formular erstellt und es 'von Grund auf' gestaltet.

- Sie haben sich mit dem Formularentwurfsfenster samt der dort angebotenen Hilfsmittel vertraut gemacht.

- Sie haben erfahren, wie Steuerelemente erstellt, bearbeitet und gelöscht werden.

- Sie haben unterschiedliche Darstellungsweisen für Formulare kennengelernt und dabei die Eigenschaften des Formulars ergründet.

- Sie haben Steuerelemente verwendet, um Formulare zu gestalten. Dabei haben Sie sich mit den Steuerelementarten 'gebunden', 'ungebunden' sowie 'berechnet' ebenso auseinandergesetzt wie mit einem Großteil der in der Toolbox angebotenen Hilfsmittel.

- Sie haben gelernt die Feldreihenfolge auf dem Formular nach eigenen Wünschen festzulegen. Außerdem haben Sie sich den Einsatz von Kopf- bzw. Fußbereichen verdeutlicht.

- Sie haben Unterformulare eingesetzt, um Daten aus verschiedenen Quellen anzeigen zu lassen.

TRAINIEREN SIE IHR WISSEN:

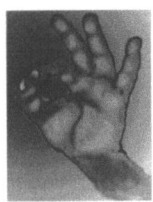

1. Welche Fenster öffnet Access, wenn Sie ein neues leeres Formular erstellen?

2. Wozu werden Formulareigenschaften verwendet?

3. Wie verändern Sie Farben und Rahmen für das Formular, aber auch für die Steuerelemente? Nennen Sie zwei Wege!

4. Wie gehen Sie vor, um eine Gruppe von Steuerelementen am oberen Rand auszurichten?

5. Welche Ereignisse kennt das Formular?

6. Was unterscheidet die Steuerelemente Kombinationsfeld, Listenfeld und Unterformular von anderen Steuerelementen?

7. Was haben die Steuerelemente Kontrollkästchen, Optionsfeld und Umschaltfläche gemeinsam?

8. Welche Möglichkeiten haben Sie, um die Feldreihenfolge zu festzulegen?

9. Wann setzen Sie einen Seitenkopf bzw. -fuß ein?.

10. Welche Vorteile bietet der Formularkopf bzw. -fuß?

Kapitel 16

Überblick
Allgemeine Überlegungen zur Gestaltung
Einen eigenen Bericht erstellen
Gruppenebenen gestalten
Bilder und OLE-Objekte im Bericht einbinden
Zusammenfassung des Kapitels

16. Daten präsentieren

Überblick

Kapitel 16 schließt sich nahtlos an **Kapitel 15** an. Hier können Sie Ihr - im vorherigen Kapitel erworbenes - Wissen unter Beweis stellen. Alle zuvor vorgestellten Steuerelemente lassen sich ebenfalls im Bericht einsetzen. Dieses Kapitel wird daher nicht alle Steuerelemente noch einmal beschreiben, sondern nur kurz auf die wichtigsten Unterschiede eingehen.

Vielmehr wollen wir in diesem Teil der Publikation 'berichtstypische' Steuerelemente vorstellen und außerdem der Frage nach einer erfolgreichen Gestaltung des Berichts auf den Grund gehen. Sie werden **Einen eigenen Bericht erstellen** und dessen **Gruppenebenen gestalten**. Darüber hinaus erfahren Sie, wie Bilder und Grafiken in den Bericht eingebracht werden.

Allgemeine Überlegungen zur Gestaltung

Bevor Sie die Berichtsgestaltung beginnen, sollten Sie zunächst überlegen, wofür der Bericht verwendet werden soll. Wollen Sie einen Prospekt gestalten oder geht es lediglich um den Ausdruck der alljährlichen Bilanz. Abhängig davon entscheiden Sie, welche Gestaltungselemente in den Bericht aufgenommen werden. Während Sie im Prospekt Grafiken der angebotenen Artikel durchaus in Erwägung ziehen sollten, sind diese in einer Bilanz eher unangebracht.

Die wichtigste Regel ist die, nicht aus dem Auge zu verlieren, welches Ziel Sie mit Ihrem Bericht erreichen wollen. Gestalten Sie daher Ihren Bericht so leicht lesbar wie möglich, damit der Leser Ihre Mitteilung schnell aufnehmen kann. Verwenden Sie zu diesem Zweck Schriftarten und -größen, die auf dem Papier leicht lesbar sind. Die verwendete Schriftart sollte jedoch im Verhältnis zur Bedeutung der damit verbundenen Informationen stehen. So verwendet man für eine Überschrift in der Regel eine größere Schrift als für einen Untertitel. Dennoch, setzen Sie nicht zu viele Schriftarten ein, der Bericht könnte dadurch leicht 'chaotisch' wirken. Als Faustregel gilt, daß man maximal drei verschiedene Schriften verwenden sollte, besser weniger.

Setzen Sie Diagramme ein, um Zahlenmaterial zu kommentieren oder Bilder, um beispielsweise ein Firmenlogo auszudrucken. Informieren Sie sich allerdings zuvor, was Ihr Drucker leisten kann. Ein Bericht, der am Bildschirm 'optimal' gestaltet ist, muß das im Ausdruck noch lange nicht sein, wenn der Drucker nicht 'mitspielt'. Außerdem sollten Sie beachten, daß nicht alle Schriften, die am Bildschirm gut aussehen, beim Ausdruck ebenfalls gut sind.

Grafische Elemente wie Linien und Umrahmungen sollten entsprechend dem Charakter und Inhalt des Berichts eingesetzt werden. Breite Linien und Umrahmungen machen eine Seite dunkler, während dünne Umrahmungen um eine Seite oft ein allzu formelles Aussehen erzeugen. Auf keinen Fall sollten Sie Linien und Rahmen zu häufig verwenden. Verfallen Sie nicht in eine 'Boxitis'. Das Beispiel am Seitenrand zeigt wie man es n i c h t machen sollte!

Je maßvoller Sie Ihre Berichte gestalten, um so besser und leichter vermitteln Sie die mit dem Bericht verbundene Absicht.

Einen eigenen Bericht erstellen

Einen eigenen Bericht erstellen, das ist nicht schwer. Schließlich wissen Sie wie man Formulare erstellt, und das ist auf jeden Fall 'die halbe Miete':

1. Wechseln Sie zum Datenbankcontainer.

2. Klicken Sie auf das Berichtssymbol.

3. Betätigen Sie die Schaltfläche **Neu**.

4. Wählen Sie im Dialog **Neuer Bericht** die Tabelle oder Abfrage aus, die als Datenquelle dienen soll.

5. Klicken Sie auf die Schaltfläche **Leerer Bericht**.

Daten präsentieren

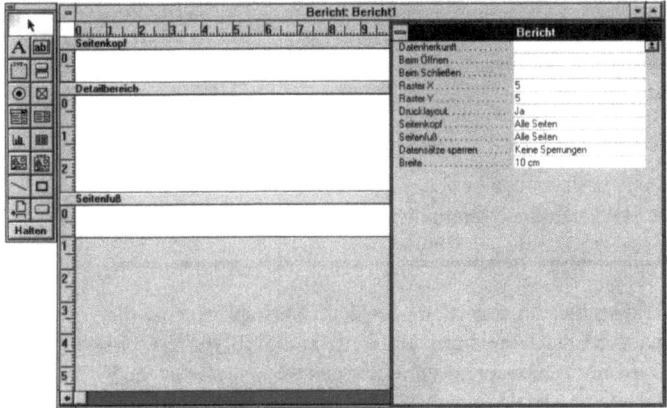

Abb. 16-1 Das Berichtsentwurfsfenster

Das Berichtsentwurfsfenster ähnelt dem Formularentwurfsfenster sehr, das müssen Sie doch zugeben. Bearbeitungsbereich, Eigenschaftenfenster, Toolbox. Lauter 'alte' Bekannte. Im Gegensatz zum Formular wird zur Bearbeitung allerdings nicht nur der Detailbereich, sondern gleich Seitenkopf und Seitenfuß mit angezeigt. Access geht eben davon aus, daß Sie in einem gedruckten Dokument, sofern es sich denn über mehrere Seiten erstreckt, zumindest eine Seitennumerierung (Seitenfuß) sowie eine Überschrift auf jeder Seite (Seitenkopf) wünschen. Und das ist ja gar nicht so falsch. Sollten Sie der Kopfbereiche allerdings 'überdrüssig' sein, lassen sich diese über das Menü [Layout] und dort den Befehl [Seitenkopf/-fuß] abschalten.

Das Arbeiten mit der Toolbox, das Zuweisen der Eigenschaften, die Elemente der Symbolleiste, das Vergrößern bzw. Verkleinern des Detail- oder eines Kopf-/Fußbereiches: Alles wie im Formular. Vielleicht fragen Sie sich jetzt, wo sich der Bericht - einmal abgesehen davon, daß er für den Ausdruck geschaffen wurde - denn überhaupt vom Formular unterscheidet.

Zunächst einmal kennt der Bericht nur zwei Ansichten: Die Entwurfsansicht und die Seitenansicht. Öffnen Sie einen vorhandenen Bericht, wird dieser immer in der Seitenansicht angezeigt. Auch gibt es im Menü [Ansicht] keine Möglichkeit, die Ansicht umzuschalten. Befinden Sie sich im Berichtsentwurf,

Unterschiede zwischen Bericht und Formular

verwenden Sie das Symbol Seitenansicht, um die Druckvorschau zu erhalten

oder

wählen Sie [Datei/Seitenansicht].

Arbeiten Sie hingegen in der Seitenansicht, verwenden Sie die Schaltfläche **Abbrechen**, um zum Entwurf zurückzukehren oder wählen noch einmal [Datei/Seitenansicht]. Unterschiede gibt es auch bei einigen Steuerelementen. Folgende Steuerelemente können Sie zwar im Bericht zur Gestaltung verwenden, doch haben diese - im Gegensatz zum Formular - keine (bzw. eine etwas andere) Funktionalität:

Die Umschaltfläche,
das Optionsfeld,
das Kontrollkästchen,
das Kombinationsfeld,
das Listenfeld   und
die Befehlsschaltfläche.

Erstellen Sie eine Befehlsschaltfläche in dem soeben geöffneten Bericht und sehen sich anschließend ihre Eigenschaften an. Sie werden feststellen, daß ihr sämtliche Eigenschaften, die auf Ereignisse reagieren, fehlen. Demgegenüber weist das Kombinationsfeld und auch das Listenfeld alle Eigenschaften auf, die Sie bereits aus dem Formular kennen. Erstellen Sie nun auch noch ein Kombinationsfeld und schalten dann um in die Seitenansicht. Das Kombinationsfeld ähnelt hier einem Textfeld. Der Vorteil, den sowohl das Kombinationsfeld als auch das Listenfeld bieten, ist allerdings (wieder einmal), daß Daten aus einer anderen Quelle angezeigt werden können als der dem Bericht zugrundeliegenden.

In **Kapitel 11** haben Sie bereits Basiswissen erworben. Wir wollen daher hier auf fortgeschrittene Themen eingehen. Ganz wichtige Elemente, neben den Textfeldern, die Daten anzeigen und den Bezeichnungsfeldern, die für feste Texte (wie beispielsweise Überschriften) verwendet werden, sind Linien und Rechtecke. Sie können verwendet werden, um die Aufmerksamkeit des Lesers auf wichtige

Daten präsentieren

Informationen zu lenken, aber auch um zusammenhängende Informationen zu gruppieren.

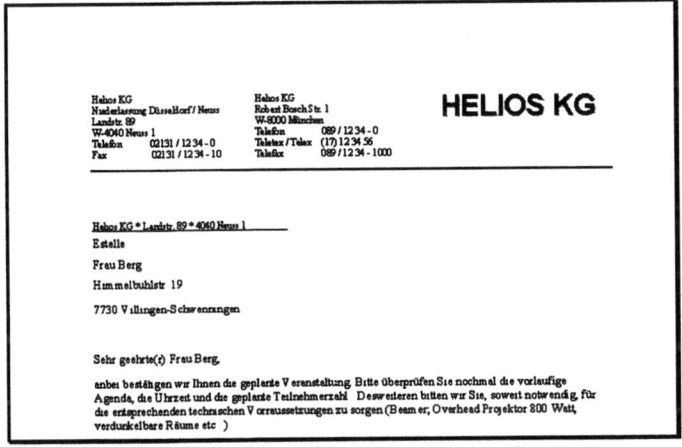

Abb. 16-2 Rechtecke gruppieren Informationen

Linien und Rechtecke leisten aber auch in Briefen gute Dienste:

Abb. 16-3 Linien lenken die Aufmerksamkeit des Lesers

Entwerfen Sie nun Ihre eigenen Berichte. Seien Sie ruhig etwas 'experimentierfreudig'. Denken Sie daran, daß sich Steuerelemente duplizieren lassen, um eine Gruppe von gleichen Elementen zu erhalten. Wollen Sie beispielsweise eine Überschrift sowohl oben als auch unten mit einer Linie versehen, so empfiehlt es sich, erst eine Linie zu gestalten und diese anschließend zu duplizieren. Das spart Zeit, denn die 'neue' Linie muß nur noch in Position gebracht werden.

Gruppenebenen gestalten

Die 'einfache' Berichtsgestaltung macht Ihnen sicher nicht viel Mühe. Wir wollen uns daher jetzt mit der Anlage eines Berichts beschäftigen, der Daten gruppiert. Durch eine Gruppierung wird dem Bericht ein zusätzlicher Bereich hinzugefügt, der den Namen des Feldes trägt, nachdem Sie gruppiert haben. So soll der Bericht später aussehen:

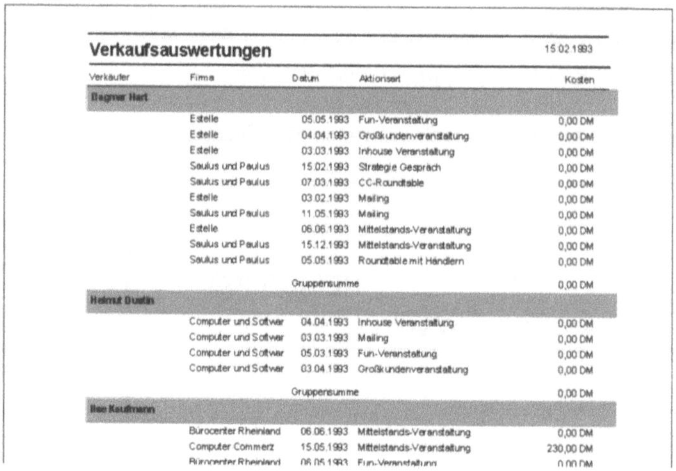

Verkaufsauswertungen 15.02.1993

Verkäufer	Firma	Datum	Aktionsart	Kosten
Dagmar Hart				
	Estelle	05.05.1993	Fun-Veranstaltung	0,00 DM
	Estelle	04.04.1993	Großkundenveranstaltung	0,00 DM
	Estelle	03.03.1993	Inhouse Veranstaltung	0,00 DM
	Saulus und Paulus	15.02.1993	Strategie Gespräch	0,00 DM
	Saulus und Paulus	07.03.1993	CC-Roundtable	0,00 DM
	Estelle	03.02.1993	Mailing	0,00 DM
	Saulus und Paulus	11.05.1993	Mailing	0,00 DM
	Estelle	06.06.1993	Mittelstands-Veranstaltung	0,00 DM
	Saulus und Paulus	15.12.1993	Mittelstands-Veranstaltung	0,00 DM
	Saulus und Paulus	05.05.1993	Roundtable mit Händlern	0,00 DM
		Gruppensumme		0,00 DM
Helmut Dustin				
	Computer und Softwar	04.04.1993	Inhouse Veranstaltung	0,00 DM
	Computer und Softwar	03.03.1993	Mailing	0,00 DM
	Computer und Softwar	05.03.1993	Fun-Veranstaltung	0,00 DM
	Computer und Softwar	03.04.1993	Großkundenveranstaltung	0,00 DM
		Gruppensumme		0,00 DM
Ilse Kaufmann				
	Bürocenter Rheinland	06.06.1993	Mittelstands-Veranstaltung	0,00 DM
	Computer Commerz	15.05.1993	Mittelstands-Veranstaltung	230,00 DM
	Bürocenter Rheinland	06.05.1993	Fun-Veranstaltung	0,00 DM

Abb. 16-4 Ein gruppierter Bericht

Gebundene Textfelder im Detailbereich erstellen

Erstellen Sie nun zunächst einen neuen leeren Bericht. Wählen Sie als Datenquelle die Tabelle TEMP_VERANSTALTUNGEN. Anschließend öffnen Sie die Feldliste und nehmen folgende Felder in den Detailbereich auf:

Betreuer, Firma, Datum, Aktionsart, Kosten.

Stellen Sie die Eigenschaften **Höhe** und **Breite** für diese Felder so ein:

Daten präsentieren

Feldname	Höhe	Breite
Betreuer	0,42	3
Firma	0,42	3
Datum	0,42	1,8
Aktionsart	0,42	4
Kosten	0,42	3

Markieren Sie nun alle Felder und richten Sie nach oben aus. Danach verkleinern Sie den Detailbereich, so daß dieser nur noch die Höhe der Textfelder beansprucht:

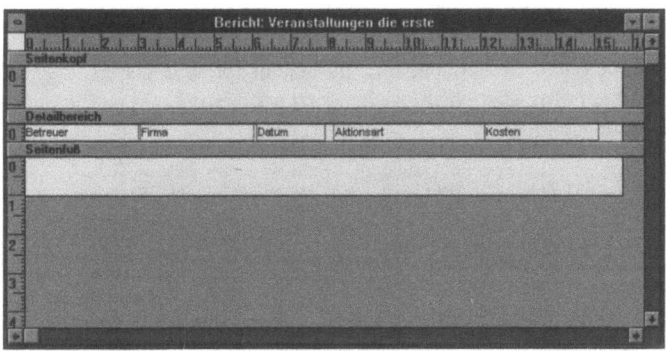

Abb. 16-5 Gebundene Textfelder wurden im Detailbereich angeordnet.

Verschaffen Sie sich einen ersten Überblick in der Seitenansicht. Als nächstes sollten Sie dafür sorgen, daß jede Spalte am Anfang einer neuen Seite eine Überschrift erhält. Dazu fügen Sie fünf Bezeichnungsfelder in den Seitenkopf ein.

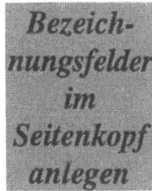

1. Erstellen Sie zunächst das erste Bezeichnungsfeld. Geben Sie als Beschriftung *Verkäufer* ein.

2. Markieren Sie das Bezeichnungsfeld.

3. Wählen Sie [Bearbeiten/Duplizieren].

4. Wiederholen Sie die Schritte 2 und 3 noch dreimal.

5. Ordnen Sie die Bezeichnungsfelder nebeneinander an.

Anschließend weisen Sie allen Feldern (von links nach rechts) die korrekten Eigenschaften zu:

Beschriftung	Höhe	Breite
Verkäufer	0,42	3
Firma	0,42	3
Datum	0,42	1,8
Aktionsart	0,42	4
Kosten	0,42	3

Markieren Sie nun alle Steuerelemente im Seitenkopf und lassen diese ebenfalls nach oben ausrichten. Ziehen jetzt noch eine Linie unter die Bezeichnungsfelder.

Sollten Sie Schwierigkeiten haben, die Linie gerade zu bekommen, ziehen Sie einfach eine 'krumme' Linie und weisen ihr dann anschließend die Eigenschaft **Höhe** *0* zu.

Auch den Seitenkopf verkleinern Sie soweit, daß er nur noch die Höhe der dort befindlichen Steuerelemente beansprucht.

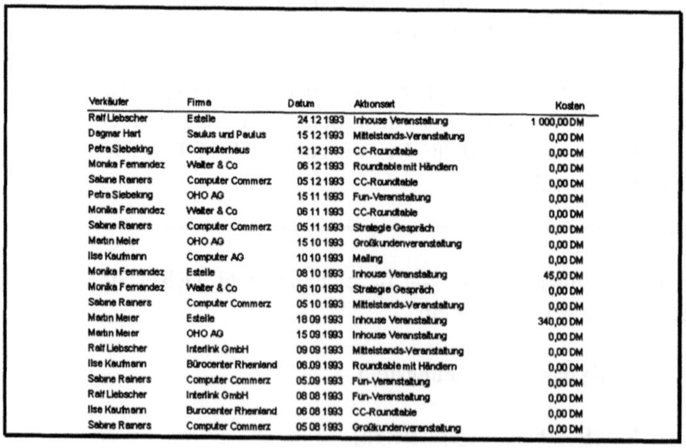

Abb. 16-6 Bericht mit Detailbereich und Seitenkopf

Daten präsentieren

Vergessen Sie nicht Ihre Arbeit immer wieder in der Seitenansicht zu kontrollieren. Dort dürfte Ihnen nämlich jetzt auffallen, daß die Überschrift *Kosten* viel zu weit links steht. Korrigieren Sie diesen 'Mißstand', indem Sie das Bezeichnungsfeld *Kosten* rechtsbündig ausrichten.

Widmen Sie sich nun dem Seitenfuß. Am rechten unteren Seitenrand soll die Seitennumerierung stehen. Fügen Sie ein ungebundenes Textfeld hinzu. Löschen Sie das automatisch eingefügte Bezeichnungsfeld und legen anschließend folgende Eigenschaften für das Textfeld fest:

Seitenfuß anlegen

Steuerelementinhalt	=Seite
Links	12,2
Breite	3
Höhe	0,42.

Sorgen Sie jetzt noch für rechtsbündige Ausrichtung und verkleinern auch den Seitenfuß ein wenig:

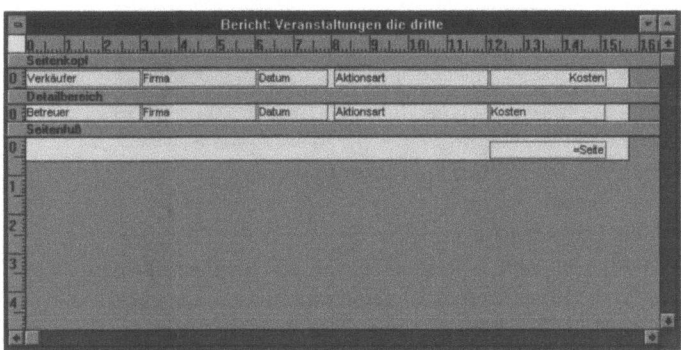

Abb. 16-7 Der Seitenfuß wurde gestaltet

Betrachten Sie nun den Bericht noch einmal in der Seitenansicht. Besonders aussagekräftig ist er noch nicht. Wir möchten eine Aussage darüber erhalten, welcher Verkäufer wieviel Kundenveranstaltungen durchgeführt hat. Dies ist unserem Bericht aber nur schwerlich zu entnehmen. Wir sollten daher alle Veranstaltungen eines Verkäufers zusammenfassen, pardon gruppieren, um im 'Access-Jargon' zu bleiben.

Gruppieren und Sortieren

1. Klicken Sie das Symbol zum Sortieren und Gruppieren

   oder

   wählen Sie [Ansicht/Sortieren und Gruppieren]. Access zeigt daraufhin den Dialog **Sortieren und Gruppieren** an.

2. In der Spalte **Feld/Ausdruck** bietet Access eine Liste aller Felder der zugrundeliegenden Tabelle an. Aus dieser Liste wählen Sie nun das Feld, nach dem gruppiert werden soll, hier: *Betreuer*.

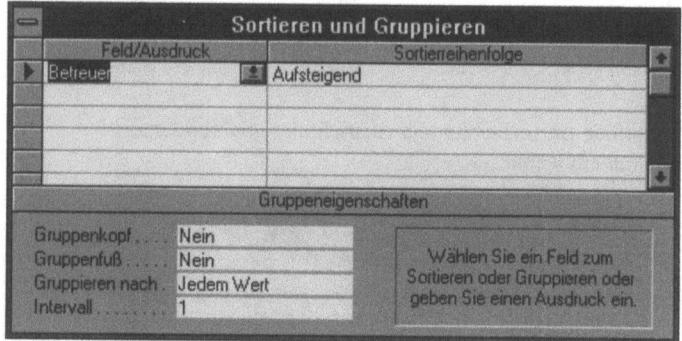

Abb. 16-8 Dialog **Sortieren und Gruppieren**

3. Sobald das Feld eingetragen ist, zeigt Access die **Gruppeneigenschaften** an und schlägt außerdem als **Sortierreihenfolge** *Aufsteigend* vor. Sofern Sie diese ändern wollen, können Sie selbstverständlich auch *Absteigend* als **Sortierreihenfolge** einstellen.

4. Danach stellen Sie die Gruppeneigenschaften ein. Die Eigenschaft **Gruppenkopf** stellen Sie auf Ja. Den **Gruppenfuß** ebenfalls. (So wie der Seitenkopf Informationen auf jeder neuen Seite ausgibt, wird der Gruppenkopf dazu verwendet, bestimmte Informationen - z. B. Überschriften - bei jedem Gruppenwechsel anzuzeigen. Für den Gruppenfuß gilt dies entsprechend.)

Daten präsentieren

5. Unter **Gruppieren nach** geben Sie an, wie häufig gruppiert werden soll. Stellen Sie hier auf *Anfangszeichen* um.

6. Da wir uns für ein **Gruppieren nach** *Anfangszeichen* entschieden haben, müssen wir jetzt noch festlegen, wieviel Anfangszeichen Access berücksichtigen soll, um den Wechsel durchzuführen. Geben Sie *10* ein, damit Access immer dann einen Gruppenwechsel durchführt, wenn sich der Name des Verkäufers ändert.

7. Dieses Fenster hat keinen Schließen-Schalter. Schließen Sie es daher entweder durch einen Doppelklick auf das Systemmenü oder über die Tastenkombination A + $.

Zwei weitere Bereiche wurden in den Berichtsentwurf eingefügt, die den Kopf- bzw. Fußbereich des Feldes repräsentieren, nach dem gruppiert und sortiert wird. Schauen Sie sich den Bericht nun in der Seitenansicht an. Nun stehen zumindest die Verkäufernamen zusammen. Völlig unnötig ist allerdings, daß der Verkäufername vor jeder Zeile ausgegeben wird. Es ist absolut ausreichend, diesen am Anfang der Gruppe auszugeben. Weiterhin wollen wir die Gesamtkosten ermitteln, die jeder Verkäufer durch seine Veranstaltungen verursacht hat. Kehren Sie also zurück in den Berichtsentwurf und machen sich an die Arbeit.

Zunächst soll der Gruppenkopf gestaltet werden. Ziehen Sie das Feld *Betreuer* vom Detailbereich in den Gruppenkopf. Anschließend weisen Sie dem Steuerelement fette Schriftauszeichnung zu. Öffnen Sie die Farbpalette und wählen als Füllfarbe gelb. (Nach unseren Erfahrungen erzielen Sie damit auf Laserdruckern die besten Ergebnisse.) Klicken Sie nun außerhalb des Steuerelements in den Kopfbereich. Stellen Sie für den Kopfbereich die Eigenschaft **Höhe** auf *0,7*. Dann weisen Sie für den Füllbereich ebenfalls die Farbe gelb zu.

Gruppenkopf gestalten

Nun muß die Gruppensumme noch gebildet werden. Die Gruppensumme wird im Gruppenfuß ermittelt. Dazu fügen Sie in den Gruppenfuß ein ungebundenes Textfeld mit folgenden Eigenschaften ein:

Gruppenfuß gestalten

Steuerelementinhalt	*=Summe([Kosten])*
Format	*Währung*
Dezimalstellen	*2*

Links	*12,2*
Höhe	*0,42*
Breite	*3.*

Legen Sie nun noch die Eigenschaften für das Bezeichnungsfeld fest:

Beschriftung	*Gruppensumme*
Links	*6,08*
Breite	*3.*

Und zu guter Letzt muß noch die Höhe des Gruppenfußes angepaßt werden. Klicken Sie irgendwo in den Gruppenfuß (jedoch nicht auf eins der Steuerelemente). Stellen Sie dann die Eigenschaft **Höhe** auf *0,7* ein. Nachdem Sie alle Änderungen durchgeführt haben, stellt sich Ihr Berichtsentwurf nun so dar:

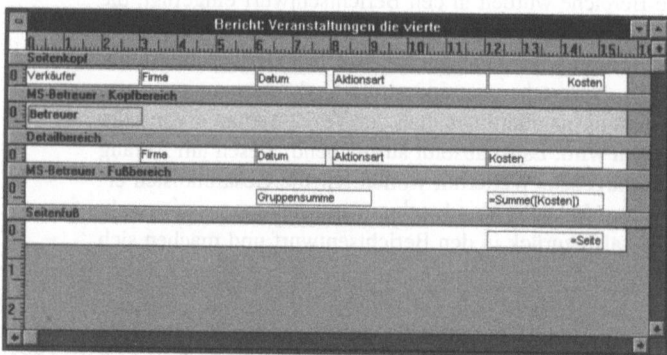

Abb. 16-9 Gruppenkopf und -fuß wurden gestaltet

Seitenumbruch einfügen

Betrachten Sie auch dieses Zwischenergebnis in der Seitenansicht. Vielleicht verspüren Sie nun den Wunsch, bei jedem Gruppenwechsel eine neue Seite zu beginnen. Auf diese Weise können Sie die ermittelten Ergebnisse - nach dem Ausdruck - dann auch gleich an die betroffenen Mitarbeiter verteilen. Zu diesem Zweck fügen Sie einen Seitenumbruch ein. Die Frage ist nur: Wohin mit dem Seitenumbruch? Die neue Seite soll beginnen, nachdem die Gruppe vollständig zusammengestellt wurde, also nachdem die Gruppensumme gebildet ist. Die Gruppensumme haben Sie im Gruppenfuß untergebracht. Demnach gehört auch dort der Seitenumbruch hin.

1. Klicken Sie in der Toolbox auf das Werkzeug Seitenumbruch.
2. Klicken Sie dann in den Gruppenfuß.

Erledigt! Als 'krönenden' Abschluß sollten Sie Ihrem Bericht nun noch zu einer aussagekräftigen Überschrift verhelfen. Diese Überschrift soll nur einmal am Anfang des Berichts (und nicht etwa am Anfang jeder Seite!) gedruckt werden und wird daher in den Berichtskopf eingegeben. Um den Berichtskopf einzublenden,

Berichtskopf und -fuß

wählen Sie [Layout/Berichtskopf/-fuß].

Zwei Dinge sollen auf der ersten Berichtsseite zusätzlich gedruckt werden:

Eine Überschrift
Das aktuelle Datum

Fügen Sie ein Bezeichnungsfeld in den Berichtskopf ein und beschriften es mit *Verkaufsauswertungen*. Stellen Sie die Eigenschaft **Links** für dieses Steuerelement auf *0*. Die Schriftgröße soll 14 Punkt betragen und die Auszeichnung fett sein. Als nächstes erstellen Sie ein Textfeld mit den Eigenschaften:

Steuerelementinhalt	*=datum( )*
Links	*12,12.*

Damit das Ganze ein bißchen mehr Gewicht bekommt, fügen Sie nun noch am oberen und unteren Rand des Berichtskopfs eine Linie hinzu. Aber halt! Sie müssen nicht unbedingt eine neue Linie erstellen.

1. Kopieren (nicht duplizieren!) Sie die Linie im Seitenkopf.
2. Klicken Sie irgendwo im Berichtskopf (aber nicht auf ein Steuerelement).

3. Fügen Sie die Linie wieder ein.

4. Öffnen Sie die Farbpalette.

5. Wählen Sie als Linienstärke 3 (dritte von links).

6. Duplizieren (nicht kopieren!) Sie diese Linie.

7. Ziehen Sie die zweite Linie an die richtige Position.

Und so sieht das endgültige Ergebnis des Berichts in der Entwurfsansicht aus.

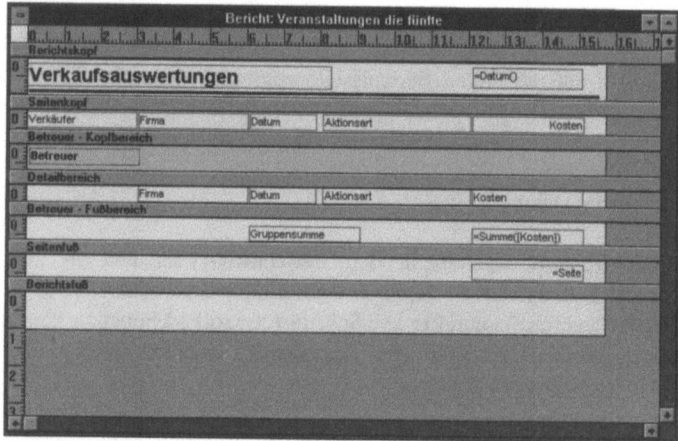

Abb. 16-10 Ausgestalteter Berichtsentwurf

Das oben gezeigte Ergebnis finden Sie im Bericht namens *Veranstaltungen*. Vielleicht wünschen Sie sich noch einen Schlußsatz für Ihren Bericht. Wenn ja, geben Sie ihn in den Berichtsfuß ein. Alle Elemente des Berichtsfuß werden nur einmal am Ende des Berichts gedruckt. Ansonsten dürfen wir Sie noch einmal ermuntern Ihren Ideen freien Lauf zu lassen. Verlieren Sie nur nie das Ziel des Berichts aus dem Auge.

Daten präsentieren

Vielleicht ist Ihnen das aber bis hierher alles viel zu 'trocken'. Ihnen können wir getrost den nächsten Abschnitt empfehlen, denn da wird's bunt!

Bilder und OLE-Objekte im Bericht einbinden

Drei Werkzeuge der Toolbox haben wir Ihnen bislang vorenthalten: Das Diagramm, das Objektfeld und das gebundene Objektfeld. Sie werden diese Helfer nun einsetzen, um etwas Farbe 'ins Spiel' zu bringen. Jedes dieser Steuerelemente hilft Ihnen, Objekte aus anderen Anwendungsprogrammen in Access aufzunehmen. Objekte, das können Bilder, Dokumente, Kalkulationstabellen, Diagramme, aber auch bestimmte Textstellen eines Dokuments oder bestimmte Bereiche einer Kalkulationstabelle sein. Beschäftigen wir uns zunächst damit, aus welchen Anwendungen Objekte eingefügt werden können. Öffnen Sie für die Tests, die Sie nun durchführen werden, am besten einen neuen leeren Bericht. Um ein Objekt aus einer anderen Anwendung einzufügen,

1. klicken Sie auf das Werkzeug Objektfeld

   oder

   wählen Sie aus dem Menü [Bearbeiten] den Befehl [Objekt einfügen].

Abb. 16-11 Dialog *Objekt einfügen*

2. Markieren Sie den gewünschten Objekttyp und bestätigen Sie mit **OK**.

3. Die zuvor gewählte Applikation wird aus Access heraus geöffnet. Hier können Sie nun (abhängig von der Anwendung) ein Diagramm, ein Dokument, eine Kalkulationstabelle usw. erstellen.

4. Um zu Access zurückzukehren, beenden Sie die Applikation (A + $).

5. Sofern Sie gefragt werden, ob die Daten in Access aktualisieren soll, beantworten Sie mit **Ja**.

Die im Dialog **Objekt einfügen** angezeigte Liste ist abhängig von den auf Ihrem Rechner installierten Programmen. Sobald sich ein Programm auf Object Linking und Embedding (OLE) versteht, wird es von Access in diesem Dialog auch angeboten. Ein Programm, das diese Fähigkeit besitzt, heißt 'Microsoft Graph' und gehört zum Lieferumfang von Access. (Selbst wenn Sie außer Windows und Access keine weiteren Programme installiert haben, ist im Dialog **Objekt einfügen** zumindest 'Microsoft Graph' zu Diensten.)

Was aber ist das für eine Fähigkeit Object Linking und Embedding oder zu deutsch: Objekte Verknüpfen und Einbetten? Diese Funktionalität hat - salopp gesagt - fast schon einen Bart, denn seit Einführung der Version Windows 3.1 im März 1992 arbeiten alle namhaften Softwareanbieter daran, mal mit mehr, mal mit weniger Erfolg.

Was ist OLE? Für den Anwender bedeutet OLE, daß er aus Access heraus ein anderes Anwendungsprogramm starten kann, dort Bearbeitungen vornimmt und dann zu Access zurückkehrt. Alle Änderungen können, sofern gewünscht, automatisch nach Access übertragen werden. Der Benutzer muß weder das Laufwerk noch den Verzeichnisnamen der Applikation kennen, die er zu öffnen gedenkt. Ja er muß noch nicht einmal mehr zum Programm-Manager zurückkehren, um die Textverarbeitung oder die Tabellenkalkulation (um nur zwei Beispiele zu nennen) zu öffnen. Object Linking und Embedding ermöglicht also den Datenaustausch zwischen unterschiedlichen Applikationen auf einfachste Weise. Unterschieden wird dabei zwischen Object Linking (Verknüpfen) und Object Embedding (Einbetten).

Daten präsentieren

Mit Object Linking können Sie ein und dieselbe Information (das Objekt) in mehreren Dateien verwenden. Ein Objekt kann beispielsweise eine Grafik oder eine Tabelle, aber auch eine Sound-Datei sein. Dabei wird das Objekt fest mit dem Dokument oder einer Access-Tabelle - durch einen Verweis - verknüpft (Linking). Ändern Sie das Original ab, liegt die Änderung in allen Dateien vor, die mit diesem Objekt verknüpft sind. Ein verknüpftes Objekt eignet sich zum Beispiel hervorragend für die Verwendung eines Firmenlogos. Dieses Logo legen Sie einmalig in einem Zeichenprogramm an (oder scannen es). Anschließend verknüpfen Sie es mit all den Anwendungsprogrammen, die zum Ausdruck auch ein Firmenlogo benötigen, zum Beispiel die Textverarbeitung (für den Briefkopf), die Tabellenkalkulation (um den Firmenschriftzug auf einer Tabelle unterzubringen), Access (um das Logo auf Rechnungen, Katalogen, Prospekten usw. auszugeben). Ändert sich später irgend etwas an Ihrem Logo, ändern Sie lediglich das Original. Alle abhängigen Dateien, in denen das Logo ebenfalls verwendet wurde, sind beim nächsten Öffnen auch wieder 'up-to-date'.

Object Linking/ Verknüpfen

Mit Object Embedding (Einbetten) fertigen Sie eine Kopie eines Originalobjekts an und übertragen diese in Ihre Access-Tabelle. Das Einbetten ist mit den Kopier- und Einfügefunktionen von Windows zu vergleichen. Allerdings bietet Embedding einen ganz entscheidenden Vorteil: Zur erneuten Bearbeitung des Objekts genügt ein Doppelklick auf dasselbe, und schon wird die Applikation samt Objekt gestartet, in der Sie dann weitere Änderungen vornehmen können. Die Überlegung, in welchem Programm ein Objekt eigentlich erstellt wurde, auf welchem Festplattenlaufwerk und in welcher Datei es sich befindet, nimmt OLE Ihnen einfach ab. Da Sie beim Einbetten mit einer Kopie arbeiten, verändert sich das Objekt in Access nicht, wenn das Original geändert wird.

Object Embedding/ Einbetten

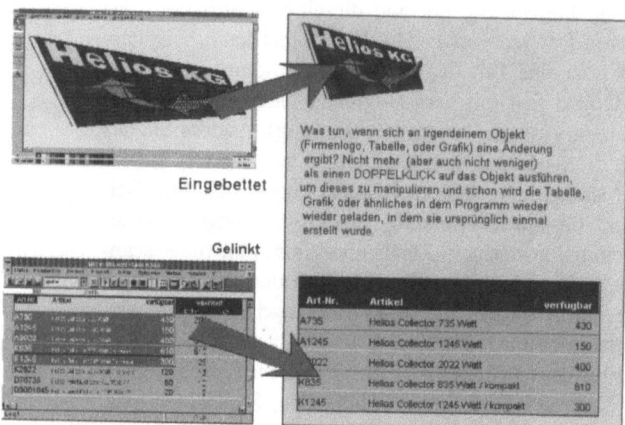

Abb. 16-12 Eingebettetes und verknüpftes Objekt im Access-Bericht

Sie haben weiter oben in diesem Abschnitt ein Objekt erstellt, daß nun irgendwo in Ihrem Berichtsentwurf 'thront'. Angenommen Sie müssen an diesem Objekt Änderungen durchführen, erkennen Sie augenblicklich den Vorteil eines - mittels OLE eingebundenen - Objekts.

Objekt ändern

1. Führen Sie einen Doppelklick auf das gewünschte Objekt durch

   oder

   markieren Sie das Objekt und wählen dann [Bearbeiten/Objekt/Bearbeiten].

   Das Objekt wird in der Applikation, in der es ursprünglich erstellt wurde, wieder bereitgestellt.

2. Nehmen Sie die gewünschten Änderungen vor und kehren zurück zu Access.

Bislang haben Sie Objekte eingefügt, die zunächst erstellt werden müssen, um anschließend in Access übernommen zu werden. Mögli-

Daten präsentieren

cherweise verfügen Sie aber bereits über Material und wollen dieses in Access nun auch nutzen.

Bestehendes Objekt einbetten

1. Erstellen Sie ein Objektfeld.
2. Im Dialog **Objekt einfügen** markieren Sie den gewünschten **Objekttyp**.
3. Klicken Sie dann auf die Schaltfläche **Datei**.
4. Wechseln Sie in das Laufwerk und Unterverzeichnis, in dem sich die gewünschte Datei befindet und markieren Sie diese.
5. Bestätigen Sie mit **OK**.

Auf diese Weise läßt sich auch bestehendes Material in Access 'weiterverwenden'. Bislang haben Sie Ihre Objekte eingebettet. Sie haben die Objekte in der gewünschten Applikation entweder neu erstellt oder auf bereits bestehende Objekte zurückgegriffen und eine Kopie derselben nach Access transferiert. Allerdings verändert sich die eingebettete Kopie eines Objekts nicht automatisch, wenn Sie das Originalobjekt überarbeiten. Manchmal ist aber gerade diese Funktionalität gewünscht.

Stellen Sie sich dazu folgendes Szenario vor. In Microsoft Excel verwalten Sie eine Statistik über monatliche Umsätze. Auf diese Statistik greifen Sie in Word für Windows zurück, um die Monatsberichte zu verfassen. Da die Daten aus Microsoft Excel mit Word für Windows verknüpft sind, ist der Standardbrief 'Monatsbericht' immer mit aktuellen Daten gefüllt. Ändert sich die Statistik in Excel, ändert sie sich automatisch in Word. Da Sie in Access für einen Bericht eben diese Statistik auch benötigen, soll zwischen der Excel-Statistik und dem Access-Bericht nun ebenfalls eine Verknüpfung hergestellt werden.

Objekt verknüpfen

1. Erstellen Sie die notwendige Statistik in Excel und speichern diese ab. Damit liegt die Statistik als 'eigenständige' Excel-Tabelle vor.

2. Markieren Sie nun die Zellen, die mit Access verknüpft werden sollen.

3. In Excel wählen Sie anschließend [Bearbeiten/Kopieren].

4. Wechseln Sie dann zu Access. (Schließen Sie aber Excel noch nicht!)

5. Öffnen Sie ein Formular oder einen Bericht in der Entwurfsansicht.

6. Aus dem Menü [Bearbeiten] wählen Sie [Verknüpfung einfügen].

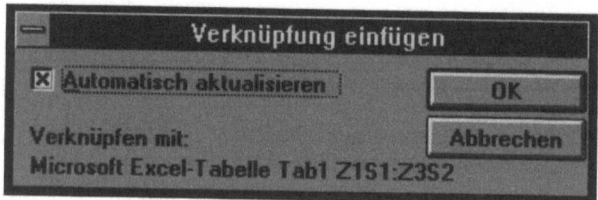

*Abb. 16-13 Dialog **Verknüpfung einfügen***

7. Bestätigen Sie mit **OK**.

Um den Effekt der Verknüpfung zu sehen, ordnen Sie nun die Excel-Tabelle und den Access-Bericht nebeneinander (oder untereinander) an. Ändern Sie einige Daten in der Excel-Tabelle. Lassen Sie dabei den Access-Bericht nicht aus den Augen. Sobald Sie eine Änderung in Excel vornehmen, wirkt sich diese im Access-Bericht aus. Praktisch, nicht wahr? Allerdings ganz schön unpraktisch, wenn das verknüpfte Objekt sehr viele Daten enthält. Die Arbeit in Access wird durch die dauernde Aktualisierung ziemlich langsam. Das können Sie aber ändern:

Aktualisierungsmethode ändern

1. Markieren Sie das verknüpfte Objekt.

2. Öffnen Sie das Eigenschaftenfenster.

Daten präsentieren

3. Wählen Sie für die Eigenschaft **Aktualisierungsmethode** *Manuell*.

Nun wird eine Aktualisierung der Daten nur noch vorgenommen, wenn Sie es ausdrücklich wünschen. Dazu

1. markieren Sie das Objekt, das aktualisiert werden soll (im Entwurfsmodus).
2. Wählen Sie [Bearbeiten/Objekt/Anzeige aktualisieren].

Selbstverständlich läßt sich die Verknüpfung zur Excel-Tabelle auch im nachhinein lösen.

Verknüpfung lösen

1. Markieren Sie das Objekt, das aktualisiert werden soll (im Entwurfsmodus).

    Wählen Sie aus dem Menü [Bearbeiten] den Befehl [Objekt/Zu Bild ändern].

Eine Verbindung zur Excel-Tabelle besteht damit nicht mehr. Aus dem 'verknüpften' Objekt ist ein 'eingebettetes' geworden. Um das festzustellen, sehen Sie sich die Eigenschaften des Objekts an.

Bis hierher haben Sie das Verknüpfen von Objekten mit Hilfe des Befehls [Verknüpfung einfügen] erprobt. Beim Verknüpfen eines Objekts auf diese Weise wird das Objekt im Formular- bzw. Berichtsentwurf genauso angezeigt wie in der Originalanwendung, d. h. mit sämtlichen Formatierungen. Um lediglich den Text, nicht aber seine Formatierungen mit Access zu verknüpfen, gehen Sie so vor:

Nur Daten verknüpfen (DDE)

1. Öffnen Sie die Tabelle oder das Dokument in der Originalanwendung.

2. Markieren Sie den Bereich, der mit Access verknüpft werden soll.

3. Anschließend wählen Sie [Bearbeiten/Kopieren].

4. Wechseln Sie dann zu Access. (Schließen Sie aber die Originalanwendung noch nicht!)

5. Öffnen Sie ein Formular oder einen Bericht in der Entwurfsansicht.

6. Aus dem Menü [Bearbeiten] wählen Sie [Inhalte einfügen].

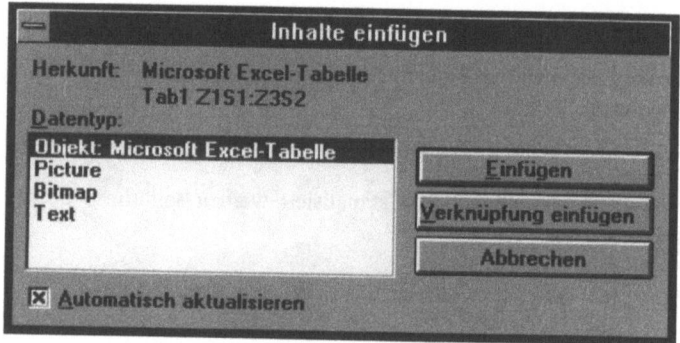

*Abb. 16-14 Dialog **Inhalte einfügen***

7. Unter **Datentyp** wählen Sie *Text*.

8. Klicken Sie auf die Schaltfläche **Verknüpfung einfügen**.

Access erstellt diesmal ein Textfeld (und kein Objektfeld), das als Ausdruck die Herkunft des Textes bezeichnet. Da es sich bei dieser Operation um einen dynamischen Datenaustausch (**Dynamic Data Exchange**) handelt, verwendet Access die Funktion DDE. Die Parameter in Klammern beschreiben - der Reihe nach - :

- Den Namen der Originalanwendung,
- den Pfad- und Dateinamen der Originalanwendung sowie
- den Namen des Datenfeldes.

Daten präsentieren

Drei Steuerelemente erlauben das Verknüpfen bzw. Einbetten von Objekten:

- Das Objektfeld,
- das gebundene Objektfeld   und
- das Diagramm.

Das Objektfeld können Sie mit dem Bezeichnungsfeld vergleichen. Beide sind immer ungebunden und dienen lediglich dazu, Formulare und Berichte attraktiver zu gestalten. Beide sind außerdem statisch, d. h. ihr Aussehen sowie ihr Informationsgehalt ändert sich nicht, wenn Sie im Formular oder Bericht von Datensatz zu Datensatz blättern. Auch existiert weder für das Objekt- noch für das Bezeichnungsfeld ein Feld in der zugrundeliegenden Tabelle.

Anders sieht es bei den gebundenen Objektfeldern aus. Sie werden verwendet, um OLE-Objekte anzuzeigen, die in den Feldern einer Tabelle gespeichert sind. Ein Beispiel dafür liefert das Formular *Kundenstamm*.

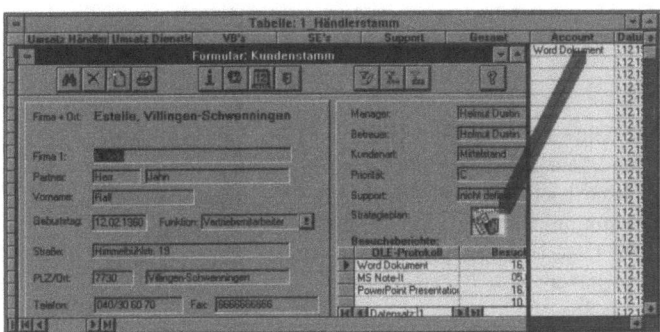

Abb. 16-15 Objekt wird in der zugrundeliegenden Tabelle gespeichert

Nehmen wir einmal an, Sie verfügen über eine Artikeltabelle, in die Sie nicht nur Artikelnummer, Artikelbezeichnung, Preis usw. eingeben, sondern auch ein Bild des jeweiligen Artikels eintragen wollen. Um dieses Bild im Bericht verwenden zu können, müssen Sie drei Dinge tun:

1. Ein Formular mit einem gebundenen Objektfeld erstellen.

2. In der Formularansicht das gewünschte Objekt - wie zuvor beschrieben - einbetten oder verknüpfen. (Auf diese Weise werden die Daten in die Tabelle eingetragen.)
3. Einen Bericht mit einem gebundenen Objektfeld erstellen, um die Bilder anzuzeigen.

Jedesmal, wenn Sie in der Formularansicht ein neues Objekt hinzufügen, wird dies automatisch in der zugrundeliegenden Tabelle und dort in einem Feld vom Typ OLE gespeichert. Ein Blättern in Ihrer Artikelliste führt also dazu, daß zu jedem Datensatz das aktuelle Bild angezeigt wird. Im Gegensatz zum Objektfeld ist das gebundene Objektfeld mit einer Access-Tabelle verknüpft und daher nicht statisch.

Über Objektfelder (ob gebunden oder nicht) lassen sich Daten aus anderen Anwendungen mit Access verknüpfen oder dort einfach einbetten. Das könnten Kalkulationstabellen, Grafiken, aber auch Diagramme (und vieles mehr) sein. Um allerdings Werte, die sich in einer Access-Tabelle befinden, grafisch aufzuarbeiten, müssen Sie diese nicht erst in ein Kalkulationsprogramm überführen, um dort die gewünschte Grafik zu erstellen, sondern bedienen sich (des letzten Werkzeugs der Symbolleiste, das wir Ihnen vorstellen werden) des Diagramms.

Das Diagramm kann sowohl im Bericht als auch im Formular eingesetzt werden. Sie können ein Diagramm dazu verwenden, eine Reihe von Werten optisch leichter lesbar aufzubereiten. Sehen wir uns die Abfrage *Diagramm* an. Sie ermittelt, welche unserer Kunden mehr als 7.000,00 DM Umsatz haben und wieviel davon auf den Bereich Dienstleistung entfallen.

Firma	Umsatz Gesamt	Umsatz Händler
Computer Commerz	40.000,00 DM	30.000,00 DM
Emil Knauf KG	7.500,00 DM	5.000,00 DM
Estelle	10.000,00 DM	1.000,00 DM
Hillemann AG	8.000,00 DM	500,00 DM
Myer & Partner	8.000,00 DM	4.000,00 DM

Abb. 16-16 Wieviel Kunden haben mehr als 7000,00 DM Umsatz?

Daten präsentieren

Ganz sicher einfacher zu lesen ist folgende Grafik, die auf der Abfrage *Diagramm* basiert.

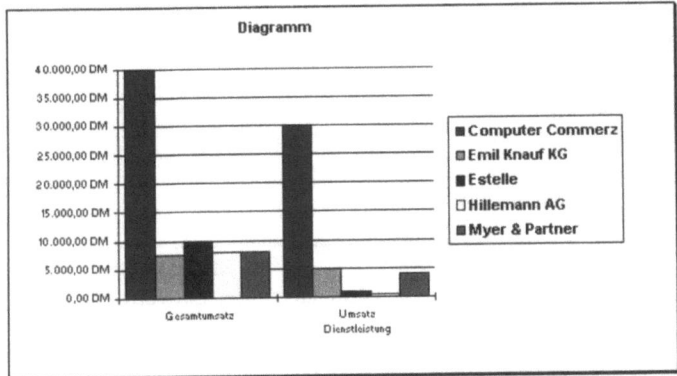

Abb. 16-17 Die gleiche Frage, jedoch 'im Bild'

Das Access-Diagramm kann aber noch mehr. Während oben alle Zahlen der Abfrage in einem Diagramm dargestellt wurden, können Sie auch veranlassen, daß für jeden Datensatz ein eigenes Diagramm entsteht. Und das sieht dann so aus:

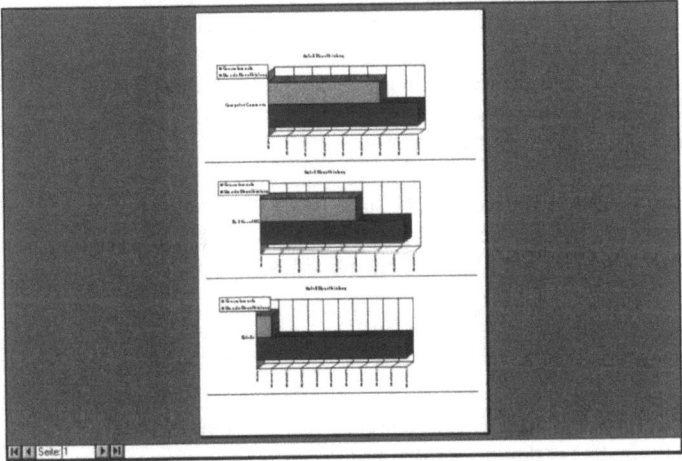

Abb. 16-18 Für jeden Kunden wird der Gesamtumsatz dem Dienstleistungsumsatz gegenüber gestellt.

Bevor Sie ein Diagramm erstellen, sollten Sie vorab folgende Aufgaben erledigen:

1. Erstellen Sie die Abfrage, die die anzuzeigenden Werte enthält. (Sofern diese Werte bereits in einer Tabelle vorliegen, können Sie diesen Schritt überspringen.)

2. Legen Sie ein Formular oder einen Bericht an, um das Diagramm später zu plazieren.

Der Rest ist für Sie ein Kinderspiel:

1. Öffnen Sie den Bericht (oder das Formular) in der Entwurfsansicht.

2. Öffnen Sie die Toolbox.

3. Klicken Sie auf das Diagramm-Tool und ziehen das Diagramm im Entwurf auf. Daraufhin meldet sich der **Diagrammassistent**.

4. Wählen Sie zunächst die Datenherkunft. Anschließend klicken Sie auf das gewünschte Muster für Ihr Diagramm. Fahren Sie fort, durch einen Mausklick auf die Schaltfläche **Weiter**.

5. Legen Sie im nächsten Bild alle Felder fest, die die Daten enthalten, und als Achsenbeschriftung dienen sollen. Klicken Sie wieder auf **Weiter**, um fortzufahren.

6. Nun entscheiden Sie, welche der zuvor gewählten Felder zum Zwecke der Achsenbeschriftung tatsächlich herangezogen werden sollen, und ob Sie eine Legende wünschen.

Felder, die zur Achsenbeschriftung verwendet werden, müssen vom gleichen Felddatentyp sein!

7. Access fragt Sie jetzt, ob Ihr Diagramm mit dem Bericht (oder dem Formular) verknüpft werden soll.

Klicken Sie **Ja**, wenn Sie für jeden Datensatz ein eigenes Diagramm wünschen.

Daten präsentieren

Klicken Sie **Nein**, wenn alle Datensätze in einem Diagramm zusammengefaßt werden sollen.

> Sollte Access Ihnen diese Frage nun nicht stellen, dann haben Sie vergessen, für Ihren Bericht (bzw. Ihr Formular) eine Datenquelle anzugeben.

8. Haben Sie die Frage mit **Ja** beantwortet, müssen Sie Access mitteilen, welches Feld des Berichts (oder Formulars) mit welchem Feld des Diagramms gekoppelt werden soll. (Andernfalls überspringen Sie diesen Schritt.)

9. Im letzten Schritt weisen Sie die Diagrammüberschrift zu und öffnen den Bericht (bzw. das Formular) in der Entwurfsansicht.

Bereits in der Entwurfsansicht wird ein Datensatz angezeigt. Das ist gegenüber allen anderen Steuerelementen anders. Schalten Sie zur Seitenansicht, um das Diagramm 'druckaufbereitet' zu betrachten. Sollten Sie jetzt Änderungswünsche haben, kehren Sie zurück in die Entwurfsansicht und bearbeiten Ihr Diagramm durch einen Doppelklick. Es wird dadurch in das mitgelieferte Programm Microsoft Graph geladen, in dem Sie das Diagramm umgestalten können. Wir werden darauf allerdings nicht näher eingehen. Um zu Access zurückzukehren, wählen Sie [Datei/Beenden und zu Microsoft Access zurückkehren].

Zusammenfassung des Kapitels

- Sie haben allgemeine Richtlinien zur Erstellung von Berichten kennengelernt.

- Sie haben erfahren, wie Sie einen eigenen Bericht erstellen und Unterschiede, aber auch Gemeinsamkeiten zu Formularen entdeckt.

- Sie haben Linien und Rechtecke eingesetzt, um bestimmten Teilen im Bericht mehr Gewicht zu verleihen.

- Sie haben sich mit den unterschiedlichen Bereichen, über die Berichte verfügen können, vertraut gemacht und insbesondere die Arbeit mit Gruppenebenen trainiert.

- Sie haben sich den Unterschied zwischen gebundenen und ungebundenen Objektfeldern verdeutlicht und erkannt, daß Objektfelder die Möglichkeit bieten auf Objekte aus anderen Anwendungen zurückzugreifen.

- Sie haben das Diagramm-Tool verwendet, um Zahlenwerte, die in Access-Tabellen zur Verfügung stehen, grafisch auszuarbeiten.

TRAINIEREN SIE IHR WISSEN:

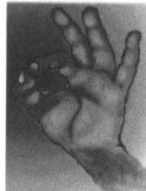

1. Nennen Sie die wichtigste Regel, die beim Gestalten von Berichten nicht aus dem Auge verloren werden darf.

2. Nennen Sie einige Steuerelemente, die zwar sowohl im Bericht als auch im Formular verwendet werden können, allerdings im Bericht ein anderes Verhalten zeigen als im Formular.

3. Wie wird aus einer 'krummen' Linie ganz schnell eine gerade?

4. Ist OLE eine spanische Vokabel?

5. Nennen Sie den Unterschied zwischen einem Objektfeld und einem gebundenen Objektfeld.

6. Wann setzen Sie ein Diagramm ein?

Kapitel 17

Überblick
Allgemeine Überlegungen zum Makroeinsatz
Ausdrücke und Bedingungen verwenden
Makroaktionen und ihre Argumente
Auf welche Ereignisse reagieren Makros?
Makro testen
Eigene Menüs anlegen
Eine Makrogruppe einrichten
Der Autoexec-Makro
Zusammenfassung des Kapitels

17. Makros professionell einsetzen

Überblick

Dieses Kapitel stellt Ihnen den professionellen Makroeinsatz vor. Sie werden weitere **Makroaktionen und ihre Argumente** kennenlernen und sich die Frage stellen: **Auf welche Ereignisse reagieren Makros?** Ausdrücke und Bedingungen haben Sie bereits bei Abfragen und Formularen verwendet. Auch bei der Erstellung von Makros leisten Sie gute Dienste - wie sich zeigen wird. Sofern ein Makro 'auf Anhieb' funktioniert, ist ihm nichts weiter hinzuzufügen. Wenn aber nicht, muß der Fehler gefunden werden. Der Teilabschnitt **Makro testen** weiß wie. Eine Aufgabe, die ausschließlich über Makros erledigt werden kann, ist das Anlegen eigener Menüs. Um eigene Menüs gleich beim Öffnen der Datenbank einzusetzen, muß **Der Autoexec-Makro** bemüht werden.

Allgemeine Überlegungen zum Makroeinsatz

Ein Makro, das haben Sie **Kapitel 12** bereits entnommen, wird verwendet, um bestimmte Arbeitsabläufe in der Datenbankanwendung zu automatisieren. Der Makroeinsatz ist die einfachere von zwei Möglichkeiten, eine solche Steuerung zu realisieren. Wollen Sie also nicht gleich in die Access-Modulprogrammierung einsteigen, lassen sich eine Reihe von Aufgaben auch über Makros lösen, zum Beispiel

- das Zusammenwirken von Formularen und Berichten.
- Das automatische Suchen und Filtern von Datensätzen.
- Das Abfragen bestimmter Werte in Steuerelementen.
- Das Prüfen der Datengenauigkeit.
- Der automatische Im- und Export von Daten.
- Die individuelle Gestaltung Ihrer Arbeitsumgebung durch eigene Menüleisten und Menüs.

Wie gesagt, Makros sind in aller Regel der schnellere Weg, die oben erwähnten Aufgaben zu realisieren. Bedenken Sie jedoch, daß Makros nicht so flexibel sind wie Module. Während Sie mit einem

Modul in einer einzigen Prozedur mehrere Varianten einer Aufgabe lösen können, sind dazu oft eine Vielzahl von Makros erforderlich, die natürlich die Geschwindigkeit des Gesamtsystems - und das soll hier nicht unerwähnt bleiben - beeinträchtigen. Die Kehrseite der Medaille beim Einsatz von Modulen ist allerdings eine gewisse Kenntnis der Programmiersprache Basic.

Ausdrücke und Bedingungen verwenden

Wie in Abfragen, Formularen und Berichten können selbstverständlich auch in Makros Ausdrücke und Bedingungen verwendet werden. **Kapitel 12** hat Sie mit den Standardaufgaben der Makrobearbeitung vertraut gemacht. Wir wollen nun einen Schritt weiter gehen und sehen, wie Ausdrücke und Bedingungen im Makro eingesetzt werden. Ganz schnell werden Sie feststellen, daß Sie sich oft auf den Wert eines Steuerelements in einem Formular oder auch in einem Bericht beziehen müssen.

Zwei Formulare synchronisieren

Zum 'Warmwerden' sollen Sie jetzt folgende Aufgabe lösen. Das Steuerelement *Ansprechpartner* des Formulars *Firmen* soll *Beim Klicken* ein Formular namens *Ansprechpartner* öffnen. In dem zu öffnenden Formular sollen allerdings nur Datensätze angezeigt werden, die auch zur zuvor ausgewählten Firma passen.

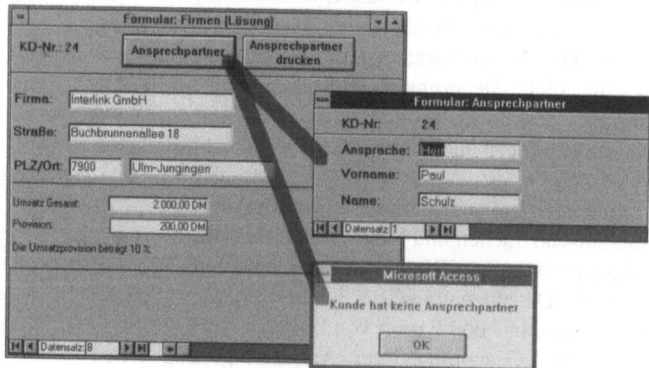

Abb. 17-1 Die Ansprechpartner eines Kunden werden in einem eigenen Formular angezeigt.

Sehen Sie sich nun zunächst jedes Formular einzeln in der Formularansicht an. Öffnen Sie das Formular *Firmen* und anschließend das Formular *Ansprechpartner* durch einen Doppelklick im Datenbankcontainer. Das Formular *Firmen* dürfte Ihnen gar nicht so unbekannt vorkommen. Das liegt daran, daß wir Ihr weiter vorne erstelltes Formular *Lösung* ein wenig 'umfunktioniert' oder besser gesagt ergänzt haben. Im Formularkopf haben wir zusätzlich die Kundennummer ausgegeben sowie eine Schaltfläche, die später das Formular *Ansprechpartner* öffnen soll, untergebracht.

Um die Formulare zu synchronisieren, benötigen Sie ein gemeinsames Feld, auf beiden Formularen. In unserem Beispiel ist das die Kundennummer. Informieren Sie sich nun, welchen Steuerelementnamen die Kundennummer sowohl im einen als auch im anderen Fall, sprich Formular, trägt. Ihre Recherchen haben vermutlich ergeben, daß der Steuerelementinhalt in beiden Fällen [HD_NR] lautet (wie Händlernummer). Stellen Sie jetzt weitere Überlegungen an. Welches Formular gibt 'den Ton an'? In unserem Beispiel ist es das Formular namens *Firmen*, denn von hier aus wird das 'unterstützende' Formular *Ansprechpartner* aufgerufen. (Kleiner Tip: Notieren Sie Ihre Recherchen ruhig auf einem Blatt Papier, das Sie sowohl bei der Erstellung von Makros als auch Modulen immer neben der Tastatur liegen haben sollten. Papierloses Büro hin oder her.)

In jedem Fall schreiben Sie einen Makro, der das gewünschte Formular *Beim Klicken* öffnet. Dazu benötigen Sie zunächst ein neues leeres Makrofenster. Als erste Aktion tragen Sie **ÖffnenFormular** ein. Geöffnet werden soll das Formular mit dem Namen *Ansprechpartner*. Tragen Sie deshalb diesen Namen unter **Formularname** als erstes Argument ein. Nun müssen Sie entscheiden, auf welche Art und Weise Sie die Synchronisation herstellen wollen. Die Aktion **ÖffnenFormular** verfügt über zwei Argumente, die verwendet werden können, **Filtername** und **Bedingung**. Um die Aufgabe über einen Filter zu lösen, schreiben Sie eine Abfrage, die die gefilterten Daten enthält und tragen ihren Namen unter **Filtername** ein. Da uns dieser Weg für unsere Aufgabe allerdings zu mühsam erscheint, verwenden wir das Argument **Bedingung**, um das gewünschte Ergebnis zu erreichen. Wie muß nun diese Bedingung lauten? Das Feld [HD_NR] des Formulars *Ansprechpartner* muß exakt den Inhalt erhalten, der derzeit im Feld [HD_NR] des Formulars *Firmen* eingetragen ist. Wir müssen also dem Feld [HD_NR] im Formular *Ansprechpartner* den Wert des Feldes [HD_NR] aus dem Formular

Firmen zuweisen. Bevor Sie das können, müssen wir Ihnen allerdings noch verraten wie solche Zuweisungen in Access eingegeben werden. Kein Problem!

Ausdrücke verwenden

Um Feldinhalte zuzuweisen, legen Sie einen Ausdruck mit folgender Syntax fest:

Wert1=Wert2.

Gar nicht schwer, nicht wahr? In *Wert1* beziehen Sie sich auf das Formular *Ansprechpartner*, in *Wert2* hingegen auf *Firmen*. (Eine ausführliche Einführung in die Arbeit mit Ausdrücken finden Sie in **Kapitel 9 -Datensätze bestimmen**.) Nun müssen beide Werte aber aus Steuerelementen bestückt werden. Um sich auf ein Steuerelement im Formular oder Bericht zu beziehen, verwenden Sie diese Syntax:

Auf Steuerelemente zugreifen

Formulare!Formularname!Steuerelementname,
Bericht!Berichtname!Steuerelementname.

Formulare	Ist ein Access-Schlüsselwort und teilt dem Programm mit, daß es sich um ein Formular (und nicht etwa um einen Bericht oder eine Tabelle usw.) handelt.
Formularname	Ist der Name, den Sie entweder beim Speichern oder in der Formulareigenschaft **Beschriftung** Ihrem Formular zugewiesen haben.
Steuerelementname	Ist der Name des gewünschten Steuerelements oder das Feld in der zugrundeliegenden Tabelle, das an das Steuerelement gebunden ist.

Sobald Ihr Formular- oder Steuerelementname ein zusammengesetztes Wort ist oder Leer- bzw. Sonderzeichen enthält, muß er in eckige Klammern gesetzt werden:

Formulare![Formular 1]![Feld_1],
Bericht![Bericht_1]![Feld 1].

Um die [HD_NR] des Formulars *Ansprechpartner* dem Formular *Firmen* zu entnehmen, weisen Sie demnach folgenden Ausdruck zu:

Formulare![Ansprechpartner]![HD_NR]=Formulare![Firmen]![HD_NR].

Diese Schreibweise ist absolut korrekt. Dennoch, Access erlaubt es Ihnen, für das aktive (also in unserem Beispiel das zu öffnende) Formular den Hinweis *Formulare![Ansprechpartner]* wegzulassen. Wohlgemerkt, nur für das a k t i v e Formular reicht es aus, lediglich den Steuerelementnamen anzugeben. Tragen Sie daher als Argument **Bedingung** für die Aktion **ÖffnenFormular** ein:

[HD_NR]=Formulare![Firmen]![HD_NR].

Speichern Sie diesen Makro. Wechseln Sie dann in den Entwurfsmodus des Formulars *Firmen* und weisen ihn der Befehlsschaltfläche, Eigenschaft **Beim Klicken**, zu. Dann schalten Sie in die Formularansicht und klicken die Schaltfläche **Ansprechpartner**.

Voilà! Die Synchronisation zweier Formulare haben Sie gelöst. Selbstverständlich läßt sich auf diese Weise auch ein Formular mit einem Bericht synchronisieren. Ihr Formular *Firmen* soll um eine zweite Befehlsschaltfläche erweitert werden, die dazu dient, die Namen der Ansprechpartner auszudrucken:

1.	Erstellen Sie einen neuen Makro.	***Ein Makro zum Drucken eines Berichts***
2.	Stellen Sie den Datenbankcontainer und das neue Makrofenster nebeneinander dar.	
3.	Wechseln Sie im Datenbankcontainer in die Berichte und ziehen den Bericht *Ansprechpartner ausdrucken* in das Makrofenster.	
4.	Tragen Sie als Argument Bedingung folgenden Ausdruck ein: *[HD_NR]=Formulare![Firmen]![HD_NR]*	
5.	Speichern Sie den Makro unter dem Namen *Ansprechpartner drucken* (oder einem eigenen beliebigen Namen) und schließen ihn.	
6.	Ziehen Sie den Makro aus dem Datenbankcontainer in die Entwurfsansicht des Formulars *Firmen*.	

7. Wechseln Sie zur Formularansicht und klicken auf die neue Schaltfläche.

So einfach geht das. Dieses Beispiel läßt sich beliebig variieren. Sie könnten nun auch ein Formular erstellen, mit dem Sie nur ganz bestimmte Kundennummern ausdrucken lassen, indem Sie einen Makro schreiben, der die Steuerelemente *Von Kundennummer* und *Bis Kundennummer* als Bedingung abfragt. Selbstverständlich läßt sich so auch auf einen bestimmten Zeitraum eingrenzen (*Von Datum* und *Bis Datum*). Verlieren Sie dabei auf keinen Fall die möglichen Operatoren für Ausdrücke (siehe **Kapitel 9**) aus dem Auge. Eine Bedingung, um die Felder *Von Datum* und *Bis Datum* für einen Ausdruck abzufragen, würde beispielsweise so aussehen:

Zwischen Formulare![Formularname]![Von Datum]
Und Formulare![Formularname]![Bis Datum]

Die Bedingung gehört natürlich in eine Zeile, doch da hat einfach die Seitenbreite dieser Publikation nicht 'mitgespielt'.

Die Bedingung der Aktion **ÖffnenFormular** bzw. **ÖffnenBericht** haben Sie kennengelernt. Im Makro selbst können Sie allerdings auch Bedingungen festlegen. Dadurch läßt sich sicherstellen, daß eine Makroaktion nur dann ausgeführt wird, wenn die für die Aktion festgelegte Bedingung wahr ist. Schauen Sie das Formular *Firmen* noch einmal in der Formularansicht an. Blättern Sie zur Kundennummer *64* und klicken anschließend die Schaltfläche **Ansprechpartner drucken**. Das Ergebnis ist nicht sehr erfreulich: Access zeigt einen leeren Bericht an. Bevor also der Bericht geöffnet wird, sollte geprüft werden, ob überhaupt Daten vorhanden sind. Eine solche Prüfung realisieren Sie ganz einfach, indem Sie ein Feld des Berichts kontrollieren. Überprüfen Sie zum Beispiel, ob im Feld **Name** tatsächlich immer ein Wert eingetragen ist. Möglicherweise kennen Sie den Vornamen Ihres Ansprechpartners nicht und tragen ihn deshalb nicht unbedingt ein. Ein Nachname muß allerdings existieren, denn es ist unwahrscheinlich, daß Sie lediglich den Vornamen des Kunden, nicht aber seinen Nachnamen kennen. Prüfen Sie daher, ob der Feldinhalt des Feldes **Name** nicht null ist. Ist die Bedingung für sämtliche Datensätze erfüllt, haben Sie offensichtlich noch keine Ansprechpartner zu diesem Kunden erfaßt. Daher lohnt es sich auch nicht, einen Bericht anzusehen.

Um eine Makroaktion mit einer Bedingung zu versehen, blenden Sie im Makrofenster zunächst eine weitere Spalte ein.

Bedingung für eine Makroaktion festlegen

1. Wechseln Sie zum Makrofenster.

2. Klicken Sie das Symbol zum Einblenden der Bedingungsspalte

   oder

   wählen Sie [Ansicht/Bedingungen].

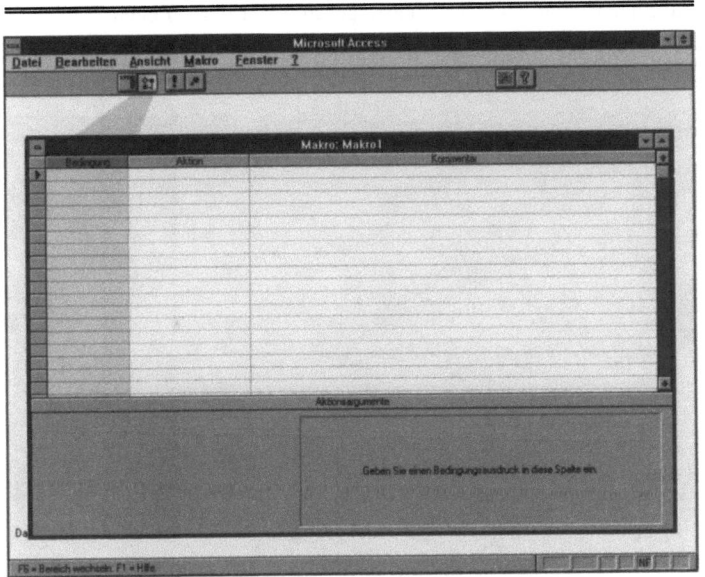

Abb. 17-2 Bedingungen für die Makroaktion

In diese Spalte geben Sie also Bedingungen ein, die sich auf eine Makroaktion insgesamt beziehen und nicht nur auf ein Argument innerhalb einer Aktion. Wir wollen eine Meldung ausgeben, die uns darauf aufmerksam macht, daß der von uns gewählte Kunde keine Ansprechpartner hat. Anschließend soll der Bericht, da er sowieso leer ist, gleich wieder geschlossen werden. Um herauszubekommen, wann auf einem Bericht kein einziger Ansprechpartner erscheint, fragen wir, ob das Feld Name (in allen Datensätzen) leer ist. Wenn ja, soll der Bericht geschlossen, wenn nein, die vorhandenen Ansprechpartner angezeigt werden. Um die Bedingung anzugeben, verwenden wir die Access-Funktion *IstNull()*. Als Argument tragen wir in die Klammer wieder einen Verweis ein. Verwiesen wird auf das Steuerelement *Name* des Berichts *Ansprechpartner drucken*. 'Ausformuliert' sieht das dann so aus:

IstNull(Berichte![Ansprechpartner drucken]!Name).

Nun müssen Sie sich überlegen, was passieren soll, wenn diese Bedingung tatsächlich wahr wird. Völlig richtig, Sie könnten den Bericht gleich wieder schließen. Um den Anwender allerdings nicht zu verwirren, sollten Sie vorher eine Meldung anzeigen, die ihm erklärt, warum der Bericht sogleich wieder geschlossen wird. Legen Sie die Aktion **Meldung** samt der dazugehörigen Bedingung jetzt wie folgt fest:

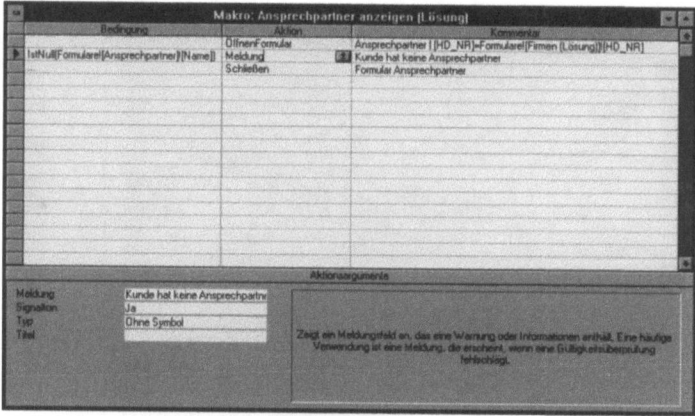

*Abb. 17-3 Die Makroaktion **Meldung** wurde samt Bedingung festgelegt.*

Nun müssen Sie sich nur noch darum kümmern, daß der Bericht, nachdem der Anwender die Meldung zur Kenntnis genommen hat, auch tatsächlich geschlossen wird. Das erledigt die Aktion **Schließen** - wie der Name schon verrät.

1. Fügen Sie die Aktion **Schließen** hinzu.

2. Als Bedingung tragen Sie Fortführungszeichen, das sind drei Punkte (...) ein, damit Access weiß, daß die Aktion **Schließen** ebenfalls zur Bedingung gehört.

2. Tragen Sie als **Objekttyp** *Bericht* ein.

3. Als **Objektnamen** legen Sie *Ansprechpartner drucken* fest.

Und schon ist es wieder so weit. Speichern Sie den Makro. Anschließend wechseln Sie in die Formularansicht des Formulars *Firmen* und bewegen Sie wieder zur Kundennummer *64*. Klicken Sie nun die Schaltfläche **Ansprechpartner drucken** und siehe da, eine Meldung erscheint, die uns darauf aufmerksam macht, daß zu diesem Kunden noch keine Ansprechpartner existieren. (Die Lösung dieser Aufgabe finden Sie im Formular *Firmen (Lösung)* und den Makros *Ansprechpartner anzeigen (Lösung)* und *Ansprechpartner drucken (Lösung)*.)

Makroaktionen und ihre Argumente

Sie haben bereits die Makroaktionen **ÖffnenFormular**, **ÖffnenBericht**, **ÖffnenTabelle**, **Meldung**, **Schließen** und **Sanduhr**, samt der dazugehörigen Argumente, kennengelernt. Um Ihnen allerdings eine Aufzählung sämtlicher Aktionen und deren Wirkungsweise zu ersparen, verraten wir Ihnen nun den 'Trick', woher derartige Informationen bezogen werden können.

Was bewirkt die Makroaktion?

1. Öffnen Sie ein Makrofenster.

2. Tragen Sie unter **Aktion** den Namen der Aktion ein, zu der Sie mehr erfahren möchten.

3. Betätigen Sie die Taste !.

Benötigen Sie keine so ausführliche Hilfe, genügt Ihnen unter Umständen schon der Hinweis, den Access im unteren Teil des Makrofensters gibt:

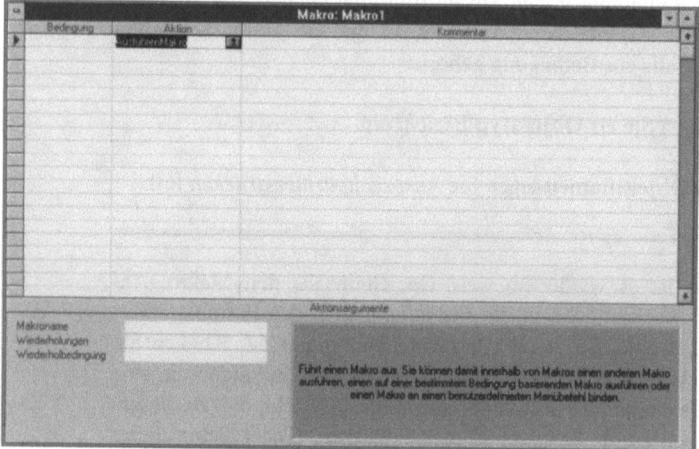

Abb. 17-4 Hilfe zur Makroaktion

Vielmehr wollen wir uns in diesem Teilabschnitt mit weiteren ganz typischen Aufgaben beschäftigen, die Sie durch ein Makro lösen können. Das Zusammenwirken von Formularen und Berichten haben Sie bereits erprobt. Auch wissen Sie, wie Sie bestimmte Werte in Steuerelementen abfragen. Ganz schön unpraktisch ist es allerdings, daß das Blättern durch unsere Firmennamen so mühsam ist. Man müßte einfach nach bestimmten Daten suchen können. Man kann!

Daten suchen

Um nach Firmennamen zu suchen, müssen Sie Access die Suchkriterien mitteilen. Dazu ergänzen Sie Ihr Formular um ein ungebundenes Textfeld, in das die Suchkriterien eingegeben werden können. Wir haben das Textfeld gleich neben dem Firmennamen untergebracht und das sieht dann so aus:

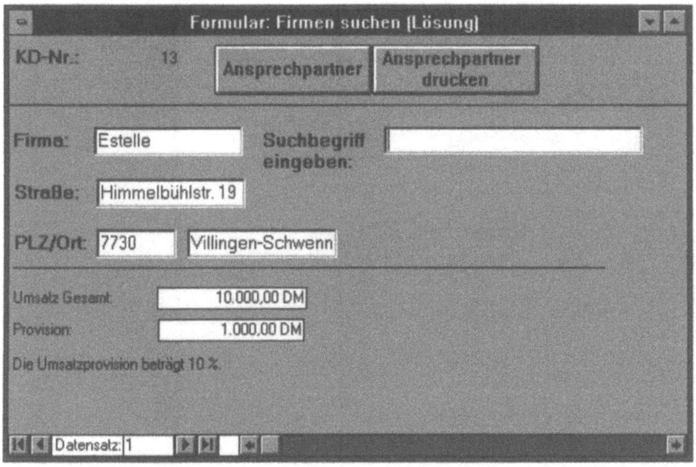

Abb. 17-5 Textfeld zur Eingabe von Suchkriterien

Das Steuerelement ist ungebunden. Die Eigenschaft **Steuerelementinhalt** ist demnach leer. Einen **Steuerelementnamen** hat das Element jedoch. Wir haben es *Suche* genannt. Speichern Sie Ihr Formular und widmen sich anschließend dem Makro. Dieser muß zwei Aktionen beinhalten:

1. Das Steuerelement, nach dessen Inhalt gesucht werden soll, muß aktiviert werden, also den Fokus erhalten.
2. Die Angaben für die Datensatzsuche müssen festgelegt werden.

Die Makroaktion **GeheZuSteuerelement** erlaubt Ihnen das gewünschte Steuerelement zu aktivieren. Da wir nach dem Firmennamen suchen wollen, müssen wir zum Steuerelement *Firma* gehen. Die nächste Aufgabe ist die eigentliche Suche, und die wird von der Makroaktion **SuchenDatensatz** erledigt. Die Argumente dieser Makroaktion sind deckungsgleich mit den Angaben, die Sie im Dialog **Suchen** eintragen können.

Öffnen Sie nun ein neues Makroarbeitsblatt und fügen als erste Aktion **GeheZuStcuerclcment** hinzu. Als einziges Argument tragen Sie *[Firma]* ein. Anschließend wählen Sie die zweite Aktion **SuchenDatensatz** aus. Die Argumente setzen Sie wie folgt:

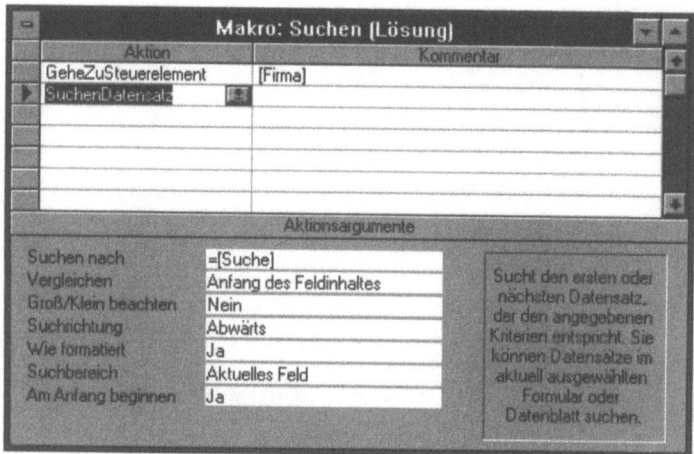

Abb. 17-6 Argumente der Aktion SuchenDatensatz

Gesucht wird nach der Eingabe des Benutzer im Feld *Suche*. (Dieses Feld haben Sie Ihrem Formular soeben neu hinzugefügt.) Damit Access nicht nach dem Feldnamen ([Suche]) sucht, muß ein Gleichheitszeichen (=) vorangestellt werden. Dadurch weiß das Programm, daß der Inhalt des Feldes (und nicht sein Name!) das Suchkriterium darstellt. Verglichen wird der Anfang des Feldinhalts. Der Benutzer kann dadurch nach Firmen suchen, die beispielsweise mit *C* anfangen, aber auch nach Firmen, die mit *Com* beginnen. Die Groß-/Kleinschreibung wird nicht beachtet und es wird grundsätzlich abwärts gesucht. Da Sie Ihrem Feld im Formular vermutlich eine eigene Formatierung zugewiesen haben, setzen Sie da Argument **Wie formatiert** auf *Ja*. Außerdem soll nur im aktuellen Feld gesucht werden, denn das beschleunigt die Suche ungemein. (Das aktuelle Feld ist die Firma, nicht etwa das Feld Suche! Auf Firma haben Sie in der ersten Makroaktion den Fokus gesetzt.) Außerdem startet die Suche immer am Anfang des Dynasets, um eventuelle Meldungsboxen, ob die Suche am Anfang fortgesetzt werden soll, zu verhindern.

Speichern Sie den Makro unter dem Namen *Suchen* und wechseln dann zur Formularansicht Ihres Formulars. Nun müssen Sie das Ereignis ausfindig machen, das den Makro auslöst. Natürlich könnten Sie dem Anwender beibringen, daß er ein Doppelklick auf das Textfeld ausführen muß, um die Suche zu beginnen. Die Aktion *Beim Doppelklicken* 'springt' geradezu ins Auge. Der Doppelklick auf ein

Textfeld ist aber nicht gerade 'windowslike'. Sie sollten sich daher lieber für das Ereignis **Nach Aktualisierung** entscheiden. Es tritt ein, wenn das geänderte Steuerelement verlassen wird, und Access die Daten (in diesem Fall im Hauptspeicher) gespeichert hat. Weisen Sie also den Makro *Suchen* dem Ereignis **Nach Aktualisierung** des Steuerelements [Suche] zu.

Und jetzt heißt es: Umschalten, ausprobieren, fertig! Geben Sie beispielsweise *C* ein, um Kunden mit dem Buchstaben *C* zu finden. (Es müßten an die 15 Kunden mit dem Buchstaben C beginnen.) Findet Access denn alle? Unglücklicherweise findet Access immer nur den ersten Kunden. So ganz zufriedenstellend arbeitet die Suche also noch nicht. Wenn Sie sich den **Suchen**-Dialog aus dem [Bearbeiten]- Menü anschauen, werden Sie sehen, daß dieser über zwei Schaltflächen verfügt: **Suche**, um die erste Übereinstimmung zu finden, und **Weitersuchen**, um weitere, dem Kriterium entsprechende, Daten zu finden. Sie müssen also noch einmal 'Hand anlegen'.

Sie sollten Ihrem Formular nun noch eine Befehlsschaltfläche, **Weiter suchen**, hinzufügen, die zukünftig dazu verwendet wird, *Beim Klicken* nach weiteren Übereinstimmungen zu suchen. Anschließend öffnen Sie wieder ein neues, leeres Makroarbeitsblatt und fügen als erste Aktion ein **Echo** hinzu. Wenn Access später nach weiteren Datensätzen sucht, wird lediglich der gefundene Datensatz am Bildschirm ausgegeben. Die eigentlichen Makroaktionen, die zu einem 'unruhigen Flackern' führen können, werden nicht angezeigt. Setzen Sie das Argument **Echo** auf *Nein* und geben als **Statuszeilentext** *Suche Daten* ein. Nun kann die eigentliche Aufgabe des Makros beginnen. Zunächst einmal schicken Sie ihn zum gewünschten Steuerelement. Das erledigt auch diesmal die Makroaktion **GeheZu-Steuerelement**. Auch diesmal soll das Steuerelement *Firma* den Fokus erhalten. Danach legen Sie die Aktion **SuchenWeiter**, die erfreulicherweise keine Argumente hat, fest. Nun schalten Sie das Echo wieder ein, indem Sie die Aktion **Echo** auswählen und das Argument **Echo** auf *Ja* setzen. Ein **Statuszeilentext** ist beim Einschalten des Bildschirms nicht erforderlich. Speichern Sie den Makro noch unter dem Namen *Suchen Weiter* und lassen ihn **Beim Klicken** der Schaltfläche **Weiter Suchen** ausführen. Umschalten, ausprobieren, und da ist sie nun, die gewünschte Suche nach einem weiteren Datensatz. (Das Formular *Firmen suchen (Lösung)* sowie die Makros *Suchen (Lösung)* und *Suchen weiter (Lösung)* helfen Ihnen, sofern nicht alles 'auf Anhieb' geklappt hat.)

Weitere Daten suchen

**Daten-
genauigkeit
prüfen**

Sie haben bereits Gültigkeitsregeln und -meldungen für Steuerelemente kennengelernt und wissen, daß Sie auf diese Weise Fehleingaben seitens des Benutzers abfangen können. Eine solche Gültigkeitsregel enthält das Textfeld [Umsatz Gesamt] im Formular Gültigkeit prüfen. Öffnen Sie das Formular in der Entwurfsansicht und schauen sich die Gültigkeitsregel samt dazugehöriger -meldung (für das Textfeld [Umsatz Gesamt]) einmal an. So weit, so gut! Sie haben allerdings keine Möglichkeit, eine differenzierte Gültigkeitsmeldung anzuzeigen. Egal ob der Benutzer das Feld leer gelassen oder einen negativen Wert eingetragen hat, er erhält immer wieder dieselbe Meldung.

Ausgefeilter lassen sich solche Prüfungen in einem Makro realisieren. Entfernen Sie nun die Gültigkeitsregel inklusive der Meldung, um einen Gültigkeitsmakro zu schreiben. Öffnen Sie dazu wieder ein neues Makroarbeitsblatt und speichern den Makro gleich unter dem Namen *Gültigkeitsregeln* ab. Zwei Fehleingaben muß der Makro abfangen:

1. Das Feld darf nicht leer sein.
2. Das Feld darf keinen negativen Wert enthalten.

Jede Fehleingabe wird im Makro separat behandelt. Beschäftigen wir uns zunächst mit dem ersten Fall. Wenn das Feld (mit dem Namen [Umsatz Gesamt]) leer (also Ist Null) ist (d.h. die Bedingung wahr ist), dann soll eine **Meldung** mit folgendem Text ausgegeben werden:

Der Gesamtumsatz des Kunden darf nicht leer sein.

Außerdem soll ein **Signalton** ertönen und eine Meldungsbox vom **Typ** *Information* angezeigt werden. Der **Titel** der Meldungsbox soll lauten: *Umsatz eingetragen?*. Nachdem der Anwender die Meldung mit **OK** bestätigt hat, muß die Eingabe abgebrochen werden. Wählen Sie dazu unter **Bedingung** die Fortführungszeichen (...) und tragen als Aktion **AbbrechenEreignis** ein. Damit der Cursor nun gleich in dem Eingabefeld landet, das den Fehler verursacht hat, heißt Ihre nächste Aktion **GeheZuSteuerelement**. Als **Steuerelementname** tragen Sie *[Umsatz Gesamt]* ein. Auch hier dürfen Sie die Fortführungszeichen (...) unter **Bedingung** auf keinen Fall vergessen. (Der Makro arbeitet sonst nicht!) Nachdem der Cursor im betroffenen Eingabefeld positioniert ist, wählen Sie als letzte Aktion **StopMakro**, um die Makroausführung zu beenden. Natürlich dürfen hier ebenfalls die Fortführungszeichen nicht fehlen, da alle oben aufgeführten Aktionen zu der - zu Anfang abgefragten - Bedingung gehören. Alles klar? Hier noch einmal der Makro im Überblick:

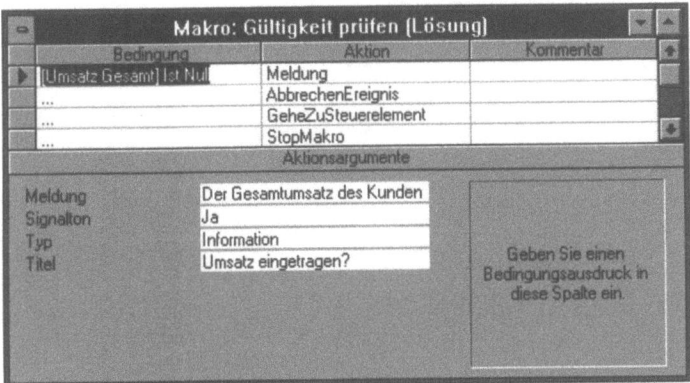

Abb. 17-7 Der Gültigkeitsmakro in der Übersicht

Anschließend ergänzen Sie den Makro, um die Bedingung *[Umsatz Gesamt]<0* zu überprüfen. Und weil das so gut klappt, sollten Sie bei der Gelegenheit auch gleich sicherstellen, daß sowohl im Feld *Firma* als auch im Feld *Ort* eine Angabe gemacht wurde, bevor der neue Kunde angelegt wird. Beides läßt sich mit der Bedingung *Ist Null* sicherstellen. Auch der erweiterte Makro hier noch einmal in der Übersicht:

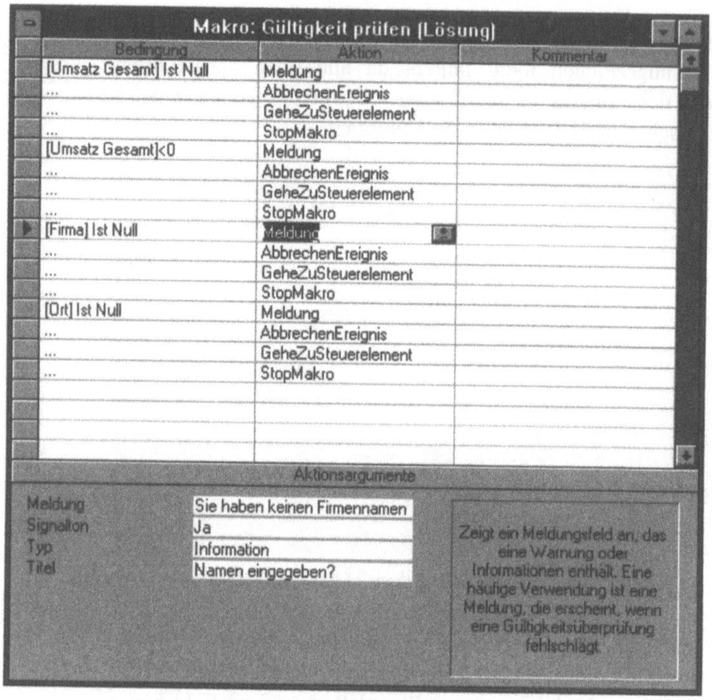

Abb. 17-8 Der vollständige Makro zur Überprüfung der Datengenauigkeit

Nun erhebt sich wieder einmal die Frage, auf welches Ereignis soll der Makro reagieren? Wir schlagen vor ihn der Formulareigenschaft Vor Aktualisierung zuzuweisen. Dadurch stellen Sie sicher, daß der Makro in jedem Fall durchlaufen wird. (Die Steuerelementeigenschaft **Vor Aktualisierung** der Textfelder ist hier nicht zuverlässig genug, denn die reagiert erst, wenn der Benutzer sich tatsächlich in dem Textfeld befindet.)

1. Öffnen Sie das Formular *Gültigkeit prüfen* in der Entwurfsansicht.

2. Öffnen Sie das Eigenschaftenfenster.

3. Wechseln Sie in die Formulareigenschaften.

4. Tragen Sie unter Vor Aktualisierung den soeben geschriebenen Makro ein.

Wechseln Sie nun zur Formularansicht und wählen [Datensätze/Daten eingeben]. Tragen Sie jetzt absichtlich fehlerhafte Daten ein. Lassen Sie den Firmennamen aus oder geben im Feld 'Umsatz Gesamt' einen negativen Wert ein. Bevor der Datensatz tatsächlich gespeichert und am Bildschirm aktualisiert wird, werden Sie die zuvor eingegebenen Fehlermeldungen auf Ihren Irrtum aufmerksam machen. (Die Lösungen finden Sie im Formular *Gültigkeit prüfen (Lösung)* und in einem Makro mit gleichem Namen.)

Auf welche Ereignisse reagieren Makros?

Die wohl wichtigste Frage beim Einsatz von Makros (und auch Modulen) ist die, auf welches Ereignis der Makro reagieren soll. Aus diesem Grund wollen wir, die in dieser Publikation 'weit verstreuten' möglichen Ereignisse noch einmal in einer Übersicht zusammenfassen. Zunächst einmal ist festzuhalten, daß sowohl

Steuerelemente	als auch
Formulare	als auch
Berichte	als auch
Berichtsbereiche	

über Ereignisse verfügen. Im einzelnen sehen diese Ereignisse so aus:

Ereignis	Eigenschaft	Beschreibung
Auswählen eines Steuerelements	**Beim Hingehen**	Wenn Sie zu diesem Steuerelement wechseln, aber bevor das Steuerelement tatsächlich aktiviert ist (also den Fokus erhält).
Drücken einer Befehlsschaltfläche	**Beim Klicken**	Beim Klicken auf die Befehlsschaltfläche.
Ändern der Daten in einem Steuerelement	**Vor Aktualisierung**	Nachdem Sie ein geändertes Steuerelement verlassen, aber bevor Access die Änderung speichert.

Steuerelemente

Ereignis	Eigenschaft	Beschreibung
Ändern der Daten in einem Steuerelement	Nach Aktualisierung	Nachdem Sie ein geändertes Steuerelement verlassen und Access es gespeichert hat.
Doppelklick auf ein Steuerelement	Beim Doppelklicken	Beim Doppelklick auf ein Steuerelement oder dessen Beschriftungsfeld.
Verlassen eines Steuerelements	Beim Verlassen	Beim Verlassen des Steuerelements, aber bevor es den Fokus verliert.

Formulare

Eigenschaft	Beschreibung
Beim Öffnen	Nachdem ein Formular geöffnet wurde, doch bevor der erste Datensatz angezeigt wird.
Beim Anzeigen	Bevor ein Datensatz zum aktuellen Datensatz wird. Dies ist der Fall beim Öffnen eines Formulars oder beim Wechsel von einem Datensatz zum nächsten.
Beim Einfügen	Sobald der Benutzer einen neuen Datensatz in der zugrundeliegenden Tabelle hinzufügt.
Vor Aktualisierung	Nachdem Sie einen geänderten Datensatz verlassen, aber bevor Access die Änderung speichert.
Nach Aktualisierung	Nachdem Sie einen geänderten Datensatz verlassen und Access ihn gespeichert hat.
Beim Löschen	Beim Versuch einen Datensatz zu löschen, aber bevor der Datensatz tatsächlich gelöscht wird.
Beim Schließen	Beim Schließen des Formulars, aber bevor es vom Bildschirm entfernt wird.

Berichte

Ereignis	Eigenschaft	Beschreibung
Öffnen eines Berichts	Beim Öffnen	Nachdem der Bericht geöffnet wurde, aber bevor er ausgedruckt ist.
Schließen eines Berichts	Beim Schließen	Wenn der Bericht geschlossen wird.

Ereignis	Eigenschaft	Beschreibung
Bereichsdaten für den Ausdruck anordnen	**Beim Formatieren**	Nachdem Access weiß, welche Daten zu welchem Bereich gehören, jedoch vor ihrer Anordnung für den Ausdruck.
Drucken der Bereichsdaten	**Beim Drucken**	Nach der Anordnung für den Ausdruck, jedoch vor dem Drucken des Bereichs.

Berichts-bereichs

Nehmen Sie sich genügend Zeit das richtige Ereignis für den Makro zu finden, damit es nicht zu 'Überraschungen' kommt.

Makro testen

Apropos Überraschungen. Zu denen kann es schon eher kommen, nämlich dann, wenn ein Makro bei der Ausführung einen Fehler vermeldet. Spätestens jetzt ist es Zeit, den Makro 'Schritt für Schritt' (also im Einzelschritt) zu analysieren. Auf diese Weise läßt sich jede Makroaktion genau kontrollieren, um die fehlerhafte Aktion zu finden. Um den Makro im Einzelschritt durchzugehen,

1. Öffnen Sie das Makrofenster.

2. Klicken auf das Symbol für den Einzelschritt

   oder

   wählen Sie [Makro/Einzelschritt].

2. Wechseln Sie dann zu Ihrem Formular (oder Bericht) und führen den Makro aus. Access zeigt daraufhin den Dialog **Einzelschritt** mit der ersten Makroaktion an:

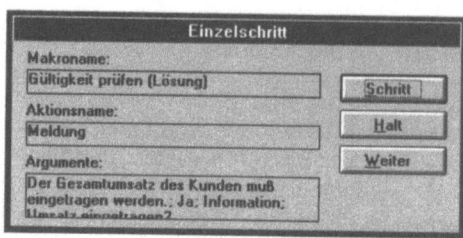

*Abb. 17-9 Dialog **Einzelschritt***

Unter **Makroname** wird der Name des Makros angezeigt, das Sie im Einzelschritt durcharbeiten.

Das Feld **Aktionsname** zeigt die erste Makroaktion an.

Die **Argumente** der Makroaktion entnehmen Sie dem gleichnamigen Feld.

3. Betätigen Sie die Schaltfläche **Schritt**, um zur nächsten Makroaktion zu gelangen.

   Wählen Sie **Halt**, um die Makroausführung zu beenden und den Dialog **Einzelschritt** zu schließen.

   Um die weiteren Aktionen des Makros 'normal' (also nicht im Einzelschritt) ausführen zu lassen, verwenden Sie die Schaltfläche **Weiter**.

Der Einzelschrittmodus ist eine große Hilfe beim Auffinden fehlerhafter Makroaktionen. Sollten Sie einen Makro ausführen, der Fehler enthält, ohne ihn vorher im Einzelschritt getestet zu haben, macht Access auf die fehlgeschlagene Makroaktion mit folgendem Dialog aufmerksam:

*Abb. 17-10 Dialog **Aktion ist fehlgeschlagen***

Dieser Dialog ist eine Fehlermeldung. Er wird immer dann angezeigt, wenn ein Makro nicht korrekt ausgeführt werden konnte. Hierbei spielt es keine Rolle, ob der Makro 'normal' oder im Einzelschrittmodus aufgerufen wurde. Diese Fehlermeldung unterscheidet sich kaum vom Dialog **Einzelschritt**. Einen gravierenden Unterschied gibt es dennoch: Die Fehlermeldung erlaubt lediglich die Verwendung der Schaltfläche **Halt**, womit der fehlerhafte Makro dann abgebrochen wird. Sie sollten diesen Makro nun im Einzelschritt testen.

Eigene Menüs anlegen

Zur individuellen Gestaltung einer Datenbankanwendung gehört - unter Umständen - auch die Veränderung der Menüs. Menüs, damit meinen wir zum einen die Menüleiste, aber ganz sicher auch die Pull-Down-Menüs, die die gewünschten Befehle enthalten:

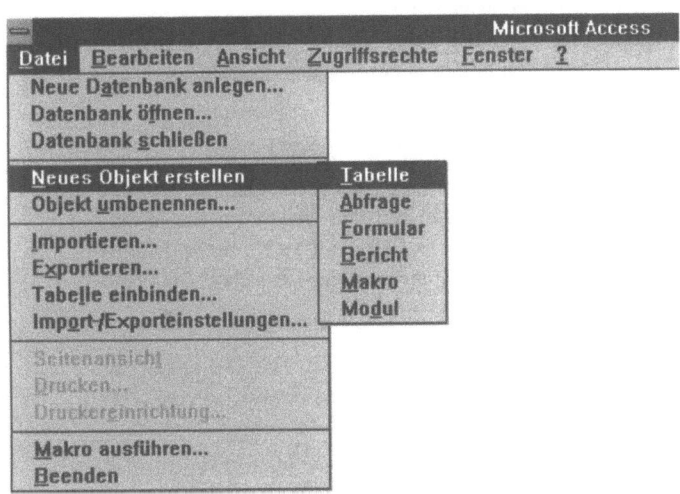

Abb. 17-11 Menüleiste, Drop-Down-Menü und Befehle

Sobald Sie die Datenbank VERTRIEB.MDB öffnen, ändert sich automatisch die Menüleiste. Wie kommt es dazu? Das ganze Geheimnis ist ein Makro namens *M Hauptmenü*, der die Menünamen neu definiert. Öffnen Sie besagten Makro im Makrofenster. Wie man sieht, besteht der Makro aus nichts weiter als acht Makroaktionen **HinzufügenMenü**. Die Kommentarspalte gibt Auskunft darüber, welche Menüs hinzugefügt werden. Die Aktion **HinzufügenMenü**

Die Anlage der Menüleiste

besitzt drei Argumente: **Menüname, Menümakroname** und **Statuszeilentext**.

Die Argumente der Aktion Hinzufügen Menü

Der **Menüname** legt den Namen fest, der später in der Menüleiste angezeigt werden soll. Um einem bestimmten Buchstaben in der Menüleiste zu einem Unterstreichungsstrich zu verhelfen, geben Sie vor den Buchstaben & (Ampersand) ein. Das von uns hinzugefügte Datei-Menü erhält - ordnungsgemäß und 'windowslike' - ein unterstrichenes 'D', so daß es sich in der Menüleiste wie folgt darstellt:

Datei.

Unter **Menümakroname** steht die Makrogruppe (siehe nächster Teilabschnitt), die die Befehle für das Menü [Datei] definiert. Alle Befehle, die im Datei-Menü verfügbar gemacht werden sollen (wie Speichern, Drucken, Schließen usw.), sind demnach in unserem Beispiel im Makro *Menü Datei* festgelegt.

Zu guter Letzt können Sie noch einen **Statuszeilentext** eingeben. Dieser Text wird in der Statuszeile angezeigt, sobald der Cursor auf dem Menüpunkt (hier: Datei) positioniert ist.

Menüleiste einbinden

Eine eigene Menüleiste anzulegen, ist also gar nicht schwer. Damit die Menüleiste nun aber auch aktiv ist, wenn ein ganz bestimmtes Formular geöffnet wird, hinterlegen Sie den Makro für die Menüleiste in den F o r m u l a r e i g e n s c h a f t e n unter **Menümakro**. Wie immer läßt sich der Makro aus der Liste Ihrer - bis dato existierenden - Makros auswählen.

Nun gilt es nur noch eine Aufgabe zu erledigen: Das Definieren der Befehle für die Pull-Down-Menüs. Wie Sie das bewerkstelligen, verrät Ihnen der nächste Teilabschnitt.

Eine Makrogruppe einrichten

Was ist eine Makrogruppe?

Ein Makro, der aus mehreren Makros besteht, wird Makrogruppe genannt. Die Makrogruppe erscheint - wie ein 'einfacher' Makro im Objekt **Makro** des Datenbankcontainers. Makrogruppen eignen sich für die verschiedensten Aufgaben, vor allem aber zur Erstellung von Pull-Down-Menüs, da weder Menüleisten noch Pull-Down-Menüs (kaum zu glauben, aber wahr) durch ein Access-Modul erstellt werden können. Wir wollen uns nun zunächst die Makrogruppe *Menü Bearbeiten* anschauen.

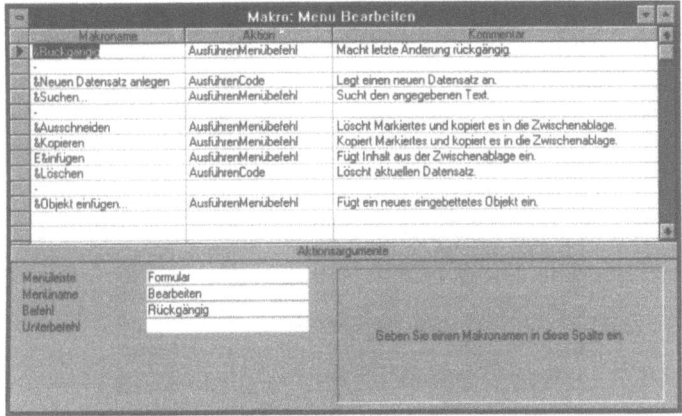

Abb. 17-12 Die Makrogruppe Menü Bearbeiten

Im Gegensatz zu allen anderen Makros, die Sie bislang geschrieben haben, verfügt die Makrogruppe über eine zusätzliche Spalte, **Makroname**, in der der eigentliche Name des Makros festgelegt wird. (Diesen Namen legen Sie in einem 'einfachen' Makro durch das Speichern fest.) Jede Zeile dieser Makrogruppe repräsentiert einen eigenen funktionstüchtigen Makro. Um die Spalte für Makronamen anzuzeigen (und dadurch einen Makro in eine Makrogruppe zu verwandeln),

---

klicken Sie auf das Symbol für die Makronamen

oder

wählen Sie [Ansicht/Makronamen].

Makronamen innerhalb der Makrogruppe

Access fügt daraufhin die Spalte **Makroname** hinzu, in die Sie nun einzelne Makros eingeben. Sie können entweder in jeder Zeile einen neuen Makro beginnen wie die *Abb. 17-12* zeigt oder den Makronamen festlegen, eine Reihe von Aktionen wählen, die der Makro ausführen soll, bevor Sie einen neuen Makro schreiben, indem Sie seinen Namen unter **Makroname** angeben.

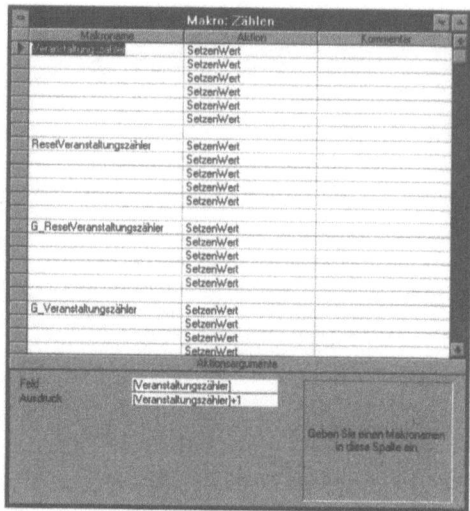

Abb. 17-13 Jeder Makro innerhalb der Gruppe führt mehrere Makroaktionen aus.

Doch zurück zur Makrogruppe *Menü Bearbeiten*, die das Bearbeiten-Menü unseres Hauptmenüs bestückt. Sie enthält acht Makros. Jeder Makro repräsentiert einen Befehl innerhalb des Pull-Down-Menüs. Verglichen mit dem Original-Menü [Bearbeiten] (in der Formularansicht) ist dieses Menü eher 'mager'. Für unsere Zwecke reicht es so vollständig. Wir haben es daher 'ausgedünnt'.

Die Wahl der Makronamen obliegt einzig und allein Ihnen. Um allerdings den Befehl Ausschneiden oder Kopieren in Ihrer Datenbankanwendung einzusetzen, sollten Sie bei den altbekannten (und bewährten) Namen bleiben. Achten Sie darauf, in jedem Makronamen einen a n d e r e n Buchstaben für die direkte Ansteuerung des Befehls aus dem Pull-Down-Menü festzulegen. Verwenden Sie zweimal den gleichen, führt Access lediglich den ersten Befehl aus, der den unterstrichenen Buchstaben enthält.

Aktionen für ein Pull-Down-Menü

Selbstverständlich können Sie auch in einer Makrogruppe für jeden Makro jede beliebige Aktion wählen. Wollen Sie allerdings Pull-Down-Menüs erstellen, sind für Sie lediglich diese beiden Aktionen interessant:

    AusführenMenübefehl   und
    AusführenCode.

Während **AusführenMenübefehl** eine Aktion aus einem von Ihnen anzugebenden Access-Pull-Down-Menü ausführt, wird **Ausführen-Code** immer dann verwendet, wenn Sie eigene Funktionen in Access-Basic geschrieben haben, die Sie anstelle einer Access-eigenen Funktion verwenden wollen.

Die Aktion **AusführenMenübefehl** hat vier Argumente. Sie beginnen damit, die gewünschte **Menüleiste** auszuwählen, in der sich das Pull-Down-Menü befindet, auf das Sie zurückgreifen möchten. (Klappen Sie die Liste einmal auf, wird deutlich, daß Access über etliche Menüleisten verfügt!) Anschließend legen Sie unter **Menüname** fest, in welchem Menü der Leiste sich der auszuführende Befehl befindet. Nun sind Sie fast am Ziel. Alle Befehle, die zum zuvor gewählten Menü gehören, werden in der Liste **Befehl** angezeigt. Sollte sich Ihr Befehl allerdings in einem Unterbefehl verstecken, müssen Sie nun noch den Unterbefehl angeben. (Um ein Beispiel für einen Unterbefehl einzusehen, wechseln Sie zum Datenbankcontainer und wählen [Datei/Neues Objekt erstellen]. Dieser Befehl verfügt über die Unterbefehle Tabelle, Abfrage, Formular usw.)

Demgegenüber kommt die Aktion **AusführenCode** mit einem eigenen Argument aus, dem Funktionsnamen. Und hier tragen Sie dann Ihre - in Access-Basic geschriebene - Funktion samt aller erforderlichen Parameter ein.

Nachdem Sie für jedes Pull-Down-Menü eine Makrogruppe angelegt haben, schreiben Sie einen Makro, der Ihre Menüleiste definiert. Dieser Makro besteht ausschließlich aus **HinzufügenMenü**-Aktionen (siehe vorheriger Teilabschnitt). Hier wird jedes Pull-Down-Menü aufgenommen, das Bestandteil der Menüleiste werden soll. Schauen Sie sich den Makro *M Hauptmenü* noch einmal im Makrofenster an, um das Einbinden von Pull-Down-Menüs zu verifizieren.

Pull-Down-Menüs in der Menüleiste einbinden

Gesetzt den Fall, Sie haben eine Makrogruppe angelegt, die sich mit anderen Aufgaben als der Anlage eines Pull-Down-Menüs, beschäftigt, müssen Sie natürlich wissen, wie auf den einzelnen Makro der Gruppe zugegriffen wird.

Makros der Makrogruppe ausführen

1. Öffnen Sie das Formular oder den Bericht, in dem Sie den Makro einsetzen wollen, in der Entwurfsansicht.

2. Wählen Sie das gewünschte Ereignis.

3. Geben Sie den Namen des Makros, der Bestandteil einer Makrogruppe ist, wie folgt ein:

   Makrogruppe.Makroname

Dem Makronamen wird der Name der Gruppe einfach vorangestellt. Ein Makro, der Bestandteil einer Makrogruppe ist, wird als Eigenschaft der Makrogruppe betrachtet. Aus diesem Grund trennt ein Punkt (.) Makrogruppe und Makronamen. Die Erklärung dafür ist ganz einfach: Das ist die zulässige Syntax, die verwendet wird, um auf Eigenschaften zuzugreifen. (Nicht zu verwechseln mit dem Zugriff auf ein Steuerelement in einem Formular oder Bericht!) Wenn Sie Basic- oder Visual-Basic-Entwickler oder auch Word für Windows-Makroprogrammierer (oder, oder, oder...) sind, wird Sie das kaum wundern.

Die Abbildung zeigt, wie auf den Makro *Veranstaltungszähler* der Makrogruppe *Zählen* zugegriffen wird:

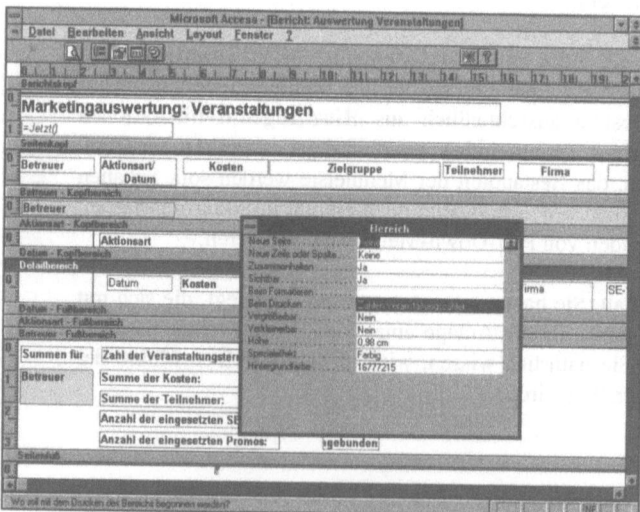

Abb. 17-14 Ein Makro einer Makrogruppe ausführen

Der Autoexec-Makro

Nachdem Ihre Datenbankanwendung erstellt ist, sollten Sie nun noch dafür sorgen, daß beim Öffnen der Datenbank sogleich Ihr Hauptformular samt Ihrer eigenen Menüleisten und der gewünschten Bildschirmeinstellungen geladen wird. Diese Aufgabe übernimmt ein Makro mit dem Namen *Autoexec*. Um ihn zu erstellen,

1. öffnen Sie ein neues, leeres Makroarbeitsblatt,
2. tragen die gewünschten Aktionen ein und
3. speichern den Makro dann unter dem Namen *Autoexec*.

Beim nächsten Öffnen der Datenbank werden alle Aktionen ausgeführt, die Access im Autoexec-Makro findet.

Um den Autoexec-Makro beim Öffnen der Datenbank nicht auszuführen, halten Sie die Taste H gedrückt.

Welche Aktionen Konkret könnten das nun sein? Beispielsweise diese:

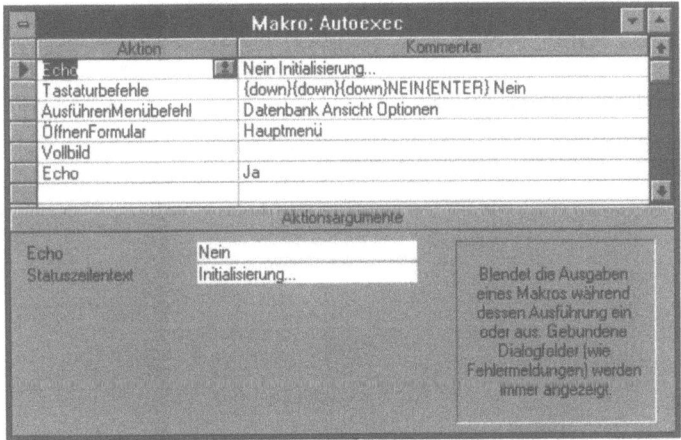

Abb. 17-15 Möglicher Autoexec-Makro

Zunächst einmal wird das **Echo** abgeschaltet. Anschließend werden **Tastaturbefehle** gesendet, die für die nächste Aktion **Ausführen-Menübefehl** benötigt werden. Die zuvor gesendete Tastenfolge sorgt dafür, daß im Menü [Ansicht/Optionen] die Access-Symbolleiste ausgeschaltet wird, denn schließlich verwenden wir eine eigene. (Übrigens: Eine genaue Auflistung aller Tastaturbefehle finden Sie in der Hilfe.) Dann wird unser Formular *Hauptmenü* geöffnet, dasselbe ins Vollbild gebracht und anschließend das Echo wieder eingeschaltet.

Die Aktionen, die Sie im Autoexec-Makro verwenden, sind natürlich abhängig von der Lösung, die Sie erreichen wollen. Es wäre daher auch denkbar, beim Öffnen der Datenbank Tabellen zu im- oder exportieren. So könnte ein Makro zum Datenimport....

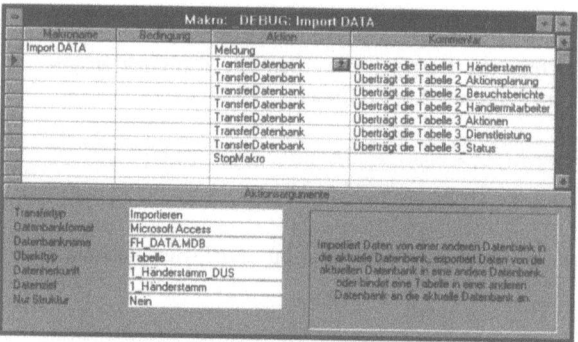

Abb. 17-16 Daten importieren

... und so zum Datenexport aussehen:

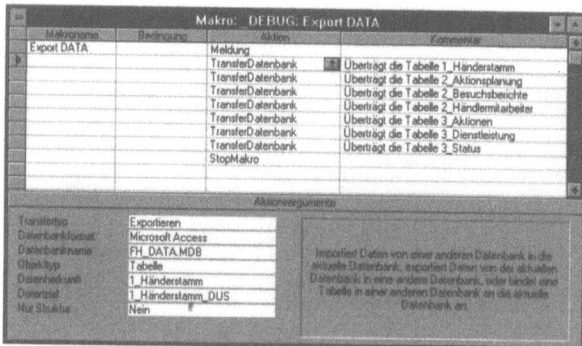

Abb. 17-17 Daten exportieren

Zusammenfassung des Kapitels

- Sie haben allgemeine Überlegungen zur Verwendung von Makros angestellt.

- Sie haben erfahren, wie Sie Ausdrücke und Bedingungen im Makro verwenden. So haben Sie beispielsweise eine Bedingung geschaffen, die die Synchronisation zweier Formulare sicherstellt.

- Sie haben gelernt, auf Steuerelemente eines Formulars oder Berichts zuzugreifen und haben den Unterschied zwischen der Bedingung für die Makroaktion und dem Argument **Bedingung** herausgefunden.

- Sie haben Makroaktionen zur Steuerung des Ausdrucks, zum Suchen von Daten sowie zur Prüfung der Datengenauigkeit eingesetzt. Darüber hinaus haben Sie sich mit den möglichen Ereignissen, auf die Makros reagieren können, vertraut gemacht.

- Sie haben den Einzelschrittmodus aktiviert, um Ihre Makros zu testen.

- Sie haben eine eigene Menüleiste angelegt und diese als Menümakro einem gewünschten Formular zugeordnet. Weiterhin haben Sie die - für die Menüleiste erforderlichen - Menüs eingerichtet.

- Sie haben den Unterschied zwischen einem Makro und einer Makrogruppe kennengelernt. Außerdem wissen Sie, wie und wann Makrogruppen verwendet werden.

- Sie haben erfahren, wie ein Autoexec-Makro Aufgaben beim Öffnen einer Datenbank übernimmt.

TRAINIEREN SIE IHR WISSEN:

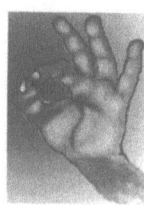

1. Nennen Sie einige Aufgaben, zu deren Lösung Sie Makros einsetzen würden?

2. Wie setzen Sie Ausdrücke in Makros ein?

3. Nennen Sie die Syntax, um auf Steuerelemente in Formularen oder Berichten zuzugreifen.

4. Nennen Sie die Syntax, um auf ein Makro einer Makrogruppe zuzugreifen. Bedenken Sie, daß der Makro als Eigenschaft der Makrogruppe betrachtet wird.

5. Erklären Sie den Unterschied zwischen der **Bedingung** in einer Makroaktion und dem Argument **Bedingung**.

6. Wozu setzen Sie einen Autoexec-Makro ein?

Kapitel 18

Überblick
Welche Verwaltungsaufgaben gibt es?
Die Datensicherung
Die Sicherheitsmechanismen
Die Datenbank komprimieren
Eine beschädigte Datenbank wiederherstellen
Zusammenfassung des Kapitels

18. Die Verwaltung der Datenbank

Überblick

Ganz ohne Verwaltung kommt kein Programm aus, erst recht kein Datenbankprogramm. Eine regelmäßige Datensicherung ist ebenso wichtig wie Einführung von Sicherheitsmechanismen, sofern in einer Mehrbenutzerumgebung gearbeitet wird. Neben diesen Aufgaben stellt Access die Möglichkeit zur Verfügung, Ihre Datenbank zu 'tunen'. Wie, erfahren Sie im Teilabschnitt **Die Datenbank komprimieren**. Sollten Sie von einem Plattenfehler, Stromausfall oder sonstigen Imponderabilien 'heimgesucht' und Ihre Datenbank durch solch widrige Umstände beschädigt worden sein, kann Access **Eine beschädigte Datenbank wiederherstellen** helfen.

Welche Verwaltungsaufgaben gibt es?

Wenn man von Verwaltungsaufgaben spricht, reichen diese ganz sicher von der erfolgreichen Anlage der Datenbankstruktur bis hin zur Datensicherung des Systems. Wir wollen uns in diesem Kapitel allerdings auf die Aufgaben beschränken, die - mehr oder weniger - regelmäßig von einem Systembeauftragten (sofern Access im Netzwerk eingesetzt wird) oder von Ihnen selbst erledigt werden müssen, wenn Sie Access auf einem einzelnen Arbeitsplatz einsetzen.

Die wohl größte Bedeutung (und Wichtigkeit) hat die Datensicherung. Verlassen Sie sich n i e darauf, daß man ja auch ohne eine Sicherungskopie ganz gut leben kann, weil in der Vergangenheit 'noch nie etwas passiert ist'. Schon heute kann Ihre Festplatte Probleme bereiten oder ein Stromausfall dazu verhelfen, daß eine geöffnete Datenbank sich beim Wiederhochfahren von Access nicht mehr reparieren läßt. Die 'Onkel Doktor'-Befehle zum Retten einer beschädigten Datenbank sind kein Allheilmittel, sondern der schüchterne Versuch, bei kleineren Problemen eine Lösung herbeizuführen. Wird bei einem Plattenausfall beispielsweise Ihre FAT (File Allocation Table) oder - fast noch schlimmer - Ihre Partition Table (Partitionstabelle) zerstört, ist auch Access machtlos, weil der Rechner in so einem Fall seine Daten oder sogar seine Laufwerke nicht mehr finden kann. Damit läßt sich dann kein Programm mehr starten, auch Access nicht!

Ein weiterer wichtiger Punkt ist die Sicherheit Ihres Datenbanksystems. Bestimmt wollen Sie nicht jedem Zugriff auf Ihre Access-Daten gewähren, schon gar nicht in einem Netzwerk. Unter Sicherheit ist einerseits die Sicherheit Ihrer Accessdaten gegenüber Fremden zu verstehen, andererseits (sofern Sie im Netzverbund arbeiten), der Schutz gegenüber anderen Benutzern dieser Datenbank. Um zu verhindern, daß irgendwer Ihr Access auf Ihrem Rechner startet, vergeben Sie ein Kennwort, das beim Einstieg in das Programm abgefragt wird. Arbeiten Sie zusammen mit anderen an ein und derselben Datenbank, haben Sie die Möglichkeit, Rechte für jedes einzelne Objekt innerhalb der Datenbank zu vergeben. Dabei helfen Benutzergruppen, in die einzelne Anwender zusammengefaßt werden können, damit das Ganze nicht unübersichtlich wird.

Während der Arbeit mit einer Datenbank - zumal in der Entwicklungsphase - werden immer wieder neue Abfragen generiert, Berichte erstellt, modifiziert, gelöscht ja vielleicht sogar Tabellenstrukturen und Formulare verändert. All diese Änderungen werden in den Systemdatenbanken von Access 'brav' vermerkt. Somit 'breitet' sich Ihre Access-Datenbank, zu der immer auch die Systemtabellen gehören, auf Ihrer Festplatte kräftig aus, getreu dem MS-DOS-Motto: Schreibe wo Du Platz findest. Das können auf einer Festplatte die unterschiedlichsten Bereiche sein. Leider komprimiert Access Ihre Datenbank nicht automatisch, wenn Sie bestimmte Abfragen, Tabellen, Formulare oder ähnliches wieder löschen. (Das wäre auch ein bißchen viel verlangt.) Je größer die Systemtabellen, desto mehr hat Access aber aus unterschiedlichen Plattenbereichen 'einzulesen', was letztendlich in einer immer langsamer arbeitenden Datenbank gipfelt. Um solche Umstände zu bereinigen, sollte die Datenbank daher von Zeit zu Zeit komprimiert werden.

Es kann vorkommen, daß während Ihrer Arbeit mit Access ein unvorhergesehenes Ereignis eintritt, ein Stromausfall zum Beispiel oder ein physikalischer Defekt Ihres Rechners. In solchen Fällen kann die Datenbank nicht mehr ordnungsgemäß geschlossen werden, was zu Störungen beim erneuten Aufruf derselben führen kann. Handelt es sich um einen kleineren Defekt, kann dieser möglicherweise in Access 'repariert' werden. Das Programm sieht für solche Fälle den Befehl **Datenbank reparieren** vor. Hilft diese Funktion allerdings nicht, bleibt Ihnen nur noch die Möglichkeit Ihre Datensicherungskopie einzuspielen.

Die Datensicherung

Womit wir beim wichtigsten Thema sind. Grundsätzlich müssen beim Sichern von Daten folgende Bereiche berücksichtigt werden:

Die Systemdaten (hier: SYSTEM.MDA)
Die Benutzerdaten (hier: Access-Datenbanken).

Welche Daten werden gesichert?

Die SYSTEM.MDA enthält alle Informationen zu einem bestimmten Benutzer (wie Rechte und Kennwörter). Nachdem Sie Access für einen bestimmten Benutzer konfiguriert haben, sollte Ihre nächste Aufgabe darin bestehen, die SYSTEM.MDA zu sichern.

Es ist **nicht möglich** die SYSTEM.MDA eines anderen Benutzers einzuspielen, sofern die eigene SYSTEM.MDA beschädigt ist.

Die Access-Datenbank-Dateien tragen die Endung 'MDB' (Microsoft DataBase). Um Benutzerdaten zu sichern, ist es daher erforderlich alle Datenbanken (*.MDB), die der Benutzer geändert hat, auf ein anderes Medium zu übertragen. Das kann ein Streamer, aber auch ein Backup-Rechner oder natürlich die 'traditionelle' Diskette sein.

Wir haben uns angewöhnt, die SYSTEM.MDA auf zwei unterschiedlichen Disketten zu sichern; falls sich eine der beiden Disketten nicht mehr einlesen läßt, hat man dadurch immer noch eine zweite Chance. Eine erneute Sicherung der SYSTEM.MDA ist erst dann notwendig, wenn sich Rechte oder Kennwörter des Anwenders verändern.

Wie oft werden Daten gesichert?

Wie oft die Benutzerdaten gesichert werden, ist abhängig davon, wie oft sich diese verändern. Arbeiten Sie innerhalb einer Woche nur gelegentlich mit Access, reicht die wöchentliche Sicherung vermutlich aus. In einem Netzwerk sollte hingegen grundsätzlich die tägliche Datensicherung erwogen werden. Auch die Frage, wie viele Datensicherungskopien (Großeltern-, Eltern-, Kindsicherung) Sie erzeugen, ist abhängig von Ihrem Sicherheitsbedürfnis. Die Erfahrung hat uns gezeigt, daß eine doppelte Datensicherung in vielen Fällen hilfreich ist.

Wie werden Daten gesichert? — Sofern Sie kein eigenes Datensicherungsprogramm einsetzen, bemühen Sie den Windows Datei-Manager.

1. Schließen Sie die Datenbank und sorgen dafür, daß niemand mehr mit ihr arbeitet.

2. Rufen Sie das Sicherungsprogramm oder den Windows-Datei-Manager auf und führen die Sicherung durch.

Sofern Sie Access in einem Netzwerk einsetzen, sollten Sie darüber nachdenken, ob eine Sicherung im Batch-Betrieb, eine Verarbeitung die nachts laufen kann, in Frage kommt.

Die Sicherheitsmechanismen

Es gibt viele Wege einen Rechner vor unerlaubtem Zugriff zu schützen. So besteht bereits auf der Computerebene die Möglichkeit, Schutzmechanismen einzubauen (wie zum Beispiel den Rechner abzuschließen). Weiter geht es dann auf der Netzwerkebene (sofern vorhanden), die ein ganzes 'Bündel' von Vorkehrungen bereithält bis hin zur Applikation, in unserem Fall Access, in der sich ebenfalls Sicherungen einbauen lassen.

Offenes oder geschütztes System? — Die Sicherheitsmechanismen von Access sind Gegenstand dieses Teilabschnitts. Nachdem Sie das Programm installiert haben, arbeiten Sie zunächst in einem System ohne Zugriffseinschränkungen. Beim Start von Access werden Sie als 'Administrator/Benutzer' angemeldet und haben dadurch vollen Zugriff auf alle Objekte und Daten.

In einem gesicherten System erhält jeder Benutzer zur eindeutigen Identifikation einen B e n u t z e r n a m e n und eine p e r s ö n l i c h e   I d e n t i f i k a t i o n s n u m m e r (PIN), die aus vier Ziffern besteht. Melden Sie sich in einem gesicherten Access-System an, erscheint ein Anmeldedialog, der Ihren Namen sowie das dazugehörige Kennwort wissen möchte. Erst wenn beide Eingaben erfolgt (und richtig) sind, wird Access gestartet.

Gruppen verwenden — Da die Vergabe von Rechten in einer komplexen Datenbankanwendung leicht unübersichtlich werden kann, bietet Access die Mög-

Die Verwaltung der Datenbank   527

lichkeit, Benutzer, die gleiche Aufgaben erledigen (und dementsprechend gleiche Rechte benötigen), in Gruppen zusammenzufassen. Anstatt Herrn Müller, Frau Meier, Frau Schulze, Herrn Sommer usw. einzeln mit Rechten für jedes einzelne Datenbankobjekt (d. h. jede einzelne Tabelle, jede einzelne Abfrage, jedes einzelne Formular usw.) ausstatten zu müssen, legen Sie für diesen Personenkreis eine Gruppe an und weisen lediglich der Gruppe die Rechte für jedes einzelne Datenbankobjekt zu. Alle oben genannten Personen werden Mitglied der Gruppe und haben fortan identische Rechte.

Access liefert grundsätzlich drei Gruppen, die nicht gelöscht werden können:

    Benutzer
    Administratoren
    Gäste.

Legen Sie in Access einen neuen Benutzer an, wird dieser automatisch Mitglied der Gruppe **Benutzer**. Alle Benutzer, die ihr Datenbanksystem administrieren (also verwalten) dürfen, werden in die Gruppe **Administratoren** eingetragen. Das Benutzerkonto Administrator/Benutzer wird durch Access automatisch in die Gruppe Administratoren eingetragen. Zu jedem Zeitpunkt muß mindestens ein Benutzer in der Gruppe Administratoren vorhanden sein. Die Gruppe **Gäste** verwenden Sie für Benutzer, die kein eigenes Benutzerkonto haben, denen Sie aber dennoch zu öffentlichen Informationen Ihres Datenbanksystems Zugang verschaffen wollen.

Jedem Benutzer bzw. jeder Gruppe, sofern Sie die Benutzer in Gruppen zusammengefaßt haben, müssen nun Berechtigungen erteilt werden. Access kennt sechs Berechtigungen:

Berechtigungen

    Definition lesen
    Definition ändern
    Ausführen
    Daten lesen
    Daten ändern
    Volle Berechtigung.

Die Berechtigung wird entweder vom Systemverantwortlichen oder - für die eigenen Objekte - vom Benutzer selbst vergeben.

Benutzerkonto einrichten

Ein Benutzer ist zunächst einmal ein menschliches Wesen, das vor dem Rechner seine Aufgaben mit Access zu lösen versucht. Für Access ist ein **Benutzer** ein Benutzerkonto, bestehend aus Name und PIN (Persönliche Identifikationsnummer). Der Name darf zwischen 1 und 20 Zeichen lang sein, auch Leerstellen (sofern diese nicht am Anfang stehen) und Umlaute enthalten, muß allerdings auf folgende Zeichen verzichten:

$$" / \backslash [\ ] : < > + = ; , ? *.$$

Ebenfalls verzichtet werden muß auf die nicht druckbaren Steuerzeichen *ANSI 00* bis *ANSI 31*. Eine PIN (Persönliche Identifikationsnummer) besteht grundsätzlich aus vier Zahlen, nie mehr und nie weniger. Auch können für die PIN weder Sonderzeichen noch Buchstaben verwendet werden.

Um ein solches Konto einzurichten:

1. wechseln Sie in den Datenbankcontainer.

2. Wählen Sie [Zugriffsrechte/Benutzer], um den Dialog zur Bearbeitung von Benutzerkonten zu erhalten.

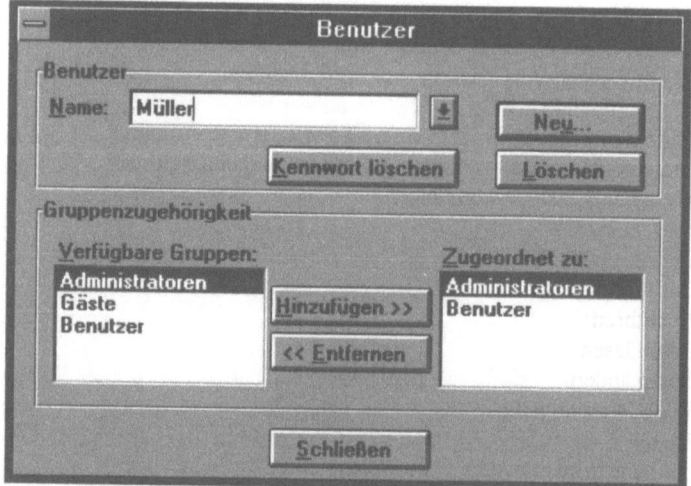

*Abb. 18-1 Dialog **Benutzer***

Die Verwaltung der Datenbank

3. Im Feld **Name** tragen Sie jetzt den gewünschten Benutzernamen ein und klicken anschließend die Schaltfläche **Neu**.

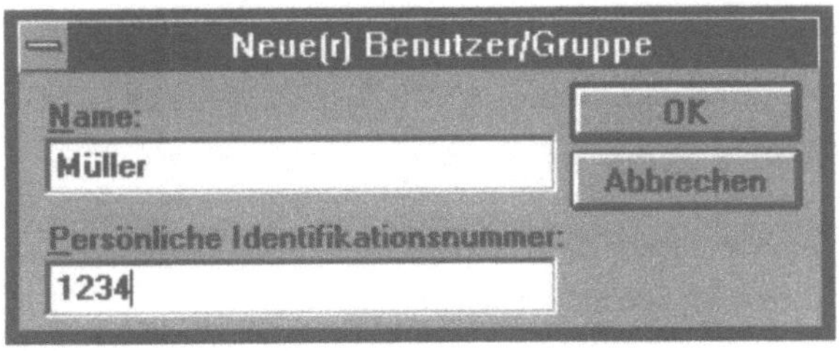

Abb. 18-2 Neues Benutzerkonto anlegen

4. Der zuvor eingegebene Name wird im Dialog angezeigt. Sie müssen nun noch die **Persönliche Identifikationsnummer** eintragen. Sie muß aus vier Zahlen bestehen. Buchstaben sind nicht erlaubt.

    Um das Benutzerkonto eindeutig zu bestimmen, verwendet Access eine Kombination aus Kontoname und PIN.

5. Klicken Sie auf **OK**. Das Benutzerkonto wird nun erstellt.

6. Sofern Sie weitere Benutzerkonten anlegen wollen, wiederholen Sie die Schritte 3 bis 5 entsprechend oft.

7. Um Ihre Arbeit zu beenden, klicken Sie die Schaltfläche **Schließen**.

Natürlich läßt sich im Dialog **Benutzer** auch ein angelegtes Konto wieder löschen. Wählen Sie dazu den gewünschten Namen aus und klicken die Schaltfläche **Löschen**.

Nachdem Sie alle Benutzerkonten angelegt haben, wollen Sie die Benutzer vermutlich in Gruppen zusammenfassen. Dazu müssen die Gruppen von Ihnen aber erst einmal erstellt werden, es sei denn, Sie verwenden die Standardgruppen von Access.

Gruppen anlegen

---

1. Wählen Sie (im Datenbankcontainer) aus dem Menü [Zugriffsrechte] den Befehl [Gruppen].

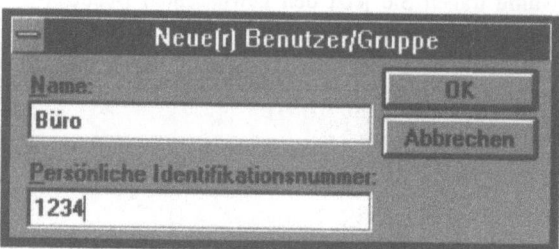

Abb. 18-3 Neue Gruppe anlegen

2. Legen Sie unter **Name** den Gruppennamen fest und klicken auf die Schaltfläche **Neu**. Den nun folgenden Dialog kennen Sie bereits.

3. Legen Sie die PIN fest und klicken auf **OK**.

4. Um weitere Gruppen einzurichten, wiederholen Sie Schritt 3 und 4 entsprechend oft.

5. Beenden Sie Ihre Arbeit in diesem Dialog durch einen Mausklick auf den Schalter **Schließen**.

Der Dialog **Gruppen** erlaubt natürlich auch das Löschen von Gruppen. Wählen Sie dazu die Gruppe, die Sie zu entfernen wünschen, aus der Liste Name aus und klicken anschließend auf **Löschen**.

Benutzer zu Gruppen zuordnen

Nun sind alle Gruppen und Benutzerkonten eingerichtet und die Zuordnung der einzelnen Benutzer zu einer (oder zwei oder drei) Gruppe(n) kann beginnen. Überlegen Sie, b e v o r Sie Personen 'wahllos' zuordnen ganz genau, wer in welcher Gruppe zusammengefaßt werden kann. Das nachträgliche Entziehen von Rechten kostet nicht nur Zeit, sondern verärgert auch den Benutzer, doch was er nicht weiß....

Nachdem Sie sich einen genauen Überblick verschafft haben, wer zu welcher Gruppe gehört, kann die Zuweisung beginnen:

Die Verwaltung der Datenbank

1. Wählen Sie noch einmal [Zugriffsrechte/Benutzer]. Diesmal interessiert Sie der untere Teil des Dialogs, die **Gruppenzugehörigkeit**.

2. Unter **Name** legen Sie das Benutzerkonto fest, das einer Gruppe hinzugefügt werden soll. (In der Liste werden immer nur zwei Namen angezeigt. Haben Sie viele Benutzer angelegt, geben Sie den ersten Buchstaben des Benutzerkontos ein, um es schneller aufzufinden.)

3. Wählen Sie aus der Liste **Verfügbare Gruppen** diejenige aus, zu der der Benutzer gehören soll.

4. Klicken Sie die Schaltfläche **Hinzufügen**. (Der Benutzer gehört jetzt zu zwei Gruppen: Der von Ihnen gewählten und der Gruppe **Benutzer**. Die Gruppe Benutzer kann nicht entfernt werden!)

5. Nachdem Sie alle Benutzer in Gruppen zugeordnet haben, **Schließen** Sie den Dialog wieder.

Haben Sie einen Benutzer versehentlich einer falschen Gruppe zugeordnet, markieren Sie ihn in der Liste **Zugeordnet zu** (im Dialog **Benutzer**) und **Entfernen** ihn auf Mausklick wieder.

Anschließend legen Sie die Berechtigungen fest. Diese können Sie entweder einem einzelnen Benutzer oder einer Benutzergruppe zuweisen. Die angebotenen Berechtigungen haben folgende Auswirkung:

Berechtigungen erteilen

Berechtigung	Was ist erlaubt?	Gilt für:
Definitionen lesen	Objekte dürfen angesehen werden.	Alle Objekte
Definitionen ändern	Objekte dürfen angesehen, geändert und gelöscht werden.	Alle Objekte
Daten lesen	Daten dürfen angesehen werden.	Tabellen, Abfragen und Formulare
Daten ändern	Daten dürfen angesehen und geändert werden.	Tabellen, Abfragen und Formulare

Berechtigung	Was ist erlaubt?	Gilt für:
Ausführen	Objekte dürfen verwendet oder ausgeführt werden.	Berichte, Formulare und Makros
Volle Berechtigung	Der Benutzer besitzt die gleichen Rechte wie der Eigner (das ist derjenige, der ein Objekt erstellt hat.)	Alle Objekte

Achten Sie darauf, daß Access die einem Benutzer zugewiesenen Berechtigungen mit denen der Gruppe kombiniert, zu der der Benutzer möglicherweise gehört. Ein Beispiel: Sie weisen einem Benutzer die Berechtigung **Daten lesen** für eine ganz bestimmte Tabelle zu. Gleichzeitig ist der Benutzer aber Mitglied einer Gruppe, die die Daten besagter Tabelle nicht nur lesen, sondern auch ändern darf. In diesem Fall weist Access dem Benutzer für diese Tabelle automatisch die Berechtigung **Daten ändern** zu.

Einige Berechtigungen schließen automatisch andere ein:

Die Berechtigung	schließt ein:
Daten ändern	Daten lesen und Definition lesen.
Definition ändern	Daten definieren
Daten lesen	Daten definieren
Definition lesen (bei Makros)	Ausführen

Und damit zur Sache:

1. Öffnen Sie noch einmal das Menü [Zugriffsrechte] aus dem Datenbankcontainer und wählen anschließend den Befehl [Berechtigungen].

Die Verwaltung der Datenbank

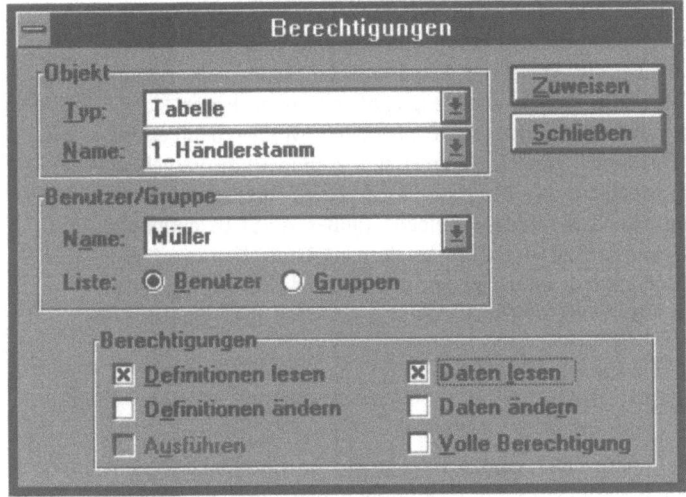

Abb. 18-4 Dialog **Berechtigungen**

2. Für jedes einzelne Objekt stellen Sie nun die Berechtigung her. Entscheiden Sie zuerst, ob Sie Berechtigungen für ein Benutzerkonto oder für Gruppen festlegen wollen. Dementsprechend treffen Sie unter **Benutzer/Gruppe** und dort der Optionsgruppe **Liste** Ihre Auswahl.

3. Dann arbeiten Sie für den Benutzer (bzw. die Gruppe) alle Objekte durch, für die Sie Berechtigungen festlegen wollen. Stellen Sie zunächst den **Typ** ein und anschließend den **Namen** des Objekts.

4. Nun kann die Zuweisung der gewünschten **Berechtigungen** beginnen.

5. Nachdem Sie alle **Berechtigungen** für ein Objekt zugewiesen haben, klicken Sie die Schaltfläche **Zuweisen**. Anschließend können Sie sich dann dem nächsten Objekt widmen.

6. Um die Arbeit im Dialog **Berechtigungen** zu beenden, **Schließen** Sie ihn.

Kennwörter einsetzen

Spätestens hier wird deutlich, warum Benutzer in Gruppen eingeordnet werden sollten, gell? Nachdem alle Benutzerkonten existieren, müssen jetzt auch die Anwender 'Hand anlegen'. Jedes neue Benutzerkonto, das Sie in Access erstellen, wird mit einem leeren Kennwort angelegt. Jeder Anwender sollte angehalten werden, beim ersten Aufruf der Datenbank zunächst einmal sein Kennwort zu vergeben. Dabei ist zu beachten, daß der Name eines Kennworts maximal 14 Zeichen lang sein darf und alle Zeichen (außer ANSI 0) enthalten kann. Im Gegensatz zu Benutzernamen wird beim Kennwort die Groß-/Kleinschreibung unterschieden und so sind die beiden unten abgebildeten Kennwörter unterschiedlich:

ds03ff
Ds03ff.

Ein Kennwort darf nicht vergessen werden, da der Zugang zum System dadurch verhindert wird. Es empfiehlt sich, das Kennwort an einem sicheren Ort (versteht sich) auf einem Stück Papier aufzubewahren. Sie sollten davon absehen, einem zweiten (oder gar dritten) Ihr Kennwort mitzuteilen, um bei Bedarf noch einmal nachzufragen. Auch sollte jedes Kennwort von Zeit zu Zeit geändert werden. Last, not least eignet sich der eigene Vorname als Kennwort ebenso wenig wie der Kosename des Hundes. Ein Kennwort wie hwifsugdiAe (*heute will ich fleißig sein und gebe daten in Access ein*) ist hingegen leicht zu merken, aber schwer zu erraten.

1. Wechseln Sie in den Datenbankcontainer und wählen [Zugriffsrechte/Kennwort ändern].

2. Geben Sie zunächst das Alte Kennwort ein. Gibt es zu Ihrem Benutzerkonto noch kein Kennwort, lassen Sie das Eingabefeld leer.

3. Das gewünschte Kennwort legen Sie jetzt unter **Neues Kennwort** fest.

4. Zusätzlich muß das neue Kennwort jetzt noch einmal in das Feld **Bestätigen** eingetragen werden, um sicherzustellen, daß kein Tipfehler vorliegt.

5. Schließen Sie den Dialog durch einen Mausklick auf **OK**.

Die Verwaltung der Datenbank

Beim nächsten Aufruf von Access erwartet das System Ihr soeben festgelegtes neues Kennwort. Das Kennwort kann nur für das Benutzerkonto geändert werden, mit dem Sie sich bei Access angemeldet haben.

> Reichen Ihnen die oben genannten Sicherheitsmechanismen noch nicht aus, erlaubt Access die Datenbank zum Schutz vor Unbefugten zu verschlüsseln. Dies kann notwendig werden, um anderen Netzwerkteilnehmern den Zugriff auf Ihre Daten via Text- oder Tabellenkalkulationsprogramm zu verwehren. Um die Datenbank zu verschlüsseln, muß sie geschlossen werden. Anschließend wählen Sie aus dem [Datei]-Menü des Access-Fensters den Befehl [Datenbank ver-/entschlüsseln] aus. Markieren Sie die gewünschte Datenbank und bestätigen mit **OK**. Nicht unerwähnt bleiben soll jedoch, daß die Arbeit mit einer verschlüsselten Datenbank langsamer sein kann als mit einer nicht verschlüsselten.

System sichern

Nun werden Sie vielleicht einwenden, daß es noch gar nicht dazu gekommen ist, sich mit einem Benutzerkonto bei Access anzumelden. Stimmt! Bislang haben Sie dafür gesorgt, daß in einem Netzwerk nicht jeder auf des anderen Daten zurückgreifen darf. Eine Vorsorge, daß fremde Benutzer keinen Zugang mehr finden, haben Sie noch nicht getroffen. Ihre nächste Aufgabe, um die Sicherung des Systems 'perfekt zu machen', besteht aus mehren Arbeitsschritten. Der erste ist die Aktivierung des Anmeldeverfahrens.

Anmeldeverfahren aktivieren

Dazu legen Sie für das Administratorkonto ein Kennwort fest, verlassen Access, rufen das Programm erneut auf und siehe da:

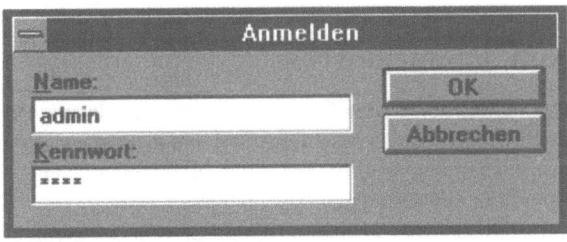

Abb. 18-5 Das Anmeldeverfahren wurde aktiviert

Neuen Administrator einrichten

Der Zugang ist jetzt nur durch Angabe des Kennworts möglich. Der nächste Arbeitsschritt besteht darin, ein neues Administratorkonto einzurichten und anschließend das alte zu löschen. Legen Sie jetzt zuerst ein neues Administratorkonto fest. Verwenden Sie als Namen n i c h t *Administrator*, da dieser Name als Standardname jedem Access-System mitgegeben wird. (Mit dem Namen *Administrator* kann jeder Teilnehmer im Netzwerk, der ebenfalls mit Access arbeitet, Ihre Datenbestände aufrufen - in sein Access-System - und aufgrund der Berechtigungen - der Administrator hat bekanntlich alle Rechte - Ihnen Berechtigungen entziehen!) Ordnen Sie den neuen Administrator der Gruppe der Administratoren zu. Achten Sie darauf, daß die Rechte des neuen Administrators mit denen des alten deckungsgleich sind. Legen Sie ein Kennwort für den neuen Administrator fest.

Alten Administrator löschen

Nun muß der alte Administrator gelöscht werden. Da Sie allerdings unter diesem Benutzerkonto angemeldet sind, geht das nicht. Verlassen Sie Access und melden sich mit dem neuen Administratorkonto an. Anschließend löschen Sie das Konto Administrator.

> Beachten Sie auch, daß jeder Access-Teilnehmer in einem Netzwerk, der über sein Administratorkonto keinen Zugang mehr zu Ihren Daten findet, sich in seinem System als Gast anmelden kann. Auf diese Weise kann er Ihre Daten wieder bearbeiten (denn auch Ihr System enthält das Konto **Gast**), es sei denn, Sie haben die Berechtigungen für die Gruppe Gäste tüchtig eingeschränkt, wozu wir Ihnen an dieser Stelle dringend raten wollen. (Datensicherheit auf dem Personal Computer zu garantieren, ist eben kein leichtes Brot!)

Die Datenbank komprimieren

Wie zuvor erwähnt, arbeitet eine stark fragmentierte Datenbank nicht mit optimaler Geschwindigkeit. Ist also Ihre Datenbank über weite Teile Ihrer Festplatte verstreut, wird es Zeit sie zu defragmentieren. Dazu kopiert Access die alte Datenbank in eine neue und reorganisiert sie bei diesem Arbeitsgang. Erkunden Sie daher zunächst, wie groß die Datenbank derzeit ist. Anschließend stellen Sie fest, ob auf Ihrem System zumindest derselbe Plattenplatz noch verfügbar ist. (Die Datei wird nach dem Defragmentieren zwar kleiner, aber besser ein Byte mehr als eins zu wenig!) Hat die Datei beispielsweise eine

Größe von 800 KB, sollten mindestens 800 KB auf der Festplatte zur Verfügung stehen, die die komprimierte Datenbank aufnehmen soll.

1. Schließen Sie jetzt zunächst die betroffene Datenbank und sorgen außerdem dafür, daß nicht noch andere Benutzer mit ihr arbeiten.

2. Wählen Sie dann aus dem Menü [Datei] den Befehl [Datenbank komprimieren].

3. Markieren Sie die Datenbank, die Sie zu komprimieren wünschen und Bestätigen mit **OK**.

4. Im Dialog **Datenbank komprimieren nach** geben Sie einen neuen Namen an, sofern Sie die Originalversion der Datenbank beibehalten wollen. Andernfalls geben Sie den Namen der Originaldatenbank ein.

5. Bestätigen Sie mit **OK**.

Den Fortschritt der Komprimierung können Sie in der Statuszeile mitverfolgen. Haben Sie einen neuen Dateinamen für die komprimierte Datenbank eingegeben, existieren nach erfolgreicher Komprimierung zwei Datenbanken, das Original und die komprimierte Version. Haben Sie die Komprimierung in die Originaldatenbank durchführen lassen, erstellt Access während der Arbeit eine temporäre Datei. War das Komprimieren erfolgreich, werden alle Daten der temporären Datei in die Originaldatei überführt. In diesem Fall existiert die Datenbank nach wie vor nur einmal.

Eine beschädigte Datenbank wiederherstellen

Beschädigte Datenbanken können entstehen, wenn Sie Access nicht ordnungsgemäß beenden oder beenden können. Die Ursachen dafür können natürlich mannigfaltig sein und reichen vom Stromausfall bis zum Defekt des Rechners. (Der allgemeinen Schutzrechtsverletzung von Windows haben sich die Autoren in einem anderen Werk ausführlich gewidmet.) Konnten Sie also Ihre Datenbank nicht schließen, sind die Daten beim nächsten Öffnen möglicherweise inkonsistent. S o l c h e Fehler kann Access versuchen zu reparieren. Werden Inkonsistenzen beim Öffnen der Datenbank entdeckt, zeigt Access eine Meldung an, in der auf diesen Umstand hingewiesen wird. Klicken Sie die Schaltfläche **OK**, damit Access die Daten repariert. War die 'Reparatur' erfolgreich, wird die Datenbank dann auch gleich geöffnet.

Möglicherweise hat Access jedoch beim Öffnen der Datenbank keinen Fehler entdeckt und dennoch verhält sich diese auf nicht vorhersehbare Weise. In einem solchen Fall sollten Sie den Befehl zur 'Reparatur' der Datenbank selbst geben:

1. Schließen Sie die Datenbank. Im Netzwerk darf niemand mehr mit diesen Daten arbeiten.

2. Wählen Sie aus dem Menü [Datei] den Befehl [Datenbank reparieren].

3. Im Dialog **Datenbank reparieren** markieren Sie die Datenbank und bestätigen mit **OK**.

Tritt allerdings ein Festplattenfehler auf, kann es notwendig sein, die (hoffentlich dann vorhandene!) Datensicherungskopie wieder einzuspielen.

Sollte die Datei SYSTEM.MDA einen Schaden davongetragen haben, hilft nur eins: entweder Sie spielen die Datensicherung der SYSTEM.MDA ein oder Sie müssen Access neu installieren, was mit einer erneuten Erstellung sämtlicher Benutzer, Benutzergruppen sowie der Zuweisung der notwendigen Berechtigungen verbunden ist. Access selbst hat dafür kein 'Rezept'.

Sie haben soeben das letzte Kapitel dieses Teilabschnitts durchgearbeitet und sich einen umfassenden Überblick über Access verschafft. Sie sind somit in der Lage, komplexe Aufgaben mit dem Programm zu lösen. Sollte Ihnen allerdings die Steuerung Ihrer Datenbankanwendung über Makros allein nicht ausreichen, haben Sie immer noch die Möglichkeit, diese über Module zu realisieren. Wie Module angelegt und eingesetzt werden, erfahren Sie im vierten und letzten Teil dieser Publikation. Die Grundkenntnisse in einer Programmiersprache (vorzugsweise Basic) erleichtern Ihnen den Ein-

Die Verwaltung der Datenbank

stieg in die Access-Modulprogrammierung, bei der wir Ihnen - sofern Sie sich dazu entschließen - viel Spaß wünschen.

Zusammenfassung des Kapitels

- Sie haben die notwendigen Verwaltungsaufgaben eines Datenbankprogramms kennengelernt.

- Sie haben den Stellenwert der Datensicherung für Datenbankanwendungen erkannt und sich mit unterschiedlichen Sicherungsmöglichkeiten vertraut gemacht.

- Sie haben die Schutzmechanismen von Access kennengelernt und erfahren, wie diese aktiviert werden.

- Sie haben erfahren, wie Sie die 'Performance' einer Datenbank erhöhen können.

- Sie haben von der Möglichkeit Kenntnis erhalten, eine beschädigte Datenbank zu reparieren.

TRAINIEREN SIE IHR WISSEN:

1. Welche ist die wichtigste Verwaltungsaufgabe in einem Datenbanksystem?

2. In welchen Abständen sollten Sie Ihre Daten sichern?

3. Was verstehen Sie unter einem geschützten Access-System?

4. Warum sollten Datenbanken von Zeit zu Zeit komprimiert werden?

5. Läßt sich mit der Funktion Datenbank reparieren jeder Defekt beheben?

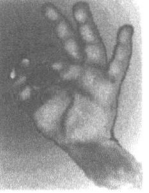

Kapitel 19

Überblick
Module und ihre Prozeduren
Das Modulfenster
Eine Prozedur schreiben, kompilieren, verwenden
Programmcode testen
Zusammenfassung des Kapitels

19. Willkommen zu ACCESS-Basic

Überblick

Teil IV ist eine E i n f ü h r u n g in die Programmierung von Access-Basic. Wir werden Ihnen das Modulobjekt und den Umgang mit demselben vorstellen. Außerdem erhalten Sie allgemeine Informationen zur Access-Basic-Programmentwicklung. Dieser Teil ist keine Einführung in die Programmiersprache Basic! Er berücksichtigt lediglich Access-typische Techniken. Wollen Sie einen umfassenden Überblick über Basic erhalten, greifen Sie bitte auf die einschlägige Literatur zurück.

In **Kapitel 19** lernen Sie das Modul und den Umgang mit dem Modulfenster kennen. Außerdem werden Sie eine erste Prozedur schreiben und darüber hinaus erfahren, wie Programmcode getestet wird.

Module und ihre Prozeduren

Jedes Modul besteht aus einer Reihe von 'Untereinheiten', die Prozedur genannt werden. Eine Prozedur nimmt die verschiedenen Anweisungen auf, die während der Laufzeit Ihres Programms ausgeführt werden sollen. Sie kann ein Sub-Prozedur oder eine Funktion sein. Der Unterschied zwischen Sub-Prozeduren und Funktionen besteht darin, daß Funktionen einen Wert zurückliefern, während Sub-Prozeduren dies nicht tun. Beide Prozeduren können mit Argumenten bestückt werden. Eine Sub-Prozedur beginnt grundsätzlich mit dem Schlüsselwort SUB und endet mit END SUB:

```
Sub Prozedurname (Argumente)
    Anweisungen
End Sub
```

Da Funktionen einen Wert zurückgeben, können Sie in Ausdrücken verwendet werden. Funktionen beginnen immer mit FUNCTION und enden mit END FUNCTION:

```
Function Prozedurname (Argumente)
```

```
        Anweisungen
        Prozedurname = Ruckgabewert
   End Function
```

Der Programmcode, den Sie in Access-Basic schreiben, wird ebenfalls in einem Datenbankobjekt der aktuellen Datenbank gespeichert, dem Modul. Ein Modul hat grundsätzlich folgenden Aufbau:

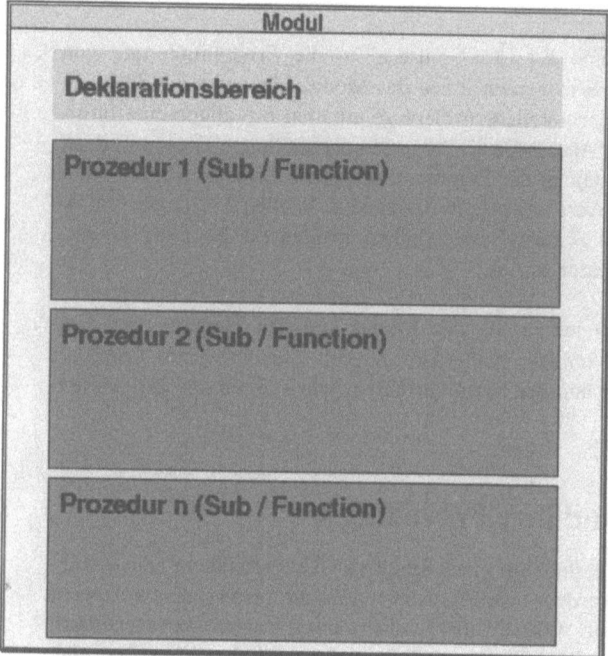

Abb. 19-1 Der Aufbau eines Moduls

Am Anfang finden Sie den Deklarationsbereich, in dem Sie sämtliche Konstanten und/oder Variablen vereinbaren. Im Anschluß daran werden alle in diesem Modul vorhandenen Prozeduren in alphabetischer Reihenfolge angezeigt.

Um die Steuerung Ihrer Datenbankanwendung via Access-Basic zu realisieren, können Sie entweder den gesamten benötigten Code in ein Modul unterbringen, oder (wozu wir Ihnen raten möchten), verschiedene Module erstellen, die lediglich den Programmcode für spezifische Aufgaben enthalten. Auf diese Weise läßt sich beispielsweise ein Modul namens *Standard* erstellen, in das ausschließlich

Standardfunktionen untergebracht werden, die sich in jedem anderen Projekt weiterverwenden lassen (zum Beispiel Routinen zum Speichern, Ändern oder Löschen von Datensätzen). Ein weiteres Modul könnte den Namen *Kundenstamm* erhalten, um alle Routinen aufzunehmen, die mit einem Formular *Kundenstamm* zusammenarbeiten sollen.

Um ein Modul neu zu erstellen:

Neues Modul erstellen

1. Wechseln Sie zum Datenbankcontainer.
2. Klicken auf das Objekt Modul
3. und wählen die Schaltfläche **Neu**.

Oder

1. Sie wechseln zum Datenbankcontainer
2. und wählen [Datei/Neues Objekt erstellen/Modul].

Wollen Sie hingegen ein bereits bestehendes Modul erneut öffnen,

Bestehendes Modul öffnen

wechseln Sie im Datenbankcontainer ebenfalls in die Module

und klicken dann die Schaltfläche **Entwurf**.

| Im Gegensatz zu Makros lassen sich Module nicht direkt ausführen, sondern müssen immer an ein Formular, einen Bericht oder ein Steuerelement geknüpft werden! |

Unabhängig davon, ob Sie ein Modul neu erstellen oder ein bestehendes öffnen, ruft Access das Modulfenster auf und wechselt in den Deklarationsbereich des Moduls:

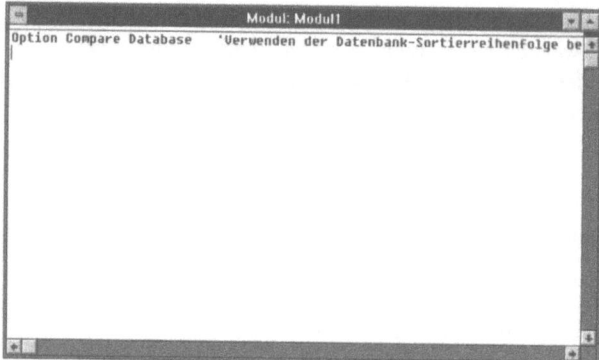

Abb. 19-2 Der Deklarationsbereich des Moduls

Das Modulfenster

Das Modulfenster unterstützt Sie beim Entwickeln Ihres Codes. Zunächst einmal handelt es sich hierbei natürlich um einen Editor, der Ihnen allerdings stets hilfreich zur Seite steht. So formatiert und prüft er beispielsweise die Syntax Ihres Codes und macht Sie auf 'grammatikalische' Fehler sofort aufmerksam. Außerdem teilt er Ihren Code automatisch in unterschiedliche Prozeduren auf und bietet eine umfassende kontextbezogene Hilfe an.

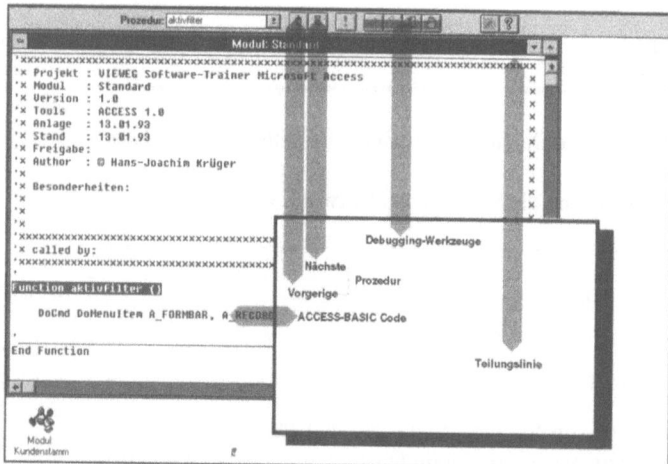

Abb. 19-3 Das Modulfenster

Jedes Modul wird in ein eigenes Fenster geladen. Das ist nicht anders als bei anderen Datenbankobjekten (zum Beispiel Tabellen oder Abfragen).

Um eine bestehende Prozedur anzusteuern:

Bestehende Prozedur auswählen

1. öffnen Sie nun das Modul _Standard der Datenbank VERTRIEB.MDB.
2. Wählen Sie die Prozedur *aktivfilter* aus der Liste **Prozedur** (der Symbolleiste) aus.

Zwei Symbole erlauben Ihnen das 'Blättern' durch die in diesem Modul vorhandenen Prozeduren:

In Prozeduren blättern

verwenden Sie dieses Symbol	um folgende Prozedur aufzurufen:
	Nächste Prozedur
	Vorherige Prozedur

Selbstverständlich können Sie das auch über Tastenkombinationen erreichen:

Tastenkombination	Prozedur
S + Y	vorherige
S + V	nächste

Code bearbeiten

Neben diesen stellt das Modulfenster eine Reihe weiterer Bearbeitungsmöglichkeiten zur Verfügung. Zunächst einmal sei in diesem Zusammenhang darauf hingewiesen, daß die Eingabe von Zeichen im Editor genauso erfolgt wie in einer Textverarbeitung oder in anderen Editoren. Der Cursor (zu erkennen an der dünnen senkrechten Linie), gibt Auskunft darüber, wo die Zeichen eingefügt, gelöscht oder bearbeitet werden. Außerdem kann die Maus verwendet werden, um Worte, Bereiche, Zeilen oder die gesamte Prozedur zu markieren.

Natürlich stehen im Modul Befehle zum Suchen und Ersetzen zur Verfügung. Sie finden sich auch hier im [Bearbeiten]-Menü und erlauben die Entscheidung, ob der Suchvorgang lediglich auf die aktuelle Prozedur, auf das aktuelle Modul oder alle Module bezogen werden soll. Um Zeichen zu entfernen, verwenden Sie - abhängig von der Cursorposition - entweder die Taste _ oder R. Eine ganze Zeile läßt sich bequem über die Tastenkombination S + y ausschneiden. Das Einfügen einer Zeile vor der aktiven (also der, in der der Cursor sich gerade befindet), erledigen Sie über die Tastenkombination S + n.

Um Ihre Prozeduren gut leserlich zu strukturieren, markieren Sie sämtliche Anweisungen und betätigen die Taste T. Auf diese Weise rücken Sie sämtliche Anweisungen gegenüber der 'Prozedurklammer' um eine Stufe ein, zum Beispiel:

```
Function Prozedurname (Argumente)
    Anweisung 1
    Anweisung 2
    Anweisung 3
    Anweisung 4
    Prozedurname = Ruckgabewert
End Function
```

Die Tastenkombination H + T rückt markierte Bereiche wieder aus. Auch die Taste " ist ein nützlicher Helfer, denn sie zeigt in einer Liste sämtliche Module, die Sie in der Entwurfsansicht zu bearbeiten berechtigt sind, sowie alle Prozeduren des ausgewählten Moduls an.

Hilfe anfordern

Das wichtigste Hilfsmittel bei der Programmerstellung ist das Verzeichnis aller Funktionen (samt Ihrer Parameter), die die Programmiersprache 'beherrscht'. Aus diesem Grund ist es in Access-Basic gleich eingebaut. Um Hilfe zu einem bestimmten Access-Basic-Befehl zu erhalten, markieren Sie ihn durch einen Doppelklick und betätigen anschließend die Taste !. Wollen Sie sich hingegen zunächst einen Überblick über den Sprachumfang verschaffen,

1. wählen Sie aus dem Menü [?] den Befehl [Inhalt].

2. Anschließend wechseln Sie durch eine Mausklick auf **Programmierthemen** (unter **Microsoft Access zum Nachschlagen**) in die Befehlsübersicht.

Hier finden Sie nun alle Befehl von A - Z, die sich durch einen Mausklick auf den gewünschten Buchstaben natürlich auch eingrenzen lassen.

Sollten Sie die Absicht haben, Ihren Access-Programmcode in anderen Editoren weiterzubearbeiten (wie beispielsweise Visual Basic), stellt das Programm im Menü [Datei] den Befehl [Text speichern] bereit. Auf diese Weise wird der Code nicht im Datenbankcontainer, sondern in einer Textdatei gespeichert.

Modul als Text speichern

1. Aus dem Menü [Datei] wählen Sie [Text speichern].

2. Im Dialog legen Sie dann den gewünschten Dateinamen sowie Laufwerk und Pfad fest.

3. Bestätigen Sie mit **OK**.

Natürlich läßt sich eine Textdatei auch in ein Access-Modul laden. Der Befehl, der diese Aufgabe löst, heißt [Text laden] und befindet sich ebenfalls im [Datei]-Menü. Außerdem befinden sich im [Datei]-Menü die Befehle zum Speichern und Schließen des Moduls. Das unterscheidet sich nicht von anderen Datenbankobjekten.

Eine Prozedur schreiben, kompilieren, verwenden

Nachdem Sie sich mit dem Modulfenster 'rundum' vertraut gemacht haben, wird es Zeit, die erste Funktion zu schreiben. Warum eine Funktion und keine Sub-Prozedur werden Sie jetzt vielleicht fragen. Das ist ganz einfach. Um die Steuerung einer Datenbankanwendung zu realisieren, verwenden Sie in Formularen und Berichten immer Funktionen (es sein denn, Sie setzen Makros ein). Außerdem kann der Rückgabewert des einzelnen Formulars, Berichts oder Steuerelements im Modul berechnet und das Ergebnis dann wieder zurückgegeben werden.

Öffnen Sie einmal das Formular *U_Vertrieb_FH_Übersicht* in der Entwurfsansicht und klicken auf das dritte Steuerelement von links im Detailbereich. Sehen Sie sich nun den Steuerelementinhalt an. Es ist eine Funktion. Um herauszufinden, welche Aufgabe diese Funktion erledigt, öffnen Sie das Modul *FH Vertriebsinfo* und sehen sich dort die Funktion *DealerSumme* genauer an:

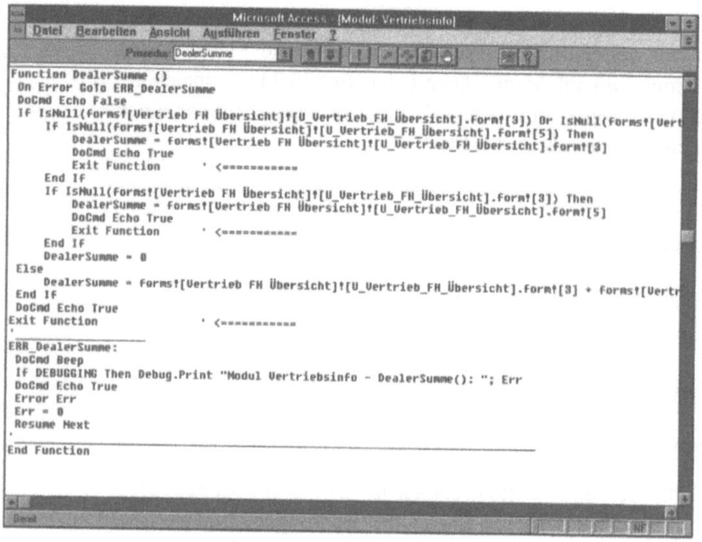

```
Function DealerSumme ()
On Error GoTo ERR_DealerSumme
DoCmd Echo False
IF IsNull(forms![Vertrieb FH Übersicht]![U_Vertrieb_FH_Übersicht].form![3]) Or IsNull(Forms![Vert
    If IsNull(forms![Vertrieb FH Übersicht]![U_Vertrieb_FH_Übersicht].form![5]) Then
        DealerSumme = forms![Vertrieb FH Übersicht]![U_Vertrieb_FH_Übersicht].form![3]
        DoCmd Echo True
        Exit Function
        End If
    If IsNull(forms![Vertrieb FH Übersicht]![U_Vertrieb_FH_Übersicht].form![3]) Then
        DealerSumme = forms![Vertrieb FH Übersicht]![U_Vertrieb_FH_Übersicht].form![5]
        DoCmd Echo True
        Exit Function
        End If
    DealerSumme = 0
Else
    DealerSumme = forms![Vertrieb FH Übersicht]![U_Vertrieb_FH_Übersicht].form![3] + Forms![Vert
End IF
DoCmd Echo True
Exit Function

ERR_DealerSumme:
DoCmd Beep
IF DEBUGGING Then Debug.Print "Modul Vertriebsinfo - DealerSumme(): "; Err
DoCmd Echo True
Error Err
Err = 0
Resume Next

End Function
```

Abb. 19-4 Access-Funktion

Zugegeben, die Funktion ist schon recht komplex (für den Anfang). Sie ermittelt in jedem Fall die Gesamtsumme aus den beiden ersten Feldern des Detailbereichs (im Formular *U_Vertrieb_FH_Übersicht*) und zwar auch dann, wenn deren Werte leer (also NULL) sind. Etwas einfacher formuliert sieht das Ganze dann so aus:

```
Function DealerSumme ()

  If IsNull(erstesFeld) Or IsNull(zweitesFeld) Then
      If IsNull(zweitesFeld) Then
          DealerSumme = erstesFeld
          Exit Function
      End If
      If IsNull(erstesFeld) Then
          DealerSumme = zweitesFeld
          Exit Function
      End If
      DealerSumme = 0
  Else
      DealerSumme = erstesFeld + zweitesFeld
  End If
End Function
```

Öffnen Sie nun ein neues Modul, um eine erste Funktion zu schreiben. Beachten Sie bei der Vergabe des Funktionsnamens darauf, daß dieser

Neue Funktion erstellen

- mit einem Buchstaben beginnen muß,
- maximal 40 Zeichen lang sein darf,
- keine Satzzeichen und Leerzeichen akzeptiert, sondern nur Buchstaben, Zahlen und (als einziges Sonderzeichen) den Unterstreichungsstrich enthalten darf,
- kein reserviertes Wort (wie z. B. Function) sein darf und
- innerhalb der Datenbank eindeutig sein muß. (Verwenden Sie diesen Namen bereits in einem anderen Modul, kann er nicht ein zweites Mal vergeben werden!)

Legen Sie jetzt eine neue Prozedur folgendermaßen fest. Wie nicht anders zu erwarten, gibt es dafür zwei Lösungswege. Entweder:

1. Geben Sie im Modul in irgendeine leere Zeile *Function* gefolgt von dem Namen, den Ihre Prozedur tragen soll, ein. Trennen Sie das Schlüsselwort und den Namen durch ein Leerzeichen, zum Beispiel

   Function MeineErsteFunktion.

2. Bestätigen Sie Ihre Eingabe mit der Taste Ü.

Oder:

1. Wählen Sie aus dem Menü [Bearbeiten] den Befehl [Neue Prozedur].

2. Im Dialog **Neue Prozedur** entscheiden Sie sich für die **Funktion**

3. und legen deren Namen im Eingabefeld fest.

4. Bestätigen Sie mit **OK**.

Damit ist von Ihrer Seite bereits alles getan. Access erstellt für Sie die neue Funktion, ergänzt diese um die obligatorischen Klammern sowie das Schlüsselwort *End Function*. Außerdem wird die Funktion in die Liste der vorhandenen Prozeduren eingetragen:

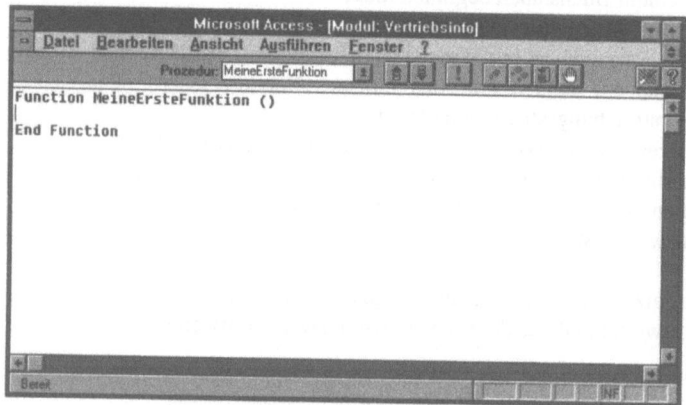

Abb. 19-5 Leere Funktion

Anweisungen festlegen

Nun muß diese Funktion Anweisungen von Ihnen erhalten. Sie sollen sich jetzt zunächst an einer ganz einfachen Funktion versuchen, um das Prinzip auszuloten. Unsere Funktion soll einen beliebigen Zahlbetrag vom Anwender erfragen, zu dem wir dann die fünfzehnprozentige Mehrwertsteuer ausgeben. Wir haben unserer Funktion den Namen *MWST()* gegeben. Um dem Anwender einen Eingabe zu erlauben, verwenden wir die Access-Basic-Funktion *InputBox()*. Jede Access-Funktion wird - wie Ihre eigenen - mit ihrem Namen gefolgt von Klammern angegeben:

Funktionsname().

Access-Funktionen verwenden

Innerhalb der Funktion geben Sie den Parameter an, sofern die Funktion einen erwartet.

Funktionsname(Parameter).

Um zu erfahren, ob und welche Parameter der Funktion mitgegeben werden müssen, markieren Sie ihren Namen und betätigen die Taste !. Einige Funktionen erwarten keinen Parameter, andere benötigen nur einen einzigen, wieder andere wollen gleich mehrere Parameter.

Funktionsname(Parameter1, [Parameter2]).

Dabei kann es vorkommen, daß bestimmte Parameter in eckigen Klammern ([]) angegeben werden, was bedeutet, daß diese Parameter angegeben werden k ö n n e n , aber nicht m ü s s e n . Sie sind also optional. Alle Parameter hingegen, die n i c h t in eckigen Klammern stehen, m ü s s e n bekanntgegeben werden, da die Funktion ansonsten einen Fehler ausgibt.

Haben Sie sich über die notwendigen Parameter der Funktion *Input-Box()* informiert? Neben einer Reihe von optionalen Parametern erwartet die Funktion in jedem Fall einen Text, der als Eingabeaufforderung in der Box dienen soll. Verwenden Sie die Funktion *InputBox()* und lassen folgenden Text ausgeben: *Geben Sie bitte den Betrag ein.*

```
Function MWST()
    =InputBox ("Geben Sie bitte den Betrag ein")
End Function
```

Achten Sie darauf, Texte in Hochkommata ("") einzugeben. Nachdem Sie die Zeile codiert haben, bewegen Sie sich mit der Taste Y oder V in nächste bzw. vorherige Zeile, um Access die Möglichkeit der Syntaxkontrolle zu geben. Und wie man sieht, wurde auch sogleich ein Fehler entdeckt.

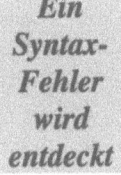

Ein Syntax-Fehler wird entdeckt

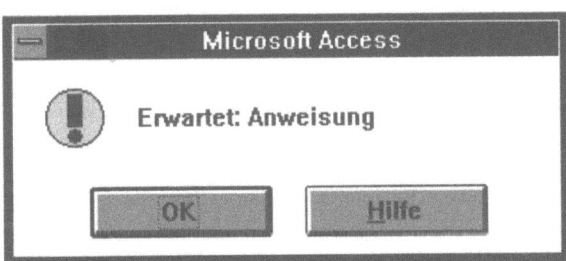

Abb. 19-6 Die Syntaxkontrolle hat einen Fehler entdeckt.

Betätigen Sie jetzt die Schaltfläche **Hilfe**, um mehr Informationen zu erhalten. Access erklärt:

"Ein erwarteter Code-Teil fehlt. Dieser Fehler ist normalerweise links vom markierten Element zu finden."

Links von der Programmzeile stimmt also etwas nicht. Bedenken Sie, daß die Funktion *InputBox()* vom Anwender einen Wert entgegennimmt, den Betrag. Doch bislang haben Sie noch nicht dafür gesorgt, daß dieser auch irgendwohin zurückgeschrieben werden kann. Wir benötigen also eine Variable, die Access für uns im Hauptspeicher anlegt, um dort die Anwendereingabe 'aufzubewahren'. Ergänzen Sie Ihren Code, indem Sie das Ergebnis der Input-Box in die Variable *Eingabe* schreiben lassen.

```
Function MWST()
    Eingabe=InputBox ("Geben Sie bitte den Betrag ein")
End Function
```

Nun muß der Wert, der in der Variablen Eingabe steckt mit 0,15 multipliziert werden, denn wir wollen ja die derzeit gültige Mehrwertsteuer berechnen:

```
Function MWST()
    Eingabe=InputBox ("Geben Sie bitte den Betrag ein")
    Eingabe = Eingabe * 0.15
End Function
```

Anschließend sollten Sie noch dafür sorgen, daß der in *Eingabe* berechnete Wert auch angezeigt wird. Der schnellste Weg zur Anzeige ist die 'Messagebox'.

```
Function MWST()
    Eingabe=InputBox ("Geben Sie bitte den Betrag ein")
    Eingabe = Eingabe * 0.15
    MsgBox Eingabe
End Function
```

Damit kann die Funktion ausgeführt werden. Der Versuch, die Funktion durch einen Mausklick auf das Ausführen-Symbol zu starten, dürfte allerdings kläglich scheitern. Auch werden Sie den Befehl **Ausführen/Starten** in Access-Basic nicht finden, sofern Sie diesen - als eingefleischter Visual-Basic-Programmierer - nun suchen sollten. Es gibt keinen direkten Weg, eine Prozedur aus dem Modul heraus zu starten. (Die Prozedur muß in ein Steuerelement in einem Formular oder Bericht, in einer Abfrage oder in einem Tabellenfeld 'hinterlegt' werden. Beim Öffnen der Tabelle oder Abfrage bzw. beim Eintreten des Ereignisses Ihres Steuerelements wird sie dann ausgeführt.) Dennoch, es gibt einen indirekten Weg:

1. Öffnen Sie das Direktfenster, indem Sie [Ansicht/Direktfenster] wählen.

2. Geben Sie als erstes ein ? (Fragezeichen) ein.

3. Anschließend tragen Sie den Prozedurnamen inklusive Klammern ein, zum Beispiel: *MWST()*.

4. Betätigen Sie die Taste Ü.

Zwar keine elegante Lösung, aber überhaupt eine. Geben Sie gemäß der Aufforderung irgendeinen Wert ein und bestätigen mit **OK**. Die Meldungsbox liefert Ihnen augenblicklich die dazugehörige Mehrwertsteuer. Um die Meldung ein wenig aussagekräftiger zu gestalten, könnten Sie Ihre Funktion noch auf folgende Weise ändern:

```
Function MWST()
    Eingabe=InputBox ("Geben Sie bitte den Betrag ein")
    Eingabe = Eingabe * 0.15
    MsgBox "Das Ergebnis lautet:" & Str$(Eingabe)
End Function
```

In diesem Fall muß der Wert, der in Eingabe steht, allerdings in eine Zeichenkette umgewandelt werden. Das erledigt die Funktion *Str$()*. Außerdem werden die beiden anzuzeigenden Textteile durch ein Ampersand (&) miteinander verbunden, um die Zeichenkette zusammenzuführen. Führen Sie die Funktion - wie oben beschrieben - nun erneut aus. Schon besser! Schließen Sie danach das Direktfenster durch einen Doppelklick auf sein Systemmenü.

Kompilieren

Wundert es Sie eigentlich überhaupt nicht, daß die Funktion ausgeführt wurde, ohne daß sie diese kompiliert haben? Das Kompilieren dient schließlich dazu, noch einmal eine Fehlerprüfung vorzunehmen und - viel wichtiger - die Prozedur in eine - für den Computer - verständliche Form zu bringen. Im Gegensatz zu anderen Programmiersprachen erledigt Access diesen Vorgang automatisch für Sie. In dem Moment, in dem Sie eine nicht-kompilierte Funktion verwenden, erledigt Access das unaufgefordert, bevor die Programmausführung gestartet wird. Ruft Ihre Funktion dabei andere nicht kompilierte Prozeduren auf, werden auch diese kompiliert. Solange, bis der gesamte Programmcode in einer maschinenlesbaren Form vorliegt.

Sollte dabei ein Fehler entdeckt werden, zeigt Access eine entsprechende Meldung an.

So angenehm diese automatische Kompilierung auch im ersten Moment erscheint, so viele Tücken birgt sie. Um sicherzustellen, daß die soeben erzeugte Prozedur auch beim Kompilieren keine weiteren Fehler verursacht, empfehlen wir Ihnen, den Menüpunkt

[A̲usführen/Alles k̲ompilieren].

Auf diese Weise wird der gesamte Programmcode (aller Module) kompiliert. Mögliche Fehleingaben werden bereits jetzt festgestellt und nicht erst dann, wenn Sie eine bestimmte Funktion beispielsweise im Formular verwenden wollen.

Wozu eigene Parameter in Funktionen verwenden?

Wollen Sie Prozeduren in Berichten, Formularen, Tabellen oder Abfragen aufrufen, öffnen Sie das gewünschte Objekt, positionieren den Cursor in dem Feld (oder der Eigenschaft), in dem diese aufgerufen werden soll und tragen ihren Namen samt Klammern ein. Im Gegensatz zu Makros muß einer Funktion immer ein Gleichheitszeichen vorangestellt werden!

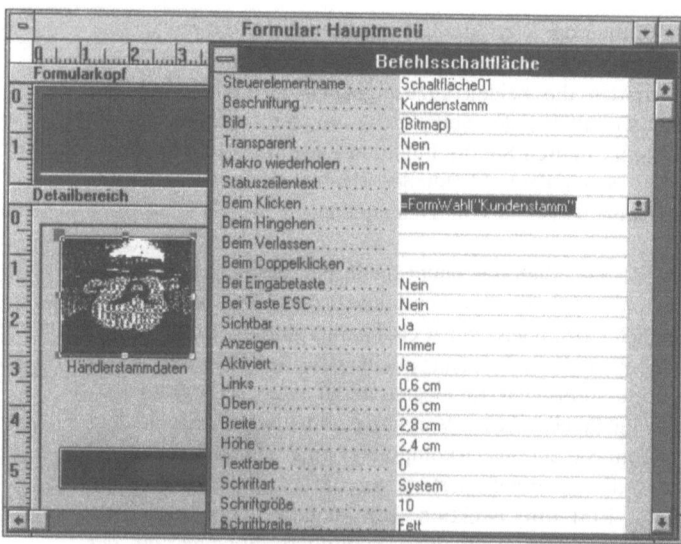

Abb. 19-7 Funktion in einem Formular aufrufen

Die Funktion *Formwahl()* ist eine universelle Routine, die nicht nur *Beim Klicken* auf die oben angezeigte Schaltfläche verwendet werden kann, sondern auch, um andere Formen via Mausklick (auf eine andere Schaltfläche) zu laden und zu schließen. Um zu unterscheiden, auf welche Schaltfläche nun eigentlich geklickt wurde, wird diese als Parameter übergeben und in einem entsprechenden *Case*-Fall behandelt:

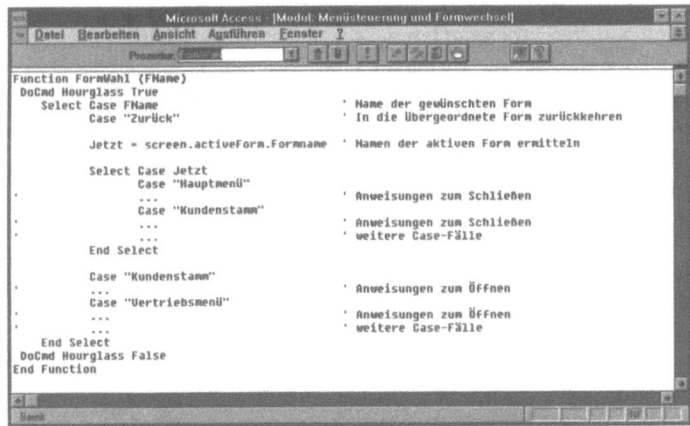

Abb. 19-8 Die Funktion Formwahl() im Überblick.

Sie sehen also, nicht nur Access-Basic-Funktionen können Parameter besitzen, sondern durchaus auch Ihre eigenen.

Auch wenn es oft schwerfällt, sollten Sie versuchen, den soeben geschriebenen Programmcode zu dokumentieren. Denken Sie daran, daß davon nicht nur Dritte, sondern vor allen Dingen Sie selbst profitieren. Stellen Sie sich vor, Sie müßten - eine vor sechs Monaten - geschriebene Funktion erneut überarbeiten. Bei komplexen Funktionen ist das ziemlich mühsam, wenn diese nicht ausreichend beschrieben sind.

Programmcode kommentieren

Geben Sie das Apostroph (') ein, um eine Programmzeile zu Dokumentationszwecken zu verwenden. Das Kommentarzeichen kann sowohl am Anfang der Zeile als auch hinter der Programmanweisung stehen.

```
Function MWST()       'Berechnet die MWST des Eingabewerts
   Eingabe=InputBox ("Geben Sie bitte den Betrag ein")
   Eingabe = Eingabe * 0.15
'Die nachste Zeile setzt die Zeichenkette
'für die Ausgabe zusammen
   MsgBox "Das Ergebnis lautet:" & Str$(Eingabe)
End Function
```

Programmcode testen

Wenn Sie sich mit der Programmierung schon einmal beschäftigt haben, dann wissen Sie, daß die Erstellung eines Programms oftmals nicht solange dauert wie der Test desselben. Sie sollten daher jede Prozedur für sich testen, um deren Funktionalität sicherzustellen. In der Politik wird das 'Die Politik der kleinen Schritte' genannt. Grundsätzlich gibt es drei Fehlerquellen, die Ihnen Probleme bereiten könnten:

Syntaxfehler,
Laufzeitfehler,
Logische Fehler.

Syntaxfehler

Syntaxfehler entstehen, wenn Sie Anweisungen nicht richtig erstellen. Möglicherweise haben Sie ein Gleichheitszeichen oder ein Komma vergessen. Vielleicht ist Ihnen auch ein Schreibfehler beim Verwenden einer Access-Basic-Funktion unterlaufen. Oder Sie haben eine Kontrollstruktur nicht richtig eröffnet oder beendet. Um sich vor Tipfehlern zu schützen, gibt es eine ganz einfache Lösung. Schreiben Sie alle Access-Funktionen und Schlüsselwörter klein. Sind diese richtig eingegeben, wandelt Access sie in Groß-/Kleinschreibung um, sobald Sie in die nächste (oder vorherige) Programmzeile wechseln. Auf diese Weise läßt sich vor allen Dingen feststellen, ob ein von Ihnen verwendeter Name eventuell ein Access-Schlüsselwort ist. Syntaktische Fehler erkennt Access also sofort.

Laufzeitfehler

Laufzeitfehler entstehen zum Zeitpunkt der Programmausführung. Die Syntax ist zwar korrekt eingegeben, aber die Operation kann dennoch nicht durchgeführt werden. Ein geradezu typischer Laufzeitfehler ist die Division durch Null. Nehmen wir an, Sie haben folgende Anweisung codiert:

Ergebnis = Gesamtpreis / Einzelpreis

Nun steht allerdings im Feld Einzelpreis eine 0, weil es zu dem Artikel noch keinen kalkulierten Einzelpreis gibt. Access kann diese Anweisung in einem solchen Fall nicht ausführen und zeigt einen entsprechenden Fehler an. Ihre Aufgabe ist es nun, im Programm den Fall 0 abzufangen. Auch Laufzeitfehler werden von Access bemerkt.

Die schlimmste 'Fehlersorte' sind logische Fehler. Programmcode, der einen logischen Fehler enthält, kann syntaktisch völlig in Ordnung sein und gültige Operationen durchführen. Dennoch erhalten Sie falsche Ergebnisse. Einen solchen Fehler können nur Sie finden, indem Sie den Code Schritt für Schritt testen und die Resultate immer wieder überprüfen und analysieren.

Logische Fehler

Access hält in der Symbolleiste folgende Werkzeuge, die beim Testen des Programmcodes hilfreich sind, bereit:

Symbol	Beschreibung
	Führt jede Programmzeile einzeln aus.
	Führt jede Prozedur einzeln aus.
	Setzt alle Variablen auf Null zurück, damit das Programm neu gestartet werden kann.
	Setzt in einer markierten Zeile einen Haltepunkt, an der das Programm während der nächsten Ausführung gestoppt wird.

Um einen Programmteil, der einen Fehler verursacht hat, einzeln zu analysieren, setzen Sie einen Haltepunkt in eine Zeile (oder Prozedur), die vor dem Fehler liegt. Oftmals reicht ein einzelner Haltepunkt aus. Sollten Sie jedoch zwei (oder mehr) Programmteile im Auge haben, die den Fehler verursachen könnten, setzen Sie entsprechend mehr Haltepunkte ein.

Um den Haltepunkt einzuschalten,

1. markieren Sie die Zeile, in die Sie einen Haltepunkt einsetzen möchten.

2. Klicken Sie das Symbol 'Haltepunkt einschalten'

oder:

wählen Sie [A̲usführen/H̲altepunkt ein/aus]

oder:

betätigen Sie einmal die Taste).

Haltepunkte werden in Fettschrift angezeigt. Um sie wieder zu entfernen, durchlaufen Sie die oben beschriebenen Schritte noch einmal. Starten Sie den Programmablauf erneut, hält Access die Programmausführung an dieser Stelle an. Die aktuelle Anweisung wird durch einen dünnen Rahmen gekennzeichnet:

```
                Modul: Menüsteuerung und Formwechsel
Case "Kundenstamm"                    'Händlerstammdaten
     DoCmd GoToRecord A_FORM, "Hauptmenü", A_GOTO, 1
     dmy = Kundeninit()

Case "Vertriebsmenü"                  'Vertriebsinfos
     'DoCmd OpenQuery ("Übersicht Fachhändler")
     'DoCmd DoMenuItem A_FORMBAR, 4, 3
     If NL = "Deutschland" And screen.activeForm.Formname
          dmy = EineForm(F_ÖFFNEN, "Vertrieb Deutschland")
          DoCmd GoToRecord A_FORM, "Hauptmenü", A_GOTO, 2
          dmy = gotofield("Entry")
     Else
          dmy = EineForm(F_ÖFFNEN, "Vertriebsmenü")
          DoCmd GoToRecord A_FORM, "Hauptmenü", A_GOTO, 2
          dmy = gotofield("Entry")
     End If
```

Abb. 19-9 Die Programmausführung wurde angehalten.

Nun befinden Sie sich im Unterbrechungsmodus und können die Ausführung jeder Programmanweisung einzeln verfolgen. Um einen Einzelschritt auszuführen,

wählen Sie [A̲usführen/E̲inzelschritt]

oder:

betätigen die Taste (

oder:

klicken das Symbol Einzelschritt.

Nach jeder Programmzeile können Sie nun beurteilen, ob diese korrekt arbeitet oder das Problem verursacht. Treffen Sie bei der Programmausführung auf eine Anweisung, die eine (von Ihnen geschriebene) Prozedur ist, von der Sie allerdings wissen, daß diese korrekt arbeitet, ist es nicht notwendig, jede einzelne Programmanweisung einer solchen Prozedur einzeln durchzugehen. Durchlaufen Sie eine solche Prozedur in einem Prozedurschritt:

wählen Sie [Ausführen/Prozedurschritt]

oder:

betätigen die Tastenkombination H + (

oder:

klicken das Symbol Prozedurschritt.

Wählen Sie den Prozedurschritt in einer Anweisung, die keine eigene Funktion oder Sub-Prozedur enthält, verhält sich der Prozedurschritt wie der Einzelschritt und geht Zeile für Zeile durch Ihren Code. Erkennen Sie im Verlauf der Einzelschrittausführung, daß in den nächsten fünf Zeilen der Fehler auftritt, wollen aber dennoch mit der Ausführung der Programmzeilen fortfahren, die auf die fehlerhafte Anweisung folgen, bietet Ihnen Access die Möglichkeit die Programmausführung an einer anderen Stelle fortzuführen. Einzige Voraussetzung: Die nächste Anweisung muß sich in der aktuellen Prozedur befinden:

Nächste Anweisung festlegen

1. Markieren Sie die Zeile, in der die Programmausführung fortgesetzt werden soll.

2. Wählen Sie dann [Ausführen/Nächste Anweisung festlegen].

Sie können eine im Einzelschritt begonnene Programmausführung jederzeit im 'Schnelldurchlauf' beenden, indem Sie

aus dem Menü [A̲usführen] den Befehl [W̲eiter] wählen

oder

die Taste % betätigen.

Nachdem Sie einen eventuellen Fehler behoben haben, sollten Sie Ihren Programmcode noch einmal 'jungfräulich' testen. Zu diesem Zweck setzen Sie die Werte aller Variablen zurück und starten anschließend die Programmausführung erneut. So können Sie sicher sein, daß keine Variable falsch vorbelegt ist.

Aus dem Menü [A̲usführen] wählen Sie dazu den Befehl [Neu i̲nitialisieren]

oder

klicken das Symbol zur Neuinitialisierung.

Alle Haltepunkte löschen

Sofern die Programmausführung nun völlig unerwarteter Weise an einer bestimmten Anweisung anhält, wird es Zeit, alle Haltepunkte wieder auszuschalten:

Wählen Sie aus dem Menü [A̲usführen] den Befehl [A̲lle Haltepunkte löschen].

Um das Ergebnis eines Ausdrucks, den Wert eines Steuerelements, einer Eigenschaft, eines Feldes usw. zu überprüfen, verwenden Sie das Direktfenster. Sie haben es weiter oben in diesem Kapitel bereits eingesetzt, um Ihre Funktion auszuführen. Natürlich ist das Direktfenster in erster Linie dazu da, den Inhalt von Variablen anzuzeigen oder Berechnungen auszuwerten, ohne daß das Modul kompiliert oder der Programmcode ausgeführt werden muß. Verwenden Sie es im Unterbrechungsmodus, um Informationen über nicht funktionstüchtige Prozeduren zu erhalten. Öffnen Sie es durch

Willkommen zu ACCESS-Basic

Das Direktfenster

[Ansicht/Direktfenster].

Folgende Tasten helfen Ihnen bei der Navigation und Arbeit im Direktfenster:

Taste	Beschreibung
Cursor	Muß innerhalb der Anweisung im Direktfenster positioniert sein, damit eine Auswertung erfolgen kann.
I	Innerhalb der Zeile nach rechts bewegen.
W	Innerhalb der Zeile nach links bewegen.
U	Anweisung auswerten lassen.
0	Eine Seite nach oben.
U	Eine Seite nach unten.
P	Zum Zeilenanfang.
	Zum Zeilenende.

Um bestimmte Werte durch die Eingabe ins Direktfenster zu überprüfen, geben Sie den Ausdruck, die Variable oder die Ganze Anweisung in das Direktfenster mit einem vorangestellten **?** ein. Das Fragezeichen ist für das Direktfenster ein Schlüsselwort. Anstelle des Fragezeichens kann auch **Print** verwendet werden. Demnach können Sie (beispielsweise) den Inhalt einer Variablen auf zwei Arten erfahren:

```
? Eingabe
Print Eingabe
```

Sollte sich der Inhalt der Variablen zur Laufzeit ändern, können Sie das neue Ergebnis erfahren, indem Sie den Cursor in die Zeile, die die Variable enthält, im Direktfenster in Position bringen. Anschließend betätigen Sie die Taste U. Um eine ganze Anweisung im Direktfenster zu analysieren, sollten Sie diese kopieren und in das Direktfenster wieder einfügen, da es ansonsten leicht zu Schreibfehlern kommen kann. Im Direktfenster lassen sich aber auch die Inhalte von Steuerelementen oder deren Eigenschaften betrachten. Um den Inhalt des Steuerelements *Firma* Ihres Formulars *Firmen* auszugeben, ist folgende Angabe im Direktfenster erforderlich:

Auf Steuerelemente zugreifen

```
? Forms!Firmen!Firma
```

Betätigen Sie dann die Taste Ü wird der aktuelle Feldeintrag zurückgegeben, zum Beispiel:

```
Estelle
```

Wollen Sie hingegen Informationen über die Einstellung einer Eigenschaft beziehen, achten Sie darauf, daß Eigenschaften durch einen Punkt (.) vom jeweiligen Objekt getrennt werden.

Eigenschaften abfragen

```
? Forms!Firmen.RecordSource
```

ermittelt die zugrundeliegende Datenquelle. Für Ihr Formular Firmen ist das

```
1_Handlerstamm.
```

Um allerdings gleich im Code Anweisungen zu verankern, die von Zeit zu Zeit Ergebnisse oder Auswertungen in das Direktfenster schreiben, müssen Sie dem Schlüsselwort **Print** noch ein **Debug** gefolgt von einem Punkt (.) voranstellen. Mittels **Debug** weisen Sie Access an, auf das Direktfenster zurückzugreifen. Um die Eingabe Ihres Benutzers erst im Direktfenster zu sehen, modifizieren Sie die Funktion folgendermaßen.

Das Objekt Debug

```
Function MWST()     'Berechnet die MWST des Eingabewerts
    Eingabe=InputBox ("Geben Sie bitte den Betrag ein")

    Debug.Print Eingabe

    Eingabe = Eingabe * 0.15
'Die nachste Zeile setzt die Zeichenkette
'fur die Ausgabe zusammen
    MsgBox "Das Ergebnis lautet:" & Str$(Eingabe)
End Function
```

In einer komplexen Funktion können diese Ausgaben eine Menge Zeit sparen, da sich so die Ergebnisse jederzeit kontrollieren lassen:

Willkommen zu ACCESS-Basic

```
                        Modul: FH Datenbankabgleich1
 IF DEBUGGING Then Debug.Print "Tabellenname", , "Datensätze", "Erstellt", , "geänd
 DBSTATUSTEXT$ = DBSTATUSTEXT$ + "        Tabellenname     Datensätze     Erstellt
 Do Until TL.eof
     If TL.Name = Tb$ Then
         NowAnzahl = TL!RecordCount
         nowCreate = TL.DateCreated
         NowUpdate = TL.LastUpdated
         If DEBUGGING Then
             Debug.Print TL.Name, , TL!RecordCount, ;
             Debug.Print TL.DateCreated, TL.LastUpdated, TL.TableType, TL.Attribute
         End If

         DBSTATUSTEXT$ = DBSTATUSTEXT$ + TL.Name + " " + Str$(NowAnzahl) + " " + St
         forms![Datenbankabgleich Ergebnis]![Status] = DBSTATUSTEXT$
     End If
     TL.MoveNext
 Loop
```

Abb. 19-10 Die Ausgabe ins Direktfenster erfolgt aus dem Modul heraus.

Neben rein informativen Ausgaben, erlaubt das Direktfenster allerdings auch das Zuordnen von Werten zu Steuerelementen, Eigenschaften und Variablen, die auf diese Weise während der Laufzeit manipuliert werden können. Um die Auswirkung unterschiedlicher Datenwerte zu testen, weisen Sie diese im Direktfenster zu, zum Beispiel:

```
Eingabe = 100
Forms!Firmen!Firma = "Estelle"
Forms!Firmen!Firma.Locked = True
```

Anschließend veranlassen Sie den nächsten Einzel- oder Prozedurschritt, um die Auswirkung zu testen. Beachten Sie, daß die zweite Anweisung den Wert eines Steuerelements ändert, während die dritte einer Eigenschaft ('Gesperrt') eine neuen Wert ('wahr') zuweist.

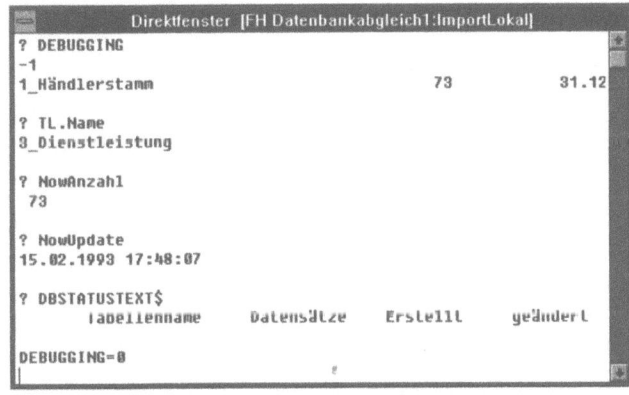

Abb. 19-11 Einige Beispiele für den Einsatz des Direktfensters.

Zusammenfassung des Kapitels

- Sie haben das sechste und letzte Objekt von Access kennengelernt, die Module.

- Sie haben erfahren wie Module aufgebaut sind und sich mit dem Modulfenster vertraut gemacht.

- Sie haben erkundet, was Prozeduren sind, welche Arten es gibt und eine eigene Funktion geschrieben, kompiliert und ausgeführt.

- Sie haben Module getestet und dabei die besondere Bedeutung des Direktfensters erkannt.

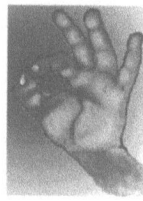

TRAINIEREN SIE IHR WISSEN:

1. Woraus besteht ein Modul?

2. Erklären Sie den Unterschied zwischen einer Sub-Prozedur und einer Funktion.

3. Wie führen Sie eine Prozedur aus?

4. Welchen Namenskonventionen unterliegen Prozedurnamen?

5. Nennen Sie die drei möglichen Fehlerquellen bei der Programmentwicklung und wie Sie behoben werden.

Kapitel 20

Überblick
Variablen und Konstanten
Datenfelder
Besondere Access-Objektvariablen
Objekteigenschaften und Objektmethoden
Makros ausführen
Private Prozeduren
Kontrollstrukturen
Zusammenfassung des Kapitels

20. Grundlagen zu Access-Basic

Überblick

So ganz ohne Grundlagen geht es nirgendwo, auch in Access-Basic nicht. **Kapitel 20** will Ihnen daher einen Überblick über Variablen, Konstanten, Methoden und Kontrollstrukturen vermitteln. Sie lernen die Access-spezifischen Bezeichnungen und Funktionalitäten kennen und werden erfahren, was Variablen, Konstanten und Datenfelder in Access sind. Über die 'landläufig' bekannten Variablen (wie String, Numeric usw.) hinaus, verfügt Access über sogenannte Objektvariablen, die Objekte der Datenbank - wie beispielsweise Formulare oder Tabellen - repräsentieren und eine einfache Manipulation an eben diesen Objekten ermöglichen.

Neben Elementen und Eigenschaften besitzen Objekte auch Methoden, die wir Ihnen im Teilabschnitt **Objektmethoden** vorstellen werden. Darüber hinaus werden Sie private Prozeduren sowie die wichtigsten Kontrollstrukturen kennenlernen.

Variablen und Konstanten

Alle Access-Funktionen, das haben Sie im vorangegangenen Kapitel ('leidvoll') erfahren, sind bestrebt, ihre Ergebnisse irgendwo auszugeben. Wie in jeder Programmiersprache eignen sich dazu auch in Access Variablen. Variablen werden im Hauptspeicher angelegt und entweder zum Programmende oder beim Verlassen einer Prozedur automatisch wieder gelöscht. Wann eine Variable eliminiert wird, liegt daran, wie sie deklariert wurde. Ansonsten verhalten sich Variablen auch nicht anders als Tabellenfelder. Tabellenfelder nehmen Werte auf. Das tun Variablen auch. Tabellenfelder haben Namen und besitzen ganz bestimmte Datentypen. Das gleiche gilt für Variablen. Der einzige Unterschied - so scheint es - ist der, daß Tabellenfelder auf der Festplatte, Variablen hingegen im Hauptspeicher geführt werden.

Namens-
konvention
für
Variablen

Bevor Sie eine Variable erstellen, beachten Sie die Benennungsregeln für den Variablennamen. Dieser

- muß mit einem Buchstaben beginnen,
- darf aus maximal 40 Zeichen bestehen,
- darf keine reservierten Wörter enthalten und
- darf alle Buchstaben, alle Zahlen und den Unterstreichungsstrich verwenden.

Deklaration
von
Variablen

Eine Variable deklarieren bedeutet, Sie im Hauptspeicher anzulegen. Bei der Deklaration legen Sie bereits fest, welche Laufzeit diese Variable haben soll. Um eine Variable 'lokal' zu verwenden, deklarieren Sie

Dim *Variablenname.*

Mit der Anweisung

```
Dim Eingabe
```

haben Sie eine lokale Variable mit den Namen *Eingabe* festgelegt. Die Frage bleibt jedoch, für wen diese Variable sichtbar ist. Ganz einfach! Wollen Sie die Variable nur innerhalb einer ganz bestimmten Prozedur verwenden, deklarieren Sie diese gleich unter dem Prozedurnamen, zum Beispiel:

Gültigkeits-
bereiche
von
Variablen

```
Function MWST()
Dim Eingabe
   Anweisungen
   ...
End Function
```

Sobald die Prozedur verlassen wird, wird auch die Variable aus dem Hauptspeicher entfernt, es sei denn Sie haben diese **Static** deklariert:

```
Function MWST()
Static Eingabe
   Eingabe =InputBox&("Geben Sie bitte den Betrag ein")
   Eingabe = Eingabe * 0.15
   MWST = Eingabe
End Function
```

Der neue Wert der Variablen *Eingabe* kann nun auch in anderen Funktionen weiterverwendet werden. Die Variable gleicht nun mehr einer Konstanten (siehe weiter unten).

Grundlagen zu Access-Basic

> Um alle lokalen Variablen einer Prozedur als statisch zu deklarieren, verwenden Sie folgende Syntax: Static Function MWST().

Soll die Variable allen Prozeduren des Moduls bekannt gemacht werden, wird Sie als sogenannte Modulvariable im Deklarationsbereich angelegt:

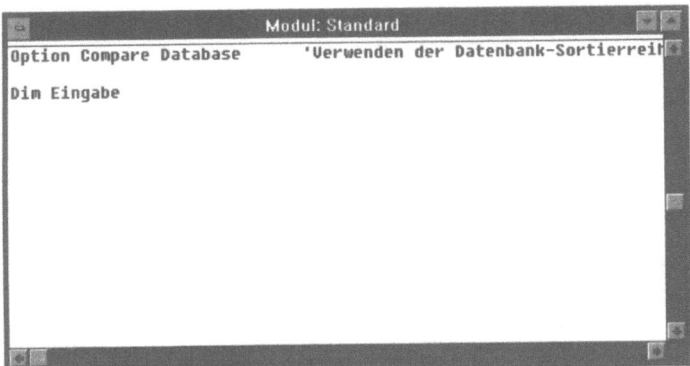

Abb. 20-1 Die Variable ist allen Prozeduren dieses Moduls bekannt.

Möglicherweise benötigen Sie aber nicht nur lokale bzw. Modulvariablen, sondern auch solche, die sich bestimmte Dinge während der gesamten Programmausführung 'merken' und von jeder Prozedur eingesehen werden können. Diese Arbeit leisten 'globale' Variablen. Sie werden immer im Deklarationsbereich des Moduls wie folgt angelegt:

Global *Variablenname.*

Dabei spielt es keine Rolle in welchem Modul die Variable deklariert wurde. Das Schlüsselwort **Global** sorgt dafür, daß diese Variable erst dann wieder aus dem Hauptspeicher entfernt wird, wenn Sie das Programm beenden. Wir haben uns angewöhnt ein eigenes Modul für die Deklaration sämtlicher globaler Variablen zu verwenden.

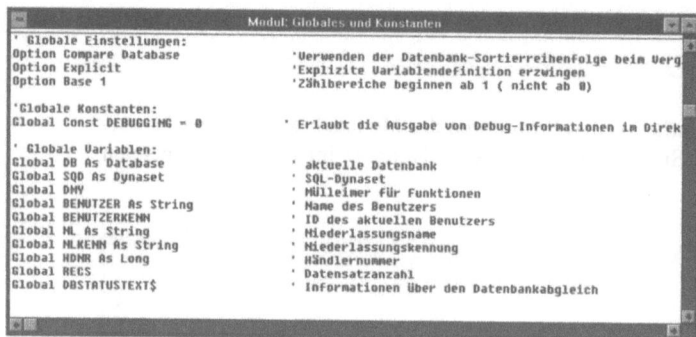

Abb. 20-2 Die Deklaration globaler Variablen.

Variablen explizit deklarieren

Es ist zwar in Basic nicht unbedingt erforderlich, Variablen zu deklarieren, wir möchten Ihnen die korrekte Deklaration aber dennoch 'ans Herz legen'. Deklarieren Sie eine Variable nicht, legt Access-Basic sie in dem Moment an, in dem sie verwendet wird. Nun wollen Sie dieselbe Variable wenige Programmzeilen später wieder verwenden. Doch wie das so ist, unterläuft Ihnen bei der Eingabe des Namens ein Fehler. Access legt nun erneut eine Variable an, der als Startwert wieder '0' zugewiesen wird. Da keine Variable zuvor deklariert wird, kann das Programm nicht unterscheiden, ob es sich um einen Schreibfehler oder eine neue Variable handelt. Gewöhnen Sie sich an, Variablen vor ihrer Verwendung zu deklarieren. Lassen Sie sich bei dieser Aufgabe von Access assistieren. Tragen Sie in den Deklarationsbereich des Moduls

```
Option Explicit
```

ein. Fortan werden Sie eine Fehlermeldung erhalten, sollten Sie versuchen eine Variable zu verwenden, die Sie noch nicht deklariert haben.

Der Datentyp Variant

Nachdem Sie entschieden haben, wie die Variable deklariert wird und welchen Namen sie tragen soll, müssen Sie jetzt noch dafür sorgen, daß der korrekte Datentyp verwendet wird. Bislang haben Sie mit dem Datentyp **Variant** gearbeitet. Er kann numerische, Datum/Zeit- und Zeichenfolgendaten speichern. Diese verschiedenen Datenarten müssen bei der Zuordnung zu einer Variablen des Datentyps untereinander nicht konvertiert werden. Das erledigt Access automatisch.

Grundlagen zu Access-Basic

```
Dim Eingabe      'Datentyp ist Variant
Eingabe = 100    'Inhalt der Variablen ist eine Zahl
Eingabe = "TT"   'Inhalt der Variablen ist eine Zeichenfolge
```

Diese beiden Werte lassen sich - dank Variant - auch so darstellen,...

```
Eingabe = "TT" & 100    'Ergebnis ist "TT100"
```

obwohl nicht für jede Variable der entsprechende Datentyp zugewiesen wurde. So angenehm diese Technologie im ersten Moment auch erscheint, ist sie leider nicht ganz ohne 'Tücken'. Probleme ergeben sich schnell, wenn Sie arithmetische Operationen durchführen. Wollten Sie die oben angezeigte Variable *Eingabe* für eine Berechnung verwenden, wäre ein Fehler bereits vorprogrammiert, da "TT100" zwar eine Zahl enthält, insgesamt aber eine Zeichenkette und kein numerischer Wert ist. Um mit einer Variablen 'zu rechnen', sorgen Sie also dafür, daß diese auch tatsächlich numerische Werte enthält. Die Funktion **IsNumeric()** findet das heraus:

```
If IsNumeric(A) And IsNumeric(B) Then
    C = A + B
Else
    C = Null
End If
```

Auf ähnliche Weise können Sie erfahren, ob die Variable derzeit Datumswerte speichert. Verwenden Sie dazu die Funktion **IsDate()**:

```
If IsDate(A) Then
    NeuesDatum = A + 7
Else
    A = Null
End If
```

> Die Datumswerte des Typs Variant reichen vom 01.01.100 bis 31.12.9999.

Nun möchten Sie vielleicht auch verhindern, daß eine Rechenoperation mit Variablen, deren Inhalt 'Null' ist, durchgeführt wird. Im Makro haben Sie bereits 'Ist Nicht Null' für solche Fälle eingesetzt. Im Modul verwenden Sie den englischen Namen:

```
If IsNull(A) And IsNull(B) Then
    C = Null
Else
    C = 0
End If
```

Andere Grunddatentypen

Über den Datentyp **Variant** hinaus, kennt Access natürlich weitere Grunddatentypen:

Name	Typen-zeichen	Wertebereich
Integer	%	-32.768 bis 32.767
Long	&	-2.147.483.648 bis 2.147.483.647
Single	!	-3,402823E+38 bis -1,401298E-45 (Dies gilt für positive Werte entsprechend.)
Double	#	-1,79769313486232E+308 bis -4,94065645841247E-324 (Dies gilt für positive Werte entsprechend.)
Currency	@	-922.337.203.685.477,5808 bis 922.337.203.685.477,5807
String	$	Null bis 65.500 Zeichen

Deklariert werden alle Datentypen - je nach Gültigkeitsbereich - immer mit **As** *Datentyp*. Anstelle von **As** *Datentyp* können Sie natürlich auch das Typenzeichen verwenden:

Dim *Text* **As String**   **Dim** *Text*$
Dim *Zahl* **As Integer**   **Dim** *Zahl*%
Dim *Betrag* **As Currency**   **Dim** *Betrag*@
Static *IhreKDNR* **As Single**   **Static** *IhreKDNR*!
Global *Benutzer* **As String**   **Global** *Benutzer*$

Während Sie mit **Dim** mehrere Variablen deklarieren können,....

```
Dim Text As String, Zahl As Integer, Betrag As Currency
```

ist diese Art der Deklaration in den Anweisungen **Global** und **Static** nicht erlaubt.

Argumentdatentypen

Sobald Sie eigene Funktionen schreiben, werden Sie sehr bald merken, daß diese in einigen Fällen Parameter, sogenannte Argumente, benötigen. (Das Modul *Menüsteuerung und Formwahl* enthält die Funktion *Formwahl (FName)*, in der Sie den Einsatz von Funktionen mit Argumenten nachvollziehen können.) Geben Sie in Klammern einfach nur den Argumentnamen an, wird dieses Argument dem Datentyp **Variant** zugeordnet. Um das Argument beispielsweise dem Typ **String** zuzuordnen, deklarieren Sie wie folgt:

Grundlagen zu Access-Basic

```
Function Formwahl (FName As String)
   ...
End Function
```

Auch der Rückgabewert einer Funktion muß einem Datentyp zugewiesen werden. Legen Sie den Datentyp nicht selbst fest, erledigt Access diese Aufgabe für Sie:

Funktionsdatentypen

```
Function LOSCHEN_VON_TABELLE (Tab As String)
  If Tab = Tab & "_1" Then
     LOSCHEN_VON_TABELLE = True
  Else
     LOSCHEN_VON_TABELLE = False
  End If
End Function
```

Im vorangegangenen Beispiel gibt die Funktion LÖSCHEN_VON_TABELLE entweder wahr (-1) oder falsch (0) aus. Gespeichert werden diese Informationen in einer Variablen vom Typ **Variant**, da der Funktion kein anderer Datentyp zugewiesen wurde. Selbstverständlich wäre der Datentyp **Integer** mit seinem Wertebereich absolut ausreichend. Um einen Funktionsdatentyp zu deklarieren, geben Sie ihn am Ende der Funktion an:

```
Function LOSCHEN_VON_TABELLE (Tab As String) As Integer
```

Konstanten werden verwendet, um den Programmcode leichter lesbar zu machen. Die Funktion LÖSCHEN_VON_TABELLE hätten wir auch so darstellen können:

Konstanten

```
Function LOSCHEN_VON_TABELLE (Tab As String)
  If Tab = Tab & "_1" Then
     LOSCHEN_VON_TABELLE = -1
  Else
     LOSCHEN_VON_TABELLE = 0
  End If
End Function
```

Die Konstanten **True** und **False** sind in Access bekannt. Darüber hinaus kennt das Programm weitere Konstanten beispielsweise für die Arbeit mit Menüleisten und Menübefehlen:

```
Modul: Standard
Function aktivfilter ()
    DoCmd DoMenuItem A_FORMBAR, A_RECORDSMENU, 4
.
End Function
```

Abb. 20-3 Access-Konstanten

So repräsentiert A_FORMBAR die Menüleiste des Formulars und A_RECORDSMENU den Menünamen (hier: *Datensätze*). Verwendet werden soll der Befehl [Filter/Sortierung anwenden] aus diesem Menü. Ohne Konstanten liest sich diese Anweisung nicht mehr so leicht:

```
Function aktivfilter ()
  DoCmd DoMenuItem 0, 4, 4
End Function
```

Um die Position eines Befehls im Pull-Down-Menü zu ermitteln, zählen Sie von oben nach unten und beginnen beim ersten Befehl mit 0! Auf die gleiche Weise ermitteln Sie die Position eines Menüpunkts innerhalb einer Menüleiste. Das erste Menü ist 0, das zweite 1 usw. Die Nummer der Menüleiste stellen Sie im Makro fest. Wählen Sie in einem neuen Makrofenster die Aktion **AusführenMenübefehl**, öffnen das Argument **Menüleiste** und zählen die Position ab. Natürlich beginnen Sie auch hierbei mit 0.

Um eigene Konstanten anzulegen, müssen sie definiert werden. Dazu verwenden Sie die Anweisung **Const**.

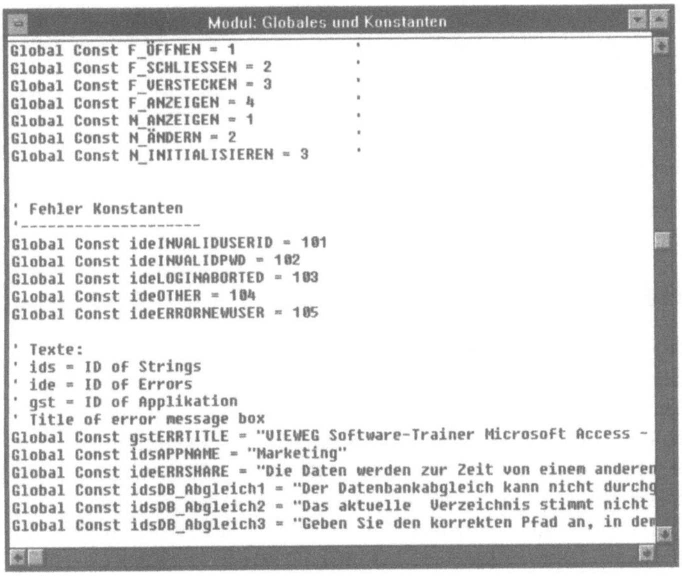

Grundlagen zu Access-Basic 577

```
                    Modul: Globales und Konstanten
Global Const F_ÖFFNEN = 1
Global Const F_SCHLIESSEN = 2
Global Const F_VERSTECKEN = 3
Global Const F_ANZEIGEN = 4
Global Const M_ANZEIGEN = 1
Global Const M_ÄNDERN = 2
Global Const M_INITIALISIEREN = 3


' Fehler Konstanten
'--------------------
Global Const ideINVALIDUSERID = 101
Global Const ideINVALIDPWD = 102
Global Const ideLOGINABORTED = 103
Global Const ideOTHER = 104
Global Const ideERRORNEWUSER = 105


' Texte:
' ids = ID of Strings
' ide = ID of Errors
' gst = ID of Applikation
' Title of error message box
Global Const gstERRTITLE = "VIEWEG Software-Trainer Microsoft Access -
Global Const idsAPPNAME = "Marketing"
Global Const ideERRSHARE = "Die Daten werden zur Zeit von einem anderen
Global Const idsDB_Abgleich1 = "Der Datenbankabgleich kann nicht durchg
Global Const idsDB_Abgleich2 = "Das aktuelle Verzeichnis stimmt nicht
Global Const idsDB_Abgleich3 = "Geben Sie den korrekten Pfad an, in der
```

Abb. 20-4 Deklaration von Konstanten

Auf die Anweisung **Const** folgt der *Konstantenname* (hier: F_ÖFFNEN), dem dann ein *Ausdruck* (=1) zugewiesen wird. Die Abbildung verrät außerdem, daß auch Konstanten unterschiedlichen Gültigkeitsbereichen zugeordnet werden können. Diese unterscheiden sich jedoch nicht vom Gültigkeitsbereich einer Variablen.

Definition	Gültigkeitsbereich
Const F_ÖFFNEN = 1	In der Prozedur, in der die Konstante deklariert wurde.
Im Deklarationsbereich eines Moduls Const F_ÖFFNEN = 1	In allen Prozeduren dieses einen Moduls.
Global Const BERICHT = 7	In allen Prozeduren aller Module.

Es ist nicht unbedingt erforderlich, den Namen der Konstanten in Großbuchstaben zu schreiben. Wir haben uns diese Schreibweise jedoch angewöhnt, um Konstanten sogleich von Variablen unterscheiden zu können. Und nun noch einige Beispiele zur Verwendung von Konstanten:

```
Const PAUSCHALPREIS = 100
Const RABATT = PAUSCHALPREIS / 10
Global Const NAME="Auftragsverwaltung der Eisenwerke AG"
Global Const VERSION="1.0.a"
Global Const GEGRÜNDET = #15.01.1990#
Global Const NL="Bremen", SEIT=#01.04.85#, BÜROS=10
```

Datenfelder

Sofern Sie bereits Programmiererfahrung haben, sind Ihnen Datenfelder (vielleicht besser bekannt unter dem Namen 'array') sicher nicht unbekannt. Ein Datenfeld enthält eine Reihe von Variablen. Auf jede Variable im Datenfeld wird mittels Index zurückgegriffen. Wollen Sie beispielsweise erfahren, welche Benutzer während der Laufzeit Ihres Programms in Access angemeldet sind, verwenden Sie ein Datenfeld, um die Benutzernamen dort einzulesen. Mittels Index kann auf jedes einzelne Element zurückgegriffen werden.

Je nach Gültigkeitsbereich, deklarieren Sie ein Datenfeld wie folgt:

Gültigkeitsbereich	Deklaration
Alle Module	Global
Alle Prozeduren eines Moduls (Modulebene)	Dim
Einzelne Prozedur	Static

Sofern die ganze Prozedur als **Static** deklariert wurde, kann zur Deklaration des Datenfeldes auf Prozedurebene auch **Dim** verwendet werden.

Wie für Variablen, legen Sie auch für Datenfelder einen Namen sowie den gewünschten Datentyp fest. Darüber hinaus geben Sie die gewünschte Obergrenze des Datenfelds an, zum Beispiel:

```
Global Benutzer (20) As String
Dim Zahler (10) As Integer
Static Ergebnis (20) As Double
```

Die Untergrenze ist immer 0! Diese läßt sich allerdings durch die Anweisung

```
Option Base 1
```

Grundlagen zu Access-Basic

auf 1 ändern. Geben Sie die Anweisung in den Deklarationsbereich des Moduls ein. Um eine andere Zahl als Untergrenze zu verwenden, legen Sie Unter- und Obergrenze mit Hilfe von **To** fest, zum Beispiel:

```
Dim Ergebnis (50 To 70) As Double
```

Die Indexzahlen liegen nun zwischen 50 und 70. Das folgende Beispiel zeigt, wie alle Benutzer des Datenfeldes in einer Schleife ausgegeben werden:

```
Global Benutzer (1 To 20) As String
Dim I As Integer
...
Call HoleBenutzer
...
For I = 1 To 20
    Print Benutzer (I)
Next
```

Die Deklaration eines mehrdimensionalen Datenfelds erfordert von Ihnen die Angabe, wie viele Dimensionen Sie benötigen. Haben Sie zuvor lediglich eine Dimension deklariert, geben Sie diese Werte nun entsprechend häufiger an:

Mehrdimensionales Datenfeld

```
Static Array1 (5, 6, 7)
```

Mit dieser Deklaration erstellen Sie ein dreidimensionales Datenfeld der Größe 6 x 7 x 8, woraus sich 336 Elemente ergeben. In Access können Sie Datenfelder mit maximal 60 Dimensionen deklarieren.

Möglicherweise wissen Sie erst zur Laufzeit des Programms wie groß das benötigte Datenfeld sein muß. Oder aber Sie wollen die Größe des Datenfelds dynamisch ändern. Diesen Komfort bieten Ihnen die dynamischen Datenfelder von Access. Um ein dynamisches Datenfeld zu erstellen,

Dynamische Datenfelder

1. deklarieren Sie das Datenfeld ohne die Dimensionsliste anzugeben, zum Beispiel im Deklarationsbereich des Moduls:

```
Dim Datenfeld ()
```

2. Die Anzahl der gewünschten Elemente weisen Sie dann innerhalb der Prozedur mit der Anweisung **ReDim** zu, zum Beispiel:

```
Function HoleBenutzer ()
...
ReDim Datenfeld (5,10)
...
End Function
```

Achten Sie darauf, daß beim Neuzuweisen mittels **ReDim** alle Werte, die das Datenfeld zuvor enthielt, verloren gehen. Außerdem sollten Sie **ReDim** nicht mit **Dim** verwechseln. **ReDim** kann nicht a u ß e r h a l b einer Prozedur verwendet werden, da dies eine echte Programmanweisung ist (wie beispielsweise **MsgBox**).

Besondere Access-Objektvariablen

Daß in Variablen einfache Werte gespeichert werden, ist nicht neu und in Access ebenso leicht (oder schwer) zu realisieren wie in anderen Programmiersprachen. Um allerdings auf den Inhalt der Access-Datenbankobjekte auf einfachste Weise zugreifen zu können, liefert Access acht Objektvariablen, die als 'Repräsentant' des jeweiligen Datenbankobjekts deklariert werden:

Objektvariable	Beschreibung
Database	Datenbank
Form	Formular einschließlich Unterformulare
Report	Bericht einschließlich Unterbericht
Control	Steuerelement (eines Formulars oder Berichts)
QueryDef	Abfragedefinition
Table	Tabelle
Dynaset	Aktualisierbare Tabelle (Kann auch das Ergebnis einer Abfrage sein.)
Snapshot	Nicht aktualisierbare Tabelle (Kann auch das Ergebnis einer Abfrage sein.)

Deklaration Abhängig vom Gültigkeitsbereich werden Objektvariablen ebenfalls mit **Dim** oder **Global** deklariert. Einige Objektvariablen benötigen Sie sicherlich regelmäßig. Diese sollten daher **Global** definiert werden, zum Beispiel:

Grundlagen zu Access-Basic

```
Global DB As Database    ' aktuelle Datenbank
Global SQD As Dynaset    ' SQL-Dynaset
```

Die Anweisung **Dim** verwenden Sie wieder, um die Objektvariable entweder auf Modulebene, d. h. im Deklarationsbereich des Moduls, oder lokal, also innerhalb einer Prozedur, zu deklarieren:

```
Dim Shot As Snapshot, Def As QueryDef, Tab As Table
```

Wie man sieht, gibt es keine Objektvariablen für Makros und Module. Allerdings gibt es zwei weitere Objekte, sogenannte Sonderobjekte, die beim Programmieren in Access überaus nützlich sind:

Objektvariable	Beschreibung
Screen	Ermöglicht den Zugriff auf das aktuelle Formular (oder einen Bericht bzw. ein Steuerelement)
Debug	Ermöglicht die Ausgabe an das Direktfenster.

Um die Informationen eines Datenbankobjekts in einer Objektvariablen zu speichern, weisen Sie diese mit **Set** zu:

```
Dim F As Form
Set F = Forms!Firmen
```

Die Informationen des Formulars *Firmen* werden in der Objektvariablen vom Typ **Form** gespeichert.

```
Dim F As Form, Firma As Control
Set F = Forms!Firmen
Set Firma = F![Firma]
```

Dieses Beispiel zeigt wie der Inhalt des Steuerelements *Firma* (aus dem Formular *Firmen*) in einer Objektvariablen vom Typ **Control** gespeichert wird.

Möglicherweise fragen Sie sich jetzt, woher das Schlüsselwort **Forms** kommt. **Forms** ist ein von Access vordefiniertes Objekt. **Forms** enthält alle geöffneten Formulare der Datenbank. Analog dazu, enthält das Objekt **Reports** alle geöffneten Berichte. Darüber hinaus verfügt jeder Bericht und jedes Formular über ein weiteres vordefiniertes Objekt namens **Dynaset**, das wiederum alle Felder des

Vordefinierte Objekte

zugrundeliegenden Formulars (bzw. Berichts) enthält. Auch dieses Objekt läßt sich in ein Variable einlesen:

```
Set D = Forms!Firmen.dynaset
```

Beachten Sie, daß auf das **Dynaset** des Formulars *Firmen* durch einen Punkt (.) zugegriffen wird. Das Dynaset ist - im weitesten Sinne - eine Eigenschaft der Form. Und auf Eigenschaften wird nun einmal mit einem Punkt zugegriffen. Das vierte und letzte vordefinierte Objekt heißt **Form**. Es enthält ein Unterformular in einem Formular oder Bericht. Um auf Felder eines Unterformulars zuzugreifen, verwenden Sie folgende Syntax:

```
Forms![Name des Hauptformulars]![Steuerelementname des Unterformulars].Form![Steuerelementname]
```

Unsere Abbildung zeigt, wie die [ID_MITARBEITER] des Unterformulars [U_KDStamm_Partner1], das seinerseits zum Hauptformular [Kundenstamm] gehört, im Direktfenster ausgegeben wird:

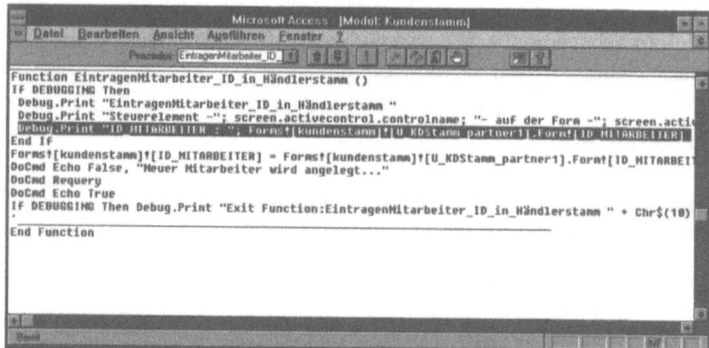

Abb. 20-5 Steuerelement eines Unterformulars im Direktfenster ausgeben.

Auch hier wird wieder mittels Punkt (.) auf das vordefinierte Objekt zugegriffen. Microsoft liefert für diese Syntax folgende Erklärung:

"Beachten Sie, daß Sie auf das Objekt des Typs "Dynaset" mit dem Punktoperator, nicht mit dem Operator !, Bezug nehmen, und zwar deshalb, weil das Objekt des Typs "Dynaset" von Microsoft Access definiert wird. Der Operator ! wird nur bei Objekten verwendet, die Sie definieren."

Das gilt - laut Microsoft - für das Objekt **Form** entsprechend. Tatsache ist aber auch, daß Objekteigenschaften und Objektmethoden ebenfalls durch einen Punkt (.) zu kennzeichnen sind, wie sich jetzt zeigen wird.

Objekteigenschaften und Objektmethoden

Um auf die Elemente eines Datenbankobjekts zuzugreifen, verwenden Sie das Ausrufezeichen(!). Auf Eigenschaften hingegen, wird auch in Modulen mittels Punkt(.) zugegriffen, wie die Abbildung zeigt:

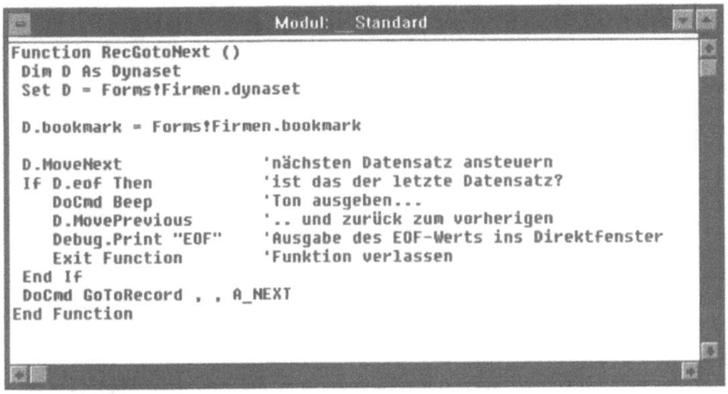

```
Modul:   Standard
Function RecGotoNext ()
  Dim D As Dynaset
  Set D = Forms!Firmen.dynaset

  D.bookmark = Forms!Firmen.bookmark

  D.MoveNext             'nächsten Datensatz ansteuern
  If D.eof Then          'ist das der letzte Datensatz?
    DoCmd Beep           'Ton ausgeben...
    D.MovePrevious       '.. und zurück zum vorherigen
    Debug.Print "EOF"    'Ausgabe des EOF-Werts ins Direktfenster
    Exit Function        'Funktion verlassen
  End If
  DoCmd GoToRecord , , A_NEXT
End Function
```

Eigenschaften

Abb. 20-6 Zugriff auf Objekte und Eigenschaften

So erfahren Sie den Inhalt des Formulars *Firmen*...

```
Dim F As Form
Set F = Forms!Firmen
```

... und so 'verstecken' Sie das Formular:

```
Forms!Firmen.Visible = False
```

Welche Eigenschaften gibt es aber? Die meisten haben Sie im dritten Teil dieser Publikation bereits kennengelernt. Im Entwurfsmodus lassen sich für jedes Objekt - ausgenommen ist die Datenbank selbst - die Eigenschaften bestimmen. Doch nicht alle Objekte, die Sie im Entwurfsmodus festlegen, lassen sich auch zur Laufzeit ändern. (Die Online-Hilfe - Suchbegriff 'Eigenschaften: Verzeichnis' - bietet eine

Methoden

detaillierte Aufstellung über alle Eigenschaften und ob sich diese per Modul ändern lassen oder nicht.)

Abbildung 20-6 zeigt aber nicht nur die Verwendung von Eigenschaften, sondern auch den Einsatz von Objektmethoden. Eine solche Objektmethode ist beispielsweise **MoveNext**. (Sie bewegt den Satzzeiger zum nächsten Datensatz.) Methoden sind ganz bestimmte Aufgaben, die von Objekten durchgeführt werden können, wie **AddNew, Edit, Delete, Close, CreateDynaset** usw. Sie werden dem Objekt immer mittels Punkt (.) zugeordnet. (Auch hier findet sich eine detaillierte Aufstellung aller Methoden in der Hilfe, Suchbegriff: Methoden: Verzeichnis).

Die folgende Abbildung zeigt, wie eine globale Variable aus einer Tabelle bestückt wird. Beachten Sie, daß die Methode **CreateDynaset** eine Argumentenliste verwendet, während die Methode **MoveFirst** ohne diese auskommt.

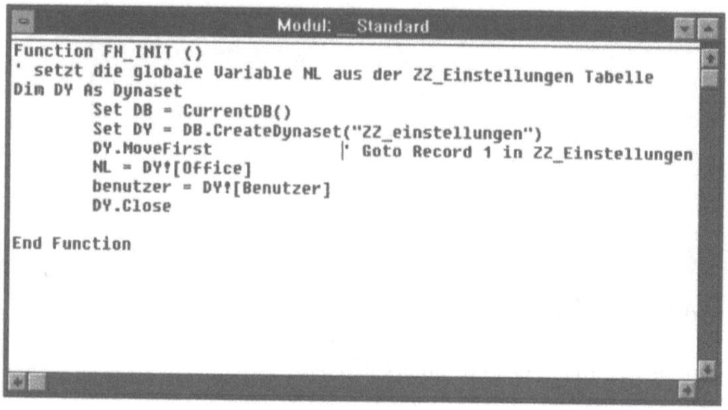

```
Function FH_INIT ()
' setzt die globale Variable NL aus der ZZ_Einstellungen Tabelle
Dim DY As Dynaset
    Set DB = CurrentDB()
    Set DY = DB.CreateDynaset("ZZ_einstellungen")
    DY.MoveFirst              ' Goto Record 1 in ZZ_Einstellungen
    NL = DY![Office]
    benutzer = DY![Benutzer]
    DY.Close

End Function
```

Abb. 20-7 Objektmethoden

Grundsätzlich ergibt sich darauf für Objekte folgende Syntax:

Objekt.Methode [(Argumentenliste].

Einige Methoden verwenden Argumente, andere nicht. Das obige Beispiel zeigt, wie mittels **CreateDynaset** ein Dynaset der Tabelle *ZZ_Einstellungen* erzeugt wird. Diese Methode verwendet also Argumente:

```
Set DY = DB.CreateDynaset("ZZ_Einstellungen")
```

Im Gegensatz hierzu dient die Methode **MoveFirst** (wie auch **MoveNext**, **MovePrevious** und **MoveLast**) lediglich, um einen ganz bestimmten Datensatz anzusteuern. Ob es sich dabei um den ersten, letzten, nächsten oder vorhergehenden handelt, legen Sie mit dem Methodennamen fest. In unserem Beispiel wird die Methode **MoveFirst** verwendet, um den ersten Datensatz im Dynaset zu erreichen:

```
DY.MoveFirst
```

Makros ausführen

Im vorangegangenen Teilabschnitt haben Sie Makroaktionen verwendet, um beispielsweise Tabellen, Berichte und Formulare zu öffnen. Diese Makroaktionen lassen sich auch im Modul einsetzen.

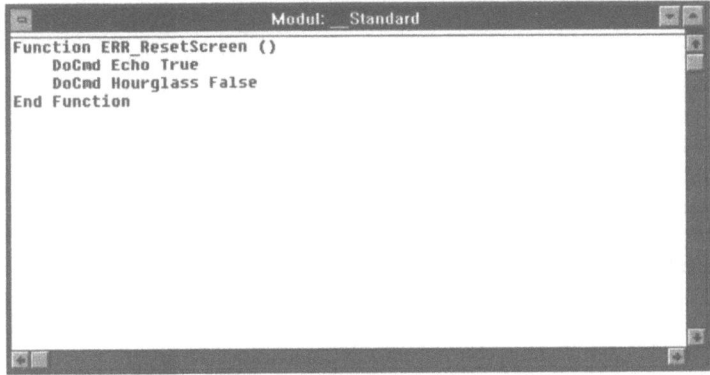

Abb. 20-8 Aktionen im Modul verwenden

Alle Aktionen werden durch die Anweisung **DoCmd** ausgeführt. Im Anschluß an die Anweisung geben Sie dann den *Aktionsnamen* sowie - falls notwendig - *Argumente* ein. Die Syntax der Anweisung **DoCmd** sieht damit so aus:

DoCmd *Aktionsname [Argumente]*.

Verwendet eine Aktion mehrere Argumente, sind diese durch ein Komma voneinander getrennt. Die Abbildung zeigt die Aktion **DoMenuItem** (AusführenMenübefehl):

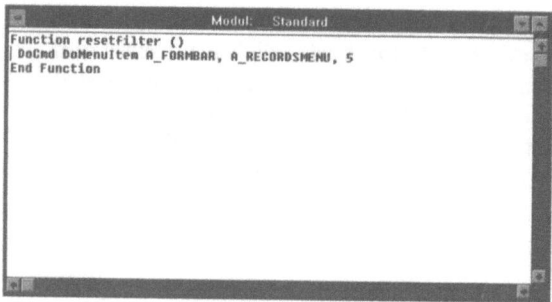

Abb. 20-9 Aktion mit mehreren Argumenten

Ausgeführt wird der Menübefehl [Alle Datensätze anzeigen] (5) des Menüs [Datensätze] (RECORDSMENU). Da sich dieses Menü in der Menüleiste der Formularansicht (A_FORMBAR) befindet, wird dies durch die entsprechende Konstante bekanntgegeben.

Erinnern Sie sich noch? Um die Position eines Befehls im Pull-Down-Menü zu ermitteln, zählen Sie von oben nach unten und beginnen beim ersten Befehl mit 0! Auf die gleiche Weise ermitteln Sie die Position eines Menüpunkts innerhalb einer Menüleiste. Das erste Menü ist 0, das zweite 1 usw. Die Nummer der Menüleiste stellen Sie im Makro fest. Wählen Sie in einem neuen Makrofenster die Aktion **AusführenMenübefehl**, öffnen das Argument **Menüleiste** und zählen die Position ab. Natürlich beginnen Sie auch hierbei mit 0.

Standardwerte für Argumente

Die meisten Aktionen werden von Access mit Standardwerten ausgeführt, so daß Sie die Argumente nur angeben müssen, wenn diese von den Standardwerten abweichen:

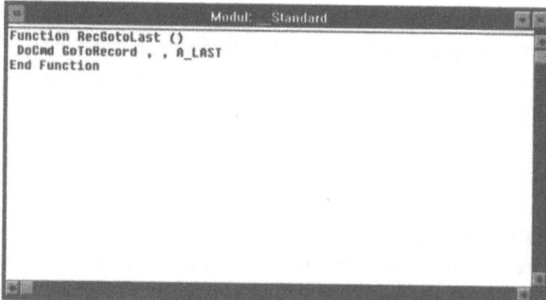

Abb. 20-10 Argumente auslassen

Die Aktion **GoToRecord** hat folgende Syntax...

DoCmd GoToRecord [*Objekttyp, Objektname*] [*,Datensatz*] [*,Offset*]

...und verwendet als Standardwerte für die Argumente....,

Argument	Standardwert
Objekttyp	Das aktive Objekt.
Objektname	Das aktive Objekt.
Datensatz	A_NEXT
Offset	1

..wenn Sie selbst keine Werte einsetzen. Um ein Argument auszulassen dem ein weiteres - von Ihnen festgelegtes - Argument folgt, setzen Sie für das ausgelassene Argument ein Komma ein, zum Beispiel:

```
DoCmd GoToRecord , , A_LAST
```

Lassen Sie ein Argument am Ende der Anweisung aus (folgt dem Argument also kein von Ihnen angegebenes mehr), müssen Sie auch auf das Komma verzichten, zum Beispiel:

```
DoCmd GoToRecord
```

In diesem Fall werden nur die Standardwerte von Access verwendet.

> Die exakte Beschreibung jedes einzelnen Befehls erhalten Sie über die Bedienerhilfe!

Obwohl Sie mittels **DoCmd** die meisten Access-Aktionen ausführen können, wollen wir Ihnen dennoch die acht Aktionen nicht vorenthalten, die sich auf diese Weise n i c h t steuern lassen:

Makroaktion:	Wird codiert mit:
AusführenAnwendung	Shell-Funktion.
AusführenCode	Angabe des Prozedurnamens.
HinzufügenMenü	Nicht möglich im Modul.
Meldung	MsgBox-Funktion.
SetzenWert	Zuordnung (wie bei Variablen).
StopAlleMakros	Nicht möglich im Modul.
StopMakro	Nicht möglich im Modul.
Tastaturbefehle	SendKeys-Anweisung.

Private Prozeduren

In **Kapitel 19** haben Sie einen Überblick über Prozeduren eines Moduls erhalten und dabei den Unterschied zwischen Sub-Prozeduren und Funktionen kennengelernt. Alle Prozeduren, die Sie bislang erstellt haben, sind in allen Modulen Ihrer Datenbank bekannt. Jede Prozedur muß dementsprechend einen eindeutigen Namen haben, d. h. ein Prozedurname darf nicht in unterschiedlichen Modulen einer Datenbank vorkommen. Haben Sie allerdings den Wunsch, eine Prozedur nur innerhalb eines Moduls zu verwenden, so kann sie als **Private** deklariert werden:

```
Private Sub Prozedurname (Argumente)
    Anweisungen
End Sub

Private Function Prozedurname (Argumente)
    Anweisungen
    Prozedurname = Ruckgabewert
End Function
```

Diese Art der Deklaration empfiehlt sich, wenn Sie den Prozedurnamen mehr als einmal in einer Datenbank verwenden wollen. Auf diese Weise gehen Sie Konflikten aus dem Weg, sofern mehrere Benutzer Prozeduren in ein und derselben Datenbank schreiben. Beachten Sie jedoch, daß **Private** deklarierte Funktionen nicht aus Formularen bzw. Berichten aufgerufen werden können.

Kontrollstrukturen

Kontrollstrukturen dienen zur Steuerung des Programmablaufs. Sie werden verwendet, um Programmteile - abhängig von einer Bedingung - ausführen zu lassen. Wir wollen Ihnen in diesem Teilabschnitt folgende Kontrollstrukturen vorstellen:

- **If ... Then ...** -Blöcke
- **If ... Then ... Else**-Blöcke
- **Select Case**-Anweisungen
- **Do** Schleifen
- **For** Schleifen

If...Then

In **If...Then**-Blöcken werden unterschiedliche Anweisungen definiert. Ist der hinter **If** eingegebenen Ausdruck wahr, wird die Anwei-

Grundlagen zu Access-Basic

sung ausgeführt, andernfalls wird der Block übersprungen. Folgende Schreibweisen sind zulässig:

```
If a < b Then
    Print "A ist kleiner als B"
End If
```

Oder:

```
If a < b Then print "A ist kleiner als B"
```

Die Funktion *VeranstaltungenAuswerten()* im Modul *Vertriebsinfo* enthält mehrere **If-Then**-Blöcke, aus der Sie entnehmen können, wann welche Schreibweise eingesetzt werden sollte.

> Sofern die **If...Then**-Konstruktion in eine Zeile eingegeben wird, ist darauf zu achten, daß kein **End If** am Ende der Zeile verwendet werden darf.

Im Gegensatz zu 'reinen' **If...Then**-Blöcken, erlaubt der **If...Then...Else**-Block die Bearbeitung einer Alternative, sollte die **If**-Bedingung falsch sein.

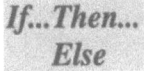

```
Function DruckenPrüfen ()
Dim dat As Variant

dat = CVDate("01.01.1985")
If forms!Veranstaltungen!Anfdat > dat Then
    forms!Veranstaltungen!Seitenansicht.enabled = True
    forms!Veranstaltungen!Drucken.enabled = True
Else
    forms!Veranstaltungen!Seitenansicht.enabled = False
    forms!Veranstaltungen!Drucken.enabled = False
End If
dmy = DoEvents()
End Function
```

Abb. 20-11 If..Then..Else-Block

Die Bedingung, die in diesem Beispiel abgefragt wird, bezieht sich auf ein Textfeld (*Anfdat*) des Formulars *Veranstaltungen*. Die **If**-Anweisungen sollen nur dann ausgeführt werden, wenn das Anfangsdatum (*Anfdat*) nach (>) dem "01.01.1985" (*dat*) liegt. Trifft die Bedingung nicht zu (ist diese also falsch), werden die Else-

Anweisungen ausgeführt. Selbstverständlich können Sie mehrere Bedingungen prüfen lassen:

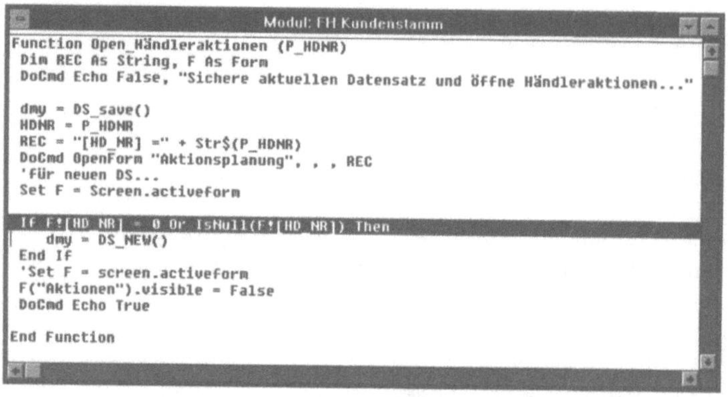

```
Modul: FH Kundenstamm
Function Open_Händleraktionen (P_HDNR)
Dim REC As String, F As Form
DoCmd Echo False, "Sichere aktuellen Datensatz und öffne Händleraktionen..."

dmy = DS_save()
HDNR = P_HDNR
REC = "[HD_NR] =" + Str$(P_HDNR)
DoCmd OpenForm "Aktionsplanung", , , REC
'Für neuen DS...
Set F = Screen.activeform
If F![HD_NR] = 0 Or IsNull(F![HD_NR]) Then
    dmy = DS_NEW()
End If
'Set F = screen.activeform
F("Aktionen").visible = False
DoCmd Echo True

End Function
```

Abb. 20-12 Mehrere Bedingungen prüfen

ElseIf

In diesem Beispiel werden die **If**-Anweisungen nur ausgeführt, wenn das Feld [HD_NR] nicht 0 (=0) oder nicht leer (*IsNull[HD_NR]*) ist. Die Ausführung von Anweisungen können Sie auch von einer **ElseIf**-Bedingung abhängig machen. Angenommen Sie wollen in unterschiedlichen Formularen Datensätze hinzufügen. Sofern der Benutzer mit 'Formular A' arbeitet, soll ein einzelner weiterer Satz hinzugefügt und gleichzeitig die Kundennummer eingetragen werden. Arbeitet er hingegen mit 'Formular B', muß ebenfalls ein Datensatz hinzugefügt werden. Die Kundennummer muß allerdings diesmal in eine andere Tabelle übertragen werden. Verwendet er ein drittes (oder anderes) Formular, soll die Meldung: *"Hinzufügen von Datensätzen nicht erlaubt"* ausgegeben werden.

```
Function DS_NEW (Formular)
    If Len(Formular) > 0
        If Formular = "A" Then
            dmy = EintragenHDNR_in_Handlermitarbeiter()
            DoCmd GoToRecord , , A_LAST
        ElseIf Formular = "B" Then
            dmy = EintragenHDNR_in_Aktionsplanung()
            DoCmd GoToRecord , , A_LAST
        End If
    Else
        MsgBox("Hinzufugen von Datensatzen nicht erlaubt")
    End If
End Function
```

Grundlagen zu Access-Basic

Access prüft nun die Bedingungen der Reihe nach. Enthält der übergebene Parameter (hier: *Formular*) ein Zeichen, wird zunächst analysiert ob, es das Zeichen A ist. Wenn ja, werden die Anweisungen ausgeführt und die Schleife wird verlassen. Wenn nein, prüft Access die zweite Bedingung, um festzustellen, ob diese wahr ist. Diese Schreibweise wird jedoch bei drei oder mehr **ElseIf**-Anweisungen leicht unübersichtlich. Es empfiehlt sich daher auf eine andere Kontrollstruktur zurückzugreifen, die für solche Fälle besser geeignet ist.

Immer, wenn es mehrere Bedingungen zu prüfen gilt, bietet **die** Select **Case** Anweisung eine Alternative zur zuvor vorgestellten **ElseIf**-Konstruktion. Dabei wird die Bedingung in der **Select Case** Anweisung festgelegt und in den einzelnen **Case**-Fällen ausgewertet:

Select Case

```
Select Case A
    Case 1
        Print "A hat den Wert 1"
    Case 2
        Print "A hat den Wert 2"
    Case 1, 3, 5, 7
        Print "A ist eine ungerade Zahl zwischen 1 und 7"
    Case Else
        Print "A ist keine Zahl"
End Select
```

Unser oben dargestelltes Beispiel läßt sich mit einer **Select Case**-Anweisung leichter realisieren:

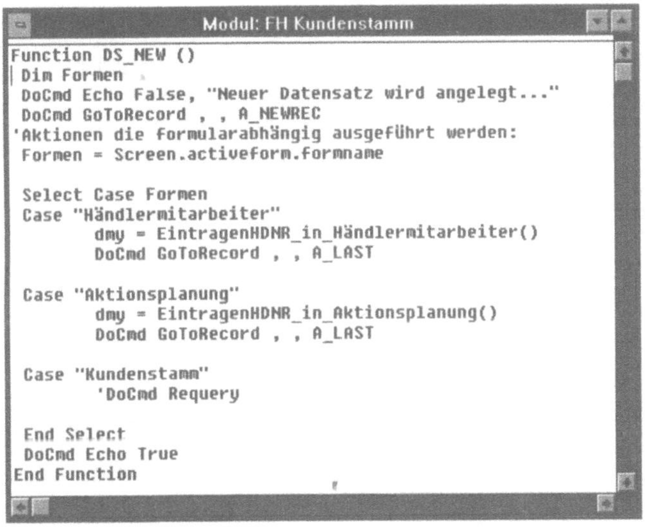

```
Function DS_NEW ()
 Dim Formen
  DoCmd Echo False, "Neuer Datensatz wird angelegt..."
  DoCmd GoToRecord , , A_NEWREC
 'Aktionen die formularabhängig ausgeführt werden:
 Formen = Screen.activeform.formname

  Select Case Formen
  Case "Händlermitarbeiter"
        dmy = EintragenHDNR_in_Händlermitarbeiter()
        DoCmd GoToRecord , , A_LAST

  Case "Aktionsplanung"
        dmy = EintragenHDNR_in_Aktionsplanung()
        DoCmd GoToRecord , , A_LAST

  Case "Kundenstamm"
        'DoCmd Requery

  End Select
  DoCmd Echo True
End Function
```

Abb. 20-13 Select Case Anweisung

Beachten Sie jedoch, daß sich in einer **Select Case**-Struktur nur ein Ausdruck zu Beginn der Struktur (hier: *Formen*) auswerten läßt. Im Gegensatz dazu kann die **If...Then**...ElseIf-Struktur für jede **ElseIf**-Anweisung einen anderen Ausdruck auswerten. Ersetzen Sie daher eine **If...Then**...**ElseIf**-Struktur nur dann durch **Select Case**, wenn jede **ElseIf**-Anweisung den gleichen Ausdruck auswertet.

Do...Loop

Do-Schleifen werden eingesetzt, um einen Programmteil - solange eine angegebene Bedingung erfüllt ist - zu wiederholen. Die Bedingung wird in der **Do Until** Anweisung codiert, das Ende des Blocks durch **Loop** gekennzeichnet.

```
Do Until Tab.EOF
   Tab.Delete
   Tab.MoveNext
Loop
```

Access prüft zunächst die Bedingung (Tabellenende erreicht?) und durchläuft die Schleife dann solange bis diese wahr ist. Ist die Bedingung allerdings gleich zu Anfang erfüllt, wird die Schleife nicht durchlaufen. Um sicherzustellen, daß die Anweisungen innerhalb der **Do...Loop** Anweisung mindestens einmal durchlaufen werden, können Sie diese so formulieren:

```
Do
   Tab.Delete
   Tab.MoveNext
Loop Until Tab.EOF
```

For...Next

Im Gegensatz zu Do-Schleifen wird bei For-Schleifen die Anzahl der Durchläufe von Anfang an durch eine Zählvariable festgelegt. Der Anfangswert der Zählvariablen wird durch den Startwert, das Ende durch den Endwert bestimmt. Dabei ist die Standardschrittweite 1. (Es sei denn, sie wird vom Entwickler anders festgesetzt.) Im folgenden Beispiel ist der Startwert 10, der Endwert 20 und die Schrittweite 1:

```
For A = 10 To 20
   Print A
Next
```

Haben Start- und Endwert den gleichen Wert, wird die For-Schleife mindestens einmal durchlaufen!

Benötigen Sie eine andere Schrittweite, muß diese in der For-Schleife angegeben werden:

```
For A = 20 To 10 Step -2
   Print A
Next
```

Ist der Startwert kleiner als der Endwert (z. B. `For A = 6 To 10`), muß die Schrittweite positiv, andernfalls negativ sein. Die Schleife wird nicht durchlaufen, wenn der Startwert größer als ihr Endwert ist und k e i n e negative Schrittweite gewählt wurde:

```
For A = 20 To 10
   Print A
Next
```

Dies gilt für den umgekehrten Fall entsprechend:

```
For A = 10 To 20 Step -2
   Print A
Next
```

Zusammenfassung des Kapitels

- Sie haben sich mit der Deklaration von Variablen und Konstanten sowie mit deren Gültigkeitsbereich vertraut gemacht. Darüber hinaus haben Sie die in Access verfügbaren Datentypen für Variablen kennengelernt.

- Sie haben den Einsatz von Datenfeldern und mehrdimensionalen Datenfeldern erprobt und herausgefunden, wie dynamische Datenfelder eingesetzt werden.

- Sie haben Kenntnis erhalten von den Access Objektvariablen und deren Deklaration. Außerdem wissen Sie jetzt, was definierte Objekte sind und wozu sie verwendet werden.

- Sie haben den Unterschied zwischen Objekteigenschaften und Objektmethoden erfahren.

- Sie haben von der Möglichkeit Gebrauch gemacht, Aktionen im Modul einzusetzen.

- Sie haben die Deklaration privater Prozeduren und die wichtigsten Regeln für die Arbeit mit Kontrollstrukturen erarbeitet.

TRAINIEREN SIE IHR WISSEN:

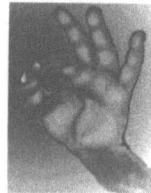

1. Erklären Sie die unterschiedlichen Gültigkeitsbereiche für Variablen in Access Basic.

2. Welchen besonderen Datentyp hält Access bereit?

3. Wozu werden Konstanten verwendet?

4. Wie viele Dimensionen können Datenfelder in Access haben?

5. Was ist eine Objektvariable und welche stellt Access zur Verfügung?

6. Erklären Sie das vordefinierte Objekt 'Forms'!

7. Mit welchem Operator greifen Sie auf Objekteigenschaften bzw. Objektmethoden zu?

Kapitel 21

Überblick
Die Fehlerbehandlung
Formular-, Berichts- und
Steuerelementvariablen verwenden
Formulare aktualisieren
Zusammenfassung des Kapitels

21. Allgemeine Techniken

Überblick

Kapitel 21 macht Sie mit allgemeinen Programmiertechniken in Access Basic vertraut. Dazu gehört zunächst einmal **Die Fehlerbehandlung**. Was ist zu tun, wenn der Plattenplatz beim Speichern nicht mehr ausreicht, oder das Laufwerk, in dem eine Diskette eingelegt wurde, nicht verschlossen ist? Diesen und ähnlichen Fragen geht der erste Teilabschnitt auf den Grund. Im vorangegangenen Kapitel haben Sie die Access-Objektvariablen kennengelernt. Hier sollen Sie nun erfahren, wie diese effektiv eingesetzt werden. Dabei werden Sie weitere vordefinierte Objekte kennenlernen und neue Möglichkeiten erkunden, **Formular- und Berichtsvariablen zu verwenden**. Nach Durcharbeiten dieses Kapitels ist Ihnen der Einsatz von Steuerelementvariablen ebenso geläufig wie das Aktualisieren von Formularen.

Die Fehlerbehandlung

Sollten in Ihrem System (und damit ist nicht nur Ihr Programm, sondern auch die Betriebssystemumgebung gemeint, auf der Ihr Programm eingesetzt wird), niemals Fehler auftreten, müssen Sie diesen Abschnitt gar nicht erst lesen, sondern können sich sofort 'angenehmeren' Dingen widmen. Welche Illusion werden Sie vermutlich jetzt denken, und recht haben Sie! Selbst wenn die Software fehlerfrei arbeiten würde (noch eine Illusion), ist da immer noch der Benutzer, der vielleicht vergessen, hat das Diskettenlaufwerk zu verriegeln, bevor er mit der Datensicherung beginnt. Soviel ist sicher jetzt schon klar: Fehlerbehandlung muß sein.

Nehmen wir also an, ein Benutzer entschließt sich, eine Datei auf eine Diskette zu kopieren. Fragen Sie ihn zunächst, ob er das Laufwerk A: oder B: verwenden möchte:

```
Function LaufwerkWechseln()
Dim Laufwerk, Text As String

Text = "Wollen Sie auf Laufwerk A: oder B: speichern?"
```

```
Laufwerk = InputBox(Text)
ChDrive Laufwerk       ' Laufwerk wechseln.

End Function
```

Beim Laufwerkswechsel setzen wir in unserem Beispiel voraus, daß der Anwender ordnungsgemäß bereits eine Diskette in das gewünschte Laufwerk eingelegt hat. Und was, wenn er nicht hat? Dann zeigt Access die Meldung `Diskette nicht bereit` an. Ärgerlich. Möglicherweise wurde als Laufwerkbuchstabe auch Y eingegeben, ein Laufwerk, daß entweder derzeit oder überhaupt nicht zur Verfügung steht. Was sagt Access dazu? `Gerat nicht verfugbar`. Ebenfalls unschön.

Hier gehört also eine Fehlerbehandlung hin. Drei Schritte führen Sie ans Ziel:

1. Die Fehlerbehandlung muß aktiviert werden.
2. Der Fehlerhändler muß geschrieben werden.
3. Der Fehlerhändler muß im Anschluß an die Bearbeitung wieder verlassen werden.

Fehler-behandlung aktivieren

Um die Fehlerbehandlung zu aktivieren, bietet Access Ihnen zwei Möglichkeiten:

On Error Goto und
On Error Resume Next.

On Error Goto leitet die Fehlerbehandlung ein und übergibt die Programmkontrolle an die durch den Befehl spezifizierte Sprungmarke weiter. Diese muß innerhalb der Prozedur stehen:

```
Function LaufwerkWechseln()
Dim Laufwerk, Text As String

On Error GoTo Fehler
Text = "Wollen Sie auf Laufwerk A: oder B: speichern?"
Laufwerk = InputBox(Text)
ChDrive Laufwerk       ' Laufwerk wechseln.
Exit Function

Fehler:
<Fehlerbehandlung>
Resume

End Function
```

Um den Fehler 'verzögert' zu behandeln, verwenden Sie die Anweisung **On Error Resume Next**. Sie setzt die Bearbeitung in der näch-

Allgemeine Techniken

sten Zeile fort und ignoriert den Fehler. Die Fehlernummer bleibt dabei in der Variablen **Err** erhalten und kann später bearbeitet werden.

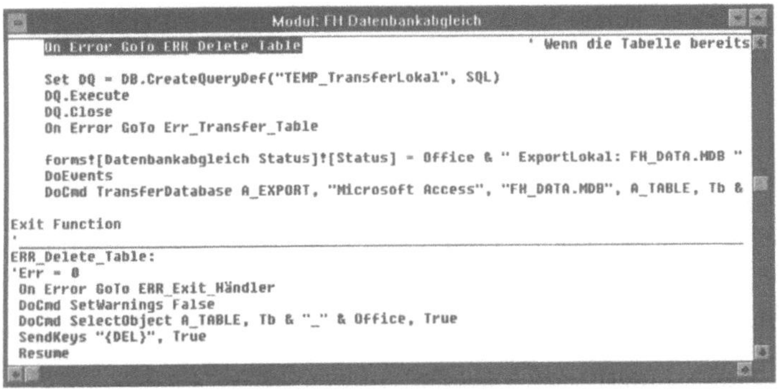

```
                    Modul: FH Datenbankabgleich
On Error GoTo ERR_Delete_Table      ' Wenn die Tabelle bereits
    Set DQ = DB.CreateQueryDef("TEMP_TransferLokal", SQL)
    DQ.Execute
    DQ.Close
    On Error GoTo Err_Transfer_Table

    Forms![Datenbankabgleich Status]![Status] = Office & " ExportLokal: FH_DATA.MDB "
    DoEvents
    DoCmd TransferDatabase A_EXPORT, "Microsoft Access", "FH_DATA.MDB", A_TABLE, Tb &
Exit Function

ERR_Delete_Table:
'Err = 0
On Error GoTo ERR_Exit_Händler
DoCmd SetWarnings False
DoCmd SelectObject A_TABLE, Tb & "_" & Office, True
SendKeys "{DEL}", True
Resume
```

Abb. 21-1 Fehlerbehandlung verzögert einleiten

Nachdem Sie die Fehlerbehandlung eingeleitet haben, besteht Ihre nächste Aufgabe darin, die Fehlerbehandlungsroutine zu schreiben. Überlegen Sie sich zuerst, welche Fehler behandelt werden müssen. In unserem Beispiel sind es zwei:

Fehlerroutine schreiben

    Diskette nicht bereit (Fehlercode 71) und
    Gerät nicht verfügbar (Fehlercode 68).

(Sollten Sie uns jetzt fragen, woher wir die Fehlernummern kennen, so werden wir Ihnen antworten, daß wir diese der Hilfe - Suchbegriff: Fehlercodes - entnommen haben.) Anschließend überlegen Sie, mit welchen Mitteln Sie den/die Fehler behandeln wollen. Wir schlagen eine **Select Case**-Anweisung vor, um beide Fehler zu behandeln. Da die Funktion **Err** den aufgetretenen Fehlercode beinhaltet, soll Sie als Bedingung dienen. Der Grundaufbau hat demnach folgendes Aussehen:

```
Function LaufwerkWechseln()
....

Fehler:
Select Case Err

    Case 71             'Diskette nicht bereit

    Case 68             'Gerät nicht verfügbar

End Select

End Function
```

Sofern der Anwender vergessen hat, eine Diskette in das Laufwerk einzulegen, sollten wir ihn darüber informieren. Um ihm die Chance zu gewähren, diesen Dialog auch wieder abzubrechen, wollen wir eine Meldungsbox verwenden, die sowohl einen **OK** als auch einen **Abbrechen**-Schalter anzeigt:

```
...
   Case 71        'Diskette nicht bereit
                  'Meldungsbox mit OK und Abbrechen anzeigen
      Antwort = MsgBox ("Legen Sie eine Diskette ein",1)
...
```

Nun muß die Eingabe des Anwenders ausgewertet werden. Klickt er auf den **OK**-Schalter, liefert die Meldungsbox eine *1* zurück, andernfalls eine *2*. Um diese Antwort auszuwerten, drängt sich eine **If...Then...Else**-Konstruktion förmlich auf:

```
...
   Case 71        'Diskette nicht bereit
                  'Meldungsbox mit OK und Abbrechen anzeigen
      Antwort = MsgBox ("Legen Sie eine Diskette ein",1)

      If Antwort = 1

      Else

      End If
...
```

Fehler-routine verlassen

Innerhalb der Kontrollstruktur müssen Sie jetzt entscheiden, was im einen bzw. anderen Fall zu tun ist, denn nun muß die Fehlerroutine wieder verlassen werden. Access stellt dazu unterschiedliche Anweisungen bereit:

Resume	Das Programm wird an der Anweisung, an der zuvor der Fehler auftrat, erneut ausgeführt.
Resume Next	Die Programmausführung wird an der Anweisung fortgesetzt, die unmittelbar auf die Zeile folgt, die den Fehler verursachte.
Resume *Zeile*	Die Programmausführung wird an der von Ihnen angegebenen *Zeile* oder *Marke* fortgesetzt. Dabei muß *Zeile* eine Zeilennummer ungleich 0 oder *Marke* eine Sprungadresse sein, die Sie zuvor festgelegt haben.

Allgemeine Techniken

Klickt der Anwender also auf den **OK**-Schalter, wird das Programm an der Anweisung, an der zuvor der Fehler auftrat, noch einmal ausgeführt. Andernfalls soll die Fehlerbehandlung abgebrochen werden:

```
Function LaufwerkWechseln()
...
Fehler:
Select Case Err

   Case 71
    Antwort = MsgBox ("Legen Sie eine Diskette ein",1)
    If Antwort = 1
       Resume
    Else
       Resume Abbrechen
    End If

...
End Select

Abbrechen:
Err = 0

End Function
```

Die Programmausführung wird im Falle eines Abbruchs an der Marke *Abbrechen* fortgesetzt. Dort wird lediglich der Fehlercode (**Err**) noch einmal auf *0* zurückgesetzt. Anschließend wird die Funktion verlassen.

Für den Fall, daß der Anwender versehentlich einen falschen (weil nicht existierenden) Laufwerksbuchstaben eingegeben hat, wird die Programmausführung an der Marke Anfang fortgesetzt. Der Anwender erhält auch diesmal eine Eingabeaufforderung, allerdings mit anderen Texten. Hier noch einmal die Routine im Überblick:

```
Function LaufwerkWechseln()
Dim Laufwerk, Antwort As String, Text As String

On Error GoTo Fehler
Text = "Wollen Sie auf Laufwerk A: oder B: speichern?."

Anfang:
Laufwerk = InputBox(Text)
If Laufwerk = "" Then GoTo Abbrechen
ChDrive Laufwerk      ' Laufwerk wechseln.
Exit Function

Fehler:
Select Case Err

   Case 71
    Antwort = MsgBox ("Legen Sie eine Diskette ein",1)
    If Antwort = 1
       Resume
```

```
        Else
            Resume Abbrechen
        End If

    Case 68
        Text = "Dieses Laufwerk existiert nicht!"
        Text = Text & "Geben Sie den korrekten Namen ein."
        Resume Anfang
End Select

Abbrechen:
Err = 0

End Function
```

Formular-, Berichts- und Steuerelementvariablen verwenden

In **Kapitel 20** haben Sie erfahren, wozu und wie Sie Formular-, Berichts- und Steuerelementvariablen einsetzen. Erinnern Sie sich noch? Deklarieren, zuweisen, zugreifen. So greifen Sie auf ein Formular...

```
Dim F As Form
Set F = Forms![Firmen]
```

... und so ...

```
Dim C As Control
Set C = Forms!Firmen!Ort
```

... oder so...

```
Dim F As Form
Set F = Forms!Firmen
F!Ort = "Munchen"
```

... auf ein Steuerelement zu:

Beachten Sie, daß nur auf geöffnete Formulare bzw. Berichte zugegriffen werden kann. Öffnen Sie das Formular (bzw. den Bericht) mit der Anweisung

DoCmd OpenForm *"Formularname"*
DoCmd OpenReport *"Berichtsname"*

Benötigen Sie die Objekte später nicht mehr, verwenden Sie

Allgemeine Techniken

DoCmd Close A_FORM, "Formularname"
DoCmd Close A_REPORT, "Berichtsname",

um diese wieder zu schließen. Oftmals müssen Sie auf das aktive Formular, den aktiven Bericht oder das aktive Steuerelement zugreifen. Um die Namen dieser Objekte nicht im Programmcode festschreiben zu müssen, und auf diese Weise allgemeingültige Prozeduren zu schreiben, verwenden Sie das Screen-Objekt (siehe **Kapitel 20**). Das Screen-Objekt verfügt über drei Eigenschaften, mit denen Sie auf das aktive Formular oder Steuerelement bzw. den aktiven Bericht verweisen können:

- Screen.ActiveForm
- Screen.ActiveReport
- Screen.ActiveControl.

Welches Formular das aktive ist, können Sie ermitteln:

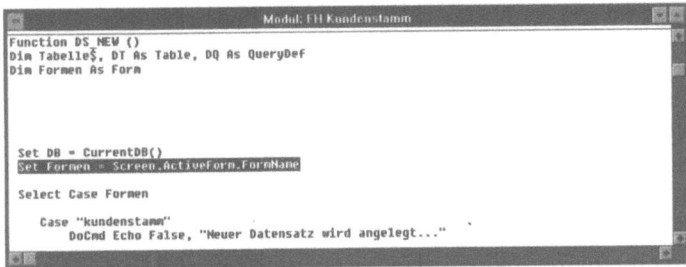

Abb. 21-2 Aktives Formular ermitteln

Die Eigenschaft **FormName** liefert den Namen. Auf ähnliche Weise kann der Name des Steuerelements ermittelt werden:

```
....
Steuerelement = Screen.ActiveControl.ControlName
....
```

Beachten Sie, daß Sie Screen.ActiveForm, Screen.ActiveReport bzw. Screen.ActiveControl nicht im Direktfenster testen können, da der Fokus beim Formular, Bericht bzw. Steuerelement liegen muß, damit die Prozedur arbeiten kann. Um eine solche Routine zu testen, geben Sie ihren Namen samt vorangestelltem Gleichheitszeichen bei irgendeinem Ereignis des gewünschten Objekts an.

Hinweis:

Wir wollen Sie nun noch mit einigen weiteren Eigenschaften bekannt machen, die einer Objektvariablen zugeordnet werden können:

Parent

Arbeiten Sie in einem Unterformular oder -bericht, verweist diese Eigenschaft auf das Hauptformular bzw. den Hauptbericht, in den das Unterformular eingefügt wurde. Verwenden Sie diese Eigenschaft, wenn ein Unterformular sowohl in ein Hauptformular als auch in einen Bericht eingefügt wurde. Mittels **Parent** können Sie nun auf Felder verweisen, die sowohl im Hauptformular als auch im Bericht vorkommen. Nehmen wir an, Sie haben sowohl im Hauptformular als auch im Bericht ein Feld *Kunden-Nr.* verwendet, erfolgt der Zugriff auf allgemeingültige Weise:

```
=Parent![Kunden-Nr]
```

Es muß also hierbei nicht der explizite Name des Formulars bzw. Berichts angegeben werden.

Form / Report

In **Kapitel 20** haben Sie **Form** und **Report** (nicht zu verwechseln mit **Forms** und **Reports**) als Objektvariablen bereits kennengelernt. Sie können diese beiden Eigenschaften auch anstelle von **Screen.ActiveForm** und **Screen.ActiveReport** verwenden, um auf das aktive Formular bzw. den aktiven Bericht zu verweisen:

```
Nr = Formular![Kunden-Nr]
'oder:
Nr = Screen.ActiveForm![Kunden-Nr]

Nr. = Report![Kunden-Nr]
'oder:
Nr = Screen.ActiveReport![Kunden-Nr]
```

Dynaset

Die Eigenschaft **Dynaset** verweist auf die zugrundeliegende Tabelle bzw. Abfrage. Sie wird in der Regel verwendet, um Methoden durchzuführen, die im Formular nicht erlaubt sind (zum Beispiel **FindNext, FindFirst**). Sehr viel häufiger jedoch wird diese Eigenschaft in Kombination mit **Bookmark** eingesetzt, um Datensätze zwischen Formular und zugrundeliegender Datenquelle zu synchronisieren.

Bookmark

Durch die Verwendung der Eigenschaft **Bookmark** setzen Sie ein Lesezeichen. Access erstellt eine zufällige Zeichenfolge, die jeden einzelnen Datensatz einer Datensatzgruppe eindeutig identifiziert. Die Variablen der Typen 'Table', 'Dynaset' und 'Snapshot' werden zusammen als Datensatzgruppe bezeichnet. Um ein Lesezeichen auf

Allgemeine Techniken

den aktuellen Datensatz zu setzen, weisen Sie dies einer Variablen zu, zum Beispiel:

```
....
Dim DS As Dynaset
....
Lesezeichen = DS.Bookmark
...
```

Zum Abschluß wollen wir ein Beispiel betrachten, in dem der aktuelle Datensatz im Formular mit dem aktuellen Datensatz im **Dynaset** synchronisiert wird:

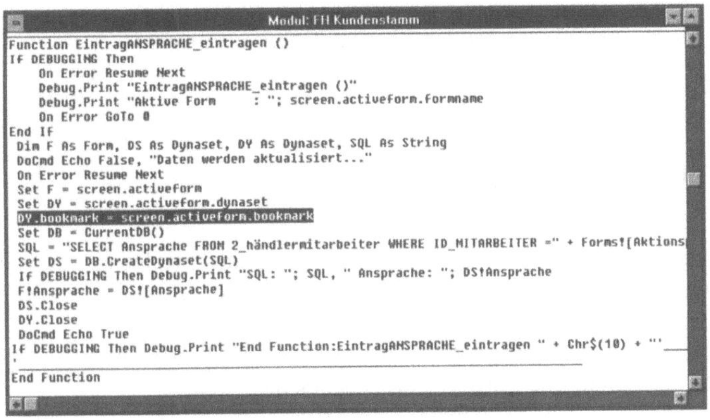

```
                         Modul: FH Kundenstamm
Function EintragANSPRACHE_eintragen ()
IF DEBUGGING Then
    On Error Resume Next
    Debug.Print "EintragANSPRACHE_eintragen ()"
    Debug.Print "Aktive Form     : "; screen.activeform.formname
    On Error GoTo 0
End If
Dim F As Form, DS As Dynaset, DY As Dynaset, SQL As String
DoCmd Echo False, "Daten werden aktualisiert..."
On Error Resume Next
Set F = screen.activeForm
Set DY = screen.activeform.dynaset
DY.bookmark = screen.activeform.bookmark
Set DB = CurrentDB()
SQL = "SELECT Ansprache FROM 2_händlermitarbeiter WHERE ID_MITARBEITER =" + Forms![Aktions
Set DS = DB.CreateDynaset(SQL)
IF DEBUGGING Then Debug.Print "SQL: "; SQL, " Ansprache: "; DS!Ansprache
F!Ansprache = DS![Ansprache]
DS.Close
DY.Close
DoCmd Echo True
IF DEBUGGING Then Debug.Print "End Function:EintragANSPRACHE_eintragen " + Chr$(10) + "'

End Function
```

Abb. 21-3 Datensätze synchronisieren

Formulare aktualisieren

Änderungen von Werten an Steuerelementen führen in Access leider nicht automatisch zur Aktualisierung oder Neuberechnung. Vielmehr muß diese von Ihnen explizit angefordert werden. Die Anweisung **DoCmd** hält zu diesem Zweck zwei Aktionen bereit, mit der die Aktualisierung veranlaßt werden kann: **RepaintObject** und **Requery**. Verwenden Sie **RepaintObject**, um den Bildschirm für ein bestimmtes Objekt aktualisieren zu lassen. Wollen Sie hingegen die Herkunftsdatensätze des Steuerelements aktualisieren, erledigt das **Requery**. Die Syntax der beiden Anweisungen ist diese:

DoCmd RepaintObject [*objecttype, objectname*]
DoCmd Requery [*controlname*]

Zum Abschluß nun noch ein Beispiel. Die Funktion aktualisiert die Herkunftsdatensätze des aktiven Steuerelements, nachdem dem Feld [HD_NR] per Programm eine andere Kundennummer zugewiesen wurde:

```
Modul: FH Kundenstamm
Function EintragenHDNR_in_Aktionsplanung ()
IF DEBUGGING Then Debug.Print "->EintragenHDNR_in_Aktionsplanung "
IF DEBUGGING Then Debug.Print "Steuerelement -"; screen.activecontrol.controlname; "- auf d
Forms![Aktionsplanung]![HD_NR] = HDNR
DoCmd Echo False, "Aktion wird angelegt..."
DoCmd Requery
DoCmd Echo True

IF DEBUGGING Then Debug.Print "Exit Function:EintragenHDNR_in_Aktionsplanung " + Chr$(10) +
End Function
```

Abb. 21-4 Die Neuberechnung erfolgt, nachdem die Kundennummer eingetragen wurde.

Zusammenfassung des Kapitels

- Sie haben erfahren, wann eine Fehlerbehandlung erfolgen muß und wie diese aussehen kann.

- Sie haben weitere Access-Variablen kennengelernt. Außerdem haben Sie sich mit den Eigenschaften des Screen-Objekts vertraut gemacht.

- Sie haben herausgefunden, wie ein Formular in Access aktualisiert wird.

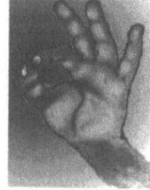

TRAINIEREN SIE IHR WISSEN:

1. Wozu ist eine Fehlerbehandlung notwendig?

2. Nennen Sie drei Eigenschaften des Screen-Objekts.

3. Auf welche Weise können Sie auf ein aktives Formular zugreifen? Nennen Sie zwei Möglichkeiten.

4. Welche Access-Aktionen verwenden Sie, um die Aktualisierung des Bildschirms bzw. der Herkunftsdatensätze vorzunehmen?

Kapitel 22

Überblick
Mit Datenbanken arbeiten
Die Datensatzgruppenvariablen
Datensätze neu anlegen, ändern, löschen
Filter und Indizes verwenden
Datensätze suchen
Transaktionen
Daten sperren
Abfragen verwenden oder erstellen
Zusammenfassung des Kapitels

22. Die Datenmanipulation

Überblick

Das letzte Kapitel dieser Publikation stellt Ihnen Möglichkeiten zur Manipulation von Daten vor. Sie lernen die wichtigsten und immer wieder benötigten Prozeduren kennen, um **Mit Datenbanken zu arbeiten** und innerhalb derselben **Datensätze neu anlegen, ändern** und **löschen** zu können. Darüber hinaus erfahren Sie wie Indizes und Filter gesetzt werden, um **Daten zu suchen**. In einer relationalen Datenbank ist es von großer Wichtigkeit, daß Daten konsistent sind. Um genau diese Konsistenz sicherzustellen, bietet Access Programmierhilfen an, die die Durchführung einzelner Operationen überwachen. Eine Operation gilt erst dann als gelungen, wenn sämtliche Einzeloperationen erfolgreich durchgeführt werden konnten. Der Teilabschnitt **Transaktionen** weiß hierüber mehr zu berichten. Um Access in einer Mehrbenutzerumgebung einsetzen zu können, ist es erforderlich, Datensätze zu sperren, damit nicht ein Anwender die Daten eines zweiten überschreibt. In Access kann diese Sperrung auf unterschiedlichen Ebenen erfolgen, wie Ihnen der Abschnitt **Daten sperren** verraten wird. Der Einsatz selbst erstellter Abfragedefinitionen wird den Abschluß des Kapitels bilden und Ihnen schier ungeahnte Möglichkeiten der Abfrage von Daten via Modul aufzeigen.

Kapitel 22 beschränkt sich auf kurze Anweisungen, um die angesprochene Thematik in möglichst kompakter Form darzureichen.

Mit Datenbanken arbeiten

Bevor Sie auf eine Tabelle, eine Abfrage oder ein anderes Objekt zugreifen können, muß die Datenbank, in der sich das Objekt befindet, geöffnet worden sein. Seit **Kapitel 20** wissen Sie, daß es eine Objektvariable namens **Database** gibt. Hier sollen Sie nun erfahren, wie Sie diese einer existierenden Datenbank zuordnen. Zunächst einmal wird die Objektvariable - wie jede andere - deklariert, zum Beispiel:

```
Dim DB As Database
```

Diese Programmzeile deklariert die Objektvariable lokal, also innerhalb einer Prozedur. Selbstverständlich kann eine Deklaration auch auf der Modulebene bzw. Global erfolgen. Anschließend weisen Sie mit Hilfe von **Set** einen Wert zu. Dabei erlaubt Access es Ihnen entweder die aktuelle Datenbank zu verwenden oder eine andere Datenbank zu öffnen (ohne jedoch die aktuelle zu schließen!). Per Programm kann nämlich erfreulicherweise mehr als nur eine Datenbank geöffnet werden. Um die aktuelle Datenbank zuzuweisen, verwenden Sie die Access-Funktion **CurrentDB**:

```
Dim DB As Database
Set DB = CurrentDB()
```

Wollen Sie hingegen eine andere Datenbank öffnen, so erlaubt das die Funktion **OpenDatabase**:

```
Dim DB As Database
Set DB = OpenDatabase ("VERTRIEB.MDB")
```

Befindet sich die zu öffnende Datenbank nicht im aktuellen Verzeichnis, müssen Sie den vollständigen Pfad (also Laufwerksbuchstabe und Verzeichnis) voranstellen, damit kein Fehler auftritt. Gleiches gilt, wenn sich die Datenbank im Netzwerk auf einem Server befindet. In diesem Fall ist der vollständige Netzwerkpfad anzugeben.

Benötigen Sie den Zugriff auf die Objektvariable **Database** nicht mehr, sollte diese mit der Methode **Close** wieder geschlossen werden:

```
Dim DB As Database
Set DB = OpenDatabase ("VERTRIEB.MDB")
....
DB.Close
```

Beachten Sie jedoch, daß sämtliche Objekte der Datenbank, auf die Sie Bezug genommen haben, zuerst geschlossen werden müssen, damit kein Fehler auftritt! Vielleicht wenden Sie jetzt ein, daß Access die Datenbank ohnehin schließt, wenn alle Variablen, die sich auf diese Datenbank beziehen, entfernt wurden. Natürlich, da haben Sie vollkommen recht. Doch denken Sie auch ein wenig an die Lesbarkeit Ihrer Programme, die sich deutlich erhöht, wenn es zu einer 'Öffnen-Aktion' auch wieder eine 'Schließen-Aktion' gibt.

Die Datensatzgruppenvariablen

Ihre nächste Aufgabe besteht nun darin, die Daten der geöffneten Datenbank zu bearbeiten. Auch dazu haben wir Ihnen in **Kapitel 20** bereits drei Objektvariablen vorgestellt: **Table**, **Dynaset** und **Snapshot**. Alle drei zusammen werden als Datensatzgruppe bezeichnet. Während Sie der Objektvariablen **Table** ein Objekt vom Typ Tabelle zuweisen, nimmt **Dynaset** ein Abfrageergebnis auf. In beiden Fällen können sich sowohl die Anzahl der Datensätze als auch die Daten selbst verändern. Anders verhält sich die Variable **Snapshot**. Sie liefert eine unveränderliche Kopie von Daten, die zu einem Zeitpunkt X 'geschossen' wurden.

Die aktuellste Ansicht der Daten bietet die Variable **Table**, wenngleich sie auch - was beispielsweise das Sortieren und Filtern - von Daten angeht, unflexibel ist. Jede Änderung am vorhandenen Datensatz wird sofort in der Variablen **Table** angezeigt, unabhängig davon, ob diese Änderung vom Benutzer selbst oder von anderen Benutzern (in einer Mehrbenutzerumgebung) durchgeführt wurde. Der Objektvariablen **Table** können nur Access-Tabellen der aktuellen Datenbank zugeordnet werden. Das Zuordnen einer eingebundenen Tabelle oder einer Abfrage führt zu einem Fehler. Um Daten in einer anderen Reihenfolge darzustellen, muß auf einen Tabellenindex zurückgegriffen werden.

Wesentlich mehr Flexibilität bietet dagegen die Objektvariable **Dynaset**. Neben aktuellen Tabellen kann sie auch eingebundenen Tabellen sowie Abfragen zugeordnet werden. Auch lassen sich Daten hier problemlos sortieren und filtern. Allerdings ist auch diese Variable nicht frei von Nachteilen. So zeigt ein **Dynaset** die aktuellsten Daten erst an, nachdem es geschlossen und erneut erstellt wurde.

Im Gegensatz zu den beiden zuvor genannten Objektvariablen, sind die Daten der Variablen **Snapshot** statisch, d. h. nicht veränderlich. Sie kann jeder Tabelle (auch eingebundenen), jeder Abfrage, jedem Dynaset oder auch einem anderen Snapshot zugeordnet werden. Die Daten sind immer ein Abbild der Daten, die zum Zeitpunkt der Entstehung des Snapshots 'eingefangen' wurden. Setzen Sie diese Objektvariable ein, wenn Sie eine Änderung der Daten nicht wünschen.

Datensatzgruppenvariablen erstellen

Um eine Objektvariable vom **Table** zu erstellen, weisen Sie dieser eine zu öffnende Tabelle zu, zum Beispiel:

```
Dim DB As Database, T As Table
Set DB = CurrentDB()
Set T = DB.OpenTable ("Firmen")
```

Die Variable *T* enthält nun alle Datensätze der Tabelle *Firmen*. Auf diese Weise können Sie in der Variablen jede beliebige Tabelle der verwendeten Datenbank ö f f n e n . Ein Befehl zur Neuanlage einer Tabelle fehlt jedoch. Um eine neue Tabelle zu erzeugen, muß eine Tabellenerstellungsabfrage auf Basis der gewünschten Tabelle durchgeführt werden. (Da fragt man sich natürlich 'warum einfach, ...'.)

Wie zuvor beschrieben, kann ein Dynaset sowohl auf Basis einer Tabelle als auch einer Abfrage erstellt werden. Die Methode **CreateDynaset** erhält als Parameter daher entweder den Namen der gewünschten Tabelle oder den der Abfrage, zum Beispiel:

```
Dim DB As Database, DY As Dynaset
Set DB = CurrentDB()
Set DY = DB.CreateDynaset ("Firmen")
```

Ist *Firmen* eine Tabelle, werden deren Datensätze in der Objektvariablen zur Verfügung gestellt. Handelt es sich jedoch um eine Abfrage, enthält sie das Abfrageergebnis. Nachdem Sie die Variable **Dynaset** erstellt haben, kann auf deren Basis nun eine weitere Objektvariable gleichen Typs erstellt werden:

```
Dim DB As Database, DY As Dynaset, DY2 As Dynaset
Set DB = CurrentDB()
Set DY = DB.CreateDynaset ("Firmen")
Set DY2 = DY.CreateDynaset()
```

Anstatt auf eine Tabelle bzw. Abfrage zurückzugreifen, können Sie die Objektvariable auch mittels SQL-Anweisung bestücken:

```
Dim DB As Database, DY As Dynaset, SQL
Set DB = CurrentDB()
SQL = "SELECT * FROM Firmen WHERE Adresse![PLZ] = '2000';"
Set DY = DB.CreateDynaset (SQL)
```

Selbstverständlich können Sie nach wie vor auf das **Dynaset** des Formulars zurückgreifen:

```
Dim DY As Dynaset
Set Formular1 = Screen.ActiveForm.Dynaset
```

Die Datenmanipulation

Aber das wissen Sie ja bereits.

Fehlt jetzt noch die Objektvariable **Snapshot**, deren Anlage Sie vermutlich schon erraten:

```
Dim DB As Database, SN As Snapshot
Set DB = CurrentDB()
Set SN = DB.CreateSnapshot ("Firmen")
```

Auch diese Variable kann auf einer anderen des Typs **Snapshot** oder **Dynaset** basieren, zum Beispiel:

```
Dim DB As Database, DY As Dynaset, SN As Snapshot
Set DB = CurrentDB()
Set DY = DB.CreateDynaset ("Firmen")
Set SN = DY.CreateSnapshot()
```

Die Anlage der Datensatzgruppenvariablen ist eine Sache. Wie greifen Sie nun allerdings auf die Felder der in den Objektvariablen gespeicherten Daten zu? Wie für den Zugriff auf andere Felder, verwenden Sie auch diesmal das Ausrufezeichen (!) als Operator. Das folgende Beispiel zeigt, wie Daten des Feldes *Ansprache* im Formular und **Dynaset** synchronisiert werden:

```
Function EintragANSPRACHE_eintragen ()
IF DEBUGGING Then
    On Error Resume Next
    Debug.Print "EintragANSPRACHE_eintragen ()"
    Debug.Print "Aktive Form    : "; Screen.ActiveForm.formname
    On Error GoTo 0
End IF
Dim F As Form, DS As Dynaset, DY As Dynaset, SQL As String
DoCmd Echo False, "Daten werden aktualisiert..."
On Error Resume Next
Set F = Screen.ActiveForm
Set DY = Screen.ActiveForm.Dynaset
DY.Bookmark = Screen.ActiveForm.Bookmark
Set DB = CurrentDB()
SQL = "SELECT Ansprache FROM 2_händlermitarbeiter WHERE ID_MITARBEITER =" + Form$[Aktions
Set DS = DB.CreateDynaset(SQL)
IF DEBUGGING Then Debug.Print "SQL: "; SQL, "Ansprache: "; DS!Ansprache
F!Ansprache = DS![Ansprache]
DS.Close
DY.Close
DoCmd Echo True
IF DEBUGGING Then Debug.Print "End Function:EintragANSPRACHE_eintragen " + Chr$(10) + "'
End Function
```

Abb. 22-1 Der Operator ! ermöglicht den Zugriff Felder der Objektvariablen.

Datensatz-gruppen-variablen schließen

Für Datensatzgruppenvariablen gilt - wie für die Objektvariable **Database** - Access schließt diese automatisch, sobald die Variable, die sich auf Datensatzgruppenvariablen bezieht, entfernt wird. Auch hier empfehlen wir Ihnen allerdings diese - aus Gründen der besseren Lesbarkeit - zu schließen:

```
T.Close        'Schließt die Objektvariable Tabelle
DY.Close       'Schließt die Objektvariable Dynaset
SN.Close       'Schließt die Objektvariable Snapshot
```

Datensätze neu anlegen, ändern, löschen

Neu anlegen

Nachdem Sie nun wissen, wie Sie Tabellen und Abfragen in Objektvariablen verfügbar machen, führt Sie Ihr nächster Schritt zu Anlage neuer Datensätze. Um einen neuen Datensatz anzulegen, müssen Sie drei Aufgaben erledigen:

1. Mit der Methode **AddNew** wird ein neuer Datensatz erstellt.
2. Anschließend werden den gewünschten Feldern des neuen Datensatzes Werte zugewiesen,...
3. ... die dann mit der Methode **Update** gespeichert werden.

```
...
Dim DB As Database, T As Table      'Variablen deklarieren
Set DB = CurrentDB()                'Aktuelle Datenbank
Set T = DB.OpenTable ("Firmen")     'Tabelle "Firmen" öffnen
T.AddNew                            'Neuen Datensatz anhangen
T![Name] = "Muller"                 'Nachname eintragen
T![Vorname] = "Max"                 'Vorname eintragen
T.Update                            'Speichern
T.Close                             'Schließen
...
```

Ändern

Die Änderung eines Datensatzes erfolgt auf ähnlich einfache Art und Weise, nur müssen Sie hier zunächst den gewünschten Datensatz ausfindig machen. Für gewöhnlich steht der Satzzeiger in einer Objektvariablen auf dem ersten Datensatz. Sie können nun die im vorigen Kapitel beschriebene Eigenschaft **Bookmark** verwenden, um die Synchronisation zwischen Formular und Objektvariablen herzustellen oder Sie verwenden die Move-Methoden, um zum vorherigen, zum nächsten, zum ersten oder letzten Datensatz zu gelangen:

Methode	Beschreibung
MoveFirst	Der Satzzeiger wird auf den ersten Datensatz bewegt.

Die Datenmanipulation

MoveLast	Der Satzzeiger wird auf den letzten Datensatz bewegt.
MovePrevious	Der Satzzeiger wird auf den vorherigen Datensatz bewegt.
MoveNext	Der Satzzeiger wird auf den nächsten Datensatz bewegt.

Sofern der Satzzeiger bereits auf dem ersten Datensatz positioniert ist, enthält die Eigenschaft **BOF** (Beginning **Of** File) den Wert **True**. Wird die Methode **MovePrevious** nun angewendet, tritt ein Fehler auf. Gleiches stellt sich ein, wenn der Satzzeiger bereits den letzten Datensatz markiert. In diesem Fall enthält die Eigenschaft **EOF** (End **Of** File) den Wert **True**. Hier würde nun die Methode **MoveNext** einen Fehler verursachen. So etwas läßt sich allerdings mit ganz einfachen Mitteln verhindern, zum Beispiel:

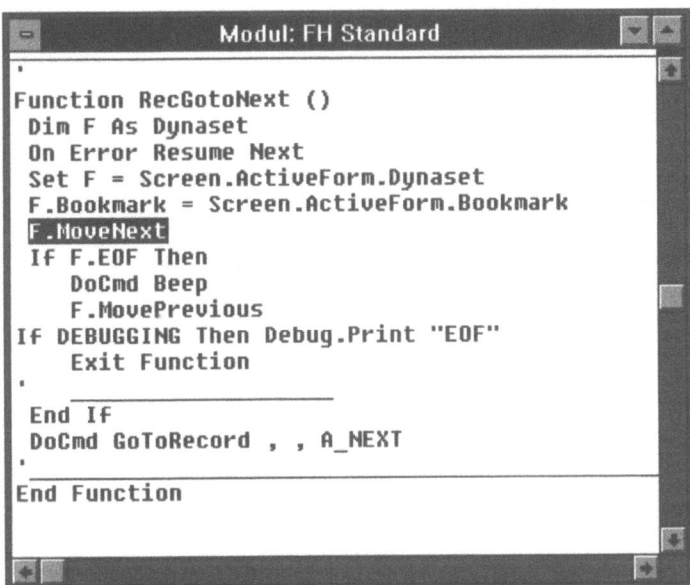

Abb. 22-2 Fehler beim letzten Datensatz verhindern

Ein 'Ausnahmezustand' ergibt sich, wenn die Objektvariable keine Datensätze enthält. In diesem Moment ist die Position des Satzzeigers ebenfalls undefiniert. Beide Eigenschaften, sowohl **BOF** als auch **EOF** sind **True**. Nachdem Sie den gewünschten Datensatz aktiviert haben, führen Sie auch hier drei Schritte ans Ziel Ihrer Änderungswünsche:

1. Die Methode **Edit** sorgt dafür, daß die Bearbeitung erlaubt ist.
2. Anschließend werden den gewünschten Feldern neue Werte zugewiesen,...
3. ... die dann wieder mit der Methode **Update** gespeichert werden.

```
Function NamenAndern()

Dim DB As Database, Dim DS As Dynaset

Set DB = CurrentDB()
SQL = "SELECT Ansprechpartner FROM Firmen ;"
Set DS = DB.CreateDynaset(SQL)

   If DS![Ansprechpartner] = "" Then
      DS.Edit
      DS![Ansprechpartner] = "Nicht bekannt"
      DS.Update
   End If

DS.Close

End Function
```

Löschen   Natürlich lassen sich Datensätze auch löschen. Die Methode **Delete** ermöglicht das Löschen eines kompletten Datensatzes:

```
Function Datensatz_Loschen(T As Table)

Dim Antwort As String

...

Antwort= MsgBox ("Wollen Sie diesen Datensatz loschen?",1)
If Antwort <> 1 Then Exit Function
T.Delete
T.MoveNext

...

End Function
```

Nachdem Sie den Datensatz gelöscht haben, müssen Sie den Satzzeiger zum nächsten Datensatz bewegen (**MoveNext**), um einen Fehler zu vermeiden. Haben Sie die Objektvariable **Table** verwendet, wird der aktuelle Datensatz gelöscht, d. h. nach erfolgreichem Löschen gibt es keinen aktuellen Datensatz mehr. Verwenden Sie hingegen die Variable **Dynaset**, werden alle Einträge des aktuellen Datensatzes auf den Wert 'Null' gesetzt. Ein erneuter Zugriff auf diesen Datensatz würde nun ebenfalls zu einem Fehler führen.

Filter und Indizes verwenden

Die Objektvariablen **Table**, **Dynaset** und **Snapshot** lassen sich natürlich nicht nur in 'ungeordneter' Weise darstellen. Dank der Access-Eigenschaften **Index**, **Sort** und **Filter** können Sie die Datensätze in einer gewünschten Reihenfolge ausgeben lassen. Wie immer - sind jedoch auch hierbei einige Punkte zu beachten. Zunächst einmal müssen Sie wissen, daß die Eigenschaft **Index** für die 'rechte Ordnung' in einer Objektvariablen vom Typ **Table** sorgt, während die Variablen **Dynaset** und **Snapshot** dazu die Eigenschaften **Sort** oder **Filter** benutzen.

Beachten Sie, daß das Tabellenfeld, auf das sich Ihre Objektvariable **Table** bezieht, einen Index enthalten muß, damit Sie auf diesen zugreifen können. Das kann der Primärschlüssel, aber auch ein Sekundärschlüssel sein. Es ist n i c h t möglich, per Access-Basic einen Index auf eine Tabelle zu setzen! Ihre erste Aufgabe zur Verwendung der Indexeigenschaft besteht also immer darin, zunächst dem gewünschten Tabellenfeld einen Index zuzuweisen, sofern nicht bereits geschehen. Nun läßt sich diese Eigenschaft in einer Access-Prozedur verwenden:

```
Function PLZ_Suchen()

Dim DB As Database, Dim T As Table, Antwort As String

Set DB = CurrentDB()
Set T = DB.OpenTable("Firmen")
T.Index = "PLZ"                 'Index setzen

Antwort= InputBox ("Welche Postleitzahl suchen Sie?")
T.Seek "=", Antwort             'Datensatz suchen

...

T.Close

End Function
```

Diese Prozedur setzt voraus, daß das Feld *PLZ* der Tabelle *Firmen* indiziert ist. Liegen Ihre Datensätze nun in einem **Dynaset** oder **Snapshot** vor, können diese entweder sortiert oder gefiltert angezeigt werden. Dabei ist zu beachten, daß beim Erstellen dieser Objektvariablen nicht sofort eine Sortierung vorgenommen werden kann. Einem **Dynaset** (oder **Snapshot**) liegt immer eine Tabelle, Abfrage oder ein anderes Dynaset (oder Snapshot) zugrunde. Verwenden Sie nun die Methode **CreateDynaset** (oder **CreateSnapshot**) zur Erstellung der Objektvariablen, sind die Datensätze hier zunächst in der

Reihenfolge angeordnet, die die Tabelle, Abfrage usw. aufweist. Sie müssen daher ein zweites **Dynaset** (oder **Snapshot**) erzeugen, das die gewünschte Reihenfolge enthält:

```
Function Daten_Sortieren()

Dim DB As Database, Dim DS As Dynaset, DS2 As Dynaset

Set DB = CurrentDB()
Set DS = DB.CreateDynaset("Firmen")
Set DS.Sort = "[PLZ]"
Set DS2 = DS.CreateDynaset()

...

DS.Close
DS2.Close

End Function
```

Selbstverständlich können Sie zur Sortierung mehrere Felder heranziehen:

```
...

Set DB = CurrentDB()
Set DS = DB.CreateDynaset("Firmen")
Set DS.Sort = "[PLZ], [Umsatz]"
Set DS2 = DS.CreateDynaset()

...
```

Außerdem läßt sich die Sortierreihenfolge beeinflussen. Zeigt Access die Daten - nach oben codiertem Beispiel - in aufsteigender Reihenfolge (dies ist die Standardeinstellung!) an, kehren Sie so die 'Umsatz'-Ausgabe um:

```
...

Set DB = CurrentDB()
Set DS = DB.CreateDynaset("Firmen")
Set DS.Sort = "[PLZ], [Umsatz] DESC"
Set DS2 = DS.CreateDynaset()

...
```

DESC steht für descending, was ja - ins Deutsche übersetzt - bekanntlich absteigend heißt. Zum Abschluß sei noch erwähnt, daß sich das Ergebnis eines sortierten Dynasets (oder Snapshots) natürlich auch der gleichen Variablen zuordnen läßt:

```
...

Set DB = CurrentDB()
```

Die Datenmanipulation 619

```
Set DS = DB.CreateDynaset("Firmen")
Set DS.Sort = "[PLZ], [Umsatz] DESC"
Set DS = DS.CreateDynaset()
```

...

Die oben gewonnenen Erkenntnisse helfen Ihnen jetzt, Datensätze 'gefiltert' auszugeben. Die dafür zuständige Eigenschaft heißt **Filter**. Auch hierbei erstellen Sie mit der Create-Methode zunächst ein **Dynaset** (oder **Snapshot**) und weisen diesem dann im zweiten Schritt den Filter zu:

Filter

```
Function Daten_Filtern()

Dim DB As Database, Dim SN As Snapshot, SN2 As Snapshot

Set DB = CurrentDB()
Set SN = DB.CreateSnapshot("Firmen")
Set SN.Filter = "[PLZ] = '2000'"
Set SN2 = SN.CreateSnapshot()

...

SN.Close
SN2.Close

End Function
```

Innerhalb der Filterbedingung müssen Zeichenketten in einfache Hochkommata (') eingeschlossen werden. Es gelten hier alle Regeln, die Sie bereits beim Erstellen von Abfragekriterien (siehe **Kapitel 14**) kennengelernt haben. So können And- bzw. Oder-Verknüpfungen und alle Ihnen bekannten Operatoren wie > (größer als), < (kleiner als), = (gleich), Like usw. verwendet werden:

```
Set DB = CurrentDB()
Set SN = DB.CreateSnapshot("Firmen")
Set SN.Filter = "[PLZ] = '2000' And Umsatz > 10000"
Set SN2 = SN.CreateSnapshot()
```

Datensätze suchen

Nachdem Sie nun wissen, wie Datensätze sortiert und gefiltert werden, können Sie einen weiteren Schritt unternehmen, um bestimmte Datensätze zu suchen. Auch hierbei unterscheidet sich die Behandlung abhängig von der Objektvariablen. Wollen Sie Datensätze in einem **Dynaset** (oder **Snapshot**) finden, veranlassen Sie die Suche mit einer der vier Find-Methoden. In einer Objektvariablen vom Typ **Table** wird - im Gegensatz dazu - die Methode **Seek** eingesetzt.

Im Dynaset oder Snapshot suchen

Im vorangegangenen Abschnitt haben Sie erfahren, wie Kriterien eingegeben und die der Filterbedingung entsprechenden Datensätze ausgegeben werden. Um Datensätze zu finden, die dem gewünschten Kriterium entsprechen, stellt Access vier Find-Methoden zur Verfügung:

Methode	Beschreibung
FindFirst *Kriterium*	Der erste Datensatz, der den Kriterien entspricht, wird gesucht.
FindLast *Kriterium*	Der letzte Datensatz, der den Kriterien entspricht, wird gesucht.
FindPrevious *Kriterium*	Der vorherige Datensatz, der den Kriterien entspricht, wird gesucht.
FindNext *Kriterium*	Der nächste Datensatz, der den Kriterien entspricht, wird gesucht.

Dabei ist zu beachten, daß Sie mittels Find k e i n neues Dynaset (oder Snapshot) erstellen müssen, in dem dann die gefilterte Anzahl Datensätze ausgegeben wird. Vielmehr werden innerhalb der Datensatzgruppe diejenigen Datensätze gesucht, die den von Ihnen festgelegten Kriterien entsprechen. Die folgende Routine sucht nach Firmen, deren Umsatz größer als DM 10.000,00 ist:

```
Function Umsatz_Suchen()

Dim DB As Database, Dim DS As Dynaset, Umsatz

Set DB = CurrentDB()
Set DS = DB.CreateDynaset("Firmen")
Umsatz = "[Umsatz] > 10000"
DS.FindFirst Umsatz

Do Until DS.NoMatch
   Debug.Print DS![Firma], DS![Umsatz]
   DS.FindNext Umsatz
Loop
DS.Close
...

End Function
```

Wird mit der Find-Methode kein passender Datensatz gefunden, ist die Eigenschaft **NoMatch** True (wahr). In diesem Fall ist der aktuelle Datensatz undefiniert. Sie sollten daher die Position des aktuellen Datensatzes v o r Verwendung der Find-Methode sichern, um diesen wieder ansteuern zu können:

Die Datenmanipulation

```
Function Umsatz_Suchen()

Dim DB As Database, Dim DS As Dynaset, Umsatz, SatzAktuell

Set DB = CurrentDB()
Set DS = DB.CreateDynaset("Firmen")

SatzAktuell = DS.bookmark

Umsatz = "[Umsatz] > 10000"
DS.FindFirst Umsatz

If DS.NoMatch Then

    DS.bookmark = SatzAktuell

Else
    Do Until DS.NoMatch
       Debug.Print DS![Firma], DS![Umsatz]
       DS.FindNext Umsatz
    Loop
End If

DS.Close

End Function
```

Wollen Sie Datensätze in einer Objektvariablen vom Typ **Table** suchen, verwenden Sie anstatt der Find-Methoden **Seek**. Bevor Sie jedoch mittels **Seek** Daten suchen können, muß zuvor durch die Eigenschaft **Index** ein Schlüsselbegriff definiert worden sein, da ansonsten ein Laufzeitfehler eintritt. Das folgende Beispiel sucht nach Datensätzen aus dem Postleitzahlgebiet '4000':

Daten in der Variablen Table suchen

```
Function PLZ_Suchen()

Dim DB As Database, Dim T As Table

Set DB = CurrentDB()
Set T = DB.OpenTable("Firmen")
T.Index = "PLZ"              'Index setzen
T.Seek "=", "4000"           'Datensatz suchen

...

T.Close

End Function
```

Um die Suche in einer Objektvariablen **Table** durchzuführen, müssen Sie neben dem Namen der Objektvariablen (hier: *T*), auf die Sie die Methode **Seek** anwenden wollen, auch die gewünschte Vergleichsbedingung angeben. Diese wiederum besteht aus zwei Argumenten, der Vergleichszeichenfolge sowie dem Schlüssel selbst. Daraus ergibt sich folgende Syntax:

Tabelle.**Seek** *Vergleich, Schlüssel1, Schlüssel2 ...*

Fünf Vergleiche sind erlaubt,...

"="	Gleich
">="	Größer gleich
">"	Größer
"<="	Kleiner gleich
">"	Kleiner

... wobei der Vergleich in Hochkommata eingegeben werden muß. Im *Schlüssel* beziehen Sie sich auf das indizierte Feld der zugrundeliegenden Tabelle. Setzt sich der Schlüssel aus mehreren Feldern zusammen, müssen diese im Schlüssel einzeln angegeben werden:

```
Function Namen_Suchen()

Dim DB As Database, Dim T As Table

Set DB = CurrentDB()
Set T = DB.OpenTable("Firmen")
T.Index = "Index1"       'Index1 aus Tabelle "Firmen"
T.Seek "=", KDNR, Ort   'Index1 = Feld "KDNR" und "Ort"
MsgBox T![Vorname] &" " & T![Name]

...

T.Close

End Function
```

Transaktionen

Der Begriff Transaktion beschreibt eine Reihe von zusammengehörigen Operationen, die in Ihrer Datenbankanwendung durchgeführt werden müssen, damit eine Ausgabe als 'erfolgreich erledigt' bezeichnet werden kann. Zu einer Transaktion gehören demnach mehrere Einzeloperationen. Können alle Einzeloperationen durchgeführt werden, verläuft die Transaktion erfolgreich. Tritt jedoch in irgendeiner Einzeloperation ein Fehler auf, müssen sämtliche Einzeloperationen zurückgesetzt werden. Auf diese Weise stellen Sie die Konsistenz Ihrer Daten sicher.

Nehmen Sie einmal an, Sie müssen Informationen neu ordnen. Möglicherweise verfügen Sie heute über gezieltere Aussagen zu einem Produkt, als noch vor zwei Wochen. Wie das in einem relationalen Datenbanksystem nun einmal so ist, sind Tabellen miteinander verknüpft. Wollen Sie jetzt 'alte' Informationen gegen 'neue' ersetzen,

Die Datenmanipulation

müssen Sie natürlich sicherstellen, daß diese 'zusammenpassen'. Die Transaktion gilt als erfolgreich, wenn alle betroffenen Datensätze vollständig bearbeitet werden konnten:

```
Set DB1 = CurrentDB()        ' Aktuelle Datenbank abrufen.
Set Lsg = DB1.OpenTable("Sammlung der Lösungen")   ' Lösungen öffnen.
Set Pro = DB1.OpenTable("Sammlung der Probleme")   ' Probleme öffnen.
BeginTrans                   ' Transaktion beginnen.
Do Until Lsg.EOF
    If LsgIProblemID = ProIProblemID Then
        Mldg = "Problem Nr.: " + Str$(LsgIProblemID) + ZUmbruch + "Problem Nr.: " + Str$(P
        If MsgBox(Mldg, MB_FRAGEZEICHEN + JA_NEIN, "Problem ändern") = JA Then
            Antwort = InputBox("Geben Sie die neue Problemnummer ein.")    ' Benutzereing
            Lsg.Edit        ' Bearbeitung aktivieren.
            LsgIProblemID = Val(Antwort)
            Lsg.Update      ' Änderungen speichern.
        Else
            MsgBox ("Keine Daten zu ändern")
        End If
    End If
    Lsg.MoveNext                ' Zum nächsten Datensatz gehen.
    Pro.MoveNext                ' Zum nächsten Datensatz gehen.
Loop
If MsgBox("Alle Änderungen speichern?", MB_FRAGEZEICHEN + JA_NEIN, "Änderungen speichern")
    CommitTrans                 ' Änderungen übernehmen.
Else
    Rollback                    ' Änderungen rückgängig machen.
End If
Lsg.Close                       ' Tabelle schließen.
Pro.Close
End Function
```

Abb. 22-3 Transaktion zum Löschen von Datensätzen verwenden.

Die Anweisungen **BeginTrans**, **CommitTrans** und **Rollback** helfen Ihnen, die Transaktion durchzuführen. Gestartet wird die Transaktion mit **BeginTrans**, abgeschlossen entweder mit **CommitTrans** oder mit **Rollback**. Verwenden Sie **CommitTrans**, um alle Änderungen, die seit der letzten **BeginTrans**-Anweisung erfolgten, durchzuführen, oder **Rollback**, um sämtliche Änderungen rückgängig zu machen:

```
Function ProblemLosung ()

...
BeginTrans          'Transaktion einleiten

Do Until Lsg.EOF

   ...
   Lsg.Update   ' Anderungen speichern.

   ...
Loop

If MsgBox("Alle Anderungen speichern?") = JA Then
      CommitTrans 'Durchführen, Anderung ok
   Else
      Rollback    'Zurücksetzen, Anderung ist nicht ok
End If

...

End Function
```

Eine einmal begonnene Transaktion m u ß durchgeführt oder zurückgesetzt werden, da ansonsten Fehler auftreten!

> Beachten Sie, daß Transaktionen nicht unterstützt werden, wenn Sie mit eingebundenen Tabellen anderer Datenbanksysteme arbeiten.

Sie können Transaktionen auch schachteln. Maximal fünf geschachtelte Transaktionen sind in Access möglich.

Daten sperren

In einer Mehrbenutzerumgebung ist es notwendig, Datenbestände zu sperren, damit nicht zum gleichen Zeitpunkt zwei (oder mehr) Benutzer versuchen, Änderungen an ein und demselben Datensatz vorzunehmen. Diese Sperrung kann in mehreren Stufen erfolgen. Entweder Sie sperren die gesamte Datenbank oder einzelne Tabellen und Dynaset. Darüber hinaus ermöglicht Access die Sperrung von Seiten.

Datenbank sperren

Das Sperren der kompletten Datenbank ist zwar die einfachste Lösung, um Zugriffskonflikte während der Änderung von Daten zu verhindern, allerdings ist diese Methode auch mit den meisten Einschränkungen verbunden. Ist die gesamte Datenbank exklusiv gesperrt, kann Sie nur von demjenigen bearbeitet werden, der diese zuerst geöffnet hat. Versucht ein anderer Benutzer auf eine exklusiv gesperrte Datenbank zuzugreifen, erhält er einen Laufzeitfehler. Um eine Datenbank exklusiv zu öffnen, verwenden Sie folgenden Aufruf:

```
Set DB = OpenDatabase ("VERTRIEB.MDB", True)
```

Der Wert **True** aktiviert die exklusive Sperrung. Verwenden Sie die Sperrung der kompletten Datenbank nur in Ausnahmesituationen, um beispielsweise die kompletten Datenbestände zu aktualisieren oder falls Änderungen an der Struktur der Datenbank notwendig sind.

Tabellen und Dynasets sperren

Meistens reicht es vollkommen, die Tabelle oder das Dynaset zu sperren, um Änderungen vorzunehmen. Beim Erstellen der Objektvariablen verwenden Sie ebenfalls den Wert **True** für das Argument *exklusiv*:

```
Set DS = DB.CreateDynaset ("Firmen", True)
```

Oder:

Die Datenmanipulation

```
Set T = DB.OpenTable ("Firmen", True)
```

Alle Datensätze der Objektvariablen können auf diese Weise nur von Ihrem Code bearbeitet, d. h. geändert, hinzugefügt oder gelöscht werden. Eine Sperrung für die Variable **Snapshot** gibt es nicht, da es sich bei dieser Objektvariablen lediglich um eine Kopie handelt, die nicht aktualisiert werden kann.

Seiten sperren

Nehmen wir an, Sie haben weder eine Sperrung der Datenbank noch Ihrer Tabelle bzw. Ihres Dynasets vorgenommen. In diesem Fall führt Access selbst eine Sperrung durch, die sogenannte Seitensperrung. Als Seiten werden Datensatzblöcke mit einer Größe von 2048 Byte bezeichnet. Sperrt Access nun eine Seite, werden alle Datensätze gesperrt, die sich in dieser Seite befinden. Wie viele das sind, hängt davon ab, wie viele Sätze auf die besagte Seite passen.

Access kennt zwei Methoden, die den Zeitpunkt und die Dauer der Sperrung beeinflussen:

> Die eingeschränkte Sperrung   und
> die vollständige Sperrung.

Vollständige Sperrung

Veranlassen Sie selbst keine Sperrung, arbeitet Access mit der vollständigen Sperrung, um Datensätze der Objektvariablen **Table** oder **Dynaset** zu ändern. Access sperrt die Seite, sobald Sie mit **Edit** die Bearbeitung einleiten und hebt diese erst wieder auf, wenn Sie mittels **Update** diese beenden (bzw. durch **Rollback** die Bearbeitung abbrechen).

```
Function NamenAndern()

Dim DB As Database, Dim DS As Dynaset

Set DB = CurrentDB()
Set DS = DB.CreateDynaset("Firmen")

DS.Edit           'Datensätze werden gesperrt
....
DS.Update         'Sperrung wird wieder aufgehoben

DS.Close

End Function
```

Eingeschränkte Sperrung

Diese Sperrmethode stellt zwar sicher, daß die Methode **Edit** in jedem Fall erfolgreich verläuft, allerdings bleiben Datensätze in der gesperrten Seite solange für andere 'unzugänglich', bis der gesamte Programmcode zwischen **Edit** und **Update** bearbeitet wurde. Und das kann mitunter dauern. Möglicherweise wollen Sie die Seite erst zum Zeitpunkt des **Update** sperren. Verwenden Sie in diesem Fall die eingeschränkte Sperrung. Dazu setzen Sie die Eigenschaft **LockEdits** des Datensatzes auf **False**.

```
Function NamenAndern()
Dim DB As Database, Dim DS As Dynaset
Set DB = CurrentDB()
Set DS = DB.CreateDynaset("Firmen")
DS.LockEdits = False
DS.Edit              'Datensatze sind nicht gesperrt
....
DS.Update            'Erst wahrend der Aktualisierung wird
                     'Seite mit Datensatz gesperrt
If Err Then Debug.Print Error Err
DS.Close
End Function
```

Abfragen verwenden oder erstellen

Zum Abschluß dieses Kapitels und damit dieser Publikation wollen wir Ihnen nun noch vorstellen, wie Sie Abfragen programmgesteuert verwenden bzw. erstellen. Sie benötigen dazu eine Variable des Typs **QueryDef**, die Sie zunächst - wie alle anderen Objektvariablen - deklarieren müssen:

```
Dim QD As QueryDef
```

Die Objektvariable **QueryDef** enthält lediglich die A b f r a g e - d e f i n i t i o n. Um die Daten, die sich aufgrund dieser Definition ergeben, zu erhalten, erstellen Sie ein **Dynaset** auf der Variablen **QueryDef**.

Auswahlabfrage verwenden

```
...
Dim DB As Database, Dim DS As Dynaset, QD As QueryDef
Set DB = CurrentDB()
Set QD = DB.OpenQuery("Firmen nach Umsatz")
Set DS = QD.CreateDynaset()
QD.Close
...
```

Die Datenmanipulation

Bei diesem Beispiel handelt es sich um die Definition einer A u s - w a h l a b f r a g e , die zuvor im Datenbankcontainer erstellt wurde. Wir öffnen also auf eine bereits bestehende Abfragedefinition (*Firmen nach Umsatz*), um die Datensätze a n z e i g e n zu lassen.

Im Gegensatz dazu, zeigen Aktionsabfragen keine Daten an, sondern führen - zuvor festgelegte Aktionen - aus. Für Aktionsabfragen wird daher kein **Dynaset** geöffnet, sondern auf sie wird die Methode **Execute** angewendet:

Aktions-abfrage verwenden

```
...
Dim DB As Database, QD As QueryDef

Set DB = CurrentDB()
Set QD = DB.OpenQuery("Adressen aktualisieren")
QD.Execute
QD.Close

...
```

Bislang haben Sie auf bereits erstellte Abfragedefinitionen zurückgegriffen. Es ist jedoch auch möglich, neue Abfragen via Modul zu erstellen. Dazu verwenden Sie die Methode **CreateQueryDef**:

Abfrage erstellen

```
Dim DB As Database, QD As QueryDef

Set DB = CurrentDB()
Set QD = DB.CreateQueryDef("Abfrage Neu")
QD.SQL = "SELECT Vorname, Name, PLZ, Ort FROM Firmen;"
Set DS = Q.CreateDynaset()
QD.Close
DB.DeleteQueryDef "Abfrage Neu"
...
```

In diesem Beispiel wird zunächst eine leere Abfragedefinition unter dem Namen *Abfrage Neu* erzeugt. Dieser Programmschritt ist vergleichbar mit der Anlage einer neuen Abfrage, die zwar bereits unter einem Namen gespeichert ist, der allerdings noch keine Tabellen/Abfragen zugewiesen wurden. Die nächste Programmzeile weist dann der Eigenschaft **SQL** (der Variablen **QueryDef**) die gewünschten Felder sowie Tabellen/Abfragen zu. Danach wird auf dieser Definition ein Dynaset erstellt, um die Daten anzuzeigen. Die Abfragedefinition benötigen wir anschließend nicht mehr. Sie wird daher geschlossen und gelöscht.

Selbstverständlich kann die gewünschte SQL-Zeichenfolge auch zuerst ermittelt werden und dann beim Erstellen der Abfragedefinition gleich mit angegeben werden:

```
Dim DB As Database, QD As QueryDef, SQL As String

Set DB = CurrentDB()
SQL = "SELECT Vorname, Name, PLZ, Ort FROM Firmen;"
Set QD = DB.CreateQueryDef("Abfrage Neu", SQL)
Set DS = Q.CreateDynaset()
QD.Close
DB.DeleteQueryDef "Abfrage Neu"
...
```

Der einfachste Weg die SQL-Zeichenfolge zu generieren besteht darin, die gewünschte Abfrage zunächst im QBE-Entwurfsbereich zu 'designen'. Nachdem alle Tabellen/Abfragen, Felder und Kriterien feststehen, öffnen Sie das SQL-Fenster und markieren die gesamte Anweisung. Kopieren Sie diese und fügen sie nun in Ihr Modul ein. Auf diese Weise lassen sich recht schnell sehr komplexe Abfragen im Modul erstellen. Abschließend will Ihnen die folgende Abbildung einen kleinen Ausblick auf die schier unbegrenzten Möglichkeiten geben. (Diese Funktion finden Sie im Modul *Vertriebsinfo* unter dem Namen *DetailVeranstaltungen()*)

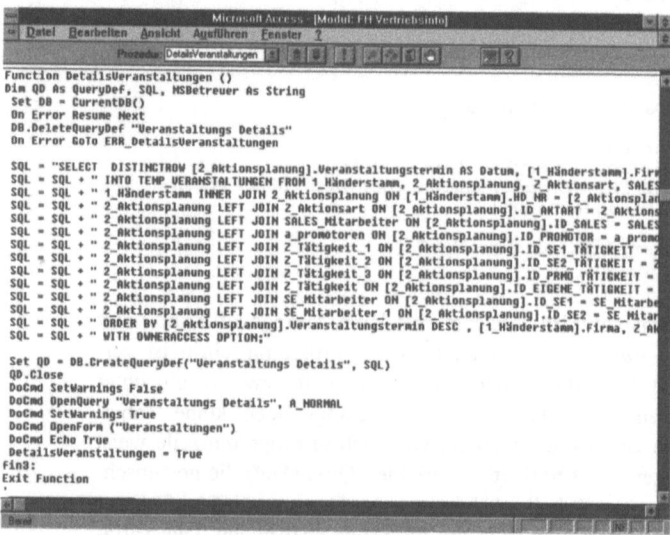

Abb. 22-4 Erstellen neuer Abfragen per Modul

Zusammenfassung des Kapitels

- Sie haben sich mit der Manipulation von Daten beschäftigt und erfahren, wie Datenbanken geöffnet, verwendet und geschlossen werden.

- Sie haben die Datensatzgruppenvariablen Table, Dynaset und Snapshot eingesetzt, um Datensätze zu ändern, zu löschen und neu zu erstellen. Zuvor haben Sie herausgefunden, wie Datensatzgruppenvariablen deklariert und wieder geschlossen werden.

- Sie haben Eigenschaften der Datensatzgruppenvariablen kennengelernt, mit denen Datensätze gefiltert und sortiert werden können. Außerdem haben Sie erfahren, wie Datensätze gesucht werden können.

- Sie haben verschiedene Sicherheitsmechanismen, wie den Einsatz von Transaktionen und das Sperren von Datensätzen kennengelernt.

- Sie haben Abfragedefinitionen per Modul erstellt und sich auf diese Weise mit der Variablen QueryDef vertraut gemacht.

TRAINIEREN SIE IHR WISSEN:

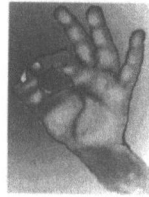

1. Welche Datensatzgruppenvariablen gibt es?

2. Welche Methoden verwenden Sie, um einen neuen Datensatz anzulegen?

3. Mit welcher Eigenschaft lassen sich Daten in einer Objektvariablen vom Typ Table sortieren?

4. Welche Methode setzen Sie ein, um Daten in einem Dynaset (oder Snapshot) zu finden?

5. Welche Abfragearten können mittels Access-Basic verwendet werden?

6. Mit welcher Methode wird eine Aktionsabfrage im Modul ausgeführt?

Anhang

Lösungen
Die Datei ACCESS.INI

Anhang: Lösungen

Kapitel 2

1. Minimal erfordert der Einsatz von Access einen 80386SX-Prozessor, eine Festplatte, ein Laufwerk, eine MS-kompatible Maus, eine Grafikkarte, vier Megabyte Hauptspeicher, DOS ab der Version 3.1 sowie Windows 3.x

2. Der Benutzername m u ß angegeben werden. Der Firmenname k a n n angegeben werden.

3. Das Programmverzeichnis auf dem Fileserver. Das Benutzerverzeichnis für die eigenen Arbeitsdateien.

4. Zunächst wird die Installation auf dem Fileserver durch den Aufruf SETUP /A durchgeführt. Anschließend erfolgt die Einrichtung der lokalen Arbeitsstationen entweder durch SETUP /N (Netzwerksetup) oder durch SETUP (vollständige Installation aller Access-Dateien).

5. Durch einen Eintrag in der WIN.INI-Datei unter der Sektion [windows]. Das Schlüsselwort 'load=' veranlaßt Windows Access als Sinnbild zu starten, während 'run=' für einen Programmstart im Fenster sorgt.

   Ab der Windows-Version 3.1 können Programmikonen in die Autostart-Gruppe gestellt werden, um die gewünschten Applikationen zu starten.

Kapitel 3

1. Ein Datenbankmanagementsystem (DBMS) stellt dem Benutzer alle Werkzeuge zur Verfügung, um seine Daten zu bearbeiten, d. h. zu speichern, zu editieren, anzulegen, zu löschen usw. Die Datenbanksprache gibt dem DBMS die notwendigen Befehle.

2. Die wichtigsten Element sind: Tabellen, Spalten, Reihen, der Primärschlüssel, Sekundärschlüssel.

3. Während der Benutzer bei einer strukturierten Abfragesprache lediglich angibt mit w e l c h e n Daten er arbeiten möchte, ist es bei der prozedurorientierten Sprache zusätzlich erforderlich anzugeben, w i e der Zugriff auf die Daten erfolgen soll.

4. In einem relationalen DBMS werden sämtliche Informationen in einzelnen, übersichtlichen Tabellen aufbewahrt, die sich leicht pflegen lassen und bei Bedarf untereinander verknüpft werden. Das nichtrelationale Modell speichert sämtliche Informationen in nur einer Tabelle, was zu Redundanz von Daten, schlechter Pflegbarkeit und unnötigem Speicherplatzverbrauch führt.

Kapitel 4

1. Eine Applikation befindet sich im Vollbild, wenn sie den gesamten Bildschirmplatz in Anspruch nimmt. Im Gegensatz dazu, benötigt ein Programm, das im Fenster läuft, nur den Platz, um die Fenstergröße darzustellen. Programme, die derzeit nicht benötigt werden, können zum Sinnbild, also zur Ikone, verkleinert werden.

2. Die wichtigste Maustaste für die Arbeit mit Access ist die linke.

3. Kontrollkästchen werden verwendet, um dem Benutzer mehrere Auswahlen zu ermöglichen. Optionsfelder finden sich überall dort, wo e n t w e d e r die eine o d e r die andere Auswahl zulässig ist.

4. Die Symbolleiste stellt die gängigsten Access-Befehle per Knopfdruck zur Verfügung. Durch den Einsatz der Symbolleiste entfällt ein allzu häufiges Nachschlagen in Menüs.

5. Entweder über die Task-Liste oder über die Tastenkombination $A + T$.

Kapitel 5

1. Entweder durch Auswahl des Befehls [?/Inhalt] oder (innerhalb der Hilfe) durch einen Mausklick auf den Schalter **Inhalt**.

2. Alle Hauptabschnitte der Hilfe, die untereinander aufgeführt sind, lassen sich mittels Vor- bzw. Rücklauf nacheinander durchblättern.

3. Eine Hilfethema kann jederzeit über den **Suchen**-Dialog der Hilfe gefunden werden. Innerhalb der Hilfe kann jedoch auch der **Bisher**-Schalter verwendet werden, um zu einem früher verwendeten Hilfethema zurückzukehren. Darüber hinaus führt ein Mausklick auf ein unterstrichen dargestelltes Thema in einen Hilfebildschirm mit weiterführenden Informationen.

4. Das Lesezeichen der Bedienerhilfe wird verwendet wie das Lesezeichen in einem Buch, um schnell an eine bestimmte Stelle zurückzukehren.

5. Die Ratgeber erklären Schritt für Schritt wie bestimmte Aufgaben mit Access zu lösen sind. Während ein Lernprogramm immer mit statischen Daten (nämlich denen des Lernprogramms) arbeitet, hilft der Ratgeber bei der Anlage der eigenen Tabellen, Abfragen, Formulare usw. (mit 'echten' Daten).

6. Die kontextsensitive Hilfe bezieht sich immer auf ein ganz bestimmtes Problem, einen Menüpunkt zum Beispiel, dessen Bedeutung man vergessen hat, eine Dialogbox oder einfach ein Element des Bildschirms, das unklar ist. Diese Hilfe kann auf zwei Arten eingesetzt werden:

   Entweder wird die Tastenkombination S + ! betätigt und anschließend das gewünschte Symbol, der Menüpunkt oder ähnliches mit der Maus markiert

   oder, sofern der Cursor bereits auf dem Element in Position gebracht wurde, zu dem Hilfe benötigt wird, durch Betätigen der Taste !.

Kapitel 6

1. Unter Beziehungen versteht man die Kenntnis der Zusammenhänge zwischen unterschiedlichen Informationen in einzelnen Tabellen.

2. Die Tabelle, die Abfrage und das Formular stellen drei gültige Objekte des Access-Datenbankcontainers dar.

3. Eine Tabelle nimmt Informationen einer ganz bestimmten Kategorie auf, zum Beispiel Kunden- oder Lieferantendaten. Die Tabelle muß durch einen Benutzer erstellt werden. Das Dynaset wird durch Access erstellt. Es kann Daten aus unterschiedlichen Tabellen enthalten. Außerdem können Datensätze im Dynaset sortiert und gefiltert angezeigt werden. Sowohl im Dynaset als auch in der Tabelle dürfen eine Änderung der Daten geändert werden.

4. Formulare werden eingesetzt, um dem Anwender die Bearbeitung von Tabellen, d. h. die Neuanlage, Änderung und das Löschen von Daten, zu erleichtern. Außerdem erlauben Formulare den Einsatz von Listen, aus denen der Benutzer seine Auswahlen treffen kann.

5. Sowohl Makros als auch Module werden verwendet, um aus Tabellen, Abfragen, Formularen und Berichten eine Datenbankanwendung zu machen. Beide Objekte dienen der Automatisierung bestimmter Arbeitsabläufe. Während Makros für grundlegende Aktionen, wie das Öffnen von Formularen oder Berichten bzw. das Aktualisieren von Daten und Steuerelementen eingesetzt werden, dienen Module dazu, komplexere Aufgaben, wie beispielsweise das Durchführen komplexer Berechnung oder die dynamische Verbindung zu einem anderen Windows-Programm herzustellen, zu lösen.

6. Keine, die für das Datenbankdesign wichtig wäre. Doch auch ein Scherz muß hin und wieder sein.

Kapitel 7

1. Der Abbildungsprozeß der realen Welt in ein maschinell verarbeitetes Modell wird als Abstraktion bezeichnet. Dabei wer-

Anhang: Lösungen   637

den alle relevanten Informationen gesammelt, die später Bestandteil der relationalen Datenbank werden sollen. Danach erhält jedes Objekt einen eindeutigen Namen, bevor die Daten - im letzten Schritt - strukturiert, d. h. in einzelne Tabellen untergebracht werden. Bei diesem Abbildungsprozeß kommt es vor allem auf den Blickwinkel und das Informationsbedürfnis an. Daher läßt sich ein und dasselbe reale System in nahezu beliebig viele maschinell verarbeitete Modelle umsetzen.

2. Eine Informationsstruktur ergibt sich, nachdem jedem Objekt der realen Welt, das als relevant erachtet wurde, ein eindeutiger Name zugeordnet wurde. Außerdem werden in der Informationsstruktur die Beziehungen und Eigenschaften der Objekte festgelegt.

3. Eine Tabelle in der zweiten Normalform muß zwei Bedingungen erfüllen:

   1. Sie muß in der ersten Normalform sein
   2. Jedes Attribut muß vom Primärschlüssel abhängig sein.

4. Das Relationenmodell verwendet drei Standardoperationen:

   Projection
   Join
   Selection

5. Jede Select-Anweisung besteht minimal aus zwei, maximal aus sechs Komponenten.

6. Sowohl gleich (=), ungleich (<>) als auch kleiner als (<) sind gültige Operatoren.

7. In der ersten Anweisung fehlt die FROM-Komponente. In der zweiten Anweisung muß GROUP BY vor HAVING stehen. In der dritten Anweisung muß ORDER BY die letzte Komponente sein.

8. Selbstverständlich!

9. Es werden alle Bücher angezigt, die teurer als DM 8,00 sind.

10. Die HAVING-Komponente kennt fünf Standardberechnungen. Sie lauten: COUNT, MIN, MAX, SUMME, AVG.

Kapitel 8

1. Der Datenbankname wird bei der Anlage der Datenbank festgelegt.

2. In der Entwurfsansicht wird das Tabellengerüst definiert, also die Spalten und deren Eigenschaften festgelegt. In der Datenansicht werden die einzelnen Datensätze erfaßt.

3. Jeder Datensatz wird von Access automatisch gespeichert, bevor ein neuer angelegt oder ein anderer Satz bearbeitet wird.

4. Über den Primärindex.

5. Die referentielle Integrität bezeichnet die Kontrolle des Datenbankmanagementsystems zur Verhinderung inkonsistenter Datenbestände.

6. Der Dialog Tabelleneigenschaften steht in der Entwurfsansicht jeder Tabelle zur Verfügung. Er gibt Auskunft über die verwendeten Indizes.

Kapitel 9

1. Im Objekt Tabelle wird die gewünschte Tabelle markiert und anschließend auf das Symbol 'Abfrage neu' geklickt.

2. Abfragen können auf Tabellen oder anderen Abfragen basieren.

3. Beim 'Inner Join' werden Datensätze nur dann angezeigt, wenn das verknüpfende Feld in beiden Tabellen den gleichen Eintrag aufweist.

    Der 'Outer Join' zeigt alle Datensätze einer zuvor bestimmten Tabelle an und zusätzlich Informationen -sofern vorhanden - aus einer zweiten Tabelle.

4. Zehn Sortierfelder können pro Abfrageentwurf verwendet werden.

5. Drei gültige Vergleiche lauten: Zwischen, Wie, Nicht.

Kapitel 10

1. Um ein Formular mittels Assistent einzurichten wird die dem Formular später zugrundeliegende Tabelle oder Abfrage im Datenbankcontainer markiert und das neue Formular durch einen Mausklick auf das Symbol 'Formular neu' erstellt.

   Im Datenbankcontainer kann auch in das Objekt Formular gewechselt werden, um das neue Formular durch einen Mausklick auf die Schaltfläche **Neu** zu erstellen.

2. Wenn dem Benutzer Eingaben in das Formular ermöglicht werden sollen.

3. Drei Formularansichten: Das Formular, die Formularentwurfsansicht und die Datenblattansicht.

4. Durch die Verwendung von Filtern läßt sich der Datenbestand im Formular eingrenzen. Hier können Kriterien - ähnlich wie in der Abfrage - eingesetzt werden.

Kapitel 11

1. Ein Bericht wird immer dann erstellt, wenn Daten anschaulich präsentiert werden sollen.

2. Um einen Bericht zu duplizieren wird er geöffnet und anschließend mit dem Befehl [Datei/Speichern unter] unter einem anderen Namen abgelegt.

   Ein Bericht kann auch im Datenbankcontainer dupliziert werden. Dazu wird er dort markiert und über den Befehl [Bearbeiten/Kopieren] in die Zwischenablage überführt. Anschließend wird er über [Bearbeiten/Einfügen] wieder hinzugefügt und mit einem neuen Namen versehen.

3. Der Bericht verfügt über drei Ansichten: Die Seitenansicht, die Beispielansicht und die Entwurfsansicht.

4. Um mehreren Steuerelementen eine einheitliche Schriftart zuzuweisen, werden zunächst alle betroffenen Steuerelemente markiert und anschließend die gewünschte Schriftart aus der Symbolleiste zugewiesen.

5. Um Adreßetiketten in Access einzurichten benötigen Sie einen Bogen Adreßetiketten, ein Lineal und den für Adreßetiketten zuständigen Access-Assistenten.

Kapitel 12

1. Makros helfen beim Automatisieren bestimmter immer wiederkehrender Abläufe, wie zum Beispiel das Öffnen eines Formulars.

2. Das Makroentwurfsfenster hat Ähnlichkeit mit dem Tabellenentwurfsfenster.

3. Ein Makro kann entweder aus dem Makroentwurfsfenster über das Symbol 'Ausführen' oder das Makro-Menü ausgeführt werden. Darüber hinaus kann ein Makro beim Eintreten eines bestimmten Ereignisses gestartet werden, zum Beispiel **Beim Klicken** auf eine Befehlsschaltfläche.

4. Um eine Öffnen-Aktion im Makro hinzuzufügen wählen Sie die Aktion im Makrofenster aus. Anschließend müssen der Aktion dann die notwendigen Argumente zugewiesen werden.

   Eine Öffnen-Aktion läßt sich auch hinzufügen, indem der zu öffnende Bericht oder das zu öffnende Formular aus dem Datenbankcontainer in das Makroentwurfsfenster mit der Maus gezogen wird. Die notwendigen Argumente werden dabei automatisch eingestellt.

5. Eine Aktion ist eine Aufgabe, die von Access erledigt wird, zum Beispiel das Drucken, das Öffnen oder das Schließen eines Objekts.

Anhang: Lösungen

Kapitel 13

1. Gültige Feldeigenschaften einer Access-Tabelle sind beispielsweise die Feldgröße, das Format, der Standardwert und die Gültigkeitsregel.

2. In Access können drei unterschiedliche Indizes verwendet werden: Der Primärindex, der Sekundärindex über ein einzelnes Feld, der Sekundärindex über mehrere Felder.

3. Ein selbstdefiniertes Format kann aus vier Teilen bestehen, die durch ein Semikolon voneinander getrennt werden.

4. Die Funktion 'Datum()' zeigt das aktuelle Datum an.

5. Beim nachträglichen Umstrukturieren von Tabellen ist darauf zu achten, daß keine Feldnamen gelöscht werden oder umbenannt werden, die in Abfragen, Berichten, Formularen, Makros oder Modulen verwendet wurden. Sofern der Felddatentyp geändert wird ist darauf zu achten, daß der neue und der alte Typ 'verträglich' sind. Die Aufnahmekapazität des neuen Datentyps darf nicht unter dem des neuen Datentyps liegen, da ansonsten Datenverluste zu befürchten sind.

6. Eine importiere Tabelle wird ein Teil der geöffneten Access-Datenbank, liegt also nach erfolgreichem Import im Access-Format vor. Eine eingebundene Tabelle wird lediglich mit Access verknüpft. Die Tabelle bleibt nach wie von in Ihrem Ursprungsformat und kann daher sowohl von Access als auch von der ursprünglichen Datenquelle gelesen werden.

7. Access kann aus folgenden Formaten Daten übernehmen: Paradox, dBase III, dBase IV, Btrieve, Microsoft SQL-Server, anderen Access-Datenbanken, Microsoft Excel, Lotus 1-2-3 oder 1-2-3/W, Text mit Trennzeichen und Text mit festem Format.

8. Access kann Tabellen in alle Formate exportieren, die auch importiert werden können.

Kapitel 14

1. Der Eintrag 'Ist Nicht Null' bewirkt, daß im Dynaset nur Felder angezeigt werden, in denen auch tatsächlich etwas steht.

2. Access kennt folgende Aggregatfunktionen: Summe, Mittelwert, Minimum, Maximum, Anzahl, Standardabweichung, Varianz, Erster, Letzter.

3. Die Form, um einen Ausdruck in ein Währungsformat umzuwandeln heißt, 'ZCurrency()'.

4. Die Syntax um Abfragekriterien aus Formularen zu beziehen, lautet:

   Formulare!Formularname!Steuerelementname.

5. Um berechnete Felder in Access einzugeben, können die vier Grundrechenarten verwendet werden.

6. Um Berechnungen für die gesamte Tabelle zu erhalten, dürfen nur Rechenfunktionen (also Mittelwert, Summe, Minimum usw.) verwendet werden. Die Funktion 'Gruppierung' ist in diesem Fall für jede Spalte unzulässig.

7. Eine Kreuztabelle wird verwendet, um zusammenfassende Informationen in einem kompakten, tabellenartigen Format anzuzeigen.

8. Um in einer Kreuztabelle Kriterien für ein Feld einzugeben, wird es im Entwurfsbereich zunächst hinzugefügt. Als Funktion wird für das Feld dann 'Bedingung' gewählt. Anschließend wird das gewünschte Kriterium in der dafür vorgesehenen Zeile erfaßt.

9. Es gibt vier Aktionsabfragen, die Tabellenerstellungsabfrage, die Löschabfrage, die Anfügeabfrage, die Aktualisierungsabfrage.

10. Während eine Auswahlabfrage Datensätze im Dynaset lediglich anzeigt, führt die Aktionsabfrage beim Ausführen sofort eine Aktion durch. Dies kann beispielsweise das Löschen von Datensätzen sein.

Anhang: Lösungen

Kapitel 15

1. Sobald ein neues leeres Formular angelegt wird, öffnet Access das Entwurfsfenster, das Eigenschaftenfenster und die Toolbox.

2. Formulareigenschaften werden verwendet, um die Datenquelle, das Erscheinungsbild und die Funktionalität eines Formulars herzustellen.

3. Farben und Rahmen für Formulare, Berichte und Steuerelemente können entweder über die Farbpalette oder durch Einstellen der entsprechenden Eigenschaft zugewiesen werden.

4. Um eine Gruppe von Steuerelementen am oberen Rand auszurichten, wird diese zunächst markiert und anschließend über [Layout/Ausrichten/Nach oben] ausgerichtet.

5. Das Formular kennt folgende Ereignisse: Beim Öffnen, Beim Anzeigen, Beim Einfügen, Vor Aktualisierung, Nach Aktualisierung, Beim Löschen, Beim Schließen.

6. Für die Steuerelemente Kombinationsfeld, Listenfeld und Unterformular kann eine andere Datenquelle verwendet werden.

7. Kontrollkästchen, Optionsfelder und Umschaltflächen können allesamt zur Abfrage von Ja/Nein-Werten verwendet werden.

8. Die Feldreihenfolge kann entweder automatisch durch Access oder individuell durch den Benutzer festgelegt werden.

9. Im Formular wird der Seitenkopf/-fuß nur für den Ausdruck verwendet. Auf diese Weise kann auf jeder gedruckten Seite zum Beispiel eine Überschrift - Seitenkopf - sowie eine Seitennumerierung - Seitenfuß - eingegeben werden.

10. Steuerelemente, die sich im Formularkopf befinden, werden - unabhängig von der Fenstergröße - immer oben im Fenster angezeigt. Für den Formularfuß gilt dies entsprechend.

Kapitel 16

1. Die wichtigste Regel für das Gestalten von Berichten lautet, niemals das mit dem Bericht verbundene Ziel aus dem Auge zu verlieren.

2. Folgende Steuerelemente zeigen im Bericht ein anderes Verhalten als im Formular: Die Umschaltfläche, das Optionsfeld, das Kontrollkästchen, das Kombinationsfeld, das Listenfeld und die Befehlsschaltfläche.

3. Um aus einer 'krummen' Linie ganz schnell eine gerade zu machen, wird der Linie die **Höhe** *0* als Eigenschaft zugewiesen.

4. Sofern OLE im Zusammenhang mit Windows betrachtet wird, durchaus nicht. OLE beschreibt den Datenaustausch zwischen verschiedenen Windowsprogrammen auf ganz einfache Weise. Daten können applikationsweit miteinander verknüpft oder aber eingebettet werden. Für diese Technologie steht **Obj**ect Linking und Embedding.

5. Im Gegensatz zum Objektfeld ist das gebundene Objektfeld mit einer Access-Tabelle verknüpft.

6. Ein Diagramm wird eingesetzt, um Daten aus einer Access-Tabelle grafisch aufzubereiten.

Kapitel 17

1. Für folgende Aufgaben könnten Makros eingesetzt werden: Das Zusammenwirken von Formularen und Berichten, das automatische Suchen und Filtern von Datensätzen, das Abfragen bestimmter Werte in Steuerelementen und das Prüfen der Datengenauigkeit.

2. Ausdrücke werden in Makros nicht anders als in Abfragen oder Textfeldern verwendet.

3. Die Syntax, um auf Steuerelemente in Formularen oder Berichten zuzugreifen, lautet für Formulare:
Formulare!Formularname!Steuerelementname

Und für Berichte
Berichte!Berichtsname!Steuerelementname

4. Die Syntax, um auf ein Makro einer Makrogruppe zuzugreifen, lautet:
Makrogruppenname.Makroname

5. Während sich das Argument 'Bedingung' auf eine ganz bestimmte Aufgabe innerhalb der Aktion konzentriert, prüft die (Aktions-)Bedingung den Wahrheitswert der gesamten Aktion, bevor diese ausgeführt wird.

6. Der Autoexec-Makro wird eingesetzt, um beim Öffnen der Datenbank eine Reihe von Makroaktionen automatisch ausführen zu lassen.

Kapitel 18

1. Die wichtigste Verwaltungsaufgabe in einem Datenbanksystem ist die Datensicherung.

2. Die Abstände, in denen die Datensicherung durchgeführt wird, müssen individuell festgelegt werden. Als Empfehlung läßt sich aussprechen: Systemdaten immer dann sichern, wenn diese neu installiert oder geändert wurden. Datenbanken sollten möglichst regelmäßig, im Netzwerk in jedem Fall täglich, gesichert werden.

3. Unter einem geschützten Access-System sind die Sicherheitsvorkehrungen zu verstehen, die in Access getroffen werden können, um Fremden den Zugang zum System zu verwehren und - sofern Access im Netzwerk eingesetzt wird - benutzerbezogene Berechtigungen für jedes einzelne Datenbankobjekt zu erteilen.

4. Datenbanken sollten von Zeit zu Zeit komprimiert werden, um die Arbeitsgeschwindigkeit der Datenbank zu verbessern.

5. Mit der Funktion 'Datenbank reparieren' läßt sich nicht jeder Defekt beheben! Ein Festplattenfehler, der beispielsweise die FAT zerstört, kann zur Unbrauchbarkeit der gesamten Fest-

platte führen. In einem solchen Fall muß die Platte neu formatiert werden!

Kapitel 19

1. Ein Modul besteht aus dem Deklarationsbereich und den einzelnen Prozeduren.

2. Der Unterschied zwischen einer Funktion und einer Sub-Prozedur besteht darin, daß die Funktion einen Wert zurückliefert, mit dem weiter gearbeitet werden kann, während die Sub-Prozedur das nicht tut.)

3. Eine Prozedur kann - zu Testzwecken - über das Direktfenster ausgeführt werden. In der Datenbankanwendung wird sie dann dem gewünschten Ereignis zugeordnet

4. Prozedurnamen müssen mit einem Buchstaben beginnen und dürfen maximal 40 Zeichen lang sein. Es dürfen keine Satz- und Leerzeichen verwendet werden, sondern nur Buchstaben, Zahlen und als einziges Sonderzeichen der Unterstreichungsstrich. Der Name darf kein reserviertes Wort sein und innerhalb der Datenbank in keinem anderen Modul vorkommen.

5. Drei möglichen Fehlerquellen bei der Programmentwicklung sind Syntaxfehler, Laufzeitfehler oder logische Fehler. Handelt es sich um einen Syntaxfehler, entdeckt Access diesen bereits beim Verlassen der Zeile und zeigt eine Fehlermeldung an. Laufzeitfehler werden ebenfalls von Access entdeckt. Zur Laufzeit zeigt Access einen Fehlerdialog an. Logische Fehler können von Access nicht gefunden werden, da es sich um Fehler in der Programmierlogik handelt. Im letzten Fall wird das Direktfenster, zur Schritt für Schritt-Analyse herangezogen, um dem Fehler so auf die Spur zu kommen.

Kapitel 20

1. Es gibt folgende Gültigkeitsbereiche für Variablen: Lokal, d. h. nur innerhalb einer Prozedur bekannt. Modulebene, d. h. allen Prozeduren eines Moduls bekannt. Global, d. h. allen Prozeduren aller Module der Datenbank bekannt.

Anhang: Lösungen   647

2. Access kennt den Datentyp Variant. Er kann numerische, Datum/Zeit- und Zeichenfolgendaten speichern. Diese verschiedenen Datenarten müssen bei der Zuordnung zu einer Variablen des Datentyps untereinander nicht konvertiert werden.

3. Konstanten werden verwendet, um den Programmcode leichter lesbar zu machen.

4. In Access können Datenfelder mit maximal 60 Dimensionen deklariert werden.

5. Eine Objektvariable repräsentiert ein Objekt der Access-Datenbank, zum Beispiel ein Formular. Auf diese Weise lassen sich die Datenbankobjekte leicht manipulieren. Folgende Objektvariablen gibt es: Database, Form, Report, Control, QueryDef, Table, Dynaset, Snapshot.

6. Das vordefinierte Objekt 'Forms' enthält alle geöffneten Formulare der Datenbank.

7. Um auf Objekteigenschaften bzw. Objektmethoden zuzugreifen wird der Operator Punkt (.) verwendet.

Kapitel 21

1. Eine Fehlerbehandlung ist notwendig, um auf unerwartete Ereignisse - sei es seitens des Betriebssystems oder seitens des Anwenders - reagieren zu können.

2. Screen.ActiveForm, Screen.ActiveReport und Screen.ActiveControl sind Eigenschaften des Screen-Objekts.

3. Der Zugriff auf das aktive Formular erfolgt entweder über das Screen-Objekt...

   Nr = Screen.ActiveForm![KDNR]

   ... oder über 'Form'

   Nr = Formular![KDNR]

4. Zur Aktualisierung des Bildschirms wird mit der Anweisung 'DoCmd RepaintObject' gearbeitet. Um die Herkunftsdatensätze zu aktualisieren verwendet man 'DoCmd Requery'.

Kapitel 22

1. Die Objektvariablen Table, Dynaset und Snapshot werden zusammen als Datensatzgruppe bezeichnet.

2. Mit der Methode AddNew wird ein neuer leerer Datensatz angehängt. Nachdem die gewünschten Werte zugewiesen wurden, werden diesem mit Update gespeichert.

3. Die Eigenschaft Index kann zur Sortierung von Datensätzen einer Objektvariablen vom Typ Table verwendet werden.

4. Access stellt zur Suche nach Datensätzen in den Objektvariablen Dynaset (oder Snapshot) vier Methoden zur Verfügung: FindFirst, FindNext, FindLast und FindPrevious.

5. In Access-Basic können sowohl Auswahlabfragen als auch Aktionsabfragen eingesetzt werden.

6. Um eine Aktionsabfrage im Modul auszuführen, wird die Methode Execute verwendet.

Anhang: Die Datei MSACCESS.INI

Bei jedem Programmstart liest Access die Datei MSACCESS.INI, die sich in Ihrem Windows-Programmverzeichnis befindet. Auf diese Weise informiert sich das Programm über Ihre Systemdatenbank, eventuelle Bibliotheksdatenbanken, Einstellungen für die Arbeit mit Paradox- und/oder dBase-Dateien, kurzum die MSACCESS.INI ist eine Initialisierungsdatei, die Access das wieder 'beibringt', was das Programm beim Beenden 'vergessen' hat. Im Gegensatz zu anderen Windows-Programmen 'verewigt' sich Access eben nicht in der ohnehin meist 'überfüllten' WIN.INI-Datei.

Um die MSACCESS.INI zu bearbeiten, können Sie beispielsweise den Windows-Editor einsetzen. Zum Aufbau der Datei ist zu sagen, daß sie - wie alle INI-Dateien - in Abschnitte eingeteilt ist. Jeder Abschnitt ist durch die eckigen Klammern gleich eindeutig zu identifizieren:

[Microsoft Access]

In diesem Abschnitt befinden sich die 'Access-eigenen' Systemeinstellungen, die durch die Installation festgelegt wurden. Diese Einstellungen werden in Form von Schlüsselwörtern aufgelistet. Jedem Schlüsselwort wird dann durch ein Gleichheitszeichen (=) der notwendige Wert zugewiesen, zum Beispiel:

Maximized = 1.

Diese Einstellung bewirkt, daß Access im Vollbild gestartet wird. Um einen Programmstart im Fenster zu realisieren, setzen Sie den Wert dieses Schlüsselworts auf 0:

Maximized = 0.

Nach jeder Neuinstallation von Access begrüßt Sie der erste Programmstart mit einem Informationsbildschirm, der als Wegweiser helfen will, den richtigen Einstieg in das Programm zu vermitteln. Neben vielen Informationen sieht dieser Wegweiser auch die Möglichkeit vor, ihn beim nächsten Access-Start nicht wieder anzuzeigen. Sollten Sie den Wegweiser dennoch zu einem späteren Zeitpunkt noch einmal einsehen wollen, tragen Sie diesen Wunsch in den Abschnitt [Microsoft Access] ein:

Tutorial = 1.

Vergessen Sie nicht die MSACCESS.INI zu speichern und Access anschließend erneut aufzurufen. Da diese Datei nur beim Programmstart gelesen wird, machen sich auch Änderungen an derselben erst beim nächsten Programmaufruf bemerkbar. Beachten Sie für die Bearbeitung von INI-Dateien folgende Regeln:

1. Verwenden Sie Leerzeilen, um Abschnitte voneinander zu trennen und so eine bessere Lesbarkeit zu erhalten.

2. Verwenden Sie Kommentarzeichen, um Änderungen zu dokumentieren. Kommentare werden (logischerweise) nicht in den Hauptspeicher eingelesen.

Jede INI-Datei akzeptiert als Kommentarzeichen das Semikolon (;). Dies kann entweder am Anfang der Zeile oder im Anschluß an die Anweisung stehen, zum Beispiel:

'Tutorial = 0.

Der Eintrag wurde auskommentiert und wird von Access nicht mehr berücksichtigt.

Tutorial = 1   *'Wegweiser wurde wieder eingeschaltet*

Dieser Kommentar dokumentiert ein Änderung. Eine ausführliche Beschreibung der MSACCESS.INI liefert die Bedienerhilfe. Um Änderungen an der Datei vorzunehmen, sollten Sie sich daher das entsprechende Thema ausdrucken:

1. Wählen Sie aus dem [?]-Menü den Befehl [Suchen].

2. In das Eingabefeld des Dialogs **Suchen** geben Sie *ms* ein. Die Hilfe markiert daraufhin das Thema MSACCESS.INI.

3. Klicken Sie die Schaltfläche **Themen auflisten**. Im unteren Teil des Dialogs werden nun die gefundenen Themen angezeigt. (Zu dieser Auswahl gibt es allerdings nur ein Thema!)

4. Klicken Sie jetzt die Schaltfläche Gehe zu. Access zeigt daraufhin eine ausführliche Beschreibung der MSACCESS.INI an.

5. Um das Thema zu drucken, wählen Sie [Datei/Thema drucken].

Sachwortverzeichnis

A

Abfrage, 116
  ausführen, 226
      Daten sortieren, 240
    drucken, 241
    Eigenschaften ändern, 233
    Einblenden Tabellennamen, 226
    entwerfen, 215
    Entwurf speichern, 221
    Felder berechnen, 365
    Felder hinzufügen, 224
    Felder wählen, 222
    Kriterien, 235
    QBE-Fenster schließen, 218
    QBE-Fenster, 216
    Spalten ausblenden, 370
    Spalten einfügen, 225
    Spalten löschen, 225
    Spalten verschieben, 225
    SQL, 234
    Tabellen entfernen, 220
    Tabellen hinzufügen, 219
    Tabellen verknüpfen, 228
Abfragekriterien, 357
  aus Formular, 363
Abstraktion, 131
AddNew, 614
Adreßetiketten, 295
Adreßetikettenbericht, 282
Aggregatfunktionen, 367
Aktionsabfragen, 379
Aktualisierungsabfrage, 385
AND, 147
Anfügeabfrage, 384
Anmeldeverfahren, 535
Anweisungen, 552
Arbeitsverzeichnis einrichten, 16
Argumentdatentypen, 574
Atomischer Wert, 36
Attribut, 36
Ausdruck, 236
  Formate in, 366
  im Makro verwenden, 494
Ausgabeformat, 321
  eigenes, 322
Autoexec-Makro, 517

B

Bedienerhilfe, 81
  allgemeine, 81
  Anmerkung, 92
  blättern in, 89
  Inhaltsverzeichnis, 83
  Lesezeichen, 94
  problembezogene, 105
  Ratgeber, 100
  Thema drucken, 89
  Thema kopieren, 91
  Thema suchen, 98
  verwenden, 85
Bedingung
Bedingung, 369
  AND,OR,NOT, 147
  Between, 152
  einfacher Vergleich, 146
  IN, 153
  LIKE, 154
  WHERE, 146

Sachwortverzeichnis

Befehlsschaltfläche, 443
BeginTrans, 623
Beim Anzeigen, 423
Beim Doppel-klicken, 508
Beim Drucken, 509
Beim Einfügen, 423
Beim Formatieren, 509
Beim Hingehen, 507
Beim Klicken, 507
Beim Löschen, 424
Beim Öffnen, 423; 508
Beim Schließen, 424; 508
Beim Verlassen, 508
Beispielansicht, 289
Benutzer
   anlegen, 528
   löschen, 529
Berechtigungen, 527
   festlegen, 531
Bericht, 120
   Bereiche, 466
   drucken, 286; 299
   dulpizieren, 285
   einspaltig, 282
   Entwurf öffnen, 290
   erstellen, 279
   gruppieren, 469
   leeren anlegen, 462
   öffnen, 286
   schließen, 285
   Seitenumbruch, 472
   speichern, 285
Berichtsassistent, 281
Berichtsentwurfsfenster, 290
Berichtsfuß, 474
Berichtsgestaltung
   Richtlinien, 461
Berichtskopf, 473
BETWEEN, 152
Bezeichnungsfeld, 428
Beziehungen, 111
   1 zu 1, 195
   1 zu n, 195
   festlegen, 193
Bildlaufleiste, 76

Bookmark, 604

C

Client/Server, 159
Close, 603
CommitTrans, 623
Const, 577
CreateDynaset, 612
CreateQueryDef, 627
CurrentDB, 610

D

Database, 609
Daten suchen, 500
Datenansicht
   externe, 133
   interne, 133
   konzeptionell, 130
Datenbank, 33; 111
   erstellen, 173
   komprimieren, 536
   öffnen, 165
   reparieren, 537
   schließen, 173
   speichern, 174
Datenbankcontainer,113; 167
Datenbanksprache, 34
Datenblatt gestalten
   Layout speichern, 272
   Schriftart, 266
   Spalten ausblenden, 271
   Spalten einblenden, 271
   Spalten fixieren, 270
   Spalten verschieben, 270
   Spaltenbreite, 269
   Zeilenhöhe, 267
Dateneingabe, 197
Datenfelder, 578
   Deklaration, 578
   dynamische, 579
   mehrdimensionale, 579
Datenherkunft

Formular, 434
  Kombinationsfeld, 433
  Listenfeld, 433
Datensatz, 36; 114
Datensätze
  ändern, 614
  hinzufügen, 614
  löschen, 616
  sperren, 624
  suchen, 619
Datensatzgruppenvariablen, 611
  erstellen, 612
  schließen, 614
Datensicherung, 525
Datentyp, 572
  Variant, 572
DBMS, 34
DDE, 481
Debug, 564
Deklarationsbereich, 544
Delete, 616
Diagramm, 484
  erstellen, 486
Diagrammassistent, 486
Dialogbox, 67
  Elemente der, 67; 71
  Titelzeile, 67
  verschieben, 73
Dim, 570
Direktfenster, 563
Do...Loop, 592
DoCmd, 585
DoMenuItem, 585
Drucker einrichten, 203
Dynaset, 116
Dynaset, 611

E

Edit, 616
Eigenschaft
  Aktiviert, 431
  Bearbeiten zulassen, 421
  Beschriftung, 417
  Bildlaufleisten, 400

Datenherkunft, 419
Datensätze sperren, 422
Datensatzmarkierer, 400
Filter zulassen, 422
Format, 430
Gebunden, 418
Gesperrt, 431
Größe anpassen, 417
Gültigkeitsregel, 430
Standardansicht, 399
Standardbearbeitung, 421
Statuszeilentext, 431
Zugelassene Ansicht, 416
Eigner, 145
Einzelschritt, 560
ElseIf, 590
Ereignisse, 422
Ersetzen, 334
Execute, 627

F

Fehlerbehandlung, 597
  aktivieren, 598
  Fehlerroutine schreiben, 599
  Fehlerroutine verlassen, 600
Feld, 114
Felddatentyp, 179, 319
  ändern, 330
Feldeigenschaften, 319
Felder berechnen, 366
Feldgröße, 320
Feldliste, 429
Feldname, 179
Feldreihenfolge, 446
  automatisch, 446
  individuell, 447
Fenster, 52
  anordnen, 190
  ausblenden, 190
  Elemente eines, 53
  Fenstergröße, 54
  wechseln, 52
Filter, 619
  anwenden, 260

Sachwortverzeichnis

aufheben, 260
definieren, 258
Find-Methoden, 620
For...Next, 592
Form, 604
FormName, 603
Formular
Formular, 118
   alles markieren, 407
   Bereiche, 448
   Datenblattansicht, 264
   Datensätze
      bearbeiten, 260
      filtern, 258
      hinzufügen, 262
      navigieren, 253
      speichern, 264
      suchen, 255
   drucken, 273
   Eigenschaften, 398
   Entwurfsansicht, 252
   erstellen, 246
   Farbe, 404
   Felder
      ansteuern, 262
      bearbeiten, 263
   Feldliste, 402
   Größe, 397
   Hintergrund, 405
   leeres anlegen, 394
   schließen, 273
   speichern, 253
Formularassistent, 248
Formulare synchronisieren, 493
Formularentwurfsfenster, 395
Formularfuß, 448
Formularkopf, 448
Formularvorlage, 413
Fortführungspunkte, 65
FROM, 145
Funktion, 543
   aufrufen, 556
   ausführen, 554
   erstellen, 551
Funktionsdatentypen, 575

G

Global, 571
GoToRecord, 587
GROUP BY, 155
Grunddatentypen, 574
   Deklaration, 574
Gruppen berechnen, 368
Gruppen, 527
   anlegen, 529
   Benutzer zuordnen, 530
   löschen, 530
Gruppenfuß, 471
Gruppenkopf, 471
Gruppierungsbericht, 282
Gültigkeitsmeldung, 325
Gültigkeitsregel, 325

H

Haltepunkt, 559
Hardwareanforderungen, 9
HAVING, 156
Herkunftstyp
   Tabelle, 434
   Wertliste, 435

I

If...Then, 588
If...Then...Else, 589
Importfehler, 350
Importspezifikation, 347
IN, 153
Index, 326; 617
   einzelnes Feld, 326
   mehrere Felder, 328
Inner Join, 229
Installation
   benutzerdefinierte, 13
   Einzelarbeitsplatz, 10
   Installationsvarianten, 21

minimale, 13
Netzwerk, 18
vollständige, 13
IsDate, 573
IsNumeric, 573
Ist Nicht Null, 358
Ist Null, 358

J

Join, 140

K

Kalkulationstabellen, 342
Kennwort, 534
Kombinationsfeld, 432
Kombinationsfeld, 68
Kompilieren, 555
Konstanten, 575
Kontrollkästchen, 439
Kontrollkästchen, 71
Kreuztabellenabfrage, 374
    Bedingungen in, 377
    erstellen, 374
    Spaltenüberschrift fixieren, 377
Kriterien verknüpfen, 359

L

Laufzeitfehler, 558
LIKE, 154
Lineal, 411
Linie, 465
Liste, 68
Listen
    erstellen, 432
    mit zwei Spalten, 437
Listenfeld, 432
Logische Fehler, 559
Löschabfrage, 382

M

Makro, 121
    Aktion, 307
    ausführen, 308; 312
    Bedingung, 497
    Definition, 305
    Einzelschritt, 509
    erstellen, 306
    speichern, 308
    überarbeiten, 309
    zum Drucken, 495
Makroaktionen, 499
Makroeinsatz, 491
Makrofenster, 306
Makrogruppe, 512
    Makro ausführen, 516
    Makroname, 513
Maus, 45
    Bedienung, 46
    Mausklick, 51
    Maustaste, 51
    Mauszeiger, 46
Menüleiste, 60
    Access-Fenster, 61
    Datenbankcontainer, 61
Menümakro, 512
Menüpunkt, 62
Menüs
    eigene erstellen, 511
    Menüleiste, 511
    Pull-Down-Menü erstellen, 514
    Pull-Down-Menü hinzufügen, 515
Modul, 123, 543
    Abfragen erstellen, 627
    Abfragen verwenden, 626
    Aktionsabfragen, 627
    als Text speichern, 549
    Datensätze synchronisieren, 604
    Eigenschaften abfragen, 564
    erstellen, 545
    Formular öffnen, 602
    Kommentare im, 557
    Makroaktionen ausführen, 585

Neu initialisieren, 562
Objekte schließen, 602
öffnen, 545
SQL-Zeichenfolge, 627
Zugriff auf Formulare, 564
Modulfenster, 546
arbeiten im, 547
Modulvariable, 571
Move-Methoden, 614
MSACCESS.INI, 19

N

Nach Aktualisierung, 424, 508
Normalform
dritte, 138
erste, 135
zweite, 138
Normalisierung, 134
NOT, 150

O

Object Embedding, 477
Object Linking, 477
Objekt
aktualisieren, 480
ändern, 478
einbetten, 475
verknüpfen, 479
Verknüpfung lösen, 481
Objekteigenschaften, 583
Objektfeld, 475; 483
Objektmethoden, 584
Objektvariablen, 580
Deklaration, 580
zuweisen, 581
OLE, 476
On Error Goto, 598
On Error Resume Next, 598
OpenDatabase, 610
OpenForm, 602
OpenReport, 602
OpenTable, 612

Optionsfeld, 440
Optionsfeld, 71
Optionsgruppe, 441
erstellen, 442
Optionsgruppe, 71
OR, 148
ORDER BY, 158
Outer Join, 232

P

Parameter, 552; 557
Parameterabfrage, 386
Parent, 604
PopUp-Formular, 417
Primärschlüssel, 37
festlegen, 191
mehrere Felder, 192
Print, 563
Private, 588
Programm beenden, 27
Programm starten, 22
automatisch, 24
Datei-Manager, 24
Doppelklick, 22
über Ausführen, 23
Projektion, 139
Prozedur, 543
auswählen, 547
private, 588
testen, 558
Prozedurschritt, 561
Pull-Down-Menü, 63
Befehl wählen, 64
Fortführungspunkte, 65
Schnelltasten, 65
Unterbefehl, 64

Q

QueryDef, 626

R

Raster, 411
Ratgeber, 100
RDBMS, 40
Rechte, 20
Rechteck, 465
ReDim, 580
Referentielle Integrität, 196
Reihen, 36
Relation, 36
Relationales Modell, 35
RepaintObject, 605
Report, 604
Requery, 605
Resume Next, 600
Resume Zeile, 600
Resume, 600
Rollback, 623
Rückgängig, 183

S

Schaltfläche, 70
Schnelltasten, 65
Seek, 621
Seitenansicht, 202
   verlassen, 208
Seitenfuß, 449; 469
Seitenkopf, 449; 467
Sekundärschlüssel, 38
Select Case, 591
SELECT, 141; 142
Selection, 140
Set, 581
Sicherheit, 526
Snapshot, 611
Softwareanforderungen, 10
Sonderobjekte, 581
Sort, 617
Spalte, 114
Spalten, 36
Sperren
   Datenbank, 624
   Dynaset, 624
   Seite, 625
   Tabelle, 624

SQL
   Anweisung, 141
   Definition, 35; 39
Standardeinstellungen, 352
Standardwert, 324
Static, 570
Statuszeile, 74
   Codes, 75
   Statusmeldungen, 74
Steuerelement, 120; 252
   ausrichten, 411
   berechnet, 428
   Ereignisse, 424
   gebunden, 427
   Größe anpassen, 408
   kopieren, 412
   löschen, 410
   mehrere markieren, 294
   mehrfach hinzufügen, 426
   Position verändern, 293
   überarbeiten, 291
   ungebunden, 428
   verschieben, 409
   vertieft, 405
   Voreinstellung ändern, 413
   zugreifen auf, 494
Sub-Prozeduren, 543
Suchen, 331
Symbolgröße, 55
Symbolleiste, 66
Syntaxfehler, 558
Syntaxprüfung, 553
System
   geschütztes, 526
   offenes, 526
   sichern, 535
SYSTEM.MDA, 15; 19
Systemmenü, 57
Systemvoraussetzungen, 9

T

Tabelle, 36; 112
   Daten bearbeiten, 200
   Daten einfügen, 201

Daten eingeben, 197
Daten hinzufügen, 200
Daten kopieren, 201
Daten löschen, 201
drucken, 205
einbinden, 338
Entwurf erstellen, 175
Entwurf kopieren, 187
Entwurf öffnen, 189
Entwurf speichern, 185
Entwurfsansicht, 198
exportieren, 350
Feld löschen, 329
Feldeigenschaften, 183
Felder anlegen, 177
Felder hinzufügen, 181
Felder löschen, 182
Felder verschieben, 182
importieren, 337
löschen, 189
navigieren in, 199
schließen, 186
Tabellenansicht, 198
Zeilen markieren, 181
Tabelleneigenschaften
Fenster, 177
Tabellenerstellungsabfrage, 381
Table, 611
Task-Liste, 59
Textdatei, 345
Textfeld, 429
Titelzeile, 53
Toolbox, 252
Toolbox, 425
Transaktion, 622

U

Umschaltfläche, 441
Unterbrechungsmodus, 560
Unterformular, 451
 ändern, 455
 erstellen, 453
 hinzufügen, 454
Update, 614; 616
UTILITY.MDA, 19

V

Variablen, 569
 benennen, 570
 deklarieren, 570
 explizit deklarieren, 572
 Gültigkeitsbereiche, 570
Variant, 572
Vergleichsoperator, 146
Verwaltungsaufgaben, 523
Vollbild, 54
Vor Aktuali-sierung, 507
Vor Aktualisierung, 423
Vordefinierte Objekte, 581

W

Weitere Daten suchen, 503
WHERE, 145

Z

Zeile, 114
Zoomen, 429

Windows Power-Programmierung

System- und Anwendungsprogrammierung unter Windows mit
Borland Pascal 7.0 und Turbo Pascal für Windows

von Michael Schumann

1993. 400 Seiten mit Diskette. Gebunden
ISBN 3-528-05316-X

Dieses Buch beginnt dort, wo Einsteigerbücher in der Regel aufhören. Es eröffnet dem Leser die gesamte Palette der professionellen Programmiermethoden unter Windows. Sowohl auf der Anwendungsebene als auch im Bereich der Windows-internen Funktionen erhält der Leser profundes Entwicklungs-Know-how. Alle Programme, einschließlich der im Buch vorgestellten Dynamic Link Libraries (DLL) wurden mit der professionellen Entwicklungsumgebung Borland Pascal 7.0 entworfen. Der heutigen Bedeutung angemessen, geht das Buch auch auf den Bereich Multimedia und die programmtechnische Ansteuerung entsprechender Peripheriegeräte ein. Durch die Vielzahl direkt einsetzbarer Programmcodes sowie die Fülle echter Insider-Informationen behält das Buch seinen Wert als Arbeits- und Nachschlagewerk.

Verlag Vieweg · Postfach 58 29 · D-6200 Wiesbaden 1

Das Vieweg-Buch zu Visual Basic 2.0 für Windows

Eine umfassende Anleitung zur komfortablen Entwicklung von Windows-Programmen

von Andreas Maslo

1993. 591 Seiten mit Diskette. Gebunden.
ISBN 3-528-05320-8

Dieses Buch zeigt die Möglichkeiten der professionellen Version von Visual Basic für Windows erschöpfend auf. Obwohl insbesondere die Sprachelemente, Funktionen und Objekte der „Professional Edition" berücksichtigt werden, erhält der Leser zahlreiche Hinweise, wie bestimmte Programmierprobleme auch mit der Standard-Version von Visual Basic lösbar sind. die Darstellung orientiert sich durchgängig an konkreten Beispielen. Praxisnähe und leichte Nachvollzieharbekt trifft der Leser auch dort an, wo es um fortgeschrittene Techniken, wie z.B. die Erstellung eigener Benutzerbibliotheken oder die Portierung von DOS-Applikationen in die Windows-Welt geht. Die Ergebnisse der zahlreichen im Buch demonstrierten und ausführlich dokumentierten Programmier-Projekte liegen als direkt einsetzbare Windows-Programme auf der Diskette zum Buch vor.

Verlag Vieweg · Postfach 58 29 · D-6200 Wiesbaden 1

Präsentieren wie ein Profi mit Microsoft PowerPoint 3.0

von Hans Georg Oehring

1993. VIII, 368 Seiten mit Diskette. Gebunden.
ISBN 3-528-05313-5

Dieses Buch geht über die Darstellung des rein technischen Handlings von MS-PowerPoint 3.0 hinaus. Es ist eine solide und kompetent gemachte Einführung in die immer bedeutender werdende Welt der computergestützten Präsentation. Der Schwerpunkt des Buches liegt neben der Darstellung von Präsentationstechniken auf Voraussetzungen, Hintergründen und Gestaltungsregeln für überzeugende und professionell gemachte Präsentationen. Schritt für Schritt wird der Leser am Beispiel von MS-PowerPoint mit dem Aufbau einer Präsentation vertraut gemacht. Ein Regelwerk, Anregungen und viele Tips zu inhaltlichen und gestalterischen Fragen helfen dem „Nicht-Fachmann", seine Präsentationen sinnvoll und anspruchsvoll anzulegen. Orientiert an praktischen Anforderungen entwickelt das Buch eine schwarz-weiß Präsentation für den OHP. Schließlich wird die Erstellung von Farbdias für den Projektor, die auch über den Bildschirm ausgegeben werden können, veranschaulicht.

Der Autor Dipl.-Designer Hans Georg Oehring ist als freiberuflicher DV-Unternehmensberater tätig.

Verlag Vieweg · Postfach 58 29 · D-6200 Wiesbaden 1

MIX
Papier aus verantwortungsvollen Quellen
Paper from responsible sources
FSC® C105338

If you have any concerns about our products,
you can contact us on
ProductSafety@springernature.com

In case Publisher is established outside the EU,
the EU authorized representative is:
Springer Nature Customer Service Center GmbH
Europaplatz 3, 69115 Heidelberg, Germany

Printed by Libri Plureos GmbH
in Hamburg, Germany